ZHEJIANG TONGZHI

浙江通志

第 六十八 卷

出入境检验检疫志

《浙江通志》编纂委员会　编

浙江人民出版社

图书在版编目（CIP）数据

浙江通志．出入境检验检疫志 / 《浙江通志》编纂委员会编．—杭州 ：浙江人民出版社，2019.6

ISBN 978-7-213-09173-5

Ⅰ．①浙… Ⅱ．①浙… Ⅲ．①浙江-地方志②国境检疫-卫生检疫-概况-浙江 Ⅳ．①K295.5②R185.3

中国版本图书馆CIP数据核字(2019)第099642号

浙江通志·出入境检验检疫志

《浙江通志》编纂委员会　编

出版发行	浙江人民出版社（杭州市体育场路347号　邮编　310006） 市场部电话：(0571)85061682　85176516
责任编辑	吴玲霞
责任校对	朱　妍　姚建国
责任印务	程　琳
封面设计	王　芸
电脑制版	杭州天一图文制作有限公司
印　　刷	浙江新华数码印务有限公司
开　　本	889毫米×1194毫米　1/16
印　　张	34.75
字　　数	773千字
插　　页	16
版　　次	2019年6月第1版
印　　次	2019年6月第1次印刷
书　　号	ISBN 978-7-213-09173-5
定　　价	160.00元

如发现印装质量问题，影响阅读，请与市场部联系调换。

图版68-001-1　1990年11月17日，浙江省省长沈祖伦（左二）在浙江商检局调研（吴桂富摄）

图版68-001-2　1990年11月，国家商检局局长朱震元（左一）视察浙江商检局工作（吴桂富摄）

图版68-002-1　1991年3月，国家商检局局长王久安（左三）在浙江商检局干部任免大会上讲话（吴桂富摄）

图版68-002-2　1992年12月17日，卫生部部长陈敏章（前排左一）考察杭州卫生检疫局（浙江出入境检验检疫局提供）

图版68-003-1　1996年10月，国家动植物检疫总所所长刘士珍（左一）参加在宁波召开的进出境动物产品检疫学术交流会议（夏志福摄）

图版68-003-2　1999年1月，国家检验检疫局局长田润之（主席台左三）参加宁波商检局领导干部大会（鲍爱法摄）

图版68-004-1　2006年1月24日，浙江省省长吕祖善（左三）考察浙江检验检疫局实验室（吴桂富摄）

图版68-004-2　2008年7月23日，国家质量监督检验检疫总局局长李长江（右二）在义乌调研（贾英摄）

图版68-005-1　1975年12月投入使用的浙江商检局大楼（吴桂富摄）

图版68-005-2　1984年投入使用的杭州动植物检疫局大楼（浙江出入境检验检疫局提供）

图版68-005-3　1992年4月投入使用的杭州卫生检疫局大楼（浙江出入境检验检疫局提供）

图版68-005-4　1997年7月投入使用的浙江出入境检验检疫局大楼（吴桂富摄）

图版68-006-1　1983年11月投入使用的宁波卫生检疫局大楼(董善定摄)

图版68-006-2　1983年12月投入使用的宁波动植物检疫局大楼(夏志福摄)

图版68-006-3　1984年11月投入使用的宁波商检局大楼(车荣凯摄)

图版68-006-4　2004年10月投入使用的宁波出入境检验检疫局大楼(桑宏亮摄)

图版68-006-5　1985年10月，浙江商检局局长陈宪枢为北仑港商检自动取制样设施竣工剪彩(赵树民提供)

图版68-006-6　1987年5月投入使用的北仑港商检自动取制样设施(张忠义摄)

图版68-007-1　1999年8月10日，浙江出入境检验检疫局挂牌（吴桂富摄）

图版68-007-2　1999年8月10日，宁波出入境检验检疫局挂牌（王晓东摄）

图版68-007-3　2002年10月22日，国家质检总局授予义乌中国小商品城“重质量，守信用”称号（吴荣跃摄）

图版68-007-4　2003年2月28日，宁波检验检疫局召开机构升格干部大会（周燕华摄）

图版68-007-5　2008年7月，国家质检总局与浙江省人民政府签署《关于推进浙江品牌强省和港口经济建设　促进浙江经济社会又好又快发展合作备忘录》（斯欣宇摄）

图版68-007-6　2009年12月4日，浙甬海关、检验检疫部门举行“浙江省域出口商品通关单直通放行”启动仪式（斯欣宇摄）

图版68-008-1　1981年5月，加拿大专家参观杭州商检局食品实验室（吴桂富摄）

图版68-008-2　1985年12月，波兰商检公司总经理雅盖罗一行在宁波洽谈委托检验业务（应启达提供）

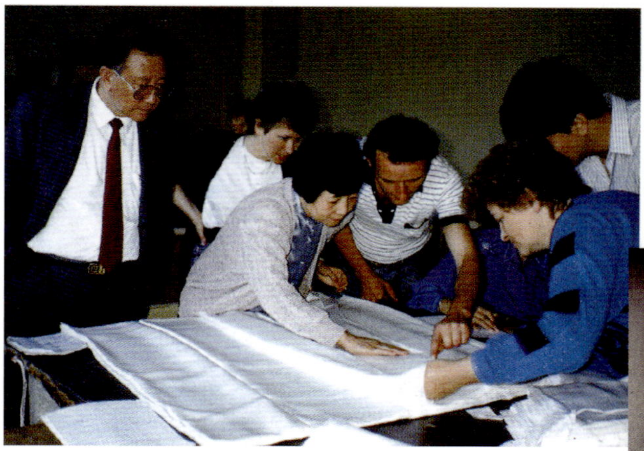

图版68-008-3　1990年8月，浙江商检局派员参加中国丝绸总公司调查组赴波兰处理绸缎索赔事宜（浙江出入境检验检疫局提供）

图版68-008-4　1991年10月31日，澳大利亚哈默斯利铁矿公司技术人员在宁波港商检取制样楼进行技术考察（程长征提供）

图版68-009-1　2006年3月，宁波检验检疫局专家参加国家质检总局检疫处理考察团赴美考察出口原木熏蒸处理技术(袁平摄)

图版68-009-2　2006年10月，欧盟官员参观宁波检验检疫局危险品实验室（周燕华摄）

图版68-009-3　2009年10月19日，荷兰代表团考察杭州某盆景种植基地及星天牛防控措施(斯欣宇摄)

图版68-009-4　2010年11月，欧盟植物检疫代表团考察宁波出口苗木企业(江山宁摄)

图版68-010-1　1986年3月，浙江商检局工作人员检验出口绸缎（薛华克摄）

图版68-010-2　20世纪80年代，杭州商检局工作人员检查进口成套设备（薛华克摄）

图版68-010-3　1998年11月1日，宁波商检局工作人员向企业人员讲授羊毛衫检验方法（严国荣摄）

图版68-010-4　1999年3月19日，宁波商检局召开进出口商品质量分析展评会（王晓东摄）

图版68-010-5　2000年，浙江检验检疫局工作人员对天荒坪蓄能电站进口发电机组进行检验（浙江出入境检验检疫局提供）

图版68-010-6　2001年7月17日，宁波检验检疫局工作人员检验出口玩具（周燕华摄）

图版68-011-1　2003年5月，浙江检验检疫局工作人员检验出口节日灯（浙江出入境检验检疫局提供）

图版68-011-2　2003年7月，浙江检验检疫局工作人员对出口纺织品企业进行工艺检查（浙江出入境检验检疫局提供）

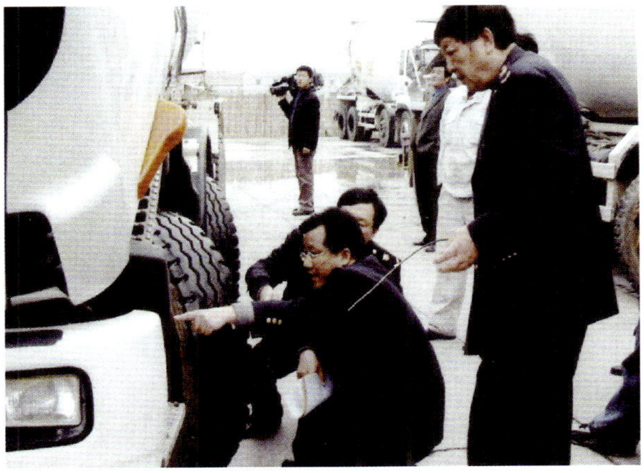

图版68-011-3　2004年，浙江检验检疫局工作人员对存在设计缺陷的进口日产“五十铃”汽车进行现场检验（吴桂富摄）

图版68-011-4　2007年2月2日，宁波检验检疫局工作人员检验出口液晶显示器（韩凤芹摄）

图版68-011-5　2008年10月21日，浙江检验检疫局工作人员在“服务企业百日行动”中深入钢管企业调研（程璐提供）

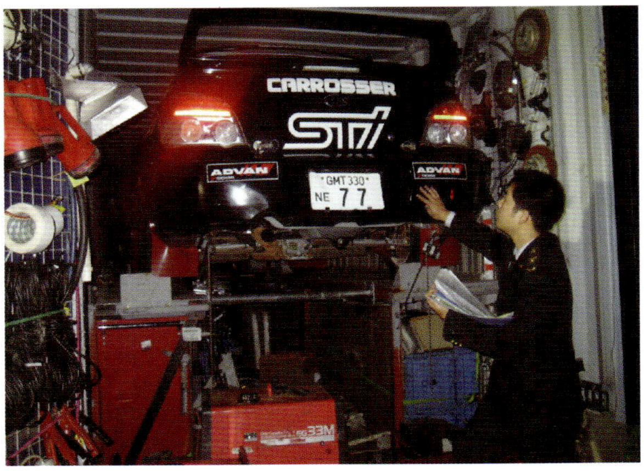

图版68-011-6　2008年10月31日，宁波检验检疫局工作人员检查进口比赛车辆（郭鸣摄）

图版68-012-1　1994年11月22日，宁波商检局举办商检报验培训（鲍爱法摄）

图版68-012-2　2004年6月1日，宁波检验检疫局工作人员利用电子监管系统对集装箱查验过程进行监控（周燕华摄）

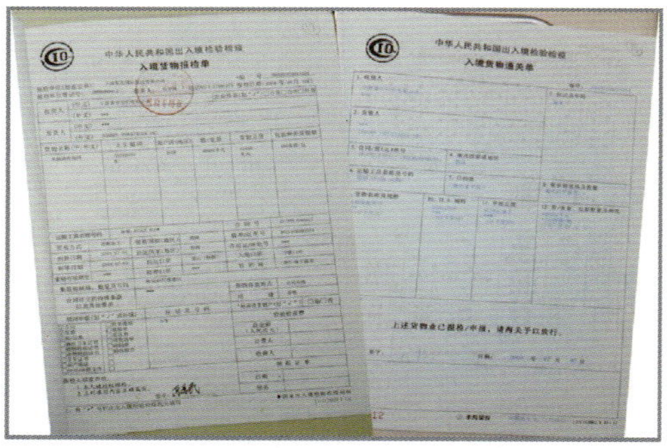

图版68-012-3　2004年7月5日签发的入境货物报检单（左）、入境货物通关单（右）（周燕华摄）

图版68-012-4　2005年9月13日，国家质检总局在宁波召开全面推进检验检疫电子监管工作会议（周燕华摄）

图版68-012-5　2007年9月3日，《中国国门时报》记者采访宁波口岸专项整治工作（周燕华摄）

图版68-012-7　2008年9月17日，宁波港口查验场地启用统一标识（梁建国摄）

图版68-012-6　2008年2月，浙江检验检疫局工作人员查验入境货物（任晓岚摄）

图版68-013-1　1984年3月25日，宁波卫生检疫所工作人员在开放码头疫源点取水样进行监测（胡建华摄）

图版68-013-2　1984年，杭州卫生检疫所工作人员在入境飞机上检验航空食品（浙江出入境检验检疫局提供）

图版68-013-3　1985年3月26日，宁波卫生检疫所工作人员在口岸进行鼠本底调查（叶仲华摄）

图版68-013-4　1987年3月18日，宁波卫生检疫所工作人员进行食品卫生监督和采样（胡建华摄）

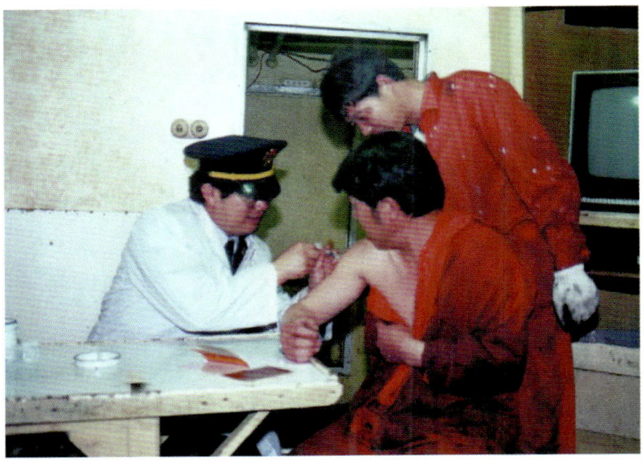

图版68-013-5　2001年，宁波检验检疫局工作人员对国际海员实施预防接种（薛新春摄）

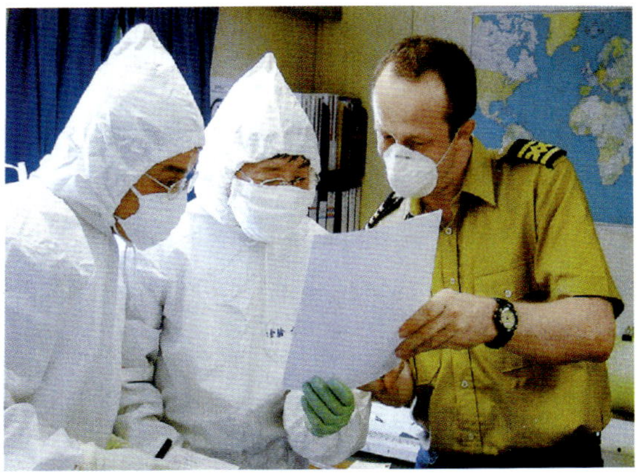

图版68-013-6　2003年4月13日，浙江检验检疫局疫情处理小组对“非典”期间发生船员死亡事件的外轮进行检疫查验（浙江出入境检验检疫局提供）

图版68-014-1 2008年5月24日，宁波检验检疫局防疫小分队在汶川特大地震灾区的临时帐篷教学点执行防疫任务(蒋寒冰摄)

图版68-014-2 2008年7月21日，宁波检验检疫局援奥小分队在首都机场停泊的航空器内抓获活的媒介生物(朱振扬摄)

图版68-014-3 2009年5月1日，宁波检验检疫局工作人员向船员宣讲甲型H_1N_1流感防控知识(陈幸欢摄)

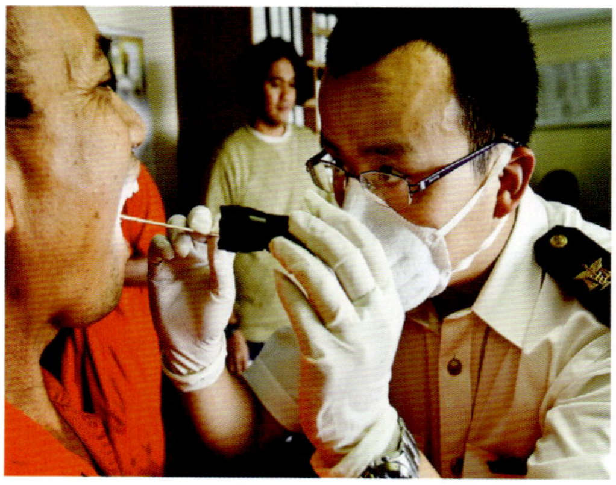

图版68-014-4 2009年5月21日，宁波检验检疫局工作人员检疫入境船员（梁建国摄）

图版68-014-5 2009年5月21日，宁波检验检疫局工作人员在锚地登轮检疫（梁建国摄）

图版68-014-6 2009年5月22日，宁波检验检疫局工作人员登机检疫(崔捷摄)

图版68-015-1　2001年6月，宁波检验检疫局工作人员感观检验出口罐头（周燕华摄）

图版68-015-2　2002年8月，浙江检验检疫局工作人员检验出口茶叶（薛华克摄）

图版68-015-3　2002年10月，浙江检验检疫局工作人员检验出口黄酒（浙江出入境检验检疫局提供）

图版68-015-4　2005年5月20日，宁波检验检疫局工作人员对出口桑果汁实行源头监管（周燕华摄）

图版68-015-5　2007年3月22日，宁波检验检疫局工作人员对养蜂基地进行检查（周燕华摄）

图版68-015-6　2010年4月，浙江检验检疫局工作人员对出口香菇进行源头监管（张翔提供）

图版68-016-1　1989年8月，宁波动植物检疫所工作人员对进口玉米种子实施隔离种植检疫(夏志福摄)

图版68-016-2　1999年2月8日，宁波动植物检疫所工作人员检疫进境原木(顾建锋摄)

图版68-016-3　2002年，宁波检验检疫局工作人员对进境油菜籽进行取样检测(翁志平提供)

图版68-016-4　2004年4月9日，浙江检验检疫局工作人员对供港活猪进行检疫(浙江出入境检验检疫局提供)

图版68-016-5　2009年1月19日，浙江检验检疫局工作人员对金华火腿洗晒过程进行现场检验(李卫芳摄)

图版68-016-6　2010年8月26日，浙江检验检疫局工作人员首次完成白鲸入境押运任务（曹爱玲提供）

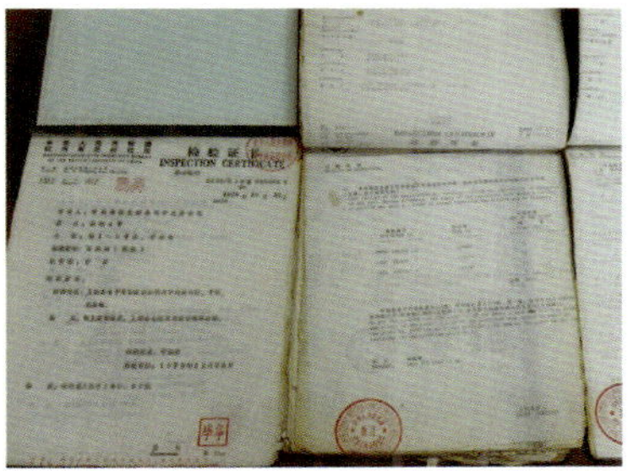

图版68-017-1　1979年12月22日签发的杭州商检局检验证书(左)和1987年11月13日签发的浙江商检局检验证书(右)(周燕华摄)

图版68-017-2　2003年5月18日，宁波检验检疫局工作人员对进口铜精矿进行放射性检测(周燕华摄)

图版68-017-3　20世纪80年代初，杭州商检局工作人员对进口原油进行取样(浙江出入境检验检疫局提供)

图版68-017-4　2006年8月16日，宁波检验检疫局工作人员对进口原油进行取样(刘建锋摄)

图版68-017-5　2007年7月26日，宁波检验检疫局工作人员对古巴原糖进行鉴定计重(周燕华摄)

图版68-017-6　2009年5月12日，宁波检验检疫局工作人员对进口铁矿进行水尺鉴定(梁建国摄)

图版68-017-7　2009年11月，浙江检验检疫局工作人员对进口废物原料进行监管(王银光摄)

图版68-017-8　2010年11月1日，宁波检验检疫局工作人员查验进口废物原料(郭鸣摄)

图版68-018-1　20世纪80年代的浙江商检局化矿检验实验室(薛华克摄)

图版68-018-2　20世纪80年代的浙江商检局食品微生物实验室(薛华克摄)

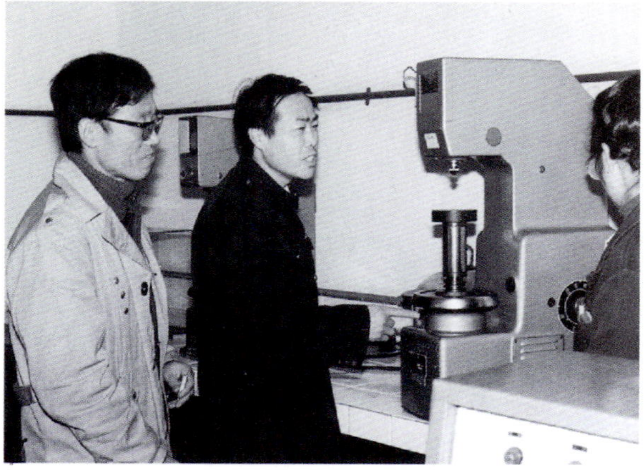

图版68-018-3　20世纪80年代的浙江商检局金属材料实验室(薛华克摄)

图版68-018-4　20世纪80年代，浙江商检局工作人员对食品进行卫生检验(薛华克摄)

图版68-018-5　1989年8月，宁波动植物检疫所工作人员对真菌做分类鉴定(杜华宏摄)

图版68-018-6　1989年10月，宁波动植物检疫所工作人员和浙江农村技术师范专科学校教师对动植物标本进行鉴定(夏志福摄)

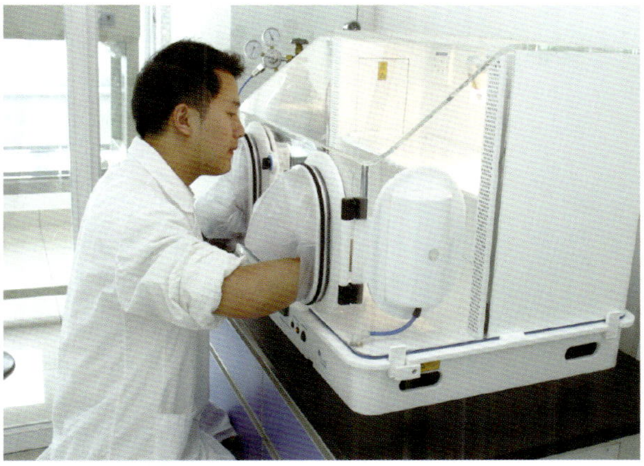

图版68-019-1　2005年6月20日，宁波检验检疫局实验室工作人员进行厌氧微生物检测(蔡怡摄)

图版68-019-2　2006年7月31日宁波检验检疫局艾滋病初筛实验室(邱文雄摄)

图版68-019-3　2006年7月31日宁波检验检疫局石油化工品检测实验室(邱文雄摄)

图版68-019-4　2006年7月31日宁波检验检疫局植物检疫实验室(邱文雄摄)

图版68-019-5　2008年9月9日，浙江检验检疫系统举行实验室化学检测岗位技能竞赛（斯欣宇摄）

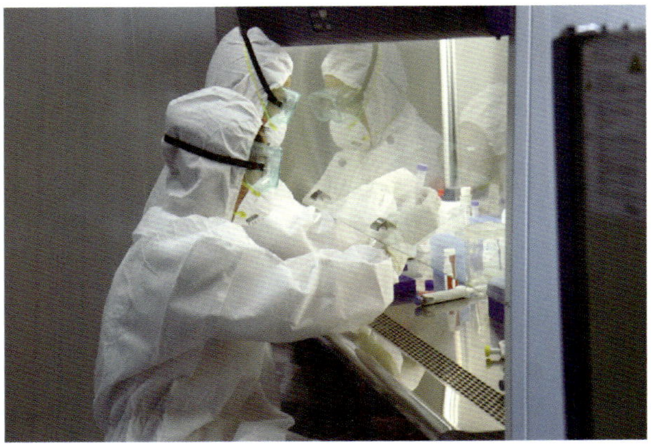

图版68-019-6　2009年5月22日，宁波检验检疫局实验室工作人员正在进行甲型H_1N_1流感病毒检测(陈春摄)

图版68-020-1　2004年、2007年，宁波检验检疫局负责研究的3个课题(《松材线虫rDNA基因的克隆及其在检测中的应用》《集装箱硫酰氟熏蒸除鼠的量效学研究》《铁矿石取制样设施控制系统技术改造研究》)获质检总局“科技兴检奖”二等奖(周燕华摄)

图版68-020-2　2007年、2009年，浙江检验检疫局负责研究的4个课题(《中国生态安全纺织体系研究》《电子电气产品中有毒有害物质的检测标准体系研究及制定》《应对日本肯定列表制度研究》和《蜂王浆产品中有害物质残留检测方法研究》)分别获得质检总局“科技兴检奖”一等奖和二等奖(吴桂富摄)

浙江省地方志编纂委员会

主　　任:吕祖善(2004.3—2011.9)
　　　　　夏宝龙(2011.9—2013.1)
　　　　　李　强(2013.1—2016.6)
　　　　　车　俊(2016.7—2018.5)
　　　　　袁家军(2018.5—　　　)
副 主 任:茅临生(2010.2—2012.8)
　　　　　张　曦(2011.4—2012.9)
　　　　　葛慧君(2012.8—　　　)
　　　　　郑继伟(2010.2—2017.3)
　　　　　成岳冲(2017.3—　　　)
(以下委员名单略)

《浙江通志》编纂委员会

主　　任:李　强(2016.2—2016.7)　车　俊(2016.7—2018.5)
　　　　　袁家军(2018.5—　　　)
副 主 任:葛慧君　郑继伟(2016.2—2017.3)
　　　　　成岳冲(2017.3—　　　)
委　　员:陈　新　王　纲　宋建勋　鞠建林　蔡晓春　王喜法
　　　　　孙耀铜　张学伟　来颖杰　胡庆国　刘　芸　孟　刚
　　　　　徐宇宁　王　杰　张伟斌　潘捷军　盛世豪　徐立毅
　　　　　裘东耀　姚高员　钱三雄　毛宏芳　盛阅春　尹学群
　　　　　汤飞帆　何中伟　张晓强　吴晓东　俞文华　王良仟
　　　　　童芍素　郑志耿　郑明治　王卫东　李志廷
总　　编:俞文华
副 总 编:张伟斌(2012.9—　　　)　潘捷军(常务)　王良仟
　　　　　童芍素　郑志耿　郑明治　王卫东　李志廷(兼总纂)
　　　　　林吕建(2011.9—2012.3)

浙江省地方志编纂委员会办公室

主　　任:潘捷军
副 主 任:陈　野(2007.6—2011.3)　章其祥(2011.5—　　)
主任助理:韩　锴(2011.9—2016.4)
成　　员:汤敏华　董郁奎　颜越虎　周祝伟　张　勤　袁新国
吕克军　赵海良　段　愿　汤　敏　李迎春　林琼华
邴　波　王兆保　周修宇　赵鹏团　徐　鹏　杨云婷
王　林　汪　珏　阎乐民　葛立朝　葛旭鹏　翁友伦
徐由由　应秀敏　章　丽　葛　伟
吴玉权(2012.11—2017.12)　白效咏(2009.9—2015.9)

《浙江通志》总纂、副总纂

总　　纂:李志廷(兼)
副 总 纂:廖曰文　章其祥　董郁奎　颜越虎　周祝伟　王　林
吴铁卿(2018.4—　　)　倪集华(2018.5—　　)

《浙江通志》总编室(《浙江通志》编辑部)

主　　任:董郁奎(2011.9—2012.7)　颜越虎(2018.1—　　)
副 主 任:颜越虎(2011.9—2018.1)　袁新国(2018.1—　　)
王　林
责任编辑:颜越虎　袁新国　王　林　汤　敏　李迎春　林琼华
邴　波　王兆保　周修宇　吕克军　赵海良　段　愿
赵鹏团　徐　鹏　汪　珏　阎乐民　葛立朝　葛旭鹏
翁友伦　白效咏(2011.9—2015.9)
刘志勇(2011.9—2012.7)　李恒悦(2011.9—2012.1)
曹爱光(2011.9—2014.9)　戴智勇(2012.7—2014.9)

《浙江通志·出入境检验检疫志》编纂委员会

2012年5月

主　　编:阎　震　赵振拴

副 主 任(按姓氏笔画排序):王松青　王继蓬(常务)　刘　坚　陈孟裕(常务)　周　同　胡建峰　俞一江　徐日新　蔡文彪　戴永华

委　　员(按姓氏笔画排序):丁艺宏　于　虹　王　平　王　红　王　军　王　俊　王建伟　王明坤　王振新　叶东辉　朱卫建　邬建军　刘忠华　江文虎　孙大为　杜华宏　杜洪涛　杨文潮　杨建民　李　禾　连策峰　吴勇敏　何　滨　余　斌　应跃中　汪志凯　宋海龙　张志红　张忠义　陆冠球　陈　景　陈明良　陈炼红　邵燕洪　林　军　金　旭　金红阳　郑　鲜　郑自强　周　辉　周荣球　赵汉兴　俞卫中　施　军　施伟良　施惠祥　娄传永　骆江洪　贾宗金　钱显明　徐云华　徐未华　徐建设　翁志平　殷作为　郭利平　郭德淮　诸　敏　黄兴琪　符丽萍　康继韬　章晓氡　梁　升　梁铭明　彭善定　葛永明　蒋成东　程忠权　鲁国苗　童存康　童鲁波　谢少波　虞中伟　詹勤伟　潘英松

《浙江通志·出入境检验检疫志》编纂办公室

2012年5月

主　　编:金震坚　周荣球(兼)

副 主 编(按姓氏笔画排序):吴　颖　唐晓华

统编人员(按姓氏笔画排序):王　博　王淑明　方　宇　厉洪青　卢岳云　叶泰任　叶道成　冯　华　朱　宏　刘占中　刘阳中　孙艳纯　孙锡丽　杜青云　李云峰　李红霞　何　凯　何　勤　邹海燕

《浙江通志·出入境检验检疫志》编辑部(宁波局)

2016 年 11 月

主　　编:林　军

副 主 编:曹　霞

统编人员(按姓氏笔画排序):卢岳云　刘阳中　邱亚红　周燕华　秦　勇　楼建元

《浙江通志·出入境检验检疫志》编纂人员(杭州)

2016 年 8 月

统稿人员(按姓氏笔画排序):汝晓红　李　言　沈　华　宋海春　金映红　黄鸣怡

资料卡和资料长编人员(按姓氏笔画排序):于雪涛　万嘉群　王素华　仇　俊　毛又军　毛阳晔　厉洪青　石建良　叶泰任　包玮玮　冯　涛　冯骥飞　师利芬　吕先敏　朱　勇　朱小菊　刘志刚　刘朋娟　池扬武　许　杰　许琰丹　阮裕铭　花晓泉　杨振宇　杨锐邦　李大春　李冬富　李炳强　何　涛　何梅英　谷凯军　邹晓斐　汪　波　沈　欣　沈　烨　沈玉香　沈建英　沈宣铭　沈静之　宋一兵　宋联强　张　宇　张　安　张　涛　张　敬　张如聪　陆婧颖　陈　希　陈　怡　陈彦丽　陈焕鑫　陈雍权　武华伟　林　红　金剑锋　金震坚　郑杨元　柳伟绮　胡起立　赵　栋　赵　亮　顾梓耀　徐祥国　高熙康　黄　蔚　黄利鸿　黄昱洪　章国标　韩春江　游金云　曾　盛　谢晓磊　裘　慧　鲍银俏　裴　孚　谭青安　潘英帅　穆　磊　瞿新杭

《浙江通志·出入境检验检疫志》编纂人员(宁波)

2016 年 8 月

统稿人员(按姓氏笔画排序):卢岳云　刘阳中　邱亚红　胡宇航　秦　勇
楼建元

资料卡和资料长编人员(按姓氏笔画排序):马　研　王　兴　王　博
王　瑞　王文旭　王立红　王学典　王建国　王淑明　王善良
毛振宇　贝绍国　巨　胜　水红光　叶　庆　史　瑾　江　伟
朱　波　朱　蔚　朱宏伟　朱明星　朱敏敏　朱朝阳　朱樟国
伍向军　任　飞　邬冬宁　刘　荔　刘东红　刘志侃　杨　冰
杨　洁　杨　勇　杨晓兰　李　骏　李　强　李红霞　李兆博
李淑琳　李照明　严毕冬　吴　丰　吴东平　吴欣煦　岑凯石
邱　磊　邱暑亮　汪心田　沈　怡　宋　军　宋晔晔　张　立
张乔峰　张凯达　张俊波　陈　欢(甬城办)　陈　欢(机场办)
陈　宸　陈　萍　陈　铭　陈　晨　陈弘研　陈佳亮　陈育彦
陈静峰　金　松　周　振　周燕华　孟　波　胡　伟　胡　静
胡振雷　赵　怡　钮滔滔　俞智勇　贾海亭　顾浩雷　柴乐民
徐　晓　徐巧南　徐绥萍　郭　鸣　郭大招　郭德淮　唐　巅
唐小强　姬　冲　黄　何　黄伟群　黄亦馨　黄绍棠　黄彦波
曹未峰　曹雪春　龚建行　戚立松　崔　斌　章　超　梁启平
韩　洁　谢思萍　雷　睿　谭　毅　樊东波　滕　颖　潘克强
潘建兴　戴　军

序

浙江是一片风光优美、令人神往的大地，是一个历史悠久、文化璀璨的家园，是一块创业创新、活力迸发的热土……在浙江人民波澜壮阔、跌宕起伏的奋斗历程中，浙江大地上涌现出无数勇立潮头的先进人物、可歌可泣的历史事件。这一切都真实准确、全面系统地记录在皇皇巨构《浙江通志》之中。《浙江通志》编纂工作自2011年9月启动以来，历届省委、省政府十分重视，各有关单位尽职尽责。《浙江通志》的出版，是全体编纂人员呕心沥血、辛勤耕耘的珍贵结晶，也是浙江文化强省建设的丰硕成果。

编纂地方志是我国源远流长的文化传统。地方志不仅能记述、反映历史的发展与社会的变化，而且还具有独到的“存史、资政、育人”等功能，在传承文明、开创未来的宏伟大业中具有不可替代的作用。浙江有着悠久的修志传统。早在东汉初年，被称为“方志之祖”的《越绝书》诞生在浙江；宋代，“临安三志”作为中国古代方志的定型之作，登上历史舞台；清代，浙江学者章学诚则以创立方志学闻名于世。千百年来，浙江佳志迭现，名家辈出。这些名志大家既是浙江作为“方志之乡”的最好见证，也是浙江成为“文化之邦”的重要支撑。

从上山文化、跨湖桥文化、河姆渡文化、良渚文化等史前文明，到越王勾践卧薪尝胆、雪耻复国的春秋霸业，从唐宋钱塘的富庶繁华，到明清两浙的文化昌盛，浙江先人展示的画卷光辉灿烂，令人赞叹不已。“一部民国史，半部在浙江。”民国时期，政治、经济、文化、教育、科技等领域的代表性人物成就卓著、各领风骚，推动了时代的发展和社会的进步。中华人民共和国成立后，浙江发生了翻天覆地的变化。特别是改革开放以来，经济社会全面发展，城乡各业蒸蒸日上，之江大地日新月异，人民群众安居乐业。浙江人民勇做时代弄潮儿，积极实施“八八战略”，努力践行“绿水青山就是金山银山”的发展理念，探索出了一条符合浙江实际、富有浙江特色的发展路子，形成了与时俱进的浙江精神，为今后可持续发展提供了强大的精神力量与广阔的提升空间。“盛世修志，志载盛世。”《浙江通志》把浙江人民所创造的辉煌业绩和奋斗精神记载下来，既可以激发当代浙江人励精图治、团结奋斗，更能够广泛宣传浙江，让全国乃至世界更加充分地了解浙江、认识浙江，作用巨大，意义深远。

“修志问道，以启未来。”今天，浙江人民在习近平新时代中国特色社会主义思想的指引下，按照统筹推进“五位一体”总体布局、协调推进“四个全面”战略布局的要求和习近平总书记对浙江提出的“干在实处永无止境，走在前列要谋新篇，勇立潮头方显担当”的新期望，积极投身高水平全面建设小康社会和高水平推进社会主义现代化建设伟大实践。《浙江通志》的编纂出版，既为我们提供了丰富宝贵的现实经验，也为我们提供了可资借鉴的历史启示。我们要充分重视用志工作，加强宣传力度，拓宽用志途径，采用各种形式，不断扩大地方志的服务功能，既要让方志成为决策者的案头书，又要让志书成为广大群众喜闻乐见的精神产品，使地方志在“两个高水平”建设的新征程中发挥更大的作用。

是为序。

浙江省人民政府省长 袁家军

2018年10月8日

凡　例

一、宗旨

以马克思列宁主义、毛泽东思想、邓小平理论、“三个代表”重要思想、科学发展观、习近平新时代中国特色社会主义思想为指导，遵循辩证唯物主义和历史唯物主义原理，全面、客观、系统地记述浙江省自然、政治、经济、文化和社会的历史与现状。服务当代，垂鉴后世。

二、起讫时间

上溯事物发端，下限为 2010 年 12 月 31 日，必要时以注释等形式作适当下延。

三、地域范围

以下限时浙江省行政区域为界，原则上越境不书。

四、体裁

采用述、记、志、传、图、表、录等体裁，以志体为主。

五、结构

以卷章结构为主。

卷的设置以科学分类与现实社会分工（现行管理体制）相结合。凡具有特别重要地位、文化积淀深厚且体量较大者，设为专志，各置为卷。

卷下设章、节，必要时增设目、子目与细目等。凡时代特征、地方特色显著，又难以在正文中展开记述者，设为专记。

六、文体

使用规范的现代语体文。直接引用资料使用原文文体。

七、文字

以经国务院批准，1986 年 10 月 10 日国家语言文字工作委员会重新发表的《简化字总表》，1955 年 12 月 22 日中华人民共和国文化部、中国文字改革委员会发布的《第一批异体字整理表》及 2013 年 6 月 5 日中华人民共和国国务院公布的《通用规范汉字表》为准，异形词以

2001年12月19日中华人民共和国教育部、国家语言文字工作委员会发布的《第一批异形词整理表》为准。

人名、地名、书名、文章篇名及引录的原著文句，凡可能引起歧义、误解者，仍用原繁体字或异体字。

八、标点符号

以2011年12月30日中华人民共和国国家质量监督检验检疫总局、中国国家标准化管理委员会发布的《标点符号用法》为准。

九、称谓

中华人民共和国成立前的国家、民族、地名、组织、机构、职官等名称，除明显带有歧视、污蔑含义者加以适当处理外，原则上仍用文献记载的原名称。

志书下限时的地名使用各级政府审定的标准地名，必要时括注俗称地名。地名古今不同者，各章首次出现时在其后括注志书下限时的标准地名；隶属地域变化者，注明志书下限时所属地域。

外国的国名、地名、人名、民族名，以及政府机构、党派团体、报刊等名称，主要依照《辞海》（第六版）译名及新华通讯社译名室常用译名。各章首次出现时，根据需要括注外文原名。

生物名称使用学名，记述自然资源涉及有关生物名称的，各章首次出现时采用二名法，必要时加注当地俗名。

十、简称

各种较复杂的名称重复出现时，各卷首次出现时使用全称并括注简称，其后出现直接使用简称；有关机构、单位的全称、简称均以《有关机构、单位全称与规范化简称对照表》为准；其他简称采用社会上通行、不产生歧义者，且全卷保持一致。

十一、纪年

凡干支纪年、年号纪年及其他传统采用的非公历纪年等，均以汉字书写，括注公历纪年；非公历纪年后有月、日的，应同时括注经换算后公历纪年的月、日。

民国纪年以阿拉伯数字书写，括注公历纪年。

在同一自然段中同一纪年多次出现时，只在首次括注公历纪年，其后不再括注。

括注公历纪年于年份后加"年"字；若括注某一时间段，则只在后一个公历纪年后加"年"字。

括注公元前年份，年份前冠"前"字；括注公元1年后年份直接书写年份，不冠"公元"。

自1949年10月1日起，采用公历纪年。

公历纪年及公历的世纪、年代、月、日和时刻，均以阿拉伯数字书写。

十二、数字

数字按 2011 年 7 月 29 日中华人民共和国国家质量监督检验检疫总局、中国国家标准化管理委员会发布的《出版物上数字用法》表述。凡一个数字与“以上”“以下”“以内”等连用的，均含该数字。

十三、数据

中华人民共和国成立前的数据按文献记载入志。

中华人民共和国成立后的统计数据以统计部门公布数据为准。统计部门缺失者则采用相关部门经过核实的数据，并以注释形式说明资料来源。同一内容数据有不同者，也以注释形式加以说明。重要地理信息数据采用测绘部门公布的法定数据。

十四、计量单位

按 1984 年 2 月 27 日中华人民共和国国务院发布的《中华人民共和国法定计量单位》规定表述。志文中使用单位名称或单位符号视具体情况而定。

中华人民共和国成立前的计量单位根据需要沿用旧制。

十五、货币

中华人民共和国成立前的货币币值均按文献记载入志。

中华人民共和国成立后货币币值均指人民币币值。1955 年 3 月 1 日前后人民币各按当时币值记载，不作换算。

外国货币按文献记载入志，币值不作换算。

十六、地图

按 2015 年 11 月 26 日中华人民共和国国务院公布的《地图管理条例》和浙江省人民政府 2014 年 11 月 11 日公布、2015 年 12 月 28 日修正的《浙江省地图管理办法》的规定，采用经浙江省测绘行政主管部门审核的地图。

十七、注释

直接引用(引文)、地图、图片、表格及有关重要内容，均注明资料来源。其他需要说明者，亦酌情加以注释。

引用清代及清代以前编纂的志书，应注明朝代、纪年、志书名称及卷次(或卷次与篇名)；引用民国时期编纂的志书，应注明“民国”、志书名称及卷次(或卷次与篇名)；引用 1949 年 10 月 1 日(含)以后编纂、出版的志书，应注明志书名称、出版单位、出版时间及页码。志书名称与篇名均用书名号。引用清代及清代以前的私修志书，应注明朝代、纪年、志书名称及卷次(或卷次与篇名)；引用民国时期的私修志书，应注明“民国”、志书名称及卷次(或卷次与篇名)；引用 1949 年 10 月 1 日(含)以后私修但公开出版的志书，应注明作者、志书名称、出版单位、出版时间及页码。

十八、资料

入志资料取之于档案、书籍、报刊、网络及社会调查等，均经考订、核实。凡记载不一者，正文采其一说，其余说法以注释形式记述。

十九、大事记述

以编年体为主，兼用纪事本末体，专设《大事记》记载全省大事；其余各有关卷设置《大事年表》记载相关大事。

二十、人物

人物以“生不立传”为原则，专设《人物传》予以记载；其余各有关卷所涉人物按“以事系人”“人随事出”方法处理。

目 录

概 述

一

浙江地处东南沿海，物产丰富、人文荟萃，口岸开放历史悠久，对外经济贸易与检验检疫历史源远流长。浙江宁波的海上交通可以溯源到约7000年前的河姆渡文化时期。春秋战国时期，随着浙东地区经济的发展与技术的进步，宁波开通的通海门户句章（今宁波）港，成为全国最古老的九大港口之一。秦汉时期，甬江流域对近海的贸易活动已比较频繁，甬东会稽郡句章县海中洲（今舟山）已与日本有贸易往来。三国两晋时期，句章、东瓯（今温州）港口成为浙江早期海外贸易集散地和文化交流拓展地。唐代，明州港（今宁波港）被辟为中国三大贸易港口之一。唐乾宁三年（896年），由当时割据浙江后建立吴越国的钱镠在杭州设博易务，司职进出口贸易管理。在五代后梁开平元年（907年）五月，钱镠受封为吴越王后，沿海地区明州等港口始设博易务，允许南北贸易。至北宋端拱二年（989年），朝廷在杭州设立两浙市舶司，对国内外海运船舶、货物进行检查，验明许可，实施抽解（征收关税），接待招徕国内外商人。咸平二年（999年），杭州、明州设立市舶司。北宋熙宁十年（1077年），在沿海商税额超过1万贯的八大海港中，杭州商税额已据首位，是位居第二的福州、位居第三的广州商税额的2倍多；温州、明州则位居第四、第五位，青龙镇（今上海青浦白鹤镇）商税额排名第七。唐宋时期，浙江出口茶叶、生丝、绸缎、青瓷等多种商品，进口商品也达40余种。

经元、明两代至清代，宁波已是中国对外贸易的重要口岸。元至元十四年（1277年）杭州、温州、庆元、澉浦设立市舶司，全国七大市舶司，浙江有4个。明嘉靖初年，杭州北新关所设牙行已有50个，承担杭州对外贸易、商品检验和关税征收。嘉靖二年（1523年），朝廷罢撤浙江、福建等地市舶司。清康熙二十四年（1685年），清政府开放海禁，清廷设置监督浙海关钞（简称浙海关），治所在宁波，监管浙江等地的进出口贸易事务，对进出港船只进行稽征，包括制发和检验进出港船只的执照、稽私查禁和征收关税。乾隆二十二年（1757年），清政府关闭浙海关。道光二十三年（1843年），宁波被辟为五口通商口岸之一，关闭了80多年的浙海关重新开关，受理进出口商品贸易及其检验等业务。咸丰十一年（1861年），浙海关建立关医处，负责海关职员医疗保健、入关体检和港口检疫。光绪六年（1880年），宁波港（今甬江港区）出现的洋行已达32家。这些洋行经营轮船、贸易、保险、商品检验等业务。光绪二十年，宁波港开始对进出港船舶实施卫生检疫。光绪二十三年，清廷发布《整饬茶务第一示》，告示“茶商不准掺和杂质或多加渲染以欺诳洋商”，这是以官府名义发布商品检验要求的先例。宣统二年（1910年），浙海关修订检疫章程，加强检疫措施。宣统三年，劝业道在杭州笕桥设立农事试验场。至清末，浙江的口岸卫生检疫、商品检验行业初步成型，动植物检疫已有机构涉足。

中华民国时期，在浙江检验出口的商品逐渐增加，品种已包括茶叶、生丝、绸匹、棉花、肠衣和猪鬃等。具有现代意义的进出口商品检验始于民国 4 年(1915 年)，浙江瓯海道(今温州)成立永嘉茶叶检验处，负责检验温州地区茶叶，查禁茶叶着色掺假。民国 7 年，浙海关颁布海港检疫章程。民国 10 年，浙江余姚、慈溪棉花验水所相继成立。民国 11 年，浙江、江苏、安徽丝茧总公所与美国丝业公会各出一半资金，共 6 万美元，合办上海万国生丝检验所，对销往美国的生丝进行分级和检验。民国 13 年，浙江省建设厅设立浙江昆虫局，负责植物昆虫害防治与研究，兼及植物检疫功能。民国 15 年，余姚、慈溪两家棉花验水所合二为一，次年改为官督商办的宁波棉花检验所，到甬棉花一律经由该所检验出口。民国 18 年，浙江省建设厅将宁波棉花检验所收为省办，设置与政府关税、外事职能分离的独立商品检验机构，改名为"浙江省立棉花检验所"。此后，国民政府工商部正式设立商品检验机构，主管全国商检事务，并规定地方政府不得另设检验机构，以达统一检政之目的。浙江省立棉花检验所遂归并上海商品检验局管理，并在此后一个时期，浙江境内的商检机构与商检业务皆由上海商检局负责管理。民国 19 年，宁波港的检疫工作由浙海关兼理。民国 21 年，浙江省政府设立农业改良总场，下设兽医技术室负责家畜疫病防治，兼及动物检疫功能。民国 27 年，浙江省建设厅颁发《浙江省茶叶检验办法》，旨在推动茶叶检验，力保茶叶商品质量，同时设立宁绍台区、温处区、金衢严区 3 个茶叶检验处。是年，浙江已具备茶叶、棉花、生丝检验实力，但只是单一性的商检机构，而且分设于宁波、嵊县(今嵊州)、温州和金衢严区(今金华、衢州、部分杭州)等地，尚无综合性的商品检验机构存在。同年，国民政府上海商检局及其在浙江的分支机构停办。此后，浙江商检事务由汪伪上海商检局执掌。民国 34 年 9 月，国民政府接管汪伪上海商检局。民国 35 年 2 月，上海商检局恢复成立，浙江商品检验由上海商检局执行品质管制。民国 36 年，上海海关检疫所温州卫生检疫临时分所设立，负责海港进出口船舶检疫、控制温州地区的鼠疫等疫情传播。民国时期，浙江省的动植物检疫与机构尚在萌芽状态，浙江口岸卫生检疫力量也相当微弱。

二

中华人民共和国成立以后，于 1949 年 11 月 2 日成立中央人民政府贸易部，主管国内外贸易。中央人民政府贸易部下设国外贸易司商品检验处，负责指导全国商品检验工作。浙江省的对外贸易和进出口商品检验检疫工作随之进入恢复发展时期。20 世纪 50 年代，中国对苏联、东欧等国家实行贸易开放和经济合作，对外经济贸易开始发展，对外贸易额有了较大增长。在此期间，浙江进出口商品检验业务由新成立的上海商检局管辖。自 1950 年 3 月起，上海商检局先后在浙江杭州、绍兴、温州等地设立茶叶检验工作站(组)、生丝检验工作组、肉类和大米临时工作站、柑橘产地检验点等，就地实施此类出口商品的检验。其间，浙江动植物防疫检疫工作由上海动植物检疫机构及浙江省农业厅下属检疫机构承担，浙江省卫生检疫机构也逐渐得以恢复。1951 年起，浙江对外贸易公证鉴定工作统一由上海商品检验局(杭州工作组)办理。1952 年,在国家撤销大行政区后,全国各地对外贸易行政领导机构即按省(市)分别设置,而商检机构则受所在省(市)对外贸易行政机构及上一级商品检验机构双重领导。是时,在浙商品检验机构维持原有建制,仍为上海商检局的分支机构。1953 年 1 月,因各大行政区卫生机构变更,卫生部决定将其所领导的各交通检疫所分别交由所在地之省、市(直辖市)卫生厅、局直接领导,并明确检疫所为省、市(直辖市)一级卫生机构。浙江省遂将新建的温州交通检疫所转交浙江省人民政府卫生厅直接管理。12 月,浙江省批准省农林厅建立浙江省家畜检验总站,负责浙江省动物检疫工作。1954 年,宁波、温州海关撤销,上海海关检疫所温州卫生检疫临时分所也被撤销。1955 年,浙江省卫生检疫机构实行省以下垂直管理体制,各检疫所为各地卫生局的直属单位。1956 年,浙江省农业厅下设浙江省植物检疫站,负责浙江省植物检疫工作。1958 年,进出口商品检验权力下放,由生产经营部门自行办理。

20 世纪 60 年代初,中国对外经济、开放进入曲折发展阶段。1962 年,经中央外贸部批准,中华人民共和国杭州进出口商品检验局(以下简称杭州商检局)正式成立,并接受浙江省对外贸易局和中央外贸部商检局(以下简称外贸部商检局)的双重领导,负责执行浙江地区出口商品的检验和品质管理。1963 年,杭州商检局对外挂牌,实施对浙江省进出口商品的检验和管理、浙江省进出口动植物及其产品的检疫。计划经济体制下条块划分的组织机制,影响到浙江对外经济贸易和商品检验、卫生检疫和动植物检疫事业的发展。开验初期,杭州商检局检验的出口商品大多为农副产品,包括肉禽、罐头、冷冻水产、鲜蛋、茶叶、生丝、绸匹、皮鞋、皮制品等 9 类 35 种,其余 15 类 38 种法定检验商品仍由上海商检局检验。检验手段也以感官方法为主,检验方法有产地预检、派员驻厂、分片包干和巡回检验等方法。1964 年 4 月,国务院批准建立中华人民共和国温州卫生检疫所(以下简称温州卫检所),对出入境国际航行船舶、人员、货物等实施卫生检疫。12 月,浙江省成立浙江省植物检疫总站,在金华、温州、台州、宁波、丽水、舟山等设立植物检疫分站,负责种子、苗木等植物检疫工作。是年,浙江省的商品检验、动植物检疫和卫生检疫三类机构均正式恢复或建立,虽然人力资源、设施设备十分匮乏,技术实力不足,但也能够在各自领域贯彻执行检验、检疫和监管任务。1963—1965 年,杭州商检局共检验出口商品 23684 批。1966 年 5 月 1 日,国务院批准成立中华人民共和国农业部杭州植物检疫站,负责浙江省进出境植物检疫工作,植物检疫工作也从地方管理收为中央垂直管理。

1966 年 5 月"文化大革命"开始,经济工作受到严重干扰,对外贸易和进出口商品检验、动植物检验检疫、卫生检疫事业严重萎缩。杭州商检局人员下放,机构名存实亡,进出口商品检验工作一般由企业自行办理,商检机构仅办理放行手续。浙江进出境动植物检疫工作、卫生检疫工作也陷入瘫痪。1970 年,浙江各地植物检疫分站体制下放后被相继撤销。1972 年,省农林局种子植保植检站负责植检业务。1973 年,浙江省革委会商业局发出通知,恢复杭州商检局机构。随后,杭州商检局相继召回原先的检验人员,健全机构、恢复职能,检验种类、批次、数量有了增长。1974 年,浙江省农业厅下设浙江省畜牧兽医站,并在全省的 7 个地区、24 个县建立家畜检疫站,行使全省畜禽的检疫工作,兼管生猪出口基地和交通站埠的供港活猪检疫。是年,浙江全省的进出口商品检验工作开始得到发展。杭州商检局开始对出口苏联的柑橘实施检验,因检测设备和技术比较落后,进出口商品检验多以感官项目为主。此后,温州、杭州、宁波的动植检所和商检局分别开展对苏出口柑橘的检疫、检验。检验检疫品种也由柑橘逐渐扩大到梨、草莓、杨梅、柚子等水果。1974—1975年,为满足外贸发展需要,杭州商检局先后在浙江沿海主要口岸和工业较发达地(市)设立温州、宁波2个商品检验处,作为分支机构,实施产地检验。

1976年粉碎江青反革命集团以后,浙江对外贸易与检验检疫事业开始恢复发展。1977年,浙江省农业厅所属动物检疫机构负责对浙江铁路沿线德清、萧山等7个供港猪中转站实施中转站的供港猪运输工具的检疫。杭州商检局检验商品增至77种,检验批次达到15207批,货值2.5亿元,出具不合格商品证书40份,获赔金额11.6万元。1973—1977年,杭州商检局共检验进出口商品38898批,其中出口商品38692批,进口商品206批。

三

从1978年12月至1999年8月"三检"合一,浙江省检验检疫事业进入一个新的历史发展时期。浙江检验检疫机构实行中央垂直领导,服务浙江外向型经济;加强法制建设与执法监督,严格依法行政、依法治检;坚持以科技为支撑,制定科技发展规划,加强科技管理,增强科技兴检综合实力;树立抓质量,保安全,守住国门,服务经济发展意识,有效防控,简化程序,严把进出口商品检验、动植物及其产品检验检疫、国境卫生检疫关,有力地促进了浙江外向型经济快速发展。

1978年12月,中国共产党第十一届三中全会召开,国家确立对内搞活、对外开放的重要方针,全面实施改革开放战略。此后,浙江省外贸公司、"三资"企业、民营企业对外贸易全面自营,全省经济和外贸开始快速发展,浙江检验检疫事业逐步发展壮大。1978年,国务院批准建立宁波卫生检疫所,实行省、市双重领导,业务范围为宁波、舟山两地区;建立浙江省农业局动植物检疫站。浙江商检和动植检机构开始对出口速冻蔬菜进行检验检疫。全年,杭州商检局受理进出口商品检验19311批,金额42829万元,其中出口19171批次,金额39949万元。

1979年,国务院批准建立中华人民共和国杭州卫生检疫所(以下简称杭州卫检所)。农业部将浙江省杭州动物检疫站、植物检疫站合二为一,改建为杭州动植物检疫所(以下简称杭州动植检所),将镇海港口动植物检疫所更名为宁波动植物检疫所(以下简称宁波动植检所),同时筹建温州动植物检疫所(以下简称温州动植检所)。是年,杭州卫检所开始承接国境卫生检疫业务,包括机场检疫查验和办理出国人员预防接种证书。杭州商检局首先在宁波北仑港铁矿石中转港和镇海炼化厂设立检验现场办公室,加强机器设备、进口商品的检验管理。宁波动植检所首次受理进口船舶动植物检疫,杭州动植检所首次开展对进境飞机和出入境旅客携带物实施动植物检疫。

1980年,国务院下发《关于改革出口商品检验管理体制的通知》,明确各地商品检验机构收归中央建制。同时,批准杭州商检局为厅局级机构建制,批准设在浙江的杭州、温州、宁波动植检所归由国家动植物检疫总所(以下简称国家动植检总所)直接领导,并扩编增员,以适应改革开放后进出口贸易发展及其检验检疫的需要。是年，浙江各口岸动植检所开始对进境苗木、花卉盆景、进口生牛皮、生绵羊皮、羊毛、牛蛙、虹鳟鱼、鳗鱼、斑节对虾、巴西草鳊、细鳞鲳、鲤鱼、鳖蛋等实施检疫。浙江卫生检疫机构开始对出入境人员实施传染病监测，对港区的码头、水面、道路、货物、管区及办公区卫生状况开展督查。各口岸相继开始空港卫生检疫监督管理，监督候机楼的环境卫生状况、供机食品、饮用水以及病媒昆虫等。1981 年，全省卫检机构有步骤地在涉外宾馆、饭店和医院设立疾病监测点，开展传染病监测。同时，对交通工具实施卫生监督。1982 年，宁波卫生检疫机构开始对进口原糖实施卫生检验。杭州新增入境外籍人员就诊的浙江医院为传染病监测点。1983 年，浙江卫检机构开始对尸体、棺柩、骸骨进行消毒处理。是年，宁波商检局检验出口商品 6767 批，金额 2.53 亿元，比 1978 年分别增长了 4 倍和 8 倍。

1984 年，国务院发布《中华人民共和国进出口商品检验条例》。杭州商检局更名为“中华人民共和国浙江进出口商品检验局”（以下简称浙江商检局）。浙江卫生检疫机构开始对废旧物品实施卫生监管。宁波成为国家对外开放的 14 个沿海开放城市之一，全面实行对外开放，对外经济贸易快速发展，检验检疫业务量大幅上升。全年，浙江商检机构共检验进出口商品 51735 批，比 1978 年增长 2.67 倍。1978—1984 年，杭州商检局对进口商品严格把关，对外成功索赔 5618 万元。

1986 年，《中华人民共和国国境卫生检疫法》（以下简称《卫生检疫法》）颁布实施，卫生检疫工作进入法制化新阶段。浙江各口岸卫生检疫机构进一步完善、健全，并依据《卫生检疫法》及其实施细则赋予的检疫职责，严格把关，实施检疫查验、传染病监测、卫生监督、卫生处理、预防接种、国际旅行保健和进口食品卫生监督检验，从单一卫生检疫查验逐渐向传染病监测、卫生监督、卫生处理、进口食品监督检验和国际旅行保健等多方面扩展。同时，扩大办公和实验用房，增加卫检人员，添置仪器设备，提高卫生检疫能力，并开始对微生物、人体组织、生物制品、血液及制品实施卫生检疫。1987 年，浙江商检局制定《浙江商检局科技管理办法（暂行）》，对科技计划编制、成果鉴定和申报登记作出规定。杭州卫检所增加对艾滋病的检测。1988 年，浙江商检局对重大进口设备采取装前、卸后“双把关”的办法，实施装船前检验。

1989 年 2 月，《中华人民共和国进出口商品检验法》（以下简称《商检法》）获全国人大常委会通过。《商检法》的实施规范了浙江检验检疫事业的良性发展，使浙江商检工作进入一个快速发展期。从此开始，依据法律赋予商检机构职责范围，浙江商检机构承担起进出口商品检验、监管和鉴定三大任务。1989 年，浙江商检局下属机构有温州、宁波、金华、舟山、台州、嘉兴、绍兴、湖州 8 个地市级商检局。全省商检机构经过全面清理商检依据，对 35 种尚没有明确依据的商品制定检验规程，统一 58 种大宗进出口商品的检验原始记录，保证检验项目的统一性和完整性。同时加强商检内部管理，理顺工作关系，实行一个窗口对外，减少环节、加快流程，提高服务外贸质量。是年，浙江商检机构检验法定进出口商品达到 325 种，其中出口商品 212 种、进口商品 113 种。除茶叶、罐头、丝绸、轻工等传统大宗出口商品外，在所检验的商品中，机电、五金、化工、医药、矿产品比重大幅上升。全年，浙江商检机构共检验进口商品 3853 批，检验出不合格进口商品 402 批，对外成功索赔 1528 万元。同年，浙江商检机构和浙江动植检机构开始对出口加工企业实施许可证制度和注册登记制度。自1989年起，杭州、宁波、温州、舟山卫生检疫所划归卫生部卫生检疫总所，实行中央垂直管理体制。各卫生检疫所开始对货物实施卫生检疫，特别是废交通工具、废五金、废旧设备、废纸、废橡胶等。1990年11月，交通部、卫生部授予宁波港"国家卫生港"称号。

1991年，全国人大常委会会议通过《中华人民共和国进出境动植物检疫法》(以下简称《动植物检疫法》，1992年4月1日起实施)，浙江省动植物检疫工作走上法制化建设正轨。依据《动植物检疫法》和配套法规的规定，浙江的动植检机构对进出境的动植物及其产品、运输工具、旅客携带物、邮寄物实施动植物检疫、检疫处理和检疫监管，从检疫物中多次检出危险性病虫害和禁止入境物，有效地保护了浙江农林牧渔业生产的安全和健康发展，加强了环境保护和生态平衡，促进了对外贸易和国民经济发展。浙江商检局制定《浙江商检局"八五"期间科学技术发展规划》《浙江商检局科技管理实施细则》《浙江商检局科技发展基金管理实施办法》《浙江商检局科技奖励实施细则》和《浙江商检局科技情报管理办法》，推进科技工作发展，进而提高检验检疫质量。杭州、宁波、温州、舟山卫生检疫所分别更名为"卫生检疫局"，其进口食品监督检验所也同时更名为"食品监督检验局"。

1992年，浙江外向型经济步入快速发展时期，省内中外合资、合作和外商独资企业迅猛增加，进出口商品检验量急速上升。全省商检机构检验业务量上升到11.6万批，检验货值达241.6亿元，检验批次比1984年翻了一番，货值增加近10倍。在进出境商品检验量增长的同时，一些进出口商品的检验不合格率也有所上升。其中，进口设备的不合格率高达55.38%。为此，浙江商检机构有针对性地加强资产评估、外商投资财产价值鉴定业务管理，制定相应的规章制度，遏制投机行为。稳步开展的法制建设，规范了浙江检验检疫事业的良性、快速发展。1993年，浙江商检机构把工作重点转移到涉及安全、卫生、环境保护和关系国计民生的进出口商品检验把关上。倡导"科技兴检"，加强科研和技术开发应用工作。全省商检系统会议提出，精心论证、合理布局，进一步延伸商检机构，建立多层次、多功能、多形式、高效能的商检网络。此后，又增设北仑、嵊泗、宁海、鄞县、余姚、义乌、衢州、丽水商检局和宁波保税区商检办事处，筹建萧山、奉化商检局，建立纤维检验所、浙江商检总公司以及涉外质量保证中心等检验与质量评定实体。宁波商检局通过向县市延伸机构，使这些县市的出口商品得以就地报检、报验、放行或出证，从而方便外贸企业，提高工作效率。是年，宁波商检局共检验进出口商品1.87万批，金额157.63亿元，对外签证4.52万份，比1988年分别增长了近8倍、14倍和10倍。从1993年起，浙江动植物检疫机构针对不同的水产品，相继开展沙门氏菌、大肠杆菌、霍乱弧菌、副溶血性弧菌、李斯特菌、贝类毒素等实验室检验。1994年，浙江各卫生检疫机构先后建立国际旅行卫生保健服务中心，主要为出入境人员开展国际旅行卫生保健、预防接种、健康体检、健康咨询等。

1995年12月，国家商检局批准宁波商检局列为国家商检局的直属局，实行国家商检局和地方人民政府双重领导，以国家商检局领导为主的垂直管理体制。独立开展宁波市辖区范围的商检业务。1996年，全国商检系统体制改革，推行公务员制度。按照国家商检局机构改革实施方案，浙江、宁波两个直属商检局分别上报机构改革"三定"方案，分步实施政事、政企分设方案和公务员制度实施方案。浙江商检局编制《浙江商检局“九五”期间科学技术发展规划》，同时，加强对进口废物原料的检验管理，将进口“洋垃圾”堵于浙江省境外。国家动植检局确定杭州动植检局为浙江省中心检疫局，协调浙江省各口岸动植检局的检疫业务工作。

1997 年，国家卫生检疫局（以下简称国家卫检局）决定宁波卫生检疫局（以下简称宁波卫检局）为浙江省各卫检局之中心检疫管理局，负责管理辖区内的杭州、温州、舟山、海门卫生检疫局的人事、财务、国有资产、审计、监察（纪检）等各项工作。是年，浙江检疫出境植物 7625 批次，比 1991 年增长 9.3 倍。1997 年后，浙江检验进口商品增速显著加快。进口商品包括：成套设备、机械、家电、金属材料、化工原料（原油）、纺织原料、矿产、化肥农药、粮食、木材、水泥等。商检机构对进口价值在 3000 万美元以上的项目，其中包括杭州磁带厂、秦山核电站、天荒坪蓄能电站、嘉兴电厂等企业的项目，直接在企业设立现场办公室，及时检验、出证，确保有效索赔。设立企业现场办的工作得到国务院领导人称赞。1998 年，国家动植检局决定杭州动植检局为浙江省各动植检局的中心检疫局。浙江省共有杭州、宁波、舟山、温州、海门 5 个正处级卫生检疫局。嘉兴、温州机场、栎社机场、镇海、北仑 5 个卫生检疫局分别为杭州、温州、宁波卫生检疫局的分支机构。1999 年 8 月 10 日，由原宁波卫生检疫局、宁波动植物检疫局、宁波进出口商品检验局合并组建成的中华人民共和国宁波出入境检验检疫局（以下简称宁波检验检疫局），由国务院原有关部门设在浙江（宁波所辖区域和口岸除外）的出入境卫生检疫与进口商品卫生监督检验、动植物检疫和进出口商品检验机构合并组建成的中华人民共和国浙江出入境检验检疫局（以下简称浙江检验检疫局）正式对外挂牌，负责浙江全省的出入境检验检疫。

1999 年，浙江动植物检验检疫机构对进境货物木质包装要求在输出国必须进行热处理或中国认可的有效除害处理。进境动物及其产品检疫主要包括：进境口岸现场检疫、实验室检疫和指定动物隔离场的隔离检疫，以及动物产品的现场抽样送实验室检测，对加工动物产品的企业实施注册登记制度。全年，浙江动植检机构检疫进口水生动物 24 批，43.7 万枚；进境木材 153 批，143670 立方米；出口野生及观赏动物 10 批，5900 只；出口水果（不包括宁波）378 批，7911 吨；出口大米 612 批，125201 吨；供港活猪（不包括宁波）：中猪 59012 头，大猪 151368 头。浙江卫检机构卫生检疫出入境船舶 6745 艘次、航空器 2786 架次、人员 534167 人次、货物 139882 批次、集装箱 485721 标箱。浙江商检机构检验进出口商品 234490 批次、金额 89.98 亿美元，其中进口 14249 批次、进口金额 37.19 亿美元，出口 220241 批次、出口金额 59.79亿美元。

1978—1999 年，浙江商检机构共检验进出口商品 209.02 万批、货值 5676.40 亿元，发现不合格出口商品 2.29 万批，涉及金额 34.31 亿元，有效阻止不合格商品流出国门，避免可能造成的质量信誉和经济损失。同时，查出不合格进口商品 0.94 万批，涉及金额 63.94 亿美元，均出具商检证书供进口方对外索赔，维护国家和企业的合法权益。

1979—1999 年，杭州卫检局共检验检疫出入境飞机 17524 架次，旅客 1816587 人次，船舶 2319 艘次，货物 51.5 万吨；邮包检疫 1079 批次，集装箱检疫 32237 箱，对国际旅行者健康检查 59485 人次，检疫进口食品 1191 批、39.6 万吨；检测验证境外人员 5547 人次，发现传染病

3000余例。办理《国际预防接种证书》107552份。1978—1998年，宁波卫检局共检疫查验出入境船舶23609艘次，出入境海港人员778585人次；检疫出入境飞机5285架次，出入境空港人员27708人次。共进行预防接种109394人次。

1979—1998年，宁波动植物检疫机构已累计检疫动植物及其产品94393批次、1062.97万吨，货物总值323.9亿元；检疫海港客运111航次，入境旅客9961人次，空港客运2373航班、14万余人次；检疫入境船舶11277艘次，集装箱40.12万标箱，木质包装及铺垫材料1936批次。

四

1999年8月"三检"合一后，浙江检验检疫机构把提高检验检疫业务能力作为中心任务，视为促进浙江开放型对外贸易事业发展的保证。1999年10月，宁波出入境检验检疫局共有6个分支局、3个办事处、6个直属单位和16个内设机构，局行政编制322人。各口岸和县(市、区)基本设立了检验检疫机构，不仅能够担当起宁波口岸进口所有商品的独立检测任务，而且在铁矿砂等商品检测实力方面处于全国领先地位。12月，浙江出入境检验检疫局共有12个分支局、18个内设机构、6个直属单位和7个派出机构。全局行政编制719人。机构体制改革的顺利完成，为浙江检验检疫事业的发展奠定了基础。进入21世纪以后，浙江检验检疫机构按照国家质量监督检验检疫总局领导提出的统筹处理好"检验检疫事业发展与队伍建设，检验检疫发展与地方经济社会发展，行政管理和技术装备，坚持以人为本与加强对干部监督管理"四个关系的要求，结合浙江省委、省政府提出的进一步扩大开放的若干意见，确定了"围绕全面推进事业发展这条主线，立足依法行政和促进经济两个根本，提高通关运作、科研技术、内部管理三项水平，突出业务改革、事业单位改革、应对突发事件能力和队伍建设四个重点"的工作思路，加快制度创新，建立适应新形势发展要求的检验检疫工作体系。浙江检验检疫事业进入新的快速发展阶段。2000年，浙江检验检疫机构把建立和完善内部ISO9000质量保证体系作为贯彻落实"管理服务年"的一项中心工作来抓，以此推动各项管理工作上台阶。年底，全省各级检验检疫机构基本完成内部质量体系的建立，并且投入运行。

2001年，中国加入世界贸易组织，中华人民共和国质量监督检验检疫总局对《检验检疫机构实施进出口商品检验目录》(以下简称《法检目录》)进行调整。按《法检目录》，浙江省承担列入法定检验的进出口商品有2256种，占《法检目录》商品的70%以上。是年，浙江检验检疫局业务量居全国第6位，宁波检验检疫局业务量居全国第10位。随着进出口商品检验业务量的日益增长，浙江检验检疫机构开始探索检验监管模式改革，尝试由过去的批批检验改为型式检验和过程检验。同时，开始在辖区范围内实施对《法检目录》内工业产品生产企业的分类考核和监督管理。是年，省内形成了宁波、温州、台州、嘉兴、舟山等有一定规模的港口，鉴定业务基本上涵盖了所有鉴定项目，涉及的商品主要有原油、成品油、矿产品、煤炭、食用/非食用油脂、化肥、钢材及制品、棉花和粮谷及豆类。宁波检验检疫局科技经费投入比2000年增加3倍，全局有5项科研课题通过质检总局组织的鉴定，其中2项被评为国际先进，2项被评为国内先进，并被建议上升为SN行业标准。

2002年11月14日，宁波检验检疫局升格为正厅级直属局，实行质检总局垂直管理的体制，宁波检验检疫事业跨入一个新的发展阶段。2003年，全省检验检疫系统大力推行口岸“大通关建设”，深化检验检疫监管模式改革，加快检验检疫工作重点向安全、卫生、环保、健康和涉及国计民生等方面转移，强化科技兴检、人才强检，加强内部管理，促进各项工作步入规范化、科学化、程序化发展轨道。宁波检验检疫局提出要争创一流的管理水平、一流的检测实力、一流的队伍素质、一流的把关服务、一流的对外形象。2004年，浙江对外贸易国际化进程加快，进出口商品检验呈现快速增长势头。是年，浙江省进出口商品检验批次已超100万批次，达100.14万批，金额达453.55亿美元，其中进口批次86367批，进口金额229.54亿美元；出口批次91.502万批，金额224.01亿美元。2005年，宁波检验检疫局各项业务指标保持高位增长，问题检出率显著提高，检验检疫工作有效率明显增强。全年共检验检疫出入境货物41.41万批，货值318.63亿美元，同比分别增长21.59%和37.38%；发现不合格货物1842批，货值7.73亿美元，发现医学媒介32.13万只，入境检疫截获有害生物363种4511种次，检出来自49个国家（地区）共1001个集装箱有疫情。宁波检验检疫局检验业务量继续位居全国直属局的前10位。

2006年，浙江、宁波检验检疫局开始实施“十一五”发展规划，具体落实“一年大突破、两年上台阶、三年大变样”的三步走发展战略。浙江检验检疫局积极推广电子监管、绿色通道和免检工作，有效应对国际贸易技术壁垒，规范市场采购商品出口秩序，提高检验检疫工作的有效性。

2007年，浙江检验检疫局改革管理体制，成立杭州检验检疫局，实施管理与执行职能分离，从管理执行局转变为管理局。体制改革的成功，有效地推进了浙江检验检疫资源的整合，加速了浙江检验检疫的发展速度。2008年，受到国际金融危机的严重影响和出口市场急剧萎缩的强烈冲击，浙江检验检疫系统沉着应对，紧紧围绕促进外贸扩大出口这个主题，群策群力，积极履行把关、服务两大职能，各项工作取得显著成绩，实现了检验检疫事业整体上新台阶。2009年，全省检验检疫机构提出在把关水平、服务发展、改革创新和内部管理四个方面实现发展新跨越工作要求，力促全省检验检疫系统工作水平的提升，推动浙江开放型经济转型升级和社会和谐稳定，把浙江检验检疫事业与浙江地方经济社会发展紧密结合在一起。

“十一五”期间，浙江检验检疫机构积极应对国际金融危机、技术性贸易壁垒和复杂的外贸形势带来的各种压力，部署开展了质量和安全专项整治、质量和安全年等重大活动，推行分类管理新模式，以引导企业提高质量管理水平，加快出口商品检验监管区和质量安全示范区建设。探索建立行政管理、执法监管、行业自律等多种监管形式有机结合的监管新模式。完善口岸反恐怖工作机制，重视卫生防控工作，推进口岸核心能力建设。严格动植物疫情防控，严防疫情疫病和有毒有害物质传入传出。加快大通关建设，推行出口免验、绿色通道、直通放行等便捷通关模式。加快检验检疫信息化建设，建立检验检疫合作机制，与海关、商务、农业等部门建立紧密合作关系。健全产品质量分析报告制度，为各级政府有效把握国际市场变化、促进经济发展提供决策参谋。加快服务地方经济发展大局，以促进外贸出口的稳定增大、加快转变外贸发展方式为主要任务，为服务浙江开放型经济快速发展和社会和谐稳定工作保驾护航。

2010年，浙江检验检疫机构共有浙江和宁波两个实行以中华人民共和国国家质量监督检验检疫总局垂直领导为主的直属检验检疫局。浙江局共有内设机构 14 个、临时机构 5 个、分支检验检疫局 13 个，行政编制 902 人。宁波局共有内设机构 16 个、临时机构 1 个、分支检验检疫局 8 个，行政编制 574 人。检验检疫业务量大幅度增长。是年，两局共检验进出口商品 2176994 批次，金额 1205.92 亿美元，与 1999 年比较，分别增长 8.48 倍和 12.40 倍。其中检验进口商品批次为 114063 批次，金额 591.18 亿美元，较 1999 年分别增长 7 倍和 14.89 倍；检验出口商品批次为 2062931 批次，金额 614.74 亿美元，较 1999 年分别增长 8.4 倍和 10.64 倍。浙江检验检疫局检验检疫进境动植物及其产品 10634 批次，货值 270163 万美元；出境动植物及其产品 130501 批次，金额 349048 万美元。进境动物 52 批，83.41 万美元；进境木质包装 17665 批，573818 件。宁波检验检疫局检验检疫进境动植物及其产品 5078 批次，重量 1991486 吨；出境动植物及其产品 11101 批次，重量 60805 吨。浙江检验检疫局查验出入境人员 213.56 万人，同比增长 23.58%；对 5.69 万人次出入境人员进行了健康检查，发现病例同比下降 16.8%。宁波检验检疫局共查验出入境人员 64.32 万人，同比增长 27.34%；对 6127 人次出入境人员进行了健康检查，发现病例同比下降 3.19%。

2000—2010 年，两局共检验进出口商品 13469171 批次，金额 6990.64 亿美元。其中检验进口商品 840250 批次，金额 3399.24 万美元；出口商品 12628921 批次，金额 3966.62 万美元。

2001—2010 年，浙江检验检疫局检验检疫进境动植物及其产品 76716 批次，金额 1334349.2 万美元；出境动植物及其产品 914708 批次，金额 2270373.4 万美元。宁波检验检疫局检验检疫进境动植物及其产品 32174 批次，重量 11433194 吨；出境动植物及其产品 111975 批次，重量 796822 吨。

2000—2010 年，浙江口岸对 157681 艘次出入境船舶、115689 架次出入境航空器、16043071 人次出入境人员、8167169 标箱的出入境集装箱、14687619 批次(金额 75153837 万美元)出入境货物实施卫生检疫。

五

综观浙江出入境检验检疫事业的发展历史，它源起于浙江对外商贸往来，成型于清末民国初，兴起于中华人民共和国成立以后；“文化大革命”期间遭破坏，改革开放后重新发展；进入 21 世纪，得以快速发展和强盛，成为浙江经济社会发展中一支不可或缺的重要力量，守护国门的忠诚卫士。展望未来，浙江出入境检验检疫机构将在大力推进改革开放、高质量创新发展的新形势下，以习近平新时代中国特色社会主义思想为指导，贯彻新发展理念，抓质量、保安全、促发展、强质检，不断完善与浙江社会主义市场经济和对外开放口岸发展相适应，与国际通行规则相符合的检验检疫管理体制，拓展浙江对外贸易与检验检疫事业。努力打造一支思想解放、作风优良、业务精湛、廉洁奉公，适应浙江口岸把关和服务需要的检验检疫队伍，在浙江出入境检疫查验、传染病监测、卫生监督、出入境动植物及其产品检疫和进出口商品的检验、鉴定、监督管理工作中，披荆斩棘、勇往直前，为浙江的对外开放和经济社会发展再创辉煌。

第一章 机 构

古代海外贸易商品检验是由市舶机构统管或由地方行政长官兼理。在舶商的陈牒、舶货的查验和抽解活动中，商品检验的机构雏形逐渐形成。

唐乾宁三年(896年)，钱镠在杭州设置博易务，作为商贸管理机构。北宋端拱二年(989年)，朝廷在杭州设立两浙市舶司，对商旅出海“给券以行”，颁发许可；咸平二年(999年)，杭州、明州(今宁波)各置市舶司，掌蕃货海舶征榷贸易之事，并与广州市舶司一起，被列为全国三大市舶机构。南宋建都杭州，增辟杭州外港澉浦和温州，增设市舶机构。元代，全国有七大市舶机构，浙江占有其中的四席。至明代嘉靖二年(1523年)，因宁波发生以贸易独占权为核心的“争贡事件”①，明朝廷遂罢撤浙江、福建等地市舶司。此后，市舶司虽有复设，但其历史在明末清初海禁时期宣告结束。

清初继续实行海禁。康熙二十四年(1685年)，朝廷开放海禁后，在宁波设立浙海关，监管浙江海外贸易。至19世纪末20世纪初，上海、宁波、温州等口岸城市才先后出现一些带有官方或半官方性质的、中外商人合办或洋商独办的专一商品检验机构，检验大宗出口商品。民国10年(1921年)，余姚和慈溪两地棉花验水所成立。翌年，上海万国生丝检验所成立。这些专业商品检验机构主要检验江、浙、皖地区的出口商品。

中华人民共和国成立后，浙江境内相继设立进出口商品检验、动植物检疫和卫生检疫机构。1951年，浙江省人民政府在杭州、温州等地设立商品检验工作站，办理茶叶等出口商品的产地检验。1963年，中华人民共和国杭州进出口商品检验局(以下简称杭州商检局)正式对外挂牌，执行全省进出口商品的检验和管理。1964年，浙江省植物检疫总站、中华人民共和国温州卫生检疫所(以下简称温州卫检所)成立。

1978年，中国共产党十一届三中全会作出了实行改革开放的重大决策。浙江经济得到快速发展，对外贸易量迅速增加，出入境检验检疫机构队伍不断壮大。是年，宁波卫检所成立。1979年，杭州卫检所成立。1980年，国务院下发《关于改革出口商品检验管理体制的通知》，明确各地商品检验机构收归中央建制。此后，浙江各地又陆续成立杭州商检局的分支机构，宁波、温州、舟山等动植物检疫所也相继成立。1984年，杭州商检局更名为“浙江商检局”。1995年12月，国家商检局批准宁波商检局为其直属局，并自1996年1月起从浙江商检局划出，独立开展

---

① 明嘉靖二年(1523年)，日本西海道大内氏使者宗设谦道与南海道细川氏使者瑞佐、宋素卿两贸易使团，驾勘合贸易船来宁波，因争先来后到，互责真伪，发生争执，宗设谦道杀瑞佐，使团乘机焚掠，抓走指挥袁琎、百户刘恩，杀备倭都指挥刘锦、千户张镗，史称“争贡事件”。

进出口商品检验业务。1997 年,国家卫检总所决定宁波卫检局为浙江省各卫检局的中心检疫管理局。1998 年,国家动植检局决定杭州动植检局为浙江省各动植检局的中心检疫局。

在中国加入世界贸易组织(WTO)前夕,全国涉外商品检验、检疫机构经历了重大体制改革。1998 年 5 月,浙江、宁波商检局与本辖区的动植检局、卫检局联合,分别成立"三检"(商品检验、动植物检疫和卫生检疫)临时协调小组。1999 年 8 月,根据国务院机构改革方案,浙江全省的商检机构、动植检机构和卫检机构合并(简称"三检"合一),分别组建成浙江出入境检验检疫局和宁波出入境检验检疫局,各自负责辖区内的出入境卫生检疫、动植物检疫和进出口商品检验工作,实行以国家出入境检验检疫局领导为主的垂直管理体制。此后至 2010 年底前,浙江省内共有浙江和宁波两个直属检验检疫局,其中浙江检验检疫局为管理局,不实施具体检验检疫业务。在此期间,两个直属检验检疫局对各自的内设机构、分支检验检疫机构进行扩充或升格,其垂直领导体制一直维持不变。

2010 年,浙江检验检疫局共有内设机构 14 个,临时机构 5 个,直属事业单位 6 个,直属企业 1 家,社团组织 2 个,分支检验检疫局 13 个,直管办事处 1 个,分支局下辖办事处 21 个;宁波检验检疫局内设机构 16 个,直属事业单位 5 个,直属企业 1 家,社团组织 3 个,分支检验检疫局 8 个,临时机构 1 个,办事处 12 个。至此,直属局、分支局和办事处三级检验检疫机构覆盖浙江全省。

第一节 清以前机构

浙江涉外贸易检查机构的设置,始于吴越国在杭州设置的博易务。北宋时期,杭州海外贸易日渐繁盛,朝廷于两浙路设立市舶机构。其后时兴时废,经南宋、元,迄于明末,杭州、宁波、温州等地都曾设置过管理海外贸易的市舶机构。

一、博易务

隋大业六年(610 年),江南运河通航,南北经济文化开始频繁交流,杭州"川泽沃衍,有海陆之饶,珍异所聚,故商贾并辏"①。唐乾宁三年(896 年),钱镠在杭州设博易务,管理海外贸易。

吴越国(907—978 年)建都于杭州,盛时疆域达 13 州,此时杭州湾未隘塞,江海交通便利,海舶常至,贸易繁荣。"梁时,江淮道梗,吴越泛海通中国,于是沿海置博易务,听南北贸易"②,北方的滨海郡邑,"皆有两浙回易务"③。是时,北方战乱,吴越国却广招海贾,大兴舟楫之利,并由沿海的博易务及设在山东半岛的登州、莱州等北方沿海港口州郡的两浙回易务,职掌海外国家及中原各地之间的贸易往来。吴越国"航海所入,岁贡百万"④,博易务成为官府

---

① 《隋书》卷三十一《地理志下》。
② 《十国春秋》卷一一五《拾遗·吴越》。
③ 《旧五代史》卷一〇七《刘铢传》。
④ 《旧五代史·钱镠传》卷一三三。

贸易和民间贸易的管理机构。至宋代，博易务由市舶机构取而代之，市舶司成为朝廷统一的贸易经营和管理机构。

二、市舶司

市舶司是中国古代最重要的海外贸易管理机构，内设判官及负责转运、文书和接待等职。市舶使先是由地方长官知州兼任，后改由负责漕运钱粮的大臣兼任，其机构亦由地方执掌转为朝廷直接管理。

北宋初期，参照唐代在广州“纳舶脚、禁异珍”的征榷政策，朝廷在各贸易港口相继设置专门的管理机构——市舶司，并制定管理制度。端拱二年(989年)五月，宋帝下诏，自“今商旅出海外蕃国贩易者，须于两浙市舶司陈牒，请官给券以行，违者没入其宝货”①，由两浙路市舶司职掌各港的对外贸易。淳化三年(992年)四月，两浙路市舶司由杭州迁至明州定海县，翌年复于杭州置司。咸平二年(999年)九月，又诏“杭州、明州各置市舶司，仍取蕃客稳便”②。此时，全国形成杭州、明州、广州三司并列局面，两浙路市舶司依旧置于杭州。元丰三年(1080年)，朝廷重新规定：“诸非广州市船司，辄发过南蕃纲舶船，非明州市舶司，而发过日本、高丽者，以违制论。”③把签证放行发船地点改为广州、明州两港。政和三年(1113年)七月，秀州(今浙江嘉兴)华亭县设秀州市舶务。建炎元年(1127年)，南宋初建，财政吃紧。六月，撤两浙路市舶司，市舶事务改由两浙转运司接管。由于市舶之利“亏失数多，市井萧条”，遂于次年五月复置两浙路市舶司。绍兴元年(1131年)，温州开辟为通商口岸并设市舶务，明州市舶司改称明州市舶务。翌年，两浙路市舶司从临安府迁至秀州华亭县，杭州市舶司易为临安府市舶务，原秀州市舶务改设于青龙镇，后称上海市舶司。绍兴十五年，两浙路市舶司下辖临安府、明州、温州、秀州、江阴军(今江苏江阴)5处市舶务。乾道二年(1166年)六月三日，朝廷下令罢撤两浙路提举市舶司，市舶司提举官、机构及印章全被撤废。两浙路提举市舶司遭罢后，5处市舶务归由转运司直接管辖。绍熙元年(1190年)，朝廷因临安府为行都所在，不宜外海商舶任意进出，于是下令暂罢废临安府市舶务。庆元元年(1195年)前后，朝廷禁止商船在温州、秀州、江阴军停泊，三地市舶务也因此停废，两浙市舶务只剩庆元府一处。淳祐年间(1241—1252年)，杭州的海外贸易再度复兴，淳祐八年(1248年)，临安府市舶务恢复建制，改称行在市舶务，两年后在临安府外的澉浦设一附属市舶场，隶属行在市舶务管辖。宝祐年间(1253—1258年)，两浙路仍有路一级市舶司管理庆元府市舶务税入，曾规定短少的税入“于岁收市舶司回税钱内支拨，就牒赴市舶司交管起发”④。

元袭宋制，至元十四年(1277年)于上海、澉浦、庆元、杭州、温州设立市舶司，连同广州、泉州，成为全国七大市舶司。至元二十一年，朝廷将杭州市舶司升格为市舶都转运司，负责转储广州、温州、泉州、庆元、上海、澉浦各地市舶司抽解的舶货，并负责经营管理“官本船”海外

① 〔清〕徐松：《宋会要辑稿·职官》，四四之二。

② 〔清〕徐松：《宋会要辑稿·职官》，四四之三。

③ 〔北宋〕苏轼：《东坡全集·奏议·中书省答子节文》。

④ 开庆《四明续志》卷八《蠲免抽博倭金》。

贸易。至元二十九年，杭州市舶都转运司由专掌商事和海运的江浙行省泉府司管辖。次年，杭州市舶都转运司被并入杭州税务司，温州市舶司并入庆元市舶司。元大德二年（1298年），澉浦、上海两地市舶司并入庆元提举市舶司，隶属中书省。元代，市舶机构隶属关系多受中央政权左右：元初，杭州市舶都转运司是独立部门，后改由行泉府司和行省双重领导；元朝中期以后，中央泉府司以及地方行泉府司罢废，杭州市舶都转运司再改由地方最高行政机关行省管辖。

元至正二十四年（1364年），始于宁波置浙江提举市舶司。洪武初，共设宁波、泉州、广州三处市舶司，其中宁波通日本。洪武七年（1374年）十月，罢浙江提举市舶司，此后废置不常。明代，浙江提举市舶司在定海、澉浦、乍浦、临海、温州等地设有征榷关卡，管理与日本的勘合贸易（朝贡贸易），兼管朝鲜等国的贸易，掌按勘合文凭查验进出船只、抽解舶货，控制国内商人私自出海贸易，以及接待外国使节和客商。明嘉靖二年（1523年），宁波发生以贸易独占权为核心的“争贡事件”，日本贡使劫掠宁波，朝臣上言，以为倭寇由市舶所致，明廷遂罢浙江、福建等地提举市舶司。此后，市舶司反复罢设，直到明世宗宣布海禁，市舶司的历史宣告结束。

第二节　清代、民国时期机构

明代中后期至清初，中国对外贸易受近代国际贸易方式影响扩大，尤其是明代后期税收制度的改革，实物关税转变为货币关税，并以白银为单位予以征收。市舶司统一管理的对外贸易制度渐告结束，所职掌的对外贸易、商品检验和关税征收也转由新兴的独立牙行来承担。清康熙二十四年（1685年）浙海关设立，监管浙江等地的进出口贸易事务，制发、查验进出港船只执照和征收关税。民国时期，浙江地方政府在茶叶、棉花、生丝等产地设立相应的商品检验所（处），并先后成立治螟会、昆虫局、农业改进所等动植物检疫机构，设立海港检疫所，开展口岸卫生检疫。抗日战争爆发后，浙江口岸相继沦陷，是时国民政府实行战时经济政策，严格管制对外贸易，杭州、宁波、温州等地对外贸易快速衰落，政府商品检验功能随之弱化。抗日战争胜利后，国民政府接收并恢复浙江境内的商检、动植检及卫生检疫机构。

一、商品检验机构

（一）牙行、公行、洋行

1. 牙行

牙行是起居间行商作用的中介机构，为买卖双方介绍交易、评定商品质量和价格。牙行领有官府发给的帖，且缴纳课税，在交易中起着“评物价”“通商贾”的作用。牙行也协助官府参与街市校勘度量、平抑物价、辨识假银伪钱等市场管理。明嘉靖初年，杭州北新关始设牙行，计50家①。清康熙二十四年（1685年），设关通商，并沿袭明代例，牙行领帖开张经营对外

① 高叶华：《明代“牙人”“牙行”考略》，《重庆师范大学学报》2007年第2期，第64页。

贸易。光绪年间,浙江发放牙帖达 9962 张①。

2. 公行

公行是经官方批准的对外贸易经营管理机构。清乾隆二十二年(1757 年),清廷继明海禁后重新实行严格限制对外贸易的闭关政策,封闭江、浙、闽海关对西方国家的“单口贸易”,只留粤海关一口通商,广州十三行一跃成为垄断全国对西方国家贸易的机构。乾隆二十五年,行商为了统一价格,避免竞争,以及承保税饷、应付官差、备办贡品等,呈请设立公行,获清廷批准。至道光二十二年(1842 年)中英签订《南京条约》后,广州十三行独揽“单口贸易”特权的历史才得以终结,浙江宁波成为全国对外贸易的五个主要口岸之一。

3. 洋行

洋行是在十三行独揽对外贸易的制度废除后,外国商人涌入中国,在通商口岸设立的贸易和检验机构。清同治元年(1862 年),美商旗昌轮船公司开辟沪甬线,先在宁波江北港区建立第一座趸船式浮码头。光绪元年(1875 年)、三年招商局和英商太古公司也开辟沪甬线,选址宁波老外滩,先后建立招商码头和太古码头(后因行驶“北京”轮,又俗称“北京码头”)。太古洋行在宁波进行轮船、糖业、保险等业务,时间长达 50 余年。光绪六年,宁波江北港区出现的洋行已达 32 家,其中包括美商太平洋行、美孚火油行,英商太古洋行、亚细亚火油公司、祥泰木行,法商茂昌蛋行、东方轮船公司,以及日商津田洋行等。

(二)监督浙海关钞

清初沿袭明世宗以来的海禁政策,禁止通蕃出海,但仍允许各国进贡货物与中国贸易。清康熙二十三年(1684 年),朝廷颁布“展海令”,解除海禁,为浙江海港复兴提供了条件。一年后,清廷设立监督浙海关钞(简称浙海关),治所设在宁波,监管浙江等地的进出口贸易事务,制发和查验进出宁波港船只的执照、缉私查禁和关税稽征事务。此时宁波已为中日贸易最重要的港口,每年开往日本的船只长期居全国首位。康熙二十四年,浙海关设立温州分口,温州恢复海外贸易,通航日本长崎进行贸易活动。康熙三十三年,为尽地利之便,浙海关请奏移关于定海。康熙三十七年,设关定海申请获准,在定海城外置“榷关公署”,建“红毛馆”。此后十年间,贸易兴盛,以致英国人考虑在舟山建立贸易据点。除了宁波、定海,浙江的货物还从上海、乍浦、温州等口岸出港。乾隆二十二年(1757 年),关闭江、浙、闽三关,仅限广州一地对外收泊交易,禁止英商来浙互市,浙海关只受理国内商船。

清道光二十年(1840 年),英国用武力占领舟山岛,严密封锁广州、宁波两港,坚船利炮再次打破国门。1842 年,中英《南京条约》签订后,宁波辟为五口通商口岸之一,并启用“领事报关制”。浙江第一个“条约口岸”正式开埠,浙海关也重新开关,全面受理进出口贸易、货物查验和关税征收业务。

咸丰十一年(1861 年),英国人华为士在宁波江北设立税务司制的浙海关,而江东浙海关改称浙海常关,由宁绍台道兼任监督。光绪二年(1876 年)中英《烟台条约》和光绪二十一年

① 黄东海:《清前期商业社会秩序问题管见:以牙人牙行为基本线索》,《江海学刊》2011 年第 3 期,第 161 页。

中日《马关条约》签订后，温州和杭州先后被辟为通商口岸，分别设立"洋关"，即(温)瓯海关(首次史载海关统计为1877年)和杭海关(首次史载海关统计为1896年)。杭海关先后下设嘉兴分关和闸口火车站杭关验货处。抗日战争时期，成立杭州关驻沪办事处，并由上海江海关监管。民国31年(1942年)，汪伪政府设立"杭州关转口局"。之后，江海关在杭州设立办事处，办理浙江进出口贸易、货物查验与征税事务，直至杭州解放。

(三)商品检验所(处)

19世纪末20世纪初，上海、宁波、温州等口岸城市出现一些官方或半官方性质的专一商品检验所，也有中外商人合办和外商独办的专一商品检验所，检验大宗出口商品，处理棉花、茶叶、生丝等初级传统出口商品或仅经粗加工的产品的质量问题。由于外商合办或独办的检验所开始多由外国人操纵，浙江地方政府也在这些商品的产地开设检验所(处)。

1. 永嘉茶叶检验处

民国4年(1915年)，永嘉县公署及榷茶局呈准瓯海道(温州)，成立永嘉茶叶检验处，查验温州地区茶叶质量，禁止劣质茶叶出口。民国15年，永嘉茶叶检验处改由殴海茶叶公会接办。翌年，温州茶叶大部分改由平阳、鳌江运沪出口，公会无法控制，检验遂告中断。

2. 浙江省立棉花检验所

民国10年(1921年)，余姚、慈溪、镇海各地棉商因见姚花(浙棉在市场上统称为姚花)品质趋劣，销路趋窄，价格低落，于是余姚、慈溪华商自发设立棉花验水所，从事出口棉花检验。民国15年，两所归并改为"会稽道属出产棉花验水所"。是时，由于棉花验水所为商办，海关不予合作，出口棉花无须验证仍可放行。民国16年，验水所改由宁波政府官督商办，政府派员会同办理，并规定到甬棉花一律须经该所检验后方可出口，其检验证书始为海关承认。民国18年1月，验水所由浙江省建设厅收为省办，定名为"浙江省立棉花检验所"，浙江的出口棉花检验机构此时已由商办转为官办。

3. 上海万国生丝检验所

民国11年(1922年)3月，浙江、江苏、安徽丝茧总公所与美国丝业公会合股开设上海万国生丝检验所，对销往美国的生丝进行分级和检验。由于华方对业务不加过问，美国丝业公会控股并操纵生丝的检验权，检验所实际成为美国纽约生丝检验所设在上海的分支机构。除对销往美国的生丝在发货前进行验收之外，检验所也垄断当时上海口岸的生丝检验业务。此举有损非美生丝经营者的利益，引起非美各国洋行的围攻，直接导致万国生丝检验所业务难以为继，日趋衰弱。民国18年10月，上海商品检验局接收中美合资上海万国生丝检验所，买下该所的全部仪器设备(其中浙江省拨助3万元)，聘用美籍技师，并于11月成立生丝检验处，开始对生丝、棉纱、毛绒线、丝织品、棉织品和人造丝进行检验。

(四)国民政府商品检验机构

民国17年(1928年)，南京国民政府工商部成立。鉴于发展对外贸易，恢复和提高输出商品质量信誉，工商部决定筹设商品检验局，自主办理进出口商品检验。次年3月4日，工商部上海商品检验局正式成立，启用关防，邹秉文任局长。这是国民政府设置的第一家综合性商品检验和管理机构。5月，工商部呈准行政院以1616号训令通饬全国各省市，不得在通商口岸设立与中央法令抵触的商品检验机关，如已设立，亦应一律取消。随后工商部接办各地商品检验所，或将其改制成商检局下属的检验处、检验分处，或予以撤销。上海商检局即在浙江的宁波、嵊县、温州、兰溪等棉花、茶叶产地接收商品检验所，并成立相应的检验机构。

民国18年(1929年)9月，上海商检局接收浙江省立棉花检验所，设立工商部上海商品检验局棉花检验宁波分处，就地办理出口和内销的棉花检验，由马君文担任分处主任。是时，宁波分处年检验棉花约120万担。民国19年3月，由丁恺丰担任分处主任，全处有职员10人，其中包括前上海万国生丝检验所俄国籍技术员毕克诺夫。其机构编制包括：技正兼主任1人，分处以下设技术股和事务股。其中技术股分检样、检验，事务股分填发证书、稽查、庶务(行政)、会计和文书。另有技佐2人、事务员3人、雇员3人。民国20年9月16日，宁波分处改称"实业部上海商品检验局宁波分处"，增加出口茶叶、进口火酒等检验商品。

民国26年(1937年)1月，上海商检局茶叶产地检验监理处在浙江嵊县三界、温州、兰溪分设茶叶产地检验办事处，推行茶叶产地检验工作。抗日战争时期，上海商检局于民国27年8月奉令停办，其在浙的分支机构也随之停办。此后，由汪伪上海商检局执掌上海及浙江的商品检验事务。抗日战争胜利后，国民政府经济部于民国34年9月派员接收汪伪上海商检局，并于民国35年2月宣告复局，直至1949年上海解放。

二、动植物检疫机构

19世纪末，国际贸易引起动植物病虫害跨国传播，对农业、畜牧业造成重大损害。德、英、美等国先后颁布法令，对进出口动植物及其产品实施检疫和管制，中国的一些传统产品出口也由此受阻。鉴于中国国内专家、学者发出的呼吁和出口商人提出的迫切要求，是时中央及地方政府业对此颁布法规，以维护对外贸易，促进农畜产品出口。中国对进出境动植物检疫需求即始于此，并逐步建立相应的机构以行使检疫职能。浙江地区农业向来发达，交通便利，人文环境好，以科学改进农业运动也较他省为早。清光绪二十三年(1897年)，杭州蚕学馆创设，宣统三年(1911年)，劝业道在杭州郊区笕桥设立农事试验场。民国期间，浙江省先后成立治螟会、浙江省昆虫局、浙江省农业改进所，以行使动植物防治防疫职责。

(一)浙江省畜禽疫病防治机构

民国21年(1932年)，浙江省政府设立农业改良总场，总场下设兽医技术室，派员分赴发生兽疫各县防疫，进行血清注射。民国24年，农业改良总场会同上海兽疫防治所及东阳县政府，合设兽疫防治实验区，翌年在金华设立家畜保疫所(后改组为省家畜保育所)。民国26年，省家畜保育所迁址松阳县，继续从事畜种改良和畜禽疫病的防治。抗日战争全面爆发后，该所结束，原有的业务于民国27年归并入新成立的浙江省农业改进所办理。是时，省家畜保育所、农业改进所培育和繁殖禽畜良种，在省内各地推广，受到普遍欢迎。由于当时浙江兽疫以猪霍乱与猪肺疫为主，农业改进所着手该两种疫苗与血清的研制。民国28年以后，血清与疫苗制造范围逐渐扩大，制造数量与品种亦增多，产品除了供应本省外，也供其他各地需要。浙江防治的兽疫种类与区域逐年扩大，各地一有兽疫发生，农改所即根据报告派人员前往防治，指导消毒、隔离与扑灭等防疫检疫措施的实施。民国 31 年夏，日军侵占松阳，畜禽疫病防治工作被迫停顿，后又由国民政府农林部东南兽疫防治处派遣的猪疫防治大队负责浙江兽疫防疫工作。民国 35 年，嘉兴地区各县先后成立农业推广所，把畜禽防疫任务纳入其工作范围。翌年，桐乡县还建立桐乡县兽疫防治委员会，由县政府下属的建设科、农业推广所、参议会、警察局、卫生院等部门负责人组成，领导并管理这项工作。

（二）浙江省植物病虫害防治机构

浙江省病虫害研究工作以稻作害虫为主。治螟则是各防治机构研究工作中的重要项目，同时也开展桑、果、棉、茶、森林等病虫害研究与防治。民国 2 年（1913 年），浙江嘉兴成立治螟会，但于次年结束。民国 6 年，重新设立除螟研究所。民国 13 年，浙江省建设厅在嘉兴设立浙江昆虫局。民国 17 年，浙江昆虫局迁址杭州，更名为“浙江省昆虫局”，下设嘉兴第一防治所、永嘉第二防治所、兰溪第三防治所，并增设植物病理研究室、药剂室等。民国 19 年 8 月，浙江省农林局成立，昆虫局归其管辖。同年 9 月，省令将昆虫局改设为浙江省立植物病虫害防治所，全所分为研究、推广与总务三部。此后，农林局裁撤，浙江省立植物病虫害防治所改隶建设厅。民国 27 年，浙江省农业改进所成立，浙江省立植物病虫害防治所并入该所，并于所内设病虫害股。

（三）浙江口岸动植物检疫机构

鸦片战争前，浙江宁波港已是中国主要对外贸易港之一。宁波作为五口通商口岸之一，第一年贸易额达 50 万元，但五年后迅速下降至 1/10 以下。此时上海港迅速崛起，对外贸易港口的重心即由宁波转到上海，宁波港从之前的主要对外贸易港降为国内港口之间的转运货物港。此后，上海口岸成为浙江地区对外贸易的主要港口，相应的进出境动植物及其产品的检疫查验也由上海的检验检疫机构实施。

民国初年，上海火腿商商准淞沪警察厅委任英国兽医派得办理检验，发给出洋证书，后因业务增加，加聘英籍兽医开洛克襄助。民国 16 年（1927 年），上海特别市政府成立，设置出口肉类检查所和国立牲肠出口检查所，后者专司检验从上海出口的肠衣。民国 18 年，工商部上海商品检验局成立。为统一全市检政，上海商检局与市政府商妥解除商人承办的合同，于同年 5 月 1 日在局内成立牲畜正副产品检验处，检验火腿、猪油、肉类罐头、猪牛羊肠衣、蛋及蛋产品、生牛皮 6 种产品，其中包括由原上海特别市卫生局所办的出口肉类检查所检验的火腿、猪油罐头、肉类等，原上海特别市社会局承办的国立上海牲肠出口检验所仍检验猪牛羊肠衣。是年，工商、农矿两部合并为实业部，上海商检局奉令接收前农矿部上海农产物检查所，继续办理该所的肥料、蚕种检验。

三、卫生检疫机构

清咸丰十一年(1861年),浙海关建立关医处,聘有专职医师,负责海关职员的医疗保健、入关体格检查,兼负责港口检疫任务。同治十二年(1873年),中国海关实施国境卫生检疫。光绪二十年(1894年),广州、香港鼠疫流行,浙江道尹会同浙海关医官设立海港检疫所,开办海港检疫事务。光绪三十三年,瓯海关也对进港船舶实施卫生检疫。民国2年(1913年),因福建等地发生瘟疫,浙海关遂于7月起对所有进口船只进行防疫检查。民国7年,海港检疫所制订宁波港永久防疫法,其海港检疫章程亦由浙海关于同年4月颁布。6月,浙海关规定"凡听候查验有无疫症应行隔离之船只,须下碇于白沙铁路材料栈下流相离2英里(1英里等于1609.344米)之地点"①实施检疫。民国12年,浙海关镇海分关开始实施海港检疫。民国15年5月12日,温州海关代理监督发布《温州口岸暂行卫生章程》19条,开始卫生检疫。民国18年3月,经由国民政府拟定《宁波海港检疫临时章程》,并经外交团通过,规定入口轮船一律适用之。从清同治十三年至民国18年,由于口岸的卫生检疫通常是对疫区来船或船上病人实施,并由通商口岸海关兼任医官上船查验,卫生检疫权实为外国人掌控,此时的卫生检疫通称为海关检疫或海关承办。

民国19年(1930年)7月,国民政府卫生署在上海成立全国海港检疫管理处,并从海关收回各主要港口的检疫权,建立海港检疫所。是时,宁波港的检疫工作仍由浙海关兼理,并指定宁波华美医院为浙海关的特约医院,聘任检疫医师。民国20年,宁波海港检疫权予以收回并成立检疫机构。民国26年抗日战争全面爆发后,相继沦陷的有上海、广州、天津等,沿海口岸检疫机构均被日伪控制下的海关兼办检疫。民国30年4月,宁波沦陷,口岸检疫工作同样被日本人掌控。民国32年,日伪政府设立海关转口税宁波征收所和航政管理机构,用以管理关税和检疫。至民国34年抗日战争胜利后,国民政府卫生署派员从沿海各港海关重新接收与复办海港检疫机构。民国36年,上海海关检疫所温州临时分所设立,负责进出口船舶检疫,控制温州地区的鼠疫等疫情传播。

第三节　中华人民共和国成立后的机构

1949年10月1日中华人民共和国成立,政府接管全部商品检验机构。1950年,中央人民政府贸易部要求停止一切中外私商公证机构活动,转由各地商检机构办理公证鉴定业务。至1952年底,各地公证行相继停业,浙江地区对外贸易商品检验划归华东区上海商品检验局管辖。浙江省的进出口商品检验业务由上海商品检验局派员受理。20世纪60年代起,由于浙江省对外贸易增长,浙江的检验与检疫机构得以逐步建立并得到发展。1978年改革开放以后,浙江检验检疫机构和人员队伍不断壮大。1995年12月,宁波商检局从浙江商检局划

---

① 《浙江检验检疫志》,浙江人民出版社2005年版,第86页。

出，单独设局，成为浙江省内国家商检局的第二个直属商检局，管辖宁波市范围的进出口商品检验。1998 年 5 月，根据国家检验检疫局党组《关于各地商检、动植检、卫检局设立临时协调小组的通知》，浙江商检局和宁波商检局分别与本辖区的动植物检疫局、卫生检疫局联合，各自成立“三检”临时协调小组，负责所辖地区“三检”协调工作。临时协调小组由所在地的“三检”机构主要领导人组成，由商检局领导担任协调小组组长。临时协调小组主要根据国家检验检疫局的指示、决定，统一协调，研究布置“三检”各单位的贯彻落实，不负责日常性工作。

1999 年 6 月 25 日，国务院办公厅出台《关于印发全国各地出入境检验检疫机构组建方案的通知》，将国务院有关部门原设置在各地的出入境卫生检疫、动植物检疫和进出口商品检验机构合并，组建为设置在各地的出入境检验检疫机构。各地出入境检验检疫机构分为直属局和分支局，是负责所辖区域出入境卫生检疫、动植物检疫和商品检验的行政执法机构，实行垂直管理体制。直属局由国家出入境检验检疫局直接管理，分支局隶属于所在区域的直属局。8 月，经国家检验检疫局批复同意，分别组建浙江出入境检验检疫局和宁波出入境检验检疫局，负责浙江省域各自辖区的出入境卫生检疫、动植物检疫和进出口商品检验工作，实行以国家检验检疫局直接领导的垂直管理体制。两地的“三检”临时协调小组同时撤销。

2001 年 4 月 30 日，为适应完善社会主义市场经济体制的要求，进一步加强市场执法监督，维护市场秩序，国务院决定将国家质量监督局、中华人民共和国国家出入境检验检疫局合并，组建中华人民共和国国家质量监督检验检疫总局（以下简称质检总局），为国务院直属机构。原国家出入境检验检疫局隶属管理的浙江检验检疫局、宁波检验检疫局由质检总局管理。

一、进出口商品检验机构

1949 年 11 月 2 日，中央人民政府贸易部（以下简称中央贸易部）成立，主管国内外贸易。中央贸易部下设国外贸易司商品检验处，负责指导全国商品检验工作。是年，中国人民解放军上海市军事管制委员会财政经济接管委员会接管旧上海商品检验局，成立新的上海商品检验局（以下简称上海商检局）。上海商检局接受中央人民政府贸易部和华东财政经济委员会双重领导，执行华东区 6 省进出口商品检验任务和中央人民政府的品质管制政策。自 1950 年 3 月起，上海商检局先后在杭州、绍兴、温州等地设立茶叶产地检验工作站（组），在平水、三界等地派驻厂员，实施产地检验。1951 年 4 月 15 日，华东军政委员会贸易部行文，要求浙、皖、闽三省茶叶产区设立 6 个工作站和 9 个工作组，执行茶叶产地检验工作。5 月 17 日，浙江省人民政府商业厅发出通知，在杭州、温州设立商品检验工作站，办理茶叶产地检验工作。6 月，上海商检局派员在浙江设置肉类、大米等临时工作站，并在温州、黄岩、衢州等柑橘产地实施产地检验。7 月 16 日，上海市人民政府与华东区贸易部发出布告，规定自布告之日起，凡进出口商检业务概由上海商检局办理，所有中外私营商检机构限于 7 月 31 日前停止营业，彻底结束由外国商检机构把持华东区对外贸易商检工作，私营公证机构与政府商检机构并存的局面也随之结束。上海商检局签发的商检证书于 1951 年首先取得苏联的承认，此后，一些欧洲、东南亚国家也相继予以承认，并在贸易合同中订明凭上海商检局证书作为货物交接、结汇或作为索赔、理赔和仲裁的证件，从此结束了中国商检证书不出国门的历史。

1952年9月3日，中央人民政府贸易部分拆，成立对外贸易部，其下设立商品检验总局，统一管理全国商检机构及其业务。各地对外贸易行政领导机构则按省（市）分别设置，而商检机构则受所在省（市）对外贸易行政机构及上一级商品检验机构的双重领导。是时，在浙的商品检验机构维持原有建制，仍为上海商检局的分支机构。1956年8月，上海商检局杭州生丝检验工作组成立，办公地点设于杭州长明寺巷，执行出口生丝检验任务。1958年1月1日，上海商检局根据1957年与浙江、安徽两省茶叶公司的协议，茶叶产地检验工作交由两省的茶叶公司负责办理，杭州、绍兴、温州等地的茶检设备随之转移给当地茶厂。杭州的肉类和宁波的水产品也于此时开始实行商检驻厂检验监管。同年3月30日，外贸部商检总局规定，出口商品原始检验转移给生产经营部门办理，商检部门只进行监督检查。

（一）浙江商检局

1960年，杭州商检工作组成立。同年6月28日，中共浙江省委同意成立省商业厅商品检验处；8月1日，浙江省商业厅上报对外贸易部，要求建立浙江省对外贸易商品检验局。对外贸易部商品检验总局当月函复浙江省商业厅，同意在浙江设立商品检验局，机构定名为“中华人民共和国对外贸易部杭州商品检验局”，接受中央与地方双重领导，机构编制经费归对外贸易部掌握，行政人员自行配备，技术人员与上海商检局协商解决。11月15日，国务院批转《对外贸易部关于各地海关（关）、商品检验局（处）体制下放和人员精简问题的报告》，同意杭州商品检验组改为“杭州商品检验局”，管理体制下放后的商品检验局（包括海关）均受地方党政和外贸部双重领导，以块块为主、条条为辅。11月29日，外贸部批复浙江省商业厅在浙江建立商品检验局。1961年8月，浙江省恢复设立浙江省供销合作社，下设10个处（室、局），其中包括杭州商品检验局（筹）。1962年6月，中共浙江省委决定设立杭州商品检验局，作为浙江省供销社下属处级单位。8月，外贸部批准成立中华人民共和国杭州进出口商品检验局，负责执行浙江地区出口商品品质管制任务，办公地址为杭州市菩提寺路8号，年底搬迁至杭州城站红楼省府招待所。原上海商检局杭州生丝检验监督检查工作遂转由杭州商检局负责。1963年3月10日，杭州商检局正式对外挂牌，实施对浙江省进出口商品的检验和管理，下设行政科、食品检验室（含综合性化验室）、农产品与工业品检验室。省委批准编制30人，单位设于武林路171号。杭州商检局开验产品包括丝类、绸缎、茶叶、皮鞋、皮革制品、罐头、冷冻水产品、肉禽、鲜蛋等，签证暂用上海商品检验局证书，但需在证书编号前加“杭”字以示区别。1964年2月26日，浙江省供销社决定将下属的对外贸易处和商检局合并为对外贸易办公室。4月，增设第三检验室，负责出口农产品检验、进口商品检验、公证鉴定及化验室工作，职工27人。1965年8月，浙江省供销社、商业厅、粮食厅、外贸局合并为浙江省商业厅，杭州商检局成为浙江省商业厅外贸公司下属科（商检科），但仍以杭州商检局的名义对外处理商检业务，办公地点迁至向阳路（今杭州市长生路）29号。

1966年“文化大革命”开始，浙江的商品检验机构体制随之变更。1968年11月，杭州商检局变更为“浙江省对外贸易公司革委会商品检验科”。1969年1月，浙江省外贸公司内部机构重新组合，外贸与商检合二为一，部分商检人员既从事商品检验工作，也兼外贸收购业务。年底，办公地点迁至惠民街商业厅西大楼。1970 年 4 月，全国商检工作会议以后，商检人员重新归集在外贸公司下设立的商检组，独立开展业务。1971 年 3 月，成立省商业厅外贸公司商检组。同年 6 月，商检组中部分干部下放基层或“五七”干校，商检业务则以盖章审核放行为主。1972 年 5 月 11 日，对外贸易部下达《关于把好出口商品质量检验关的通知》，要求各地尽快建立和健全商检机构，充实必要的人员，做好商检工作。是年 12 月 21 日，浙江省商业厅核心小组向省革委会生产指挥组党委提交《关于恢复杭州商品检验局的意见》，提出鉴于省商检工作远不适应当时外贸持续较大发展的需要，商检机构不健全，人员、仪器严重缺乏，检验和监督工作处于放任自流状态，由此要求恢复设立杭州商品检验局。

自 1972 年起，全国各地商检局开始恢复原来建制和正常工作秩序。是时，全国除西藏自治区外，均设立商检局。1973 年 3 月，浙江省革委会商业局发文恢复设立杭州商检局，于 5 月 15 日起恢复使用“中华人民共和国对外贸易部杭州商品检验局”“杭州商品检验局监督检查之章”“杭州商品检验局放行之章”等印章，原“浙江省对外贸易公司革命委员会商品检验”章同日起停止使用，商检局办公地点迁回向阳路 29 号。1974 年，浙江省革委会批准杭州商检局为省对外贸易局下属事业单位，国家计委同意杭州商检局为独立核算的事业单位，并于 6 月 1 日起正式开户，恢复商检收费，始设分支机构。温州地区革命委员会于同年 5 月 13 日批复设立温州商品检验处，编制 10 人；次年 1 月 9 日，宁波地区革命委员会发文成立杭州商品检验局宁波商品检验处。至 1975 年，杭州商检局找回原先检验人员，恢复工作秩序，健全内部机构，下设办公室、行政科、食品科和工业科。是年，杭州商检局实行政企合一，转为外贸企业编制，职工为企业人员。基本建设、物资供应、经费收支试行企业管理制度，名称和行政管理职能不变，仍受地方党委和对外贸易部双重领导。12 月，办公地点搬迁至宝石二路 8 号。1978 年，杭州商检局增设化矿科。

1979 年，杭州商检局设立金华商检处。1980 年 7 月 28 日，国务院下发《关于改革进出口商品检验管理体制的通知》，将对外贸易部所属的商品检验管理局改为“中华人民共和国进出口商品检验总局”（以下简称国家商检总局），为国务院直属局，由对外贸易部代管；各地进出口商品检验局收归中央建制，为总局的下属机构。由此，外贸部、国家商检总局于 1980 年 10 月 23 日下达《关于各省、市、自治区商检机构建制的通知》，调整商检体制，明确包括杭州等 22 个商检局为厅局级机构。同年 12 月 1 日起，杭州商检局从省外贸局划出，单独建制，实行国家商检总局和地方政府双重领导、以国家商检总局领导为主的管理体制。中华人民共和国杭州商品检验局也更名为“中华人民共和国杭州进出口商品检验局”，局机关设办公室和第一、第二、第三检验室。1981 年 3 月 2 日，沈家门商品检验处成立。同年 9 月 3 日，杭州商检局向浙江省人民政府提交《关于改革杭州商检局下属各商检处机构体制的报告》，将下属的宁波、温州、沈家门商检处改为处级（县团级），金华商检处改为杭州商检局驻金华工作组。此后于 1982 年 11 月 15 日成立中国进出口商品检验总公司浙江省分公司，1983 年 3 月 24 日成立台州商品检验处。

1984 年 1 月 1 日，中华人民共和国杭州进出口商品检验局更名为“中华人民共和国浙江进出口商品检验局”（以下简称浙江商检局），局机关设立办公室，第一、第二、第三检验处，检务处，人事处，中心化验室，下设宁波、温州、金华、沈家门(同年4月改为舟山)、台州5个县处级分支机构。

1985—1992年，浙江对外贸易快速发展，浙江商检局系统机构不断扩大和升格。1985年11月13日，宁波商检处更名为“宁波商检局”。同年，温州、金华、舟山、台州商检处也分别更名为“商检局”。1988年9月13日，浙江商检局机关调整为第一、第二、第三、第四、第五检验处和科技处、综合业务处、办公室、人教处、行政处，撤销检务处、中心化验室、监管处(筹)。1989年5月19日，新设嘉兴、绍兴、湖州商检局。1991年12月6日，成立思想政治工作处，并与机关党委合署办公。同年12月15日，纪检组与监察室合署办公。1992年3月11日，设立全国系统唯一的第六检验处，负责核电工程设备的进口检验、出口核设施的检验及管理工作。同年6月6日，增设舟山商检局嵊泗办事处。同年，筹建慈溪、鄞县和余姚商检机构。

1993年，浙江商检局在全省商检系统会议上明确指出，浙江商检机构要进一步延伸，建立多层次、多功能、多形式、高效能的商检风格和群体，重点面向港口、开发区及进出口检验工作量大的市(县)。是年，批准筹建萧山商检局，更名北仑港商检局(2月，副处级)，设立浙江商检局鉴定业务处(2月20日)，筹建宁海商检机构(4月23日)，成立衢州商检局(7月14日，正处级)，更名嵊泗商检局(7月14日，副处级，隶属舟山商检局领导)，成立宁波保税区商检办事处(8月24日，副处级)，成立慈溪商检局(9月24日，副处级)。1994年，成立丽水商检局(7月29日，正处级)，宁波商检局升格为副厅级(9月9日)，成立鄞县、宁海商检局(10月14日，副处级)，成立余姚商检局(12月14日，副处级)。1995年，设立浙江商检局审计室，与监察室合署办公(7月18日)；成立义乌商检局(9月11日，副处级)；筹建奉化商检局(12月13日)。

1995年12月14日，国家商检局决定将宁波商检局列为其直属局，不再隶属于浙江商检局，明确宁波商检局的业务辖区为宁波口岸和宁波市管辖区域内的各区、县，其中包括北仑港、余姚、慈溪、鄞县、宁海商检局和宁波保税区办事处。

1996年，浙江商检局辖区增设鳌江商检局和兰溪商检局。是年底，浙江商检局机关内设第一、第二、第三、第四、第五、第六检验处及检务处、科技处、监管处、鉴定处、人教处、计财处、后勤处、基建办、监察审计室、政工处、办公室等15处2室，其直属企事业单位包括浙江商检分公司、涉外质量体系保证中心、浙江进出口商品检验技术研究所。浙江进出口商品检验技术研究所下设温州、金华、舟山、台州、绍兴、嘉兴、湖州、衢州、丽水分所。根据中央机构编制委员会和国家商检局的统一部署，1996年全国商检系统全面开展机构改革，实现政事、政企分开，推行公务员制度。是年10月14日，浙江商检局正式向国家商检局上报《浙江商检局职能配置、机构设置和人员编制方案》，12月，国家商检局对方案作了批复。浙江商检局于12月25日将机关内设机构调整为：办公室、综合业务处、监管认证处、检验一处、检验二处、检验三处、检验四处、检务处、人事教育处、计划财务处、机关党委办公室(政工处)、监察审计办公室，共12个处室；其分支机构为：温州、金华、舟山、台州、绍兴、嘉兴、湖州、衢州、丽水、鳌江、义乌、兰溪、嵊泗、临海及萧山、乐清商检局(筹建)；下设事业单位为：浙江商检局综合检测中心、浙江商检局丝类检测中心、中国进出口商品质量认证中心浙江评审中心、浙江商检局资产评估中心、浙江商检局科技服务中心、浙江商检局机关服务中心、浙江省进出口商品检验协会、《外贸与商检》杂志社。

1997 年 4 月 3 日，国家商检局下发《浙江商检局机构改革和推行国家公务员制度实施意见》，浙江商检局组织实施，并按新的机构设置，任命机关各处室、各事业单位的领导干部。4 月底前，浙江商检局批复所有分支机构的职能配置、内设机构和人员编制方案。5 月初，批复局本部机关内设科室和所有企事业单位的科级机构设置。7 月 21 日，浙江商检局机关和部分事业单位办公地点从杭州宝石二路 8 号迁至文三路 2 号。同年 10 月 31 日，浙江商检局马迹山商检工程筹建领导小组成立，下设筹建办公室；11 月 4 日，临海商检局成立；次年 1 月 9 日，萧山商检局成立。

1999 年 8 月“三检”合一前，浙江商检局辖区机构设置包括内设机构、直属事业单位和分支机构。浙江商检局内设 12 个处室：办公室、综合业务处、监管认证处、检务处、人事教育处、计划财务处、机关党委办公室（政工处）、监察审计办公室、检验一处、检验二处、检验三处和检验四处；下属 8 个事业单位：综合检测中心、丝类检测中心、浙江评审中心、资产评估中心、科技服务中心、机关服务中心、浙江省进出口商品检验协会、《外贸与商检》杂志社；代管国家商检局浙江大学教育中心、国家商检局杭州检测技术培训中心 2 个事业单位。下属 10 个分支局。

表 68-1-3-1　　1999 年 8 月“三检”合一前浙江商检局分支机构一览表

机构名称	成立时间及文号	办公地点	规格	人数
温州商检局	1986 年 9 月 15 日，〔86〕国检人字第 492 号	温州市黎明西路 29 弄 14 号	正处	62
金华商检局	1986 年 9 月 15 日，〔86〕国检人字第 495 号	金华市人民西路 453 号	正处	47
舟山商检局	1986 年 9 月 15 日，〔86〕国检人字第 492 号	舟山市定海环城南路 505 号	正处	60
台州商检局	1986 年 9 月 15 日，〔86〕国检人字第 492 号	台州市椒江区建设路涉外大楼	正处	45
绍兴商检局	1989 年 5 月 19 日，国检人〔1989〕279 号	绍兴市胜利东路	正处	57
嘉兴商检局	1989 年 5 月 19 日，国检人〔1989〕279 号	嘉兴市越秀南路 903 号	正处	52
湖州商检局	1989 年 5 月 19 日，国检人〔1989〕279 号	湖州市凤凰路 560 号	正处	31
嵊泗商检局（隶属舟山）	1993 年 7 月 14 日，国检人〔1993〕234 号	嵊泗县菜园镇海滨路 420 号	副处	8
衢州商检局	1993 年 7 月 14 日，国检人（93）235 号	衢州市荷花三路	正处	18
丽水商检局	1994 年 7 月 29 日，国检人（94）211 号	丽水市三胞新区银苑小区 106 号	正处	16
义乌商检局（隶属金华）	1995 年 9 月，国检人〔1995〕248 号	义乌市城内福田	副处	8

续表

机构名称	成立时间及文号	办公地点	规格	人数
鳌江商检局（隶属温州）	1996年5月2日，国检人〔1996〕108号	平阳县鳌江镇江鳌路	副处	8
兰溪商检局（隶属金华）	1996年12月，国检人〔1996〕358号	兰溪市溪西府前路	副处	9
乍浦办事处（隶属嘉兴）	1997年3月11日，浙检人〔1997〕52号	嘉兴市乍浦港区	副处	6
临海商检局（隶属台州）	1997年11月4日，浙检人〔1997〕289号	临海市东方大道	副处	8
萧山商检局	1998年1月9日，国检人〔1998〕7号	萧山市通惠中路118号	正处	14

资料来源：《浙江检验检疫志》，浙江人民出版社2005年版，第102页。

表68-1-3-2　1962年8月至1999年8月杭州商检局、浙江商检局主要领导人任职情况一览表

机构名称	机构规格	姓　名	职　务	任职时间
杭州商检局	正处级		局长暂缺	1962-08—1973-04
	正处级	杜锦荣	局　长	1973-04—1976-01
	正处级		局长暂缺	1976-01—1981-05
	厅局级	华敬斌	代局长	1981-05—1982-02
	厅局级	华敬斌	党组书记、局长	1982-02—1983-12
	厅局级		局长暂缺	1983-11—1986-03
浙江商检局	厅局级	陈宪枢	党组书记、局长	1986-03—1991-01
	厅局级	张　京	党组书记、局长	1991-01—1999-08

资料来源：《浙江检验检疫志》，浙江人民出版社2005年版，第131—132页。

说明：杜锦荣、胡谷任职时间根据《浙江检验检疫志》中任支部书记时间推算。

（二）宁波商检局

中华人民共和国成立初期，宁波未开展商检业务，也无商检机构。1957年起，上海商品检验局负责宁波的出口商品检验。1974年，根据杭州商品检验局的要求，由宁波地区外贸局抽调人员筹建宁波进出口商品检验处，并于1975年1月9日成立“中华人民共和国杭州进出口商品检验局宁波商品检验处”（以下简称杭州商检局宁波商检处），成员4人，隶属宁波地区外贸局，机关驻地在宁波市解放北路91号原行署内，负责宁波、舟山、台州地区及宁波市的进出口商品检验。

1979年6月，国务院确定宁波口岸对外开放，宁波商检处开始由内地机构转为口岸商检机构。1981年10月，根据浙江省进出口管理委员会批文(浙进出〔1981〕163号)，宁波商检处升格为县团级，实行由杭州商检局和宁波市政府双重领导。后成为独立核算单位，1984年更名为“中华人民共和国浙江进出口商品检验局宁波处”(以下简称浙江商检局宁波商检处)。

1985年11月，根据国家商检局〔85〕国检人字第592号文件批复，宁波商检处更名为“中华人民共和国宁波进出口商品检验局”(以下简称宁波商检局)，行使宁波市局级管理权限。

1993年，宁波商检局北仑商检办事处更名为“北仑港商检局”；同年，宁波保税区商检办事处、慈溪商检局相继成立。1994年9月9日，国家商检局发文，确定宁波商检局规格为副厅级。是年，先后成立鄞县商检局、宁海商检局、余姚商检局。

1995年12月14日，国家商检局下发《关于将宁波商检局列为直属局的通知》，将宁波商检局列为国家商检局的直属局，实行国家商检局与地方人民政府双重领导、以国家商检局领导为主的垂直管理体制。其业务辖区为宁波口岸及宁波市区管辖区域内的各区、县。1996年10月23日，国家商检局批复，宁波商检局为国家商检局设在宁波的直属机构(副厅级局)，实行以国家商检局管理为主的垂直管理体制不变。同时，批复宁波商检局设北仑港商检局、慈溪商检局、余姚商检局、宁海商检局、鄞县商检局、宁波保税区商检办事处；宁波商检局事业单位设宁波商检局综合检测中心(下设宁波商检局综合检测中心铁矿检测分中心)、资产评估所和机关服务中心。

1997年4月29日，国家商检局批准建立奉化商检局，隶属宁波商检局，机构为副处(县)级。同年4月，宁波商检局按照国家商检局的总体部署，完成机构改革及推行公务员制度工作。至此，宁波商检局的内设机构由原来的16个处(室)调整为11个处(室)，分别为办公室、综合业务处、检验监管一处、检验监管二处、检验监管三处、鉴定处、检务处、人事教育处、计划财务处、机关党委(同时挂“政工处”牌子)、监察审计办公室，均为正处级；设置3个事业单位，即宁波商检局综合检测中心、资产评估所、机关服务中心；设置中国进出口商品检验总公司宁波分公司。按照国家商检局批准的宁波商检局“三定”方案，以转变职能，理顺关系为重点，有计划、分步骤、积极稳妥地推进机构改革工作。局机关7个分支机构、3个事业单位、1个企业单位全部完成机构改革和人员分流工作，各内设机构和事业、企业单位于1997年5月1日起按照新机制运行，人员按照新确定的编制上岗，实现了平稳过渡。在机构改革中，各地分支机构的设置及规格不变，商检公司与商检局实行政企分开。1997年9月17日，国家商检局批准成立中国进出口商品质量认证中心宁波评审中心。

1999年8月“三检”合一前，宁波商检局辖区机构设置包括内设机构、直属事业单位和分支机构。宁波商检局内设11个处室：办公室、人事教育处、计划财务处、思想政治工作处(同时挂“机关党委”牌子)、监察审计办公室、综合业务处、检务处、鉴定处、检验监管一处、检验监管二处、检验监管三处；下属3个事业单位：综合检测中心、资产评估所、机关服务中心；下属7个分支局(办事处)。

表 68-1-3-3　　1999 年 8 月“三检”合一前宁波商检局分支机构一览表

机构名称	成立时间及文号	办公地点	规格	人数
北仑港商检局	1993 年 2 月 6 日，国检人〔1993〕28 号	北仑区新矸镇明州路 33 号	副处	62
慈溪商检局	1993 年 9 月 24 日，国检人〔1993〕331 号	慈溪市北二环中路 286 号	副处	22
鄞县商检局	1994 年 10 月 24 日，国检人〔1994〕52 号	鄞县中心区宋诏桥甬兴东路 6 号	副处	14
宁海商检局	1994 年 10 月 24 日，国检人〔1994〕53 号	宁海城关人民路 125 号	副处	12
余姚商检局	1994 年 12 月 14 日，国检人〔1994〕136 号	余姚市南雷南路 399 号	副处	15
奉化商检局	1997 年 4 月 29 日，国检人〔1997〕168 号	奉化市南山路 181 号	副处	10
保税区办事处	1993 年 8 月 24 日，国检人〔1993〕285 号	宁波保税区大厦十二楼西侧	副处	5

资料来源：《宁波出入境检验检疫志》，中华书局 2005 年版，第 103 页。

表 68-1-3-4　　1975 年 1 月至 1999 年 7 月宁波商检局主要领导人任职情况一览表

机构名称	机构规格	姓　名	职　　务	任职时间
杭州商品检验局宁波商品检验处	-		处长暂缺	1975-01—1975-05
杭州商品检验局宁波商品检验处	-		处长暂缺	1975-05—1979-05
杭州进出口商品检验局宁波处	县团级	张　弋	党支部书记、主任	1979-05—1982-05 1979-04—1982-05
杭州进出口商品检验局宁波处	县团级		处长暂缺	1982-05—1982-12 1982-05—1984-01
			处长暂缺	1984-01—1984-03
		门宜荣	党组书记	1982-12—1984-04
中华人民共和国宁波进出口商品检验局	县团级	门宜荣	党组书记(4 月重新任命) 处长(4 月重新任命)	1984-04—1989-10 1984-03—1989-10
宁波进出口商品检验局	县团级	刘铁成	党组书记、局长	1989-10—1992-05 (兼)
宁波进出口商品检验局	县团级	应启达	党组书记、局长	1992-05—1996-03 1992-05—1996-03
宁波进出口商品检验局	副厅级	慎仁安	党组书记、局长	1996-03—1999-07 1996-03—1999-07

资料来源：《宁波出入境检验检疫志》，中华书局 2005 年版，第 160 页。

二、动植物检疫机构

中华人民共和国成立后，各级政府逐步建立和健全畜禽疫病防治工作的专门机构，包括行政、事业和集体畜牧兽医组织，浙江省从上到下逐渐形成防疫机构体系，同时，浙江省人民政府农业厅设立省级和基层植物检疫站，负责植物检疫与管理。

（一）家畜家禽防疫检疫站

中华人民共和国成立初期，浙江省为适应农牧业生产需要，将猪疫防治大队业务并入浙江省农业改进所畜牧兽医系，并将兽疫防治列为农业生产工作的一项任务，归属省实业厅农林科管理。是时，农林科工作人员仅有1名畜牧兽医人员，工作难以开展。1950年2月，省实业厅招收专科以上学历的畜牧兽医技术人员31人，经培训后指派到各地参与建立畜禽疫病防治组织，作为省派出机构。4月，金华、义乌、萧山首批家畜防疫站建立。5月，建立杭州（包括杭州市、余杭县和临安专署）、金华、嘉兴、衢州、温州5处兽疫防治站，以及宁波、绍兴、台州、丽水4处兽疫防治工作组。各站设正、副主任、兽医员、助理员、练习生，处理家畜防疫、诊疗。8月，浙江省农林厅设林牧科，并于11月招收中专以上专业人员30人，举办第二期兽疫防治人员训练班，充实科、站、组的专业力量。到年底，省、地两级有专业技术人员69人，由此奠定省、地级兽疫防治组织基础。1951年9月，林牧科改为畜产科，各专区兽疫防治站统一改为畜牧兽医站。至年底，省、地两级专业技术人员增加到120人。1953年，畜产科改为畜产处，下设畜牧、兽医两个组；8月，增设兽医细菌检验室；12月，省机构编制委员会批准建立浙江省家畜检验总站。1954年，浙江省农林厅改组为浙江省农业厅，下设畜牧兽医处，两年后又增设防疫队。1958年，兽医细菌检验人员、设施和业务均划归省农科所畜牧兽医系，撤销防疫队。1959年11月，畜牧兽医处改为畜牧局，下设畜牧、兽医两个部门，组改设为科，以加强业务领导。1962年，全省重点交通站站埠和生猪基地11个县（市）畜牧兽医站已实施出口生猪产地检疫。自中华人民共和国成立以来至20世纪60年代，浙江的动物检疫机构主要从事浙江省内动物检疫工作，兼顾部分进出口动物检疫工作。1965年，全省66个县（市）建立畜牧兽医站54个，12个县农业局内设畜牧股。1974年，浙江省农业厅下设浙江省畜牧兽医站，在7个地区的24个县建立家畜检疫站，负责供港猪产地、中转站及铁路运输检疫。1978年，浙江省革命委员会批准建立21个市（地）、县家畜检疫站，属国家事业单位，恢复开展检疫工作，包括供港生猪铁路运输的检疫工作。1980年4月，增设浦江、吴兴、建德3个检疫站。1984年，畜牧兽医局改为畜牧管理局，同时批准建立畜牧管理总站，内设5个科（站、所）。其中家畜家禽防疫检疫站负责全省畜禽防疫检疫的行政、事业管理。1986年，按照《浙江省家畜家禽防疫条例实施办法》规定，全省自上而下地把畜牧兽医站和家畜检疫站合并成各级家畜家禽防疫检疫站。1993年底，省、地（市）、县（市、区）的畜禽防疫检疫机构有106个，配备专业技术人员1591人，并在商贸、轻工、司法、农垦等系统所属的有关单位都设有兽医防疫组织，配备畜牧兽医技术人员，负责本系统、本部门内部的家畜家禽防疫卫生工作，并协同各级农牧业主管部门做好社会防疫工作。

（二）植物检疫站

1956年1月，浙江省人民政府农业厅下设浙江省植物检疫站，嘉兴、黄岩、温州建立基层植物检疫站，次年因国家精简机构而撤销。1963年8月21日，国务院发出《关于加强粮食、农产品、种子、苗木检疫工作的通知》，要求做好对内、对外检疫工作，充实和健全植物检疫机构，健全检疫制度。1964年12月，浙江省人民委员会批复浙江省农业厅，同意恢复植物检疫机构，建立浙江省植物检疫总站，在杭州、金华、温州、台州、宁波、丽水、舟山7个专区（市）设立植物检疫分站。1962年至1966年5月，浙江的进出境植物及其产品检验检疫工作由杭州商检局承担，自1966年5月1日起，对外植物检疫业务由杭州商品检验局移交给浙江省农业厅管理，建立中华人民共和国农业部杭州植物检疫站，负责执行对内、对外植物检疫业务。“文化大革命”开始后，植物检疫工作逐步陷于瘫痪，至1970年，各地植物检疫分站体制下放后被相继撤销。1972年2月，省农林局（1972年省革委会在生产指挥组下设的机构）种子植保植检站负责植检业务，至1976年，全省有6个专区（市）重建植检机构。1978年，杭州与香港通航，为执行“旅检”需要，省农业局（1973年5月省委决定成立农业局）建立杭州植物检疫站，同时恢复原中华人民共和国农业部杭州植物检疫站，继续承担内外植检工作，此后外检力量得到加强。1981年，国家农业委员会同意内外检分设，内检由各省农业行政部门管理，外检由国家农业部动植物检疫总所直接指导，并相继在宁波、温州、椒江、舟山等地设立动植物检疫所，负责外检工作。1982年底，全省植物检疫制度基本得到贯彻执行，检疫人员逐步稳定，各地（市）、县（市、区）都有专职或兼职检疫人员1至数人。1984年，全省植物检疫机构进一步得到巩固，有84个地（市）、县（市、区）建有植物检疫站，报国家农牧渔业部备案的专职植物检疫员有114人。1993年底，全省持有植物检疫员证的专职植物检疫员218人，兼职植检员逾千人。为严格控制进口植物检疫性病害，1997年省政府拨款100万元，在杭州建立面积为9.7亩的“浙江省进口植物隔离检疫场”，这是全国地方植物检疫机关建立的第一个隔离场。

（三）动植物检疫局

1979年5月，国家农业部批准建立中华人民共和国杭州动物检疫站，11月，农业部杭州植物检疫站和动物检疫站合并，改建为“中华人民共和国杭州动植物检疫所”，镇海动植物检疫所更名为“宁波动植物检疫所”，同时筹建温州动植物检疫所，并实行浙江省农业局（1980年5月10日，改为浙江省农业厅）和地（市）政府双重领导。1980年11月25日，全国口岸动植物检疫工作恢复归口农业部统一管理，国务院同意现有口岸动植物检疫所实行农业部与地方双重管理、以农业部为主的管理体制，杭州、宁波、温州动植检所转制为农业部直属事业单位。1981年7月，杭州、宁波、温州动植检所改为农业部直属县团级事业单位。同年9月24日，中华人民共和国动植物检疫总所成立，杭州、宁波、温州动植物检疫所直属国家动植物检疫总所。1984年7月19日，设立中华人民共和国宁波动植物检疫所舟山检疫站。1987年4月3日，舟山检疫站从宁波动植物检疫所划出，设立舟山动植物检疫所，直属国家动植物检疫总所管理，机构规格为正处级。1989年5月30日，国家动植物检疫总所明确宁波动植物检疫所管辖范围为宁波市和绍兴市。1991 年 4 月，杭州所升格为副厅级事业单位。1992 年 4 月，杭州所更名为“中华人民共和国杭州动植物检疫局”(1994 年 8 月 10 日，下增设杭州机场办事处)。1996 年 9 月 27 日，增设嘉兴动植物检疫局，宁波所更名为“中华人民共和国宁波动植物检疫局”。是年 9 月、11 月，国家动植物检疫总所先后同意宁波动植物检疫局下设驻北仑港办事处、驻机场办事处，机构规格均为副处级。1997 年 2 月 17 日，驻北仑港办事处更名为“北仑港动植物检疫局”，机构规格由副处级调整为正处级。1997 年 4 月 15 日，批准宁波动植物检疫局下设镇海动植物检疫局，机构规格为副处级。1998 年 1 月 5 日，驻机场办事处更名为“栎社机场动植物检疫局”。

1998 年 2 月 10 日，国家动植检局决定杭州动植物检疫局为浙江省中心检疫局，主要职责是:代表省内各口岸动植物检疫机关参加省委、省政府和有关部门组织召开的会议；召集省内各口岸动植物检疫机关传达研究有关会议精神；接受国家动植检局委托，牵头协调省内检疫工作，研究机构体制改革中出现的问题等。1999 年 8 月“三检”合一前，浙江省动植检机构有杭州动植检局，下设海门、嘉兴动植检局和杭州机场办事处；宁波动植检局下设镇海、北仑和栎社机场动植检局及温州动植检局、舟山动植检局。

表 68-1-3-5　　1999 年 8 月“三检”合一前浙江省境内动植物检疫机构一览表

机构名称		杭州动植检局	宁波动植检局	温州动植检局	舟山动植检局
前期机构		杭州动物、植物检疫站	镇海港口动植检所	温州港口动植检所	宁波动植检所 舟山检疫站
建立时间		1979 年	1979 年	1979 年	1987 年
规格		副厅	正处	正处	正处
办公地点		杭州市艮山西路 233-1 号	宁波市江北区新马路 59 号	温州市黎明西路 1 号	舟山市定海区文化路 26 号
编制	建立初	30 人	25 人	20 人	15 人
	1991 年	50 人	32 人	39 人	22 人
	1998 年	84 人	94 人	39 人	30 人
内设机构	建立初	动检组、植检组	办公室、动检科、植检科	未设	办公室、业务科
	1991 年	办公室、人事处、动检处、植检处	办公室、动检科、植检科	办公室、动检科、植检科	办公室、动检科、植检科
	1998 年	办公室、人事处、财务处、动检处、植检处、综合处	办公室、人事科、财务科、动检科、植检科、行政科、综合科	办公室、财务科、综合科、动检科、植检科	办公室、财务科、综合科、动检科、植检科

续表

机构名称	杭州动植检局	宁波动植检局	温州动植检局	舟山动植检局
分支机构	海门动植检局、嘉兴动植检局、杭州机场办事处	镇海动植检局、北仑动植检局、栎社机场动植检局	温州机场动植检局	无
直属事业单位	服务中心	服务中心	服务中心	服务中心

资料来源:《浙江检验检疫志》,浙江人民出版社 2005 年版,第 105—106 页。

表 68-1-3-6　1979 年 1 月至 1999 年 10 月浙江省动植检机构主要领导人任职情况一览表

机构名称	机构规格	姓　名	职　务	任职时间
杭州动植检所	正处级		所长暂缺	1979-11—1984-08
		郑钟灵	所　长	1988-06—1991-04
	副厅级	郑钟灵	所　长	1991-04—1992-04
杭州动植检局	副厅级	郑钟灵	局　长	1992-04—1999-08
			党组书记	1997-07—1999-08
宁波动植检所	正处级		所长暂缺	1979-08—1984-08
		徐耀庭	所　长	1984-08—1985-03
			所长暂缺	1985-03 —1986-05
		李世溆	所　长	1986-05—1992-04
宁波动植检局	正处级	李世溆	局　长	1992-04—1995-02
		朱伟祖	局　长	1995-02—1996-10
		徐宝根	局长、党组书记	1996-10—1999-08
温州动植检所	正处级	厉冲芳	所长暂缺	1979—1982-07
			所长暂缺	1982-07—1984-08
			所　长	1984-08—1990-03
		陈诗类	所　长	1990-05—1992-04
温州动植检局	正处级	陈诗类	局　长	1992-04—1995-01
		王理平	局　长	1995-02—1996-11
		徐河祥	局长、党组书记	1996-11—1999-10
舟山动植检所	正处级	张幼虎	所　长	1990-05—1992-04

续表

机构名称	机构规格	姓 名	职 务	任职时间
舟山动植检局	正处级	张幼虎	局 长	1992-04—1999-05
			党组书记	1996-12—1999-05

资料来源:《浙江检验检疫志》,浙江人民出版社2005年版,第132—134页。

三、卫生检疫机构

1949年11月,中央人民政府卫生部成立,要求海港检疫所归回其领导,后获政务院文教委同意,接收全国7个检疫所。1953年1月,因各大行政区卫生机构变更,卫生部决定将其所领导的各交通检疫所分别交由所在地之省、市(直辖市)卫生厅、局直接领导,业务方面仍在中央总的政策方针下制定法规,统一领导,并明确检疫所为省、市(直辖市)一级卫生机构。浙江省遂将新建的温州交通检疫所转交浙江省人民政府卫生厅直接管理。1954年,由于美国对中国的经济封锁,口岸对外活动停止,宁波、温州海关被撤销,上海海关检疫所温州临时分所也随即撤销。1955年6月,卫生部决定将检疫所的业务、行政、人事、财务全部交由当地卫生厅局,检疫所为卫生厅(局)的直属单位。至1988年全国口岸卫生检疫机构体制改革前,浙江省卫生检疫一直实行省以下垂直管理体制。

1988年6月26日,国务院批准全国口岸卫生检疫机构体制改革。杭州、宁波、温州、舟山卫检所于1989年1月1日起上划由卫生部卫检总所垂直领导,6月23日,卫检总所将宁波、舟山、温州、杭州卫生检疫所定为县处级单位,所级正职领导为正县处级干部,所级干部属中华人民共和国卫生检疫总所管理干部范围。1990年11月26日,卫生部卫检总所批准杭州、宁波、舟山、温州卫生检疫所加挂杭州、宁波、舟山、温州进口食品卫生监督所牌子,实行"一套班子、两块牌子,一个窗口、统一对外"。1991年5月1日,海门卫生检疫所加挂"中华人民共和国海门进口食品卫生监督检验所"的牌子。1991年12月6日,杭州、宁波、舟山、温州卫生检疫所更名为杭州、宁波、舟山、温州"卫生检疫局",各自的进口食品监督检验所也更名为进口食品监督检验局,继续实行"一套班子、两块牌子"。1997年,国家卫检局在全国设立20个管理局,宁波卫检局为浙江各卫生检疫单位的管理局,自1998年1月1日起,杭州卫检局成为浙江卫检机构的管理局(部分管宁波卫检局)。

1999年8月"三检"合一前,浙江省有杭州、宁波、舟山、温州、海门5个正处级卫检局,以及嘉兴、镇海、北仑、温州机场和栎社机场卫检局5个分支机构。

(一)温州卫生检疫局

1962年5月,为开通日本航线,卫生部提出建立温州卫生检疫所。1964年4月4日,国务院批准建立中华人民共和国温州卫生检疫所,隶属浙江省卫生局领导,由温州市卫生局代管。是时,温州卫生检疫所与温州市卫生局合署办公,由卫生局副局长兼检疫所所长,并从市级医院抽调4名兼职干部,担任检疫工作。1979年4月,温州卫生检疫所的人事、业务、财务划归浙江省卫生局直接领导，内设检疫卫生科、检验科和办公室。同年10月，办公地址从温州市卫生局搬至温州市黎明西路2号。1991年12月6日，温州卫生检疫所更名为“温州卫生检疫局”（以下简称温州卫检局）。1994年10月28日，卫检总所批准建立温州机场卫生检疫局（正处级）。

（二）宁波卫生检疫局

1978年7月6日，国务院批准建立中华人民共和国宁波卫生检疫所，属省、市双重领导。经费列入省预算，财务由省卫生局直管，业务管理以省卫生局为主，党政干部由宁波市任命。业务范围为宁波、舟山两地，内设办公室、检疫、卫生、检验、总务科，办公地址为宁波市海曙区永丰路37号（宁波市卫生防疫站院内）。1981年7月17日，卫生部批准设立沈家门检疫站，隶属宁波卫检所。1989年12月17日，国家卫检总所批准宁波卫检所内设镇海、北仑两个办事处。1991年12月6日，宁波卫生检疫所更名为“宁波卫生检疫局”（以下简称宁波卫检局）。1993年，卫检总所批准建立中华人民共和国栎社卫生检疫局（副处级）。1995年3月，国务院批准宁波口岸北仑区设立检查检验机构。1997年5月18日，国家卫检局下发《关于明确管理局管理权限的通知》，决定宁波卫生检疫局为浙江省管理局，负责统一管理辖区内的杭州卫生检疫局、温州卫生检疫局、舟山卫生检疫局、海门卫生检疫局的业务、人事、财务、国有资产、审计、监察（纪检）等各项工作。1998年1月12日，国家卫检局批准宁波卫检局下设镇海、北仑、栎社机场卫检局，规格均为副处级。

（三）杭州卫生检疫局

1979年4月20日，国务院批准建立中华人民共和国杭州卫生检疫所。5月15日，杭州卫生检疫所（以下简称杭州卫检所）正式对外开展业务。办公地址为杭州市老浙大直路17号浙江省卫生防疫站内，由省卫生防疫站代管。其主要业务是杭州笕桥机场出入境飞机和旅客的卫生检疫查验，办理出国人员体检和预防接种证书。1980年，卫生部调整杭州卫检所的设置和领导关系，对内为省卫生防疫站科级单位，由省卫生防疫站直接领导，对外挂“中华人民共和国杭州卫生检疫所”牌子，以检疫所的名义执行检疫工作。1986年，杭州卫检所仍由省卫生防疫站代管，业务则由省卫生厅直接管理。1991年12月6日，杭州卫检所更名为“杭州卫生检疫局”（以下简称杭州卫检局）。1993年，卫检总所批准建立杭州卫检局机场办事处。1996年1月9日，国务院批准浙江乍浦港对外籍船舶开放，建立卫检机构。1997年8月12日，国家卫检局批准设立嘉兴卫检局（正处级），隶属杭州卫检局。

（四）舟山卫生检疫局

1981年7月，建立沈家门检疫站。1987年1月5日，撤销沈家门检疫站，成立中华人民共和国舟山卫生检疫所，属省卫生厅、舟山地区卫生局双重领导。1991年12月6日，舟山卫生检疫所更名为“舟山卫生检疫局”。

（五）海门卫生检疫局

1984年3月13日，卫生部批准成立海门检疫站，地址设在椒江市枫山路13号椒江市防疫站内，隶属温州卫检所。1989年8月22日，海门检疫站升格为海门卫生检疫所，机构规格为副县处级，仍属温州卫检所管理，办公地址搬至椒江市建设路16号涉外大楼西二楼。1989年9月，改为海门卫生检疫所。1992年5月20日，海门卫生检疫所更名为“中华人民共和国海门卫生检疫局”。1993年4月16日，海门卫生检疫局由温州卫检局领导改为总所直属。

表68-1-3-7　　1999年8月“三检”合一前浙江卫生检疫机构一览表

机构名称		杭州卫生检疫局	宁波卫生检疫局	温州卫生检疫局	舟山卫生检疫局	海门卫生检疫局
机构级别		正县处级	正县处级	正县处级	正县处级	正县处级
建立时间		1979-04（建所） 1991-12（建局）	1978-07（建所） 1991-12（建局）	1964-04（建所） 1991-12（建局）	1981-07（建站） 1987-01（建所） 1991-12（建局）	1984-03（建站） 1989-08（建所） 1992-05（建局）
办公地址		杭州市老浙大直路17号	宁波市柳汀街146号	温州市黎明西路2号	舟山市定海区昌国路222号	椒江市枫山路13号
编制	建立时	5人	30人	4人	5人	5人
	1998年	52人	108人	55人	20人	15人
内设机构	建立时	未设	一室（办公室）四科（检疫、卫生、检验、总务）	未设	卫生组、检疫组	–
	1991年	办公室、检疫监测处、卫生监督检验处	办公室、卫生检疫处、检验处（包括进口食检）、镇海办事处、北仑办事处	办公室、检疫卫生处、检验处、海门卫检所（二级）	办公室、业务处	–
	1998年	办公室、人事处、计财处、检疫监测处、卫生监督处、检验处、机场办事处	办公室、人事处、计财处、审计处、监察（纪检）处、业务管理处、进口食检处、党委办公室、卫生监督科、检疫查验科	办公室、检疫卫生处、疾病监测处、进口食检处	办公室、检疫监督处、疾病监测处、食检处、报验厅	办公室、检疫查验科、卫生监督科、进口食检科、口岸卫生服务中心
分支机构	1998年	嘉兴卫生检疫局（正县处级）	镇海卫生检疫局、北仑卫生检疫局、栎社卫生检疫局（均为副县处级）	温州机场卫生检疫局（正县处级）	–	–

资料来源：《浙江检验检疫志》，浙江人民出版社2005年版，第109—110页。

表 68-1-3-8　　1978 年 11 月至 1999 年 8 月浙江省卫检机构主要领导人任职情况一览表

机构名称	机构规格	姓　名	职　务	任职时间
杭州卫检所	正科级	耿正修	省防疫站副站长兼所长	1979-05—1980-10
		许能盛	负责人	1979-10—1980-10
	正县处级	何幼康	所　长	1989—1993-05
杭州卫检局	正县处级	何幼康	局　长	1993-05—1999-08
宁波卫检所	正科级	朱元卿	所　长	1978-11—1980-12
		王克钊	所　长	1982-10—1986-08
		洪昌华	所　长	1986-08—1989-02
	正县处级	洪昌华	所　长	1990-11—1991-12
宁波卫检局	正县处级	洪昌华	局　长	1991-12—1997-08
		余良中	党组书记、局长	1997-08—1999-07
温州卫检所	正县处级	陈炳烈	市卫生局副局长兼所长	1964—1979-04
		陈大晶	所　长	1989-02—1991-12
温州卫检局	正县处级	陈大晶	局　长	1991-12—1997-12
宁波卫生检疫所沈家门检疫站	正科级	张志诚	站　长	1981-11—1987-04
舟山卫检局	正县处级		局长暂缺	1991-12—1995-07
		周国强	党组书记、局长	1995-07—1999-11
海门卫检站	正科级		站长暂缺	1984-03—1989-06
		丁仁章	站　长	1989-06—1991-04
海门卫检所	副县处级		所长暂缺	1995-07—1997-12
海门卫检局	正县处级		局长暂缺	1995-07—1997-12
		丁仁章	局　长	1997-12—1999-10

资料来源：《浙江检验检疫志》，浙江人民出版社 2005 年版，第 134—136 页。

四、浙江出入境检验检疫局

1998 年 5 月，依据国家检验检疫局关于设立“三检”临时协调小组的原则，在杭州设立浙江“三检”临时协调小组，由张京（浙江商检局局长）、郑仲灵（杭州动植检局局长）、何幼康（杭州卫检局局长）三人组成，张京任组长。“三检”临时协调小组负责浙江辖区（宁波除外）的“三检”协调工作。

1999 年 7 月 5 日，国家检验检疫局《关于转发〈国务院办公厅关于印发全国各地出入境检验检疫机构组建方案的通知〉的通知》，把原杭州卫生检疫局、原杭州动植物检疫局、原浙江进出口商品检验局合并组建为中华人民共和国浙江出入境检验检疫局，机构规格为正厅级，为国家检验检疫局设在浙江（宁波除外）的直属机构，实行由国家检验检疫局直接领导的垂直管理体制。负责浙江省辖区（宁波地区除外）出入境卫生检疫、动植物检疫和进出口商品检验。8 月 3 日，浙江出入境检验检疫局党组正式成立。

8 月 10 日，浙江出入境检验检疫局正式挂牌（即浙江检验检疫局“三检”合一正式确定）。11 月 13 日，浙江检验检疫局批复温州出入境检验检疫局等 12 个下属分支局机构的改革方案。按照国家检验检疫局批复的“三定”方案，12 月底，浙江检验检疫局完成人员定岗和分流。

2010 年，浙江检验检疫局设内设机构 14 个，临时机构 5 个，直属事业单位 6 个，直属企业 1 个，社团组织 2 个，直属办事处 1 个。下属分支机构 13 个，下属分支机构所属办事处 21 个，所属事业单位 7 个。

（一）内设机构

1999 年 10 月 26 日，根据国家检验检疫局《关于浙江出入境检验检疫局职能配置内设机构和人员编制规定的批复》，浙江检验检疫局内设办公室、法制与综合业务处、卫生检疫处、动物检验检疫处、植物检验检疫处、食品检验监督处、机电轻工检验处、纺织检验处、化矿检验处、鉴定管理处、科技与认证处、检务处、人事处、财务处等 14 个职能处室，另设立机关党委办公室（政工处）、监察审计室和离退休干部处。

2003 年 5 月，为顺利完成宝石二路 8 号地块与浙江省机关事务管理局钱江新城 5 号地块的置换工作，及时开展置换后新地块办公大楼和职工宿舍的工程建设，设立浙江检验检疫局基建办公室。

2007 年，浙江检验检疫局改革管理体制，实施管理与执行职能分离，执行职能由杭州出入境检验检疫局承担。同年 2 月，设立浙江检验检疫局政策研究室，以加强检验检疫政策法规前瞻性的研究，有效应对国外技术性贸易壁垒。3 月，根据质检总局的批复，浙江检验检疫局对职能配置及内设机构进行了调整，由原来的 14 个职能处室调整为 11 个职能处室，另设立机关党委办公室（政工处）、监察审计室和离退休干部处，部分处室的名称也作了相应的修改。7 月，设立浙江出入境检验检疫局 WTO 研究室，10 月，设立浙江检验检疫局财务核算中心。

2008 年 4 月，设立浙江检验检疫局信息中心，原由综合业务处承担的信息化建设相关工作交由信息中心管理，以加快信息化建设步伐，整合全省信息化资源，提高检验检疫工作质量。

2010 年，浙江检验检疫局共有 11 个职能处（室），分别为：办公室、综合业务处、法制与稽查处、卫生监管处、食品监管处、动植物监管处、检验鉴定监管处、科技处、认证监管处、人事处、财务处。另设立机关党委办公室（政工处）、监察审计办公室和离退休干部处。临时机构有 5 个，分别为：基建办公室、政策研究室、WTO 研究室、财务核算中心和信息中心。

(二)直属单位

1999年10月,经国家检验检疫局批复,设立浙江出入境检验检疫局检验检疫技术中心等所属事业单位5个,直属企业1个(浙江商检公司)。2001年5月成立浙江省出入境检验检疫协会,2007年12月成立浙江省出入境认证认可协会。

2010年,浙江检验检疫局所属事业单位共6个,分别为:浙江出入境检验检疫局检验检疫技术中心、浙江出入境检验检疫局丝类检测中心、浙江国际旅行卫生保健中心、中国进出口商品质量认证中心浙江评审中心、浙江出入境检验检疫局机关服务中心、浙江出入境检验检疫局杭州检测技术培训中心。直属企业1家,为中国检验认证集团浙江有限公司。社团组织2个,分别为:浙江省出入境检验检疫协会、浙江省出入境认证认可协会。

1. 直属事业单位

1999年10月26日,根据国家检验检疫局《关于浙江出入境检验检疫局下属分支事业单位设置的通知》,核准浙江检验检疫局直属事业单位设置为:浙江出入境检验检疫局检验检疫技术中心、浙江出入境检验检疫局丝类检测中心(2007年起由杭州出入境检验检疫局代管)、浙江国际旅行卫生保健中心、浙江万泰认证中心(中国进出口商品质量认证中心浙江评审中心)和浙江出入境检验检疫局机关服务中心。

2000年12月18日,国家检验检疫局下发《关于明确大连、杭州培训中心隶属关系的通知》,将国家出入境检验检疫局杭州检测技术培训中心正式划归浙江检验检疫局管理,并更名为"浙江出入境检验检疫局杭州检测技术培训中心"。2002年10月,根据国务院和国家质检总局有关认证机构改制工作的指示精神,浙江检验检疫局下属事业单位浙江万泰认证中心完成股份制改革工作,组建新的杭州万泰认证有限公司,与浙江检验检疫局脱钩。2007年10月,经浙江省编办批复同意,将2001年由浙江省编办批复设立的浙江检验检疫技术中心更名为"浙江省检验检疫科学研究院"(简称浙江省检科院),与浙江检验检疫局检验检疫技术中心合署办公。2009年,为深化事业单位改革、促进事业发展,在浙江省检科院开展事业单位企业化改革,并制定了《浙江省检验检疫科学研究院推行企业化管理实施意见》,为事业单位改革奠定了一定的基础。

2. 直属企业

根据中共十六大提出的国有企业改革、建立和完善现代企业制度的精神,按照产权清晰、权责明确、政企分开、管理科学的要求,对商检公司实行体制改革。2003年8月,质检总局、国家认证认可监督管理委员会印发了《浙江商检公司改制方案》,在浙江进出口商品检验总公司和中国进出口商品检验总公司浙江分公司的基础上,改制建立中国检验认证集团浙江有限公司。2004年5月,商检公司体制改革顺利完成,并正式挂牌成立中国检验认证集团浙江有限公司。

3. 社团组织

2001年3月1日,浙江检验检疫局印发《关于同意筹备成立浙江省出入境检验检疫协会的批复》,由浙江省进出口商品技术开发公司、浙江进出口商品检验总公司、浙江国际旅行卫生保健中心、浙江万泰认证中心、浙江出入境检验检疫局检验检疫技术中心、浙江出入境检验检疫局丝类检测中心作为发起单位，筹备成立浙江省出入境检验检疫协会（简称浙江省检验检疫协会）。经浙江省民政厅正式登记注册后，于 2001 年 5 月 28 日召开成立大会。浙江省检验检疫协会受业务主管部门浙江检验检疫局领导，接受中国出入境检验检疫协会的业务指导和浙江省民政厅民间组织管理局的监督管理。2007 年，浙江省检验检疫协会邀请中国检验检疫认证集团浙江有限公司、浙江省检验检疫科学技术研究院、浙江立德产品技术有限公司等相关单位作为共同发起单位，报经浙江省民政厅正式登记注册，于 2007 年 12 月 18 日正式挂牌成立浙江省出入境认证认可协会（以下简称浙江省认证认可协会），进一步拓宽了协会平台功能和业务领域。浙江省检验检疫协会和浙江省认证认可协会合署办公。

（三）办事处

1999 年 11 月，根据国家检验检疫局《关于浙江出入境检验检疫局下属分支机构和办事处设置和人员编制的批复》，设立浙江出入境检验检疫局杭州机场办事处，机构规格为正处级。由浙江检验检疫局直接管理。

2002 年 9 月，经质检总局批准，成立浙江出入境检验检疫局杭州出口加工区办事处，机构规格为正处级，隶属浙江检验检疫局。2007 年 3 月，按照质检总局批复的“三定”方案，浙江出入境检验检疫局杭州出口加工区办事处更名为“杭州出入境检验检疫局杭州经济技术开发区办事处”，机构规格为正处级，隶属杭州检验检疫局。

2010 年，浙江检验检疫局直属办事处 1 个，为浙江出入境检验检疫局杭州机场办事处，机构规格为正处级。

表 68-1-3-9　　1999 年 8 月“三检”合一后浙江检验检疫局直属办事处一览表

机构名称	机构规格	成立时间	备　注
浙江出入境检验检疫局杭州机场办事处	正处级	1999-11	-
浙江出入境检验检疫局杭州出口加工区办事处	正处级	2002-09	2007 年 3 月，更名为杭州出入境检验检疫局杭州经济技术开发区办事处，机构规格为正处级，隶属杭州检验检疫局。

资料来源：浙江检验检疫局人事处根据上级主管部门机构批复文件整理资料。

（四）分支局及所属机构

1999 年 11 月，根据国家检验检疫局《关于浙江出入境检验检疫局下属分支机构办事处设置和人员编制的批复》，浙江出入境检验检疫局有 12 个下属分支局，分别为：温州出入境检验检疫局、金华出入境检验检疫局、义乌出入境检验检疫局、舟山出入境检验检疫局、台州出入境检验检疫局、绍兴出入境检验检疫局、嘉兴出入境检验检疫局、湖州出入境检验检疫局、衢州出入境检验检疫局、丽水出入境检验检疫局、萧山出入境检验检疫局和嵊泗出入境检验检疫局。机构级别除义乌局为副处级外，其他 11 个均为正处级。

分支局所属办事处有 6 个，分别为：温州出入境检验检疫局鳌江办事处、温州出入境检验检疫局七里港办事处、温州出入境检验检疫局温州机场办事处、金华出入境检验检疫局兰溪办事处、台州出入境检验检疫局临海办事处和嘉兴出入境检验检疫局乍浦办事处。机构级别均为副处级。

是年，根据国家检验检疫局《关于浙江出入境检验检疫局下属事业单位设置的通知》，核准浙江出入境检验检疫局下属分支机构所属事业单位设置为 7 个，分别为：温州出入境检验检疫局综合技术服务中心、金华出入境检验检疫局综合技术服务中心、舟山出入境检验检疫局综合技术服务中心、台州出入境检验检疫局综合技术服务中心、绍兴出入境检验检疫局综合技术服务中心、嘉兴出入境检验检疫局综合技术服务中心和嵊泗出入境检验检疫局综合技术服务中心。

2002 年 1 月，经质检总局批准，温州出入境检验检疫局七里港办事处更名为“温州出入境检验检疫局乐清办事处”，机构规格不变。9 月，设立嘉兴出入境检验检疫局嘉善办事处，机构规格为副处级。

2003 年 6 月，经浙江检验检疫局申报，中编办、质检总局联合下文批复同意将萧山出入境检验检疫局更名为“杭州出入境检验检疫局”，机构规格为正处级。

2004 年 2 月，设立绍兴出入境检验检疫局上虞办事处和诸暨办事处、嘉兴出入境检验检疫局海宁办事处，机构规格均为副处级。7 月，设立金华出入境检验检疫局永康办事处，机构规格为副处级。9 月，设立温州出入境检验检疫局瑞安办事处，机构规格为副处级。

2006 年 7 月，经国务院办公厅批准，同意杭州检验检疫局升格为副厅级机构。据此调整浙江检验检疫局、杭州检验检疫局职能配置、机构设置和人员编制，将浙江检验检疫局承担的杭州 7 区 5 县(市)(上城区、下城区、江干区、拱墅区、西湖区、滨江区、余杭区、建德市、富阳市、临安市、桐庐县、淳安县)行政辖区内的检验检疫业务执行职能划入杭州出入境检验检疫局，标志着浙江检验检疫局由管理执行局向管理局转变。8 月，设立舟山出入境检验检疫局六横办事处、丽水出入境检验检疫局龙泉办事处，机构规格均为副处级。

2007 年 3 月，根据质检总局《关于杭州出入境检验检疫局职能调整内设机构和人员编制的通知》，杭州检验检疫局内设 11 个正处级职能处室，分别为：办公室、法制与综合业务处、卫生与食品检验检疫处、动植物检验检疫处、机电轻工检验处、纺织品检验处、鉴定化矿检验处、科技与认证监管处、检务处、人事处、财务处，另设立机关党的工作机构和纪检监察机构。浙江出入境检验检疫局杭州出口加工区办事处更名为“杭州出入境检验检疫局杭州经济技术开发区办事处”，机构规格为正处级，隶属杭州检验检疫局；同时，设立杭州出入境检验检疫局萧山办事处和富阳办事处。同月，设立嘉兴出入境检验检疫局桐乡办事处、湖州出入境检验检疫局德清办事处，机构规格均为副处级。7 月 31 日，杭州检验检疫局正式挂牌。年底，杭州检验检疫局内设机构、人员调整和处级干部配置工作配备基本到位，履行杭州市行政辖区内的出入境检验检疫工作。

12 月，按照质检总局批复的“三定”方案，义乌出入境检验检疫局机构规格由副处级升格为正处级。

2008年7月，设立金华出入境检验检疫局东阳办事处、台州出入境检验检疫局温岭办事处，机构规格均为副处级。12月，中编办、质检总局批复，设立萧山出入境检验检疫局，撤销杭州检验检疫局萧山办事处，机构规格为正处级。

2010年1月，杭州检验检疫局内设机构及职责进行了适度调整，调整后保持原有内设机构总数13个不变，压缩综合管理部门，增加业务执行部门，分别为：办公室、综合业务处、法制与认证处、卫生与食品检验检疫处、动植物检验检疫处、出口机电检验处、进口机电检验处、纺织品检验处、轻工业品检验处、鉴定化矿检验处、检务处、政治处、财务处。

2010年8月，设立台州出入境检验检疫局玉环办事处，机构规格为副处级。

2010年，浙江检验检疫局下辖杭州、温州、金华、舟山、台州、绍兴、嘉兴、湖州、衢州、丽水、嵊泗、义乌、萧山共13个分支检验检疫局，其中杭州检验检疫局为副厅级局，其他12个分支局均为正处级局，其中舟山和嘉兴检验检疫局局长为高配副厅级。分支局下辖21个办事处，其中正处级办事处2个，副处级办事处19个。分支局所属事业单位7个。

表68-1-3-10　　1999年8月“三检”合一后浙江检验检疫局分支局一览表

机构名称	机构规格	成立时间	备　　注
杭州出入境检验检疫局	副厅级	2003-06	2003年6月，萧山出入境检验检疫局更名为“杭州出入境检验检疫局”，机构规格为正处级。 2006年7月，升格为副厅级。 代管事业单位1个：浙江出入境检验检疫局丝类检测中心。 所属办事处2个：杭州经济技术开发区办事处、富阳办事处(未筹建运作)，机构规格均为正处级。
温州出入境检验检疫局	正处级	1999-11	所属事业单位1个：温州出入境检验检疫局综合技术服务中心。 所属办事处4个：鳌江办事处、乐清办事处、温州机场办事处、瑞安办事处，机构规格均为副处级。
金华出入境检验检疫局	正处级	1999-11	所属事业单位1个：金华出入境检验检疫局综合技术服务中心。 所属办事处3个：兰溪办事处、永康办事处、东阳办事处，机构规格均为副处级。
舟山出入境检验检疫局	正处级	1999-11	所属事业单位1个：舟山出入境检验检疫局综合技术服务中心。 所属办事处1个：六横办事处，机构规格为副处级。 2007年9月，经质检总局批准，局长高配为副厅级。
台州出入境检验检疫局	正处级	1999-11	所属事业单位1个：台州出入境检验检疫局综合技术服务中心。 所属办事处3个：临海办事处、温岭办事处、玉环办事处，机构规格均为副处级。

续表

机构名称	机构规格	成立时间	备　　注
绍兴出入境检验检疫局	正处级	1999-11	所属事业单位1个：绍兴出入境检验检疫局综合技术服务中心。 所属办事处2个：上虞办事处、诸暨办事处，机构规格均为副处级。
嘉兴出入境检验检疫局	正处级	1999-11	所属事业单位1个：嘉兴出入境检验检疫局综合技术服务中心。 所属办事处4个：乍浦办事处、嘉善办事处、海宁办事处、桐乡办事处，机构规格均为副处级。 2007年9月，经质检总局批准，局长高配为副厅级。
湖州出入境检验检疫局	正处级	1999-11	所属办事处1个：德清办事处，机构规格为副处级。
衢州出入境检验检疫局	正处级	1999-11	-
丽水出入境检验检疫局	正处级	1999-11	所属办事处1个：龙泉办事处，机构规格为副处级。
嵊泗出入境检验检疫局	正处级	1999-11	所属事业单位1个：嵊泗出入境检验检疫局综合技术服务中心。
义乌出入境检验检疫局	正处级	1999-11	1999年11月成立时机构规格为副处级。 2007年12月，升格为正处级。
萧山出入境检验检疫局	正处级	1999-11	2003年6月，更名为“杭州出入境检验检疫局”。 2007年3月，设立杭州出入境检验检疫局萧山办事处，机构规格正处级。 2008年9月，撤销杭州出入境检验检疫局萧山办事处，成立萧山出入境检验检疫局，机构规格为正处级。

资料来源：浙江检验检疫局人事处根据上级主管部门机构批复文件整理资料。

表 68-1-3-11　　1998 年 5 月至 1999 年 8 月浙江“三检”临时协调小组领导人任职情况一览表

机构名称	机构规格	姓　名	职　务	所在单位	任职时间
浙江“三检”临时协调小组	-	张　京	组长	浙江商检局	1998-05—1999-08
		郑钟灵	成员	杭州动植物检疫局	1998-05—1999-08
		何幼康	成员	杭州卫生检疫局	1998-05—1999-08

资料来源：《浙江检验检疫志》，浙江人民出版社 2005 年版，第 136 页。

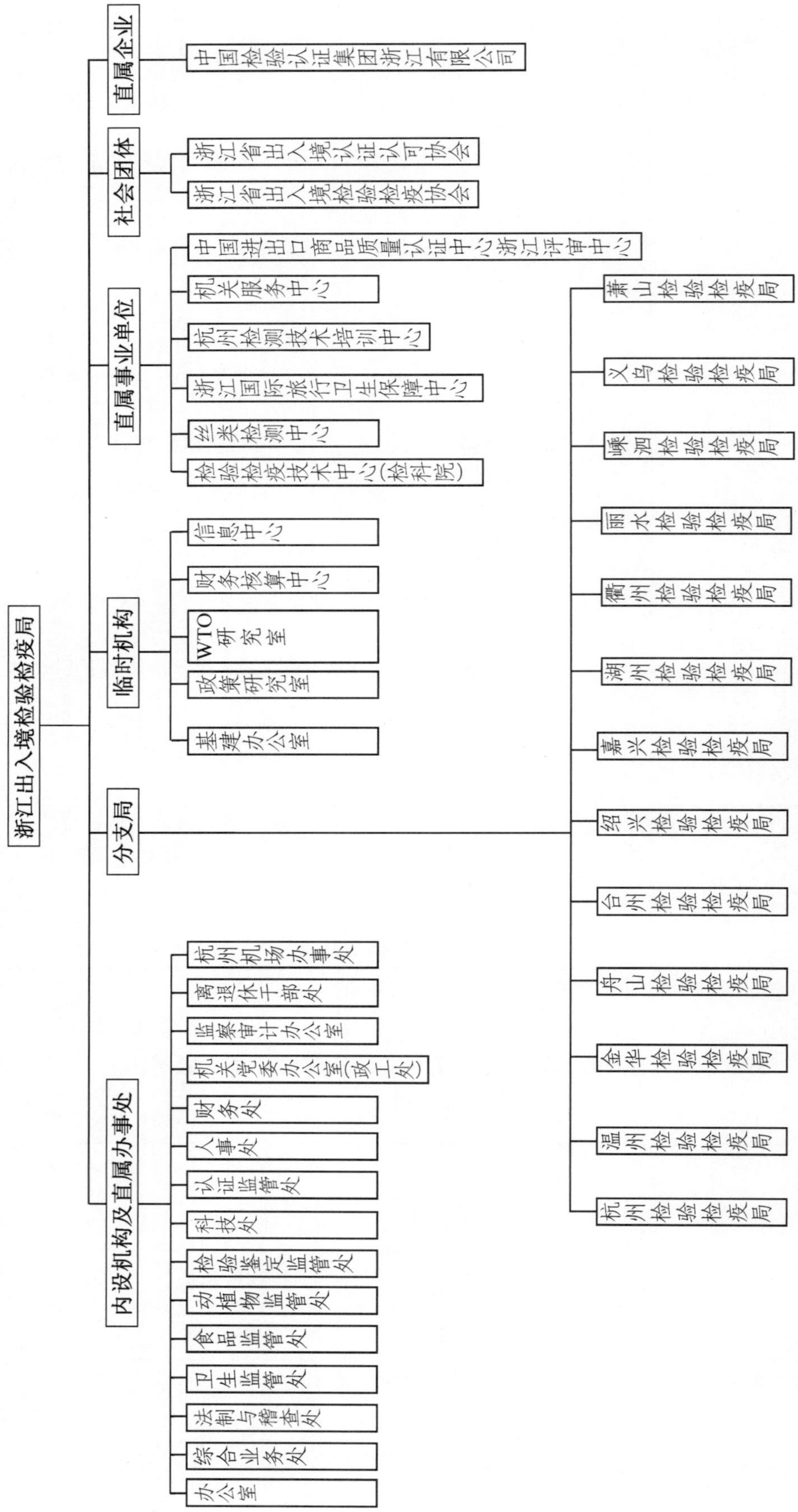

图 68-1-3-1　2010 年浙江出入境检验检疫局机构序列图

表 68-1-3-12　1999 年 8 月至 2010 年 12 月浙江出入境检验检疫局主要领导人任职情况一览表

机构名称	机构规格	姓　名	职　务	任职时间
浙江出入境检验检疫局	正厅级	张　京	党组书记、局长	1999-08—2001-02
		慎仁安	党组书记、局长	2001-02—2006-11
		阎　震	党组书记、局长	2006-11—2010-12

资料来源:《浙江检验检疫志》,浙江人民出版社 2005 年版,第 137 页;《浙江检验检疫年鉴(2007)》,第 14—15 页。

五、宁波出入境检验检疫局

1998 年 5 月,依据国家检检验检疫局关于设立"三检"临时协调小组的原则,在宁波设立宁波"三检"临时协调小组,由慎仁安(宁波商检局局长)、徐宝根(宁波动植物局局长)、余良中(宁波卫检局局长)三人组成,慎仁安任组长。宁波"三检"临时协调小组负责宁波辖区的"三检"协调工作。1999 年 7 月 5 日,国家检验检疫局下发《关于转发〈国务院办公厅关于印发全国各地出入境检验检疫机构组建方案的通知〉的通知》,把原宁波卫生检疫局、原宁波动植物检疫局、原宁波进出口商品检验局合并组建为中华人民共和国宁波出入境检验检疫局,机构规格为副厅级,实行国家检验检疫局垂直管理的体制。宁波检验检疫局负责宁波所辖区域和口岸出入境卫生检疫、动植物检疫和进出口商品检验。1999 年 7 月 29 日,根据《国务院办公厅关于印发全国各地出入境检验检疫机构组建方案的通知》,为加强党对检验检疫工作的领导,经中共国家检验检疫局党组与中共宁波市委协商同意,将国务院有关部门原设在宁波的进出口商品检验局、动植物检疫局和卫生检疫局的党组合并改为中共宁波出入境检验检疫局党组。

1999 年 8 月 10 日,宁波出入境检验检疫局正式对外挂牌。2002 年 11 月 14 日,宁波检验检疫局升格为正厅级直属局。2004 年 8 月 10 日,经中共宁波检验检疫局党组研究,成立宁波出入境检验检疫局纪检组。

2010 年,宁波检验检疫局设内设机构 16 个,临时机构 1 个,直属事业单位 5 个,直属企业 1 家,社团组织 3 个,分支检验检疫局 8 个,临时机构 1 个,办事处 12 个。

(一)内设机构

1999 年 11 月,根据国家检验检疫局关于宁波检验检疫局职能配置内设机构的批复,宁波检验检疫局内设办公室、法制与综合业务处、卫生检疫处、动物检验检疫处、植物检验检疫处、食品检验监督处、机电检验处、化矿检验鉴定处、轻纺检验处、科技与认证处、检务处、人事处、财务处 13 个处室,另设立机关党委办公室(政工处)、监察审计室和离退休干部处。为保证检验检测用房基本建设工作的顺利进行,同年 12 月 2 日,成立宁波检验检疫局基本建设办公室。2002 年 9 月 2 日，成立口岸通关处，撤销化矿检验鉴定处，机电检验处更名为“机电化矿检验处”。2004 年 3 月 24 日，增设化矿检验处，并将机电化矿检验处更名为“机电检验处”。2005 年 1 月 24 日，根据质检总局和认监委《关于加强认证认可监管工作有关问题的通知》，科技与认证处分设为科技处和认证监管处。2005 年 11 月 15 日，根据质检总局领导关于加强检验检疫行政执法监督检查的指示精神，为保证检验检疫执法稽查制度试点工作的开展，设立稽查处。2009 年 3 月 12 日，为更好适应宁波国际航运服务中心正式运行所发生的整体工作格局的深刻变化，进行业务管理体制改革，并对内设机构进行调整，局本部按照业务管理和执行两个层面实行管检分离，原 7 个检验检疫业务处承担的进出口检验检疫业务管理职能和执行职能进行分离。2010 年 8 月 23 日，经质检总局同意，对部分内设机构进行调整，调整后内设机构为 16 个：办公室、法制与综合业务处、卫生检疫监管处、动植物检验检疫监管处、食品安全监管处、检验监管处、认证监管处、稽查处、口岸通关处、检务处、科技处、人事处、财务处、机关党委办公室(政工处)、监察审计室、离退休干部处。

2010 年 12 月 29 日，经质检总局同意，内设处室调整为 14 个：办公室、法制处、通关业务处、卫生检疫监管处、动植物检疫监管处、食品安全监管处、检验监管处、认证监管处、风险管理处、科技处、信息化管理处、人事处、计划财务处、离退休干部处。另设立机关党委办公室(政工处)和监察审计室。2010 年，有临时机构 1 个，为基本建设办公室。

(二)直属单位

1999 年 10 月，经国家检验检疫局批复，设立宁波出入境检验检疫局检验检疫技术中心等所属事业单位 4 个；直属企业 1 个，为中国进出口商品检验总公司宁波分公司。2004 年 2 月，宁波市民政局准予筹备成立宁波出入境检验检疫协会。同年 7 月，经质检总局同意，成立宁波检验检疫局财务核算中心。2006 年 8 月，宁波市民政局批复筹备成立宁波国检文化促进会。同年 10 月，宁波市民政局批复筹备成立宁波认证认可协会。2007 年 11 月，完成中国检验认证集团宁波有限公司与中国质量认证中心宁波评审中心重组。

2010 年，宁波检验检疫局所属事业单位共 5 个，分别为：宁波检验检疫局检验检疫技术中心、宁波国际旅行卫生保健中心、中国质量认证中心宁波评审中心、宁波检验检疫局机关服务中心、宁波检验检疫局财务核算中心。直属企业 1 个，为中国检验认证集团宁波有限公司。社团组织 3 个，分别为：宁波出入境检验检疫协会、宁波国检文化促进会和宁波认证认可协会。

1. 直属事业单位

1999 年 10 月 27 日，根据国家出入境检验检疫局《关于宁波出入境检验检疫局下属事业单位设置的通知》，设立宁波检验检疫局直属事业单位 4 个，分别为宁波出入境检验检疫局检验检疫技术中心、宁波国际旅行卫生保健中心、宁波出入境检验检疫局质量管理体系评审中心(中国进出口商品质量认证中心宁波评审中心)和宁波出入境检验检疫局机关服务中心。2000 年 12 月 3 日，根据国家检验检疫局《关于中国进出口质量认证中心各地评审中心更名的通知》，宁波出入境检验检疫局质量管理体系评审中心(中国进出口商品质量认证中心宁波评审中心)更名为“中国进出口质量认证中心宁波评审中心”。2003年12月11日,中国进出口质量认证中心宁波评审中心更名为“中国质量认证中心宁波评审中心”。2004年7月8日,为加强财务管理的宏观调控和对所属单位的会计核算工作,经质检总局同意,成立宁波检验检疫局财务核算中心(非独立法人机构),作为试点,挂靠机关服务中心,干部参照事业单位进行配备,在业务上接受局财务处、审计部门的指导和监督。2007年4月9日,宁波市机构编制委员会同意宁波出入境检验检疫技术研究中心更名为“宁波检验检疫科学技术研究院”。

2. 直属企业单位

2003年12月27日,中国进出口商品检验总公司宁波分公司更名为“中国检验认证集团宁波有限公司”。2007年11月7日,中国检验认证集团宁波有限公司与中国质量认证中心宁波评审中心重组为新的中国检验认证集团宁波有限公司。

3. 社团组织

2002年9月30日,中国进出口商品质量认证中心宁波评审中心、宁波出入境检验检疫技术研究中心、宁波商品检验公司、宁波国际旅行卫生保健中心作为发起单位,筹备成立宁波出入境检验检疫协会。2004年1月2日,成立宁波出入境检验检疫协会筹备组,2004年2月3日,宁波市民政局准予筹备成立宁波出入境检验检疫协会。2006年8月10日,宁波市民政局批复同意筹备成立宁波国检文化促进会。2006年10月27日,宁波市民政局批复同意筹备成立宁波认证认可协会。

(三)办事处

1999年11月,根据国家检验检疫局关于宁波出入境检验检疫局下属分支机构办事处设置的批复,成立宁波检验检疫局下属办事处3个,分别为:宁波出入境检验检疫局宁波机场办事处(正处级)、宁波出入境检验检疫局保税区办事处(正处级)和宁波出入境检验检疫局镇海办事处(副处级)。2006—2010年,相继设立宁波出入境检验检疫局穿山办事处、宁波出入境检验检疫局杭州湾新区办事处、宁波出入境检验检疫局海港口岸通关中心办事处、宁波出入境检验检疫局宁波出口加工区办事处、宁波出入境检验检疫局国际航运服务中心办事处、宁波出入境检验检疫局甬城办事处、宁波出入境检验检疫局临港办事处、宁波出入境检验检疫局甬港办事处和宁波出入境检验检疫局海港办事处,共9个正处级办事处。

2010年,宁波检验检疫局下辖镇海、保税区、宁波机场、穿山、杭州湾新区、海港口岸通关中心、宁波出口加工区、国际航运服务中心、甬城、临港、甬港和海港共12个办事处,机构规格均为正处级。

表 68-1-3-13　　1999 年 8 月“三检”合一后宁波检验检疫局办事处一览表

机构名称	机构规格	成立时间	备　注
宁波出入境检验检疫局镇海办事处	正处级	1999-11	1999 年 11 月成立时机构规格为副处级。2004 年 3 月，升格为正处级。
宁波出入境检验检疫局保税区办事处	正处级	1999-11	-
宁波出入境检验检疫局宁波机场办事处	正处级	1999-11	-
宁波出入境检验检疫局穿山办事处	正处级	2006-05	授权北仑检验检疫局管理。
宁波出入境检验检疫局杭州湾新区办事处	正处级	2007-05	2007 年 5 月，经质检总局批复，设立宁波出入境检验检疫局慈溪出口加工区(经济技术开发区)办事处，机构规格为正处级。2010 年 12 月更名为“宁波出入境检验检疫局杭州湾新区办事处”，机构规格不变。授权慈溪检验检疫局管理。
宁波出入境检验检疫局海港口岸通关中心办事处	正处级	2007-05	-
宁波出入境检验检疫局宁波出口加工区办事处	正处级	2007-05	授权保税区办事处管理。
宁波出入境检验检疫局国际航运服务中心办事处	正处级	2008-03	-
宁波出入境检验检疫局甬城办事处	正处级	2010-08	-
宁波出入境检验检疫局临港办事处	正处级	2010-08	-
宁波出入境检验检疫局甬港办事处	正处级	2010-08	-
宁波出入境检验检疫局海港办事处	正处级	2010-08	-

资料来源：根据《宁波出入境检验检疫志》，中华书局 2005 年版，第 124—125 页；《宁波检验检疫年鉴(2007)》，第 279—280 页；《宁波检验检疫年鉴(2008)》，第 426—427 页；《宁波检验检疫年鉴(2009)》，第 224 页；《宁波检验检疫年鉴(2011)》，第 222 页整理。

（四）分支局及所属机构

1999 年 11 月，根据国家检验检疫局批复，宁波检验检疫局下属分支局设置为 6 个，分别为：北仑出入境检验检疫局、慈溪出入境检验检疫局、余姚出入境检验检疫局、奉化出入境检验检疫局、鄞县出入境检验检疫局和宁海出入境检验检疫局。机构级别均为正处级。

是年，根据国家检验检疫局批复，核准宁波检验检疫局下属分支机构所属事业单位设置为2个，分别为：北仑出入境检验检疫局综合技术服务中心和慈溪出入境检验检疫局综合技术服务中心。

2002年5月，成立象山出入境检验检疫局，机构级别为正处级。10月，根据《国务院关于同意宁波口岸大榭港区对外开放的批复》，成立大榭出入境检验检疫局，机构规格为正处级。

2009年5月，设立梅山检验检疫机构筹建办公室，为临时机构。

2010年，宁波检验检疫局下辖北仑、慈溪、余姚、奉化、鄞州、宁海、象山、大榭共8个分支检验检疫局，均为正处级局；下辖1个临时机构：梅山检验检疫机构筹建办公室。分支局下辖2个事业单位，分别为：北仑出入境检验检疫局综合技术服务中心和慈溪出入境检验检疫局综合技术服务中心。

表68-1-3-14　　1999年8月“三检”合一后宁波检验检疫局分支局一览表

机构名称	机构规格	成立时间	备　　注
北仑出入境检验检疫局	正处级	1999-11	下设1个事业单位：北仑出入境检验检疫局综合技术服务中心。 2006年7月，经质检总局批准，局长高配为副厅级。
慈溪出入境检验检疫局	正处级	1999-11	下设1个事业单位：慈溪出入境检验检疫局综合技术服务中心。
余姚出入境检验检疫局	正处级	1999-11	-
奉化出入境检验检疫局	正处级	1999-11	-
鄞州出入境检验检疫局	正处级	1999-11	1999年11月13日，经国家检验检疫局批复，成立鄞县检验检疫局，机构规格为正处级。2002年7月29日，更名为“鄞州出入境检验检疫局”。
宁海出入境检验检疫局	正处级	1999-11	-
象山出入境检验检疫局	正处级	2002-05	-
大榭出入境检验检疫局	正处级	2002-10	-
梅山检验检疫机构筹建办公室	-	2009-05	临时机构。

资料来源：宁波局人事处根据《宁波出入境检验检疫志》，中华书局2005年版，第122—124页，及宁波检验检疫局文件（甬检人〔2009〕166号）整理。

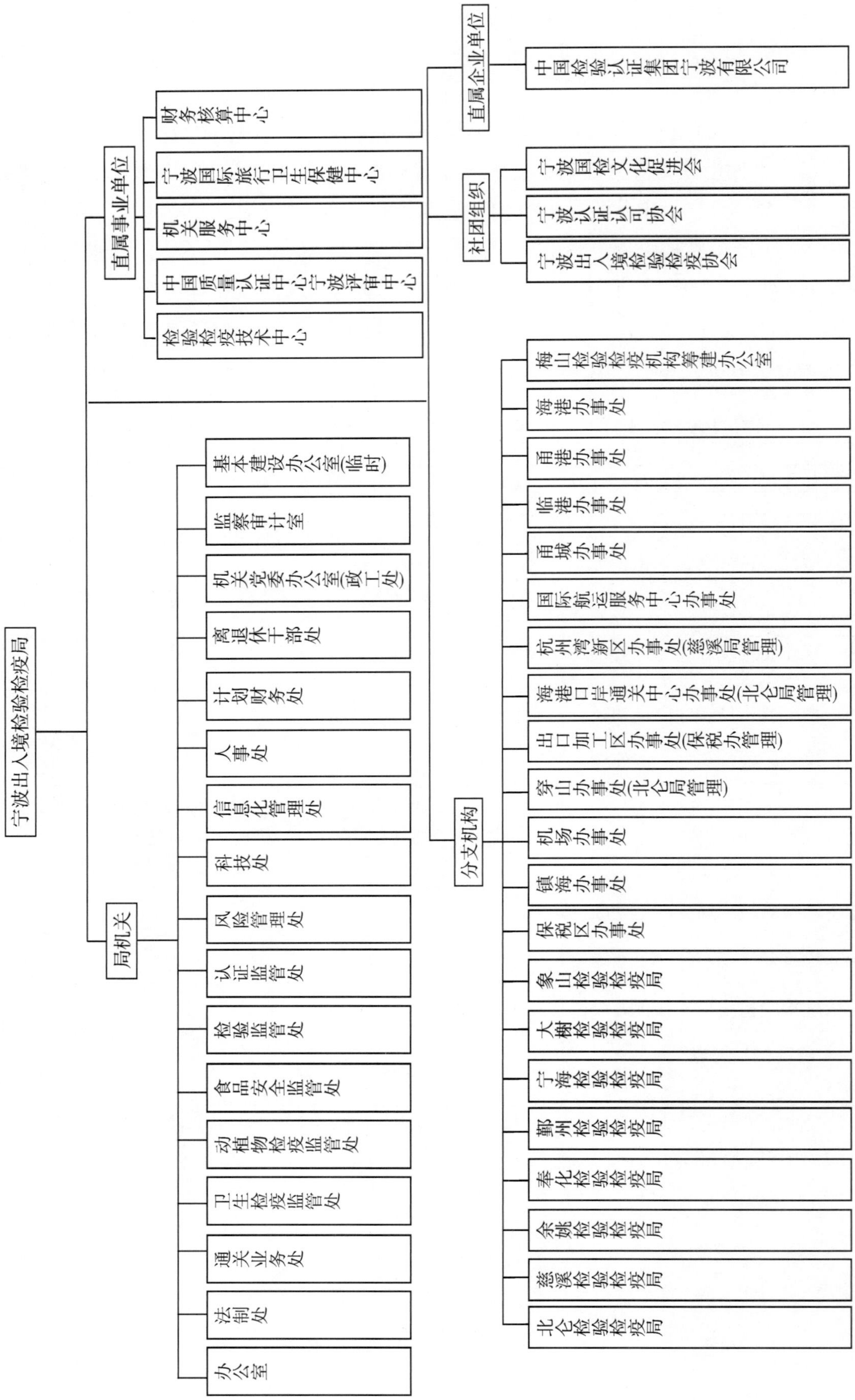

图 68-1-3-2　2010 年宁波出入境检验检疫局机构序列图

表 68-1-3-15 1998 年 5 月至 1999 年 8 月宁波“三检”临时协调小组领导人任职情况一览表

机构名称	姓 名	职 务	所在单位	任职时间
宁波“三检”临时协调小组	慎仁安	组 长	宁波商检局	1998-05—1999-08
	徐宝根	成 员	宁波动植物检疫局	1998-05—1999-08
	余良中	成 员	宁波卫生检疫局	1998-05—1999-08

资料来源:《宁波出入境检验检疫志》,中华书局 2005 年版,第 166 页。

表 68-1-3-16 1999 年 8 月至 2010 年 12 月宁波出入境检验检疫局主要领导人任职情况一览表

机构名称	机构规格	姓 名	职 务	任职时间
宁波出入境检验检疫局	副厅级(1999-08—2002-11) 正厅级(2002-11—2010-12)	慎仁安	党组书记、局长	1999-08—2001-02
		徐金记	党组书记、局长	2001-02—2007-08
		山 巍	党组书记、局长	2007-08—2010-12

资料来源:根据《宁波出入境检验检疫志》,中华书局 2005 年版,第 166 页;《宁波检验检疫年鉴(2008)》,第 14 页整理。

第二章　进出口商品检验

唐宋时期，浙江海外贸易繁荣，商品检验寓于海外贸易，杭州、宁波、温州为两浙路重要的商品交易口岸。清晚期后，随着上海港的崛起，浙江商品的对外贸易港口重心转移至上海，宁波港降为国内转运货物港，宁绍平原、杭嘉湖平原生产的出口商品遂经上海港出口，对大宗商品的检验也从浙江口岸移至上海口岸。是时，浙江就有生丝、茶叶、黄酒、瓷器等产品出口海外，官府施行舶货查验、抽解征税。

具有现代意义的进出口商品检验始于民国 4 年(1915 年)，浙江瓯海道(今温州)设永嘉茶叶检验处负责检验温州地区茶叶，查禁茶叶着色掺假。民国 18 年后，浙江省进出口商品大部分由上海商检局执行品质管制。

1950—1956 年，浙江设立由上海商检局管辖的检验工作站或工作组，就地检验茶叶、生丝、肉类、柑橘等出口商品。1958 年，进出口商品检验权力下放，由生产经营部门自行办理。1963 年，杭州商检局挂牌成立，负责检验浙江地区进出口商品。“文化大革命”期间，进出口商品检验工作一般由企业自行办理，商检机构盖章放行。1974 年，浙江省的进出口商品检验工作开始得到恢复性发展。1975 年 1 月 9 日，成立中华人民共和国杭州商品检验局宁波商品检验处，负责宁波、舟山、台州地区的进出口商品检验任务。

1978 年，中共十一届三中全会后，浙江进出口贸易和进出口商品检验工作迅速发展。是年，杭州商检局受理进出口商品检验 19311 批，金额 42829 万元，其中出口 19171 批次，金额 39949 万元。1989 年，《中华人民共和国进出口商品检验法》(以下简称《商检法》)颁布实施，进出口商品检验的实体与程序规定更加明确，浙江商检局通过多种途径，对进出口企业和商检工作人员进行《商检法》宣传培训。随着经济的持续发展，省域内大型企业进口成套设备的需求量不断增长。为适应进口商品检验需要，浙江商检局开创在大型建设项目和企业设立现场检验办公室的先河。先后在秦山核电站、北仑电厂、杭州磁带厂等一批大型进口企业设立现场检验办公室，随时就地检验进口货物。1991 年，国务院副总理邹家华对浙江商检局在秦山核电站设立现场检验办公室开展现场检验的做法给予表扬，批示“商检局这项工作做得很好，坚持继续进行下去”。

1992 年，邓小平南方谈话发表后，浙江省外向型经济步入新的快速发展期。省内“三资”(中外合资、中外合作和外商独资)企业迅猛发展，进出口商品检验量急速上升，检验不合格率也随之增加。1995 年，浙江商检局进出口商品报检 161208 批，货值 6341291 万元，其中出口 156469 批次，货值 3696318 万元。1995 年 12 月，为适应宁波港口发展需要，宁波商检局从浙江商检局中独立出来，升格为国家商检局直属局，负责宁波地区的检验业务。

1999年8月，“三检”合一的浙江检验检疫局和宁波检验检疫局成立，商检与检疫逐步进行业务融合。2001年，中国加入世界贸易组织(以下简称WTO)，中华人民共和国质量监督检验检疫总局(以下简称质检总局)对《检验检疫机构实施进出口商品检验目录》(以下简称《法检目录》)进行调整。按《法检目录》，浙江省承担列入法定检验的进出口商品有2256种，占《法检目录》商品总数的70%以上。是年，浙江检验检疫局检验检疫业务量居全国第6位，宁波检验检疫局检验检疫业务量居全国第10位。在日益繁忙的工作中，浙江检验检疫机构把工作重点放在涉及安全、卫生、健康、环境保护、劳动保护和反欺诈上，用先进技术应对国际贸易新的挑战。

2001—2003年，随着进出口商品检验业务量的日益增长，浙江检验检疫机构开始探索检验监管模式改革，尝试由过去的批批检验改为型式检验和过程检验。同时，开始在辖区范围内实施对《法检目录》内工业产品生产企业的分类考核和监督管理。上述举措的实施，大大提高了检验检疫部门检验监管的针对性和有效性，便利了对外贸易，促进了出口工业产品生产企业管理水平和产品质量的提升。

2004—2007年，浙江对外贸易国际化进程不断加快，进出口商品检验量也随之呈现持续增长，机电、轻纺等浙江传统优势产业表现得尤为明显。

2007—2008年，浙江检验检疫机构分时分阶段对出口小家电、节日灯、玩具、服装等重点敏感商品实施专项整治，为确保中国(浙江)产品的良好声誉保驾护航。

2010年，浙江进出口商品检验批次为217.70万批，金额达1205.92亿美元，较1999年分别增长8.28倍和12.40倍。

第一节　进口商品检验

进口商品的检验包括进口食品及化妆品、矿产品、金属材料、化工品、纺织品、轻工产品、机电产品、成套设备、废物原料等商品的检验。1965年，杭州商检局对进口商品开验，检验品种主要是金属材料、少量的机电产品和汽车。1979年后，进口机电产品、金属材料、食品等商品的检验量增幅较大，浙江商检机构在镇海炼油厂、秦山核电站等重点进口企业设立现场办公室。1989年后，国家商检部门把大部分的化工品、机电产品纳入《商检机构实施检验的进出口商品种类表》(以下简称《种类表》)，浙江进口商品的检验种类显著增多。2001年，中国加入WTO后，浙江的进口贸易连续多年保持高速增长态势，进口商品检验的任务变得更重，难度更大，与此同时，进口检验把关的水平也随之提高。2002—2010年，浙江检验检疫机构在进口商品的检验监管过程中，成功处置了包括日本“五十铃”汽车召回整改、美国GE公司核磁共振设备索赔等大量案件，涉及成套设备、医疗器械、大宗资源性产品等多个领域，有效促进了浙江省经济的健康和可持续发展。2010年，浙江省进口商品检验批次为114063批次，金额达591.18亿美元，较1999年分别增长7倍和14.90倍。

表 68-2-1-1　　1984—2010 年浙江省进出口商品检验情况一览表

年份	进出口批次（批）	进出口金额	进口批次（批）	进口金额	出口批次（批）	出口金额
1984	51735	12.81 亿元	850	1.97 亿元	50885	10.84 亿元
1985	57741	19.35 亿元	1191	5.63 亿元	56550	13.72 亿元
1986	60421	26.85 亿元	1365	8.41 亿元	59056	18.44 亿元
1987	69581	33.33 亿元	2754	12.01 亿元	66827	21.32 亿元
1988	47015	45.02 亿元	2185	19.27 亿元	44830	25.75 亿元
1989	55616	83.33 亿元	3853	47.04 亿元	51763	36.29 亿元
1990	93563	113.58 亿元	2265	34.21 亿元	91298	79.37 亿元
1991	100890	178.06 亿元	2771	69.29 亿元	98119	108.77 亿元
1992	115966	241.68 亿元	3193	96.49 亿元	112773	145.19 亿元
1993	131519	415.90 亿元	4851	192.92 亿元	126668	222.99 亿元
1994	151225	72.62 亿美元	6078	23.58 亿美元	145147	49.04 亿美元
1995	161208	634.13 亿元	4739	31.32 亿元	156469	369.63 亿元
1996	154618	73.80 亿美元	6671	33.86 亿美元	147947	39.94 亿美元
1997	156985	76.88 亿美元	7459	35.75 亿美元	149526	41.14 亿美元
1998	181542	76.99 亿美元	10099	32.98 亿美元	171443	44.00 亿美元
1999	234490	89.98 亿美元	14249	37.19 亿美元	220241	52.79 亿美元
2000	350527	176.42 亿美元	24248	81.82 亿美元	326279	94.6 亿美元
2001	419723	179.54 亿美元	33967	75.08 亿美元	385756	104.45 亿美元
2002	573686	218.33 亿美元	38738	84.07 亿美元	534948	134.26 亿美元
2003	783349	317.09 亿美元	55367	134.99 亿美元	727982	182.10 亿美元
2004	1001387	453.55 亿美元	86367	229.54 亿美元	915020	224.01 亿美元
2005	1275412	625.13 亿美元	97728	320.29 亿美元	1177684	304.83 亿美元
2006	1470729	776.33 亿美元	93410	383.45 亿美元	1377319	768.12 亿美元
2007	1759789	917.31 亿美元	102862	425.62 亿美元	1656927	491.68 亿美元
2008	1856475	1221.79 亿美元	100273	652.51 亿美元	1756202	569.28 亿美元
2009	1801100	899.23 亿美元	93227	420.69 亿美元	1707873	478.55 亿美元
2010	2176994	1205.92 亿美元	114063	591.18 亿美元	2062931	614.74 亿美元

资料来源：根据《中国出入境检验检疫统计年鉴(1998)》、《中国商检统计年鉴(1997)》、《浙江经济年鉴(1987)》、《浙江经济年鉴(1988 年)》、《浙江经济年鉴(1990 年)》、《浙江经济年鉴(1991 年)》、《浙江检验检疫志》(浙江人民出版社 2005 年版，第 1134—1142 页)、CIQ2000 系统检验检疫数据模块和宁波出入境检验检疫局等提供的资料整理。

表 68-2-1-2　　2000—2010 年浙江检验检疫局检验进口商品分类情况一览表

年份	食品及相关产品（CIQ 代码 05 章）		纺织（CIQ 代码 06 章）		轻工（CIQ 代码 07 章）		矿产（CIQ 代码 08 章）		金属材料及制品（CIQ 代码 09 章）		化工品（CIQ 代码 10 章）		机电（CIQ 代码 11 章）	
	批次（批）	货值（万美元）	批次（批）	货值（万美元）	批次（批）	货值（万美元）	批次（批）	货值（万美元）	批次（批）	货值（万美元）	批次（批）	货值（万美元）	批次（批）	货值（万美元）
2000	60	180.0	43	376.7	34	155.5	31	43750.3	328	4921.4	254	7808.6	336	12859.5
2001	397	2453.6	634	6130.9	476	3260.7	78	69324.4	1831	29524.0	1766	43029.3	2769	76953.0
2002	361	2506.9	1115	5993.2	391	2492.6	187	103429.3	1555	22971.1	1782	24411.0	2909	68740.4
2003	348	1930.8	1453	6782.1	785	2547.3	376	184324.7	1885	21683.1	1862	40113.7	4211	105816.9
2004	554	1510.2	2865	13123.1	994	3639.3	429	284958.0	2710	27207.2	4797	111508.7	8605	133109.1
2005	353	1352.3	2393	10968.2	820	5870.3	515	383662.4	1950	27470.6	4483	128475.0	9628	147956.7
2006	421	1523.1	2094	9115.4	310	2443.9	457	671509.1	1567	17434.6	2713	133819.6	9289	111778.1
2007	599	6341.3	2550	12121.3	668	4881.1	586	925813.4	2210	29050.6	3757	130903.2	11586	132316.8
2008	960	10264.3	3018	18643.4	532	4958.7	841	1884558.3	2736	39309.1	6205	212507.9	11243	132544.5
2009	1280	11553.9	3413	16566.4	176	566.4	972	1240930.2	1944	28666.5	1946	41362.3	11510	139202.3
2010	2042	17885.3	3366	11993.6	190	192.0	1209	1833484.2	2366	24172.0	1916	45451.7	12202	164722.9

资料来源：本表货物数据来源于 CIQ2000 系统入境检验检疫数据模块。

说明：按入境检验标准统计条件查询数据。

表 68-2-1-3　**2000—2010 年宁波检验检疫局检验进口商品分类情况一览表**

年份	食品、化妆品及相关产品（CIQ 代码 05 章）			纺织品（CIQ 代码 06 章）		轻工品（CIQ 代码 07 章）		矿产品（CIQ 代码 08 章）		
	批次（批）	重量	货值（万美元）	批次（批）	货值（万美元）	批次（批）	货值（万美元）	批次（批）	重量（吨）	货值（万美元）
2000	138	37941915 千克/23918 升	1219.3	411	3138.0	360	5214.7	117	7300116.6	123150.3
2001	610	87260604 千克/98428 升	3165.6	1225	6524.1	1486	13702.7	625	42490414.4	330928.0
2002	739	441962536 千克/126052 升	11906.3	1532	8569.8	789	10841.6	724	43945594.0	369380.6
2003	1055	934074852 千克/283945 升	26158.6	1484	7903.4	707	12347.3	931	54529828.7	613959.0
2004	1089	1259839726 千克/340364 升	46542.3	1940	10948.2	846	14817.0	1089	69163508.4	1144454.2
2005	1650	1493380356 千克/449666 升	46968.1	1777	10293.9	691	9408.9	1196	81361317.8	1812786.4
2006	1140	972658514 千克/604411 升	28175.5	1504	7920.3	903	15204.1	1195	78226015.8	2109090.8
2007	1182	99515802 千克/2074762 升/230400 个	10540.8	1448	7108.9	1073	23619.5	1282	78999824.1	2135056.1
2008	1320	125428155 千克/1843564 升	15988.8	1229	5484.9	1165	25408.6	1317	79890542.1	3214384.1
2009	1566	219835700 千克/3262063 升	18027.8	1044	6526.0	326	2886.7	1228	86032046.2	2031098.9
2010	2214	184067095 千克/5241571 升	17968.3	1120	3816.7	352	897.5	1354	88272883.8	2778060.7

续表

年份	金属材料及制品（CIQ代码09章）			化工品（CIQ代码10章）			机电（CIQ代码11章）		成套设备(CIQ代码品目1130或货物名称含成套设备)		废物原料（CIQ代码9902）		
	批次（批）	重量（吨）	货值（万美元）	批次（批）	重量	货值（万美元）	批次（批）	货值（万美元）	批次（批）	货值（万美元）	批次（批）	重量（吨）	货值（万美元）
2000	1946	147362.7	7747.7	1902	413876260千克/12500双	8316.8	326	2920.2	53	1080.9	362	34055.3	537.8
2001	7639	567484.0	31657.2	8069	1744109805千克/28条	55466.5	1748	19711.6	278	5278.1	792	76065.1	1637.3
2002	4434	536336.9	38503.8	5278	1515489709千克	46985.4	2216	34327.0	394	7269.2	9411	1073779.9	18875.9
2003	2177	713111.6	54278.6	6791	1782199945千克/14升	69180.6	3313	47554.5	465	11690.9	20166	2208473.9	48893.5
2004	2189	683174.2	69899.1	8550	2293104887千克 216升100条	109747.5	4983	76145.8	698	14447.8	29844	3343128.4	101473.8
2005	2205	440682.8	62720.3	9415	1686874884千克/7升/1130条	106276.3	4170	72808.7	394	21423.9	35662	4247979.7	144557.4
2006	2113	299898.8	44794.0	10280	1361372170千克/10条	121378.8	8083	185407.3	1197	59743.7	36339	4600070.0	193505.4
2007	2217	300518.8	61316.1	9963	1543731134千克/1800升/4条	152002.7	4679	72290.2	552	11622.1	45974	5103617.8	307731.6
2008	2180	325592.0	63995.1	8940	1765485730千克/21条/1920把/2991升	230060.2	7556	110941.7	3322	57605.2	35873	4442333.5	263401.5
2009	1425	275740.8	27066.6	2627	385948146千克/2782升720双2000条	36158.3	6011	103832.3	1596	53261.0	42217	5421812.7	242732.9
2010	1613	174079.9	35321.7	3078	883690801千克/5794升/36立方米	77102.7	6572	88226.3	1078	30917.9	54091	5367350.7	464794.9

资料来源:本表货物数据来源于CIQ2000系统入境检验检疫数据模块。

说明:按入境检验标准统计条件查询数据。

一、食品及化妆品检验

进口食品及化妆品检验主要包括食品、化妆品、食品添加剂、食品容器、包装材料和食品用工具、设备等。

1982年7月，第一艘运载5000吨泰国原糖的外轮抵达宁波港，宁波市卫生防疫站对其实施卫生监督检验。1989年，宁波口岸开始进口食用油，全年进口约3000吨。同年11月，杭州卫检局首次对杭州黄龙饭店从香港进口的5箱共51千克美国浓缩西柚汁依据GB10792、GB2759、GB11673、GB8537标准实施监督检验。同年12月，杭州卫检局首次对杭州香格里拉饭店从香港进口的6千克澳大利亚甜品酱罐头实施监督检验。

1990年8月至1991年5月，经国家卫检总所批准，杭州、宁波、温州、舟山、海门卫生检疫机关相继正式承担进口食品卫生监督检验工作。浙江省进口的食品种类包括各类食品、食品添加剂、食品容器包装材料、食品工具和设备等22大类。其中，宁波口岸的进口食品总量约占浙江省进口量的85%，位居全国前十位。

1993年起，杭州卫检局在做好进口食品检验把关的同时，开始注重进口食品的后续监管工作。1993年初，会同杭州市工商管理局下发《杭州口岸地区进口食品采购索证管理办法》，对从外省市采购进口食品实行了验证管理。同年3月，杭州卫检局首次对浙江省粮油食品有限公司从香港进口的1.85吨法国葡萄酒依据GB11856、GB11857、GB/T15037、GB4927标准实施监督检验。

1994年，杭州卫检局制定《杭州进口食品使用激光全息防伪标志实施办法》，加强杭州地区进口食品后续监督管理工作。杭州卫检局会同浙江省卫生防疫站加强进口食品采购索证管理工作，对从境外或外省市采购的进口食品查验进口食品卫生证书和卫生证书附表，所采购的进口定型包装食品均应贴有激光全息防伪标志。宁波卫检局向进口食品经营单位发出《关于进口食品实施激光全息防伪标志的通知》，落实进口食品后续监督管理工作。

1995年5月20日，杭州卫检局对杭州地区从事进口食品经营、加工的单位实施卫生检疫监管注册登记管理，未经注册登记的不予办理进口食品报验和审核验证。并规定，注册登记单位须配备进口食品报验员，报验员经培训合格后负责本单位进口食品的申报工作。同年，杭州卫检局会同浙江省技术监督局联合下发《浙江省进口食品中文标签管理办法》，加强市场上进口食品中文标签的管理。对市场上销售的880余种进口食品中文标签进行初审，并上报上海进口食品卫生监督检验中心。是年，杭州卫检局加大后续监管力度，进口食品审核验证达121批次。

1996年，杭州卫检局联合杭州市技术监督局对市售的进口预包装食品标签进行检查，共检查400余种进口食品，85%以上加贴了中文标签。1997年，杭州卫检局举办2期进口食品报验员培训班，79个进口食品经营单位的98人参加培训；对已注册登记的进口食品经营单位进行年审，全年进口食品审核验证达218批次。1998年，杭州卫检局继续加强对进口食品的后续监督管理，对进口保健食品、葡萄酒进行专项检查和规范化整治。同年，嘉兴卫检局开始进口食品后续监管工作。

1999年6月11日，外经贸部、卫生部、海关总署、国家环保总局、国家检验检疫局、国家国内贸易局、国家工商管理局联合发出《关于暂停进口和禁止经销比利时等国受二噁英污染食品的紧急通知》。浙江各卫检局立即加强对来自比利时、荷兰、法国、德国等国进口食品，尤其是乳制品的卫生检疫监管，并开展对流通领域进口食品的卫生监督检查，各局均未发现受二噁英污染的进口食品。同年7月9日，国家检验检疫局下发《关于加强对法国葡萄酒监管工作的通知》，产自法国沃克吕兹、阿尔代什、德龙、加尔四省的部分葡萄酒因使用已禁用的以牛血为原料的葡萄酒净化剂，要求对上述四省的葡萄酒进行调查并扣留。浙江各卫生检疫局随即开展了市场调查和查禁工作，对调查发现的产自上述四省的16321瓶葡萄酒予以现场封存。后经查验核实，上述葡萄酒均未使用已禁用的以牛血为原料的葡萄酒净化剂，予以解封。

1999年8月，"三检"合一后，浙江检验检疫局下属的各分支机构相继开展进口食品后续监管工作。2000年7月，浙江检验检疫局制定《浙江进口食品后续监督管理办法（试行）》，进一步规范辖区进口食品后续监督管理工作。

2003年4月和7月，宁波口岸首次进口猪副产品和禽副产品。10月，浙江检验检疫局召开首次进口食品检验监管工作暨现场交流会。

2004年，浙江检验检疫局加大进口食品检验监管力度，全年共开展进口食品后续监管检查97次，检查各类进口食品经营企业286家，发现无卫生证书或中文标签不合格的进口食品742种，对存在问题的进口食品实施现场卸货或封存处理69次。

2005年1月、9月和11月，浙江检验检疫局会同省质量技术监督局对辖区范围内的肉类冷库、集贸市场进行了3次执法专项检查，共检查312个冷库和集贸市场，出动人员150人次，查获4批从疯牛病疫区美国、加拿大非法入境的牛肚和1批从非洲猪瘟疫区西班牙入境的猪蹄，总计2560箱、24597千克。对查获的动物产品，立即按有关规定进行了处理。是年，宁波检验检疫局联合宁波质量技术监督局对市场上的进境肉类进行了检查，查获非法进境肉类19批次、4344千克。

2006年6月，浙江检验检疫局制定《进口食品后续监督管理办法》。7—9月，浙江检验检疫局对来自23个国家和地区的39个品种、103批次的进境冻水产品实施了质量安全监控，监控涉及微生物检测项目11项、理化检测项目7项，其中3个项目检出59批（次）超标或阳性，其中2批进口日本冷冻秋刀鱼的不合格信息为质检总局对日本交涉提供了有力依据。

2007年，浙江检验检疫局对辖区进口免税食品经营单位进行调查摸底，并对全省辖区内300多家进口食品、化妆品经营单位进行了备案管理。

2009年8月，宁波检验检疫局以进口葡萄酒作为进口食品检验检疫风险管理的试点，出台了《宁波检验检疫局进口葡萄酒检验监管办法（试行）》等5项管理制度，详细规定了进口葡萄酒的风险评估、抽送样、标签审核、后续管理等方面的操作细则。

2010年，浙江检验检疫机构共检验各类进口食品、化妆品4256批次，货值35853.6万美元，分别是2000年的21.49倍和22.46倍，未发生明显质量安全问题。

二、矿产品检验

浙江省进口矿产品主要包括铁矿砂、煤炭。进口铁矿砂以宁波、嵊泗口岸为主,煤炭以宁波、嘉兴、台州、舟山、温州和嵊泗为主。浙江商检机构于1981年首次对进口铁矿砂开展检验,1994年首次对进口煤炭开展检验。2002年舟山嵊泗马迹山港试开港和2007年台州大麦屿港华能玉环电厂投产运行后,铁矿砂和煤炭的进口业务都进入了快速增长期,浙江检验检疫机构的检测能力也稳步提升。1986年,宁波北仑港10万吨级铁矿石取样检验设备投入使用;2009年1月,浙江检验检疫局第一个专业性煤炭检测实验室——台州检验检疫局技术检测中心煤炭实验室正式投入运行。2010年,嵊泗检验检疫局与宝山钢铁股份有限公司(简称宝钢)联合起草的国家标准《铁矿石化合水含量的测定卡尔费休滴定法》(GB/T24190-2009)正式实施,填补了中国铁矿石化合水含量测定方法的空白。是年,浙江检验检疫机构检验进口矿产品2563批,货值461.15亿美元,批次和货值分别是2000年的17.32倍和27.63倍。

(一)铁矿砂检验

浙江商检机构对进口铁矿砂检验始于1981年,由宁波商检处承担。1981年9月,从澳大利亚进口3批铁矿石,计21.5万吨,拉开了宁波口岸进口矿产品的序幕。宁波商检处派员到船舱取样进行进口铁矿石品质检验。1981年下半年,开始建造总投资为1609.7万元的北仑港进口铁矿石商检制取样工程,引进840万元的日本产铁矿石取制样成套设备和分析仪器。与此同时,宁波商检处还建立了化矿检验室。

1986年3月,从日本引进的北仑港10万吨级铁矿石取样检验设备投入使用。1991年底,开始组建北仑铁矿石化学分析实验室,并逐步开始检测工作。1992年,北仑港在10万吨级泊位的基础上,又扩建了一座20万吨级泊位。1993年1月,北仑港商检办事处承担全部进口铁矿砂的检验任务。是年,宁波商检处化矿实验室被评为国家局一级实验室。

1994年2月,舟山商检局与首钢共同研究开展铁矿砂检验工作事宜。5月,浙江商检局购置进口铁矿砂制样设备。7月,建成具备制样及粒度、水分检测能力的老塘山实验基地。8月,舟山口岸顺利完成第一船13万吨球团矿和粗精粉矿的检验任务。1997年5月,宁波商检机构组建了北仑港商检局铁矿检测实验室。

2002年5月,舟山嵊泗马迹山港试开港,主要承担宝钢的进口铁矿业务,由嵊泗检验检疫局检验出证。此前,浙江省检验进口铁矿的口岸为北仑港和舟山港。同年,浙江检验检疫局与上海检验检疫局协调,签订《进口铁矿两地分卸品质检验及相关问题衔接协议书》,明确两地铁矿检验分工。是年,嵊泗检验检疫局成立化矿实验室,并配备了自动取制样系统和X射线荧光光谱仪等各类单机设备,具备了铁矿砂进口企业需要的全部指标的检测能力。

2003年9月,根据《铁矿石取样、制样方法》(ISO3082)标准设计的马迹山铁矿石取制样工程通过质检总局验收,成为全国检验检疫系统的4条铁矿机械取制样装置之一。是时,浙江全省进口铁矿以宁波、嵊泗为主,其中嵊泗马迹山口岸全年进口铁矿石224批次,重量达1175.09万吨,货值为2.06亿美元。2004—2006年,嵊泗马迹山口岸进口铁矿量继续保持在

1000万吨以上。

2006年10月20日，宁波检验检疫局组织召开进口铁矿到货检验技术研讨会，研讨进口铁矿到达国内港口后的检验检疫技术。

2007年，随着嵊泗马迹山港二期工程投产，浙江口岸进口铁矿检验量、检测项目同比上升，铁矿进口国范围扩大，其中包括澳大利亚、巴西、南非、印度、俄罗斯等国。2008年，浙江检验检疫局参加了中国合格评定国家认可委员会(简称CNAS)组织的铁矿测试国际能力验证和多个铁矿检验方面的国家标准的制订和审定。是年，舟山检验检疫局与常州检验检疫局签订了《进口铁矿两港分卸检验鉴定合作备忘录》。同年，宁波口岸首次以集装箱方式进口铁矿石，浙江铁矿石进口超过2000万吨。

2009年6月4—5日，宁波检验检疫局与江苏检验检疫局签署《宁波检验检疫局江苏检验检疫局进口大宗散货分港卸货检验鉴定合作备忘录》，实现"工作协调有序、信息资源共享、技术优势互补、协同严密把关"。

2010年，嵊泗检验检疫局与宝钢联合起草的《铁矿石化合水含量的测定卡尔费休滴定法》(GB/T24190-2009)正式实施，填补了中国铁矿石化合水含量测定方法的空白。同年，浙江检验检疫机构检验进口铁矿石7615万吨。

(二)煤炭检验

1994年5月，宁波口岸首次进口煤炭。1997年，宁波港北仑第二港埠公司顺利卸完了"利纳"轮装载的6.50万吨澳大利亚炼焦精煤。1997—2004年，浙江省进口煤炭批次、数量都较少，这一时期也是浙江进口煤炭逐步纳入规范化管理的过渡期。

2005年，浙江检验检疫局辖区嘉兴、舟山和台州检验检疫局开展进口煤炭检验业务，进口目的地以嘉兴为主，舟山和台州到货各一批，进口煤炭主要来自中国香港、朝鲜和越南等地。2006年，宁波口岸首次进口印度尼西亚煤炭。浙江检验检疫机构按照质检总局《进出口煤炭检验管理办法》要求，在辖区内对进口煤炭涉及的安全、卫生、环保项目及品质、数量、重量实施严格的检验，并走访辖区内的进口煤炭企业，宣传贯彻文件精神。7月，由宁波检验检疫局牵头组织的"进口煤炭自燃倾向性等级鉴定专家论证会和进出口煤炭检验管理办法实施细则审定会"在宁波召开。会议对煤炭在运输过程中的自燃及爆炸问题进行了深层次的探讨，提出了进口煤炭自燃事故预防应急措施，同时还审定了进出口煤炭检验管理办法等8个实施细则，为加强全国进出口煤炭的检验监管工作奠定了基础。

2007年，宁波检验检疫局制定《宁波口岸进口煤炭自燃事故预防应急预案》，成立进口煤炭自燃事故预防应急处理技术指导小组，对进口煤炭事故预防处置工作进行统一指导、协调和归口管理。

自2007年开始，浙江省进口煤炭业务由于台州大麦屿港华能玉环电厂的投产运行进入了快速增长期。2009年1月12日，浙江检验检疫局第一个专业性煤炭检测实验室——台州检验检疫局技术检测中心煤炭实验室正式投入运行。

2010年，浙江检验检疫机构共检验进口煤炭331批次，重量817.1万吨。进口煤炭量在保持高位增长的同时，辖区内进口煤炭口岸也进一步扩展至温州和嵊泗。

三、金属材料检验

金属材料是浙江进口的大宗商品之一。1963年，杭州商检局开始对进口金属材料实施管理，由收用货部门自行验收，发现问题时申请商检局出证，对外索赔。“文化大革命”期间，大量进口钢材得不到验收，浙江进口钢材的品质、数量、重量问题也比较突出。1972年，从法国进口的5000吨钢材几乎批批短重，有2000吨未经称重就调拨使用，用户普遍反映短重，杭州商检局对其余的3000吨到货进行逐批逐捆称重，发现短重66吨。

1973年12月，国家计委下达《关于加强进口物资检验工作的通知》，强调“一切进口设备材料都要严格检验，未经验收的不入账、不入库、不使用”。杭州商检局向省计委、省外贸核心小组呈送《关于浙江省当前进口物资检验工作存在的问题和今后意见的报告》，随即获得批转。1974年，杭州商检局检验进口五金钢材481批。1975年，检验2.37万吨，商检率达80%。1978年，宁波商检处对进口金属材料开验，全年检验进口钢材12批，计146万余吨。1979年，杭州商检局建立实验室，开始进口金属材料检验的自制试样工作。

1984年，国家商检局将部分进口金属材料列入《种类表》，同时下发《关于发送〈种类表〉内进口金属材料检验管理和协作两个暂行办法的通知》，对《种类表》内金属材料最低抽样检验数量做出暂行规定，为金属材料检验抽样做技术准备。同年，浙江商检局审核确定浙江省金属材料公司试验室、浙江省冶金研究所等企业为浙江省进口金属材料品质检验认证单位，杭州锅炉厂、杭州轴承厂等为进口金属材料自验单位，充实社会检验力量。1986年，宁波商检局组织成立了宁波地区进口金属材料检验协作网，共有石化三公司、二轻研究所等5家企业实验室参加，并承担检验任务。同年，浙江商检局下发《浙江省进口金属材料检验监管工作实施办法(试行)》。1987年，浙江商检局建立力学性能实验室。

1991年，浙江商检局开发进口金属材料检验管理统计系统应用软件，采用计算机管理和控制进口金属材料检验，该课题撰写的论文获国家商检局优秀论文三等奖，应用软件通过国家商检局的鉴定，并在全国商检机构中推广应用。1993年3月，北仑港商检局开始建立金属材料检测实验室。1995年，浙江商检局检验进口金属材料490批，计37.90万吨，货值26680万美元。同年10月，浙江商检局会同工商管理部门对市场流通领域进口钢材进行抽查。

1997年，浙江商检局在温州组织召开华东地区进出口金属材料检验管理工作会议。1998年，浙江商检局针对小批量进口金属材料的发展特点，采用以监管为主、抽样检验为辅的抽查检验方式。2001年，浙江检验检疫局检验进口金属材料493批，计15万吨，货值8745万美元。同年，浙江检验检疫局与浙江大学合作完成“进出口金属材料抽样方案的研究及实现”课题，并通过审定，获国家检验检疫局科技进步奖三等奖。同年，以“进出口金属材料抽样方案的研究及实现”课题为基础的“进出口金属材料抽样规程”研制计划由质检总局批准立项，于2002年研制完成，并通过质检总局审定，标准号为SN/T1323-2003。

2003年，浙江检验检疫局制定的《浙江出入境检验检疫局进口化矿金属材料合格保证检验监督管理实施细则(试行)》，对进口金属材料实施合格保证检验监管模式。2004年，宁波检验检疫局印发《宁波进出口金属材料检验检疫工作规程》，进一步规范进出口金属材料的检验检疫和监管工作。2007年，宁波检验检疫局出台《宁波检验检疫局进口船体用结构钢检验检疫工作规范》和《宁波口岸进口化矿金属材料装运前预检验工作规范（试行）》，规范了宁波口岸进口船体用结构钢的检验检疫，保证了宁波进口化矿金属材料质量，提高了口岸检验检疫工作效率，减少到货检验的破坏性试验。

2010年，浙江检验检疫机构共检验进口金属材料及制品3979批，重量41.911万吨，货值59493.7万美元，批次和货值同比2000年分别上升74.98%和369.60%。

四、化工品检验

1974年，杭州商检局温州商检处首次对进口化肥实施检验。浙江进口化工品主要包括成品油、原油、化肥、农药、塑料、橡胶及其制品、涂料等。自1987年起，宁波、嘉兴等口岸先后开验进口化工品。1989年，国家商检部门分别将成品油、原油、农药和聚氯乙烯等化工原料列入《种类表》，成为法定检验商品，浙江的进口化工品检验种类随之大幅增加。是时，在浙江各口岸进口的化工品中，油品检测是重要检测项目，舟山是浙江的重要石油中转基地。进入21世纪，舟山已发展成为进口油类的重点港口，港口所在地检验检疫机构的检测技术也迅速发展并与国际接轨。2003年，宁波检验检疫局成为浙江省唯一一家进口涂料备案检验机构。2010年，浙江检验检疫机构检验进口化工品4994批，货值12.26亿美元，是2000年的1.32倍和7.60倍。

（一）成品油检验

浙江口岸进口成品油以燃料油为主，另外还有一定批次的润滑油、润滑脂、生物柴油、航空煤油、天然气等。入境口岸以舟山和宁波为主，温州、嘉兴等地也有少量批次进口。

1987年8月，浙江开始对进口成品油实施检验，首次检验的成品油为从新加坡进口的5000吨柴油，涉及金额66万美元，舟山商检局取样后进行密度和水分测试。1988年，舟山商检局检验进口柴油突破万吨。同年，宁波商检局对进口成品油开验。1989年，进口成品油列入《种类表》。同年11月20日至12月13日，舟山商检局派员赴青岛、黄岛考察，重点了解石油检验设备配置。1990年，浙江商检局检验进口柴油突破10万吨。

1992年，浙江商检局批准舟山商检局增设检验科室，专司进口油品检验。全年检验进口柴油18批次，重量18.60万吨，金额2678万美元。12月，舟山商检局在岙山石油转运基地购买200平方米检验用房，建简易实验室，配备国产仪器设备和人员。同年，宁波商检局共检验进口石油及其产品275批次、重量520.5万吨，其中柴油176批次、重量27.1万吨，多是宁波镇海石化总厂以来料加工形式进口，品质稳定。1993年2月，舟山商检局增设油品实验室，依据国家标准，主要检测密度、水分、色度、常压馏程、灰分、康氏残炭、闪点、运动黏度等8个项目。是年，舟山港成为国内成品油转运中心。

1995年，浙江口岸新增燃料油进口。浙江商检局全年检验进口成品油69.90万吨，金额10466万美元，分别比上年增长47.47%和33.04%，主要进口国为新加坡、日本、韩国，少量为俄罗斯。检测采用国家标准，检测项目主要为密度、水分、硫含量、倾点、闭口闪点、运动黏度等。是年8月，舟山商检局派员赴新加坡、中国香港地区考察进口原油计量、检验和收费等情况。12月，派员赴美国学习石油检测技术。1996年，浙江商检局投资20万美元为油品实验室增购一批石油及石油产品检测仪器，使油品实验室硬件达到美国材料与试验协会（American Society for Testing and Materials，简称ASTM）标准检测要求，检测水平逐步向国际靠拢。

1997年，浙江口岸新增进口石蜡油、石脑油。浙江商检局全年检验成品油达115.30万吨，金额19641万美元。石蜡油和石脑油的检测采用ASTM标准，检测项目主要为密度、水分、倾点、闭口闪点、残炭、硫含量、减压馏程、灰分、运动黏度等，检验出不合格成品油3批次。2002年，浙江检验检疫局检验进口成品油39.81万吨，金额7957万美元。2003—2007年，得益于舟山口岸散装进口燃料油的快速攀升，浙江口岸进口成品油业务量实现持续增长，2007年进口量已突破150万吨。2008—2010年，舟山口岸成品油进口量持续降低。2010年，浙江检验检疫机构共检验进口成品油433批次，重量105.16万吨。

（二）原油检验

1986年，宁波第一次进口印度尼西亚原油3批次，计14.43万吨，宁波商检局由此开始进口原油检验工作并设立原油检测实验室，引进原油分析检测人员。1988年，宁波港进行第一船原油过驳业务，宁波港开始原油中转业务。1989年，进口原油列入《种类表》。1993年2月，舟山商检局首次检验进口原油，当年，检验进口原油48万吨，金额6905万美元。1995年，宁波商检局进行石油实验室改造，设立石油化工实验室，投资50万元用于购置石油分析仪器，引进分析测试人员，开展常规检测项目的自验。

1997年，宁波商检局投资200万元购置12台法国进口ISL石油分析仪器、英国比色计、美国胶质分析仪器等。是年，舟山口岸进口原油首次超200万吨，并首次实现原油外运，舟山商检局派员在原油中转站基地提供24小时服务。

1999年，宁波口岸全年进口原油达到1500万吨，宁波港石油及石油产品进口量位列全国各大口岸前茅，并逐年增长，进口原油约占全国总进口量的三成。1999年9月，舟山检验检疫局在检验“DAPHNEL”轮装载的8万吨米纳斯原油时，发现该船卸货温度太低，经加温和查表计算，尚有3487桶原油在船舱底部，有2900余桶原油以固态或以黏稠状挂于舱壁及船壳上，为企业挽回200万元的经济损失。2000年，嘉兴检验检疫局乍浦办事处开始检验进口原油。

针对进口尼罗原油挂壁严重、卸不干净等问题，舟山检验检疫局推动贸易相关方进行协商。通过努力，2001年，舟山检验检疫局对进口尼罗原油开始实行以岸罐收油量为贸易交接的检验方式，改变了原来的以到港船量检验的做法，成功解决了收油短重问题。同年，宁波大榭原油码头建成投产，大大增加了进口原油储备量，进口原油中转量超千万吨。2004年，舟山口岸进口油品总量超千万吨，其中原油916万吨，再创历史新高。2005年，浙江口岸进口原油品种不断增加。随着国家“贷款换石油”政策的实施，除中东传统产油区外，来自俄罗斯、北非、南美等地的廉价油品开始进入浙江口岸，并呈迅速增长势头。从 2005 年开始，浙江口岸进口原油产地以沙特阿拉伯、阿曼、伊拉克等中东欧佩克国家为主，占原油进口总量的七成以上。此外，苏丹、利比亚等非洲国家以及委内瑞拉、哥伦比亚等南美国家的廉价油进口量也呈现稳步增长态势。2006 年 8 月 11 日，“IRANSANANDAJ”轮装载 143728.773 吨俄罗斯出口混合原油靠泊宁波算山码头，标志着中国首个石油储备基地投入使用。2008 年，中石化南京输油处岙山站正式落户浙江舟山岙山岛。2009 年，舟山港进口原油 2325 万吨。同年 3 月 30 日，比利时籍 44 万吨级超大型油轮“泰欧（TIEUROPE）”轮成功靠泊宁波大榭实华原油码头，这是中国也是亚洲第一个成功靠泊接卸 40 万吨级巨轮的港口。是年，宁波口岸成为全国最大的原油加工贸易基地，宁波镇海炼化算山原油码头的原油中转量首次超 3000 万吨，同比增长 58%，占全国四大原油中转基地总量的 50%以上，连续 6 年位居全国大陆沿海港口首位。2010 年，舟山港进口原油 336 批次，重量 2446 万吨，同比分别增长 11.60%和 5.20%，占当年全国进口量的 12%。但是，年进口原油重量和品质两类不合格问题依然突出，并呈现典型性和规律性。

2010 年，浙江检验检疫机构共检验进口原油 835 批次，重量 4251 万吨。

（三）农药检验

1981 年，浙江省开始自营进口农药。1988 年，浙江商检局开始对进口农药实施检验，检验的首批品种为日本的杀螨剂尼索朗。是年，浙江进口农药的品种主要是克百威、克螨特、莫比朗等。进口农药开验初期，浙江商检局由于标准样品缺乏，分析方法不全，于是派人到上海商检局参加培训，请上海商检局协助检验。1989 年 7 月，进口农药被列入《种类表》。是年，浙江商检局根据《种类表》检验进口农药的主要品种是尼索朗、螨克、克螨特。

1991 年，浙江商检局对进口农药全部实现自行检验，是年检验进口农药 9 批次，计 509 吨，货值 1713 万元。1992 年，浙江商检局完成国家商检局交付的二嗪农的国际农药分析协作委员会（Collaborative International Pesticides Analytical Council，简称 CIPAC）验证工作。是年检验进口农药 28 批次，计 688 吨，货值 1822 万元。1993 年，浙江商检局经与农药进口商多次协商，进口农药的标准样品和检测方法由外商负责提供，解决了进口农药标准样品和检测方法问题。1996 年 5 月，浙江商检局参与对杀虫剂二嗪农含量测定的协同试验。

2005 年，浙江检验检疫机构参加质检总局开展的进出口农药监督抽查工作，抽查的产品为 HS 编码 3808 项下的杀虫剂、除草剂、杀菌剂三类《种类表》外的进出口制剂型农药。2007 年，浙江检验检疫机构检验的进口农药共 14 批、重量 175.7 吨、货物值 932.4 万美元。

2010 年，进口农药呈爆发式增长，浙江检验检疫机构完成进口农药检验监管 429 批次，重量 12.8 万吨，货值 24769.2 万美元。

（四）涂料检验

2001 年 8 月 30 日，质检总局、外贸部、海关总署发布 2001 年第 14 号联合公告，自 2002 年 1 月 1 日起，对 HS 编码为 3208 和 3209 项下所有进口涂料类商品实施法定检验。

2002年，浙江检验检疫机构对进口涂料的检验采取登记备案、专项检测与口岸到货检验相结合的方式。2002年6月，宁波检验检疫局技术中心石油化工实验室取得进口涂料专项检测实验室资格，负责涂料专项检测的受理、检测和出具报告。宁波检验检疫局对符合要求的涂料提供备案材料，齐全后寄上海检验检疫局备案。自2002年开始，浙江检验检疫机构对已备案的进口涂料逐批核查，核查内容包括品名、品牌、型号、生产厂商、产地、标签等。浙江口岸进口的涂料主要用于光纤制造、制革、眼镜加工和机电产品制造等行业，用于室内装饰装修用途的所占批次比例较低。

2003年12月29日，质检总局发布了《关于进口涂料备案机构调整、变更有关问题的通知》，增加宁波检验检疫局为进口涂料备案机构，这也是浙江省唯一一个进口涂料备案机构。2004年，共签发进口涂料备案书76份、进口涂料备案不合格情况通知书6份，不合格涂料主要来源于法国、韩国；不合格主要原因是挥发性有机化合物（VOC）、游离甲醛、甲苯与二甲苯总和、甲苯-2，4-二异氰酸酯（TDI）等指标超过国家强制性标准规定，其中VOC项目不合格所占比例最高。是年，浙江检验进口涂料678批次、7711.2吨、货值2238.4万美元。

2004年1月15日，质检总局和认监委联合发布2004年第6号公告，决定对溶剂型木器涂料实施强制性产品认证（简称CCC认证）。2008年，浙江检验检疫机构全面落实进出口涂料质量安全专项整治工作。同年3—10月，浙江检验检疫局共对229批次的进口涂料实施备案书验证，发现1批次不合格；对140批次的进口涂料实施货证核查，发现2批不符合要求；共抽查进口非室内装饰用涂料67批次，其中检出5批次不合格，占全部抽查批的7.5%。2009年，进口涂料的质量状况总体稳定，进口的贸易方式主要是来料加工和一般贸易两种方式，其中来料加工方式进口的涂料分别占总进口批次、重量及货值的27%、63.8%和57.7%，进口涂料的主要品种有溶剂型和水性两种，多以企业自用的工业用涂料为主，主要用于造船、家用电器、工业设备、轻纺等行业，而用于室内装饰装修的比例较低。

2010年，进口涂料检验总量与上年同期相比有一定幅度的增长，其主要原因是国内经济发展和出口快速增长，浙江地区的制造业产能明显回升，对工业涂料的需求量有所增加。当年，浙江检验检疫机构检验进口涂料828批次、重量11358.1吨、货值4311.1万美元，分别是2002年的5.3倍、6.1倍、11.4倍。

五、纺织品检验

1981年1月，杭州商检局开始接受进口化纤报验。1991年，浙江商检局印发了《浙江省进口纺织原料检验管理办法》，纳入《种类表》的进口纺织品全部由浙江商检局实施法定检验，改变了以往多家检验的做法。1997年进口纺织品检验量大幅下降，1999年后，浙江省进口纺织品检验量逐年增加。2010年，浙江检验检疫机构检验进口纺织品4486批，货值1.58亿美元，分别是2000年的9.88倍和4.50倍。

（一）化纤检验

1973年，进口合成纤维列入《种类表》。1978年，浙江地区开始进口化纤，由省轻工业厅所属浙江省纤维检验所负责检验。

1981年1月，杭州商检局开始接受进口化纤报验。开验初期，负责抽样、重量检验，品质检验凭上海商检局检验结果出证。1982年，宁波口岸开始进口化纤。是年，进口化纤4批，计50吨，由宁波商检处对其抽样，杭州商检局负责检验。1984年10月，浙江商检局开始开展进口化纤长丝类的品质自验。

1986年5月，浙江商检局开始开展短化纤自验。同年，浙江商检局报经浙江省政府批准，对全省进口化纤检验工作进行分工。浙江省纤维检验所负责省轻工业厅、省丝绸公司两个系统进口化纤的检验，检验不合格的，转报浙江商检局复验；其他部门的进口化纤由浙江商检局负责检验。凡经检验不合格需要向外商索赔的，由浙江商检局统一对外签发证书。1986年后，浙江省自营进口单位增多，检验量逐年上升。1989年，浙江商检局检验进口化纤406批，计23487吨，金额达6134万美元，检出不合格56批，品质不合格的占不合格批次的88%以上。存在的主要问题是纤度、强力、伸长率、条干均匀度、单丝根数等达不到合同要求，纤维结并，疵点含量高，毛丝、筒子成型不良，集装箱渗漏致货物残损。原产地为日本、意大利及中国台湾地区等，其中从台湾地区进口的化纤不合格率达40%以上。同年起，宁波商检局开始承担进口化纤全部检验工作，并开始建立纺织实验室，进口化纤的实验室检测工作也逐渐自行承担。

1991年1月，进口化纤检验批次合格率达90.51%，之后连续3年，合格率都保持在进口大宗商品前列。1993年，嘉兴、绍兴、湖州、舟山等商检局先后开展对辖区内进口化纤的检验和出证工作。是年，浙江商检局进行化纤检验41批，为历史最低。1996年，宁波商检局共检验进口化纤240批，数量2.2万吨，货值3908.2万美元。是年，宁波中日合资兴洋(浙东)毛毯有限公司的建成投产，使特种变性腈纶和腈纶丝束成为宁波进口腈纶纤维的主流，占宁波口岸进口腈纶纤维总量的60%。

1997年，受亚洲金融危机的影响，浙江省进口化纤回落。浙江检验检疫局仅检验163批，货值1322万美元。1998年，检验化纤325批，货值1904万美元，其中仅2批不合格，合格率有所提高。1999年以后，浙江省进口化纤量逐年增加。

2002年，全省共检验进口化纤1736批，为历史最高，其中，宁波口岸进口化纤1281批，占全省进口批次的七成。2010年，全省共检验进口化纤1322批，货值9043.7万美元。

(二)服装检验

2006年5月，宁波检验检疫局印发了《关于加强进出口纺织品和服装安全卫生及反欺诈项目检验监管工作的通知》。2006年5月至2007年6月，宁波检验检疫局对进口纺织品和服装安全、卫生和反欺诈等项目实施了第一阶段重点项目的检测，发现不合格纺织品和服装211批。2007年8月，宁波检验检疫局出台《关于调整进出口纺织品和服装安全卫生及反欺诈检测项目的通知》，要求对货值在1万美元以上的按批次的10%抽样送检，按照《国家纺织产品基本安全技术规范》进行检测，为把好进口服装的安全、卫生和反欺诈等项目的质量关起到了积极作用。

2008年12月，质检总局下发《关于做好法检目录调整相关工作的通知》，明确自2009年1月1日起，将婴幼儿及儿童服装、衬衣、睡衣、泳衣列入法检目录，涉及301个HS编码，其中针织类服装124个，梭织类服装177个。2009年，浙江检验检疫机构共检验进口服装851批，计36.08万件。

2010年12月，根据质检总局下发的《关于做好新增纳入法检目录纺织服装检验监管工作的通知》，浙江检验检疫机构对新增纳入法检目录的进口纺织服装，要求进口商提供符合中国强制性技术规范的合格声明；重点加强安全、卫生、环保、反欺诈项目的检验监管；采取措施，确保货物进入流通领域前标识标签符合中国强制性技术规范的要求；建立企业档案，掌握进口商信息和货物流向情况，强化企业管理。是年，浙江检验检疫机构共检验进口服装875批，18.99万件。

六、轻工产品检验

1973年11月24日，进口纸张被列为法定检验商品。1974年，杭州商检局按规定开验。1982年，宁波进口纸张4批，重量1572.7吨，货值69.07万美元。1985年，浙江商检局举办华东地区进口纸张协作会，会议规定凡是内地收获的纸张，由内地局接受报验和取样，口岸局配合。1988年，浙江省进口纸张检验监管工作会议讨论通过了《浙江省进口纸张检验监督管理办法(试行)》，对全省进口纸张检验监管工作进行了规范。1997年，随着宁波中华纸业有限公司二期工程完成，宁波年进口纸浆量扩大到25万吨左右。

2005年7月，质检总局下达《关于组织实施2005年全国进出口商品监督抽查的通知》和《关于印发〈进出口一次性使用卫生用品监督抽查实施方案〉的函》，浙江检验检疫机构根据文件要求，部署进出口一次性使用卫生用品的监督抽查工作。12月5日，质检总局、海关总署和商务部联合下发2005年第177号公告，将进口纸尿布等一次性使用卫生用品纳入《法检目录》，自2006年1月1日起，浙江检验检疫机构按公告要求对进口纸尿布实施法定检验。

2006年，浙江检验检疫局组织制定了《关于对进口一次性使用卫生用品质量监督抽查的相关规定》和《落实进口纸尿布监督抽查工作要点》，用以指导具体抽查工作。宁波检验检疫局制定《宁波检验检疫局进口一次性使用卫生用品检验工作规范》。是年，宁波检验检疫局检验进口一次使用卫生用品10批，重量11803千克，金额2.1万美元，分别来自韩国、日本、瑞典等国家和中国台湾地区。2007年3月8日，杭州侨姿纸制品公司从荷兰进口了一批婴儿纸尿裤半成品，共32.93万片、15.59吨、60捆，金额1.07万美元。浙江检验检疫局检验发现，货物的包装、标识和微生物指标不合格，后会同杭州海关共同处理，予以退运出境。2009年，宁波检验检疫局检验进口一次性使用卫生用品12批，重量50373千克，金额16万美元，分别来自韩国、日本、加拿大等国家和中国台湾、香港等地区，商品种类主要为婴儿纸尿裤、餐巾纸、纸面巾、厨纸、厕纸等。检出不合格1批，重量4049千克，金额1.1万美元，进口国为加拿大。

2010年12月30日，质检总局下发《关于做好进出口一次性使用卫生用品检验监管工作的通知》。是年，浙江检验检疫机构检验进口一次性卫生用品143批，金额73.96万美元。是年，浙江检验检疫机构检验进口轻工品542批，货值1089.5万美元。

七、机电产品检验

浙江检验检疫机构对进口机电产品的检验始于20世纪70年代。1972年2月，杭州商检局派员赴长兴煤矿公司，与用货单位共同对从匈牙利进口的D-450型载重卡车进行检验。1989年对《种类表》进行调整，进口家电、机床、纺织机械等被列入法定检验的范畴。同年，进口商品质量许可制度开始实施，进口汽车被列入《实施进口商品质量许可制度目录》。1993年后，浙江省进口机床数量增长较快，而且外商作价投资比例较高。1995年，《种类表》再次调整，大部分进口医疗器械、进口电梯被列为法定检验商品。浙江进口机电产品主要包括汽车、家电、核电设备、机床、纺织机械、锅炉压力容器、医疗器械、电梯等，主要从美国、日本、德国、匈牙利、捷克、意大利等国家和中国台湾地区进口。浙江各口岸进口的机电产品中，机床检验是重要的检验项目。2000年后，浙江省主要进口高精尖端机床，品种以加工中心和专用数控机床为主。2010年，浙江省进口机电产品达18774批，货值逾25.29亿美元，是2000年的28.36倍和16.03倍。

（一）汽车检验

1964年，浙江省开始进口汽车。1971年，从匈牙利进口、被分配给浙江长兴煤矿公司的2辆D-450型载重卡车存在发动机缸裂、缸套失圆、制动失灵等多种质量问题。1972年，杭州商检局应上海商品检验革命委员会商请要求，与长兴煤矿公司一起对上述D-450型载重卡车进行共同检验，检验结果由上海商检局汇总统一出具商检证书，对外索赔。这是浙江检验检疫机构检验进口汽车的开端。

1978年3月17日，国家对外贸易部公布《种类表》，将进口汽车列入法定检验范围。7月1日，国家商检局正式实施进口汽车检验。浙江各口岸商检局对进口汽车严格登记查勘和验残，对检验发现数量、规格、型号、外观品质问题的，及时出证；到货地商检局负责根据“随车登记卡”办理进口汽车登记手续。

1979年5月9日，浙江省对外贸易局、交通局、公安局联合转发外贸部、交通部、公安部《关于做好进口机动车辆检验监督管理的联合通知》，杭州商检局开始对进口机动车辆严格按照使用说明书等技术资料进行验收和登记。

1981年，浙江省开始自营进口汽车，是年进口货车4辆，货值3.3万美元。1984年10月，浙江省粮食局从日本三菱公司购进65辆8吨载重汽车，使用几个月后，其中13辆汽车大梁出现7～13厘米裂缝，12辆汽车后梁架铆钉松动。浙江商检局对此进行检验并出具证书，用户据此成功索赔。1986年，某公司从日本进口225套汽车散件，质量低劣。浙江商检局获悉后，3次督促其报验，企业均未引起重视，延误了索赔期，损失84万元。浙江省委书记王芳、省委副书记陈法文分别对此做出批示，要求当地严肃查处。1986年，浙江省进口各种汽车25辆。1987年，浙江水产进出口公司从日本进口8辆4吨FC114SA型冷藏车，货值3800万日元。浙江商检局检验发现，该批车辆存在冷藏箱的尺寸与合同不符、容积平均少1.89立方米、变速箱渗漏的问题。浙江商检局出具索赔证书，日方赔偿570万日元。同年，浙江省粮食厅从日本进口“日野”FC164、166两种型号的载重车，使用中出现制动不灵、轮胎爆裂、挡风玻璃自裂、弹簧钢板断裂等严重故障。浙江商检局检验后，出证索赔。此事引起国务院领导的重视，指示要在全国范围内调查同类问题。

1989年，进口汽车被列入国家商检局制订的《实施进口商品安全质量许可制度目录》。自1990年5月1日起，只有在获得进口商品质量许可证书并被批准使用国家商检局安全标志后，方能进口。1990年，国家商检局、国家环境保护局、公安部、中国人民解放军总后勤部联合发布《汽车排气污染监督管理办法》，浙江商检局加强对进口汽车排气污染的监测，排气污染达不到国家规定标准的，不准进口。同年，浙江商检局开始使用国家商检局制定的统一进口机动车辆初检情况通知单、进口机动车辆随车检验单和进口机动车辆检验证明。

1993年11月26日，浙江商检局制定《浙江省进口机动车辆检验管理办法（试行）》，于1994年1月12日起实施。该办法要求进口汽车未经商检不准销售、不准使用，并对非正常贸易的进口车辆（包括从国外带回、赠送、走私车辆等）做出“未经缉私部门罚没处理的走私进口车辆，商检局不准接受报验”的规定。1994年，浙江商检局配合海关和公安部门打击汽车走私，对32辆走私进口车作出鉴定。是年，浙江商检局全年共检验进口汽车3919辆，其中5辆不合格。1995年，杭州某单位从日本进口的1辆“丰田”0.75吨农夫车在行驶3000公里后，发现活塞环咬死、断裂，并引起发动机缸体拉毛。经浙江商检局检验，并出具检验证书，成功索赔发动机1台。同年，宁波某公司从日本进口1台全新的价值25.2万美元的混凝土泵车，经宁波商检局检验，为翻新的旧车，出证索赔，公司获赔160万日元。随着进口汽车增多，进口车假冒国产车、逃避商检的现象滋长。1995年，浙江商检局受浙江省工商局委托，鉴定17辆货值400余万元的“胜利”牌9座旅行车。经鉴定，该批车辆系原装进口假冒国产车，浙江商检局出具鉴定证书，工商部门对该批车作没收处理。1996年，浙江商检局共检验和换证进口汽车21141辆，进口车辆主要来自日本、美国和韩国。同年，浙江商检局受杭州市公安局委托，对“丰田佳美”“皇冠”等6辆轿车作鉴定，发现6辆车均为原装进口旧车。1997年，浙江商检局检验和换证进口汽车38109辆，受理进口汽车委托鉴定100多辆。其间，韩国进口的汽车质量问题最多，涉及气缸体裂纹、漏水、气缸拉毛、缺少零配件，均出证索赔。是年，杭州市工商局委托浙江商检局对其没收的进口“尼桑”轿车作鉴定，经法院判决胜诉。1998年，浙江商检局检验进口汽车1267辆。是年，浙江商检局对打击走私没收的47辆车进行鉴定，发现大多是拼装车，有的是经过翻新走私的车辆。

2000年1月1日，国家检验检疫局局令《进口汽车检验管理办法》开始实施，浙江检验检疫机构作为用户所在地检验检疫机构，负责进口汽车质保期内的检验管理工作，主要承担进口汽车售后使用中的登检换证工作。2001年2月9日，国家检验检疫局发布公告，指出进口的日本“三菱”帕杰罗（PAJERO）V31、V33越野车存在制动失效故障，决定吊销其进口商品安全质量许可证书，禁止其进口，并规定凡未经检修并更换改进设计制动油管的“三菱”帕杰罗V31、V33越野车暂停使用。浙江检验检疫机构调阅浙江省近两年的进口“三菱”帕杰罗汽车档案，电话联系和走访有关进口汽车销售商及用户，调查车辆质量状况，并督促日本三菱公司指定的浙江元通机电发展有限公司按公告要求进行车辆免费检修，更换刹车油管。至5月12日，共检修、更换刹车油管414辆，更换重新设计的后制动油管209辆。从2003年开始，没有登检取得“进口机动车辆检验证明”的进口汽车，可以在各地车管所办理正式牌证，浙江检验检疫机构受理的进口汽车登检数量呈逐年递减趋势。2004年2月，根据质检总局调查日本“五十铃”CXH50S/50T混凝土底盘车转向系干涉问题的要求，浙江检验检疫局成立调查专家组，对日本“五十铃”车多款型号的转向系安全质量情况进行调查取证和检测。经调查，浙江检验检疫局初步认定上述日本“五十铃”车制动系存在严重的安全质量隐患，不符合强制标准的规定；在城市道路、低速行驶、频繁制动的工况下，上述问题可能导致严重的道路交通安全事故。6月9日，浙江检验检疫局迅速向质检总局上报了调查情况，并请求质检总局组织专家组对问题作进一步验证认定。7月14日，根据质检总局检验司要求，浙江检验检疫局随机抽取3辆全新全气动“五十铃”CXZ51K型混凝土搅拌车样车，进行台试、路试检测，发现该款新车制动系统有多项安全指标不符合中国强制性技术法规要求。2004年11月12日，质检总局发布第168号公告，确认日本“五十铃”C系列汽车制动系存在安全质量缺陷，不符合中国强制标准《汽车制动系统结构、性能和试验方法》(GB12676-1999)和《机动车运行安全技术条件》(GB7258-2004)的相关规定，并决定自公告之日起停止其入境，各地检验检疫局暂停办理相关的报检通关和检验检疫手续。随后，浙江各地检验检疫机构会同当地公安车管部门和混凝土车辆行业协会，对日本“五十铃”车的整改工作进行了全面监管。宁波检验检疫局对2002—2004年间登检换证的93辆“五十铃”车进行全面调查，查出问题车辆73辆，宁波局多次督促五十铃公司为用户进行免费改进。2006年11月，浙江检验检疫局举办进出口机动车辆检验监管工作会议暨培训班。

2008年6月，质检总局发布了日本产“马自达”汽车存在安全隐患的特急警示通报，浙江检验检疫局当即开展调查。从2008年登检的汽车中查出具有安全隐患的“马自达3”轿车、“马自达5”轻型客车共计115辆。浙江检验检疫局在第一时间对外发布相关情报和隐患实物照片，同时电话通知车主自行检查，对出现安全隐患的汽车直接到各地检验检疫部门进行现场检查、拍照、记录。经过集中检查，发现“马自达3”“马自达5”汽车的发动机舱内均存在电器导线束没有配备绝缘套的现象，“马自达3”汽车发动机舱内(冷却风扇处)发现一条单独穿行的导线，与国家强制性标准《机动车运行安全技术条件》(GB7258-2004)的相关规定不符。到2009年，浙江省内仅金华、义乌等地正常开展进口汽车登检换证工作，其余各地已不再开展进口汽车登检业务。2009年，浙江检验检疫机构共受理进口车辆登检5147辆，主要涉及“宾利”“保时捷”“奥迪”“奔驰”“宝马”等中高档车型。

2010年，金华、义乌继续开展进口汽车登检工作，全年共受理进口车辆登检4413辆，比上年同比减少14.30%。2010年3月，质检总局发布《关于丰田汽车公司部分车型加速踏板和制动系统缺陷的警示通报》，浙江各地检验检疫机构严格按照要求，对有关信息进行收集、整理、分析和发布；同时，对辖区内通报车辆的登检情况进行核查，赴各销售车行和售后服务站调查有关通报车型的销售情况和投诉情况。其中，义乌检验检疫局接到车主投诉1起，该局做好记录，并对此事进行了后续跟踪回访。

（二）核电设备检验

浙江检验检疫机构对进口核电设备主要采取在核电项目现场设立现场办，具体负责进口核电设备的检验监管工作。

1986年，中国第一座自建的核电站秦山核电一期工程开工。1987年，浙江商检局落实国务院《关于进口成套设备检验工作的试行规定》，在秦山核电公司设立驻现场办公室，负责核电设备检验，主要以组织检验、监督管理为主。1991年底，根据核电一期工程进度，浙江商检局撤销驻秦山核电站工程现场办公室。4年间，共检验110个合同项下的131批共8656箱（件）设备、2205吨材料；对外索赔21项，获赔（包括换货）金额310万美元。

1996年，浙江秦山核电二期工程建设开工。2004年，秦山二期、三期核电项目顺利并网发电，秦山核电项目检验检疫工作基本结束。年底，浙江检验检疫局撤销了秦山核电基地现场办公室。1996—2004年，秦山核电基地现场办公室累计检验监管进口设备3000多批，货值20.6亿美元；检验出证196份，对外索赔1100余万美元。

2004年，三门核电工程获批，规划分3期6台125万千瓦的机组，预计投资超过1000亿元。一期工程2台机组，总进口额达12亿美元，其中常规岛和核岛设备主要来自美国和日本。2005年3月，江苏科学发展有限公司从瑞典进口1台用于三门核电“四通一平”工程的高效凿岩机，向台州检验检疫局申请检验，这是台州检验检疫局对三门核电工程进口设备实施的首次检验监管。7月，浙江检验检疫局根据进口核电设备的检验监管工作经验，编制完成中国国家认证认可监督管理委员会（简称认监委）下达的《进口核电设施检验监管规程》，填补了进口核电设施检验监管标准的空白，对规范进口核电设施检验监管具有重要意义。

2006年，秦山核电扩建项目开工，将再建2座60万千瓦机组和2座100万千瓦机组，使秦山核电基地总装机容量达到600多万千瓦。为保证国家重点建设项目工程质量和进度，2006年4月，浙江检验检疫局决定重新在秦山核电基地设立现场办，由浙江检验检疫局和嘉兴检验检疫局共同派员组成。9月，秦山核电现场办对核电秦山联营有限公司相关人员进行了专业培训。10月，秦山核电现场办举行了挂牌仪式。2007年，浙江检验检疫局决定重组秦山核电现场办，自2007年7月起，秦山核电项目进口核电设备由嘉兴检验检疫局负责，浙江检验检疫局不再派员参加具体进口设备的检验监管工作。同年，浙江检验检疫局成立三门核电项目领导小组，下设三门核电项目现场办公室。

2008年6月16日，重组后的秦山核电现场办正式揭牌。8月，秦山核电项目工程组反映，其从英国进口的海水循环泵木箱表面有明显水渍。秦山核电现场办人员得知消息后，与项目工程技术人员一起对该批货物进行开箱检验，发现5号木箱内有约20毫米厚的积水。现场办人员进行拍照取证，并抽取水样进行封存。同时，决定停止对该批货物的开箱，等外商代表一起开箱检验。之后，外商代表赶至现场，在三方人员到齐的情况下，一起对剩余木箱进行开箱检验，发现装有电机本体的1号箱内也有积水。开箱结束后，秦山核电现场办人员与项目工程技术人员和外商代表就该情况进行交涉，要求外商代表拿出损坏情况评估和设备遭水损后的现场验收办法。经与外商谈判，最终确定了由安装单位对遭水损的设备部件进行修复，无法现场修复的，返回英国，全部费用由外商承担。秦山核电现场办并据此如实出具《检验证书》，保证了国家重点工程顺利进行，维护了国家利益。据统计，2008年，浙江检验检疫局共完成核电工程进口货物检验270批，货值9428万美元，对存在问题的货物出具《检验证书》11份，涉及货值1885万美元。同年，台州检验检疫局三门核电现场办公室成立。

2009年3月，台州检验检疫局派员赴美国对三门核电有限公司进口的用于工程施工的起重机进行监装，该起重机为中国首次进口的世界最大起重能力的履带式起重机，在50米作业半径下最大吊装能力达1283.80吨，总货值达1700万美元。4月19日，三门核电一期工程举行开工仪式，中共中央政治局常委、国务院副总理李克强出席。4—5月，台州检验检疫局对三门核电有限公司进口的起重机实施现场开箱检验，该批货物分装17个集装箱，开箱检验时发现缺少部分备件，台州检验检疫局为三门核电有限公司出具了第一份《检验证书》，帮助企业成功挽回8万美元经济损失。6月15日，浙江检验检疫局三门核电项目现场办公室举行揭牌仪式，标志着浙江检验检疫局对三门核电项目检验监管工作进入全面实施阶段。2009年11月，台州检验检疫局在三门核电项目工程现场举行了核电项目检验检疫知识培训。12月，浙江检验检疫局三门核电项目现场办公室初步完成了《三门核电项目检验检疫工作程序》的编制。2009年，浙江检验检疫局共完成秦山核电工程进口货物检验326批，货值21705万美元，对存在问题的货物出具《检验证书》13份，涉及货值2582万美元；完成三门核电工程进口货物检验6批，货值1788万美元。

2010年1月，浙江检验检疫局发文同意三门核电项目进口货物采用共同检验的检验监管方式。在此基础上，台州检验检疫局对三门核电项目进口货物的检验监管模式具体细化为“监督管理＋抽批检验＋不符合项验证”。主要步骤包括装运前检验、开箱检验、安装调试检验、运行检验及质量保证期检验等。7月，台州检验检疫局对三门核电工程首批进口核岛设备实施检验。12月，浙江检验检疫派员赴德国对进口的核电项目用起重机实施装运前检验，在境外，全面评估了起重机对AP1000五大关键设备的吊装能力。2010年，浙江检验检疫机构共完成秦山核电工程进口货物检验12批，货值19411万美元；完成三门核电工程进口货物检验22批，货值2082.6万美元。

（三）机床检验

1980年，杭州商检局设立工业品检验室机电仪组，负责进口机床检验，商检人员参与进口合同审核、到货检验、协助收货单位建立检验制度和验收程序，发现问题则检验出证。这是浙江检验检疫机构检验进口机床的开端。1982年，浙江进口锻压机床5台，货值23.3万美元，杭州商检局对其实施进口过程监管检验。1988年，浙江商检局检验机床2批次，货值141万美元。

1989年7月，国家商检局调整《种类表》，进口机床自1990年1月1日起实施法定检验。

1990年1月，浙江商检局对杭州磁带厂从日本进口的1台高精度研磨机进行检验，发现该机床由于导轨扭曲导致精度达不到规定要求，出具检验证书，企业获赔19万美元。1992年11月24—26日，浙江商检局在金华召开全省进口机床检验工作会议，贯彻国家商检局下达的《进口机床检验管理规定》。同年下半年，浙江商检局参照上海商检局做法，与经国家商检局认可的上海机床检测中心协作，开始对浙江地区进口的数控机床及其他专用机床的精度和性能进行检测。

1993年3月，浙江商检局参与国家商检局组织的《进口机床检验规程》编制工作。1993年后，浙江省进口机床数量增长较快，而且外商作价投资比例较高。在进口金属切削机床中，以加工中心和数控专用机床居多，近一半为大型机床，主要进口自日本、德国、捷克、意大利、美国等国家和中国台湾地区。检验发现产品存在问题主要为位置精度超差、性能达不到设计规定要求、规格不符等。

1995年，富春江某公司从捷克某公司进口1台特大型16米数控立式车床，货值272万美元。浙江商检局检验员与买卖双方一起开箱，发现装有驱动回转工作台的主齿轮箱、165千瓦主直流电机等数台电机及主操纵盘部件的两只木箱严重受潮。经检测，受潮电机绝缘电阻值均为零。打开主控制盘的后盖，发现有的元器件表面已氧化。进一步对主齿轮箱进行检查，发现箱内有20多厘米的积水（经化验为淡水），箱内轴承及齿轮啮合面严重锈蚀，无法使用。在外包装箱完好及箱面缺少"怕湿"标志的情况下，浙江商检局判定木箱内积水及货物严重受损系发货方因素所致，出具残损证书，成功索赔20万美元。同年8月25—29日，浙江商检局派员参加国家商检局在山东淄博召开的全国进口机床检验工作会议，会议研究加强检验监管措施，浙江商检局在会上介绍进口机床检验工作经验。同年11月，浙江商检局转发国家商检局下发的《关于进一步加强进口机床检验工作的通知》，宣传《商检法》，促使用货部门报验，提高检验率；要求用货部门对价值高、技术复杂的进口机床，在签订外贸合同时应约定到国外预检验。

1997年3月24—28日，浙江商检局派员赴日本对浙江万向机械有限公司订购的星形套外圆磨床进行装船前预检验。通过对该机床的精度进行逐项检测，发现测试结果与日方所提供的精度表中所列的测试数值相差较大；接着，在进行机床空运转试验中，又发现自动装卸工件的机械手故障率较高；在对50个工件进行连续磨削加工后，按合同要求进行检验，发现工件球心位置的保证精度达不到合同规定要求，最终判定该机床为不合格产品，不得运往中国。1999年，浙江检验检疫机构检验进口机床26批次，货值479万美元。

2000年后，浙江省主要进口高精尖端机床，品种以加工中心和专用数控机床为主。进口国家和地区包括美国、日本、德国、韩国和中国台湾地区等，尤其从日本进口的旧机床数量较多。经检验，有74批、货值6354.46万美元的进口机床不合格，存在的问题主要表现为：安全防护装置不可靠、机床上的警告标志不符合强制性要求、机床的操作说明书不符合强制性要求、机床电柜的防护等级未能达到强制性要求等。而进口旧机床除了上述问题之外，还存在着电气老化、接地标识不规范等问题。另外，旧机床在加工精度、加工能耗等方面也存在一定问题。

2005年4月21日，浙江郑泰铝轮制造有限公司（金华永康）进口的一台韩国大宇数控车床发生加工工件脱离夹具伤人事故。浙江检验检疫局组织机械工业机床产品质量检测中心（上海）等单位的专家，会同金华检验检疫局相关人员赴现场进行查勘、鉴定，并出具了鉴定报告，要求外方对存在的问题进行整改，并促成质检总局发布《关于对韩国大宇重工机械生产的进口机床存在安全质量缺陷的风险警示通报》。8月31日，质检总局公布了2005年第128号公告，要求韩国大宇公司对出口到中国境内的数控车床进行召回整改。

2007年7月，杭州精威机械制造有限公司从西班牙尼古拉斯进口一台A-30型数控机床，货值35.5万欧元。安装调试完成后，杭州检验检疫局检验人员对该机床进行了检验。该机床铭牌上显示的生产日期为2007年，但检验人员在对其组成部件分别进行检验时却发现，电气控制柜维修标牌的日期为2002年，海德翰数控系统的生产日期经网上查明为2001年，冷却箱的生产日期为2003年，设备钣金与电机的生产日期则为2004年。针对这一情况，杭州检验检疫局对整个事件进行了全方位的调查，并数次赴现场对设备进行仔细的检验与复核，最终判定该机床是旧机电设备，且未办理旧机电进口备案手续。在随后的调查中发现，杭州精威机械制造有限公司对此床系旧设备并不知情。对此，杭州检验检疫局及时召集外方代表会谈，外方表示同意更换一台价值约50万欧元的全新升级版FP-40型数控机床。杭州检验检疫局将该案例以专报信息上报杭州市政府。

2008年7月，浙江通迪船舶机械有限公司从德国进口一台70MN数控锻压铸造机，货值788万欧元。设备到货后，宁波检验检疫局检验人员对货物进行开箱检验，经对货物数量清点，发现合同、装箱单等资料显示的插套式阀、减压阀、通路阀等474件零部件短缺。在货物安装调试过程中，先后发现3号和4号主泵的泵芯柱塞表面严重磨损、2号主泵的泵芯柱塞卡死、7号主泵的泵芯柱塞及柱塞套表面严重磨损等情况，导致整套主泵系统无法正常运行。针对这一情况，宁波检验检疫局工作人员数次赴现场对设备进行了仔细的检验与复核，并对发货人进行约谈，最终确认货物的品质问题系发货方设计缺陷所致。宁波检验检疫局及时出具相关证书，帮助企业对短缺货物和品质缺陷的零部件成功索赔。

2009年12月，宁波飞马特切割焊接设备贸易有限公司从美国进口一批等离子弧焊接机，数量46台，货值12.62万美元。货物到货后，宁波检验检疫局检验人员对货物进行开箱检验。经检验，发现其中16台CUTMASTER A120型号的等离子弧切割机存在两方面品质问题：一是断电瞬间，产生高压反向脉冲，致使主接触器、割枪电磁阀供电电路损坏。二是机内布线易产生噪音和感应电压，影响FET场效应管的正常工作，导致电路板损坏。宁波检验检疫局组织贸易双方多次会谈，最终发货人承认该16台等离子弧焊接机的问题属制造原因所致。双方达成索赔协议，宁波检验检疫局出具退货及处理通知书，帮助企业挽回经济损失2.97万美元。

2010年，杭州汽轮机股份有限公司进口的价值264万欧元的意大利数控镗铣床，经杭州检验检疫局开箱检验，发现机床主轴箱的方滑枕上部、前部表面、尾部坚固件锈蚀，判定系发货方运输不当所致。杭州检验检疫局组织买卖双方多次会谈，最终外方承认问题，双方达成索赔协议，成功退换价值10万欧元的主轴箱，并对所换货物进行装运前检验，为公司挽回各项经济损失近60万欧元。是年，浙江检验检疫机构共检验进口机床1638批，货值36679.8万美元，进口批次、金额分别是1988年的819倍、26倍，其中检出不合格180批、货值7229.11万美元，进口批次、金额不合格检出率分别为11.17%、19.92%。

（四）纺织机械检验

1989年7月，进口纺织机械被列为法定检验商品，于1990年1月1日起实施。浙江检验检疫机构开始对进口纺织机械实施检验监管。

进入20世纪90年代，浙江各地进口纺织机械日益增多。1997年，因价格低于意大利产剑杆织机30%以上，又有两年期信用证或D/A付款优势，浙江绍兴地区进口韩国产剑杆织机居多，但使用不到一年后质量问题逐步暴露、普遍存在剑杆、剑带严重磨损，电控板故障多，电机烧毁，部分织机出现织轴断裂、电机转轴与鼠笼可自由滑动等问题，实际工作车速达不到合同约定。1998年，绍兴商检局邀请全省专家对当地有关企业的织机进行鉴定，在确定织机存在严重品质问题后，出具鉴定证书，后经中国贸促会仲裁，韩方赔偿30%的货款，合计挽回经济损失1500万元。

1998年3月，绍兴商检局受理一企业对日产公司的喷水织机后梁罗拉品质问题复验的申请。经现场察看，发现约1/3的织机均存在后梁罗拉裂纹问题，造成加工低纤度织物效率明显下降。检验人员通过对企业使用情况的分析并通过力学计算，排除使用不当的原因，出具品质索赔证书，但是日方要求对后梁罗拉剖体分析。经过实验测试和分析，日方承认在设计、选材上有缺陷，同意对该企业的96台喷水织机后梁罗拉进行无偿更换。绍兴商检局认为绍兴地区众多厂家均有引进同类织机，亦可能出现上述问题，于是从行业管理的角度向该地区所有引进此类织机的厂家发出通知，通报已出现的问题，明确企业应有的权利和义务。此举引起日产公司的高度重视，派出几个专业小组同时对所有用户进行回访，了解实际情况后，全部更换后梁罗拉及配件，对已过保质期的织机同样对待。此举让绍兴地区20多家引进该织机的企业得到应有补偿，1000多台织机得以正常运行。

2003年，浙江检验检疫局在日常检验监管中发现日本丰田JAT610型喷气织机存在品质问题，扩大调查后发现问题具有普遍性，便及时上报质检总局，并帮助用户对外索赔。最终，丰田公司于2003年10月20日做出了免费解决品质问题及协商解决用户经济损失的书面承诺，并在《国门时报》上刊登《致JAT610喷气织机用户书》。随后，质检总局发布了2003年第104号公告，通告了上述织机有关质量问题的解决方案。2004年6月，浙江检验检疫局帮助萧山、绍兴进口比佳乐、舒美特织机用户就喷气织机综框横梁断裂问题成功对外索赔，为30家织机用户挽回直接、间接损失累计约9000万元，赢得了用户好评，中国《国门时报》特派记者到现场进行了跟踪报道。

2006年下半年，随着产业升级，人工成本、土地成本日益增加，纺织企业对自动化程度高、效率高、能够提高产品差别化率的国外高档先进设备的需求不断增长。2007年1—10月，中国纺织机械进口金额为39.46亿美元，比上年同期增长17.55%，2006年同期增速为15.34%。2007年1—10月，浙江省进口纺织设备以用汇超过1亿美元稳居全国进口纺织设备第一位。2008年，浙江检验检疫局经调查取证，要求日本村田机械株式会社整改所有该局辖区内存在安全隐患的自动络筒机，以保障操作人员的生命和健康安全，同时帮助用户完成对外索赔。2008年9月，湖州检验检疫局对湖州申湖羊毛衫厂进口的价值40万美元的电脑提花机进行开箱检验时，发现集装箱内有进水痕迹，设备外包装上也有不同程度的积水，木托盘有轻微霉变现象。经湖州检验检疫局的妥善处理，为企业挽回损失100多万元。

2010年，浙江检验检疫机构检验进口纺织机械货值9.88亿美元，列全国进口总额的第二位。

八、成套设备检验

1973年，国家计划委员会在《关于加强进口物资检验工作的通知》中指出，“对进口物资的检验工作要分工负责，归口管理；对进口的成套设备，使用单位和外贸部门要密切配合，坚持从监造环节起严格按合同办事”。1974年，浙江省富春江水电站、杭州红卫化工厂、杭州汽轮机厂先后进口的发电机组、汽车离合器试验台、各种冷加工设备和仪器仪表等陆续到货，杭州商检局按照国务院领导关于“一切进口设备材料要严于检查”的指示，对进口成套设备实行检验监督管理。

1975—1978年，杭州商检局检验从联邦德国、日本等国进口的49份合同中的成套设备，货值约1400万美元，发现数量、规格、残损和品质等问题，出具证书30份。

1979年9月26日，杭州商检局驻宁波北仑港铁矿石中转港卸成套设备检验办公室成立。现场办公室归宁波商检处领导，对外出证由杭州商检局负责。这是浙江省检验进口成套设备的第一个现场办。同年，宁波镇海炼油厂设立驻现场办公室。同年11月6日，交通部批复同意浙江北仑港建设指挥部上报的《进口设备检验大纲》和《北仑港进口成套设备现场检验规则》。同年，杭州汽轮机厂进口成套设备中的联邦德国奥顿B130M卧式镗床，价值75万德国马克，经杭州商检局检验，存在质量问题。商检局出证后，起初未能获得赔偿，杭州商检局派员与汽轮机厂专程到北京中技公司和一机部汇报检验发现的质量问题，经再次交涉，外商理赔部分零备件，并派人到杭州修理机床。

1981年2月14日，杭州商检局根据国家建设委员会和国家商检局下发《关于坚持做好进口成套设备检验监督管理的通知》，要求对未经检验的设备、材料和不合格品，签发“不准安装使用的通知书”。10月19—24日，杭州商检局派员参加由浙江省机械工业厅组织的验收小组，对杭州汽轮机厂进口设备进行投产前验收。1982年6月8—13日，化学工业部和浙江省人民政府联合召开浙江炼油厂大化肥工程建设现场办公会议，确定合成氨装置基本方案。8月20日，杭州商检局向国家商检局、省进出口委、省建委上报《对浙江炼油厂1000T/D合成氨成套设备检验工作情况汇报》(1000T/D合成氨设备是中国第一套以渣油为原料的合成氨装置)。杭州商检局驻现场办公室协同建设单位，严格检验，对检验不合格的设备，参与索赔谈判的研究，对安装检验中发现的4115-C1塔塔盘尺寸偏差大、125以下阀门泄漏量超规范等问题，要求外方返工和更换不合格件。1987年，浙江商检局成立驻北仑港发电厂现场办公室，对进口3.5亿美元发电厂成套设备进行检验。在整个工程中，浙江商检局共出具20份检验证书，向外商索赔约300万美元。

1989年，进口成套设备列入《种类表》，于1990年1月1日起实施法定检验。1991年，浙江商检局检验进口成套设备89批(其中1000万美元以上的大型成套设备项目6个)，出具证书170份，企业获赔金额150万美元。同年8月，浙江商检局派员赴香港对PU二层榔皮、涂皮贴合成套设备进行装船前预检验。1992年7月，舟山商检局对舟山某家具有限公司从台湾进口的52.5万美元木器加工生产线进行开箱检验，发现箱内进水严重，设备制造粗糙、严重生锈，约有1/4的设备为旧货翻新。舟山商检局出具检验证书，台商认赔3万美元的新设备。同年11月11—13日，经浙江省政府批准，浙江省经贸委、计经委、杭州海关、浙江商检局联合召开全省进口商品质量监管工作会议，分析全省进口商品质量状况，讨论加强进口监管工作。会上，浙江商检局提出要把进口成套设备的检验把关工作延伸到国外，进行监装、监造。

1993年8月1日，国家商检局发布《进口成套设备检验规程》。1994年3月24日，浙江商检局成立浙江涤纶厂现场办公室，现场办公室由浙江商检局和绍兴商检局共同组成。同年，台州商检局发现台州发电厂向香港某公司订购火电厂设备材质不符合合同要求，出具品质证书，买方获赔13.3万美元。同年，浙江涤纶厂引进6万吨聚酯切片项目，合同总金额为4604万美元。1994年，宁波商检局与宁波海关、外经贸、计委、经委等有关部门印发《关于加强宁波市进口成套设备质量监督工作的通知》，使进口成套设备纳入登记、放行、报检、检验的商检工作程序。1995年7月12日，浙江商检局成立天荒坪抽水蓄能电站工程现场办公室，由浙江商检局和湖州商检局共同派员组成，负责实施进口成套设备的检验和监管。同年，衢州某公司从韩国进口挤出复合机1套，价值59.50万美元。经安装调试，于同年6月投入试生产。在试生产过程中，发现设备存在不同程度的质量问题，设备制造商经多次处理，仍不能满足合同要求。衢州商检局出具证书，外商补偿3万美元。同年，浙江商检局派员赴菲律宾对宁波某公司引进的4套钢管生产设备进行装运前检验。

1999年，国家检验检疫局下发《关于调查进口成套设备检验监管工作有关情况的通知》。浙江检验检疫局组织全系统进行调查，并上报成套设备检验监管工作的做法与建议。随后，浙江检验检疫局对进口成套设备的检验监管，主要依据质检总局下发的《进口成套设备检验和监督管理实施细则》开展。2001年1月，宁波检验检疫局签发《关于明确进口成套设备检验监管的几点意见的请示》内部签报，对进口设备项目500万美元以上采取共验方式。2002年1月9日，浙江检验检疫局下发《关于成立桐柏抽水蓄能电站检验检疫现场办公室的通知》。5月21日，桐柏抽水蓄能电站从香港某公司进口一台型号为KVM32混凝土泵车，总价26.5万欧元。经检验，发现该混凝土泵车的泵体上装的是经过翻新的旧设备等问题，存在安全隐患，现场办公室通知收用货单位不得使用。在确凿证据面前，供货方承认该套设备是1998年以前生产的旧设备，并赔偿一套价值30余万欧元、全新的混凝土泵车给浙江桐柏抽水蓄能发电有限公司。2002年6月，天荒坪抽水蓄能电站顺利通过国家竣工验收。天荒坪抽水蓄能电站是亚洲最大的抽水蓄能电站，总投资70亿元，其中进口设备20多亿元。至2002年11月，天荒坪抽水蓄能电站现场办共出具各类证书198份，索赔金额3000多万美元，为国家重点工程建设项目作出了应有的贡献。

同年5月19日，浙江半山天然气发电工程首台9FA重型燃机发电机组调试工作顺利完成，点火成功。浙江半山天然气发电工程是国家统一组织的打捆式国际招标项目，也是西气东输工程下游最大的发电项目，第一次引进世界上大型燃机先进技术并国产化，总容量117万千瓦，总投资40亿元。浙江检验检疫局从项目一开始就介入该项目进口设备检验监管工作。2005年10月，浙江检验检疫局召开进口成套设备检验监管工作现场交流会，总结交流重点引进项目、工程设立现场办、加强对进口成套设备检验监管的经验和做法。2007年，浙江检验检疫局进口成套设备报检1255批，金额2亿多美元，共检出不合格设备100批，金额3230万美元，对检出不合格货物均已做出相应的补换货和整改处理。

2008年1月28日，浙江检验检疫局制定并下发《浙江检验检疫局进口大型成套设备检验监管工作规范（试行）》。2月，宁波检验检疫局出台《宁波地区进口成套设备检验监管工作规范》，该工作规范在对宁波地区进口成套设备进行检验监管过程中，首次提出了"风险评估、分类管理"的理念。11月，宁波检验检疫局发布《关于镇海炼化100万吨/年乙烯项目进口成套设备检验检疫直通放行局长办公会议纪要》（以下简称《纪要》），以支持地方大项目建设，重点在于落实一次报检、一次检验检疫、一次放行的"三个一"检验检疫直通放行便利措施。《纪要》还通过了《镇海炼化100万吨/年乙烯项目进口成套设备检验检疫直通放行实施方案》。2009年，浙江检验检疫局共检验进口成套设备954批，金额约3.12亿美元，尽管进口批次较上年同比减少28.4%，但进口金额却同比增长了56%。其中，共检出不合格设备64批，金额4073万美元，批次不合格率为6.70%，金额不合格率为13.10%，不合格货物主要来自欧盟、美国、日本等国家和地区。

2010年，浙江检验检疫机构共完成进口成套设备检验1661批，金额5.29亿美元。进口成套设备涉及多个行业，主要有机械行业、电子行业、印刷行业、化工行业、轻纺行业和核电行业等。主要进口国（地区）为欧盟、日本、美国和中国台湾、香港地区。共检出不合格设备74批，金额2773.40万美元，对外索赔1101.40万美元，批次不合格率为4.46%，金额不合格率为5.24%。

九、废物原料检验

20世纪80年代，浙江商检局开始检验进口废电机、废变压器、废炊具等。进口废品使用单位是绍兴、玉环等地的少数企业。1987年，浙江商检局凭委托申请，检验少量的进口废物原料，主要是进口废电机、废变压器、废纸等。1991年，宁波商检局开始检验进口废纸。1992年，宁波商检局开始检验进口废金属。1993年第一季度，宁波商检局检验宁波五矿、浙江省有色金属进出口公司分别从美国、法国、中国香港地区进口的废电机共9批、1788吨，价值37.39万美元，均为不合格，原因为铜含量不足，杂质过多，重量短缺。1993年11月，浙江商检局针对进口废金属逐年增多，并发现有铀、镭、钍等放射性物质现象，按照国家商检局要求，加强了对进口废金属材料放射性污染的检验。

1995年前，进口废物原料属非法定检验商品，浙江商检机构主要是接受收货人的申请，对货物的品质、重量等项目实施委托检验。1995年6月，嘉兴商检局在对一批从美国进口的371.16吨、货值27.28万美元的对苯二甲酸二甲酯检验时，发现该批货物中96.80%是生产废料。嘉兴商检局出具证书，判其为不合格商品。浙江省和嘉兴市环保局依据商检局的检验结果，对此批进口废料就地封存，其余的6000吨合同停止执行，并依法追究违法行为，中央电视台等新闻媒体对此相继作了报道。同年7月，铜废碎料、铝废碎料等进口废金属被列入《种类表》，浙江商检局开始对进口废金属实施法定检验。是年，宁波口岸共查处8批、45标箱共计880余吨境外“洋垃圾”，均作退运出境处理。

1996年4月，浙江商检局开始实施国家环境保护局、国家商检局等部门颁布的《废物进口环境保护管理暂行规定》。同月，浙江商检局承担国家商检局下达的《进口废电机检验规程(试行)》《进口废运输设备检验规程——供拆卸的船舶及其他浮动结构体(试行)》《进口废五金电器检验规程(试行)》和《进口废电线电缆检验规程(试行)》4个进口废金属检验规程的制标任务。8月，4个进口废金属检验规程在天津通过国家商检局组织的标准审定，于1996年10月1日起实施。至此，进口废金属检验有了标准。

1996年6月4日，宁波商检局召开加强进口废物检验鉴定工作会。会议研究布置宁波商检局加强进口废物检验鉴定的措施和办法。6月13日，宁波商检局同意宁波中华纸业有限公司的进口废纸运至宁波中华纸业有限公司库场内进行检验。1996年6月，浙江商检局转发国家商检局《加强进口废物检验鉴定工作的紧急措施》，制发《浙江商检局关于进口废物检验签证的暂行规定》。浙江商检局转发国家商检局《关于重申加强进口废物检验鉴定工作的紧急通知》，规定进口废物须在口岸检验，不准只作登记放行。9月，浙江商检局配置6台放射性检测设备。11月8日，宁波商检局根据国家商检局下发的《关于发布〈进口废物装运前检验管理办法〉(试行)的通知》精神，结合宁波口岸实际情况，发布《关于加强进口废物装运前检验管理工作的通知》。12月，浙江商检局下发《关于加强进口废物检验的通知》，要求“各口岸局应认真按照国家商检局进口废物检验管理的有关规定、规程严格检验把关，尤其要加强环保、安全、卫生，特别是进口废金属等放射性项目的检测和控制，坚决杜绝带有放射性污染的废金属进入我省”。

1997年3月，浙江商检局转发国家商检局《关于加强进口废物原料检验工作有关问题的通知》，要求各地区局、浙江商检局有关处室“在对来自美国、日本和中国香港、台湾地区的废物严格凭装运前检验合格证书受理报验的基础上，逐步做到进口废物必须凭装运前检验合格证书受理报验”。9月，台州商检局检验某进出口公司从日本进口的一批压扁的废汽车，共300余辆，外观基本完整，仅汽车顶棚进行过压扁处理，发动机等部件基本完好，不能排除经修理后重新使用的可能性。为了排除这种可能性，台州商检局会同海门海关在监管场地对该批废汽车进行了破坏性处理。11月，浙江商检局在温州承办国家商检局召开的“全国商检系统进口废金属标准宣贯会”。

1998年起，浙江各口岸商检局根据国家商检局的统一部署，对从日本进口的废物，凭日本商品检查株式会社的装运前检验证书受理报验。1999年前，一些企业以废船名义进口旧船，实际上是继续使用。1999年后，浙江商检系统对以废船形式进口的船舶实施严格的拆解监管，以废船名义进口而实为继续使用的情况被杜绝。同年3月，浙江商检、卫检、动植检机构在台州市召开进口废物原料检验检疫工作会议，总结浙江省三年来进口废物原料检验检疫工作，制定进口废物原料检验检疫具体方案，并于4月实施。

2000年2月,浙江检验检疫局转发国家环保局、外经贸部、海关总署、国家检验检疫局联合下发的《关于进口第七类废物有关问题的通知》。自2000年4月1日起,浙江全面禁止进口废电视机及显像管、废电冰箱(柜)、废空调器(柜)、废微波炉、废计算机、废计算机显示器及显像管、废复印机、废摄(录)像机、废电饭锅、废游戏机和废有线电话机。是年,宁波检验检疫局制定《宁波口岸进口废物原料检验检疫规程(试行)》。2001年6月之前,进口废纸在入境口岸实施检验检疫。之后,经浙江省口岸办公室协调,从上海口岸入境至杭州地区的进口废纸,实施快速通关制度,由浙江检验检疫局对进口废纸实施检验检疫。同年6月22日,浙江检验检疫局对全省首批转关的进口废纸在富阳实施检验检疫。9月4日,宁波检验检疫局设立进口废物查验现场办事处。11月5日,宁波检验检疫局印发《进口废物原料现场查验工作程序(试行)》,规范了进口废物原料现场查验工作程序。2002年3月,浙江检验检疫局印发《浙江检验检疫局进口废物原料检验检疫管理工作规范》,统一进口废物原料检验检疫标准和操作方法。同年,浙江检验检疫局制定《浙江省快速通关进口废纸检验检疫管理规范》,明确快速通关对进口废纸的报检、卫生除害处理、检疫环保查验、品质检验等规定和要求。

2003年,质检总局发布第115号公告,决定对境外供货企业采取临时注册管理,未获得临时注册的供货企业的废物原料将不得进入中国境内。同年2月起,宁波检验检疫局对中华纸业有限公司的进口废纸通过远程监控系统实行远程电子监控查验,全年共检验放行进口废纸739批次、18.8万吨、1.6万标箱。3月,浙江检验检疫局召开辖区进口废物原料检验检疫管理工作会议,贯彻质检总局有关进口废物原料的各项法律法规和规定。2004年4月起,宁波检验检疫局镇海办事处在宁波镇海再生资源加工园区监管场地,对园区内企业的进口废物原料实施检验检疫。12月3日,宁波检验检疫局印发《宁波出入境检验检疫局进口废物原料检验检疫稽查制度》,宁波局口岸通关处负责组织实施宁波检验检疫系统进口废物原料检验检疫稽查工作。12月14日,宁波检验检疫局印发《宁波出入境检验检疫局进口废物原料检验检疫管理办法》,适用于从宁波口岸入境的国家限制进口的可作原料用废物检验检疫工作。

自2005年1月1日起,浙江检验检疫局按照质检总局的统一部署,落实进口废物原料境外供货企业注册管理制度。2006年,部分到货地为杭州富阳地区的进口废纸从嘉兴乍浦口岸入境,杭州海关对此类货物监管至富阳内陆口岸实施通关作业。浙江检验检疫局对乍浦口岸入境到富阳通关放行的进口废纸试行辖区内联合监管模式。2006年1月,宁波检验检疫局在全系统举办《进口可用作原料的固体废物环境保护控制标准》培训班,对所有一线检验检疫人员进行了业务培训及考核。4月,宁波检验检疫局邀请专家在宁波开展培训工作并组织考试,共有45人通过考试并取得进口废物原料检验检疫资格。5月25日,宁波检验检疫局印发《关于明确进口废物原料检验检疫统计业务工作有关事宜的通知》,规范进口废物原料检验检疫业务统计工作。8月18日,宁波检验检疫局印发《关于做好进口废物原料检验检疫电子监管系统试点运行的通知》,确保该系统试点工作顺利运行;9月1日,进口废物原料检验检疫电子监管系统宁波口岸试点运行工作实施。进口废物原料检验检疫电子监管系统对进口废物原料实施全过程检验检疫监管,实现检验检疫机构和国内其他部门、境外供货企业的数据交换和信息共享,及时发布风险预警。9月27日,浙江检验检疫局启用进口废物原料电子监管系统。同年，质检总局做出决定，自2007年1月1日起对进口废物原料检验检疫人员实施持证上岗制度。浙江检验检疫局在2006年分三批对37人进行了培训，并通过了质检总局组织的考试，取得了上岗资质。

2007年3月12日，质检总局发布第52号公告，自9月1日开始正式实施进口废物原料国内收货人登记制度。截至2007年12月，浙江检验检疫局辖区已有301家企业顺利取得国内收货人登记资质，实现了进口废物原料后续监管的可追溯性。同年11月22日，宁波检验检疫局印发《宁波出入境检验检疫局进口废物原料夹带易燃易爆危险品应急处置预案》和《宁波出入境检验检疫局进口废物原料夹带放射性污染物质应急处置预案（试行）》的通知，规范进口废物原料夹带易燃易爆危险品和放射性污染物质的应急处置工作。12月28日，宁波检验检疫局对宁波金田铜业集团股份有限公司的进口废物原料实施直通式检验检疫新模式。同年年底，宁波检验检疫局建立了宁波检验检疫系统进口废物原料样品及样照陈列室，收集了大约150种样品及250多张样照；汇编整理了进口废物原料检验检疫业务手册。2008年3月5日，宁波检验检疫局印发《宁波出入境检验检疫局业务稽查专家库管理办法（试行）》，组建废物原料检验检疫等11个专业的业务稽查专家组。5月14日，浙江检验检疫局制定下发了《浙江出入境检验检疫局进口废物原料重大检验检疫问题应急处置预案》。同年年底，宁波检验检疫局对进口废物原料实施“分类堆放＋提前检疫处理＋集中查验”模式，实施检验检疫电子标识管理，进口废物原料在港区指定集卡车通道卡口实施卫生处理，卫生处理后的集装箱运至指定的查验堆场，在查验堆场集中开箱、掏箱，实施检验检疫查验工作。

2009年，宁波检验检疫局对进口转关废纸实施提前申报和查验，物流时间比原来加快2～3天，全年为企业节约超过3000万元的口岸综合物流费用。同年7月，宁波检验检疫局在镇海实施散装船废物原料24小时开舱查验和卫生处理措施。7月9日，宁波检验检疫局进出口商品检验监管工作委员会成立，下设秘书组和废物原料检验监管等6个专家组。11月5—6日，中日废物原料贸易与检验检疫研讨会在杭州召开。会后，与会代表到浙江台州的海门港检验检疫现场参观，了解中国口岸进口废物原料检验检疫管理及监督情况。

2010年4月16日和5月6日，宁波检验检疫局印发《关于明确进口废物原料检验检疫前置审核工作规范操作细则的通知》及《关于明确进口废物原料撤销报检和现场查验要求的通知》，要求进一步优化流程，规范宁波口岸进口废物原料报检撤单和开箱查验操作，加快宁波口岸进口废物原料通检速度。同年7月9日，浙江检验检疫局制定下发了《浙江出入境检验检疫局进口可用作原料的固体废物检验检疫工作规范》，规范了进口可用作原料的固体废物的国内收货人注册登记、到货检验检疫及监督管理工作。2010年，浙江检验检疫机构共检验检疫各类进口废物原料66638批，重量834.35万吨，货值66.5亿美元。

第二节　出口商品检验

出口商品检验主要包括出口食品及相关产品、矿产、金属材料、化工、纺织、轻工、机电、出口商品运输包装等商品的检验监管。杭州商检局开验初期，检验的品种有农副产品、丝绸、布匹及钟表、搪瓷、皮鞋等轻工产品。1962年，杭州商检局开始检验出口肉类产品。1980年后，矿产、化工、医药、机电产品出口检验量上升。1989年，国家商检局调整《种类表》，出口橡胶轮胎、丝绸服装、灯具、钟表、玩具、电动工具等多类商品被列入法定检验范围，浙江的出口法定检验商品种类显著增加。1990年后，浙江出口服装、标准紧固件、轴承等商品的检验量跃居全国前列，涉及安全、卫生、环境保护的出口商品始终是检验工作的重点。2000年后，浙江检验检疫机构加大出口商品检验模式改革，把关和服务并重，通过专项整治、分类管理、区域化管理、免验等方式，在保证质量的前提下，不断提高通关速度，促进贸易便利化。2010年，浙江省检验出口商品批次为2062931批次，金额614.74亿美元，较1999年分别增长8.40倍和10.65倍。

一、食品及相关产品检验

浙江检验出口的食品及其产品主要有茶叶、罐头、水煮笋、粮食制品、水产品、蔬菜类食品等，其中茶叶、罐头、水煮笋、酒类等是传统的大宗出口产品。

（一）茶叶检验

民国4年（1915年），浙江永嘉县公署及榷茶局部呈准瓯海道，成立永嘉茶叶检验处，查禁假茶出口，民国15年，改由瓯海茶叶分会接办。民国19年，技正吴觉农等筹办出口茶叶检验，制订茶叶检验标准和技术规程。民国20年，实业部规定出口茶叶必须按商检标准实施检验，合格者发给检验证书，由海关查验放行，未经检验合格的茶叶不准出口。民国25年，上海商检局在浙江平水、温州设置茶叶产地检验办事处。民国27年，茶叶产地检验改由浙江省农业改进所主办，分别在宁绍台、金衢严、温处区三地设茶叶检验处，人员28人。同年，浙江省政府建设厅转发由农业改进所制定的《浙江省茶叶检验办法施行细则》，共8条，其中品质检验4条。接着，又转发温处区茶叶检验处制定的茶叶检验办法补充细则，计12条，茶叶检验进一步具体化。民国30年，太平洋战争爆发，茶叶检验告停。

1949年10月1日，中华人民共和国成立，浙江茶叶走上复兴之路。1950年5月，中央贸易部颁布《茶叶产地检验办法》。7月，上海商品检验局在浙江杭州、绍兴、温州设立茶叶检验工作站，在绍兴平水、三界派驻厂员，办理成品茶出厂检验。1958年，上海商品检验局将产地检验移交浙江省茶叶公司和各地茶厂。1963年3月10日，杭州商检局开始对茶叶实施检验。开验初期，沿用上海商检局证书，仅在证书的编号前冠以“杭”字以示区别。“文化大革命”期间，茶叶检验由企业自行办理，商检机构盖章放行。

1978年，杭州商检局开始对绍兴出口茶叶拼配厂调运上海口岸的原料茶实行产地检验。是年，国家商检局编写《成品茶检验手册》，杭州商检局负责绿茶及其特种茶的部分品质、等级、规格、审评方法、评茶术语、包装质量和检验方法的调查。1979年4月1日，浙江自营出口珠茶，杭州商检局实施检验。是年，检验出口茶叶152批，计2140吨。翌年，检验量突破万吨。1981年10月1日，杭州商检局开始执行1981年版茶叶新标准，并将夹什物含量检验列入检验范围。是年，余杭茶场和金华蒋堂农场从日本引进蒸青茶设备，生产蒸青茶，杭州商检局对蒸青绿茶同时开验。是年，检验出口蒸青绿茶9批，计127吨。

1982年，根据国家茶叶卫生标准（内部）的要求，杭州商检局对全省茶叶主产区的珠茶、龙井、蒸青共60个样品的有机氯残留量进行普查，并指派茶叶检验员进驻绍兴出口茶叶拼配厂，实行驻厂检验。1983年，杭州商检局对花茶开验。1984年，浙江商检局对全省生产的主要茶类含氟量进行普查，对出口的4种茶类的铜、铅、砷三种重金属进行普查，共抽查样品151个。是年，浙江商检局对出口红茶开验。

1985年，浙江商检局对红碎茶和眉茶开验，红碎茶按成交样检验，眉茶执行1985年版贸易标准样，对出口苏联的眉茶加验黄曲霉毒素。是年，浙江商检局检验眉茶48批，计1645吨；检验红碎茶23批，计293吨。

1986年，浙江商检局对功夫红茶开验，检验出口功夫红茶55批，计402吨。1987年，浙江眉茶由部分自营出口改为全部自营出口。浙江商检局眉茶检验量较1986年增长98.4%。1988年，浙江商检局对普洱茶开验。是年，宁波口岸开始出口珠茶。同年5月，浙江商检局承办国家商检局在绍兴召开的全国出口茶叶监管工作座谈会。此次座谈会审评18个省（市）商检局所带的167个茶叶样品，统一检验标准。1989年，眉茶1989年版贸易标准样启用。同年，宁波商检局对宁波地区的出口珠茶开验。是年，宁波商检局检验出口茶叶59批，计2623吨，货值560万美元。浙江商检局对出口珠茶和眉茶原料（精制茶）的放射性物质、重金属（铅、铜、砷）、农药（杀虫脒、六六六、DDT）残留进行普查。

1990年，宁波商检局下发《关于加强内销茶包装用胶合板、方角档质量验收的紧急通知》，规定茶叶用胶合板的检验方法。同年，浙江商检局发布《浙江省出口茶叶包装检验管理办法（试行）》，并于次年组织宁波、绍兴商检局及有关茶叶拼配厂等单位会同省茶叶公司对各茶叶厂交货茶叶胶合板箱进行检查，共检查49家茶厂，根据包装质量情况，将茶厂分成四类进行管理。1991年5月，宁波商检局在余姚召开宁波市出口茶叶质量工作会议，要求茶叶生产出口企业建立质量保证体系，不得向未注册茶厂收购出口茶叶。

1992年1月，浙江商检局在余姚召开全省出口珠茶统一标准会议，评审66个出口茶样。同年，针对出口大宗绿茶质量明显下降的情况，浙江商检局对部分出口茶叶品质进行检查，并下发《关于加强出口茶叶安全卫生品质质量管理问题的规定》。1993年，浙江茶叶出口量占全国茶叶出口量的1/4左右，其中绿茶占全国绿茶出口量的1/2以上，出口遍及世界五大洲69个国家和地区。1994年，1994年版眉茶、珠茶贸易标准样启用。3月，浙江商检局下发《浙江省出口茶叶检验分等管理实施细则》，经考核，确定浙江省第一出口茶厂等6家厂为二类管理企业。1995年，浙江商检局对出口速溶茶开验。同年，针对个别茶厂和经营户在珠茶精加工或在眉茶改制为珠茶过程中掺杂泥沙，以墨汁着色，增加吃糊量等问题，浙江商检局下发《关于加强出口珠茶质量把关，杜绝假冒掺杂现象的通知》。

1997年6月，受国家商检局委托，浙江商检局起草《出口绿茶统一商检暂行规定》。11月24—28日，全国出口绿茶检验工作会议在杭州召开，讨论通过《出口绿茶统一商检暂行规定》。1998年，浙江商检局要求出口茶叶生产企业建立ISO9000质量管理体系，加强出口茶叶安全、卫生质量控制。

1999年，浙江商检局应浙江省茶叶公司邀请，与美国西北公司座谈，分析茶叶中微生物的污染途径和解决的办法。2001年2月，浙江检验检疫局率先对出口欧盟茶叶实施批批农残检验，重点对茶叶中易检出的氰戊菊酯等14项农残项目实行抽检。2002年5月，浙江检验检疫局联合中国农科院茶叶研究所，在绍兴召开出口茶叶农药残留控制技术推广现场会暨无公害茶园植保新技术研讨会。同年8月，对茶种、出口国别、检验项目和生产企业的诚信度进行分类，对企业的送样诚信度、检验结果的准确性进行考核。

2003年3—4月，浙江检验检疫局分别在茶叶主产区召开3次企业厂长、经理座谈会，对部分茶叶产区进行调研，召开辖区茶叶企业检验工作会议，部署打击掺杂使假行为。2004年5月27日，宁波检验检疫局召开了全市出口茶叶检验监管工作会议，分析本行业所面临的严峻形势，就下一步如何加强出口茶叶检验监管工作进行研讨，并达成了共识。2005年11月4—6日，在杭州召开浙江检验检疫局系统出口茶叶检验监管工作研讨会，重点讨论出口茶叶种植基地实行检验检疫备案管理工作，并对出口茶叶检验检疫监管工作存在的检验标准和判断依据的确定等共性问题进行充分讨论研究。2005年，浙江检验检疫局食检处顺利完成对绍兴、衢州、金华、湖州四局茶叶检验监管工作的移交。

2006年5月10日起，针对日本5月29日起实施"肯定列表制度"、对茶叶检测要求有大幅度提高的情况，浙江检验检疫局对所有输日茶叶实施三唑磷等10项农残的批批检验。2007年5月1日起，浙江检验检疫局在全国率先要求企业在出口茶叶销售包装上印制生产企业的卫生注册号和生产批号，解决了多年未解决的国外产品追溯问题。2008年5月，浙江检验检疫局对茶叶基地管理、批次管理、质量控制、检验把关等提出了明确要求，对打击掺杂使假行为进行了明确规定。2008年9月，浙江检验检疫局开展了"珠茶安全—08行动"，对辖区内21家出口珠茶企业实施"地毯式"突击检查，重点检查出口茶叶企业收购的精茶和毛茶原料的质量、重点工序（渥堆、炒干）的生产状况、添加剂的使用和管理情况，严厉打击个别企业非法添加滑石粉、小苏打、炭黑等添加剂的严重违法行为。2009年6月起，浙江检验检疫局组织系统内专家赴宁波口岸，对包括茶叶在内的浙江检验检疫局辖区出口食品进行口岸开箱验证，并在口岸验证的基础上，对绍兴、湖州、金华、衢州等地区共9家出口茶叶企业进行了飞行检查，对企业待装运的货物进行抽样验证，评定实际装运出口茶叶与报检抽样茶叶在品质上的符合性。从抽检情况看，浙江出口茶叶质量安全基本稳定，企业诚信意识、主体意识不断增强。2009年11月，质检总局在湖州召开出口珠茶、眉茶实物鉴别样原料评审会，浙江检验检疫局在会上通报了出口珠茶、眉茶鉴别样制作情况。同年12月，浙江检验检疫局出访人员在摩洛哥市场购买了中国出口的茶叶，并对茶叶的品质、感官、农药残留及有毒有害物质等项目开展检测。检测结果表明，出口珠茶、眉茶整体质量水平有显著改善，茶叶整治工作成效明显。

2010年6—7月，浙江检验检疫局组织系统内专家多次开展出口茶叶突击检查，采取赴上海口岸验证和赴湖州、嘉兴、绍兴等分支检验检疫局飞行检查相结合的方式，对出口茶叶原料及成品品质进行检测评定，并针对出口珠茶中添加固形茶情况进行突查和打击。同年8月初，浙江检验检疫局与浙江出口茶叶产业协会召集10余家出口珠茶企业，召开出口珠茶质量工作座谈会，专题研究出口珠茶掺杂固形茶问题，并发出加强行业自律、坚决杜绝掺杂使假行为的倡议。

（二）罐头检验

罐头是浙江大宗出口商品之一，出口罐头种类包括肉类、禽类、水产类、水果类、蔬菜类和其他类。1950年4月，果蔬类出口罐头列入法定检验商品。1951年9月，中央人民政府贸易部将罐头类商品列入《种类表》。1963年前，浙江出口罐头均由上海商检局检验。

1963年3月10日，杭州商检局对出口罐头开验，并对出口罐头的生产厂家实施驻厂检验管理，常规检验项目有感观性能、真空度、净重、固形物、pH值、糖度、封口结构、包装、细菌指标。1966年，“文化大革命”开始，商检工作几乎停顿。1974年8—9月，杭州商检局联合省外贸公司、省一轻局轻工业公司、省卫生防疫站、罐头厂所在的地、县(市)工贸检等部门，对全省罐头工业进行卫生质量检查。1975年，杭州商检局根据进口国要求，把出口罐头的生产日期、保质期和成分纳入出口检验内容。1975年10月，宁波商检处开始对宁波、舟山、台州地区的出口罐头实施产地检验。1978年，宁波商检处帮助出口罐头厂建立班组、车间、厂检科三级质量检验网，成立质量管理小组。1979年8月，杭州商检局会同省轻工和省粮油公司，对全省罐头企业进行卫生质量大检查和重点产品质量评比。1979—1990年，出口罐头检验使用轻工部颁发标准。

1980年1月1日起，浙江自营出口罐头的检验工作全部由杭州商检局负责实施。是年，检验出口罐头47267吨。1981年5月，加拿大卫生福利部代表团一行4人到杭州商检局参观访问，并进行技术交流，加方认为杭州商检局实验室仪器设备基本齐全，可以完成加拿大要求的检测项目。6月，杭州商检局在温州召开全省罐头检验工作座谈会。1982年7月，杭州商检局在宁波召开罐头检验工作会议，总结交流罐头检验工作经验，制定了《驻厂检验员守则》和《罐头包装查验须知》。7—8月，杭州商检局对全省11家罐头厂和2家乳制品厂进行卫生质量检查。1983年5月，杭州商检局在金华召开出口罐头细菌检验座谈会，座谈、学习番茄制品霍华德霉菌检测法。7—8月，对全省11家出口罐头厂进行全面卫生质量检查，提出改进意见。

1984年7月，浙江商检局下发《出口罐头下厂检验和监督检查办法》《出口罐头下厂监督检查办法(试行)》《出口罐头卫生质量检查(监督)报告表》。1986年2月，浙江商检局在杭州首次对马蹄、橘子罐头质量进行评比。同年3月，浙江商检局举办出口罐头密封质量培训班。1987年6月，浙江商检局下发《浙江省出口罐头密封质量检验和管理办法(试行)》。7月，联合省粮油食品进出口公司召开全省出口罐头会议，向全省13家罐头厂派驻外贸驻厂员。1988年3月，浙江商检局联合省粮油食品进出口公司在杭州召开竹笋罐头、芦笋罐头检验目光统一会议。1989年8月，浙江商检局在奉化市召开全省出口罐头检验工作会，学习《商检法》，讨论并通过《浙江省出口罐头检验工作的若干规定和要求》。同年底，浙江商检局联合省粮油食品进出口公司在杭州召开全省出口罐头包装质量工作会议。1989年8月，浙江商检局在奉化市召开全省出口罐头检验工作会。学习《商检法》，讨论通过《浙江省出口罐头检验工作的若干规定和要求》。是年，美国宣称中国对美出口的2840克蘑菇罐头，导致在美国发生多起因葡萄球菌肠毒素引起食物中毒，多人住院治疗。据称，使用澳大利亚生产的肠毒素检测试剂盒（TECRAkit），先后在未曾开罐的蘑菇罐头中检出TECRAkit阳性物质。8月，国家商检局发出《关于禁止用盐渍蘑菇加工罐头等有关规定的通知》。9月，国家商检局通知对美国出口蘑菇罐头停止报验。至1989年9月，美国发现有四川、广东、福建、浙江、上海、安徽六省市9家罐头厂的产品有TECRAkit阳性物质。美国食品药品监督管理局（U. S Food & Drug Administraiton，以下简称FDA）据此于1989年10月13日宣布对中国所有输往美国的蘑菇罐头实行"自动扣留"。浙江商检局针对出口美国的"蘑菇事件"采取措施，主动应对，从源头抓起，统一检验目光，举办三期杀菌、封口操作技术培训班。还引进国外肠毒素检测试剂盒，组织人员加班加点，对积压的大批蘑菇罐头进行肠毒素检测，严把检验质量关，保证未检出肠毒素的蘑菇罐头及时出口，避免此类问题再次发生。

1990年，宁波商检局完成《罐头平酸菌检验方法及防治方法研究》，基本查明国内27种罐头平酸事故的原因，探索了一套有效的防治方法，获外贸部科技进步奖一等奖和国家科技进步奖三等奖。同年12月，浙江工、贸、检联合在杭州召开出口马蹄罐头质量评检会议。1990年起，国外客户要求出口罐头采用国际标准。1991年7—8月，浙江商检局举办两期罐头封口结构培训班，近200人通过培训，获得合格证。1992年3月，浙江商检局在杭州召开第二次全省出口罐头质量评审会。同年11月，浙江商检局制定《浙江省出口罐头厂良好操作规范》。1993年3月，浙江商检局在杭州召开第三次出口罐头质量评比会，并进行"罐头食品商业无菌"专题讲座。1994年3月，浙江商检局在杭州召开第四次出口罐头质量评审会。

1996年1月，实施SN0400.1-10-1995行业标准。浙江商检局把对出口罐头的微生物检测改为按照商业无菌检验标准检测。2000年，浙江检验检疫局开始执行《进出口罐头检验规程记录》（SN/T0937-2000），检验内容为罐头品质、规格、数量、重量、包装。

2001年1月，浙江检验检疫局召开辖区进出口罐头食品检验检疫监管工作会议，传达全国罐头检验工作会议的精神。2002年，浙江检验检疫局对台州、绍兴、杭州、衢州、温州、金华6个地区的橘园农药使用情况进行调查，汇编《浙江省柑橘病虫防治可能使用的农药名录》，共122种；并组织实施浙江柑橘罐头鲜果农药残留监测。

2005年12月20日，宁波检验检疫局出台《宁波出入境检验检疫局出口罐头食品检验检疫风险管理实施办法》，在风险分析基础上，对出口罐头食品实行产品分类、企业分类及管理分类相结合的动态管理办法。至2010年，浙江检验检疫局辖区出口罐头贸易正常，未发生重大质量安全问题。

（三）水煮笋检验

中国是世界上竹资源最丰富的国家，浙江省是全国竹类的主产地之一，全省有竹资源170多种。20世纪50年代，浙江所产的鲜竹笋、冬笋、清汁笋罐头主要是调拨出口。自1980年始，浙江罐装水煮笋出口，由杭州商检局承担检验工作。

1986年1月1日，浙江商检局制定《水煮笋品质检验和管理办法》，开始实行水煮笋卫生注册登记制度。1987年3月，浙江商检局参加省粮油食品进出口分公司在上虞县召开的全省水煮笋工作会议，明确质量验收办法和标准，强调生产过程中的食品卫生。1988年开始，浙江商检局根据生产季节特点，把检验延伸到生产过程，实行检中有管，管中有检，管检结合；指导企业制定水煮笋加工的良好操作规程和水煮笋品质监评标准，会同外贸公司组织产品质量监评。同年12月，会同外贸公司对全省32个县200多个加工厂外贸生产人员进行技术培训。1989年7月，浙江商检局规定出口水煮笋按法定商品检验，实行三级验收制度，未经浙江商检局考核通过卫生注册登记的工厂，从1990年1月起，停止受理报验。

1993年，浙江商检局会同浙江省粮油食品进出口公司举办水煮笋加工技术培训班，341人参加培训，255人获得合格证书并被认可为出口水煮笋产地质检员。同年6月，对出口水煮笋加强卫生注册登记考核与管理。同年，衢州商检局对出口水煮笋开验，是年检验8批，计573.3吨，货值49.1万美元。

1995年2月，浙江商检局在杭州召开全省出口水煮笋检验工作会议，总结出口水煮笋检验工作，进一步规范做法。同年4月，要求各商检机构要严格执行产地检验、口岸查验制度。1996年，浙江省检验出口水煮笋7.4万吨，出口额8037万美元，为历史最高量。1997年，浙江商检局执行SN/T0628-1997标准《出口水煮笋检验规程》。1998年，浙江省检验出口水煮笋6.2万吨。其中包括少量真空包装水煮笋新品种。

2007年2月，日本政府公布了2007年度进口食品监视指导计划，该计划将把食品中农药残留等检测作为重点。为帮助企业应对国外技术性贸易措施壁垒，浙江检验检疫机构加强水煮笋罐头中的安全卫生项目（如二氧化硫、农药残留及微生物等）检测力度。是年，24.6吨水煮笋顺利出口捷克，这是宁波水煮笋首次进入欧洲市场。2009年，2.53吨水煮笋顺利首次出口巴布亚新几内亚，这是宁波水煮笋首次打入大洋洲市场。

2010年，浙江省共出口水煮笋2109批，4891.2万美元，其中浙江检验检疫局检验出口1314批，2724.1万美元；宁波检验检疫局检验出口795批，2167.1万美元。

（四）粮食制品检验

1983年，宁波商检处开始检验浸水坛装年糕，并对出口企业进行登记管理。

1991年，浙江商检局对出口方便面开验，计270箱，出口到瑞典。1992年，浙江商检局对生产出口方便面的杭州面粉厂进行卫生注册登记，并对首次出口到中美洲的3种方便面进行品质、数量和卫生指标检测，出具合格证书。同年，浙江商检局检验知味观出口小笼包子10吨，到货地为日本。1994年3月，浙江商检局对出口膨化食品开验。1995年3月，衢州商检局对出口俄罗斯挂面开验，计12.9吨，货值14.25万元，检验项目有熟断条率、酸度、微生物、过氧化值等。1998年7月，浙江商检局对出口新加坡的面粉及相关食品实行溴酸钾检测。

2001年7月，浙江检验检疫局加强对出口粮食制品原料的管理。2002年，浙江检验检疫局与杭州爱使口可食品有限公司共同起草《出口方便面汤料检验规程》（DB33/T412-2003）。次年，由浙江省质量技术监督局发布执行。至2010年底，浙江检验检疫局辖区出口粮食制品贸易正常,未发生重大质量安全问题。

（五）水产品检验

1957年,浙江开始组织水产品的出口加工,出口水产品检验由上海商检局承担。1963年3月10日开始,杭州商检局开检部分出口罐头、冷冻水产等9类商品。

1975年12月,宁波商检处执行水产品检验,检验对象主要是海水鱼和对虾,以及新增的海蜇皮、梭子蟹、河豚等品种,检验项目有鲜度、重量和规格。同年4月,国家商检局和中国粮油食品进出口公司在浙江省定海县召开全国海蜇皮生产出口座谈会,会上确定出口海蜇皮(头)南、北两个检验标准,并于1976年5月正式执行。

1982年7—8月,杭州商检局根据国家商检局关于出口水产品加工厂(库)划分类型的要求,会同省水产进出口公司、省水产供销公司组织全省普查,对不符合要求的工厂督促整改,并提倡建造出口小包装车间的过渡方案。1984年11月起,浙江商检局与省水产进出口公司、省水产供销公司对浙江省所属各出口水产品加工厂(库)进行出口食品卫生质量普查。1985年11月,浙江商检局对出口水产品实施批次管理办法。1986年3月25日,浙江商检局下发《浙江省水产品出口标准(试行)》。

1987年3月,浙江商检局在杭州召开全省商检出口水产品检验工作座谈会,统一梭子蟹、冻虾仁、调味马面鱼干等几个商品的检验标准。1988年4月12日,浙江商检局在舟山、宁波商检局试行由产地检验改为中转冷库集中检验的新模式。此模式经半年实践,取得明显效果,并于12月7日在湖州召开全省出口水产品检验工作座谈会,会上决定在全省范围内全面推广实施。1989年12月6—10日,出口水产品东海协作区首次会议在浙江舟山召开。会上成立东海协作区检验监管技术小组,通过《出口水产品东海协作区检验监管工作暂行办法》和《出口水产品东海协作区检验监管工作的有关规定(暂行)》。

1990年4月,浙江商检局在杭州召开全省出口鳗鱼养殖场场长座谈会,会上向34家鳗鱼养殖场颁发了出口卫生登记证书。同年,宁波商检局对出口水产品企业实施分等管理,并举办10期培训班,参加人数达500多人次。1993年,浙江商检机构对出口日本生食贝类肠炎弧菌实施批批检测。1994年,浙江商检机构加强出口贝类及其产品检测DSP(腹泻性贝毒素)。1995年底,浙江商检局加强对冻虾类产品涉及安全卫生项目的检验。1996年6月,浙江商检系统召开出口水产品检验工作会议,要求严格执行国家商检局《出口水产品检验管理规定》,认真做好出口水产品检验管理工作,切实做好对外注册工作,并开展对美虾类加工企业实施危害分析和关键控制点(Hazard Analysis and Critical Control Points,简称HACCP)计划的试点工作,明确出口水产品加工企业必须在1996年底以前建立微生物实验室并开展工作。

1999年6月8—11日,欧盟官员对舟山商检局、舟渔公司、海之格公司等单位进行考察,经过考察和评估,认可了浙江省的水产品生产和浙江商检部门的实验室设备和监督管理状况,认为水产品加工厂的卫生状况基本达到欧盟指令的规定。同年12月18日,韩国水产品考察代表团考察浙江的水产品质量控制体系,包括舟山检验检疫局水产品实验室及两家水产品加工厂。

2001年初，中国输欧虾仁(其中有舟山35吨部分产品)被欧盟检出氯霉素。浙江检验检检疫机构通过对舟山、宁波输欧虾仁的加工原料、辅料、生产用水、用冰、消毒剂、清洁剂、添加剂及加工过程等全面检测，最终确认虾仁中的氯霉素系因工人涂擦医用氯霉素水剂止痒消炎导致。9月20日，浙江检验检疫局对出口到美国、韩国、日本的虾类产品实施批批氯霉素残留检测。12月初，浙江检验检疫机构暂停受理输欧虾仁出口报检，对企业进行更深层次的整顿，重点解决氯霉素交叉污染问题。2002年1月30日，欧盟发布2002/69/EC决议，禁止中国动物源性产品进口。此后，美国、日本、加拿大等相继对中国进口的虾类产品实施氯霉素残留检测。为进一步从根本上解决出口水产品氯霉素污染，同年5月28日，浙江检验检疫局下发《浙江检验检疫局出口水产品检验检疫分类管理实施细则》，规范统一辖区出口水产品的检验检疫分类管理。7月1日，浙江检验检疫局、浙江省海洋与渔业局、浙江省农业厅联合下发《浙江省出口水产品氯霉素残留专项整治计划》。10月8日，浙江检验检疫局对浙江出口冷冻蔬菜集装箱中夹带冻虾仁事件开展调查，并对问题企业实施了行政处罚。12月，浙江检验检疫局与浙江省海洋与渔业局联合下发《浙江省出口海捕虾制品原料供应船注册登记管理暂行规定》《浙江省出口水产品养殖场注册登记管理暂行规定》，对卫生、收购记录、日志、用药等作出明确规定，切实从源头抓起，加强水产品生产全过程的质量控制管理。2003年1月10日，浙江检验检疫局会同浙江省海洋与渔业局加强出口水产品原料质量控制管理，并制定了《浙江省出口海捕虾制品原料供应船注册登记管理暂行规定》《浙江省出口水产品养殖场注册登记管理暂行规定》。同年7月3日，浙江检验检疫局要求出口水产企业收购的原料须来自经海洋渔业部门注册登记的捕捞渔船、养殖场，并做登记以备追溯。9月17—19日，欧盟食品兽医办公室(FVO)官员考察浙江省动物源性食品残留监控工作并给予肯定，对实验室的设备、技术、人员培训等方面的工作及加工厂的设施给予较高评价，认为浙江检验检疫局对出口虾所采取的监装措施是有效的。于是，欧盟采取分期逐批次的方式解禁相关产品的进口。

2007年，浙江检验检疫局先后开展了水产品中甲醛、多聚磷酸盐、硼酸、寄生虫、二氧化硫、养殖水产品中硫丹、硝基呋喃代谢物等问题的前瞻性研究。同时，针对出口养殖虾产品经常被国外通报检出硝基呋喃代谢物的问题，开展整虾与虾仁中硝基呋喃代谢物残留含量的对比试验，摸清了硝基呋喃代谢物在虾体中及生、熟制品中的分布差异，为开展出口水产品养殖场备案工作和出口养殖虾产品的检验检疫提供了科学依据。9月5—7日，全国出口鳗鱼检验检疫协作组工作会议在宁波召开，会上提出了《出口鳗鱼制品生产企业分类管理规定》等一系列加强出口鳗鱼管理的措施和要求。

2008年1月11日，宁波检验检疫局与宁波市海洋与渔业局签署了《关于加强出口水产品质量安全工作的合作备忘录》。2月24日，在获悉日本媒体报道舟山辖区的浙江兴业集团有限公司食品综合加工厂生产的鱿鱼天妇罗(鱿鱼裹粉制品)被检出农药残留敌敌畏(0.11毫克/千克)的事件后，浙江检验检疫局立即对该事件进行调查确认，第一时间分别抽取了该产品以及与产品相关的原料、添加物、调味料、水、所有与食品接触的材料等样品21份，先后送浙江检验检疫局检科院和质检总局检科院加速检测，结果均未检出敌敌畏残留，为质检总局2月28日召开新闻发布会争取了主动。同年，浙江检验检疫局提前做好迎接欧盟来浙考察出口食品卫生管理体系的准备工作，与农业厅、海洋与渔业局协调沟通，组织督查指导，并督促有关单位对薄弱环节进行整改，将存在的问题向省政府行文报告，如渔船、制冰厂的卫生问题。

2009年5月9—14日，欧盟食品兽医办公室考察组对浙江省输欧水产品卫生监管体系进行考察。考察组重点考察了浙江检验检疫局实验室、杭州检验检疫局辖区的水产养殖场、舟山检验检疫局辖区的渔船、码头、制冰厂、水产品加工企业等，并给予了充分肯定和高度评价，考察获顺利通过。

（六）蔬菜类商品检验

1957年，浙江外贸开始收购、调拨蔬菜，从上海等口岸出口，主要品种是冬笋、笋干、咸荞头，由上海商检局实施检验检疫。1979年起，杭州商检局开始接管出口冷冻蔬菜的检验，制定了出口冻菜检验的各项规定，对出口速冻芋仔和速冻油炸山芋的预检、报检、储藏及质量标准等作出统一规定，明确品质、规格、冻结、净重、卫生、原料及包装等检验要求。

1984年3月，浙江商检局要求按照《食品卫生法》和国家商检局《出口速冻蔬菜加工厂卫生要求》，对蔬菜加工厂实施分类管理。1987年，浙江商检局配合浙江粮油进出口分公司重点抓青刀豆、芋仔、油炸山芋三个主要产品质量监管工作，召开青刀豆现场操作会。

20世纪90年代，蔬菜加工业是出口发展较快的骨干产业之一。加工出口的蔬菜品种有新鲜蔬菜、冷冻蔬菜、脱水蔬菜、腌渍蔬菜、干制蔬菜、水煮蔬菜六大门类。

1991年，宁波商检局开始对出口速冻蔬菜、出口盐渍蔬菜实施检验。同年，浙江商检局对腌渍蔬菜生产企业实行分等管理。1997年，宁波商检局发布了《关于报送1996年度宁波地区出口蔬菜质量分析的函》，首次对宁波地区出口蔬菜质量进行了汇总和分析。

1998年2月，浙江商检局按照《出口食品厂、库卫生要求》对企业进行全面的检查，帮助工厂建立GMP和HACCP计划，严格实行批次管理。宁波商检报送了1997年度宁波地区出口蔬菜质量分析，并建立了年度出口蔬菜质量分析报告制度。

2001年1月，浙江检验检疫局召开杭州地区出口腌渍蔬菜批次管理会议，对出口腌渍蔬菜批次编号、印刷、登记、核查等进行规范。同年，对出口蔬菜加工厂实施批次管理，确定各厂的工厂代号，对批号的刷制方法和批次管理提出相应的要求。

2002年初，浙江检验检疫局针对日本报道从中国进口香菇中检出甲醛一事赴金华、丽水香菇产区调查研究，了解到香菇在生长中自然产生甲醛的事实，以此协助质检总局对日方交涉，解决了香菇甲醛的限量问题及浙江省香菇的出口问题。同年，浙江检验检疫局制定《浙江出入境检验检疫局出境冷冻蔬菜检验检疫监督管理实施细则》，并对出境蔬菜种植基地备案原则、基地备案申请主体、基地植保员的培训确认、基地的备案申请程序、基地考核程序、备案基地的监管等方面作出详尽规定。12月，浙江检验检疫局出台《浙江出入境检验检疫局出境蔬菜备案种植基地违规处理实施细则（试行）》《浙江出入境检验检疫局进出境蔬菜检验检疫风险预警及快速反应管理实施细则》和《浙江出入境检验检疫局出境蔬菜备案种植基地违规处理实施细则（试行）》，加大了出境蔬菜行业管理力度。

2005年10月，浙江检验检疫局加强和规范辖区出境蔬菜种植基地植保员管理，统一辖区植保员培训标准和培训内容，同时加强植保员的日常监督管理，加强对其日常管理工作的检查、评价和指导，确保辖区备案基地的源头管理质量。

2006年2月，浙江检验检疫局加强出口蔬菜检验检疫备案管理工作，对种植基地备案申请主体资格、辖区生产加工企业省外种植基地、基地地块面积规模要求、备案基地地理辖区跨度、输日冷冻菠菜基地备案特殊要求、出口源自备案种植基地蔬菜监督管理、植保员配备等问题进行了明确。

2009年6月，宁波检验检疫局与宁波市农业局签订了加强出口农产品质量安全工作的合作备忘录；7月，宁波检验检疫局印发《宁波地区出口食品农产品原料基地备案“区域化管理”工作规范》，加强食品农产品原料供应源头协同监管，创新建立了以具有独立法人资格的食品农产品原料种植、养殖基地为备案主体，地方农业、林业、渔业行政主管部门和检验检疫部门共同实施管理的出口基地备案管理新模式。8月，浙江检验检疫局与浙江省农业厅在省人民大会堂签署了共同促进农产品出口的合作备忘录，副省长茅临生参加签字仪式，并作重要讲话。根据《备忘录》约定，就加强出口农产品种植基地建设、共同推进出口农产品示范区建设等六个方面进行合作和配合。

2010年9月，浙江检验检疫局联合浙江省农业厅联合下发了《关于共同促进出口农产品备案管理的通知》，对出口蔬菜基地实行推荐备案制度，申请备案的原料基地先经由农业部门推荐，再向检验检疫部门备案，检验检疫部门同时向农业部门反馈基地不合格情况。同年11月，全国出口食用菌检验检疫协作组在杭州召开第二次工作会议，浙江检验检疫局作为协作组组长单位承办了会议。同年，宁波检验检疫局开始全面上线出口食品农产品风险管理系统，出口蔬菜检验检疫监管由人工抽批转为信息系统智能化抽检，有效降低了出口企业负担，大幅提升了监管效率。

二、矿产品检验

浙江检验检疫机构实施出口商品检验的矿产品主要是氟石。氟石又称为萤石、砩石，英文名称 Fluorite，化学成分为氟化钙(CaF_2)。1951年，国家就已经将出口氟石列为法定检验商品，1958年5月取消法检，1959年7月再次恢复。浙江省在1980年以前不能自行检验和出口氟石。1953—1980年，浙江省外贸收购出口氟石均要经由上海口岸出口，其检验工作也由上海商检局负责。

1981年，浙江开始自营出口氟石，杭州商检局开始对龙泉八都、东阳、三门、天台、武义等山区的出口氟石进行检验。同年，宁波商检处对从宁波口岸出口的氟石开验。是年，全省商检系统检验出口氟石块(粉)23810吨。1988年出口量为历史最高，达27.6万吨。

1990年1月10日，浙江商检局制发《关于加强出口化矿冶金类商品检验管理的通知》，要求外贸公司、生产企业加强出口氟石的批次管理，实行生产、外贸、商检三级检验把关，强化产品质量管理。同时，又引进了一批先进仪器用于矿石检验，确保出口氟石质量。1992年4月，浙江商检局派员参加国家商检局在郑州召开的出口氟石标准制修订会议，宁波商检局参加硫酸钡($BaSO_4$)检测方法验证。1992 年 9 月、1995 年 3 月,宁波商检局分别两次派员赴日本交流氟石检验技术。1994—1999 年,浙江出口氟石数量大增。

1995 年 7 月 18—20 日,宁波商检局组织宁波口岸出口氟石经营公司、仓储公司及货代公司召开宁波口岸出口氟石工作会议,印发《宁波口岸出口氟石质量监管办法》及《宁波口岸出口氟石检验管理规定(试行)》。是年,宁波口岸出口氟石大幅增长,出口量达 24.06 万吨,主要销往日本。

1996 年初,浙江商检局在深入调查研究的基础上,针对出口氟石因乱采滥挖造成质量下降、资源浪费的实际情况,撰写信息,这篇信息被浙江省政府主办的《浙江政报》采用。信息所反映的对氟石资源的掠夺性开采及恶性竞争引起省政府领导关注,常务副省长柴松岳批示,由省计经委牵头负责成立联合调查小组及时进行调查。调查组由计经委、商检局等单位组成,于 1996 年 7 月初对省内宁波致华、嵊州、东风、遂昌等多家矿山企业进行实地调查,8 月形成报告。1996 年 10 月,浙江省人民政府召开座谈会,专题讨论加强萤石矿产管理的有关事宜。1997 年 2 月 19 日,浙江省人民政府发布《浙江省人民政府关于加强萤石矿产管理的通知》。浙江商检局根据该通知要求,会同省外经贸厅、省地矿厅对萤石矿产品出口供货生产企业进行经常性的检查和监督,同时加强对外贸出口企业的年检和日常监督管理。

1999 年后,国家实行出口氟石有偿招标制度以及外贸公司竞标制度,浙江检验检疫局对出口氟石的检验量呈萎缩状态。

2000 年,在全国氟石出口总量呈下降趋势的情况下,宁波口岸出口量却持续上升,达到历史最高水平,出口 24.9 万吨,金额 2465.2 万美元。尤其是氟石块(粉)出口量跃居全国第一。

浙江商检机构自 1981 年对出口氟石开始检验至 2002 年底止,累计检验氟石块(粉)209.91 万吨,未发生质量事故和国外索赔事件。2005—2010 年,浙江检验检疫机构未受理过出口氟石报检。

三、金属材料检验

1979 年 1 月,为适应宁波口岸对外开放需要,由杭州商检局宁波商检处负责组建的“宁波市进口金属材料检验协作网”成立,共由 6 家单位组成:宁波商检处、宁波动力机厂、宁波拖拉机厂、宁波渔轮修造厂、宁波铸造厂、宁波二轻研究所。规定所有进口金属材料须经协作网检验合格后方可使用,要求做到批批督促验收。与此同时,开始筹建五金化矿化验室。

1980 年,宁波商检处开始实施进口金属材料残损检验及鉴定工作。

1984 年 2 月,出口钢材列入《种类表》。浙江商检局召开出口钢材检验工作会议,向出口企业宣传《进出口商品检验管理条例》,并制定《我省进出口金属材料检验管理办法》。是时,浙江商检局尚未建立金属材料实验室,为了保证出口钢材检验质量,依靠早年建立的“进口金属材料检验协作网”成员单位进行检验,对一些特殊检验项目抽样后送上海商检局检验。

1987 年,浙江商检局建立金属材料实验室。至此,浙江省出口的钢材全部自行检验。检验的品种包括钢坯、螺纹钢、盘圆、圆钢、角钢、钢轨及钢管、钢丝绳、铁丝、镀锌铁丝、铝锭等。

检验依据是国家标准和冶金部标准。检验内容包括力学性能、化学成分及工艺性能。力学性能包括抗拉强度、屈服强度、延伸率、布氏硬度、洛氏硬度;化学成分包括碳、硅、锰、磷、硫等和镀锌量、镀锡量;工艺性能包括冲击性能、压扁性能、冷弯性能。出口到美国、泰国、新加坡、越南、韩国等国家及中国香港及中东等地区。1988年,宁波商检局开始检验出口钢丝绳,是年检验4批,计1051吨,货值580万美元。1994年,浙江商检局检验出口60钢方坯5031吨及符合英国BS4449-88标准的带肋钢筋11827吨。同年,浙江商检局经培训和考核,批准杭州钢铁厂和杭州万胜钢缆集团公司的两名厂检员为商检认可检验员。浙江商检局对这两个厂的出口钢材实行认可检验与抽检监管相结合制度,使企业不断提高产品质量。1997年,浙江商检局帮助杭州钢铁厂通过ISO9002质量体系认证。2000年,浙江省出口钢材量增长,浙江检验检疫局全年检验出口钢材11.19吨、各类金属制品1903吨。2002年,浙江检验检疫局检验出口钢材104974吨。出口钢材质量稳定,国外无不良反映。

2003年,浙江检验检疫局制定了《浙江出入境检验检疫局出口金属材料过程检验监督管理实施细则(试行)》,对具有完善质量管理体系的金属材料出口企业实施过程检验监督管理。2007年,浙江检验检疫局进一步对符合条件的企业扩大推行过程检验监管模式,同时将该模式和出口电子监管有机结合,对实施过程检验监管模式企业的出口货物通过出口电子监管系统实行快速核放。是年,由于浙江检验检疫局辖区金属材料出口生产企业大多还未形成规模经营,许多企业质量管理水平较低,因此过程检验监管模式的覆盖面还不大,大多还是以批批检验的方式开展检验监管。同年,为规范出口钢丝或钢丝绳电子监管应用和管理工作,宁波检验检疫局制定《宁波检验检疫局出口钢丝或钢丝绳电子监管操作规范(试行)》。2009年,浙江检验检疫机构检验出口钢丝绳276批,重量5769.2吨,货值1011万美元。

2010年,浙江检验检疫局按质检总局《出口工业产品生产企业分类管理办法》和浙江检验检疫局《浙江出入境检验检疫局出口工业产品企业分类管理工作规范(试行)》的规定要求,按企业信用、质量保证能力和产品风险分级,对不同类别的生产企业采用不同模式进行检验监管。是年,浙江检验检疫机构检验出口钢丝绳608批,重量5265.9吨,货值967.96万美元。是年,浙江检验检疫机构检验出口金属制品9578批,货值7.18亿美元,分别是2000年的38.78倍和37.07倍。

四、化工品检验

浙江出口化工品主要是橡胶及其制品、烟花爆竹、成品油等。出口国家和地区主要是美国、日本、英国、法国、土耳其、印度、新加坡和中国香港地区等。浙江商检机构对出口化工品的检验始于20世纪70年代。1979年,宁波商检处对出口石脑油实施检验,当年出口的8船次计24562吨石脑油为国家创汇1300万元。1983年,从宁波港出口的石脑油和汽油13批计17.02万吨,金额首超亿元。1989年7月,出口橡胶轮胎和烟花爆竹一同被列入《种类表》,于1990年1月10日起实施。1998年,受亚洲金融危机和伊拉克战争影响,成品油出口大幅下降。2000年,浙江检验检疫局对烟花爆竹生产企业进行清理整顿,有4家企业取得生产出口烟花爆竹的资格。2001年,浙江省仅剩杭州地区的杭州桐庐花炮厂有出口业务,主要销往日本。2004 年,浙江检验检疫局制定《浙江省出口轮胎过程检验实施细则(试行)》,规定通过对出口轮胎生产企业原辅材料、技术管理、生产(检验)工序、成品等整个产品生产过程实施监督检查、检验,最终对出口轮胎质量做出合格评定。实施过程检验新模式后,检验检疫工作效率得到提高。2000—2010 年,宁波检验检疫局共检验出口成品油近百万吨。2010 年,浙江检验检疫机构检验出口化工品 96396 批,货值 430213.5 万美元,分别是 2000 年的 296.60 倍和 58.04 倍。

(一)橡胶及其制品检验

1977 年,浙江省自行车轮胎开始出口,杭州商检局开始受理委托检验。1985 年,浙江商检局批准杭州橡胶厂出口的“飞叶”牌自行车 27200128X11/2 内胎、27200226X11/2 内胎、2700328X11/2 普通硬边外胎、2700428X11/2 普通软边外胎加贴“浙江商检”标志,这是首批加贴该标志的轮胎商品。是年,浙江商检局开始受理出口汽车轮胎委托检验,检验品种有载重汽车轮胎、轻型汽车轮胎、工程机械轮胎、特种车辆轮胎、农用轮胎等。

1989 年 7 月,出口橡胶轮胎被列入《种类表》。1990 年,浙江省检验出口橡胶及其制品 19 批次,货值 130 万元。其中检验出口普通汽车轮胎 9 批,计 3747 套,货值 87 万元;自行车外胎 5 批,计 38000 条,货值 23 万元;自行车内胎 5 批,计 74500 条。1991 年,主要检验出口的品种是自行车轮胎、普通汽车轮胎。1995 年,浙江检验出口橡胶及其制品 331 批次,货值 17443 万元,主要是出口汽车轮胎。1998 年,浙江商检局通过对杭州中策橡胶有限公司的质量管理体系、生产设备、检测能力、产品质量等方面的考核,批准其为二等管理企业。2000 年,组织对韩泰轮胎有限公司考核,批准其为二等管理企业,2001 年,该企业晋升为一类管理企业。

2004 年,浙江检验检疫局制定《浙江省出口轮胎过程检验实施细则(试行)》,对出口轮胎实施“质量体系日常监督+安全性能周期检测+外观质量抽批检验”的模式,规范和加强浙江省进出口轮胎检验管理。

2009 年,浙江检验检疫局根据质检总局《出口工业产品生产企业分类管理办法》《出口工业产品企业分类指南》的规定和要求,对出口企业进行分类管理。浙江出口轮胎企业有 6 家,其中一类企业 3 家,二类企业 3 家。浙江检验检疫局对出口轮胎实施“分类管理+监督抽查+体系监管”的管理模式,保证了出口轮胎的质量,提高了通检速度。

2010 年,浙江检验检疫机构检验出口橡胶及其产品 20546 批次,货值 133.38 亿美元,分别是 2001 的 26.24 倍、273.78 倍。

(二)烟花爆竹检验

烟花爆竹属于按《烟花爆竹劳动安全技术规程》(GB11652-89)进行强制性检验的产品,出口前必须经过出入境检验检疫机构检验放行。出口烟花爆竹的检验内容分为包装鉴定和品质检验。

1989 年 7 月,出口烟花爆竹被列入《种类表》。是年,《烟花爆竹安全与质量》(GB10631-

89)及《烟花爆竹计数抽样检查规则》(GB10632-89)颁布实施。1990年,浙江省土产进出口公司经国家对外经济贸易部审核批准,取得烟花爆竹出口经营权,是全国首批获批的8家公司之一。其时,浙江省主要烟花爆竹生产地是杭州、宁波和温州地区。杭州的桐庐花炮厂主要生产玩具烟花和礼花弹,宁波的鄞龙烟花有限公司主要生产礼花弹,温州地区主要生产玩具烟花。同年5月,浙江商检局对出口烟花爆竹实施强制性检验。是年,全省共检验出口烟花爆竹91672箱,计2095万元,其中温州地区出口的烟花爆竹货值将近2000万元,主要出口美国、日本、欧洲等国家和地区。1992年7月,美国烟花标准实验室派员到浙江测试出口美国的烟花质量,认为浙江烟花质量良好。之后,全省有62个烟花品种作为优秀产品进入美国市场。

1996年,浙江商检局执行《出口烟花爆竹烟火药剂安全检验规程》(SN0545-1996)。1997年起,宁波地区无烟花爆竹出口。1999年12月,浙江检验检疫局根据国家检验检疫局《出口烟花爆竹检验管理办法》,执行产地检验、生产企业登记管理、严格把关、加强标识等原则,在检验检疫合格的出口烟花爆竹在外包装上加贴CIQ安全标志。2000年,浙江检验检疫局对烟花爆竹生产企业进行清理整顿,有4家企业取得生产出口烟花爆竹的资格。2001年,温州地区3家烟花爆竹生产企业因为业务萎缩,逐步退出市场,浙江省仅剩杭州地区的杭州桐庐花炮厂有出口业务,主要销往日本。

2004年,浙江检验检疫局根据质检总局《关于加强出口大型烟花检验监管工作的通知》精神,对辖区出口烟花爆竹生产企业进行了检查,并在其后的检验监管工作中严格按文件要求执行。

2007年,质检总局发布《关于加强出口烟花爆竹检验监管的紧急通知》,浙江检验检疫局根据要求,切实加强对出口大型烟花检验监管工作。

2010年11月,国务院办公厅转发国家安监总局等七部委《关于进一步加强烟花爆竹安全监督管理的工作意见》,浙江检验检疫局按照该工作意见要求,进一步加强对出口烟花爆竹的检验监管力度。当年,浙江检验检疫系统共检验出口烟花21批,共计256.7吨、14261箱,货值92.6万美元,出口目的地均为日本。

五、纺织品检验

民国11年(1922年),浙江、江苏、安徽丝茧总公所与美国丝业公会合办上海万国生丝检验所,对销往美国的生丝进行分级和检验。1963年,杭州商检局对出口桑蚕丝、绸缎开验,是浙江商检机构对出口纺织品检验的开端。浙江出口纺织品主要包括桑蚕丝、绸缎、棉布、服装等,主要出口西欧、日本、美国、中东、印度、东南亚、非洲等国家和中国香港、澳门地区。在浙江出口的纺织品中,服装是主要的出口大宗商品。1980年,浙江外贸开始自营出口,服装出口数量快速增加。1986年起,商检局凭质量许可证接受报验。

1989年8月,国家商检局颁布《种类表》,新增衬衫、夹克衫、牛仔服装、丝绸服装及毛针织服装等为法定检验商品。2007年,浙江检验检疫局将出口儿童服装列入专项整治工作。2009年起,浙江检验检疫局不再对出口服装实施标识查验。2010年,浙江检验检疫机构检验出口服装产品540223批，货值155.41亿美元，分别是2000年的23.58倍和19.18倍。

（一）桑蚕丝检验

1956年，浙江有地方国营丝厂5家，公私合营丝厂11家。浙江出口生丝由上海商检局检验，主要销往苏联及东欧国家，出口绢丝凭样成交，销往新加坡、印度、苏联及东欧国家。是年，对外贸易部颁布实施WM115-72桑蚕丝暂行标准，绢丝被列入《种类表》。同年8月，上海商检局在杭州设立丝检工作组。1958年，杭州丝检工作组将检验工作移交给浙江省轻工业厅丝绸管理局丝绸检验科，上海商检局派员执行监督检查审核签证工作。

1963年，杭州商检局承担浙江出口丝类检验和监督签证，仍签发上海商检局证书；1973年10月，改签杭州商检局证书。“文化大革命”时期，杭州商检局人员被下放，检验监督形同虚设，国外不良反映和索赔较多。

1976年，对外贸易部和国家商检局决定收回出口蚕丝检验工作。之后，浙江省工交办公室和财贸办公室联合发文，规定出口生丝检验工作由杭州商检局负责。1978年，出口经纬捻线丝被列入《种类表》，杭州商检局开始对经纬捻线丝抽验。次年，开始绢丝检验签证。

1981年9月1日，杭州商检局开验生丝和双宫丝。至此，浙江省的丝类商品全部由杭州商检局检验、签发证书和放行出口。出口丝类主要销往西欧、日本、美国、中东、印度、东南亚、非洲等100多个国家和中国香港、澳门地区。1982年，杭州商检局实施的筒装生丝取样方法被列入国家标准。由于国际市场丝绸畅销，是年检验出口各类丝12699批，计4137.76吨。1984年7月1日，浙江商检局参与修订的《双宫丝》(FJ286-84)标准开始实施。同年，浙江商检局制定了丝检工作制度，使检验工作更加规范。

1985年，浙江商检局与浙江丝绸公司确定40家出口专厂为重点监督管理对象。1986年，浙江商检局制定《出口丝类商品监督管理办法》，召开全省出口丝类商品检验工作会议，明确认可检验员须凭证上岗，定期组织目光校对和检验交流会。

1987年7月，浙江商检局参与制定和承担试套任务的《生丝》(GB1797-86)、《经纬捻线丝》(FJ559-86)标准开始实施。1990年，浙江商检丝类实验室通过国家商检局考核，成为全国商检系统首批国家一级实验室；第一套“纤维水分检测群控系统”通过国家商检局鉴定并投入使用，3年后该系统在全国检验工作会议上被介绍推广。1991年7月，浙江商检局制定的《出口丝类检验管理规定》通过国家商检局审定，在全国商检系统执行持续10年。1992年，浙江商检局的丝类检验量达15204批，计4949.80吨，创开验以来新高。1993年6月，浙江商检局参与修订的经纬捻线丝标准升级为国家标准，标准号为GB/T14033-92。1994年，检验丝类商品17371批，比上年增长20%。1995年，由浙江商检局完成摄制的《生丝检验》教育脚本向全国缫丝行业和商检系统发行。1997年4月，浙江商检局第四检验处正式更名为“丝类检测中心”(简称丝检中心)。1997年，生丝质量许可证制度取消后，生丝检验由预验变为直接检验放行，浙江商检局丝检中心参与对生丝等丝类标准的修订，对出口丝类商品继续实行有效的质量监管，同时推出一系列措施缩短检验周期，并于次年修订了《出口丝类商品检验管理办法(试行稿)》(1999年试行)，对出口丝生产厂家重新实行分等管理，促进丝类产品质量的提高。1999年，丝类产品开始实行电子报验。

2000年，浙江检验检疫局丝检中心开发“丝类中心信息管理系统”“新证书打印核销管理子系统”“丝类检测信息网”等程序，开通异地网上发送检验结果和查询。同年，国家检验检疫局指定由浙江检验检疫局丝检中心负责全国生丝比对样品的制作和测试。2001年，丝类中心信息管理系统与CIQ2000系统实现并网。2002年5月1日，由浙江检验检疫局丝检中心参与制定的国家强制性标准《生丝》(GB1797-2001)和推荐性标准《生丝实验方法》(GB/T1798-2001)正式实施。2003年，浙江检验检疫局丝检中心受质检总局检验监管司委托，组织开展全国系统丝类实验室的生丝盲样黑板目光检验和部分器械检验校对工作，并于是年被质检总局批准为国家级重点实验室。

2007年，浙江检验检疫局制定并实施《出口桑蚕捻线丝、桑蚕绢丝监督抽查检验管理实施细则(试行)》，进一步加强出口丝类产品检验和监管，便利对外贸易，促进生产企业提高管理水平和产品质量。2008年，浙江检验检疫局丝检中心参与制定的推荐性标准《生丝》(GB/T1797-2008)和《生丝实验方法》(GB/T1798-2008)发布实施，自此，生丝检验开始实行推荐性标准。2009年1月1日起，出口捻线丝、绢丝不再实施法定检验。同年，由浙江检验检疫局丝检中心承担制定的《进出口纺织原料检验规程动物纤维第4部分:桑蚕丝》(SN/T2136.4-2009)标准发布实施，进一步规范了进出口桑蚕丝的检验。

2010年7月，国际标准化组织纺织品技术委员会纤维和纱线分会天然蛋白质工作组(ISOTC38SC23/WG05)在杭州召开了由中国主导制定的“生丝电子检验方法”国际标准项目组第一次会议，参加会议的有来自中国、瑞士、意大利、印度及日本的项目注册专家、国际标准化组织纺织品技术委员会(ISO/TC38)秘书处代表、天然蛋白质纤维工作组(WG05)召集人等专家代表23人。中国是该标准的主要起草国家，浙江检验检疫局丝检中心是主要研制单位，此次会议进一步明确了该标准的制定推行。

(二)绸缎、棉布检验

1956年，外贸部发布《输出商品检验暂行标准——绸匹》。同年8月，上海商检局在杭州长明寺巷设立丝绸检验驻杭工作组，负责浙江出口绸缎的检验。1958年11月1日，外贸部将杭州检验工作组经办的丝绸出口检验工作移交浙江省轻工业厅丝绸管理局。同年，撤销出口绸匹法定检验，1959年7月，出口绸匹又恢复法定检验。

1963年3月5日，外贸部《关于出口商品原始检验转移关系移交杭州商检局的函》，规定自3月10日起，浙江绸匹出口检验监管由杭州商检局负责。这是杭州商检局检验出口丝绸的发端。同年，检验出口丝绸2596万米。1965年，浙江丝织品产量8153万米，占全国产量的23.80%，位居全国之首。1965年后，对苏联、东欧等国家和地区的陆运出口减少，杭州商检局的年检验量约500万米。

“文化大革命”期间，检验工作处于瘫痪状态。绸匹由出口单位自行检验，杭州商检局换证放行。1975年10月，宁波商检处成立，棉布成为宁波首批开验商品之一。1979年，宁波开港后，部分棉纱经宁波商检处查验后从宁波口岸出口。

1980年，浙江开始自营出口绸缎。杭州商检局设置丝绸检验组，专职检验员增至4人。1982年，杭州商检局会同工业主管部门对杭州、绍兴、湖州、宁波等8家丝绸印染厂的162名质量检验人员进行目光巡回校对。1984年，浙江商检局检验出口绸缎8715批、2264万米。检验员批批自验，按全省商检系统工作会议要求，对出口绸缎检验首先进行分等管理试点。依据企业管理和产品质量进行分等：严格检验（70%以上做到批批检验）、一般检验（30%及以下）、松散检验（10%左右）。1984年10月，浙江商验局派员参与《丝织物》（GBn229-237-84）标准的审定。此时起，出口绸缎检验由原来的顺纬向手工检验改为经向机器检验，按纤维性能及服用要求不同，采用《桑蚕丝及其交织品》《人造丝及其交织品》《合纤及其交织品》《被面标准》4个标准。1985年，浙江商检局把出口棉布列入出口许可证管理商品。

1988年，浙江商检局制定的《出口桑蚕丝织物》（GB10108-88）、《出口合纤绸织物》（GB10109-88）、《出口和服坯绸》（GB10110-88）标准颁布实施。1989年8月，浙江商检局受国家商检局委托，在杭州临平召开3个标准宣传贯彻会。纺织部、中国丝绸总公司、国家商检局和9个省、市40个单位的63位代表到会。10月，又制定打字纺检验临时协议（标准），为湖州工业用绸打字纺出口检验提供依据。同年，浙江省人造丝及人造丝人造棉交织绸的出口量增加，质量不稳定。浙江商检局、浙江丝绸联合公司联合发文，规定自4月1日起，对辖区内出口人造丝及人造丝人造棉交织绸实施商检。同年10月，杭州东风丝绸印染厂与德国KBC公司合作补偿贸易项目进入实施，总投资2483万元。浙江商检局派专人负责该企业出口印花绸检验监管，帮助企业制定KBC检验标准，与德国专家合作对企业检验员进行检验技术培训。是年，检验出口真丝印染绸122.20万米，出口合格率保持在95%以上。

1990年，国际市场“丝绸热”降温，中国出口波兰的绸缎遭遇索赔，货物涉及浙江、广东、上海、江苏地区。浙江商检局派员参加中国丝绸总公司调查组赴波兰谈判。通过技术交流，波兰接受中方意见，撤销索赔，为浙江挽回经济损失200万美元。同年8月，宁波商检局对宁波地区出口绸缎开验，并对宁波口岸出口绸缎负责查验换证和放行。1994年，宁波商检局检验出口绸缎473批，计489万余米。

2000年，宁波出台《宁波出入境检验检疫局出口纺织品检验管理办法（试行）》，对出口纺织品的检验管理、过期重检和复验、检验业务分工和口岸查验、批次管理、样品管理等都做出详细规定。2001年，浙江检验检疫局制定《出口纺织品周期监督检验实施细则》。规定周期检验的企业必须是一等管理的企业，内容包括品质检查、工艺检查、设备检查、人员素质考核、现场考核、留档单证检查6项。监督检验每季度不少于1次，每次检查内容至少2项，1年内覆盖全项目。2002年3月，批准杭州万谷纺织有限公司、杭州富强丝绸公司为首批出口绸缎周期监督检验试点单位。

2003年，浙江检验检疫局制定下发《出口服装纺织品周期监督检验实施细则（试行）》。是年，受理报检出口绸缎棉布31485批、167213.98万米，货值达到102212.06万美元。2004年，浙江检验检疫局周期监督检验企业有321家，加强了对涉及安全、卫生、环保和反欺诈方面的把关力度。2005年，全省受理报检绸缎棉布55234批、119619.17万米，出口首次超10亿米。

2006年3月，质检总局下发《关于做好进出口纺织品和服装安全、卫生和反欺诈等项目检验有关工作的通知》后，浙江检验检疫机构转变工作重点，加强源头控制，加强生产过程中的质量管理和把关，充分利用实验室的技术支撑，加强对安全、卫生和反欺诈项目的检测把关，有效突破国外技术贸易壁垒的限制。

2008年12月，质检总局下发《关于做好法检目录调整相关工作的通知》，明确自2009年1月1日起，将部分初级纺织品调出《法检目录》，包括棉布中未漂白等非深加工的初级布料、绸缎炼白、染色绸均调出了《法检目录》。至此，被调出的棉布(138个HS编码)及绸缎(34个HS编码)不再实施法定检验。2009年3月，质检总局下发《关于停止对出口纺织品服装实施标识查验的通知》，明确自通知下发之日起，各检验检疫机构不再对出口纺织品服装实施标识查验和收取标识查验费。2006—2009年，浙江出口绸缎、棉布报检数量均超10亿米，货值超18亿美元。2010年，浙江出口绸缎、棉布报检62109批次，数量167809.21万米，货值259650.68万美元。

(三)服装检验

1959年，出口服装列入国家法定检验商品。是年，全省共有服装企业1202家，年产值为1.51亿元。20世纪70年代，浙江出口服装得到发展，出口方式是通过外贸公司收购调拨，由上海商检局施行检验。1976年，宁波商检处对出口服装开验。1977年，杭州商检局承担出口服装检验任务。1979年，浙江省有35家出口服装生产厂。

1980年，浙江外贸开始自营出口，服装出口数量快速增加。杭州商检局把检验分为预检和出口查验两个环节，预验在厂检合格的基础上经外贸公司验收后进行，出口时再行查验，利于加强管理。20世纪80年代中期，杭州成为全国十大服装出口基地之一。

1987年，国家对服装等三类商品放开经营，出口服装质量问题随之产生。国家外经贸部、纺织工业部、国家商检局针对问题下达《关于提高出口服装质量的通知》，提出开展除服装“四害”(线头、污渍、缝制不良、熨烫不良)活动，要求各地工、贸、检每季度组织一次联合质量检查。浙江商检局会同工贸部门抽查24家企业，发现不合格数量占总抽查数的29.6%。同年，国家商检局组织全国出口服装抽查，浙江省出口服装“四害”为全国平均数的3.86倍。

1989年8月，国家商品检验局颁布《种类表》，新增衬衫、夹克衫、牛仔服装、丝绸服装及毛针织服装等为法定检验商品。浙江商检局制定《浙江省出口羊毛衫、服装、抽纱制品检验工作暂行规定》，保证新《种类表》顺利实施。由于砂洗、水洗等新工艺广泛应用到丝绸服装后加工中，但没有统一的工艺标准，浙江商检局适时制定《出口砂洗真丝服装检验规程》，后由国家商检局颁布全国执行。

1993年，根据国家商检局发布的《出口纺织品标识查验管理规定》，浙江商检局对出口纺织品标签挂牌和包装的产地标识进行查验。1994年，浙江商检局制定《出口纺织品检验分等管理实施细则(试行)》，对出口服装企业实行分等管理。1995年，浙江商检局下发《关于加强对出口服装面料理化指标测试的通知》，自5月1日起，在全国商检系统率先开展出口服装面料部分理化项目的检验。

1996年，浙江商检局根据国家商检局的通知，下发《浙江商检局关于对输往设禁国家纺织品服装进行禁用偶氮染料检测的暂行规定》。同年12月，浙江商检局制定的《出口服装检验管理规定》通过国家商检局审定，印发全国执行。

1999年8月"三检"合一后，浙江检验检疫机构受理出口服装报检的批次、数量、金额呈逐年递增的趋势。2001年，整个服装出口呈现出蓬勃发展态势。为适应加入WTO后服装出口快速增长的新形势，浙江检验检疫局下发《出口服装周期监督检验实施细则(试行)》，杭州江宁制衣有限公司和杭州永安服装有限公司通过考核，成为首批周期监督检验单位。新型的检验监督监管模式，将检验监管向前延伸到原辅料、半成品、成品及企业生产管理的全过程，对符合要求的企业实行快速核放，对促进外贸发展和提高出口产品质量起到积极作用。

2003年，宁波出入境检验检疫局纺织品检测中心成立，增强了宁波检验检疫局纺织品检测实力。2005年，宁波检验检疫局出台《宁波检验检疫局出口轻纺产品生产企业电子监管视频监控操作规范》，在出口轻纺产品中推行电子监管工作。

2006年，依据质检总局《关于做好进出口纺织品服装安全、卫生和反欺诈等项目检验有关工作的通知》，浙江检验检疫机构加强对出口服装的安全、卫生、反欺诈项目抽批检验，明确了抽检比例、抽样数量等要求，全面部署抽检工作。同年，浙江检验检疫局在《出口服装纺织品周期监督检验实施细则(试行)》的基础上，修订了《出口纺织品、服装过程监督检验实施细则》，对生产企业的生产管理、技术管理、质量控制过程以及出口产品实施周期性监督检验，对企业日常报检批次实施监管放行。

2007年，根据质检总局文件要求，浙江检验检疫机构将出口儿童服装列入专项整治工作，并制定工作规范，进一步明确检验监管工作要求，集中检验力量加强辖区口岸儿童服装安全质量的抽样检测，重点加大国外通报关注的绳带、小附件项目的检验检测力度。

同年，宁波检验检疫局出台《关于调整进出口纺织品和服装安全卫生及反欺诈检测项目的通知》，将检测项目调整为纤维含量、甲醛、禁用偶氮、燃烧性能，进一步强化进出口服装检验监管，积极应对国外技术贸易壁垒。

2008年，浙江检验检疫局负责起草了进出口服装检验规程系列标准第八部分《儿童服装》(SN/T1932.8-2008)，并于同年11月1日起在全国正式实施。同年，根据质检总局《关于加强出口服装甲醛含量等的安全项目检验监管工作的通知》要求，浙江检验检疫机构加强了出口日本、法国、芬兰、挪威、德国、奥地利和荷兰等国家服装中甲醛等安全项目的检测，并对儿童服装和与皮肤直接接触的服装进行了重点抽测。从2009年1月1日起，部分针织类服装纳入《法检目录》。是年，依据《关于停止对出口纺织品服装实施标识查验的通知》要求，浙江检验检疫机构不再对出口服装实施标识查验。

2010年，根据质检总局《关于贯彻落实国务院〈打击侵犯知识产权和制售假冒伪劣商品专项行动方案〉的通知》的要求，浙江检验检疫机构结合日常检验监管，重点检查以假充真、伪造或冒用他人厂名、厂址，伪造或冒用质量标志和侵犯商标注册权等违法行为；认真核查出口合同、商标授权书、产品标识等内容，杜绝伪冒品牌、产地、认证标识等行为。

六、轻工产品检验

浙江商检机构对出口轻工产品的检验始于20世纪60年代。1963年3月，杭州商检局对出口皮鞋开验。1989年，国家商检局分别将鞋类、玩具、灯具、钟表、工业缝纫机等轻工产品列入《种类表》。浙江出口轻工产品主要包括鞋类、玩具、灯具、电池、钟表、自行车及其零件、健身器材、缝纫机、打火机、点火枪等，主要出口美国、欧盟、澳大利亚、日本、韩国、加拿大等国家和中国香港、台湾地区。2008年，浙江检验检疫机构对出口轻工产品实行区域化管理，陆续建立了出口鞋类、木制玩具、节日灯等检验监管区。2010年，浙江检验检疫机构根据质检总局修订的《出口工业产品企业分类管理办法》，对出口搪瓷、缝纫机、打火机等轻工产品施行分类管理。2010年，浙江检验检疫机构检验出口轻工产品366702批次，97.61亿美元，分别是2000年的19.17倍和22.65倍。

(一)鞋类检验

1959年，出口皮鞋、布面胶鞋、全胶鞋列入国家法定检验商品。是年，浙江出口皮鞋16万双。1962年，出口皮鞋1.9万双，主要销往苏联和其他东欧国家。1963年前，浙江出口鞋类产品由上海商检局检验。1963年3月10日，杭州商检局出口皮鞋开验，是年，检验出口皮鞋近万双。1968年11月，国家商检局取消出口皮鞋法定检验。1971年12月27日，恢复法定检验。1977年，宁波商检处对出口鞋类开验。

1983年5月，杭州商检局派员参加国家商检局在成都召开的出口皮鞋检验工作联席座谈会。1986年10月20日，浙江商检局在温州主持召开华东地区第四次出口皮鞋口岸协调会议。1990年1月1日，出口鞋类产品被全部列入法定检验商品。同年11月1日，浙江商检局召开出口鞋类认可检验员工作会议。19家出口鞋类企业参加会议，培训了认可检验员19人。1992年4月25—28日，浙江商检局派员参加在广西召开的全国商检系统出口鞋类检验工作会议，讨论修改国家商检局起草的《出口鞋类检验管理规定》。5月22日，浙江商检局召开全省商检系统出口鞋类工作会议，贯彻国家商检局《出口鞋类检验管理规定》。

1995年7月20日，德国政府发布有关商品禁止使用偶氮染料(AZO)规定：自1996年4月1日，起禁止在纺织、皮革制品、鞋等人体直接接触的商品中使用能分离出20种致癌胺类的偶氮染料。同年8月11日，国家商检局下发《关于开展输德有关商品禁止使用偶氮染料检验工作的通知》，确定暂由浙江、上海、广东、山东、江苏、湖南、辽宁商检局和国家商检局研究所开展检验工作。1995年8月1—4日，浙江商检局派员参加在苏州召开的华东地区商检系统出口鞋类检验工作会议。会后，根据《华东地区商检系统出口鞋类检验工作会议纪要》的要求，浙江商检局统一出口鞋类检验的抽样方案、证书用语、格式等内容。

1996年4月29日，国家商检局下发《关于印发〈染色纺织品上禁用偶氮染料检验方法(试行)〉的通知》，含禁用偶氮染料大于或等于30ppm(ppm为溶液浓度单位，表示100万份单位质量的溶液中所含溶质的质量)者一律不得放行。此后，浙江商检局将偶氮染料检测作为出口鞋类检验的一项重要内容。1996年10月29日至11月3日，浙江商检局派员参加在福建武夷山市召开的华东片商检系统鞋类检验管理工作会议。会上，浙江商检局代表作出口鞋类企业分等管理专题报告。是年，国际市场疲软，欧共体反倾销，浙江省出口鞋类部分企业转产或关闭。

1998年下半年，浙江商检局对辖区出口鞋类的物理性能开展全面抽查，共抽查皮鞋、胶鞋、旅游鞋等各类鞋168批，其中合格93批，合格率为55.40%。合格率最高的是胶鞋，为73.50%；最低的是旅游鞋，为48.70%。是年，浙江商检局检验出口鞋类13622批，计20004万双，货值27.96亿元，居浙江大宗出口商品的第三位。是年12月22日，宁波商检局召开宁波出口灯具和鞋类检验工作会议，会议通报了全市商检出口鞋类检验工作情况，规范检验程序和方法，统一原始记录和换证凭单稿格式。

2000年，宁波检验检疫局检验出口鞋类3423批，数量4295.21万双，货值7556.31万美元，分别比1999年增长34.6%、33.6%和84.9%。经检验，发现不合格5批。出口鞋类品种主要以EVA沙滩鞋、毛绒鞋为主，销往日本、欧洲、美国等国家和地区。从检验情况看，2000年出口鞋类产品的质量比1999年有较大提高。

2002年，浙江检验检疫局对出口鞋类企业在分类管理的基础上，实施监督抽查管理。2003年7月3日，浙江检验检疫局印发《关于对出口欧盟的裘、革皮及制品进行偶氮检测的通知》，自8月1日起，对出运欧盟的裘、革皮及制品进行偶氮检测。

2004年6月30日至7月2日，浙江检验检疫局在杭州召开进出口轻工产品检验监管工作会议，明确出口鞋类产品检验按《出口鞋类检验规程》实施，对出口欧盟国家鞋类产品按5%～15%的比例抽样进行偶氮测试，并由温州、台州检验检疫局作为试点单位首先进行物理性能测试工作，每年物理性能测试不少于一次。10月20日，浙江检验检疫局印发《输往欧盟鞋类产品使用偶氮染料检测监督管理工作规范》。是年，抽查检测出口欧盟鞋类产品使用偶氮染料2513批，其中检出偶氮超标38批，不合格率为1.50%；实施物理性能抽样检测866批，不合格385批，不合格率为44.40%。同年，宁波检验检疫局辖区出口鞋类质量总体稳定，在出口欧盟偶氮抽检中，未有不合格批。2005年，浙江检验检疫局推行周期检验、监督抽查、快速核放的检验模式，明确鞋类产品重点关注安全、卫生，对出口企业实施动态管理。是年，实施偶氮染料抽查检测4546批，其中检出偶氮超标126批；实施物理性能抽样检测930批，不合格470批，不合格率为55.60%。

2006年，宁波检验检疫局出台《关于加强出口意大利鞋类产品检验监管工作的通知》，明确对出口意大利鞋类产品安全、卫生项目抽样、检测及报检和检验要求。2月，面向企业召开国外技术法规和检验监管措施说明会，指导企业积极应对。4月14日，浙江检验检疫局制定《出口意大利鞋类产品安全卫生项目检验监管工作规范》，对出口意大利鞋类产品执行禁用偶氮染料含量、金属附件镍释放量、镉含量、五氯苯酚含量检测。是年，温州检验检疫局在出口意大利鞋类产品中首次检出金属镉含量超标，判为不合格，禁止出口。

2008年7月16日，浙江检验检疫局印发了《出口鞋类产品检验监管工作规范(试行)》，对辖区出口鞋类产品的检验监管工作进行规范和统一。8月28日，浙江检验检疫局发文设立温州出口鞋类产品检验监管区等10个检验监管区，10月13日，浙江检验检疫局和温州市人民政府签订关于在温州建立出口鞋类检验监管区的合作备忘录，探索有效把关和优质服务的新路子。同年，欧洲相继发生中国产皮革产品使用含富马酸二甲酯（DMF）防霉剂疑致消费者过敏事件，涉及产品主要为沙发和鞋。浙江检验检疫局随即向相关企业通报了事态的发展影响，抽样内、外销鞋用防霉剂数十个，送浙江省检科院检测，各分支检验检疫局向企业告知不得在输欧产品中使用富马酸二甲酯，对已使用的要回收；向相关行业协会通报欧盟有关生物杀灭物品投放市场的第98/8/EC号欧洲议会和理事会指令；同时，加强输欧产品使用防霉剂、干燥剂情况的抽查。

2010年6月29日浙江检验检疫局印发《出口鞋类检验监管工作规范》，进一步明确了检验和监督检查的要求。

（二）玩具检验

1989年7月10日，国家商检局颁布的《种类表》将出口玩具列入法定检验商品。8月，浙江商检局召开全省商检业务工作会议，研究《种类表》内新增商品的开验事宜。是年，全省有玩具企业35家，品种包括电动、电子、木制、布绒（长毛绒）、铁制、塑料玩具等，其中以木制、布绒（长毛绒）玩具为主，出口额达1059万美元。1990年1月1日，出口玩具开验，全年出口金额达12650万元，一跃成为全省出口的拳头商品，其中长毛绒玩具在出口玩具中占主导地位。是年，宁波商检局检验出口玩具657批，金额达220万美元。至1995年底，宁波商检局共检验8157批，金额达6575万美元。

1994年8月，浙江商检局派员参加在上海召开的首届华东地区出口玩具质量监管工作会议，参与制订《华东地区出口玩具原辅材料监管办法（试行）》。会后，开始执行相关要求：新建出口玩具工厂首次办理出口报验的，从报验时起，必须在9个月内考核完毕，未获出口质量许可证的企业，不准报验出口；内地商检局向口岸商检局发送获证企业名录，出口换证凭单上列明工厂许可证编号。

1995年7月1日，国家商检局调整《种类表》，将木制玩具列为法定检验商品。台州地区有木制、布制玩具生产企业近千家，规模小而分散，产品档次较低。一些不符合安全、卫生要求的玩具输出国门后，不断遭受索赔或扣留，台州商检局面向企业多次举办培训班，传授国外玩具安全标准及商检知识。是时，国内尚无出口木制玩具检验规程，台州商检局总结经验形成检验工作规范，浙江商检局以此为标准，实施全省出口木制玩具检验。1997年12月22日，台州商检局编写的《出口木制玩具检验规程》由国家商检局发布实施。

1997年12月，浙江商检局在杭州主持召开第三届华东地区出口玩具检验监管工作会议。会后，对出口玩具生产企业推行分等管理办法；对出口玩具原辅材料生产企业进行调查登记，实施有效监控；华东地区实行联网监管。1998年，宁波商检局发布《关于加强出口轻工产品周期试验的通知》，对出口玩具周期试验的频次、内容以及规格、数量作出规定。5月起，浙江商检局及所辖各分支局对玩具原辅材料供应厂实行登记备案、抽样测试，核准并编制名录，从源头加强玩具安全卫生项目的把关。

2001年11月，华东地区进出口玩具检验监管工作会议在宁波召开。会上，代表们交流检验监管情况、加入 WTO 后中国玩具业面临的形势和对策、国际玩具法律法规以及欧洲玩具安全标准的修订等内容。2003 年，宁波检验检疫局出台《宁波检验检疫局出口轻纺产品过程监督检验工作规范(试行)》，其中规定出口玩具必须进行周期型式试验。

2005 年 10 月 26—28 日，浙江检验检疫局派员参加在安徽召开的华东地区 2005 年进出口玩具检验监管工作会议。会后，逐步将检验重点转移到安全卫生方面，对第三方检验鉴定机构施行监督管理，进一步加强内地局和口岸局协调配合，对检验监管人员进行玩具业务知识培训。

2007 年 1 月 25 日，浙江检验检疫局下发《浙江出入境检验检疫局进出口玩具检验监管工作规范》，进一步规范进出口玩具的检验监管工作。9 月 5 日起，浙江检验检疫机构开展为期 4 个月的质量安全专项整治工作。浙江检验检疫局下发《浙江检验检疫局出口玩具质量安全专项整治工作方案》和《浙江检验检疫局全面加强出口玩具质量安全检验监管工作方案》，对企业实施“出口玩具许可证＋企业分类管理＋产品质量源头管理(危险化学品原材料检测＋首件产品安全项目检测)＋抽批检验＋日常生产过程监督管理”的检验监管模式。12 月 5 日，浙江检验检疫局召集辖区 160 家玩具出口企业，通报专项整治情况，并与企业签订《质量控制和诚信经营承诺书》。2008 年 4 月，宁波检验检疫局制发《宁波检验检疫局出口玩具检验监管工作规范(试行)》，强化出口玩具监管。7 月，出台《宁波检验检疫局帮扶出口玩具、服装生产企业十二项措施》，帮助企业提高质量管理水平。9 月，丽水检验检疫局与云和县政府签署建立出口木制玩具检验监管区合作备忘录，形成“政府指导，检验检疫依法行政，企业是第一责任人，职能部门齐抓共管，全社会关注”的监管模式。

由于义乌市场采购出口模式的特殊性，2009 年 4 月 14 日，质检总局组织专家组到义乌调研。6 月 15 日，质检总局下发《关于同意义乌地区市场采购玩具出口的通知》，同意义乌市场经营户凭生产企业在当地检验检疫局取得的出口玩具质量许可证和玩具检测报告，受理报检。8 月 3 日，义乌检验检疫局在国际商贸城开展玩具商位备案工作。此后至 2010 年底，浙江检验检疫机构在辖区基本上实行这一出口玩具检验监管和质量许可工作制度。

2010 年，浙江检验检疫机构积极应对《欧盟玩具安全指令》(2009/48/EC)，宁波检验检疫局对宁波地区 116 家出口欧盟玩具企业和 10 家贸易商作了问卷调查或实地走访调查，了解企业应对存在的问题。是年，浙江检验出口玩具 52053 批，货值达 11.5 亿美元，出口金额是 1989 年的 104.55 倍。

(三)灯具检验

浙江是全国最大的灯具生产基地之一。节日灯具集中在台州地区；户外灯具和建筑灯具，如草坪灯、庭院灯、射灯等，集中在宁波、温州地区；节能灯、电光源制品主要产区在杭州、绍兴、宁波、嘉兴等地。1988 年初，台州商检局首先受理出口节日灯的委托检验，检验依据为企业标准。

1989 年 7 月 10 日，国家商检局调整《种类表》，出口灯具及灯泡被列为法定检验商品。次年，某节日灯厂向台州商检局报验出口库存的 80 个集装箱节日灯，价值约 3000 万元。台州商检局依据出口小型节日灯串检验规程(试行)实施现场检验,发现该批节日灯端子线部分铜丝外露,判为不合格,要求返工。1990年,浙江商检局公布试行了《出口小型节日灯串检验规程》。同年,绍兴商检局开始检验出口灯具,首批检验的是6瓦荧光灯管,数量30万支,货值8万元,检验合格,出证放行。是年,浙江出口灯具产品1669批次,货值23110万元。

1991年,浙江商检局开始在灯具行业推行分类管理。根据出口不同国家的法律法规风险、产品风险、政策措施风险等方面情况,制定和调整检验监管风险评估标准,对灯具出口企业进行分类管理。1992年,台州商检局制定的《出口节日灯检验规程》通过国家商检局审定,并于次年发布实施。同年,浙江商检局引导企业申请UL、CSA、GS、VDE、KEMA、CE等国际认证。同年11月8日,台州商检局帮助椒江市节日灯联营厂取得德国莱茵技术监护协会TüV签发的GS安全认可证书,这是全国首家获此证书的企业。1994年,浙江商检局发布了《关于印发〈全省出口节日灯等电仪商品检验工作会议纪要〉的通知》,明确了节日灯插头尺寸规格的标准要求。如合同要求按国外标准的,则应严格按国外标准检验。1999年,台州商检局修订的《出口成套节日灯饰检验规程》由国家检验检疫局发布实施。该规程主要增加了对认证灯串出口的检验要求。2000年,绍兴检验检疫局制定的《进出口普通照明用自镇流灯检验规程》《进出口单端荧光灯检验规程》通过国家检验检疫局组织的专家审定,并于同年12月1日起开始实施。是年,浙江出口灯具产品检验7903批次,货值22350万美元。2001年,浙江出口灯具产品检验批次达13976批次,货值35264.2万美元。此后,检验批次和货值逐年上升。

2002年,质检总局决定自7月1日起,对出口灯具按“出口产品型式试验+工厂质量体系的监督”方式实施检验监管。至2002年底,全省约有80%的灯具企业取得各类的国际认证。2007年,宁波检验检疫局开展出口灯具产品专项整治,在型式试验涵盖、元器件变更、初步检测要求等方面进行了强化,截获并处理了3批次不合格出口节日灯。2007—2008年,浙江检验检疫机构加强对进出口节日灯、灯具高风险敏感产品的检验监管。2008年,浙江检验检疫局坚持“一手抓扶优扶强、一手抓打非治劣”,有计划地推进区域化监督管理工作。在前期扎实的准备工作基础上,分别在台州临海市和黄岩区开展出口节日灯区域化监督管理,并同当地政府签订了合作备忘录,建立区域化监督管理组织机构。

2009年,《法检目录》调整,涉及HS编码为9405402000和9405409000的灯具产品列入《法检目录》,浙江地区此类产品主要为三防灯、太阳能灯具、LED灯具等。是年,宁波地区出口灯具检验达40985批次,货值92597万美元,同比分别上升410%和251%。同年,浙江检验检疫局发布了《浙江检验检疫局出口灯具产品检验监管工作规范(试行)》,并在文件中强调“出口产品型式试验+出口批次抽批检验+工厂质量体系监督”的检验监管要求。2010年,浙江检验检疫局正式发布修订后的《浙江检验检疫局出口灯具产品检验监管工作规范》。同年,台州检验检疫局借出口节日灯检验监管区示范企业授牌大会召开之际,正式推出《出口节日灯常见问题及解决方案》技术手册。2010年,浙江出口灯具产品123955批次,货值302432.2万美元。

（四）电池检验

1959年7月20日，出口电池被列为法定检验商品。1960年，轻工业部颁布电（D）《干电池标准》（101-60）。1964年，轻工业部颁布《R20型干电池标准（QB389-64）》，代替电（D）101-60。1969年，浙江开始出口干电池，检验由上海商检局负责。

1983年，杭州商检局开始检验出口电池，检验内容包括标称电压、短路电流、尺寸、包装及外观等。质量合格，出证放行。1988年，宁波商检局开始检验出口电池，是年检验58批，货值517万美元。1994年，浙江商检局检验出口电池1.50亿只，货值866万美元，分别居全国商检系统第5、第6位。

1997年12月31日，国家技术监督局、国家商检局等九部委联合发布《关于限制电池产品汞含量的规定》。2000年10月28日，质检总局发出《关于对进出口电池产品汞含量实施强制检验的通知》，公布首批10个"汞含量检测实验室"名单，浙江检验检疫局技术中心名列其中。12月，质检总局下发《进出口电池产品汞含量检验监管办法》和《关于对进出口电池产品汞含量实施强制检验有关问题的补充通知》。浙江检验检疫局按通知规定，对出口电池汞含量实施强制检验，对出口电池产品实行备案，未经备案和汞含量检验不合格的电池不准出口。是年，浙江检验出口电池1779批次，货值3853.7万美元。此后，检验出口电池批次和货值均逐年大幅上升。

2001年2月22日，质检总局转发国家轻工业局《对贯彻执行〈关于限制电池产品汞含量的规定〉解释说明的函》，浙江检验检疫局按照文件要求，对出口锌锰及碱性锌锰电池产品以外含汞扣式电池、其他一次电池和二次电池等，暂不实施汞含量检测，不办理备案手续。2002年，宁波检验检疫局印发《宁波出入境检验检疫局进出口电池产品汞含量检验监管工作规范》，进一步明确了辖区内出口非锌锰电池产品、锌锰电池产品的备案管理和汞含量抽样检测等工作。2003年，宁波检验检疫局根据质检总局发布的《关于执行〈关于检查淘汰高汞电池进展情况的通知〉有关事项的通知》，对中银（宁波）电池有限公司、豹王电池有限公司、野马电池有限公司等10余家出口电池生产企业的2002年出口情况进行了全面调查。调查发现，自2001年起对进出口电池产品实施备案制度以来，截至2003年6月，宁波局共办理出口电池备案1404份，出具汞含量不合格通知单2份。宁波地区大部分出口电池生产企业已实现无汞化。

2003年6月1日起，浙江检验检疫局对嘉兴地区出口电池厂试点实施"备案制＋过程检验"的检验新模式。此后，该检验管理模式推及浙江检验检疫局辖区各出口企业。

2006年，浙江检验检疫局发布《关于统一辖区内生产出口铅酸蓄电池危险品包装检验监管措施（暂行）的通知》，对辖区出口铅酸蓄电池包装检验监管工作作统一要求。2007年，质检总局发布《关于加强出口原电池产品检验监管有关工作的紧急通知》，浙江检验检疫局从2007年10月1日起，加强监管，凡未获得单独备案的出口非洲等低端市场的电池产品，不得受理检验；出口非洲等低端市场电池产品要批批下厂检验，下厂时须抽取样品进行放电性能等主要性能、安全等重点项目的测试；对于光身电池、电池零件等半成品的出口，也须进行相关项目的测试;电池零件由于技术原因无法进行测试的,现场组装后再进行相关项目的测试。2008 年,宁波检验检疫局发布《关于调整出口电池备案和自行车产品检验监管有关要求的通知》,对出口电池备案申请资料、抽测比例等做出调整。9 月,宁波检验检疫局发布《关于明确宁波地区出口铅酸蓄电池包装检验监管工作要求》,对免维护蓄电池申请 238 条款所列试验项目的申请、抽样、检测、报检及出口铅酸蓄电池包装检验做了规定。2010 年,浙江检验检疫机构检验出口电池 22777 批次,货值 77395.2 万美元,分别是 1990 年的 223 倍、503 倍。

七、机电产品检验

浙江商检机构对出口机电产品的检验始于 20 世纪 70 年代。1976 年,杭州商检局开始检验出口半导体收音机。浙江出口机电产品主要包括电动工具、手工工具、千斤顶、阀门、高低压电器、仪器仪表、家用电器、机床、锅炉压力容器等,主要出口美国、日本、欧盟、俄罗斯、东南亚、中东等国家和地区。1989 年,国家商检局分别将电动工具、手工工具、千斤顶、仪器仪表、家用电器等机电产品列入《种类表》,成为法定检验商品,浙江的出口机电产品检验种类显著增加。2003 年,质检总局施行《出口工业产品生产企业分类管理办法》,将高低压电器、家用电器等机电产品归在实施分类管理的产品范围之内。2007 年,浙江检验检疫局开展了对小家电、插头插座、千斤顶等重点敏感出口机电产品的专项整治工作。2010 年,浙江省出口机电产品 782910 批,货值 247.95 亿美元,分别是 2000 年的 26.98 倍和 32.89 倍。

(一)电动工具检验

电动工具是浙江检验出口的大宗商品之一。出口种类有手持式电动工具、可移式电动工具、电池式电动工具、台式电动工具。品种包括冲击电钻、电钻、电动角向磨光机、电锤、电刨、电圆锯、电动往复锯、电链锯、电木铣、电动砂轮机、型材切割机、锯铝机、电磨、砂光机、抛光机、电动曲线锯等。产地主要分布于金华、宁波、杭州、绍兴、台州等地区。

1982 年,浙江省杭州电动工具厂出口一批 6 毫米电钻(铁壳,I 类结构),这是浙江省内首次出口电动工具产品,也是全国首次出口电动工具产品。但此时国内还没有电动工具的技术标准和检验标准。1983 年,最早的国家电动工具标准《手持式电动工具的安全第一部分:通用要求》(GB3883.1-83)发布。1985 年,国家电动工具标准《电钻》(GB5580-85)发布。

20 世纪 80 年代末,浙江商检局对电动工具开验。电动工具主要出口到东南亚,多为赠送或中方援外项目使用,品种为电钻、电动角向磨光机两种。1989 年 7 月 10 日,国家商检局调整《种类表》,将手电钻、冲击电钻、电圆锯、电动砂轮机、电锤、电镐、电动螺丝刀和电动曲线锯列为法定检验商品,电动工具的出口须经商检机构检验合格才能出运。1990 年 1 月 1 日,浙江商检局对出口电动工具正式实施法定检验。检测项目有外观、包装、空载电流、空载转速、换向火花、绝缘强度、噪声等。1990 年,浙江检验检疫机构检验出口电动工具 259 批次、120 台,货值 2081 万元。1992 年,出口电动工具正式纳入出口质量许可证管理。1992 年以后,浙江出口市场由东南亚转向中东、南美、欧洲。

1994 年,欧盟开始实施低电压指令与机械安全指令,要求中国电动工具须取得 GS、CE

认证后才能进入欧洲市场。为帮助出口企业应对欧盟技术壁垒,浙江检验检疫机构投入近千万元,建成电气安全实验室。1994—1995年,浙江商检局先后组织人员对杭州、金华、绍兴、宁波地区的出口电钻、角向磨光机进行抽查。1995年4月,金华商检局与德国莱茵认证集团签署协议,开展出口到欧盟的低压电器等商品的GS、CE标志认证。

1996年11月,金华商检局制定《出口手持式电动工具电动角向磨光机检验规程》。同年12月,国务院出口机电办公室、机电部、中国电动工具检测站、国家商检局、中国出口机电商会联合对杭州、金华、宁波等地的8家企业进行督查调研。1997年1月,金华商检局在浙江省电动工具主要产区永康召开出口电动工具清理整顿会议,到会企业23家,会议传达了中央联合督查组的意见,对出口企业质量管理、检测设备提出要求。1998年,浙江商检局对恒丰电器有限公司、金华华丰电动工具有限公司等13家电动工具生产企业实施分等管理。2000年,浙江检验检疫机构检验出口电动工具5541批次、16913361台,货值18150.2万美元。

2001年,浙江检验检疫局对出口电动工具企业实行"型式试验＋跟踪检验"的新检验模式。型式试验合格的企业转入新的检验模式,型式试验不合格的产品不得出口。检验监管重点是安全、环保、反欺诈及侵犯知识产权、假冒原产地、假冒认证标识等。2002年5月1日,国家强制性产品认证制度开始正式实施。2003年,出口电动工具不再实施出口质量许可证管理。

2005年8月,由于德国有关市场监督部门针对来自中国的电动工具进行了PAHS(多环芳烃)的检测,致使中国出口德国的货值8000余万美元的电动工具由于不能提供相关证明文件而滞留在德国海关,已上架的大量电动工具也由于相同原因被撤下德国货架。质检总局发布《关于出口德国电动工具存在PAHS(多环芳烃)的警示通报》,浙江检验检疫机构根据质检总局要求,了解各地具体受阻情况、加强监管、抽样检测。2008年9月,金华检验检疫局与永康市政府签署检验监管区建设的合作机制备忘录,开始创建永康市出口电动工具检验监管区。

2009年,在电动工具监管上,宁波检验检疫局采用准入验证、分类评定、日常巡查和突击稽查等监管手段,突出了检验监管重点,提高了电动工具产品的检验监管水平和技术壁垒应对能力。

2010年4月,浙江检验检疫局评出首批10家出口电动工具监管区示范企业。2010年,浙江省共计检验出口电动工具39759批次、69281213台,金额达236126万美元。

(二)千斤顶检验

千斤顶是浙江机械行业传统出口商品,按工作原理,分为螺旋千斤顶、齿条千斤顶、油压千斤顶。1971年,浙江组织杭产千斤顶100台供上海外贸出口,这是浙江出口千斤顶的开端。至1977年,共组织出口20127台,产品销往东南亚。1980年,开始自营出口。是年,出口2400台,主要品种为1.5吨、2吨的小规格立式千斤顶。

1984年,浙江省机械进出口公司从美国TEC公司引进车库维修用2吨轮式千斤顶样机,由杭州千斤顶厂负责试制,美方对出口千斤顶进行装运前检验。同年7月,浙江商检公司邀请工、贸、检三方，根据美方提供的《维修用千斤顶》(ANSI/ASMEPALD-10-1984)安全标准及其他要求，协商制定《维修用千斤顶检验规程》。浙江商检局以此为依据，于当月开始出口维修用千斤顶国外委托检验业务，开创了全国出口千斤顶检验工作的先河。1986年，浙江商检局检验出口千斤顶金额突破100万美元。

1988年8月，出口千斤顶开始实施质量许可证制度。是年，检验出口千斤顶金额达5077万元。1989年11月15日，浙江商检局对出口负荷在12吨以下的(不含5吨、10吨轮式千斤顶)千斤顶进行产品可靠寿命试验。12月22—23日，浙江商检局在杭州液压工具总厂召开出口千斤顶检验工作会议。嘉兴商检局、省机械设备进出口公司、杭州液压工具总厂、杭州千斤顶厂、嘉兴液压机械厂等19个单位派代表参加会议。会上宣传了商检有关规定，为出口千斤顶实施法定检验做准备。

1990年1月1日，按《种类表》规定，浙江商检局对出口千斤顶实施检验。是年，浙江检验检疫机构检验出口千斤顶393批次，货值5077万元。1992年9月1日，国家商检局发布《出口油压千斤顶检验规程》，明确于1993年1月1日实施。1993年6月17—20日，浙江商检局在淳安召开出口千斤顶检验工作会议，宁波、嘉兴、金华商检局，省机械设备进出口公司、技术进出口公司、汽车进出口公司，杭州千斤顶厂等18家单位派员参加会议。会上研究了美国PALD-10A-1989千斤顶安全标准，并修改出口千斤顶检验规程。此后，浙江商检局开始按照新的检验规程对千斤顶进行检验。1996年，浙江商检局组织对《进出口机电商品安全检验管理办法(征求意见稿)》中有关安全检验管理的内容进行修改，并将意见上报国家商检局。1998年，浙江出口千斤顶检验量达2502批次、192万台，货值27149万元，市场扩大到美国、日本、比利时等国家和中国香港地区。1999年2月，台州商检局首次对一批出口到德国的5000台、货值4.69万美元的千斤顶实施检验，经检验合格予以放行。2000年，宁波检验检疫局率先对出口千斤顶实施分类管理，突破了批批检验的模式。2002年，浙江检验检疫局对出口千斤顶质量从源头抓起，对使用的原材料加强监管。2005年8月1日起，出口千斤顶“备案＋型式试验＋抽批检验”新检验监管模式在浙江省范围内实施，共有28家出口生产企业通过了备案审查，取得出口千斤顶检验备案确认书。2006年，宁波检验检疫局在出口千斤顶行业积极推进检验检疫电子监管，突破传统模式，提高了通关效率。

2007年，按照质检总局统一部署，浙江检验检疫局开展了对出口节日灯、小家电、插头插座、千斤顶、电池等重点敏感出口机电产品的专项整治工作。同年8月，浙江检验检疫局组成专项检查组，赴各分支检验检疫局和企业生产现场，对千斤顶展开了专项检查。同年12月，制定了《出口千斤顶产品检验监管工作规范》，对千斤顶产品采取“型式试验＋备案＋抽批检验＋监督管理”的检验模式。

2010年7月，浙江检验检疫局修订了《出口千斤顶产品检验监管工作规范》，结合出口工业产品企业分类管理的相关规定，将检验监管模式调整为“备案＋型式试验＋检验＋监督管理”。2010年，浙江检验检疫机构检验出口千斤顶24615批次，货值52247.4万美元，出口数量和金额均创历史新高，产品销往130多个国家和地区。

（三）阀门检验

浙江省出口阀门的生产企业集中在台州、温州和杭州地区。出口的主要产品为黄铜球阀、闸阀、截止阀、止回阀等管道阀门和铸铁、铸钢、塑料阀门。

1995 年 7 月，国家商检局调整《种类表》，出口阀门列为法定检验商品。是年，浙江检验检疫机构检验出口阀门 577 批次、990 万美元。1996 年 12 月，由台州商检局制定的《出口阀门检验规程》通过国家商检局审定，并发布实施。检验内容包括包装、数量、规格、品质、安全项目、重量和材质性能抽检等，采用目测、量规、试压机、化学分析等仪器设备检验。是年，浙江检验检疫机构检验出口阀门 1789 批次，货值 3760.40 万美元。1997 年，浙江省玉环县五金水阀厂首先采用红冲锻压工艺，锻造阀体、阀帽。翌年，全省企业所产黄铜阀门普遍采用红冲锻压工艺代替翻砂铸造，消除了密封泄漏现象，同时提高了阀门的外观质量。2000 年，浙江出口阀门企业通过厂房改建和技术改造，扩大了出口阀门的生产规模，提高了出口阀门的生产能力和产品质量。是年，浙江检验检疫局检验出口阀门 4519 万套，货值 5900.4 万美元，创历史新高。

2002 年，浙江检验检疫局改变批批检验的办法，对浙江博民机电股份有限公司等 8 家企业推行监督抽查检验新模式。一些企业与国外阀门生产制造商合资合作，提高阀门质量档次。台州阀门企业与意大利、西班牙、中国台湾地区的制造商合作生产出口阀门，生产数量、生产能力成倍增加，出口阀门质量、档次明显提高。在此基础上，浙江检验检疫局对出口阀门企业实行分等管理。2003 年，浙江检验检疫局在出口货物稳定、信誉好、又具有一定出口规模的外贸出口企业中，全面推行“绿色通道”制度。其中浙江环宇阀门有限公司、台州隆大铜业有限公司、博雷控制系统（杭州）有限公司等 9 家出口阀门企业申请，并经浙江检验检疫局初审合格，成为全省第三批实施“绿色通道”制度的阀门企业。“绿色通道”制度建立了浙江检验检疫局与上海检验检疫局、宁波检验检疫局之间的通关协调机制，加快了通关速度，为出口企业节约了通关时间。同年，浙江省出口阀门呈现大幅增长趋势，出口金额达 21169.94 万美元，增幅较上年增长 61%。2004 年，全省出口阀门仍保持高速增长态势，出口金额较上一年增长 54%，达 32770.07 万美元，其中浙江台州市的中低压铜制阀门的出口金额达 22688.34 万美元，占总出口金额的 69%。台州市玉环县已成为浙江省乃至全国出口铜制阀门的主要基地。全省出口阀门在 1995 年列入法定检验以来，至 2004 年，在经历了包括整顿把关阶段、工艺改进阶段、ISO9000 管理体系推广阶段、厂房和设备技术改造阶段后，进入第 5 个阶段，即产品认证和品牌建设阶段，出口阀门企业的质量意识和品牌意识均有所加强。同年，浙江检验检疫局组织编写的《出口阀门检验规程（SN/T1455-2004）》，于 2004 年 6 月 1 日起正式发布，12 月 1 日起施行。该标准的发布和实施，填补了相关产品检验检疫行业标准的空白，为出口阀门产品的检验提供了依据。2005 年，宁波检验检疫局共受理报检出口阀门 8.5 亿美元，比 2004 年增长 30.5%。2006 年，宁波检验检疫局在出口阀门行业积极推进检验检疫电子监管，突破传统模式，提高了通关效率。2007 年，作为全省最大的铜制阀门生产基地，台州地区出口阀门总产值首次超 10 亿美元，全省出口阀门总额达 15.58 亿美元。2007 年 10

月，浙江温州阀门首次进军国际核电站领域。位于温州的浙江华东阀门有限公司竞标取得巴基斯坦恰希玛核电站电动闸阀制造项目的合同，其设计制造的9套电动闸阀经温州检验检疫局检验合格，顺利出口巴基斯坦，成为浙江首批进军国际核电站领域的出口阀门。同年，台州检验检疫局全面开展输美阀门材质检测工作。检验人员直接从出口货物中抽取样品送实验室检测阀门材质的铜、铅含量，材质检测不达标的，严禁出口。同年，浙江博民机电股份有限公司获批成为出口黄铜阀门免验企业。

2008年，浙江检验检疫局根据《重点扶持100家优秀出口企业实施方案》，经各分支检验检疫局推荐，省局审核审批，确定了包括慎江阀门有限公司、伯特利阀门集团有限公司等5家出口阀门企业在内的重点扶持的100家优秀出口企业名单。同年9月，浙江检验检疫局发布《浙江出入境检验检疫局出口阀门产品检验监管工作规范(试行)》，确定对出口阀门产品采用"备案＋抽批检验＋监督管理"的检验监管模式，浙江检验检疫局系统统一试行。2008年下半年，受国际金融危机和全球性经济衰退影响，台州、温州两地作为浙江省主要出口阀门产地，出口均出现明显下滑。

2010年，出口阀门企业面临国际技术贸易壁垒的挑战愈发严峻。1月1日，美国加利福尼亚州政府新的管道类产品法令 California Assembly Bill 1953(即 AB1953)正式实施，该法令强制要求公共饮用水设施或为大众供应水设施的管道及其配件过水表面产品的铅含量平均不得超过0.25%(原标准为4%)。5月21日，台州检验检疫局在玉环县召开阀门新标准及国际认证培训会议，帮助企业积极应对层出不穷的国外技术贸易壁垒。7月，《出口阀门产品检验监管工作规范》正式实施，该规范确定对出口阀门产品取消备案管理，而采取"检验＋监督管理"的模式实施检验监管。2010年，浙江省检验出口阀门64917批次，货值211062.7万美元。

(四)家用电器检验

浙江检验检疫机构检验出口的家用电器主要是在家庭及类似场所使用的电风扇、收音机、灯具、洗衣机、音响、电视机、空调器、冷柜等，产地主要集中在杭州地区。

1962年4月12日，对外贸易部将出口电风扇和收音机列入《种类表》，实施法定检验。是时，浙江省尚无此类家用电器出口。1973年11月24日，对外贸易部将出口电风扇和半导体收音机列入百货类商品法定检验范围。

1976年，杭州商检局开始检验出口半导体收音机。出口生产企业是新安江无线电厂。杭州商检局在工厂检验合格的基础上进行抽查，检验内容主要是电性能和外观质量。因缺乏检验手段，仅利用工厂的仪器设备进行检验。这是杭州商检局检验出口家用电器的发端。

1978年4月17日，对外贸易部又将电风扇和半导体收音机列为轻工业品类法定检验商品。1979年，浙江出口家用电器主要有电池、电珠、日光灯管等一批小家电。1981年后，又有电扇、节日灯、洗衣机等产品出口。

1984年，浙江商检局为提高检测能力，建立家用电器检测实验室，配置半导体收音机、收录音机、电子元器件的测试仪器。1986年，浙江商检局共检验出口洗衣机40950台，出口货值1535万元。主要生产厂是杭州金鱼电器有限公司等。检验依据是国家标准和企业标准，检验内容主要是安全性能和技术性能。产品出口到澳大利亚、泰国、约旦、马来西亚等国家。

1989年7月10日，国家商检局公布《种类表》，将电风扇和电冰箱列入家用电器类，半导体收音机及电视机列为电视及音响设备类法定检验商品，于1990年1月1日起实施。1990年，浙江开始出口吸尘器，全年检验出口1900台，货值40.30万元，产品销往中国香港、台湾等地区。1991年，浙江商检局开始检验出口冷柜，产品销往新加坡、马来西亚等国家，检验货值1万美元。1992年6月10日，国家商检局发布《出口家用电器产品检验管理规定（试行）》。1993年，浙江商检局首次检验出口空调器。1997年11月，浙江商检局应日本松下电器株式会社邀请，派员赴日本进行技术交流，双方就返销日本的洗衣机，统一检验项目和检验方法。

1999年，宁波地区受理登记的出口家用电器产品生产企业130有余家，主要出口家用电器产品有洗衣机、电熨斗、家用冷热饮水机、食品烘烤器、室内取暖器、空调等，年出口金额突破2亿美元，产品主要贸易国家和地区为欧洲、中东等，宁波地区成为继广东顺德、山东青岛之后的我国第三大出口家电产品制造基地。是年，国家检验检疫局、对外贸易经济合作部、海关总署正式联合下发《关于对出口小家电产品实施法定检验的通知》，规定自2000年1月1日起对出口小家电产品实施法定检验。2000年，质检总局下发《关于加强出口小家电产品检验监管工作的函》《出口小家电产品检验监管工作规范》，对出口小家电产品实施“型式试验＋企业质量保证体系审核＋抽批检验”的检验模式。1月24—27日，浙江检验检疫局召开辖区出口小家电法定检验工作会议，贯彻落实质检总局有关文件和要求。2000年，浙江省检验出口家用电器120853批次，货值669951.8万美元。2001年，宁波检验检疫局对小家电产品实施“型式试验＋出口产品批次抽查＋工厂质量体系审核”的检验监管模式。是年，宁波地区完成出口小家电型式试验项目153批。

2002年5月20日，质检总局下发《关于调整出口自行车、灯具、洗衣机、插头插座、收录音机等产品检验监管模式的通知》，将洗衣机、收录音机列入“型式试验＋企业质量保证体系审核＋抽批检验”的检验监管模式。浙江检验检疫局要求对全省出口洗衣机、收录音机等产品抽样进行型式试验，合格后发放确认书，企业凭确认书报检出口。是年，宁波地区出口家用电器产品出口值超6亿美元，出口产品种类覆盖了《法检目录》内列名的除微波炉之外的所有电器产品，宁波已经成为浙江最大的出口小家电产品制造基地。是年，宁波检验出口家电20738批次、货值5.46亿美元，其中出口小家电产品17878批、货值4.5亿美元，大家电产品2860批、货值9649.2万美元。

2004年，浙江检验检疫局对出口小家电实施了“产品型式试验＋抽批检验＋质量体系监管”的检验监管模式，完成出口小家电产品检验27524批，总金额60959万美元。是年，宁波检验检疫局在对进出口商品的检验监管工作中，实现监管工作重点向安全、卫生、环保方面有效转移，主动收集国内外相关技术法规、标准，指导企业应对欧盟RoHS、REACH等指令，调研报告《检验检疫部门调查表明当前我企业应对欧盟RoHS指令存在一些困难亟待解决》获浙江省副省长钟山的批示，该报告就出口机电产品检验监管模式改革提出突出综合风险管理、突出监管失效、突出机制创新等五方面的要求。2006 年，浙江检验出口家用电器 296602 批次，货值 102.70 亿美元。

2008 年，浙江检验检疫机构根据质检总局《关于出口小家电产品检验有关问题的通知》要求，开展出口小家电的质量安全专项整治行动。同年，浙江检验检疫局进一步明确各个环节的业务管理程序，规范检验监管全过程的内容和方法。是年，宁波检验出口家电 91037 批次，货值 33.55 亿美元。

2009 年，浙江检验检疫局按照质检总局关于出口小家电产品检验监管的有关文件精神，对辖区内的小家电产品进行产品分级和企业分类，并在 2009 年 5 月 20 日，将出口小家电的型式试验确认书下放由各个分支检验检疫局签发。是年，宁波检验检疫局完善和形成了独具宁波特色的“准入管理＋分类管理＋监督管理”的“三管理”模式，顺利实现了从重检验向监管和检验并重，从管产品到企业和产品同管的转变。

2010 年，浙江检验检疫机构检验出口小家电产品 284720 批次，货值 1194882.7 万美元，主要出口到欧盟、美国、中南美等国家和地区。

八、出口商品运输包装检验

浙江出口商品运输包装主要包括出口危险货物运输包装和出口货物运输包装，其中出口危险货物运输包装检验是重要的检验项目。1985 年，浙江商检局开始对浙江省海运出口危险货物包装实施检验鉴定。1995 年，浙江商检局制定《空运危险货物包装管理办法》。2000 年，浙江检验检疫局与有关部门联合下发《关于印发〈浙江省铁路运输出口危险货物包装容器检验管理实施细则〉的通知》，保证铁路运输出口危险货物包装按时开验。2002 年，对 2 批浙江铁路运输出口危包进行检验鉴定。2010 年，浙江检验检疫机构检验出口商品运输包装 205241 批，644431 万件，分别是 2000 年的 63.80 倍和 992.42 倍。

(一)出口危险货物运输包装检验

1985 年 7 月 1 日，浙江商检局开始对浙江省海运出口危险货物包装实施检验鉴定。浙江商检局组织人员收集准备开验的相关标准，同时，对出口货物的种类、包装生产厂家等进行调查并详细登记。至年底，浙江省共有 27 家企业的 21 种危险货物出口，浙江商检局实施检验鉴定 127 批次、171048 件。

1987 年 8 月 15—16 日，浙江商检局会同浙江省经贸厅在建德县白沙镇召开危包检验工作总结会，会议讨论和修改了浙江省《海运出口危险货物包装检验管理实施细则》。

1988 年，国家商检局参照联合国颁发的《国际海运危险货物规则》，制定并颁布了《海运出口危险货物包装检验规程细则》《海运出口危险货物包装检验规程性能检验》和《海运出口危险货物包装检验规程使用鉴定》等一系列标准。浙江商检机构依据上述标准统一海运出口危险货物包装性能检验和使用鉴定规范。1988 年 9 月，宁波第一次海运出口烟花爆竹类危险货物礼花弹。

1990 年 6 月 4—9 日，国家商检局在北京召开国际海运危险货物包装研讨会，浙江商检局派员参加，浙江制桶厂、萧山油桶厂、浦江塑料厂、杭州新丰塑料厂等也派员参加，会议听取联合国海事组织危险货物运输委员会专家的讲演，总结交流危包检验鉴定工作经验。8 月，浙江商检局根据国家商检局《关于对海运出口危险货物包装实施周期检验和包装标记的通知》，对海运出口危险货物检验周期和标记铸印进行规范管理。1992 年 9 月，浙江商检局落实国家商检局有关海运出口危险货物包装检验单证的要求，对浙江省的部分单证使用情况作出若干规定。

1995 年 1 月 5 日，国家商检局、国家民航总局、国家计划委员会、国家外经贸部联合下发《关于发布〈空运进出口危险货物包装检验管理办法（试行）〉的联合通知》，要求自是年 5 月 1 日起，对航空运输进出口危险货物包装实施检验和管理。随后，浙江商检局制定《空运危险货物包装管理办法》。8 月，国家商检局和交通部联合颁布《关于对海运出口危险货物小型气体容器包装实施检验和管理的通知》。12 月，宁波商检局召开宁波地区海运出口危险货物小型气体容器包装检验管理工作会议，规定自 1996 年 1 月 1 日起，对生产充灌有易燃气体的打火机、点火器、气体充灌容器，容量不超过 1000 立方厘米和工作压力不大于 0.1 兆帕（100 千帕）的气体喷雾器及其他充灌有气体的容器的企业，实施质量许可证制度并正式开始检验工作。1996 年 11 月 14 日，宁波商检局发布《宁波出口危险货物包装检验管理办法（试行）》，针对宁波地区的实际情况，明确了出口危险货物包装性能检验、使用鉴定和监督管理的工作程序和具体做法。

2000 年 1 月 19 日，国家检验检疫局、国家铁道部、国家发展计划委员会、国家外经贸部联合下发《关于发布〈铁路运输出口危险货物包装容器检验管理办法（试行）〉的通知》，办法规定，自 5 月 1 日起，铁路运输出境危险货物包装实施强制检验。浙江检验检疫局与浙江省计经委、外经贸厅、杭州铁路分局联合下发《关于印发〈浙江省铁路运输出口危险货物包装容器检验管理实施细则〉的通知》，并提前完成筹备工作，保证浙江铁路运输出口危险货物包装按时开验。2000 年 6 月，衢州检验检疫局制定的《海运出口危险货物 1L-25L 气体容器包装检验规程》通过质检总局组织的专家审定。同年，浙江检验检疫局组织辖区出口危险货物包装钢桶统检，参检的企业有 7 家，规格为 200 升闭口钢桶和 50 升开口钢桶，统检结果表明，辖区包装钢桶生产企业质量较好。至 2002 年，浙江辖区铁路运输共有 2 批出口危包检验鉴定。

2003 年 5 月 28 日，质检总局、交通部、国家发展和改革委员会、商务部联合下发《汽车运输出境危险货物包装容器检验管理办法》（质检总局第 48 号令），该办法规定，自 2003 年 12 月 1 日起，对直接由公路口岸运输出境的危险货物常压包装容器（包括汽车运输液体危险货物包装容器、罐体）实施强制检验。浙江检验检疫局及时对该办法进行了转发，并根据实际情况要求各分支检验检疫局做好开验工作。

2005 年 7 月，浙江检验检疫局组织专家制定了《浙江出入境检验检疫局出口危险货物包装容器检验监管工作规范》，该规范从报检要求、检验依据、证书签发等环节进行了详细规定，特别强调了检验鉴定具体方式和日常监督管理要求，同时，对采用标准、工作依据及采用原始记录进行统一规定。该工作规范的出台，较好地规范了出口危包检验监管工作，为浙江省稳步提高出口危包检验监管工作质量提供了坚实保障。

2006年1月，宁波检验检疫局印发《宁波出口危险货物及包装容器检验管理工作规范》，该工作规范明确了宁波地区生产的出口危险货物及其包装容器的日常检验和监督管理要求，规范了检验监管工作程序，为提高宁波地区出口危险货物及包装的监管成效提供了坚实支持。

2010年，杭州检验检疫局参照质检总局《出口工业产品生产企业分类管理办法》的相关原则，运用企业危险货物管理水平分类和危包风险分类二维监管理念，对不同的企业及其危包实行不同的监管模式和检验方式。同时，结合本地实际撰写了《危包使用鉴定模式改革可行性分析报告》，首次建立危险货物包装的风险评估制度。

（二）出口货物运输包装检验

浙江省包装工业起步较晚，出口商品因包装不良而遭索赔的情况屡有发生。1986年，浙江省某外贸公司一批出口工艺品因包装破损，被客商索赔数十万美元。出口货物运输包装已成为影响浙江省出口商品价格和信誉的重要因素。

1987年3月，国家商检局在常州市进行华东地区200升闭口钢桶和200升闭口塑料桶统检，浙江省3家钢桶厂、1家塑料桶厂参加，其中一种产品获得Ⅱ类合格证书。

1988年2月，浙江商检局对200升闭口钢桶和瓦楞纸箱进行联检，集中研究解决检验与监管中存在的问题。浙江商检局和浙江省外经贸厅决定，首先从占包装量80%以上的瓦楞纸箱开始。1990年10月，国家商检局下发《出口商品运输包装检验管理办法（试行）》。浙江商检局自1991年1月1日起，对出口商品运输包装实施检验鉴定。后又制定并下发《浙江省出口商品运输包装检验管理实施细则（试行）》，对出口商品运输包装的生产、检验、出证等环节作出详细规定，对实施强制性检验前的遗留问题予以恰当解决。

1993年，浙江商检局下发《关于加强浙江省出口包装检验工作若干意见的通知》，对获得质量许可证的包装生产企业进行抽样检验。是年，全省取得质量许可证的企业共56家，抽检45家，41家产品合格。1998年3月31日，浙江商检局下发《关于印发〈浙江省出口商品运输包装检验管理实施细则〉的通知》，并于4月起执行，1990年施行的细则同时废止。至2002年，全省获得包装质量许可证的生产单位有252家。

2001年9月，浙江检验检疫局在舟山召开出口商品运输包装工作会议。2002年11月，宁波检验检疫局发布了《宁波出入境检验检疫局出口商品包装质量许可证实施细则》。2003年3月，宁波检验检疫局发布了《宁波出口商品运输包装容器编号实施细则》，对各类包装容器赋予指定的代码。11月，印发《宁波出口商品运输包装检验管理实施细则》，进一步明确了出口商品运输包装检验的工作程序，规范了日常检验、抽样检测和监督管理的工作要求。2004年7月12日，浙江检验检疫局在杭州组织召开进出口危险货物安全监督管理工作会议，贯彻落实《关于加强进出口危险货物安全监督管理有关问题的紧急通知》要求。会后，浙江检验检疫局开展了辖区危包生产企业质量许可证普查。2006年10月23日至11月17日，浙江检验检疫局组织各分支检验检疫局有关检验人员，采用交叉检查的方式，分4个组对11个分支检验检疫局和浙江检验检疫局鉴定管理处的进出口商品包装的检验监管工作进行了工作质量检查，并将检查结果进行通报。

2010 年 5 月，根据质检总局的要求，浙江检验检疫机构进一步加强对出口气体发生器类产品包装的检验监管，要求辖区内各分支局严格按质检总局文件要求，加强对出口气体发生器类产品包装的检验监管，相关企业在出口气体发生器类产品包装检验申报时，必须检验其提供经 CNAS 认可的检测机构出具的 6(c)篝火试验检测报告。

表 68-2-2-1　　2000—2010 年浙江检验检疫局检验出口大类商品情况一览表

年份	出口包装		食品及相关产品（CIQ代码05章）		纺织（CIQ代码06章）		轻工（CIQ代码07章）		矿产（CIQ代码08章）		金属材料及制品（CIQ代码09章）		化工品（CIQ代码10章）		机电（CIQ代码11章）	
	批次（批）	数重量（只/个等）	批次（批）	货值（万美元）	批次（批）	货值（万美元）	批次（批）	货值（万美元）	批次（批）	货值（万美元）	批次（批）	货值（万美元）	批次（批）	货值（万美元）	批次（批）	货值（万美元）
2000	3216	6493271	5513	17805.5	20862	71677.7	15613	34123.3	112	95.7	234	1905.5	278	1701.3	19147	52902.6
2001	87482	185609340	22911	65551.9	84812	279547.7	68629	137634.2	471	400.1	1034	4166.0	1380	7704.1	88824	232648.0
2002	145793	316689918	25599	60387.3	122298	365999.7	93758	191022.0	99	169.0	1470	5846.4	3442	9076.4	132121	299840.3
2003	160816	395314366	37451	87651.0	169696	508375.1	125432	245997.7	465	599.7	1824	7842.5	4728	15886.9	187030	444003.4
2004	154139	445768522	40616	95021.0	195366	568467.3	148617	307632.7	642	1248.3	2148	12668.1	9592	28047.5	254485	616757.0
2005	155742	615345001	44445	111098.0	259358	732472.4	185706	407050.2	929	3006.5	3202	21747.3	5968	12424.3	312792	784523.3
2006	156431	5973863931	47612	124447.9	284898	810308.4	210680	465961.8	800	3041.1	5529	45563.1	6075	17157.5	365626	931298.5
2007	168224	10610268410	56258	143683.8	315623	910340.9	237862	578886.8	355	3602.2	7322	84934.6	27110	84235.7	469808	1333271.2
2008	167578	11363491938	68629	198319.3	343009	1046991.1	238005	661889.3	358	5319.0	8073	128803.3	39499	173853.2	500831	1658799.2
2009	156019	8201319244	75226	226484.5	346444	1014213.2	239792	632773.1	34	356.6	6411	60168.6	49854	134032.7	382855	1185461.1
2010	167597	5622417710	90999	275238.4	403578	1217890.4	315131	874981.1	76	156.6	8659	65430.9	75764	271350.4	472749	1584123.4

资料来源：本表货物数据来源于 CIQ2000 系统出境检验检疫数据模块。

说明：包装包括危包和普包。

表 68-2-2-2　**2000—2010 年宁波检验检疫局检验出口大类商品情况一览表**

年份	出口包装		食品及相关产品（CIQ 代码 05 章）		纺织（CIQ 代码 06 章）		轻工（CIQ 代码 07 章）		矿产（CIQ 代码 08 章）			金属材料及制品（CIQ 代码 09 章）			化工品（CIQ 代码 10 章）		机电（CIQ 代码 11 章）	
	批次（批）	数重量（只/个等）	批次（批）	货值（万美元）	批次（批）	货值（万美元）	批次（批）	货值（万美元）	批次（批）	数重量（吨）	货值（万美元）	批次（批）	数重量（吨）	货值（万美元）	批次（批）	货值（万美元）	批次（批）	货值（万美元）
2000	1	250	1736	4994.2	2044	9332.5	3519	8966.2	86	88820.0	906.6	13	462.4	31.4	46	5711.4	9873	22497.7958
2001	49658	59629854	9567	23472.8	9436	37020.6	18329	27576.2	405	232573.1	2877.1	44	2180.7	173.8	174	19067.4	60311	125009.2
2002	57300	84623998	10753	22630.2	12629	43030.8	18409	25512.5	246	249442.5	2322.0	75	3157.2	188.5	372	29174.9	87319	173331.7
2003	57892	104489820	12812	25743.5	16297	53552.3	24671	31473.2	134	102927.0	1234.2	159	7448.8	647.8	443	45172.9	121659	243550.1
2004	49996	164442955	13761	30194.7	18704	62740.1	28187	39910.1	86	57465.5	894.1	249	14681.7	1529.0	313	31544.2	152824	357472.7
2005	48903	168734325	15535	39221.6	27089	81573.1	33463	49894.7	80	58778.8	667.1	295	11346.5	10244.9	270	32875.3	189145	489690.6
2006	49414	773483859	18192	45089.7	34542	105518.0	38867	57610.4	56	152075.7	785.5	540	115396.4	5620.4	286	22126.0	226849	633753.7
2007	54150	773066426	18986	50404.9	38771	117002.7	43939	71563.6	57	15391.9	335.1	570	146513.8	9869.9	4341	58915.7	271743	837096.7
2008	55210	921244908	21135	65569.0	42565	132673.5	44756	84117.0	93	39944.0	1342.7	824	79289.0	10246.5	15932	56931.8	282404	924482.5
2009	42059	878597818	21130	62940.6	115927	265037.3	44186	81935.4	4	7586.1	83.4	562	46116.1	4381.8	24833	114653.9	253981	689900.0
2010	37644	821896025	34787	86690.1	136645	336207.2	51571	101165.3	5	66.7	2.6	919	58136.5	6379.5	20632	158863.1	310161	895422.5

资料来源：本表货物数据来源于 CIQ2000 系统出境检验检疫数据模块。

说明：包装包括危包和普包。

表 68-2-2-3

2000—2010 年浙江检验检疫局检验出口食品情况一览表

年份	茶叶(CIQ 代码 0513)		罐头(CIQ 代码 0501)		水煮笋(CIQ 代号 05010210、0501021105，货物名称含水煮笋)		粮食制品(CIQ 代号 0517)		水产品(CIQ 代号 0204、0509)		蔬菜类商品(CIQ 代号 0412、0508 且 050801 除外)	
	批次(批)	货值(万美元)	批次(批)	货值(万美元)	批次(批)	货值(万美元)	批次(批)	货值(万美元)	批次(批)	货值(万美元)	批次(批)	货值(万美元)
2000	907	3534.3	1663	8181.0	–	–	119	146.84	1912	13372.0	1592	2632.9
2001	3890	18347.3	7680	25021.9	–	–	469	450.0	7843	40147.4	6167	8900.1
2002	4402	15827	5829	12920.1	678	1883.3	708	725.9	9144	51414.2	5994	9822.5
2003	4892	18552.4	6840	14653.2	1360	2796.3	937	1061.3	10190	57975.7	7302	11268.1
2004	5287	22440.0	6977	14243.1	1605	2961.8	1143	1458.7	14161	80032.4	9180	14973.1
2005	5363	24627.9	7156	15529.0	1434	2842.4	1171	1753.7	13884	76184.3	8666	14282.3
2006	5325	27735.7	7362	17240.5	1370	2890.4	1528	2498.2	15587	88925.0	8188	14865.8
2007	5720	30772.9	8507	18815.6	1705	3149.3	1690	2877.7	15470	82745.2	8364	15779.2
2008	5663	33114.8	8514	22527.5	1704	3345.0	1517	2966.2	14040	88319.1	8556	18350.9
2009	5348	32855.8	7488	18840.4	1199	2291.7	1439	2634.8	11874	75664.2	8197	17910.2
2010	5553	35661.6	7997	22255.3	1314	2724.1	1724	3467.0	12908	95234.4	8914	22703.5

资料来源：本表货物数据来源于 CIQ2000 系统出境检验检疫数据模块。

说明：按出境检验标准统计条件查询数据。

表 68-2-2-4　**2000—2010 年宁波检验检疫局检验出口食品情况一览表**

年份	茶叶(CIQ 代码 0513)			罐头(CIQ 代号 0501)			水煮笋(CIQ 代号 05010210、0501021105，货物名称含水煮笋)			粮食制品(CIQ 代号 0517)			水产品（CIQ 代号 0204、0509)			蔬菜类商品(CIQ 代号 0412、0508 且 050801 除外)		
	批次（批）	数重量（吨）	货值（万美元）	批次（批）	数重量（吨）	货值（万美元）	批次（批）	数重量（吨）	货值（万美元）	批次（批）	数重量（吨）	货值（万美元）	批次（批）	数重量（吨）	货值（万美元）	批次（批）	数重量（吨）	货值（万美元）
2000	146	6872.9	764.4	962	23382.0	3065.7	2	33.8	3.9	-	-	-	428	8232.5	2562.8	440	6748.9	663.0
2001	640	22491.9	2528.9	5542	117977.7	14994.8	8	186.1	87.1	12	91.2	11.8	1815	40029.5	8827.1	2160	34543.2	3590.1
2002	823	28090.6	3253.5	5288	118350.9	8969.8	1524	24055.8	2318.0	44	215.5	27.1	1857	45428.9	9278.4	2239	35623.4	3547.5
2003	883	26950.3	3562.1	5767	122987.6	9418.0	2028	27516.1	2684.1	65	415.6	36.4	2105	51345.8	11636.0	2813	42826.5	5148.7
2004	1017	34061.8	4616.6	5446	122378.6	9993.2	1679	23710.9	2871.3	63	383.4	29.2	2250	59581.0	12809.8	3392	53052.7	6605.9
2005	968	33468.8	5377.2	5687	138994.4	12783.8	1437	22421.1	2735.3	117	848.1	167.5	2632	72531.0	15796.5	3601	56849.9	7098.4
2006	839	26257.0	5272.0	5889	140112.1	13489.3	1468	21674.8	2535.0	203	1589.7	279.8	3208	83377.7	16966.5	4109	62675.0	8618.3
2007	909	32418.1	6808.9	6032	149405.4	15412.9	1293	18374.0	2284.6	135	1069.6	120.9	3333	101252.2	20199.8	3959	63539.7	8731.5
2008	908	35917.4	9126.1	5489	162477.3	17679.8	1127	15858.9	2462.4	145	1382.0	173.0	3572	134116.1	30001.0	3764	66324.5	8980.8
2009	861	36723.7	10139.6	4987	140890.1	15205.6	661	9087.5	1459.4	154	1375.8	186.7	3581	139145.7	28475.0	3633	62540.2	8613.3
2010	782	32505.8	102678.7	5448	166257.0	18228.6	795	10965.1	2167.1	170	1465.1	218.6	3828	154918.9	40004.5	4065	69969.4	9907.8

资料来源:本表货物数据来源于 CIQ2000 系统出境检验检疫数据模块。

说明:按出境检验标准统计条件查询数据。

第三章　进出境动植物检验检疫

中华人民共和国成立后，浙江省的进出境动植物检疫工作由上海动植物检疫机构及浙江省农业厅下属检疫机构承担。1963年，杭州商检局开始负责浙江省进出境动植物产品检验和出口贸易性动物产品的检疫工作。1979年，浙江口岸动植物检疫机构负责浙江省进出境动植物及其产品和运输工具的检疫工作，其中出口动物产品检疫工作仍由杭州商检局承担。

1984年，杭州动植物检疫所开始对出口澳大利亚包装木箱实施检疫，在全省最早开展出境木质包装检疫和熏蒸业务。1992年4月1日，《中华人民共和国进出境动植物检疫法》实施。1997年1月1日，《中华人民共和国进出境动植物检疫法实施条例》实施，浙江省的进出境动植物检疫工作法制化进程加快。1998年，浙江口岸动植物检疫机构开始对出境木质包装实施专项检疫，对输美货物木质包装实施熏蒸处理，并按美国要求出具熏蒸消毒证书。

1979—1998年，宁波口岸累计检疫进出境动植物及其产品94393批、1062.97万吨，货物总值达323.9亿元；杭州动植检局累计检疫进出境动物及动物产品2490批，其中，检疫进境动物及动物产品共1625批，检疫出境动物及动物产品共865批①。检疫货物的品种由原来比较单一的进口木材、出口冻菜，发展到进口大宗粮食、木材、棉花、种子等植物、植物产品和羊毛、皮张、鱼粉等动物产品以及集装箱、船舶、飞机等运输工具，出口冻菜、保鲜菜、大米、蚕豆、茶叶、干什货、花卉盆景、竹木草类制品和獭兔皮、猕猴、观赏鱼水产品等动植物、动植物产品。

1999年8月"三检"合一后，浙江省动植物检验检疫进入快速发展阶段。2008年3月，质检总局批复同意将宁波港列入进口水果指定入境口岸。2010年，宁波检验检疫局在墨西哥输华货物木质包装中截获检疫性有害生物稻水象甲(Lissorhoptrusoryzophilus)，是国内首次截获该有害生物。2010年，全国检验检疫进出境动植物及其产品158.5万批，货值772.9亿美元；浙江省检验检疫机构共检验检疫进出境动植物及其产品157314批，货值748211万美元，分别占全国的9.93%和9.68%。

2001—2010年，宁波检验检疫局累计检验检疫进出口动植物及其产品14.42万批、1223万吨，在进境的植物产品检疫中，共截获危险性有害生物17653批，其中一类972批，二类16681批(其中2001—2002年，只有粮食中截获疫情的数据)。2003—2010年，浙江检验检疫局累计检验检疫进出口动植物及其产品934785批，金额达3369946万美元。其中出境863337批，金额2093813万美元；进境71448批，金额126133万美元。

① 根据《浙江检验检疫志》，浙江人民出版社2005年版，第1175—1178页整理。

第一节 进境动植物检验检疫

20世纪30年代,浙江省开始引进良种鸡。1979年,浙江开始引进野生动物。1986年,浙江开始引进种用水生动物,浙江口岸开始对进境木质包装实施检疫。1989年7月,浙江省最早在进境木质包装中检出危险性病虫害。1991年起,宁波口岸检疫的进境植物主要有蔬菜种籽、花卉种球(苗)、牧草(草坪)种籽类,浙江口岸开始加强对来自疫区的木质包装和铺垫材料的检疫。1999年起,宁波口岸主要进口活动物,包括演艺动物和奶牛。

2009年12月,质检总局发布公告,将杭州萧山国际机场和宁波北仑港列入中国首批进口植物种苗指定入境口岸。2010年,浙江检验检疫局检验检疫进境动植物及其产品10634批、金额270163万美元,宁波检验检疫局检验检疫进境动植物及其产品5078批、重量1991486吨。

表68-3-1-1　2001—2010年浙江检验检疫局进境动植物及其产品检验检疫业务量统计一览表

年份	批数(批)	金额(万美元)	年份	批数(批)	金额(万美元)
2001	2344	28418.5	2006	10734	140014
2002	2924	29797.7	2007	10963	177967
2003	4056	42159	2008	10508	262578
2004	5580	81774	2009	9228	182733
2005	9745	118745	2010	10634	270163

资料来源:数据摘自2004—2011年的《浙江检验检疫年鉴》。

表68-3-1-2　2001—2010年宁波检验检疫局进境动植物及其产品检验检疫业务量统计一览表

年份	批数(批)	重量(吨)	年份	批数(批)	重量(吨)
2001	1905	928301	2006	3702	1006110
2002	1665	556275	2007	2973	1636773
2003	2583	512081	2008	3949	1527636
2004	3185	824611	2009	4103	1891837
2005	3031	558084	2010	5078	1991486

资料来源:数据统计来自宁波局检验检疫CIQ业务系统,由宁波局通关处统计科提供。

表 68-3-1-3

2001—2010 年浙江检验检疫局进境动物检验检疫业务分类统计一览表

年份	合计（CIQ 代码 01 章）		哺乳动物类(0101/0102)（白犀牛、种牛、袋鼠、猴子等）			禽鸟类(0103/0104)（企鹅、鹅、鸭、雏鸡等）			爬行动物类(0106)			鱼类(0107)			软体动物类(0109)(泥蚶)			其他类		
	批数（批）	货值（万美元）	批数（批）	数重量	货值（万美元）	批数（批）	数重量（只）	货值（万美元）	批数（批）	数重量（只）	货值（万美元）	批数（批）	数重量	货值（万美元）	批数（批）	数重量（千克）	货值（万美元）	批数（批）	数重量（千克）	货值（万美元）
2001	20	62.1	9	88 只	57.1	8	8	0.0	0	0.0	0.0	1	3500 千克	0.0	0	0.0	0.0	2	17234	4.9
2002	26	116.1	15	309 只	79.1	6	253	34.7	0	0.0	0.0	2	58 条/千克	0.1	1	16400	0.9	2	1337	1.4
2003	15	59.3	7	245 只/头	39.9	1	10	2.2	0	0.0	0.0	5	488 千克	14.9	0	0	0.0	2	1921	2.3
2004	18	73.7	6	43 只	34.5	1	39	0.0	0	0.0	0.0	4	1553 千克	31.8	0	0	0.0	8	6001	7.4
2005	6	0.9	1	1 只	0.0	0	0.0	0.0	0	0.0	0.0	2	142 条/千克	0.3	0	0.0	0.0	3	562	0.5
2006	7	4.4	5	26 只/头	2.7	0	0.0	0.0	1	12	1.5	0	0.0	0.0	0	0.0	0.0	1	1	0.2
2007	44	166.3	5	3668 只/头	120.4	2	3892	12.1	37	247000	33.8	1	100 条	0.1	0	0.0	0.0	0	0.0	0.0
2008	4	37.6	3	11 只	32.0	1	2308	5.6				2	6 头							
2009	11	6.8	1	2 只	1.7	6	694	0.9	4	35416	4.2									
2010	30	105.5	13	23 只	30.2	6	1146	32.6	11	448392	42.7							3	1076	16.7

资料来源：数据由浙江检验检疫局根据 CIQ2000 系统统计后提供。

表 68-3-1-4　　2001—2010 年宁波检验检疫局进境动物检验检疫业务分类统计一览表

年份	合计（CIQ 代码 01 章）		哺乳动物类（0101/0102）（种牛、袋鼠、猴子等）			禽鸟类（0103/0104）（企鹅、鹅、鸭、雏鸡等）			爬行动物类（0106）			鱼类（0107）			软体动物类（0109）（泥蚶）			其他类		
	批数（批）	货值（万美元）	批数（批）	数重量	货值（万美元）	批数（批）	数重量	货值（万美元）	批数（批）	数重量	货值（万美元）	批数（批）	数重量（千克）	货值（万美元）	批数（批）	数重量（千克）	货值（万美元）	批数（批）	数重量（千克）	货值（万美元）
2001	1	0.0																1	130	0.0
2002	18	30.9	2	54 只/头	0.1	1	25 只	0.0	1	6 只	0.0					250592	30.8			
2003	15	38.5	1	3 只	10.7							2	212	2.3	12	197000	25.5			
2004	12	1194.5	11	8144 只/头	1192.5											16000	1.9			
2005	1	265.2	1	2022 头	265.2															
2006	2	11.2	2	20 只	11.2															
2007	6	125.1	5	412 只/头	118.5	1	2756 只	6.6												
2008	3	37.6	2	10 只	32.0	1	2308 只	5.6												
2009	1	1.7	1	2 只	1.7	-	-	-												
2010	6	72.1	1	2 只	24.0	2	13 只/718 千克	31.4										3	1076	16.7

资料来源：数据由宁波检验检疫局通关处根据 CIQ2000 系统统计后提供。

一、动物检疫

浙江进境动物检验检疫包括哺乳动物类、禽鸟类、爬行动物类、鱼类、软体动物类及其他类动物的检验检疫。大宗、有特色的进境动物检验检疫主要有种用水生动物、野生动物、禽鸟类、种畜等。

(一)种用水生动物

浙江是水产养殖大省。1986年,浙江开始引进种用水生动物。10月27日,中国出口商品基地建设总公司浙江省分公司从美国加利福尼亚州引进1批美国牛蛙,共26箱、539只。杭州动植检所实施检疫,检疫发现死亡348只,经诊断,死亡原因为牛蛙细菌性红腿病,杭州动植检所出具检疫证书,进口商向外商索赔8400美元。1988年,杭州动植检所检疫1批10万粒美国进口虹鳟鱼卵,孵化后,大量发病死亡,经杭州动植检所派员现场检疫,综合分析判定为维生素E缺乏症。

1990年5月,杭州动植检所受国家动植检总所委托,参与广州动植检所牵头的《进口牛蛙检疫工作程序(草案)》的制定。1991年4月,农业部发布进口鱼、虾、蛙等检疫工作程序,杭州动植检所据此对进境水生动物鱼、虾、蛙分别实施40天、30天、60天的隔离检疫。1993年,绍兴县华侨从德国进口5万尾鲤鱼和1万尾欧洲鲶鱼,在绍兴东浦镇渔场隔离养殖。1996年4月,浙江省淡水水产研究所从巴西引进巴西草编及细鳞鲳各50尾,在浙江省淡水水产研究所进口种鱼隔离池隔离。6—7月,杭州动植检局检疫17批、152万尾从中国台湾地区引进的斑节对虾虾苗。对虾虾苗现场检疫无异常情况,进行外包装消毒后分别调离到舟山、绍兴、台州等地区的进口虾隔离场,分别由舟山、杭州、海门动植检局对其进行隔离检疫,并进行对虾杆状病毒病和斑节对虾杆状病毒病检测,均未发现两种病毒。

1997年,杭州动植物检疫局隔离检疫从法国引进的2000万尾欧洲鳗鱼苗。1998年,宁波动植检局检疫韩国引进的6吨牙鲆鱼鱼苗。是年,杭州动植检局对中国台湾地区30批、约57.7万枚鳖蛋进行隔离检疫,并对孵化后的稚鳖取样进行霍乱弧菌检测,对进口鳖蛋的铺垫物沙子进行消毒处理。1999年,杭州天福保健品公司从日本进口甲鱼蛋,经杭州动植检局检疫,合格放行。2000年8月,根据国家检验检疫局《进出境水生动物检验检疫工作的通知》,浙江检验检疫局对全省的进境水生动物业务、进境水生动物检疫审批、出证、隔离检疫、实验室检疫、检疫处理等方面情况进行全面调查。

2002年4月,根据质检总局《关于进口大鲮鲆等水生动物的风险警示通报》,浙江检验检疫局要求各分支检验检疫局加强对法国进口水生动物的检疫工作,尤其是对鱼传染性造血器官坏死病(IHN)的检验。5月,浙江省水产技术推广总站计划从缅甸进口一批罗氏沼虾苗,浙江检验检疫局派员考核其位于萧山的隔离场,发现该场的隔离池排水系统与其他养殖池排水系统没有分开,要求整改为隔离期间产生的污水排入附近空池,统一消毒后再排放。2003年,宁波检验检疫局检疫1批197吨的韩国活泥蚶(血蚶)和1批12千克的美国牙鲆鱼,活泥蚶(血蚶)隔离地点在宁海县城关镇(现桥头胡镇)涨家溪村海涂,牙鲆鱼隔离地点在象山县贤庠镇小尉庄，隔离检疫30天后，均合格放行。2004年，浙江检验检疫局检疫从日本进口的甲鱼蛋，检疫合格放行。2007年，湖州龟鳖苗种有限公司从美国进口19.7万只蛇、鳄、龟苗种。2008年7月，湖州某企业从马来西亚进口1万尾罗氏沼虾虾苗，天气炎热，导致虾苗运输途中全部死亡，湖州检验检疫局对该批虾苗和包装物进行焚烧销毁处理。

2009—2010年，浙江省没有种用水生动物进境。

(二)野生动物

1979年，浙江开始引进野生动物。是年5月，杭州动物园接受新加坡国家动物园的赠送，引进一头非洲狮，这是浙江省首次进口野生动物。非洲狮从上海入境，经上海动植检所验证、现场查验后移交给杭州动植检所。在杭州动植检所的监管下，运抵杭州动物园内的隔离场进行隔离检疫。30天后，隔离检疫合格，予以放行。1980年5月，宁波市从美国引进105只水貂，由宁波动植检所实施检疫，经隔离检疫合格，饲养在舟山水产公司养殖场。1981年起，浙江省进口野生动物须到国家濒危物种办公室办理相关手续。1987年11月，杭州动物园与新加坡动物园进行动物交换，中国的2只金猫、2只苏门羚羊与新加坡交换2只黑猩猩和2只白头绒猴，由杭州动植检所负责检疫。隔离检疫完成后，出口金猫进行狂犬病疫苗免疫注射，进口猩猩和绒猴留在杭州动物园内供游人观赏。是年，宁波动植物检疫所检疫进口鹦鹉1羽，系船员随废旧船舶带入，经临床检疫未见可疑症状，判定合格后放行。1990年10月，杭州动物园与新加坡动物园再次进行野生动物交换，杭州动物园提供新加坡1对金猫，与新加坡动物园交换1对山魈。山魈从上海口岸入境，现场检疫后，隔离在杭州动物园隔离检疫场；经杭州动植检所隔离检疫合格后，留在动物园供游人观赏。

1996年，杭州动植检局制定进境野生动物隔离场考核管理措施。2000年11月，浙江省轻纺集团公司从美国引进1000条美洲鬣蜥和2000只蛇鳄龟。在临时隔离场隔离检疫时，因保暖设备使用不当，造成缺氧，大量鬣蜥死亡。浙江检验检疫局对死亡鬣蜥实施销毁处理，剩余的200余条存活鬣蜥经检疫合格后放行。

2001年，杭州野生动物世界引进的6头南非白犀牛经上海局检验检疫现场检疫后，移交给浙江检验检疫局，在杭州隔离检疫合格后，入园供游人观赏。11月，杭州动物园与新加坡动物园进行野生动物交换，交换运回的2只东南亚虎由浙江检验检疫局实施检疫监管。2002年6月，浙江省公安厅从德国引进22头史赛格犬、杜宾犬、拉布拉多犬、比利时和德国牧羊犬，经隔离检疫合格后放行。2003—2008年，应宁波东钱湖野生动物园需求，宁波检验检疫局共检疫15批、124只进境野生动物，品种有长颈鹿、犀牛、火烈鸟、袋鼠、驼羊、节尾狐猴、狮子、豹、虎、狒狒等。隔离地点在宁波市鄞州区东钱湖雅戈尔动物园，经隔离检疫后全部放行。

2008年，浙江口岸进口1批来自捷克的4只褐狐猴，1批来自日本的4头宽吻海豚和2头花鲸(又称灰海豚)，1批从南非引进的14头长颈鹿，均实施30天隔离检疫，经检疫全部合格放行。2009年，浙江检验检疫机构共检疫进口2批野生动物，分别是2只来自加拿大的北极狼和3匹来自德国的马，均实施30天隔离检疫，经检疫合格后放行。2010年，浙江检验检疫机构共检疫5批进境野生动物，品种为企鹅、白鲸、非洲海牛和北极熊。

（三）禽鸟类

浙江省引进的国外良种禽鸟类主要有鸡、鸭和鸵鸟等。浙江省引进良种鸡始于20世纪30年代，浙江大学农学院、浙江省农业改进所黄龙洞牧场和杭州清波养鸡场开始饲养国外引进的来亨、澳洲黑、芦花鸡等良种鸡。20世纪60年代，浙江引进白洛克、红考尼西等肉鸡，由浙江省农业局实施检疫。

20世纪80年代，进口禽鸟类由浙江动植检机构开始实施检疫。1982年，萧山县农业科学研究所从美国引进44只大型良种尼古拉火鸡，在萧山临时检疫隔离场实施隔离检疫。杭州动植检所实验室进行了鸡白痢、新城疫和鹦鹉热等检测，结果均为阴性，注射疫苗后投入饲养。1986年11月，浙江省农业厅首次从荷兰引进5700只海佩科祖代种鸡，由杭州动植检所检疫，检疫合格后，出证放行。1988年，杭州动植检所全面加强对进口禽鸟类的检疫监管，在禽类进境前，做好隔离检疫场的考核；入境时，派员实施现场检疫，监（督）运（输）动物到指定隔离场实施隔离检疫；进境后7～10天，采血作新城疫血球凝集抑制试验等检验，隔离检疫30天后，检疫合格，予以放行。是年10月，杭州近江种鸡场从法国进口4800只伊萨蛋鸡，从上海入境，由上海动植检局验证和现场检疫，用密封车运抵杭州，由杭州动植检所负责检疫和监管。

1991年，1批368羽来自中国香港地区的信鸽经杭州动植检所检疫合格，在杭州柳浪闻莺公园放飞。1995年，浙江省萧山市湘湖农场通过中国种畜进出口公司从法国引进21只鸵鸟、100枚种蛋。种蛋入孵前，杭州动植检局对种蛋用消毒药进行熏蒸处理，孵出的小鸟在指定隔离场实施隔离检疫并逐只采样，作禽流感、新城疫等项目实验室检疫，结果合格。1996年11月，宁波动植检局按中澳双边协议的检疫条款，对从澳大利亚进口的267只鸵鸟实施检疫，检测项目为禽流感、新城疫和鸡白痢。45天隔离检疫期间，检出二类危险性病虫鼠伤寒沙门氏菌，按规定对发病鸵鸟采取了扑杀销毁处理。1997年，萧山钱江鸵鸟发展有限公司和义乌澳桦鸵鸟养殖有限公司分别从博茨瓦纳、澳大利亚引进2批、573只种鸵鸟。鸵鸟入境后在杭州动植检局指定的隔离场检疫，鸵鸟抵达时因气温原因有部分死亡，隔离检疫期间因台风侵袭，鸵鸟又死亡部分，死亡鸟和健康鸟经采样送实验室检验，结果均为阴性。隔离期满，检疫合格放行。

1999年12月，杭州近江种鸡场从法国引进1399只种用番鸭，经杭州动植检局隔离检疫30天，并按规定进行禽流感等项目的实验室检疫，检疫合格后予以放行。2001年4—5月，为组织浙江省国际信鸽公开赛，浙江省信鸽协会陆续从美国、比利时、德国、日本、荷兰等国家和中国台湾地区进口330羽信鸽，计划从上海入境。经上海检验检疫局验证和现场检疫后，信鸽运抵杭州在浙江检验检疫局指定的进口鸽隔离场实施隔离检疫，每个国家或地区的信鸽饲养于一个鸽舍。4月7日，首批信鸽运抵，浙江检验检疫局核对信鸽信息并实施临床检疫，实验室进行鹦鹉热、新城疫、禽流感检验，结果均为阴性。隔离检疫期满，注射新城疫疫苗后，合格放行。2002年6月，浙江省林业科学研究野生动物繁育场从德国引进50只黑天鹅，经浙江检验检疫局检疫合格放行。2006年，浙江检验检疫局对从法国引进的3546羽哈伯德祖代种鸡进行为期30天的隔离检疫。

2007年起，宁波地区开始检疫进口活鹅、活鸭。4月，象山浙东白鹅研究所从法国进口2756羽朗德鹅。2008年，宁波检验检疫局检疫从法国进口的2308只一日龄番鸭幼雏，除5只死亡外，其余2303只番鸭幼雏安全度过检疫隔离期，进入养殖场饲养繁殖。2009年，湖州检验检疫局检疫进口4700羽法国种鸡、10羽日本朱鹮。2010年1月31日，宁波威达龙禽业有限公司从美国进口12627羽(只)海兰白祖代种鸡(一日龄雏鸡)，并在慈溪市三北镇筋竹村的指定隔离场进行为期30天的隔离检疫，经宁波检验检疫局抽采血样和实验室检测，种鸡的禽流感、鸡伤寒、鸡白痢、病毒性关节炎等5项检测结果均为合格，隔离期满后合格放行，这批上万羽种鸡的进口数量为中国最大。6月23日，宁波检验检疫局完成来自美国的8320枚(SPF父母代)种鸡蛋为期30天的隔离检疫，检疫合格放行。2010年，宁波共进口2批美国种鸡和种鸡蛋，均经检疫合格后放行。

（四）种畜

1965年7月20日，浙江省农业厅从日本进口100头长白猪，由上海动植检所实施现场和隔离检疫后，运至杭州大观山种猪实验场定点饲养，由浙江省农业厅进行后续监督管理。在监管期间，浙江省农业厅检出猪气喘病并上报农业部畜牧局，农业部畜牧局据此下发《关于各地进口种畜必须严格检疫的通知》。

1979年，杭州、宁波、温州动植检所成立，主管浙江省进口动物的检疫工作。但大、中动物进口后在国家动植检局指定的北京、天津、上海、广州四大国家动物隔离场隔离，由当地口岸的动植物检疫机构负责隔离场检疫。合格者放行到浙江省境内，由浙江动植物检疫机关实施后续检疫监督管理。有特殊情况的，由国家动植检机构指定临时隔离检疫场，直接由所在地动植检机构实施检疫和监管。1999年8月“三检”合一后，浙江检验检疫局和宁波检验检疫局主管浙江口岸进境种畜的检疫监督管理工作。

2002年底，浙江灯塔种猪有限公司从丹麦引进良种猪227头(长白猪127头、大约克100头)。由于国家检疫隔离场无法安排，质检总局决定由浙江检验检疫局在杭州设立临时隔离检疫场，并负责进口丹麦种猪的隔离检疫工作。浙江检验检疫局按照《中国从丹麦进口种猪的检疫议定书》的要求，确定检疫方案，种猪到达上海后，浙江检验检疫局派员与上海浦东检验检疫局办理交接手续后，对种猪实施检疫监管。种猪进入临时隔离检疫场隔离检疫45天后，2003年1月31日所有种猪均合格放行。2004年6月，按照质检总局《关于进一步规范和明确进境大中动物检验检疫工作程序及要求的通知》相关要求，浙江检验检疫机构要求进口企业或者代理人在取得《进境动植物检疫许可证》后，需将中国的检疫要求写入贸易合同。要求入境动物须按《进境动植物检疫许可证》指定的运输方式、路线和入境口岸入境，经口岸现场检疫，确认符合要求后方可调运到批准的隔离场，经隔离检疫合格后予以放行；进口企业需将合格放行的动物流向表函告目的地检验检疫局，便于其跟踪了解有关情况。

2003—2004年，宁波检验检疫局检疫3批进境奶牛，包括2批6331头澳大利亚荷斯坦种奶牛，1批1724头新西兰荷斯坦种奶牛。现场检疫合格后，全部进境奶牛在宁波进口牛临时隔离场实施隔离检疫。45天的隔离期间，检出12头阳性牛，另有19头牛因中暑、肢体外伤、真胃移位等原因陆续死亡，对 31 头病死牛采取了相应的检疫处理措施，其余奶牛均合格放行。2005 年 1 月 20 日，1 批 2022 头从新西兰进口的纯种荷斯坦奶牛运抵宁波北仑港，经宁波检验检疫局现场检疫，全部在宁波进口牛临时隔离场实施隔离检疫，在 45 天隔离期间，检出 3 头疫病阳性牛，另有 1 头牛因心脏血管肿瘤死亡。检疫人员对 4 头病死牛采取相应的检疫处理措施，其余奶牛均合格放行。2009 年，甲型 H_1N_1 流感疫情暴发，浙江检验检疫局按照质检总局统一部署，组织做好进出境活猪及其产品猪流感防控工作。2010 年，浙江省没有进口种畜。

二、动物产品检验检疫

20 世纪 80 年代，皮张的检验工作由上海商检局移交给浙江商检局负责。1991 年开始，宁波动植检局对进口鱼粉、饲料、羊毛等产品实施检疫。1992 年起，杭州动植检局开始对定点加工企业进境羽毛羽绒进行抽样检疫和监督管理。浙江省检疫的进口动物产品主要有皮张、羊毛、鱼粉、动物油脂、水产品、蚕茧、禽类羽毛、动物性饲料等。

2010 年，浙江检验检疫局检验检疫入境动物产品 7556 批，分别是 1991 年和 2000 年的 377.8 倍和 55.15 倍；货值 103434 万美元，分别是 1991 年和 2000 年的 115.27 倍和 26.18 倍。是年，宁波检验检疫局检验检疫入境皮张 5083.4 吨，羊毛 9700 万吨，水产品 80925.6 吨，羽毛 656.6 吨，动物性饲料 5215.7 吨，动物性油脂 224.2 吨。

表 68-3-1-5　　1991—2010 年浙江省入境动物产品检验检疫业务统计一览表

年份	批数(批)	金额(万美元)	年份	批数(批)	金额(万美元)
1991	20	897.3	2001	186	4994.18
1992	15	1517.5	2002	283	3758.8
1993	40	757.9	2003	2267	25525
1994	35	3192.51	2004	4828	58537
1995	77	4334.21	2005	6223	63986
1996	92	7302.51	2006	7185	71895
1997	61	11736.4	2007	8213	97580
1998	172	13393.4	2008	7184	94724
1999	203	12725.3	2009	6980	67108
2000	137	3590.34	2010	7556	103434

资料来源：1. 1991－2002 年的数据摘自《浙江检验检疫志》，浙江人民出版社 2005 年版；2. 2003—2010 年数据摘自 2004—2011 年的《浙江检验检疫年鉴》。

说明：表中数据不包括宁波口岸。

表 68-3-1-6　　1991 年 1 月至 1999 年 8 月宁波口岸入境动物产品检验检疫业务分类统计一览表

年份	检验情况				检疫情况								
	皮张（张）	羊毛（吨）	鱼粉（吨）	动物油脂类（吨）	动物皮张（张/吨）	羊毛（吨）	水产品（吨）	蚕茧（吨）	禽类羽毛（吨）	动物性饲料（吨）	动物油脂类（吨）	乳制品（吨）	其他类（吨）
1991		703				106.00		327		1202.8	100.8		
1992	29438	873			8264	38.40			37.90	10008.2		39.4	14.2
1993	39653				7135	8000.00	5400.00			304.0	60.8	142.2	
1994	32283	8904	722		29469 9.293	16680.30	9808.44		345.14	1466.5		182.97	
1995	202407	11095			192163	47421.00	13121.53	37.1	148.82	50.2	15.42	238.63	81.6
1996	72966	14488	515.765	601.552	107649	23387.53	6097.06		230.10	930.6	971.72	69.2	28.06
1997		9205			141420	15272.60	10173.16		108.17	15193.0	0.112	144	133.72
1998	22047	11668		0.064	26478	13403.00	35138.90		228.45	1089.0	19.7	30.4	209.6
1999	29543	4434			12636								60.65

资料来源：数据由宁波检验检疫局动植处提供。

说明：1999 年统计时间为 1—8 月。

表 68-3-1-7　　1999 年 9 月至 2010 年 12 月宁波口岸入境动物产品检验检疫业务分类统计一览表

年份	皮张	羊毛(万吨)	水产品(吨)	羽毛(吨)	动物性饲料(吨)	动物性油脂(吨)
1999	81054 张					
2000	21862 张	1.68	62276.47	44.9	802.7	4.6
2001	477994 张	3.16	47254.15	257.5	1361.7	406.6
2002	320820 张	2.41	44170.24	477.6	2567.3	357.0
2003	24984.2 吨	1.67	38212.20	489.6	4577.7	553.2
2004	57300.9 吨	2.61	45224.20	494.7	5006.3	565.1
2005	9814.4 吨	2.81	56906.60	831.7	8077.8	524.6
2006	5161.2 吨	5.43	91995.60	1304.0	5375.1	7.9
2007	5705.9 吨	3.18	76503.50	513.2	4640.3	
2008	5617.9 吨	1.42	66522.90	251.6	6799.7	
2009	9691.0 吨	0.72	80022.20	441.2	6370.4	
2010	5083.4 吨	0.97	80925.60	656.6	5215.7	224.2

资料来源：数据由宁波检验检疫局动植处提供。

说明：1999 年统计时间为 9—12 月。

(一)皮张

20 世纪 80 年代，皮张品质检验由上海商检局负责，后移交给浙江商检机构负责。

1990 年，宁波动植检局首次对从澳大利亚进口的 2250 张绵羊皮实施检疫。1991 年，浙江动植检机构开始对加工、生产、存放进境皮张的企业全面实施定点加工制度。8 月，农业部动植检总所批准海宁制革厂为进境动物产品定点加工企业。1994 年，嘉兴商检局开始受理进口皮张的品质检验，是年检验 18 批、20.495 万张。1992—1998 年，经温州动植检局考核，报经国家动植检局审批认可的温州进境皮张定点加工企业有 11 家；1992 年至 1999 年 8 月“三检”合一前，经宁波动植检局考核，报国家动植检局审批认可的宁波进境皮张加工企业有 4 家。

2002 年，浙江省检验进口皮张 1336.6 万张，进境皮张检出的问题有变质腐烂、羊皮上所附毛短于合同要求、皮张张幅偏小及带有一定量的碎皮现象，对发现质量问题的进境皮张批都对外出证索赔。8 月 2 日，质检总局发布《进境动植物检疫审批管理办法》，浙江检验检疫局据此规定，皮张加工企业在每次办理审批时，需对定点厂进行现场考核，初审合格后再报质检总局审批。

2004 年 6 月，宁波皮革公司从英国进口 1 批盐湿绵羊皮，共 5 个集装箱，计 2 万张，检验检疫人员在现场检验时，清理出 2450 张腐烂变质羊皮，宁波检验检疫局出具索赔证书。2006 年 11 月，嘉兴局举办全国首次进境皮毛炭疽防控应急演练，全国进境皮毛主要口岸检验检疫专家协作组会议的代表全程观摩演练。2007 年 8 月 4 日，英国首席兽医官向世界卫生动物组织通报英格兰南部一农场发生 O 型口蹄疫。8 月 7 日，农业部和质检总局发布联合公告，禁止从英国进口偶蹄动物及其产品。浙江检验检疫机构要求辖区内已办理《进境动植物检疫许可证》的企业，全部停止从英国进境皮张；对已经在运输途中的来自英国的进境皮张，一律作退货处理。

2008 年 4 月 1 日，嘉兴检验检疫局检验检疫 1 批 12000 张比利时进境的盐渍绵羊皮，开箱检疫发现皮张皮形不完整、腐烂占 50% 以上，且携带了国家禁止进境的数十个羊头、上千只羊蹄，有些皮张中裹着骨头、羊粪，嘉兴局出具《检验检疫处理通知书》对该批进境皮张进行退运处理。7 月，台州李林皮革有限公司进口的 1 批德国生牛皮经温州检验检疫局工作人员检验，发现严重短重，出具索赔证书。2009 年，温州检验检疫局在进境的南非皮张上截获媒介生物——彩饰花蜱。2010 年，浙江检验检疫机构检验检疫 6557 批、37.35 万吨进境皮张。

（二）羽毛羽绒

1989 年，宁波动植检局对首批 10 吨的进口鸭毛实施检疫。1992 年，农业部发布《关于发布〈进出境动物、动物产品检疫采样管理办法〉及其采样标准的通知》，杭州动植检局据此对定点加工企业进境羽毛羽绒按规定抽样检疫，实行检疫监督管理。是年，开始对进境羽毛羽绒加工企业实施定点加工制度。

1994 年 3 月，萧山畜产品公司从美国进口 1 批 5.42 吨的火鸡毛，杭州动植检局对火鸡毛实施福尔马林熏蒸处理，监督工厂做好加工过程中的卫生防疫工作。1997 年，经杭州动植检局现场考核合格，上报国家动植检局审核批准，浙江三弘国际羽毛有限公司成为浙江省首家进境羽毛羽绒定点加工企业，核定其年加工能力为 500 吨。1989—1998 年，宁波动植检局检疫进口 234 批羽毛羽绒，计 1178.79 吨。1989 年至 1999 年 8 月，浙江省（宁波除外）进境原料羽毛羽绒全部从上海口岸入境。1999 年，绍兴检验检疫局开始实施绍兴市的进境羽毛羽绒检验检疫业务。8 月，慈溪弘洋羽毛有限公司被国家检验检疫局批准为进口羽毛定点加工企业。

2001 年 3 月，慈溪市精忠畜产品厂从美国进口 1 批 10391.07 千克火鸡毛，宁波检验检疫局检验检疫时发现 45 包轻微霉变、结块，出具索赔证书。7 月，慈禧弘祥羽毛有限公司从美国进口 1 批 7434.46 千克的火鸡毛，宁波检验检疫局检验检疫时发现货物不同程度的霉烂、发硬、结块，出具索赔证书，企业凭证书索赔 48780.78 美元。是年，浙江全省入境羽毛 276.58 吨。

2003 年，浙江全省入境羽毛 546.43 吨。2006 年，宁波检验检疫局检验检疫入境羽毛为历年最多，达 1304 吨。2000—2010 年，浙江检验检疫机构共检验检疫入境羽毛 6897.74 吨。

三、植物检疫

浙江省从1979年开始进口种子、苗木等繁殖材料。1980年1月，温州动植物检疫所检疫从美国、中国香港地区进口的2批蔬菜种子，检出夹带两小包来自美国玉米细菌性枯萎病疫区的18克玉米种子和来自甜菜锈病疫区的8克甜菜种子，按规定进行了销毁处理。是年，浙江省检疫进境种子13批，重0.08吨；苗木3批，500株。1982年5月，杭州动植物检疫所对由深圳入境陆运到杭州的美国芦笋种子进行检疫，检出斑皮蠹属活幼虫，作熏蒸灭虫处理。10月，杭州动植物检疫所首次对日本友人赠送给杭州市长的500株樱花苗实施检疫，通过逐株检查，检出根癌病，对病株实施销毁处理，余下樱花苗由杭州植物园进行药剂杀菌处理。

1994年，杭州动植检局对来自荷兰的郁金香、风信子、洋水仙等种球实施检疫中发现严重腐烂，并带有土壤、病菌和大量螨类，对该批种苗进行销毁处理，并出具检疫证书向输出国索赔。这是杭州动植检局首次出具因进境种苗检疫不合格向外方进行索赔的证书。1995年，杭州动植检局在对进境后种植于杭州太子湾公园的荷兰郁金香种球检疫中，检出国家二类危险性有害生物鳞球茎茎线虫，对带病球茎进行销毁处理。这是杭州动植检局首次从进境种苗中截获二类危险性有害生物。

1999年，国家检验检疫局颁布《进境植物繁殖材料检疫管理办法》和《进境植物繁殖材料隔离检疫圃管理办法》，下发《关于印发〈进境植物繁殖材料检疫操作规程〉的通知》，浙江检验检疫机构据此规定，以有害生物风险评估为基础，按检疫风险高低实行风险分级管理监管。2001年1月，根据国家检验检疫局《关于启用新的进境动植物检疫许可证和动植物检疫审批专用章及有关问题的通知》，浙江检验检疫局结合浙江实际情况，明确进境植物检疫初审工作由浙江检验检疫局负责，各分支局负责辖区内的检疫申报工作，申报材料报浙江检验检疫局，浙江检验检疫局将签发许可证人员的姓名、职务及签字笔迹于同年1月15日上报国家检验检疫局。

2003年，质检总局颁布行业标准《进出境植物苗木检疫规程》(SN/T 1157-2002)和《进出境植物盆景检疫规程》(SN/T 1158-2002)，浙江口岸按要求对进境植物实施检疫。2007年11月，1批百合种球从上海口岸入境后在嘉兴隔离种植，隔离期间检出该批种球携带草莓隐环斑病毒(SLRSV)和南芥菜花叶病毒(ARMV)，浙江、上海检验检疫局将该批百合种球进行销毁，并对种植地进行药剂处理。2008年，宁波检验检疫局在1批来自加纳的黄白芝麻和1批来自法国的薰衣草中检出重金属铅含量超过中国国家标准要求，将其退运。

2009年4月，杭州机场口岸和宁波北仑港分别通过质检总局进境种苗考核专家组的现场考核，列入质检总局公布的第一批进口植物种苗指定入境口岸名单，分别成为浙江省境内唯一的进境种苗指定空港和海港口岸。2010年4月1日，进境种苗指定入境口岸措施正式实施。是年，浙江检验检验局检疫61批、4593千克进境种子，分别为1980年浙江省检疫进境种子批数、重量的4.69倍和57.41倍；检疫8批、98057株进境种苗，分别是1980年浙江省检疫进境苗木批数、株数的2.67倍和196.11倍。同年，宁波口岸检疫6批进境种苗花卉，检出25种疫情。

表 68-3-1-8　　1979—2010 年浙江省进境种苗花卉检疫结果统计一览表

年份	种　类	输出国家或地区	检疫批数（批）	数量/重量	检出疫情	
					重要病、虫、杂草名称	检出疫情批数（批）
1979	种子	美国	2	0.01 吨		
1980	种子	日本等	13	0.08 吨		
	苗木	日本等	3	500 株		
1981	苗木	日本等	2	205 株		
	棉、豆种子	日本等	3	0.06 吨		
	其他种子	日本等	18	0.18 吨		
1982	苗木	日本等	10	790 株	根癌病	1
	种子	日本等	21	1.5 吨	斑皮蠹属活幼虫	1
1983	粮油种子	沙特阿拉伯等	7	0.09 吨	赤拟谷盗	1
	蔬菜种子	日本等	2	0.01 吨	蚕豆象	1
1984	粮油种子	日本等	11	0.18 吨	一般害虫	6
	蔬菜种子	日本等	10	0.10 吨		
1985	五针松接穗	日本等	11	75896 株		
	茶梅	日本等	6	15500 株		
	花卉盆景	日本等	3	271 盆、20399 株		
	豆类种子	日本等	15	0.15 吨		
	其他种子	日本等	27	900.70 吨		
1986	粮谷种子	日本等	5	0.106 吨		
	蔬菜种子	日本等	4	1.04 吨		
	草坪种子	日本等	6	0.001 吨		
	花卉盆景	日本等	2	217 株		
	西瓜种子	中国台湾地区	1	0.36 吨		
	其他	日本等	5	45343 株		

续表1

年份	种　类	输出国家或地区	检疫批数(批)	数量/重量	检出疫情	
					重要病、虫、杂草名称	检出疫情批数(批)
1987	苗木	日本等	8	6206 株		
	种子	日本等	18	1.89 吨		
1988	苗木	日本等	18	5000 株		
	种子	日本等	3	1000.51 吨		
1989	苗木	日本等	25	16046 株		
	种子	美国、日本等	9	45.72 吨		
1990	种子	日本、中国台湾地区等	42	24.39 吨	大豆紫斑病、病毒病、茄子黄萎病、炭疽病、黄瓜霜霉病、枯萎病、西瓜叶斑病、猝倒病	
	苗木	日本等	2	420 株		
1991	种子	日本、美国、中国台湾地区等	36	6.37 吨	甜菜锈病	
	苗木	日本等	60	80000 株		
1992	种子	日本、中国台湾地区等	32	7.12 吨		
	苗木	日本等	30	3700 株		
1993	种子	日本、中国台湾地区等	62	8.81 吨	咖啡果小蠹、四纹豆象、巴西豆象	4
	苗木	日本等	39	8952 株		-
1994	种子	日本、中国台湾地区等	72	6.58 吨	一般病虫害、腐烂、带土	3
	苗木	日本等	40	717 株		-
1995	种子	日本、中国台湾地区等	17	6.10 吨	一般病虫害	77
	苗木	日本等	44	15816 株		
1996	种子	日本、中国台湾地区等	301	5.23 吨	鳞球茎茎线虫等	106
	苗木	日本等	100	4000 株		
	切花	韩国	1	12000 株		

续表2

年份	种　类	输出国家或地区	检疫批数（批）	数量/重量	检出疫情	
					重要病、虫、杂草名称	检出疫情批数（批）
1997	种子	日本、中国台湾地区等	64	15.8 吨		
	苗木	日本等	21	11070 株		
	花卉种球	荷兰	1	5000 个		
1998	种子	日本、美国、中国台湾地区等	36	30.63 吨		
	苗木	日本等	20	600 株		
1999	种子	日本、美国、中国台湾地区等	41	174.20 吨		
	苗木	日本等	17	1874 株		
2000	瓜果种子	日本等	3	0.14 吨		
	蔬菜种子	日本等	24	2.12 吨		
	花卉种子	日本等	25	0.84 吨		
	林木种子	日本等	5	32.00 吨		
	粮谷种子	日本等	1	0.1 吨		
	牧草种子	英国	1	43.89 吨		
	其他种子	日本等	10	21.82 吨		
	郁金香、风信子、鸢尾	荷兰	3	1657100 个		
	鳞球莲	日本等	1	30000 个		
	苗木	日本等	1	10 株		
2001	蚕豆种子	日本等	1	0.1 吨		
	草种	美国等	62	218.09 吨		
	花卉种子	日本等	3	12 吨		
	蔬菜种子	日本等	44	26.9 吨		
	其他种子	美国	2	8.01 吨		
	林木	日本	1	500 株		
	兰花苗	中国台湾地区	2	24229 株		

续表3

年份	种　类	输出国家或地区	检疫批数（批）	数量/重量	检出疫情	
					重要病、虫、杂草名称	检出疫情批数（批）
2002	粮食种子	日本等	2	0.1吨		
	草种	美国等	3	5.9吨		
	花卉种子	日本等	48	6吨		
	蔬菜种子	日本等	42	2吨		
	林木种子	日本等	1	0.6吨		
	林木种苗	日本等	3	14045株		
	果树种苗	日本等	2	1030株		
	种球	荷兰	2	378900个	草莓滑刃线虫、穿刺根腐线虫	2
	观赏花木	菲律宾	1	1250株		
	兰花苗	韩国等	2	60000株		
2003	蔬菜种子	美国等	37	4.93吨		
	花卉种子	美国等	60	141.78吨		
	瓜果种子	中国台湾地区等	3	0.3吨		
	牧草种子	美国等	7	55.70吨		
	兰花苗	中国台湾地区等	2	60000株		
	种球	荷兰	9	2973170个		
	其他苗木	德国等	4	37935株		
2004	种子	日本等	85	10.88吨		
	苗木	日本等	5	38832株		
2005	种子	美国等	70	4.40吨		
	苗木	日本等	8	106630株		
2006	种子	美国等	81	2.79吨		
	苗木	日本等	7	47941株		
2007	种子	美国等	77	3.09吨		
	苗木	日本等	12	66360株		

续表 4

年份	种　类	输出国家或地区	检疫批数(批)	数量/重量	检出疫情	
					重要病、虫、杂草名称	检出疫情批数(批)
2008	种子	美国等	56	3.54 吨		
	种球	荷兰	1	407000 个		
	苗木	日本等	10	167435 株		
2009	种子	美国等	45	2.06 吨		
	种球	新西兰	1	4975 个		
	苗木	马来西亚等	7	239931 株		
2010	种子	英国等	61	4593 千克		
	苗木	马来西亚等	8	98057 株		

资料来源:数据由浙江检验检疫局提供。

说明:2004 年起不含宁波数据。

表 68-3-1-9　　2004—2010 年宁波进境种苗花卉检疫结果统计一览表

年份	类　别	批数(批)	货值(万美元)	检出疫情批数(批)	检出疫情种数(种)
2004	种苗花卉	52	107.24	5	5
2005	种子	18	9		
	苗木	33	79		
2006	种子	12	39		
	苗木	12	86	1	1
2007	种子	4	17		
2008	种苗花卉	4	8	4	18
2009	种子	2	0.73		
	苗木				
2010	种苗花卉	6	13	6	25

资料来源:数据由宁波检验检疫局提供。

四、植物产品检验检疫

1980 年,浙江省在宁波口岸首次检疫进口的 1.55 吨泰国香米。1981 年 5 月,浙江省在宁波口岸首次检疫进口木材、藤条;同年,杭州商检局宁波商检处首次开展进口木材检验业务。1995 年 11 月,宁波商检局获得进口棉花检验资格。

1991—1999 年,浙江省进口的植物产品主要有粮谷、豆类、木材及其制品、棉麻类、植物油及油料作物、植物性饲料等。进口粮食(含粮谷、豆类)和进口木材(包括原木、板材、胶合板及其制品等)是浙江省进口的大宗商品,均从宁波口岸进口。

1999—2007 年,浙江省的进口粮食、木材、饲料、棉花数量稳步上升。2010 年,宁波口岸进口新鲜水果的品种和批次呈上升态势。是年,浙江检验检疫局检验检疫进境植物产品 2979 批,货值 166429 万美元。宁波检验检疫局检验检疫粮食 174.7 万吨,木材 533219 立方米,棉花 61923 吨,植物性饲料 10.49 万吨,分别是 2000 年的 3.69 倍、17.10 倍、63.19 倍和 5.37 倍。

表 68-3-1-10　　2000—2010 年浙江检验检疫局辖区口岸进境植物产品检验检疫分类统计一览表

年份	粮食（吨）	木材（立方米）	棉花（吨）	竹藤柳草类（吨）	植物性饲料（吨）	植物性油类（吨）
2000	0	1091237	0	0	0	4078.0
2001	0	54651330	514	30.00	0	23790.0
2002	0	10855530	405	3.87	125.0	22739.0
2003	0	10343600	3846	0.01	0	77050.0
2004	343855	1465930	15892	47.30	0.1	66238.0
2005	1132609	14093830	26007	1.70	0.1	77406.0
2006	1230507	11476470	94530	73.90	0	104290.0
2007	1320252	11426890	84746	16.90	0	71224.0
2008	2055828	11315840	107242	31.70	0	215968.0
2009	1853645	9691905	58858.6	47.00	93.5	430961.6
2010	2755881	6815043	120290	10.10	5581.0	60135.0

资料来源:数据统计来自浙江局检验检疫 CIQ2000 业务系统。

说明:2000 年统计时间为 8—12 月。

表 68-3-1-11　　2000—2010 年浙江检验检疫局进境植物产品检验检疫批数与金额统计一览表

年份	批数(批)	金额(万美元)	年份	批数(批)	金额(万美元)
2000	85	974	2006	3459	67996
2001	731	11475	2007	2617	80102
2002	772	9548	2008	3177	167660
2003	1677	16473	2009	2169	115481
2004	643	23066	2010	2979	166429
2005	3441	54650			

资料来源:数据摘自 2004—2011 年《浙江检验检疫年鉴》。

表 68-3-1-12　　1991 年 1 月至 1999 年 8 月宁波口岸进境植物产品检验检疫分类统计一览表

年份	检验情况					检疫情况				
	粮食(万吨)	木材及其制品(立方米)	棉花(吨)	植物性饲料(吨)	植物性油料(吨)	粮食(吨)	木材(立方米/吨)	棉花(吨)	竹藤草柳类(吨)	植物性油类(吨)
1991	33.803					416026	144449	15998		
1992	61.360	163112				632100	129860	17621	23.40	
1993	43.657					470150	85003			
1994	53.187					554914	153100	44633	126.77	29000
1995	99.120				91362	941334	145835	40248	200.58	125427
1996	62.840	73015	36256	37017.86	117505	604568	95044	42600	134.78	55289
1997	31.492	50462	21936			355332	86854	28573	254.51	27426
1998	29.630	94490	1566		52998.67	377577	282241	714	311.44	80592
1999	29.956		200							

资料来源:数据由宁波检验检疫局动植处提供。

说明:1999 年统计时间为 1—8 月。

表 68-3-1-13　　1999—2010 年宁波口岸进境植物产品检验检疫分类统计一览表

年份	粮食（吨）	木材（立方米）	棉花（吨）	竹藤柳草类（吨）	植物性饲料（吨）	植物性油类（吨）
1999	459006	-	199.564	375.38	18423	54805
2000	473311	31189	980.8	538.90	19547	68010
2001	808511	151354	796.1	325.23	259	64128
2002	788609	749025	1606	229.22	20782	8716
2003	1187649	613020	12529	658	44200	110523
2004	1749500	408920	91711	500	77000	220633
2005	1627000	262341	108616	368	87900	156801
2006	1608000	377836	148963	660	104000	135227
2007	1516700	324897	43096.7	179	84700	144191
2008	1361000	384409	48028.2	39	49700	130690
2009	1613000	406945	23520.4	70	92100	130043
2010	1747000	533219	61923.6	71	104900	82915

资料来源：数据由宁波检验检疫局动植处提供。

说明：1999 年统计时间为 9—12 月。

（一）木材

1981 年 5 月，浙江省在宁波口岸开始检疫进口木材、藤条，检疫货物量达 1590 吨。1983 年，宁波动植物检疫所在进境木材中检疫发现黄衫大小蠹、落叶松八齿小蠹、松六齿小蠹、松十二齿小蠹、长角绿天牛等害虫。同年，杭州商检局宁波商检处首次开展进口木材检验业务。

1983—1985 年，宁波口岸检验进口木材 68 船、662697 立方米，其中检验不合格的有 22 船，理赔金额约 128 万元。1986 年 3 月，舟山动植物检疫所首次受理进口木材检疫业务。1987 年 4 月，舟山动植检所制定《进口原木检疫操作规程》。5 月 3 日，舟山动植物检疫所首次受理原木检疫，在对 5877.7 立方米马来西亚原木实施检疫时，截获纵坑切梢小蠹、东北四眼小蠹、大家白蚁和双钩异翅长蠹。9 月 15 日，浙江省计划经济委员会和浙江商检局联合下发《浙江省进口木材检验监督管理办法（试行）》。1988 年 10 月，温州动植检所从苏联进口的花旗松中检出黄粉大小蠹、松十二齿小蠹、落叶松八齿红蠹。同年，舟山动植检所多次从马来西亚进口原木中检出双钩异翅长蠹、大家白蚁，在美国花旗松中检出大家白蚁。1989 年，舟山动植物检疫所从进口苏杉中首次检出云杉八齿小蠹、横坑切梢小蠹。

1990 年 10 月 11 日，宁波动植物检疫所联合连云港外贸熏蒸队，对携带云杉八齿小蠹等

3种中苏植检协定应检对象的2691立方米苏松实施熏蒸处理，这是宁波口岸首次对进口木材实施熏蒸灭虫处理。1991年7月1日，浙江商检局发文《关于加强进口木材检验工作的通知》;9月，浙江商检局和浙江省林业厅在宁波举办浙江省第二次进口木材(胶合板)认可检验员培训班，考核认定8名省一级、9名省二级、25名省三级认可检验员。1993年，舟山动植物检疫局首次从进口马来西亚原木中检出沙巴锯白蚁、黄足长棒长蠹。同年，温州动植检局从进口原木检疫中检出大家白蚁和一般害虫超标，实施灭虫处理，并出证索赔9000美元。1996—1998年，杭州动植检局多次在乍浦口岸从马来西亚、巴布亚新几内亚等国原木中检出双钩异翅长蠹、大家白蚁、中对长小蠹、双脊长小蠹、杯长小蠹、长毛驼峰锥象等10多种木材害虫。

1999年，舟山动植检局根据国家检验检疫局要求，对舟山、宁波两地小蠹进行疫情调查，对进口原木堆场的钻蛀性害虫进行跟踪疫情调查，对海水浸泡木材害虫进行初步试验;杭州动植检局对乍浦港周围木材害虫及其一些原木使用厂家内的钻蛀性害虫进行调查，掌握疫情。2001年5月30日至6月3日，浙江检验检疫局召开原木检验检疫工作会议，拟订《浙江省进境原木检验检疫工作规范》，规定自2001年7月1日起，进口原木货主必须持有输出国植物检疫证书。此后，浙江进口原木基本上进行去皮处理，未去皮的用药物除害处理。

2003年，嘉兴检验检疫局从两批来自马来西亚的原木中截获沙捞越长鼻白蚁和婆罗乳白蚁两种白蚁害虫。2005年，嘉兴检验检疫局从进口的马来西亚原木检疫中，截获长方象白蚁和稀毛马扭白蚁，均属国内口岸首次截获。2006年，浙江检验检疫局截获二类检疫性有害生物曲颚乳白蚁等36批。自2006年12月1日起，从镇海港区进口的俄罗斯原木开始在锚地直接实施熏蒸处理。2007年，浙江检验检疫局截获检疫性有害生物白桦楔天牛、大家白蚁，首次截获短翅长鼻白蚁，宁波口岸首次退运甲醛释放量超标的中国台湾地区胶合板。11月26日，宁波检验检疫局印发《宁波出入境检验检疫局进口木材组织检验工作管理办法(试行)》，首次在宁波口岸统一木材检尺单位备案管理要求，明确木材检尺员及检尺单位的资质要求等。

2008年，宁波口岸截获检疫性有害生物双钩异翅长蠹、黑双棘长蠹、材小蠹(非中国种)。2009年，湖州局截获青杨脊虎天牛、花园葱蜗牛、盖罩大蜗牛、黑双棘长蠹，温州局截获长小蠹属(非中国种)、白桦楔天牛;舟山局截获茸天牛属(为浙江省首次)，截获检疫性有害生物3种窄吉丁虫(为全国首次)。2010年，湖州局在一批来自几内亚的亚花梨方料内截获三脈双棘长蠹，在一批来自德国的橡木原木中截获栎天牛。乍浦口岸在一批从法国进口的海岸松原木中截获欧洲松树皮象。

2000—2010年，浙江省进口木材共147470760立方米。

(二)棉花

1982年，宁波口岸首次进口棉花，这也是浙江省首次进口棉花。1990年6月2日，宁波动植检所对5820吨巴基斯坦原棉进行检疫;9月，在进口苏丹棉花上截获谷斑皮蠹及其他多种害虫。

1991年6月9日，宁波北仑港进口6000吨巴基斯坦棉花，这是宁波口岸第一次进口大批量棉花。该批棉花因发现活害虫超标，于18—24日由连云港熏蒸队实施大轮熏蒸。1994年9月1—5日，宁波动植检所在喀麦隆进口的2000多吨棉花中检出活虫超标，连云港熏蒸队到北仑锚地实施熏蒸灭虫处理。1995年11月，宁波商检局获得进口棉花检验资格。1996年起，宁波口岸进口棉花检验工作由宁波商检局自行承担。1996—1999年，宁波商检局共为棉花进口企业对外索赔215.9万美元。

2006年，杭州地区棉花直接进口量激增，浙江检验检疫局共检疫17批、5000余吨棉花，截获9种昆虫、10种真菌，对染疫棉花进行检疫除害处理。2000—2010年，浙江检验检疫机构共检验检疫1054101吨进境棉花。

五、粮谷与饲料检验检疫

（一）“三检”合一前的粮谷类

1999年8月“三检”合一前，进口粮谷和饲料的检验由进出口商品检验机构（简称商检局）负责，检疫由出入境动植物检疫机构负责。浙江省进口粮谷口岸主要在宁波口岸和舟山口岸，品种主要有大米、大麦、小麦、玉米、大豆、油菜籽和高粱，贸易国家和地区主要有美国、加拿大、澳大利亚、阿根廷、巴西、法国、丹麦、泰国、越南、柬埔寨、巴基斯坦、乌克兰等。

1. 大米

1980年，浙江自宁波口岸首次对进口的1.55吨泰国香米实施了检验和检疫工作。是年，杭州动植检所下发《关于加强杭州口岸对外植物检疫工作的通知》，规定进口粮食、豆类和油料等植物产品及其运载工具都要实施检疫。

1997年10月，国家商检局与国家工商行政管理局、对外贸易经济合作部联合下发《关于加强香米质量管理的通知》，浙江商检机构对进口香米在纯度（含量）、品名、包装标识上按照新规定实施检验，要求进口商在报检时提供由国家商检局认可的五洲检验（泰国）有限公司出具的装船前检验证书。是年，浙江口岸进口大米主要输出国有泰国和越南，截获锯谷盗、谷蠹、印度谷蛾等一般性害虫。

2. 玉米

1985年，浙江自宁波口岸首次开检进口玉米，是年检疫8吨泰国玉米。9月2日，国家商检局发布11项进口粮食的检验标准，规定自1986年3月1日起，对进口美国小麦、玉米、大豆和加拿大小麦、大麦的品质按照新标准检验。

1987年8月，宁波动植检所对“挪威海”号装载的进口阿根廷玉米实施检疫，检出大量假高粱，并对外出证索赔。1988年7月，国家动植检总所印发《进口粮食检疫工作座谈会纪要》，浙江动植物检疫机构据此对进境粮食中含假高粱超过1/10万（即2～3粒/千克）进行出证处理，对来自疫区或疫情不明地区的粮食实施重点检疫。

1997年，浙江口岸进口玉米主要输出国为美国、阿根廷、加拿大等，截获二类危险性有害生物假高粱3批次，三类检疫性有害生物豚草、法国野燕麦、三裂叶豚草种子等多次。

3. 小麦

1987年4月16日，宁波商检局、宁波动植检所首次对进口的20828吨澳大利亚小麦实施检验检疫，检出假高粱、毒麦等。1988年7月，浙江动植物检疫机构对小麦矮腥黑穗病疫麦处理进行技术攻关和培训，加强产地检疫和粮食熏蒸工作的监管，提高灭虫效果。8月13日，宁波动植检所对"WEIWU"轮装载的32029吨加拿大小麦进行查验并抽取样品，发现样品中有37头活害虫，作熏蒸灭虫处理，并对外出证索赔。1989年，国家动植检总所下发《关于加强对小麦矮腥黑穗病(TCK)病瘿管理的通知》，浙江各口岸动植检所对本所保存的TCK病瘿进行清理、登记备案，集中起来指定专人管理。同年，宁波动植检所在进口的30多万吨小麦中截获二类危险性有害生物——假高粱4次，毒麦2次，谷象2次，马铃薯甲虫3次。其中2批美国小麦所含假高粱超过国家规定标准，2批美国小麦活虫含量超过合同规定，对外出证索赔5次。

1991年3月26日，为落实农业部、商业部、外贸部下发《关于加强含假高粱进口粮检疫和处理工作的通知》，杭州、宁波、舟山和温州四个口岸动植检所与宁波市口岸办、浙江省粮食局、浙江省宁波进口粮食中转站、宁波市白沙粮库等单位在宁波召开进口粮食假高粱疫情监管工作会议，会上形成《假高粱疫情监管工作会议纪要》。是年，宁波动植检所在进口小麦检疫中，检出5批次假高粱含量超标，并对疫麦做了发芽试验，有3批次对外出证；并在进口的阿根廷小麦中截获假高粱种子，平均每公斤小麦中有234粒，为国家动植检总所对阿根廷就假高粱有关问题的谈判提供有利依据。

1996年3月20日，国家动植检局发布《关于加强进口粮中小麦印度腥黑穗病检疫工作的通知》，并随文下发《小麦印度腥黑穗病菌检疫鉴定方法(试行)》，浙江各有关口岸局加强对该病的检疫。4月26日至5月10日，宁波动植检局对来自美国的51408吨2号红冬小麦进行检疫时，截获小麦网腥黑穗病菌，共发现菌瘿31个。同年，宁波动植检局对确定有TCK的约10万吨美国小麦实行接卸监管，其中46340吨疫麦分别封存在宁波动植物检疫局管辖的镇海、庄市、绍兴、诸暨等国家粮食储备库，36997.787吨疫麦分别封存在杭州动植物检疫局管辖的杭州、萧山、德清及中穗(萧山)4个库点，14937.48吨疫麦封存在舟山动植物检疫局管辖的舟山定海国家粮库。其间，杭州、宁波、舟山动植检局分别制定了TCK疫麦监管办法。

1997年，浙江口岸检疫进口小麦主要输出国为美国、澳大利亚、加拿大、阿根廷、法国等。截获一类检疫性对象TCK1批次，二类检疫对象假高粱22批次、马铃薯甲虫5批次、毒麦2次、菟丝子1批次，一般性病害6种，仓库害虫9种，杂草种子53种。

(二)"三检"合一后的粮谷类检验检疫

由于检验检疫体制的变化，统计口径有变化，2000—2010年粮谷类进口情况不再分品种叙述。1999年9月开始，上海浦检熏蒸消毒中心按要求对1996年封存在浙江的TCK疫麦实行熏蒸灭菌处理，浙江检验检疫局根据国家检验检疫局统一安排，同意各粮库对1996年封存的TCK疫麦在熏蒸灭菌处理后，进行启封。

2000年6月12日，宁波检验检疫局印发《宁波口岸进境粮食检验检疫程序(试行)》，对进境粮食的检验检疫依据、受理报检、现场检验检疫、抽样、实验室检验、检疫以及结果评定、处理、监管和记录等作出规定和要求，统一操作模式。6月13日，宁波检验检疫局在2批进境阿根廷大豆中首次截获二类危险性有害生物黑高粱。11月29日，宁波检验检疫局从美国进口的5.6万吨散装饲料大麦中发现含有大量小麦，并截获禁止进境的一类危险性有害生物TCK，这是《中美农业合作协议》签署后来自美国西部的第一船大麦，也是浙江口岸首次从进口的美国大麦中截获TCK，检验检疫人员对卸货全过程进行监管，并将该批大麦封存在北仑港区。2001年2—6月，该批封存大麦由浙江检验检疫局监管，分别在平湖麦芽厂、三门申宁麦芽厂、开化啤酒原料有限公司、浙江钱江啤酒厂对该批大麦实施定点加工处理。同时，浙江检验检疫局制定《进口啤酒大麦监管实施方案》，对分流计划的确定、啤酒大麦的接运、加工过程实施全面监管，对小粒大麦、麦皮、废弃下脚料进行检疫处理。加工结束后，对接触过进口大麦的工具、设备、场地的卫生消毒措施作出规定。是年，浙江口岸截获一类危险性有害生物TCK1批，二类危险性有害生物12批次、2种17种次，三类危险性有害生物1批次、2种2种次。

2001年，浙江检验检疫机构开展出入境粮食和饲料的检验检疫工作，宁波检验检疫局开始对进口粮谷类开展转基因检测。是年，浙江口岸截获危险性有害生物42批次、5种46种次。2002年3月起，舟山检验检疫局成立专门队伍，指定专用码头和船舶装运，采取清理、清扫、消毒等措施，于4月完成14937.480吨的TCK疫麦启封任务。嵊泗检验检疫局制定《TCK疫麦消毒要求》，完成封存的87661包、7889.5吨TCK疫麦搬运任务。3月底，宁波检验检疫局从美国进境的大豆土样中首次截获一类危险性有害生物大豆疫病，疫情引起国务院重视，副总理吴仪做出批示，中央电视台等媒体也进行报道。是年，浙江检验检疫局对进口啤酒大麦、巴西大豆、美国大豆、阿根廷大豆、澳大利亚大麦和中国台湾地区饲料实施全面检疫监管，制定《进口粮食和饲料生产、加工、存放登记申请书》，规范加工企业的加工、生产、存放、核销制度。是年，浙江口岸截获危险性有害生物25批次、4种45种次。2002—2003年，浙江、宁波两局结合自身情况，分别制定《浙江检验检疫局进境植物检疫审批初审管理办法》《进口粮食和饲料生产、加工、存放登记申请书》和《宁波口岸进境粮食和饲料生产加工存放单位考核管理办法》，完成浙江省内12家贸易公司和企业进口粮谷检疫审批的初审工作，并将初审结果上报给质检总局。2003年11月11日，浙江检验检疫局出台《关于加强对进口大豆检疫监管工作的通知》，加强和完善辖区内进口大豆检疫监管工作。是年，浙江口岸截获二类危险性有害生物假高粱1种48种次、三类有害生物9种142种次、一般性有害生物65种542种次。

2004年5月24日，质检总局发布《进出境转基因产品检验检疫管理办法》，浙江检验检疫机构对实施转基因管理的部分进口粮食在申报、检验检疫、合格评定等方面提出了明确的要求。同年9月1日起，取消进境大米的检疫审批规定。9月30日和11月20日，宁波口岸连续两次在进境美国小麦中截获TCK，宁波检验检疫局组织监管出运疫麦1300余车次。同时，连续3次从巴西大豆中发现红色种衣剂，并在全国首次检出含噻菌灵药剂的种衣剂大豆。按照质检总局的要求，对携带种衣剂的大豆进行严密挑选监管。是年，浙江口岸截获粮谷有害生物100种、1595批，检出有毒物质麦角菌8批、有毒种籽曼陀罗21批和毒麦1批。2005年1月25日，宁波检验检疫局发布《宁波检验检疫局进境粮食重大疫情应急处理预案》。是年，浙江口岸截获一类有害生物1批、二类有害生物93批、三类危险性有害生物12种230种次，国内首次截获大豆南方茎溃疡病菌和大豆北方茎溃疡病菌；截获有毒种籽曼陀罗19批。2006年，宁波检验检疫局在4批加拿大油菜籽中截获三类危险性有害生物3批、2种4种次和一般性有害生物4批34种76种次，由于该批油菜籽目的港为南通，宁波检验检疫局将疫情截获情况通知南通检验检疫局，由南通检验检疫局对该4批油菜籽加工厂进行监管。是年，浙江口岸截获各类疫情243种3070种次、有毒种籽曼陀罗34批，舟山口岸首次从美国进口的转基因大豆土样中截获大豆疫霉病菌，宁波口岸首次在进境巴西大豆中截获红色种衣剂大豆(含有福美双药剂)。

2007年是浙江口岸重大疫情截获频繁的一年。1月12日，宁波检验检疫局下发《关于切实加强高风险植物及其产品检验检疫的通知》。2月21日，宁波检验检疫局从美国大豆中检出红色种衣剂大豆，经检测药剂为甲霜灵和腈嘧菌酯，这是全国口岸首次从进口的美国大豆中检出种衣剂大豆，质检总局发布《关于进口美国大豆中检出种衣剂大豆的警示通报》。9月，舟山口岸首次发生进口大豆海损索赔事件，海损大豆约182吨，直接经济损失近60万元，舟山检验检疫局出具索赔证书。10月24日，宁波检验检疫局在来自美国的大豆中发现蓝色种衣剂大豆，经检测药剂为噻虫嗪、咯菌腈和甲霜灵，这是全国口岸首次从进口的美国大豆中检出蓝色种衣剂大豆。质检总局再次发布《关于从进口美国大豆中检出蓝色种衣剂大豆的警示通报》。11月21日，宁波检验检疫局发布《宁波检验检疫局进境植物疫情截获管理办法》。同年，宁波检验检疫局在来自阿根廷的1批大豆中发现了携带曼陀罗种子超过国家标准规定的限量(1粒/千克)，这是全国口岸首次检出超标曼陀罗种子，质检总局发布《关于加强对来自阿根廷大豆携带有毒杂草籽检疫的警示通报》。是年，浙江口岸截获疫情244种3367种次，截获有毒有害杂草种子曼陀罗28种次，其中两批大豆中所含曼陀罗种子分别为2.0粒/千克和2.5粒/千克，已超过国家限量标准(1.0粒/千克)。

2008年3月16日，质检总局下发《关于阿根廷大豆中曼陀罗籽超标处理问题的通知》，浙江检验检疫机构据此对阿根廷大豆开展更为严格的检疫。5月21日至7月20日，宁波口岸连续从5船次阿根廷大豆中截获曼陀罗籽，其含量均已达到或超过国家限量标准(1.0粒/千克)。宁波检验检疫局及时上报质检总局，为国家对阿根廷就曼陀罗有关问题的谈判提供证据。同年5—12月，舟山检验检疫局连续两次从来自美国的大豆中发现蓝色种衣剂大豆。12月24日，质检总局发出警示通报，对美国大豆采取为期90天的风险预警措施。2009年1月2日，宁波检验检疫局在来自美国的大豆中再次检出红色种衣剂大豆(外层包裹农药有甲霜灵和咯菌腈)，并首次检出红色种衣剂玉米(外层包裹农药有甲霜灵、克菌丹和咯菌腈)，按规定进行严密挑选监管处理。2月16日，舟山检验检疫局应急处理一起装载美国大豆货轮触礁进水事件，并完成1100余吨霉变大豆的销毁处理工作。7月26—27日，舟山检验检疫局处理一艘大豆船磷化氢气体浓度严重超标事件。12月19日，舟山检验检疫局应急处理一起装载美国大豆货轮碰撞进水事件，完成1300余吨霉变大豆的销毁处理工作。是年，浙江口岸截获有害生物287种5385种次，截获有毒有害曼陀罗种子34批；截获大豆中混杂的未经申报的转基因玉米33批。

2010年3月，舟山检验检疫局从加拿大油菜籽中截获油菜茎基溃疡病，这是质检总局101号公告发布之后首次截获该病害，对该批油菜籽作转港处理。7月14日，质检总局下发《关于做好当前进口玉米检验检疫监管工作的通知》，浙江、宁波两局加强对进口玉米检验检疫监管工作。7月，舟山检验检疫局在进境的5船散装大豆表面发现磷化铝残留现象，其中4船货舱内磷化氢浓度超出国家规定的0.3ppm(百万分比浓度单位，简称ppm)上限，最高的甚至达到1.9ppm，质检总局根据舟山检验检疫局提供的材料，对进境大豆磷化铝残留发出警示通报。9月9日，质检总局下发《关于印发〈进口储备粮检验检疫监督管理规定〉的通知》，浙江、宁波两局规范对进口储备粮检验检疫监管工作。是年，浙江口岸截获种衣剂大豆1批，首次在阿根廷大豆和巴西大豆中截获未经申报的转基因玉米。

2000—2010年，浙江口岸共进口粮谷2313批、2556.82万吨，金额117.388亿美元；检出品质不合格粮食607批，重量720.62吨。

(三)饲料类检验检疫

1985年，宁波动植物检疫所首次检疫进口植物性饲料，这也是浙江省首次开检。是年，共检疫植物性饲料3批、48吨。

1996年2月，杭州动植检局在印度尼西亚进口的1批7476吨木薯干上截获双钩异翅长蠹和赤拟谷盗疫情，实施存贮地和加工监管。1999—2002年，宁波检验检疫局共检疫59011吨进口植物性饲料。主要为麦麸类、饼粕类等副产品，用于饲料生产，主要输出地为美国、巴西、阿根廷、印度、澳大利亚以及中国台湾地区等，没有发现检疫性害虫。2003—2004年，宁波检验检疫局共检验检疫159批、12.52万吨进口植物性饲料，产品主要为酒糟和木薯干，输出国主要为日本和越南，未发现疫情和不合格情况。

2005—2009年，浙江检验检疫机构共检验检疫532批进口植物性饲料，产品主要为酒糟和木薯干，输出国主要为日本、越南和印度尼西亚；截获二类检疫性有害生物双钩异翅长蠹1批；截获一般性有害生物52批，主要为咖啡豆象、锈赤扁谷盗、角拟步甲属、黑菌虫和赤拟谷盗等。

2010年，浙江检验检疫机构共检验检疫111批、11.10万吨进口植物性饲料。产品主要为木酒糟、木薯干、泰国木薯颗粒、菜籽粕等，输出国主要为日本、越南、印度尼西亚、加拿大和泰国。截获检疫性有害生物澳洲蛛甲1批，截获一般性有害生物43批，主要为咖啡豆象、锈赤扁谷盗、谷蠹、赤拟谷盗和杂拟谷盗等。

六、进境木质包装检疫

1986年，浙江口岸开始对进境木质包装实施检疫，宁波动植物检疫所舟山站向舟山行署口岸部门发出《关于进口植物类包装、铺垫材料实施口岸检疫的报告》，在舟山口岸开展对进境植物包装、铺垫材料实施植物检疫工作。1987年，浙江动植检机构就口岸把关、防止松材线虫病传入和国内检疫部门的防治工作作出部署。1989年7月，温州动植检所从温州华侨饭店进口卫生设备的木质包装中检出双棘长蠹、角胸长蠹、鳞毛粉蠹等多种林木害虫，这是浙江省最早在进境木质包装中检出危险性病虫害。

1991年4月20日，宁波动植物检疫所与宁波海关联合发布公告，即日起由宁波动植物检疫所对宁波口岸进境的木质包装材料及植物类铺垫材料实施检疫。货主或其代理人在报关时必须同时向宁波动植物检疫所办理检疫报检手续，并接受植物检疫。经检疫合格的货物，签发《检疫放行通知单》，海关凭《检疫放行通知单》放行。1991年7月29日，随着农业部下发《关于加强对进口货物木质包装和铺垫材料检疫的通知》，浙江口岸加强对来自疫区的木质包装和铺垫材料的检疫。1992年4月1日起，按国家动植物检疫总所要求，浙江口岸开始全面对进境动植物及其产品携带木质包装、来自植物危险性病虫害疫区的木质包装实施检疫。1994—1995年，温州、舟山动植物检疫局两次分别从进口货物木质包装和钢材垫木中检出双钩异翅长蠹。

1997年3月20日，舟山动植检局对圣文森特籍"JINMANHU"轮和中国籍"金满湖"号装载进境的钢板垫木实行检疫，分别检出横空切梢小蠹、中穴星坑小蠹、天牛幼虫等大量活虫。对圣文森特籍轮作不准上岸、原船退回处理；对国轮作熏蒸灭虫处理。5月1日起，宁波各个港口全面开展对木质包装箱、铺垫材料的检疫。同年，宁波动植物检疫局制定《进境木质包装材料检疫操作规程》，对进境木质包装采用组合式分离线虫器进行线虫分离，分离出活体线虫，成效明显。1998年10月，宁波动植检局首次在美国木质包装中截获松材线虫，这属全省首次截获松材线虫。是年，该局连续3次从美国木质包装中截获松材线虫，国家检验检疫局对此进行3次专报。宁波动植检局对3批木质包装进行封存处理，为中国对美进行检疫交涉和中国对相关国家采取检疫措施提供有力证据。1999年12月，国家检验检疫局发布《对美国、日本输往中国货物木质包装检疫监管规定》。2000年1月1日起，浙江检验检疫机构据此对来自美国、日本的所有货物，包括申报无木货物进行抽查。

2000年2月16日，宁波检验检疫局联合宁波海关下发《关于对美国、日本输往中国货物木质包装采取紧急检疫措施有关问题的通知》，宁波口岸自此对进境木质包装在华鑫货柜等3个定点查验仓库实施定点查验的方式。10月，嘉兴检验检疫局在对一艘来自日本的国际航行船舶实施入境检疫时，截获松材线虫，副省长章猛进对专报信息《浙江检验检疫局在乍浦口岸截获松材线虫》的批示是，"请林业局会同检验检疫局研究"。因中国多次在美国、日本、加拿大、韩国木质包装中截获松材线虫，并在欧盟木质包装截获天牛等有害生物，2002年1月和6月，质检总局等四部局发布第5和第58号公告，浙江检验检疫机构据此开始对韩国、欧盟木质包装实施重点检疫。7月3日，宁波检验检疫局出台《宁波口岸进境货物木质包装检验检疫工作规范》。9月，浙江检验检疫局下发《关于对进境货物木质包装检疫实行单独报检的通知》，规定对来自美国、日本、韩国以及10月1日起对来自欧盟的货物木质包装检疫须实施单独申报。2003年，浙江检验检疫局15次从加拿大和美国的进口货物木质包装中检疫截获检疫性有害生物松材线虫，首次从英国进口货物木质包装中检疫截获一批伞滑刃属活体线虫。5月28日，宁波检验检疫局出台《宁波口岸进出境货物木质包装查验熏蒸场地监督管理办法》，对进出境货物木质包装查验熏蒸场地实施备案制度。12月9日，宁波检验检疫局首次在来自松材线虫非疫区国家西班牙的木质包装中截获松材线虫，经上报质检总局，对该批木质包装随同货物进行退运并。2004年12月13日，宁波检验检疫局开始宁波口岸进出境木质包装检疫监管模式改革工作。是年,浙江局首次从希腊进口的木质包装上截获伞滑刃属线虫,并对该批木质包装实施检疫处理。

2005 年 1 月 10 日,宁波检验检疫局在来自非松材线虫疫区巴西和德国的进境货物木质包装中截获松材线虫,此为全国首次在木质包装中截获松材线虫。2 月 22 日,质检总局发布第 32 号公告,明确进境货物木质包装除害处理方法及标识要求,宁波检验检疫局据此下发《关于执行进境货物木质包装检疫新规定有关事宜的紧急通知》。同月,浙江检验检疫局在查验一批来自意大利的木质包装时截获活体松材线虫,这是杭州地区首次从进境木质包装上截获检疫性有害生物。是年,宁波检验检疫局出台《宁波口岸进出境货物木质包装检疫监管模式改革方案》。2005 年,浙江口岸检验检疫机构对进境货物木质包装按照国际标准实施检疫,对不符规定或截获活的有害生物的,作除害、退运或销毁处理。2006 年 1 月 1 日,根据质检总局《关于进境货物木质包装检疫新规定正式实施有关问题的公告》,浙江检验检疫机构于 2006 年 1 月 1 日至 6 月 30 日实施过渡措施,对无 IPPC(International Plant Protection Convention,国际植物保护公约)专用标识的,检验检疫机构向进口企业发出违规通知,并实施木质包装查验,对检出活的有害生物的实施除害处理或销毁处理。自 10 月 1 日起,浙江检验检疫机构对进出境货物木质包装溴甲烷熏蒸处理技术要求进行调整,熏蒸处理时间由原来 16 小时延长至 24 小时,并调整了浓度检测时间和最低浓度要求。

2007 年 3 月 22 日,宁波检验检疫局全国首次在阿拉伯联合酋长国进境的木质包装中截获松材线虫。5 月 9 日,宁波检验检疫局开展建局以来首次对进境木质包装查验人员实施岗位认定制度,率先在全国推进进出境木质包装检疫岗位资质管理工作。8 月 31 日,公布宁波检验检疫系统通过岗位人员确认的有 15 人,通过岗位能力考核的有 48 人。此做法为质检总局推进动植检岗位资质管理提供经验。2008 年 4 月,金华检验检疫局在对从意大利进口的切块机进行开箱检疫时,截获活体散大蜗牛。

1992—2010 年,宁波口岸检疫进境木质包装 322870 批,数量达 11726888 件。

第二节　出境动植物检验检疫

1957 年,浙江省开始调拨大米出口,由上海商检局实施检验。1971 年,经上海动植物检疫所检疫,绍兴县出口日本 75 公斤鳗苗。1979 年,浙江动植物检疫机构检疫出口 200 吨蔬菜。1980 年,海宁生产的猪皮绒面服装开始远销德国、日本、美国、加拿大等国家。是年,杭州动植物检疫所首次检疫花卉盆景出口日本。1981 年,宁波口岸开始动物出口。浙江省豆类出口始于 1985 年,是年检疫出口 12 批、1437 吨豆类。1986 年,宁波动植检所开始对出口蔺草、草席及榻榻米实施检疫。

1991 年至 1999 年 8 月"三检"合一前,浙江商检机构检验的出境动物及动物产品主要是鱼类、虾类、蟹类、海蜇、冻畜禽、蛋品、兔毛、羽毛、羽绒、羽绒服装及制品、鹅鸭毛副产品、皮张、革皮服装及制品、裘皮服装及制品、动物性饲料等,检验的出口植物产品主要有蔬菜、水果、粮谷类、豆类、棉麻、植物油及植物性饲料。浙江动植检机构检疫的出境动物及动物产品主要有供港活猪及家禽、观赏性鱼类、水生动物、水产品、动物肉类、动物皮张、动物毛类、禽类羽毛和其他类动物产品，检疫的出境植物产品有蔬菜类、豆类、棉花、大米、竹藤柳草制品类、木制品类、药材、植物性饲料、柑橘水果类、板栗干果类十大类。

1999年8月“三检”合一至2010年，浙江检验检疫机构检验检疫的出境动物及动物产品主要是供港活猪、水生动物、水产品、皮张、羊毛类、猪鬃、羽毛、蛋品类、出口肉类及脏器，检验检疫出口植物产品有蔬菜类、水果类、粮谷类、豆类、竹藤柳草制品类、木制品类、药材、植物性饲料等。

2008年，宁波检验检疫局启动出口农产品检验检疫风险管理理论与信息化模型研究。2010年9月13日，在象山对活鱼、水产品、蔬菜、罐头进行计算机上线试运行，当月报检169批；10月，扩大试点范围至奉化和余姚；12月6日，将应用范围扩大至宁波地区生产出口的所有食品农产品。

表68-3-2-1　　2001—2010年浙江检验检疫局出境动植物及其产品检验检疫业务量统计一览表

年份	业务量(批次)	金额(万美元)	年份	业务量(批次)	金额(万美元)
2001	13606	66573.4	2006	126115	296719
2002	37765	109987	2007	123912	309487
2003	64230	129096	2008	129979	347041
2004	76820	151978	2009	108033	271034
2005	103747	239410	2010	130501	349048

资料来源：2001—2002年数据摘自《浙江检验检疫志》，浙江人民出版社2005年版；2003—2010年数据摘自2004—2011年的《浙江检验检疫年鉴》。

表68-3-2-2　　2001—2010年宁波口岸出境动植物及其产品检验检疫业务量统计一览表

年份	业务量(批)	重量(吨)	年份	业务量(批)	重量(吨)
2001	10805	104936	2006	12644	86431
2002	9636	78934	2007	12947	76674
2003	10976	98523	2008	10541	60496
2004	11174	86461	2009	9908	54889
2005	12243	88673	2010	11101	60805

资料来源：数据统计来自宁波局检验检疫CIQ业务系统，由宁波局通关处统计科提供。

一、动物检疫

浙江省出境动物检疫对象主要是食用水生动物、野生及观赏动物。其中，野生及观赏动物主要有金猫、羚羊、猪獾、金鱼、相思鸟、虎皮鹦鹉、五道眉松鼠、甲鱼、鸵鸟等。1978 年，浙江省开始自行检疫出口鳗苗，在此之前，均由上海动植物检疫所检疫。1980 年，浙江省检疫出口 2 批、214 只野生及观赏动物。1981 年，宁波口岸开始动物出口，全年出口 40 只猕猴，由上海动植检所检疫。1995 年 1 月 12 日，舟山动植检局首次对象山外贸公司出口到韩国的 7.38 吨鲈鱼实施检疫，分别检出肠炎病、皮肤溃烂病。2006 年，美、日、韩等国对中国出口水生动物设置了“肯定列表制度”等技术壁垒。是年，浙江首次出口花鼠、龟苗等观赏活动物。2010 年，浙江口岸检疫出口 108 批活海水鱼，货值 1666.9 万美元。

（一）食用水生动物

浙江省出口的主要食用水动物有：养殖活海水鱼（红鱼、鲈鱼、黑鲷、真鲷、银鲳鱼、石斑鱼、三线矶鱼、东方红鳍豚、包公鱼）、淡水鳗鱼、活贝类、活甲鱼、活湖蟹、活青蟹、活梭子蟹以及野生海捕梭子蟹、海鳗、泥鳅等，主要出口到韩国、日本、新加坡等国家和地区。

1971 年，绍兴县出口 75 公斤鳗苗。1974 年，上虞出口 123 公斤鳗苗。此后，两县加强鳗苗的捕捞、收购、养殖和出口工作，产品均经上海动植物检疫所检疫，合格后出口日本。1978 年 11 月 29 日起，浙江省开始自行检疫出口活鳗鱼苗。1979 年，农业部发布《口岸淡水鱼类检疫方法（试行）》，杭州动植物检疫据此办法检疫出口鱼类。

1987 年 9 月，杭州动植检所首次检疫 1 批 12 吨出口活泥鳅，检疫合格后出口日本。1989 年 2 月，日本厚生省从中国鳗鱼中检出恶喹酸含量超过 0.05ppm。为此，日方对中国出口的活鳗采取通关前在机场停放 3 天等待检验结果的措施，致使出口活鳗蒙受重大损失。浙江商检局对养鳗场进行清理整顿，并报国家商检局。10 月 12 日，舟山动植检所首次检疫 4 千克出口日本的活中华绒蟹样品。

1990 年 9 月 13 日，舟山动植检所对浙江省粮油进出口公司出口到中国香港地区的 10.1 吨活石斑鱼实施检疫，检出异尖线虫。11 月 30 日，舟山动植检所与舟山商检局协商出口活泥鳅检疫问题，决定由原商检部门检验的出口活泥鳅移交动植检部门检疫。同年，舟山动植检所还首次开展对活海鳗、虎头鱼、海螺、海胆、鲍鱼的出口检疫业务。该所把检疫重点放在养殖场、暂养场的疫情调查监管上，出境口岸以查证验放为主，并制定《出口活水产品检疫操作程序》。

1991 年，浙江动植物检疫机构规定，出口活贝类贝毒素的检验采取捕捞海区抽样监测的方法，以 15 天为一个周期，合格者 15 天之内不再逐批检测贝毒素。1994 年，浙江商检机构对出口水产品的检验项目包括细菌、农药、药物、重金属和放射性残留等。1995 年 1 月 12 日，舟山动植检局首次对象山外贸公司出口到韩国的 7.38 吨鲈鱼实施检疫，检出肠炎病和皮肤溃烂病。1997 年 12 月，舟山动植检局首次对象山外贸公司出口到韩国的 0.5 吨活鲩鱼实施检疫。是年，舟山动植检局制定《出口动物、动物产品现场检疫操作办法》。

2002 年 9 月，浙江检验检疫局印发《出口食用水生动物检验检疫管理暂行办法》。是年，出口近百吨甲鱼。2003 年春季，浙江检验检疫局首次对辖区内 1 家出口观赏鱼注册养殖场开展鲤春病毒监测。是年，浙江检验检疫机构对出口养鳗场进行清理整顿，7 家养鳗场通过重新考核和备案，全年检验检疫的烤鳗原料和活鳗 1900 余吨，全部合格通关。其中，宁波地区出口 105 批次烤鳗，金额 1.24 亿美元。2004—2005 年，宁波检验检疫局检疫 31 批、625.2 吨活海水鲈鱼和活红鱼海水鱼出口韩国。8 月，根据质检总局《关于进一步加强出口活鳗检验检疫管理工作的通知》，浙江检验检疫机构要求所有出口活鳗养殖场、中转包装场（含吊水场）、鳗苗生产企业都必须纳入检验检疫注册登记管理的范围，注册场必须向检验检疫机构提供《出口活鳗供货证明》，出口活鳗应在包装上加施检验检疫封识。2006 年，美、日、韩等国对中国出口食用水生动物设置"增加药物残留检测项目""肯定列表制度"等技术壁垒。是年，浙江口岸检疫 1547 批、1.044 万吨海水鱼出口韩国。2007 年，浙江口岸检疫出口 575 批、0.84 万吨食用水生动物，主要出口韩国、日本等国。浙江检验检疫机构在全国领先制定了 2007 年出口食用水生动物残留监控计划，全年实施 4 次检测工作，重点排查氟苯尼考的使用情况，共监测 1566 项次，覆盖 30 多个高风险残留监控项目。

2008 年 6 月 17 日，韩国海洋水产部和农林水产食品部对浙江台州玉环县的源生水产养殖有限公司乐清湾养殖场实施官方检查。是年，浙江省出口食用水生动物 397 批、8686.5 吨，货值 4762.5 万美元。2009 年 6 月 29 日，韩国农林水产食品部对浙江台州玉环县的中港水产养殖有限公司养殖场实施官方检查。2009 年开始，浙江检验检疫机构按照质检总局要求，开展出口水生动物疫病监测和安全风险监控，检出异尖线虫、车轮虫、双阴道虫、肤孢虫、鄂口线虫等寄生虫病及水霉病、腐鳍病、蟹奴、肠炎弧菌、溶血性弧菌、创伤弧菌、溶藻性弧菌、鲤春病毒病（SVC）和锦鲤疱疹病毒（KHV）等病原。是年，浙江省出口 286 批、5544.8 吨、2718.39 万美元食用水生动物。2010 年，浙江检验检疫机构检验检疫 1233 批出口水生动物，货值 9935 万美元。

（二）野生及观赏动物

1980 年，浙江省检疫 2 批、214 只出口野生及观赏动物。1981 年，经上海动植检所检疫，宁波口岸出口 40 只猕猴。1982 年，宁波动植检所对出口到美国的 5 只猕猴进行结核病、寄生虫病等疫病检疫。是年，浙江省金鱼开始出口，出口到新加坡的金鱼由上海的外贸公司代理，花木公司统一包装运输，经临床检疫合格出证放行，经上海空运到新加坡；出口中国香港地区的金鱼，由杭州动植检所临床检疫合格后，经广州转香港地区。1983 年 11 月，杭州动植检所印发《关于出口活畜及其他动物有关检疫的函》，从杭州口岸出境的活畜和其他动物需经杭州动植检所检疫。1985 年，宁波动植检所开始对金鱼、红洋鱼实施检疫，是年检疫出口 2 批、16740 条。1987 年 11 月，杭州动植检所检疫出口 2 只金猫和 2 只苏门羚羊，对金猫和羚羊进行了药物驱虫，对金猫注射狂犬病疫苗，对羚羊进行结核病等疫病检测，并实施隔离检疫，检疫合格后出证放行。1989 年，检疫出口活蝮蛇、五道眉松鼠等小动物。

1990 年 10 月，杭州野生动物园向新加坡出口一对金猫，杭州动植检所负责实施检疫，对金猫进行药物驱虫，并注射狂犬病疫苗，经隔离检疫合格后放行。同年12月24日，林业部、农业部、海关总署、国家商检局、国家濒危物种进出口管理办公室联合发布《关于加强珍稀野禽、野味和观赏野生动物出口管理工作的通知》，浙江动植物检疫机构据此要求珍稀野禽、野味和观赏野生动物出口必须凭国家濒危物种管理办公室或其授权的办事处出具的《允许出口证明书》受理报检和检疫。1996年，杭州动植检局首次检疫出口3批、2吨甲鱼。出口前，甲鱼在暂养池内进行10天的隔离饲养观察，实验室进行了霍乱弧菌、沙门氏菌项目的检测，检疫合格后出口日本。1999年2—3月，浙江钱江鸵鸟发展有限公司出口1批、105只鸵鸟到朝鲜，杭州动植检局在萧山钱江农场五分场对该批鸵鸟进行30天的隔离检疫。隔离期间，实验室检测新城疫、禽流感、禽副粘病毒病、鹦鹉热及沙门氏菌等项目，部分鸵鸟检出鹦鹉热衣原体阳性。送兰州兽医研究所复检后，复检确认阳性的鸵鸟不予出口，检验合格的准予出口朝鲜。

2000年3月1日，浙江检验检疫局对杭州兴隆鱼苑有限公司进行注册考核，注册的观赏鱼品种有金鱼、锦鱼、洋鱼等，年出口量为40万～50万尾。2001年，杭州动物园与新加坡国家动物园的交换6只猪獾，经浙江检验检疫局检疫合格出口。2002年，浙江省出口92批、476800只野生及观赏动物，为1980年的46倍和2228倍。2006年，浙江首次出口33批花鼠、龟苗等观赏动物，出口国家涉及法国、德国、意大利、荷兰、阿拉伯联合酋长国等。4月21日，杭州野生动物世界的10只红狐经浙江检验检疫局检疫合格，出口韩国。2007年，浙江检验检疫机构对出口观赏鱼注册养殖场开展鲤春病毒病（SVC）和锦鲤疱疹病毒病（KHV）疫情监测，并首次检出锦鲤疱疹病毒病阳性，立即暂停相关企业出口，并对有关发病原因进行调查。2008年8月，杭州检验检疫局根据欧盟相关要求，对2条输往德国和瑞士的宠物狗分别出具英德文合璧和英意文合璧的新版动物卫生证书。2010年，浙江无观赏动物出口。

二、动物产品检验检疫

浙江的出口动物产品主要包括动物毛类、羽绒羽毛、皮张皮革等。1980年，海宁制革厂生产的猪皮绒面服装革销往德国、日本、美国和加拿大等国，由杭州商检局实施检验。1988年2月，宁波商检局开始出口皮革服装检验。1994—1996年，德国和荷兰先后规定禁止偶氮含量超标的染料及染制品进口。浙江商检局、浙江省皮革工业协会决定对出口德国和荷兰的革皮服装及其制品由宁波商检局抽样送检，浙江商检局实施偶氮染料批批检测。同年8月，在染料厂自行推荐的基础上，浙江商检局审核后，分批向企业推荐不含禁用的偶氮染料。2002年起，浙江检验检疫机构不再实行自1989年开始实施的出口羽绒及其制品质量许可证管理制度。是年，浙江省出口羽绒占全国的54%。2010年，浙江检验检疫机构检验检疫出口动物产品22739批，涉及金额170869万美元。

表 68-3-2-3　2001—2010 年浙江检验检疫局出境动物产品检验检疫业务统计一览表

年份	业务量(批)	金额(万美元)	年份	业务量(批)	金额(万美元)
2001	11688	63440.7	2006	21216	118496
2002	-	-	2007	22791	122286
2003	9952	54961	2008	19371	125020
2004	10030	57466	2009	17295	101577
2005	21674	114730	2010	19261	135726

资料来源:1. 2001 年数据由浙江检验检疫局提供;2. 2003—2010 年数据摘自 2004—2011 年的《浙江检验检疫年鉴》;3. 2001—2010 年,浙江检验检疫局出境动物产品只统计批与金额。

表 68-3-2-4　1991 年 1 月至 1999 年 8 月宁波口岸出口畜产品检验检疫业务统计一览表

年份	检验情况					检疫情况		
	兔毛(吨)	羽绒(吨)	羽绒制品(件/只/套)	羽毛及制品(吨)	皮张	皮张	动物毛类(吨)	禽类羽毛(吨)
1991	72	5.00	310795	290.00	1500 张			
1992	167	81.00	629485	45.00	5000 英尺		59.00	
1993	-	94.44	631103	44.00	7000 张	39042 张	804.00	28.68
1994	325	69.64	921287	138.47	42525 张	862.2 吨	339.10	129.13
1995	341		926965		15300 张	14380 张	2429.60	33.00
1996	369	72.00	928173	27.00	125 吨	18545 张	1326.10	274.54
1997							2263.74	257.78
1998	100		401909	5.00		4000 张	8063.38	252.75
1999 年 1—8 月			401736		119969 英尺			

资料来源:1. 数据由宁波检验检疫局动植处提供;2. 宁波出口畜产品分检验、检疫两类统计。

说明:由于机构合并原因,1999 年 9—12 月数据缺失,无法找到。

表 68-3-2-5　2000—2010 年宁波检验检疫局出口畜产品检验检疫业务统计一览表

年份	皮革(吨)	毛类(万吨)	羽毛(吨)	年份	皮革(吨)	毛类(万吨)	羽毛(吨)
2000	24.29	0.84	27.90	2006	105.62	1.38	596.00
2001	64.62	1.25	15.20	2007	90.71	1.17	215.75
2002	85.67	0.53	13.20	2008	102.59	0.78	174.23
2003	64.94	0.55	257.02	2009	-	0.54	230.94
2004	75.29	0.72	250.15	2010	-	0.66	232.19
2005	138.81	0.96	414.27				

资料来源：1. 数据由宁波检验检疫局动植处提供；2. 2000—2010 年，宁波出口畜产品检验检疫合并统计。

(一)革皮及革皮制品

1. 革皮

浙江省出口革皮主要品种是猪皮绒面服装革、绵羊皮服装革和牛革皮，主要产地是海宁。其他还有猪皮鞋里革，主要产地是平阳。按品名可分为服装革、沙发革、鞋面革、鞋里革、箱包革、手套革。因是熟皮，不实施动物检疫，仅实施商品检验。

1980 年，海宁制革厂成为海宁第一家获“国家二级企业”称号的企业，生产的猪皮绒面服装革畅销全国，远销德国、日本、美国、加拿大等国，由杭州商检局实施检验。1988 年，出口猪皮绒面服装革和革皮服装革的检验由各地区商检局开始负责，检验标准是《出口猪羊牛绒面服装革检验方法》(SN 0083-92)及《皮革成品缺陷的测量和计算》(GB 4692-1984)。猪皮鞋里革由温州商检局按《出口本色皮革检验方法》(SN 0082-92)实施检验，若合同、信用证或输入国有要求的，按合同、信用证、输入国要求实施检验。是年，宁波商检局开始对出口盐渍牛皮实施检验。

1990 年，海宁上林制革厂生产的出口羊皮服装革出口中国香港地区，货值 2012 万元，由浙江商检局实施检验。1991 年，宁波商检局开始对出口革皮服装及制品实施质量许可证考核制度。1992 年，浙江商检局制发《浙江商检局出口商品检验分等管理办法》，宁波商检局开始对革皮制品企业实施分等管理。1993 年，浙江商检局制发《关于对出口畜产品及其制品生产企业实施质量许可证监督抽查通知》。1995 年以前，出口革皮大部分是异地报检。1996 年起，鳌江商检局开始实施检验，多次检出短尺、六价铬超标的现象。1999 年 10 月，浙江检验检疫局负责起草的《进出口铬鞣(蓝)湿革检验规程》《进出口盐湿猪皮检验规程》，通过国家检验检疫局组织的专家评审。

2001 年，浙江检验检疫机构检验出口的毛皮及制品，货值为 1546.2 万美元。2002 年，经浙江检验检疫局检验，出口裘皮及制品货值达 2863.6 万美元。2003 年后，革皮因未列入《出入境检验检疫机构实施检验检疫的出入境商品目录》,不再实施检验检疫。

2. **革皮制品**

浙江省皮革服装生产始于20世纪50年代,生产皮革服装主要集中在嘉兴海宁、杭州、湖州三个地区。1957年9月25日,国家贸易部商检局颁发重新修订的《现行实施检验商品种类表》,规定裘革皮服装为法定检验商品。1958年,海宁制革厂在生产皮鞋的同时试制皮衣及一些小皮件,部分产品出口苏联,由上海商检局实施检验。

1980年底开始,杭州商检局正式对出口皮革服装实施检验。1985年,浙江省土产畜产进出口公司自营开展皮革服装的出口业务。是年,接到中国土产畜产进出口总公司第一批记账贸易,数量为3万件。全年,浙江省共出口62507件皮装,创外汇218万美元,由浙江商检局派员检验合格放行。1986年,国家商检局制定《出口皮革服装检验规程》(ZBY 76004-86)。浙江畜产进出口公司从广交会上接到出口到瑞士的第一批猪皮服装订单,数量为1000件,由杭州皮件厂生产,浙江商检局检验。1988年2月,宁波商检局开始实施出口皮革服装的检验。1989年,浙江商检机构对出口皮革服装生产企业实行许可证考核发证制度,制定《出口革皮服装质量许可证考核办法(试行)》。

1990年3月,国家商检局向各地商检局发出急件《关于对联邦德国出口革皮制品必须检验PCP残留的函》,浙江商检机构规定,对联邦德国出口的劳保手套等皮革制品,一律检验PCP(五氯苯酚),超过5ppm的不得放行出口。1991年2月,嘉兴、绍兴、湖州商检局开始出口皮革服装检验工作。1994年,浙江商检局根据1992年制定的《浙江省出口商品检验分等管理办法》和皮革服装生产企业的实际情况,制定《浙江省出口革皮服装检验分等管理实施细则》。1994年7月5日,德国政府新法规规定,自1995年6月30日起,禁止偶氮含量超标的染料及染制品进口。同年12月30日,停止上述染料及染制品在德国市场销售。浙江商检局制定《浙江省对德国出口革皮及其制品有关管理规定》,规定从1995年5月1日起,对出口德国的革皮服装及其制品由宁波商检局抽样送检,浙江商检局实施偶氮染料批批检测。同年8月,浙江商检局和浙江省皮革协会在杭州联合召集部分制革企业、皮衣生产企业、外贸出口公司商议决定,在染料厂自行推荐的基础上,经浙江商检局审核后,分批向企业推荐不含德国禁用的偶氮染料。1996年,国家商检局印发《关于通报荷兰禁止销售含偶氮染料商品的函》,据此,浙江出口至荷兰的皮革服装制品实行的检验标准与德国的检验标准一致。

2001—2002年,浙江检验检疫局检验23435批、39104242件出口皮革服装,货值99798万美元。2002年,浙江检验检疫局对皮革服装实施分类管理,印发《浙江检验检疫局出口革皮服装检验分类管理实施细则》。2003年起,浙江检验检疫机构按质检总局修订的《进出口皮革服装检验规程》(SN/T 0069-2003),对进出口皮革服装进行检验。

(二)羽毛羽绒及其制品

羽毛羽绒是浙江省传统大宗出口商品。计划经济时代,羽毛绒主要由供销合作社收购,统一调拨至国营(集体)的羽绒加工厂加工,再统一交给口岸外贸公司,由中国土畜产进出口总公司统一对外出口。检验检疫工作主要由口岸检验检疫机构承担。20世纪80年代初开始，出口羽毛羽绒由各地专业外贸公司经营。

1981年初，中国土产畜产进出口公司浙江省畜产分公司开始自营出口羽毛羽绒等畜产品。是年，出口约100吨羽毛羽绒，由杭州商检局实施检验。同年4月，杭州商检局要求出口畜产品加工拼配单位的产品在厂检基础上，逐批向商检机构申请预验，出口时，凭预验单换发商检证书和放行。1981年，浙江省商检机构开始对出口羽毛绒实施检验，同时承担出口贸易性动物产品的检疫工作，商检机构凭农业部门出具的动物产品检疫合格证明签发兽医（卫生）证书。1986—1988年，宁波动植物检疫所检疫出口1批、200公斤刀翎毛，检疫出口2批、35箱700公斤鹅毛。1989年，浙江商检局规定对出口畜产品生产企业实行质量许可制度，并制定考核标准和方法。同年10月1日起，《出口羽毛》(GBN 289-1989)、《出口水洗羽毛》(GBN 290-1989)、《中国出口羽毛检验方法》(GB 10288-88)、《中国出口水洗羽毛检验方法》(GB 10289-88)4个国家标准发布实施，出口羽毛绒检验工作进一步标准化和规范化。至20世纪90年代初，浙江商检局本部，宁波、温州、绍兴、湖州、嘉兴、金华商检局按以上4个国家标准开展出口羽毛绒检验检疫业务。

1990年1月1日起，出口羽绒制品成为法定检验商品。1991年，宁波地区对出口羽绒制品实施质量许可证考核制度。1993年7月13日，浙江商检局规定出口羽绒制品厂对用于生产出口羽绒制品的填充料，须在使用前统一向浙江商检局报检，经检验合格后方准用于制品生产。1994年，浙江商检局制定《浙江省出口羽毛绒及制品检验分等管理实施细则》，对羽毛绒制品实施分等管理。1996年3月25日，浙江商检局下发《转发国家商检局等部门调整出口质量许可证产品目录的通知》，调整出口羽绒制品质量许可证产品目录，对其加工企业不再实施质量许可证管理。出口羽绒仍按原规定执行。9月5日，浙江商检局发出《印发〈浙江商检局关于对输往设禁国家纺织品服装进行禁用偶氮染料检测的暂行规定〉的通知》，凡输往设禁国家（当时为德国、荷兰）的纺织品服装，必须经过偶氮染料(AZO)的检验，合格者方可放行出口。羽绒制品也依照此规定执行。

2002年6月6日，浙江检验检疫机构停止执行出口畜产品质量许可制度，至此，出口羽绒及其制品全部不再实行质量许可证管理。是年，浙江省出口羽绒数量占全国出口量的54%，出口羽绒及其制品以羽绒服、羽绒被为主。2004年，国内外部分地区发生禽流感，浙江局制定《高致病性禽流感疫情进出境检验检疫应急处理预案》。2010年，浙江检验检疫机构检疫出口羽毛1.44万吨。

三、植物检疫

从中华人民共和国成立到20世纪60年代初期，浙江进出口植物检疫主要由上海商检局承担。1962—1966年，出口植物检疫由杭州商检局承担。1966年5月，移交浙江省植物检疫总站承担。1979年起，杭州、宁波、温州、舟山动植检所相继成立，开展进出口植物检疫工作。

1980年，杭州动植物检疫所首次检疫出口到日本的花卉盆景。1982年，国务院发布《中华人民共和国进出口动植物检疫条例》，明确进出境栽培植物、野生植物及其种子、苗木、繁殖材料列入法检范围，浙江口岸动植检机构按照要求受理植物出口单位或其代理人向口岸动植物检疫机关的报验。经检疫合格的，签发检疫证书并放行。1985年，杭州动植检所建立植物隔离检疫温室，制定温室管理制度及温室管理人员职责，宁波动植物检疫所也在所内建立临时植物隔离检疫温室。1989年，杭州动植检所开展对盆景除害处理研究，首批1500盆盆景在荷兰鹿特丹顺利通关。同年，杭州动植检所与浙江省植检站开展菊花白绢病、桂花根结线虫、水仙基腐病和郁金香基腐病4种危险性花卉病害检疫重要性评价研究。

1990年，宁波动植物检疫所开始承担宁波地区出口种苗花卉检疫工作。1991年，宁波动植检所开始实施出口盆景、花卉检疫，其主要出口基地为宁波虹星园艺中心。1992年，浙江杭州、舟山等地开始出口杨桐、柃木等新鲜切枝。同年，温州动植检所开始对出口荷兰、意大利、法国、巴拉圭的盆景、花卉实施植物检疫。1995年，国家动植物检疫局下发《关于严格执行对欧共体出口盆景检疫要求的通知》《关于对出口盆景基地实行检疫注册登记管理制度的通知》，浙江动植物检疫机构开始对输欧出口盆景基地实施注册登记管理，并按照欧共体关于盆景植物检疫要求，对出口盆景实施严格检疫，凡不符合要求的盆景不得出口。宁波动植检局对宁波虹星园艺中心实施了注册登记。1998年，杭州动植检局下发《关于加强对输日杨桐、柃木检疫工作的通知》。同年，宁波虹星园艺中心向宁波动植物检疫局报告了意大利某公司拟向该出口盆景基地订购大量五针松盆景的情况，为此，宁波动植物检疫局向国家动植检局提出开展五针松输意大利解禁的工作需求。

1999年“三检”合一后，出口植物检疫工作由浙江检验检疫局、宁波检验检疫局承担。1999年后，浙江出口植物检疫增加黑松、石松两个品种。2000年，浙江省出口美国盆景因带有天牛活虫等，遭到美国动植物健康检疫局(APHIS)销毁处理。同年，宁波检验检疫局制定了《宁波口岸出口盆景检疫程序》，浙江检验检疫局编制了试管苗类、接穗或芽条、鳞球茎或块根或块茎、整株植物或砧木或茎干、种子(一般包装)、种子(小包装)6大类作业指导卡。美国动植物健康检疫局(APHIS)规定，从2001年9月21日起，对来自中国的枫树、紫薇、安息香三属盆景必须经溴甲烷熏蒸处理。11月26日，浙江检验检疫局下发《关于进一步加强进出境繁殖材料检疫工作的通知》。1997—2002年，宁波检验检疫局开展了一系列的实验，尤其是对土壤介质的处理技术研究，对出口美国的洗根苗开展了实验，使出口美国的洗根苗成活率达到95%以上，促进了宁波地区输美植物出口。

2002年，浙江检验检疫局牵头起草了中国《进出境植物苗木检疫规程》(SN/T 1157-2002)。2003年，质检总局正式颁布该检疫规程，用于指导和规范全国进出境苗木检疫工作。2007年9月30日，浙江检验检疫机构根据质检总局下发《关于加强进出境种苗花卉检验检疫工作的通知》，要求开始对辖区出境种苗花卉生产经营企业实施全面注册登记管理，经过严格考核，浙江局辖区16家、宁波局辖区1家出境种苗花卉企业获得出口种苗花卉生产经营企业注册登记资格。2008年1月15日，宁波检验检疫局根据质检总局下发《关于做好输往欧盟盆栽植物检疫及监管工作的紧急通知》要求，对输欧3家出口盆景企业进行了检查。是年，欧盟委员会发布了《欧盟对星天牛寄主植物采取紧急检疫措施》(世贸组织通报编号为G/SPS/N/EEC/334)，要求自2008年10月31日起，输欧星天牛寄主植物应来自星天牛非疫区，或出口前已隔离种植2年，并在植物检疫证书上附加特定声明。同年，质检总局发布《关于转发欧盟对星天牛寄主植物采取紧急检疫措施的通知》，浙江检验检疫机构出台紧急措施，严格按照欧盟要求做好输欧盟植物的检验检疫和出证工作，帮扶辖区内企业应对欧盟出台的新措施。

2010年7月，欧盟委员会发布实施《关于防止星天牛传入欧盟紧急措施(2008/840/EC)》(修订案)，修改了输欧星天牛寄主植物检疫要求。欧盟暂停中国星天牛寄主植物出口，中国产红枫等槭属植物不得输往欧盟。8月，质检总局组织制定《中国输往欧盟星天牛寄主植物检验检疫监管要求》，下发《关于做好输欧盟星天牛寄主植物检疫监管工作的通知》，浙江检验检疫机构加强对星天牛寄主植物监管工作，禁止出口企业夹带星天牛寄主植物出口欧盟。

表 68-3-2-6　　1980—1992 年浙江出境植物种苗检疫业务统计一览表

年份	受检植物种类	输往国家	业务量(批)	数重量
1980	花卉盆景	日本等	18	16000 株
1981	花丼盆景	日本等	15	5000 株
1982	花卉盆景	日本等	20	13000 株
	其他	日本等	6	3.34 吨
1983	花卉	日本等	6	100 株
	蚕豆等	日本等	15	15 吨
	蔬菜种子	日本等	25	15 吨
1984	粮谷种子	日本等	6	300 吨
	蔬菜种子	日本等	10	4 吨
	花卉种子	日本等	10	0.87 吨
	其他种子	日本等	6	300 吨
	花卉苗木	日本等	10	12581 株
1985	粮豆种子	日本等	5	403 吨
	牧草、草坪种子	日本等	5	2.2 吨
	其他种子	日本等	5	2.146 吨
	花卉苗木	日本等	11	54214 株
	其他苗木	日本等	23	18053 株
1986	花卉盆景	加拿大	20	43770 株
	种子	德国等	30	6.016 吨
	其他	苏联等	20	46000 株

续表

年份	受检植物种类	输往国家	业务量(批)	数重量
1987	苗木	日本等	10	6000 株
	种子	日本等	14	500 吨
1988	花卉苗木	日本等	24	82000 株
	其他苗木	日本等	8	508 株
	种子	日本等	8	0.079 吨
	其他	日本等	5	5000 吨
1989	盆景苗木	日本等	26	87299 株
	种子	日本等	10	900 吨
1990	盆景苗木	日本等	56	179514 株
	种子	日本等	29	0.313 吨
1991	盆景苗木	日本等	60	18000 株
	种子	日本等	30	5 吨
1992	盆景苗木	日本等	60	7000 株
	种子	日本等	40	5 吨

资料来源：数据摘自《浙江检验检疫志》，浙江人民出版社 2005 年版，第 419—420 页。

说明：表中数据不包括宁波。

表 68-3-2-7　　1991—2010 年宁波出境植物种苗检疫业务统计一览表

年份	受检植物种类	输往国家	业务量(批)	数重量、货值
1991	盆景花卉	荷兰等	3	23918 盆
1992	花卉盆景	荷兰	2	30750 盆
	种子	日本	1	0.141 吨
	苗木	意大利	1	0.006 吨
1993	花卉	日本等	3	5053 株
	杨桐	日本等	160	149.06 吨
1994	盆景苗木	荷兰等	3	11880 株/盆
	种子	日本等	2	5.65 吨
	杨桐	日本等	241	515.9 吨

续表

年份	受检植物种类	输往国家	业务量(批)	数重量、货值
1995	盆景苗木	荷兰等	8	64083 盆
	种子	-	-	-
1996	盆景苗木	荷兰等	7	62611 盆
	种子	日本等	1	0.001 吨
	苗木	荷兰等	10	72277 株
	杨桐	日本等	153	348.715 吨
1997	盆景苗木	荷兰等	9	51908 株、3 万包
	苗木	日本等	5	39.567 吨、1200 株
1998	苗木	日本	3	7133 株、20.21 吨
	盆景苗木	日本等	7	1.553 吨
1999	苗木类	日本等	7	45.580 吨
	花卉盆景	荷兰等	1	120000 株/盆
	种子	日本等	1	4.086 吨
2000	花卉盆景	荷兰等	1	130000 株/盆
	苗木类	意大利等	13	158746 株
	种子	日本等	133	4422.641 吨
2001	苗木盆景	日本等	24	356521 美元
2002	苗木盆景	日本等	325	4906928 美元
2003	苗木盆景	日本等	212	1658292 美元
2004	苗木盆景	日本等	166	165 万美元
	种子	日本等	8	15 万美元
2005	苗木盆景	日本等	155	146.5 万美元
2006	苗木盆景	日本等	209	287 万美元
	种子	日本等	2	1 万美元
2007	种子、苗木盆景	日本等	250	488 万美元
2008	苗木盆景	日本等	228	446 万美元
	种子	日本等	2	5 万美元

续表

年份	受检植物种类	输往国家	业务量(批)	数重量、货值
2009	苗木盆景	日本等	279	601 万美元
2010	苗木盆景	日本等	302	772 万美元

资料来源:数据由宁波检验检疫局动植检处提供。

四、植物产品检验检疫

1979 年,浙江省(不包括宁波,1979 年宁波无出口蔬菜业务)检验检疫出口蔬菜 200 吨。1983 年,浙江省(不包括宁波)检验检疫出口水果 5581.321 吨。1986 年,宁波动植检所开始对出口蔺草、草席及榻榻米实施检疫。1991 年,宁波口岸检验出境果蔬 9122.5 吨,检疫果蔬类 10969.3 吨、豆类 8383 吨、竹木藤柳草 8450 吨。2000 年,宁波口岸检验检疫出境蔬菜 28633 吨,豆类 2767.5 吨,木制品 27692 吨,草制品 537674 吨;是年,浙江局检验检疫出境蔬菜 115500 吨,水果 9498 吨,竹木藤柳草 21346 吨。2010 年,浙江局检验检疫出境植物产品 108344 批,货值 207370 万美元。宁波局检验检疫出境蔬菜 48254 吨,是 1991 年和 2000 年的 4.39 倍和 1.69 倍;木制品 269094 吨,是 2000 年的 9.72 倍;草制品 24939 吨,比 2000 年减少 95%。

表 68-3-2-8　2001—2010 年浙江检验检疫局出境植物产品检验检疫业务统计一览表

年份	业务量(批)	金额(万美元)	年份	业务量(批)	金额(万美元)
2001	30654	39704	2006	100515	172502
2002	44886	60220	2007	96929	180948
2003	50323	68681	2008	105633	215086
2004	61913	86679	2009	87933	163776
2005	77391	117502	2010	108344	207370

资料来源:1. 2001—2002 年数据(包括出境植物检验检疫业务)摘自《浙江检验检疫志》,浙江人民出版社 2005 年版,第 1164 页、1169 页;2. 2003—2010 年数据摘自 2004—2011 年《浙江检验检疫年鉴》。

说明:2001—2010 年,浙江检验检疫局出境植物产品检验检疫业务只统计批与金额。

表 68-3-2-9　　1979—2000年浙江省出境植物产品检验检疫分类一览表

年份	蔬菜(吨)	水果(吨)	竹木藤柳草(公斤)	药材(吨)	板栗(吨)	白果(吨)	豆类(吨)
1979	200	-	-	-	-	-	-
1980	136.8	-	-	-	-	-	-
1981	101.5	-	-	-	-	-	-
1982	70	-	-	-	-	-	-
1983	480	5581.321	-	-	-	-	-
1984	2000	3101.0651	-	-	-	-	-
1985	5518	-	-	-	-	-	1473
1986	3705	6747	-	-	-	-	5569
1987	8339	8747	-	-	-	-	-
1988	5020	5629	-	-	-	-	-
1989	1563	5720.817	-	600	-	-	-
1990	13426	11231	-	-	590	451	10
1991	87637	1076	-	-	608	151	-
1992	119200	1398	9188400	-	203	175	-
1993	58829	7251	10207600	-	226	92	-
1994	67109	3205	11341200	-	270	152	-
1995	85761	4345	12604800	1415	273	268	-
1996	60931	5569	14003600	3780	212	182	-
1997	58985	6684	15558400	2839	105	36	-
1998	126381	6431	17290000	3000	3	6353	-
1999	64824	7911	19208800	4017	-	72	-
2000	115500	9498	21346000	3597	75	126	-

资料来源:数据摘自《浙江检验检疫志》,浙江人民出版社 2005 年版,第 423、432、438、440、443 页。

说明:表中数据不包括宁波。

表 68-3-2-10　　1991 年 1 月至 1999 年 8 月宁波口岸出境植物产品检验检疫业务统计一览表

单位:吨

年份	检验情况			检疫情况							
	果蔬类	粮谷类(大米)	豆类	果蔬类	粮谷类(大米)	豆类	棉花	木制品	竹藤柳草及其制品	药材	板栗干果类
1991	9122.5	-	-	10969.3	-	8383	-	-	8450	140	280
1992	13442	-	2500	15173	-	3740	-	4199	21792	473	308
1993	14482.5	-	40	13114	-	6777	-	5228	34037	1107	1128
1994	14828.8	-	15681	33083	-	3731.8	2202	21735	68722	1679	-
1995	15059.7	-	8354	21687	-	4865	251	38464	32134	1662.8	-
1996	18734.3	-	5947	49853.3	-	2077	-	30215	30215	1440	-
1997	23099	11925	687	27233.3	98962	645	1978	32076	61189	1289	-
1998	25546.9	23126	-	33612	371714	2593	268	58077	36647	-	-
1999	27716.4	-	3664	-	-	-	-	-	-	-	-

资料来源:数据由宁波检验检疫局动植处整理。

说明:1999 年统计时间为 1—8 月。1991 年至 1999 年 8 月,宁波口岸出境植物产品检验与检疫分开统计。

表 68-3-2-11　　1999 年 9 月至 2010 年 12 月宁波检验检疫局出境植物产品检验检疫业务统计一览表

单位:吨

年份	蔬菜类	粮谷类(大米)	豆类	木制品	草制品
1999	26772.3	118242	426.0	32618.72	31196.00
2000	28633.0	-	2767.5	27691.98	537674.00
2001	30621.2	28000	117.0	3435.97	26748.35
2002	35000.0	51529	81.0	6402.60	27421.71
2003	41258.0	55800	10.0	72387.00	41063.00
2004	50354.0	1200	20.5	38327.00	33911.00
2005	46127.0	-	128.0	72979.00	29713.00
2006	47951.0	3120	38.0	39286.00	28540.00
2007	48364.0	-	88.0	35239.00	28069.00
2008	50163.0	1600	157.0	86587.00	25410.00
2009	46868.0	-	-	444606.00	24884.00
2010	48254.0	-	-	269094.00	24939.00

资料来源:数据由宁波检验检疫局动植处整理。

说明:1999 年统计时间为 9—12 月。

（一）竹、木、藤、柳、草及其制品

浙江省竹、木、藤柳草制品出口较早。清同治八年（1869年），宁波草席出口。同治十三年，宁波草帽出口。1957年，东阳木雕出口。1980年，竹制品出口。

1986年，宁波动植检所开始对出口蔺草、草席及榻榻米实施检疫。1992年，杭州、宁波、舟山动植检局开始对家具、工艺品和玩具等出口木制品实施检疫。1994年，浙江省出口竹草类及制品3164批、6.6万吨，木材及制品3327批。1998年，浙江省出口竹藤柳草类4499批，货值36648万元。

2000年，宁波检验检疫局出台《宁波出境竹木草制品检疫程序》。6月，宁波局对出口竹、木、草制品进行了风险分类管理。2001年4月，浙江检验检疫局下发《关于印发植检注册登记实施细则及协检员管理办法的通知》。11月，宁波检验检疫局出台《宁波口岸出境非食用性植物产品生产加工单位登记管理办法（试行）》。从2001年12月起，对出境植物产品全面实施风险分类管理。2003年7月1日起，浙江检验检疫局对竹木制品生产企业实行分类管理。

2005年9月，绍兴检验检疫局从一批出口杉木条中检出活体天牛幼虫，经鉴定，确认为皱鞘双条杉天牛，对该批货物进行了熏蒸消毒处理，重新施检合格后予以放行。2007年，衢州检验检疫局检出3批出口产品的甲醛释放量超标，1批出口产品的油漆中重金属含量超标。2008年1月9日，绍兴检验检疫局在一批出口欧盟、一批出口澳大利亚的木家具中，检出油漆重金属铅、铬超出GB18584-2001规定的限量标准，判定不合格，做出不准出境的处理。2008年3月，浙江检验检疫局印发《浙江检验检疫局出境竹木草制品检验检疫监管工作实施细则（试行）》。4月，杭州检验检疫局以儿童家具、室内家具和食品接触木制品等重点敏感产品为重点开展专项整治工作，抽检123家企业143批出口货物，检出9批不合格。截至2008年9月底，杭州地区已有224家竹木制品生产企业获得注册登记资格，宁波地区有200家竹木企业通过注册登记。

2010年1月，浙江检验检疫局印发《浙江检验检疫局出境农产品企业注册登记流程管理办法（试行）》。4月29日，宁波检验检疫局修订了《宁波地区出境动植物产品生产企业厂检员管理办法》，在宁波局内网公布获证企业相关信息，半年一次报质检总局备案。10月，杭州检验检疫局开展出境竹木草制品质量安全和企业管理规范提升活动。12月，湖州检验检疫局自主研发熏蒸库房，为企业省下400万余元。

（二）蔬菜

1979年，浙江出口蔬菜200吨。1992年，宁波商检局开始对出口脱水蔬菜实施检验检疫。2001年，宁波检验检验局印发《宁波地区出口蔬菜安全卫生检验检疫监管细则》，对出口蔬菜备案基地和生产企业的安全卫生监管进行了规范，确保出口蔬菜的安全卫生质量。

2003年9月，宁波检验检疫局根据质检总局关于输欧盟冷冻蔬菜实施产地监装与铅封和口岸查验的有关要求，加强对输欧盟冷冻蔬菜检验检疫监管工作。2004年1月，宁波检验检验局对输新加坡蔬菜农残超标情况进行摸底调查。

2007年5月，浙江检验检疫机构按照质检总局部署，加强供港澳蔬菜检验检疫监管工作，供港澳蔬菜必须来自经检验检疫机构备案的出口蔬菜种植基地，须在其外包装上标注基地备案号、生产企业卫生注册登记号、产品名称等信息，并对产品实施监装，对运输工具实施铅封。11月，宁波检验检验局推进宁波地区出口蔬菜原料种植优良基地建设。

2008年，浙江检验检疫局落实质检总局关于加强出口植物源性食品原料种植基地检验检疫备案管理的相关要求，实施蔬菜基地备案属地化管理，与相关直属检验检疫局建立联系并达成一致意见，拟订了《出口茶叶异地原料基地备案监管合作实施方案》。是年，浙江局组织专家对辖区内18大类出口蔬菜开展了农药使用调查和风险评估（或重评估）工作，基本摸清了各类蔬菜高、中、低风险农药种类，引导企业规避高中风险农药的使用。8月，宁波检验检疫局印发《宁波出入境检验检疫局出口植物源性食品原料种植基地检验检疫备案工作规范》，加强备案基地工作管理；同时，对宁波地区出口蔬菜企业厂检员实施备案管理制度。9月，宁波检验检疫局印发《宁波检验检疫局出口蔬菜检验检疫岗位能力认定实施方案》。受2008年下半年金融危机、2008年初日本发生的“毒饺子事件”和国内“三鹿奶粉事件”影响，2009年，浙江出口蔬菜量减质升，出口蔬菜11737批，211206吨，25645万美元，分别同比下降19.85%、8.4%和29.66%。2010年，浙江出口蔬菜6182批，88574.47吨，13982.11万美元，分别同比下降52.67%、41.9%、54.52%。

五、粮谷与饲料检验检疫

浙江省大米出口始于1957年。1973年，浙江省出口大米15570吨。1974年前，由上海商检局派员到浙江实施出口大米产地检验。1974年8月1日，杭州商检局开始负责浙江省出口大米的产地检验工作。1983年，杭州商检局宁波商检处开始对出口大米实施检验。1985年，浙江省对豆类出口实施检疫，全年检疫出口豆类12批、1473吨。1996年，浙江商检局首次对输韩的糙米实施检验，感官检验以美国3号标准为依据，并实施农药残留检测。1999年以后，因宁波口岸出口大米均来自外地，出口货物由产地检验，宁波检验检疫局只负责对出口大米的换证核查和熏蒸处理。

（一）大米

1957年，浙江省开始调拨大米出口。1974年前，由上海商检局派员到浙江实施出口大米产地检验。1974年8月1日起，杭州商检局负责浙江省出口大米的产地检验工作，按照1959年国家粮食、外贸两部联合下达的《出口大米加工检验施行标准》和合同规定检验，出口伊拉克要检测镉含量，出口印度尼西亚要检测铅含量，对加工出口大米厂家实施注册登记制度。

1977年，杭州商检局在检验湖州蒸谷米厂生产的360余吨出口标一蒸谷籼米，发现蒸谷米的病损率已超过“无锡蒸谷米会议”规定的1.5%病损率的要求。杭州商检局组织并会同上海商检局、上海粮油进出口公司、吴兴县粮食局、粮管所、湖州蒸谷米厂等单位，经过反复抽样检验和原因分析，鉴于是年早稻病损较多，同意标一蒸谷米的病损率标准暂按2.5%掌握。1978年7月，杭州商检局与省粮食局联合下达《关于出口大米麻袋“代号”的函》，规定各厂出口大米的加工代号，要求刷在包装麻袋的左下角，以利于各道环节的抽查和管理。

1980年，杭州商检局召开3次全省加工厂（所）检验员和米机工参加的出口大米评样会。各县分别召开出口大米评样会，并建立评样小组，统一基层厂（所）检验员、米机工检验标准。2月，浙江省粮食局和杭州商检局联合下发《关于代理出口五万吨大米商检问题的通知》，对出口大米的检验采取划片定点定人负责检验的办法。1983年，国家商检局发布《出口大米检验方法》《出口大米检验操作规程》。是年，杭州商检局宁波商检处开始对出口大米实施检验，出口大米的产地主要为鄞县、余姚、奉化等县市。1986年，国家大米标准（GB 1354-1986）发布实施。是年，浙江商检局分别在嘉兴、湖州、金华会同当地粮食局进行业务培训，帮助加工厂建立检验制度。是年，宁波动植物检疫所检疫出口大米26批、8763吨。1988年，浙江商检局下发《关于加强出口粮油饮料及杂品质量管理的通知》。1989年7月，湖州商检局开始对出口大米实施检验。

1992年，杭州动植检局开始对省粮油公司出口非洲等地的蒸谷米（用集装箱装载）实施磷化铝熏蒸处理。1995年，浙江商检局制定全省出口大米、蒸谷米标准样品。1996年，浙江商检局第一次对输韩的糙米实施检验，感官检验以美国3号标准为依据，并实施农药残留检测。1996年8月，浙江商检局下发《浙江省出口粮谷类产品检验分等管理实施细则（试行）》，将出口粮谷类企业分为三种管理等级。是年，浙江动植检机构制定出境粮谷类检疫规程。

1997年9月19日，宁波商检局制定《出口粮食厂库登记卫生要求》。是年，宁波地区恢复加工出口大米，加工企业分布在鄞县、奉化、余姚三个县市，分别出口古巴、朝鲜、菲律宾、马达加斯加和贝宁。宁波商检局首次在口岸查验出口大米，大米产自江西、浙江和宁波本地。是年，查验出口大米22船批、97370吨，未发现不合格。1999年9月以前，宁波地区（加工生产）的大米从上海口岸出口，由上海动植物检疫局实施检疫；而江西省和浙江省的嘉兴、湖州等地大米在宁波口岸出口，由宁波动植物检疫局实施检疫。出口大米主要输往古巴、科特迪瓦、贝宁、法国、美国、菲律宾、马达加斯加、印度尼西亚、西非等国家和地区。

1999年11月，浙江检验检疫局承担援助塞拉里昂一等早籼米共1428吨的检验任务，按照《援外物资检验管理办法（试行）》的规定，对该批大米实施检验检疫，经检验检疫合格后及时出证。1999年以后，出口大米由产地局负责检验检疫并出具相关证书，宁波检验检疫局只负责对出口大米的换证核查和熏蒸处理工作。2008年，宁波口岸出口大米1600吨，宁波检验检疫局完成对该批大米换证复查和熏蒸处理工作。2009—2010年，浙江未出口大米。

表 68-3-2-12　　1973—2002 年浙江省出口大米检验情况一览表

年份	批数	重量(吨)	年份	批数	重量(吨)
1973		15570	1988	756	77140
1974	2274	280700	1989	80	8294
1975	734	92000	1990	155	23282
1976	83	9895	1991	305	47374
1977	91	10674	1992	739	101010
1978	521	66290	1993	600	166079
1979	540	48916	1994	743	207795
1980	822	91520	1995	77	14281
1981	443	53485	1996	301	58218
1982	634	81235	1997	785	149601
1983	1013	110410	1998	1235	226524
1984	1512	169208	1999	612	125201
1985	1219	150228	2000	21	219
1986	1191	127625	2001	81	13189.7
1987	996		2002	375	68135.3

资料来源：数据摘自《浙江检验检疫志》，浙江人民出版社 2005 年版，第 429 页。

(二)豆类①

浙江豆类出口检疫始于 1985 年，主要从宁波口岸出口。是年，宁波动植检局检疫出口豆类 12 批、1473 吨，其中蚕豆 939 吨；1986 年，检疫出口蚕豆 5569 吨；1990 年，检疫出口蚕豆 10 吨。

1991—1998 年，宁波口岸累计检疫出口豆类 32817.8 吨，检验出口豆类 33209 吨，主要品种有蚕豆(大白蚕、手拣豆、小青豆)、马料豆、黄豆等，出口日本、意大利、泰国、印度尼西亚、马来西亚、埃及和北部非洲等国家和地区。检疫出最多的有害生物是蚕豆象，检出率在 20%～40%，最高达 70%，检出后采用溴甲烷或磷化铝密封熏蒸处理，熏蒸处理合格后出口，未发生退货或索赔事件。

1999—2008 年，宁波口岸累计检验检疫出口豆类 7459 吨，豆类出口多以小批量、集装箱运输，产地为宁波慈溪，出口泰国、法国、马来西亚、美国和中国香港地区。2009—2010 年，浙江省未出口豆类。

① 是指干的豆类。

六、出境木质包装检疫

浙江动植物检疫机构于20世纪80年代开始受理出口货物木质包装熏蒸业务，并出具熏蒸证书。1984年，杭州动植检所开始对出口澳大利亚包装木箱实施检疫，在全省最早开展出境木质包装检疫和熏蒸业务。1988年2月22日，宁波动植物检疫所对奉化水泵厂的100余立方米出口木质包装箱实施熏蒸，系宁波地区首次。1990年3月，舟山动植检所应舟山渔业合营公司要求，对该公司出口冻鱼的木质包装箱堆放场进行检查，查出赤毛皮蠹、锯胸隐食甲、纵坑切梢小蠹等33种害虫。4月，舟山动植检所派遣技术人员协助该公司进行喷药灭虫处理。1992年初，温州动植检所制定《出口木质包装材料检疫有关规定》，1992年5月起实施。

1998年前，木质包装按一般植物产品由动植检机构实施检疫及熏蒸处理。此后，由于输入国的要求，对出境木质包装进行专项检疫和检疫监管。1998年10月，宁波动植检局发布《关于对输美货物的木质包装铺垫材料实施检疫处理的通知》。11月，国家检验检疫局下发《关于对输美货物的木质包装除害处理以及改进包装有关问题的紧急通知》和《输美货物木质包装检疫处理管理办法(试行)》，浙江口岸动植检机构开始对出境木质包装实施专项检疫，对输美货物木质包装进行检疫监管，实施熏蒸处理并按美国要求出具熏蒸消毒证书。11—12月，加拿大食品检验署和英国林业委员会相继发布法令，对所有来自中国的木质包装实行新的检疫措施。12月22日，英国对中国货物的木质包装实行紧急检疫措施。是年，国家检验检疫局制定了《熏蒸消毒监督管理办法(试行)》《帐幕熏蒸操作规程》《集装箱熏蒸操作规程》和《简易熏蒸库熏蒸操作规程》，浙江口岸动植检机构据此严格实施熏蒸处理监管，提高检疫处理质量。

1999年1月，宁波动植检局制定《宁波口岸出境木质包装检疫处理核销管理办法(试行)》，开始对出境木质包装实施集中检疫处理、分批核销使用制度。2月，中国开始对输往英国的木质包装实施检疫处理。3月，经杭州动植检局考核批准，萧山永兴木业有限公司等成为热处理定点单位。4月，杭州动植检局印发《关于进一步做好输美、加货物木质包装检疫监管工作的通知》。5月24日，杭州动植检局接到国家检验检疫局《关于加拿大在我输加货物木质包装中截获疫情情况的通报》，其中浙江的晋亿公司输加货物木质包装在加拿大被查有活虫。经查，疫情事故是由于晋亿公司在货物装柜时混入未处理过的木质包装。6月，国家检验检疫局发布《关于欧盟对我输欧货物木质包装实行紧急措施的紧急通知》，规定自1999年6月10日起，对输欧木质包装进行检疫处理。8月9日，国家检验检疫局下发《关于加强输美、加货物木质包装检疫监管有关问题的通知》，据此，浙江动植检机构加强出境货物木质包装检疫及处理监管工作，禁止集装箱货物随航熏蒸，引导出口木质包装采用热处理。11月，巴西对中国货物木质包装实行紧急检疫措施。

2000年1月起，中国对输往巴西的木质包装实施检疫处理。4—5月，浙江检验检疫局印发《关于进一步规范出境木质包装检疫监管工作的通知》《关于加强出境货物木质包装检疫监管及统计工作的通知》。6月20日，宁波检验检疫局出台《宁波口岸出境木质包装检疫处理核销管理办法》。自 2001 年 10 月 1 日起，浙江口岸检验检疫机构对出口欧盟货物针叶木制作的木质包装实施检疫后，出具植物检疫证书和出境货物通关单，并对来自松材线虫疫区的出口针叶木质包装实施除害处理并打印处理标识。2003 年 4—7 月，加拿大、新西兰反映中国输加、新货物木质包装熏蒸剂量不符合要求，质检总局下发文件规范输往加拿大、新西兰货物木质包装溴甲烷熏蒸处理标准，浙江检验检疫机构据此调整了相应熏蒸处理标准。

2005 年，质检总局发布《出境货物木质包装检疫处理管理办法》。浙江检验检疫局制定了《出境货物木质包装除害处理标识加施企业考核办法（试行）》《出境货物木质包装标识加施企业监管实施细则（试行）》《出境货物木质包装使用企业监管实施规范（试行）》。宁波检验检疫局下发《关于加强出境货物木质包装检疫抽查的通知》，明确出境货物木质包装检疫监管相关要求。2006 年，浙江检验检疫局对木质包装除害处理实行电子监管，完成 3 个熏蒸点和 3 个热处理厂的数据传送和视频监管工作。2007 年，浙江检验检疫局出台《关于进一步加强出境木质包装检疫监管工作的通知》。2008 年 1 月 16 日，浙江省出境木质包装行业协会成立。

2009 年 8 月 24 日，杭州检验检疫局与省林业有害生物防治检疫局联合行动，突击稽查临安市的木质包装加工除害处理企业，以整治该辖区出境木质包装企业违规采购运送木材、生产处理伪劣木质包装、伪造假冒处理标识等违法违规行为。2010 年，浙江检验检疫机构对全省出境木质包装加工企业进行考核，52 家企业（浙江局辖区 48 家，宁波局辖区 4 家）获得出境木质包装标识加施资质。

第三节　携带物与邮寄物检疫

浙江省国际邮寄开展较早，据浙江省昆虫局大事记的记载，民国 23 年（1934 年）10 月 25 日，浙江省邮局收到从美国加州旧金山植物检查所亚美台其（H. M. Armitage）邮寄来的瓢虫科标本，共 32 种 123 个，作为标本交换。此后至 1979 年，未查到国际邮寄的文字记载。

1991—1998 年，杭州动植检机构共检疫空港出入境人员 1427081 人次，截获物主要有肉类制品、水产品、水果和花卉苗木等；宁波动植检机构共检疫海港、空港入境人员 242059 人次，检出 2394 人携带有各类检疫物 3740 批，截获物主要有水果、肉类制品、花卉苗木、蔬菜、干杂货等 13 大类；截获一、二类检疫危险性害虫共 19 批；1995—1998 年，温州动植检局共检疫空港入境人员 32754 人次，从入境旅客携带物中截获违禁动植物 188 批，检出一、二类检疫危险性害虫 7 批。1999—2010 年，浙江检验检疫局共检疫出入境人员 11100104 人次，检出检疫性有害生物 15 种、212 批；宁波检验检疫局共检疫出入境人员 2748961 人次，检出检疫性有害生物 69 批。2010 年，浙江省空港旅客携带物检疫仅为杭州、宁波、温州三个空港口岸。浙江空港口岸截获的旅客随身携带的禁止入境的动物及其产品有：犬、猫、松鼠、鸟、观赏鱼、小动物以及羽毛、生肉、腊肠、肠衣等；截获禁止入境的植物及其产品主要有：种子、苗木、蔬菜、水果、竹木制品等。从截获的携带物中检出的有害生物有：双钩异翅长蠹、咖啡果小蠹、杧果果核象甲、杧果果实象甲、橘小实蝇、家白蚁、柑橘溃疡病、柑橘粉虱、葡萄乌眼病、桔粉蚧、盾蚧、矢坚蚧、玉米豆象、锯谷盗、瓜实蝇等。

一、携带物检疫

1979年6月30日，杭州笕桥机场开港，入境旅客携带物检疫由杭州动植检所承担。1990年12月，国务院口岸办同意宁波临时通航中国香港—宁波包机。1991年5月4日，宁波至中国香港直航包机首航，同日，宁波动植检所对入境旅客携带物实施检疫。1994年，宁波动植检局检疫入境飞机384个航班、进境旅客32033人次，截留违禁携带动植物及其产品568批，种类涉及水果、肉类及制品、花卉、苗木类等，从携带物中检出蚜虫、蚧壳虫、潜叶虫等多种害虫。

1995年，宁波动植检局从机场入境旅客携带物中检出苹果蠹蛾、橘小实蝇、杧果果核象甲各1批，从海关截留并移交的携带物中检出二类危险害虫杧果象甲。1995年12月29日，温州机场与中国澳门地区通航，1996年11月开始与中国香港地区通航，由温州动植检局机场办承担旅客携带物检疫任务。1996年，宁波动植检局机场办分别从入境旅客携带的莲雾和杧果中截获橘小实蝇，从辣椒中检出辣椒实蝇。同年，海关在新实施的进出境旅客行李物品申报单中特别增加了动植物检疫申报项目，制定《进境旅客携带管制物品名单》和《空港进境旅客携带物动植物检疫规程(试行)》，动植检机构在旅检现场工作间增加必要的检测仪器，在旅检现场设立动植物检疫台，设置违禁携带动植物及其产品的投弃箱、检疫宣传栏等。

1997年4月1日起，为加强旅客携带物检疫，杭州动植检局对来自疫区的飞机实施检疫处理，重点对入境飞机的货舱和行李舱内的携带物检疫并进行消毒处理。是年，宁波动植检局截获违禁携带物651批，检出橘小实蝇等危险性害虫4批；温州动植检局从入境旅客携带物检疫中截获违禁动植物产品86批，检出橘小实蝇3批。1998年1月8日，温州动植检局从中国台湾地区旅客携带的咖啡豆中检出一类检疫对象咖啡果小蠹。4月，国家动植检局印发《进境花卉检疫管理办法》的通知，规定携带、邮寄的花卉种苗，因特殊情况无法事先办理检疫审批手续的，携带人或者收件人应当在口岸补办检疫审批手续，经审批同意，并检疫合格后方准放行。是年，温州动植检局机场办截获旅客携带违禁植物产品102批，检出橘小实蝇2次、咖啡果小蠹1次。

1999年8月“三检”合一后，浙江检验检疫局承担杭州、温州的空港入境旅客携带物检疫，宁波检验检疫局承担宁波空港携带物的检疫。2001年5月24日，浙江检验检疫局转发海关总署、质检总局《关于加强对出入境旅客携带、邮寄及快递进出境应检物品检验检疫管理工作的通知》。同年10月，质检总局发布《关于严防炭疽传入我国加强进境邮寄物、快件和旅客携带物检验检疫的紧急通知》。11月，浙江检验检疫局下发《关于进一步加强进出境繁殖材料检疫工作的通知》。

2002年1月16日，萧山机场一旅客从中国香港地区入境杭州，随身携带干鲍仔4件计160斤，货值港币60800元。由于入境时未主动向浙江检验检疫局机场办事处申报，且未办理审批手续，现场检疫人员给予截扣处理。4月5日，浙江检验检疫局截扣一名中国台湾地区入境旅客携带的无任何报批手续的3箱共3000株茶树苗木，并发现少量土壤，因货主表示放弃，茶树苗木作销毁处理。2003 年 4 月起，为防控“非典”疫情，宁波检验检疫局机场办逐步完善了包括携带物检疫在内的各项检疫查验程序。2004 年 12 月 1 日，宁波栎社机场增设国际中转厅，宁波检验检疫局机场办在中转厅设立检疫工作台。

2005 年 2 月 24 日，宁波检验检疫局机场办事处从入境旅客携带的杧果中截获国家禁止进境的二类危险性害虫杧果果核象甲。5—9 月，温州局机场办事处从入境旅客携带的莲雾、杧果等水果中检出橘小实蝇 2 批、辣椒实蝇 1 批。6 月 23 日，海关总署、质检总局发布《关于口岸旅检现场关检合作工作有关事项的通知》，浙江检验检疫机构按照通知要求，对旅客携带进境物品查验实行 X 光机“一机两屏”模式，达到口岸信息共享，提高口岸工作效率。2006 年 6 月 13 日，温州局机场办从旅客携带杧果中检出橘小实蝇 1 批。同年 12 月 8 日，宁波检验检疫局在对宁波机场截获的一批由中国香港地区入境的李子检验时，发现中国对外检疫对象美澳型核果褐腐病菌(Monilinia fructicola)，系宁波口岸首次截获。2007 年 1 月 17 日起，浙江省 3 个空港全部实行 X 光机“一机两屏”模式，入境旅客携带行李仅需过一次 X 光机，查验图像信息同时反馈至海关和检验检疫部门显示端。

2008 年 5 月 26 日，宁波检验检疫局机场办检验检疫工作人员从 MU716 航班进境旅客携带杧果中检出禁止进境植物检疫性有害生物杧果果实象甲活虫。2009 年 7 月 6 日，温州局机场办工作人员从中国台湾地区入境旅客携带入境的 3 批莲雾水果中连续截获实蝇害虫，经鉴定为橘小实蝇。2010 年 3 月 11 日，温州检验检疫局机场办首次从一批旅客非法携带的水果中截获马达加斯加小条实蝇(Ceratitis malgassa)。

1999—2010 年，浙江省空港共截留入境旅客携带的动植物及其产品 41583 批次，截获检疫情有害生物 417 批，截留的动植物及其产品有水果、肉制品、花卉、种子苗木、蔬菜、中药材等，检出的检疫对象有杧果果核象甲、杧果果实象甲、橘小实蝇、玉米豆象、辣椒实蝇、咖啡果小蠹等。

二、邮寄物检疫

1979 年，杭州、温州动植检所开始对入境邮寄物实施检疫。1980 年，农业部转发《国务院批转港口口岸工作暂行条例的通知》，规定动植物检疫部门应对邮寄的动物、植物及其产品实施检疫检查。是年 1 月，杭州动植检所工作人员到温州，与温州动植检所工作人员共同对来自美国和中国香港地区的国际邮包中夹带的蔬菜种子进行检疫。经查证，从美国寄入的甜菜种子来自细菌性枯萎病疫区，属于禁止邮寄进境物品，作销毁处理。这是浙江动植物检疫机构首次实施销毁处理国际邮包。是年 8 月，浙江农科院植保所因水稻白叶枯病研究课题需要，从菲律宾国际水稻所邮寄入境少量供盆栽用水稻种子，通过上海邮局入境，上海动植检所将该批水稻种子交由货主后，即通知杭州动植检所实施检疫，经隔离检疫，定期查验，检疫合格放行。

1982 年，农林部下发《中华人民共和国进出口动植物检疫条例》，规定邮寄入境的植物、植物产品必须经口岸动植物检疫机关检疫，1983 年 5 月 1 日起，杭州动植检所在对国际邮寄进境的动植物及产品检疫中，发现有检疫对象的，签发《检疫处理通知单》。1984 年，杭州动植检所与农业厅植保植检站、中国国际水稻研究所召开联席会议，商定对来自菲律宾国际水稻研究所的同一个进境稻种，由中国国际水稻研究所一次性向浙江省植检站审批，菲律宾国际水稻研究所需按中方提出的检疫对象名单检疫，并提供菲律宾官方出具的检疫证书，在证书附加申明中具体标明不带中方提出的检疫对象。同时，要求中国国际水稻所筹建进口水稻种子隔离试种场。

1990 年 8 月，舟山动植检所对邮寄法国的 5 公斤大麦种子实施动植物检疫。1991 年，杭州动植检所对邮寄入境的甜菜种子实施检疫，检出甜菜锈病；是年，温州动植检所多次从邮寄出境的香菇中检出二纹大蕈甲。1994 年 3 月 14 日，温州动植检局从荷兰邮寄入境的花卉种子中检出罂粟种子。1996 年，杭州动植检局制定《杭州动植物检疫局国际邮寄动植物检疫管理办法》。1999 年 8 月“三检”合一后，浙江省国际邮包检验检疫业务由浙江检验检疫局承担。

2000 年 1—5 月，浙江省检验检疫出境邮检货物 19 批，入境邮检货物 21 批，以植物种子为主。2001 年 5 月 24 日，浙江检验检疫局转发海关总署、质检总局《关于加强对出入境旅客携带、邮寄及快递进出境应检物品检验检疫管理工作的通知》。2001 年“9·11”事件后，邮政、海关对进境邮寄物加强查验，海关、邮政多次截获“白色粉末”，电话通知检验检疫机构派员到现场查验。2001 年 11 月 13 日，浙江检验检疫局、浙江省邮政局联合发文《关于加强炭疽可疑邮寄物风险防范和应急处理工作的通知》，各分支检验检疫局、各市邮政局加强协作配合，由邮政部门提供现场办公条件，进驻现场的检验检疫人员负责检验检疫工作；确因条件限制未能提供现场办公条件的，由邮政部门按照检验检疫要求协助做好相关工作。2003 年 11 月，浙江检验检疫局完成浙江中大集团国际货运公司、浙江大华物流有限公司、中外运空运发展股份有限公司浙江分公司、浙江航空开放总公司 4 家快件运营人登记备案工作。

2005 年，浙江检验检疫局加强对来自疫情发生国家和地区的进境货物、运输工具、旅客携带物、邮寄物品的监管力度，加大抽查比例，对来自禽流感疫区的禽类及产品一律做销毁处理。2006 年 6 月 15 日，浙江检验检疫局对一批印度邮寄来的小麦面粉实施检疫，截获中国检疫性有害生物小麦腥黑穗病菌(Tilletia india Mitra)，这是浙江省首次从进口邮寄物中截获检疫性有害生物。该批面粉是参加杭州世界休闲博览会的印度参展商在参展期间自用的，共 47.5 千克，实施销毁处理。是年，浙江检验检疫局进行入境邮寄物不定期现场抽检共 31 次，检疫普包 2100 余件，邮政特快专递服务 22000 余件，制定《浙江检验检疫局进境邮寄物检验检疫监管程序(初稿)》。

2007 年 7 月 1 日，杭州检验检疫局正式成立，杭州国际邮件交换局的邮检业务工作由杭州检验检疫局承担。2008 年 12 月，萧山检验检疫局成立，杭州国际邮件交换局的邮检业务工作于次年初移交到该局。2009 年，温州检验检疫局根据质检总局和浙江检验检疫局的要求，与邮政、海关部门建立联防联控工作机制，加强对进境邮寄物品特别是墨西哥、美国等疫区国家邮寄物品的检验检疫。

2010 年初，浙江局制定下发了《关于进一步加强进境邮寄物检验检疫工作防止甲型 H_1N_1 流感传入的紧急通知》。4 月 30 日，浙江检验检疫局执行质检总局联合农业部发布公告，对来自日本的偶蹄动物及其产品邮寄物，一经发现，一律作退回或销毁处理。6 月 10 日，温州检验检疫局赴温州海关进行协调，达成一致意见：即日起对通过温州口岸邮寄进境的日本奶粉实施退运或者销毁处理，温州检验检疫局指派专人在邮局现场办理进境奶粉的检疫处理工作，温州海关及温州市邮政速递物流公司协助温州检验检疫局做好进境日本奶粉的退运事宜。6 月 17 日，温州检验检疫局联合温州海关、温州邮政局对 4 批、53.4 千克来自日本的邮寄奶粉实施了退运处理。9 月 7 日，质检总局和农业部发布联合公告，决定取消因口蹄疫而对奶制品采取的禁止进口措施。自禁止直接或者间接从日本输入偶蹄动物及其产品后，温州口岸累计退运 28 批、309.3 千克来自日本的邮寄奶粉。

第四节　供港动物及其产品检验检疫

浙江省供港动物、动物产品主要是鲜鸡蛋和活猪，还有少量的黄鳝、鳗苗、河鳗、灰鹅、泥鳅和邱隘三黄鸡等动物和动物产品。1961 年，浙江省开始活猪供港，供港动物和动物产品的检疫由上海动植物检疫机构负责。1998 年 7 月，杭州动植检局和宁波动植检局开始承担浙江省供港活猪的动物检疫工作，包括供港猪产地检疫和装载车厢的消毒等。

一、供港动物检疫

1961 年，浙江省的活大猪开始供港，从嵊县、诸暨两产猪大县收购，调供上海口岸，发运中国香港地区。同年 8 月，国务院确定浙江省为全国 9 个出口生猪生产基地省之一。1962 年，浙江省东阳、平湖、诸暨、义乌、嵊县、嘉兴、海宁、海盐、嘉善、上虞、余姚、绍兴、金华、衢县、慈溪 15 个县确定为供港活猪基地。是年，供港活大猪 13 万头，均由上海动植检机构实施检疫。

1966 年，浙江省活中猪开始供港，产地农业行政部门的兽医站负责供港猪的产地检疫工作，离境口岸动植检机构进行出境检疫。是年，浙江省活猪出口中国香港地区 6832 头（中猪），此后数量呈现快速增长趋势。1966—1972 年，浙江省活猪（中猪）出口香港地区数量达到 54453 头（不包括宁波地区）。1972 年，宁波口岸开始活猪供港，由上海食品浙江分公司负责收购发运，农业行政部门负责中转站运输工具检疫，车厢用甲醛熏蒸消毒，专列从上海新龙华站始发，终点为深圳北站。此后，宁波地区的发货地点也进行过多次调整，最初由宁波市食品公司通过食品公司铁路专用线，即大通桥铁路冷冻发货站始发。1973 年，宁波供港猪通过大通桥外贸粮油食品发运站，之后改为庄桥机场专运线。1974 年，宁波供港猪为 3 万多头。1976 年，宁波成立了供港猪发运站。是年，宁波有黄鳝、鳗苗、河鳗、灰鹅、泥鳅和邱隘三黄鸡等商品出口到中国香港地区，出口数量不大。其中灰鹅出口每个月 2 车～3 车，每车 800 只左右，一年共6 个～7 个月有出口。1977 年，浙江铁路沿线设有德清、萧山、诸暨、浦江、金华、龙游、江山 7 个供港猪发运中转站，由农业行政部门负责中转站运输工具检疫，并出具运输工具消毒证。1978 年 6 月 21 日，农业部下发《供应港澳畜禽口岸检疫暂行规定》，规定检疫范围为猪、牛、羊、兔、鸡、鸭、鹅等家畜家禽；检疫对象为炭疽、气肿疽、狂犬病、口蹄疫、巴氏杆菌病、猪水泡病、猪瘟、猪丹毒；同时，对免疫项目、检疫报检、检疫查验、检疫出证、检疫处理等方面作了具体规定，浙江供港猪的检疫工作也据此进一步完善。是年，浙江(除宁波外)供港中猪为81584头。

1979年，浙江出口中国香港地区活猪约12万头，其中宁波8000多头，宁波供港猪由农场提供，质量出现明显下滑，存在严重的偏脂肪型。1982年，浙江省开始活大猪供港，供港活猪(包括中猪、大猪)数量出现大幅度增长，达到455698头。是年，专门进行了一次耗时大约63小时的宁波到中国香港地区的海运试验，共运输出口160头大猪和800只鹅，但因费用过高之后没有继续开展。宁波供港猪的检疫工作主要由宁波市农业局兽医站负责。1982年之后，宁波供港猪数量从每年13000头增加到每年15000头。1987年12月，宁波的黄鳝、鳗苗、河鳗、灰鹅、泥鳅和邱隘三黄鸡等商品取消出口权，此后未有出口。1980—1988年间，宁波地区供港澳活中猪74559头、大猪126130头。

1992年，《中华人民共和国进出境动植物检疫法》实施，规定出境活猪的产地检疫由进出境动植检机构承担，考虑到历史原因，农业部规定供港活猪的产地检疫仍由地方动物防疫机构承担。1988—1995年，宁波累计供港大猪39656头、中猪2366头；同期，浙江省(宁波除外)每年供港猪数量保持30万头以上，1995年以后，浙江省供港猪数量逐年减少。1997年，浙江省(宁波、绍兴除外)出口中国香港地区中猪86306头、大猪182851头；宁波和绍兴地区供港活猪84239头，货值7481.41美元。

1998年6月，国家检验检疫局发布《关于对供港活猪是否使用“平喘药”进行调查的通知》，杭州动植检局负责对辖区内20个主要猪场进行调查，未发现猪场使用平喘药。7月1日起，杭州动植物检疫局和宁波动植物检疫局(主管宁波、绍兴两市)开始承担辖区内供港活猪的动物检疫工作，对运输车厢、车辆实施动物检疫监管，并开具运输车辆消毒证。杭州动植检局制定供港活猪运输车辆的检疫程序，对押运员途中上下车厢消毒作出严格规定。7—8月，杭州动植检局对辖区内50家合格的供港猪场予以注册登记，对供港猪饲养场的45名兽医员进行检疫、监督及有关法规的培训；宁波动植检局分3批公布宁波和绍兴两市行政区域内注册登记的33家供港猪饲养场名单(宁波地区14家、绍兴地区19家)、36名认可兽医名单。10月，宁波动植检局发现鄞州、奉化2个畜牧场存在擅自使用未经审核同意的饲料，暂停其活猪供港资格。12月，杭州动植检局下发《关于加强对供港活猪乙类促效剂检验和监管工作的通知》。是年，宁波和绍兴地区供港活猪88793头，货值7309.60万元。1998—1999年间，宁波动植检局、宁波检验检疫局相继制定、印发《供港澳活猪注册饲养场认可兽医职责》《供港澳活猪检疫标记用针印使用管理办法》《供港澳活猪注册饲养场饲料药物添加剂管理办法》《供港澳活猪饲养场暂停活猪供港期间检疫管理办法》《宁波地区供港活猪食用饲料和饲料添加剂检疫监督管理办法》等规范性文件，形成比较完善的供港猪检疫监督管理制度。

1999年3月22日，浙江某良种场的98头供港猪运抵中国香港地区，被香港特别行政区渔农处检出盐酸克伦特罗，经杭州动植检局调查，是该农场违规使用“瘦肉精”所致。杭州动植检局发文注销其供港动物饲养场注册及认可兽医资格，停止其活猪供港，通报各注册猪场，并通过内参报省有关部门。3—6月，杭州动植检局下发《关于加强供港活猪检验检疫及证书管理的通知》《关于加强供港活猪检疫标记针印机的监管的通知》《供港猪发运站检验检疫管理办法》《关于进一步加强供港活猪防疫检疫工作的紧急通知》。1999年8月“三检”合一，浙江检验检疫局和宁波检验检疫局全面接管浙江省的供港活猪检疫工作。12月26日，宁波检验检疫局将绍兴地区的检验检疫业务移交给浙江检验检疫局，19家注册登记的供港活猪猪场的有关资料和6家进境动物产品加工、存放企业的有关资料也同期移交。是年，浙江省（宁波、绍兴除外）出口中国香港地区中猪59012头、大猪151368头；宁波和绍兴地区供港活猪71078头，货值651.78万美元。

2000年1月21日，浙江检验检疫局向各供港猪注册饲养场、发运站印发《转发关于加强供港澳活猪针印使用管理的通知》。1月28日，浙江检验检疫局与供港猪发运站签订《供港活猪认可监装授权责任书》。2月和8月，浙江检检验检疫局先后印发《关于对出口食用动物饲料生产企业登记备案的通知》《浙江出入境检验检疫局供港活猪中转站管理办法》《浙江出入境检验检疫局注册兽医管理办法》。是年，浙江省（宁波地区除外）供港中猪55823头、大猪170779头；宁波地区供港活猪310批、21862头，货值133.70万美元。

2001年4月2日，1批供港活猪抵港后被检出盐酸克伦特罗阳性，经浙江检验检疫局实地调查，并对该场的供港猪尿样进行检测，发现其违规使用含盐酸克伦特罗的饲料，导致供港猪被检出盐酸克伦特罗阳性，停止该猪场的活猪供港，并召开供港活猪饲用饲料检验检疫工作会议。是年，宁波检验检疫局普查供港猪场，检出阳性注册猪场1个，对其作出注销注册登记资格处理，并通报各供港猪注册饲养场。至2001年底，宁波共有宁波梅湖牧业有限公司等8家供港猪注册饲养场。2002年4月，浙江检验检疫局对供港活猪注册饲养场实施药物残留监控。是年，浙江检验检疫局印发《关于对辖区内供港活猪注册饲养场、发运站和食用动物饲料登记备案企业进行年度考核的通知》《关于开展供港活猪注册饲养场和中转发运站交流检查的通知》。是年，宁波地区供港猪出口数量开始缩减，全年宁波地区出口中国香港地区活猪共计124批、11214头。2003年，宁波地区出口中国香港地区活猪共计50批、5468头。2004年9月，浙江检验检疫局出台《浙江检验检疫局供港活猪示范饲养场检验检疫管理暂行办法》《浙江检验检疫局供港活猪重大疫情应急处理预案（试行）》。是年，浙江省（宁波除外）出口中国香港地区中猪39025头、大猪173133头；宁波供港大猪共计23批、2551头。因活猪出口中国香港地区开始亏损，2004年下半年起，宁波地区停止对中国香港地区出口活猪。

2005年5月，香港特别行政区食环署对浙江供港活猪检验检疫工作开展检查。6月，浙江局针对四川等地发生的人感染猪链球菌疫情，开展35个注册猪场的抽样和检测检疫排查，并开展供港活猪药物残留监控工作。是年，浙江供港活猪火车运输基本停止，完全改为汽车运输。2007年，浙江检验检疫局举办注册猪场认可兽医培训班，组织开展对猪瘟、口蹄疫、猪繁殖和呼吸系统综合征、猪伪狂犬病等疫病抗体监测工作。2008年，浙江检验检疫机构开展饲料中三聚氰胺的监测和检测工作。2009年，浙江检验检疫局成立供港活猪检验检疫专业组，落实质检总局《关于进一步加强进出境猪甲型 H_1N_1 流感检验检疫工作的通知》精神。2010年，浙江局在绍兴召开供港活猪检验检疫监管工作研讨会。是年，宁波供港活猪注册猪场只剩宁波梅湖牧业有限公司1家。浙江省（宁波除外）出境动物从2003年的3341批、5040万美元减少到2010年的285批、488万美元，其中供港猪也随之减少。

二、供港动物产品检验检疫

(一)鲜鸡蛋

鲜鸡蛋是浙江省传统出口商品之一。20世纪50年代初，浙江省开始供港鲜鸡蛋，由上海商检局派驻杭州的工作组承担检验、监管和签证任务。1962年起，由杭州商检局承担检验出证工作。

1973年以前，出口鸡蛋的包装用竹篓柳条筐，内铺稻草，大篓装1100个，小篓装700个。1973年起，根据《鲜蛋出口检验品质条件》，浙江省出口鸡蛋采用瓦楞纸箱包装，内衬蛋模或纸板格，每箱装蛋300枚～360枚，鲜鸡蛋储存于高温冷库内(0℃～5℃)，层高不超过5层，不得与其他有异味的商品或化学品混储，在仓库内储存的鲜蛋(0℃～5℃)检验后15天内不能发运出口的必须重新检验。1976年，浙江省鲜鸡蛋自营出口。是年，检验出口鲜鸡蛋1500吨。

1983年以前，浙江省出口鲜鸡蛋来源于个体农户，由杭州商检局检验，每年出口约2000吨。1989年，海宁出口的鲜鸡蛋全部直发中国香港地区。是年，经浙江商检局检验合格，出口中国香港地区鲜鸡蛋的蛋黄色素基本达到10级左右，好蛋率为97.54%、次劣蛋率为0.6%、破蛋率为1.8%，受到香港市场的欢迎。1990年，浙江省输港鸡蛋好蛋率为98.02%、次劣蛋率为0.15%、破蛋率为1.83%。

1992年开始，随着国家出口配额的取消，以及欧共体、荷兰政府对农产品的出口补贴，大陆供港鲜蛋在中国香港市场的占有率从83%以上下降至50%以下。1994年以后，浙江省供港鲜鸡蛋逐年下降。1995年12月，国家商检局重新发布SN/T0422-95《出口鲜蛋检验规程》。1998年，浙江省停止鲜蛋出口中国香港地区，此后一直未恢复此业务。

表68-3-4-1　　1980—1998年浙江省供港鲜蛋检验统计一览表

年份	数量(吨)	金额(万美元)	年份	数量(吨)	金额(万美元)
1980	2446	247.1	1990	1169.0	105.9
1981	2000	197.2	1991	2018.6	193.7
1982	1770	189.2	1992	2736.0	225.9
1983	755	58.7	1993	1563.0	104.2
1984	650	64.9	1994	857.2	55.7
1985	865	57.0	1995	106.5	7.6
1986	1067	74.4	1996	28.2	2.8
1987	1138	82.3	1997	124.4	4.7
1988	1529	121.5	1998	1.8	1.6
1989	1164	92.5			

资料来源：数据摘自《浙江检验检疫志》，浙江人民出版社2005年版，第506页。

(二)蓝湿皮、生皮

浙江辖区供港皮张生产企业主要是在温州、嘉兴和湖州地区，种类为进料加工复出口的蓝湿生皮(牛皮、猪皮)和水貂皮等。

2003年，浙江局检验检疫供港蓝湿牛皮2040.6吨，货值226.3万美元。2003—2006年，供港蓝湿皮业务量增长较快。2007年，质检总局出台《关于加强出口动物和非食用动物产品企业注册管理的通知》，浙江全面实施对出口动物及非食用动物产品生产、加工、存放企业的注册制度，浙江检验检验局出台《关于转发加强出口动物和非食用动物产品企业注册管理的通知》。由于生皮加工过程的环保要求严格，大部分企业未获得注册资质，2007年供港蓝湿、生皮数量骤降。2008—2009年，无蓝湿皮和其他熟皮供港。经过整顿，2010年，符合出口非食用动物产品生产加工监管要求的企业重新开始出口。是年，浙江供港蓝湿皮和生皮444.8吨，货值86.7万美元。

表68-3-4-2　　2003—2010年浙江局供港蓝湿皮和生皮检验检疫业务数据统计一览表

年份	重量(吨)	金额(万美元)	年份	重量(吨)	金额(万美元)
2003	2040.6	226.3	2007	523.5	67.3
2004	6589.0	1382.5	2008	-	-
2005	9703.0	1316.9	2009	-	-
2006	1548.8	183.9	2010	444.8	86.7

资料来源：数据由浙江检验检疫局提供。

说明：宁波局未开展此项业务。

第五节　运输工具动植物检疫

1979年，浙江首次对入境飞机及进境船舶实施动植物检疫。1989年，宁波动植检局开始对进境装载动植物产品的集装箱进行检疫。1992年4月1日起，浙江开始对来自疫区的集装箱实施检疫。1989年至1999年8月，浙江省共检疫和处理进境集装箱48.24万标箱。1999年8月“三检”合一以后，浙江船舶、飞机和集装箱动植物检疫工作详见第四章《国境卫生检疫》。

一、航空器检疫

1979年，杭州动植检所在杭州笕桥机场对来自中国香港地区的飞机进行检疫，这是浙江省首次对入境飞机实施动植物检疫。是年6月15日，农业部、卫生部、交通部、外贸部、民航总局、铁道部、邮电部联合下发《关于严防非洲猪瘟传入我国的紧急联合通知》，加强对来自疫区的飞机实施动植物检疫。同年，杭州空港口岸对入境飞机实施联检，登机程序是卫检、边防，然后是海关和动植检。由杭州动植检所实施动植物检疫。

1980 年，浙江省成立杭州笕桥国际机场联检单位领导小组，成员由民航、边防、海关、卫生检疫、动植物检疫等联检单位的负责人组成，制定《杭州笕桥国际机场暂行管理办法》。1991 年，宁波动植检所在栎社机场开始实施飞机检疫，对中国香港地区临时客运包机实施检疫。1992 年 4 月 1 日起，《中华人民共和国进出境动植物检疫法》实施，规定来自动植物疫区的船舶、飞机、火车抵达口岸时，由口岸动植物检疫机关实施动植物检疫。1992 年 7 月，国务院批准宁波栎社机场航空口岸正式对外开放，宁波至中国香港地区直达航班开通。宁波动植检局开始对入境客机实施检疫。1995 年，温州动植检局在永强机场开始对入境客机实施检疫。是年，温州动植检局制定《国际航行飞机进出温州空港动植物检疫实施办法》《国际航行飞机进出温州空港动植物检疫程序》。

1996 年 8 月 29 日，国家动植检局下发《进境飞机动植物检疫规程(试行)》。10 月 1 日起，浙江动植物检疫机构严格按照《进境飞机动植物检疫操作规程(试行)》实施检疫，检疫人员在飞机停靠前到达飞机停靠位，向航空公司收取“旅客总申报单”和“货物舱单”，旅客离机后对货舱、客舱、飞机配餐间进行检查，在《中华人民共和国进境飞机动植物检疫记录单》上做好查验记录，并由航空公司代表在该记录单上签字。1997 年 3 月，中国台湾地区爆发口蹄疫。3 月 20 日，杭州动植检局下发《关于对来自疫区的飞机实施检疫处理的通知》，规定从 4 月 1 日起，对来自疫区的飞机进行检疫处理，宁波动植检局、温州动植检局驻机场办事处加强对来自疫区的飞机实施防疫消毒处理，并对入境旅客实施鞋底消毒措施，加强对来自疫区旅客的携带物检查，对违禁物品一律截留销毁；对飞机配餐间和货物的外包装消毒；加强对机上垃圾的卫生监督管理，由专人负责并做好相关记录，并督促民航相关部门做好垃圾场消毒记录。

1999 年 8 月“三检”合一，浙江检验检疫机构将出入境飞机的动植物检疫和卫生检疫合并，实行一次性检疫和检疫处理。1999—2010 年，浙江检验检疫机构航空器动植物检疫工作统一由出入境检验检疫系统内卫生检疫部门负责执行。(具体内容详见第四章《国境卫生检疫》中《交通工具卫生监督》有关节目)

二、船舶检疫

1979 年，宁波动植检所首次对从日本进口的 12 艘旧渔轮实施动植物检疫。1980 年 8 月 20 日，国务院公布了《港口口岸工作暂行条例》，动植物检疫部门对船舶所载的和海关检查发现船员、旅客携带以及邮寄的动物、植物及其产品实施检疫检查。是年 12 月 10 日，温州动植检所对从温州港驶往日本东京的货轮实施检疫，这是温州港首次对装载植物产品的船舶实施检疫。1983 年，宁波动植检所对 5 艘进口废旧轮船实施检疫，截获 2 批四纹豆象及其他多种有害生物。

1984 年，温州动植检所海门工作站在海门港开始实施船舶检疫。是年，检疫出入境船舶

17艘。1986年5月8日，宁波动植检所舟山检疫站对舟洋渔业合营公司从日本进口的10艘尾滑道旧渔轮实施进境检疫，这是舟山检疫站首次实施船检业务。1988年11月6日，舟山动植检所对舟山港第一艘直接到港交接的废旧船“特勤克”号油轮进行检疫，这是舟山动植检所首次独立受理废旧船进境检疫业务。是年，检疫3艘进境供拆解的大型废旧船，截获2.2吨来自相关疫区的动植物产品和禁止进境物。1991年5月31日，舟山动植检所对舟渔公司从德国购入的捕捞、加工、冷冻合一的4艘大型渔轮实施进境检疫，截获大量德国花卉、水果、大米、面粉、马铃薯、蔬菜、猪肉及其内脏等检疫物，分别作销毁或限在原船上食用处理。1979—1991年，浙江口岸共对749艘次进出境船舶实施了动植物检疫。

1992年4月1日，《中华人民共和国进出境动植物检疫法》实施，浙江动植物检疫机构开始依法对装载动植物产品和来自疫区的船舶实施检疫，进境船舶检疫成为法定检疫物。同年3月18日，国家动植物检疫总所印发《中华人民共和国动植物检疫总所关于进境运输工具植物检疫疫区名单》。是年6月12日，宁波动植物检疫局在入境船舶中截获二类危险性害虫巴西豆象。7月21日，舟山动植检局对巴拿马籍“弗里西亚”号废钢船实施进境检疫，检出巴西豆象；8月3日，舟山动植检局对利比里亚籍“柳安”轮实施进境检疫，在干货舱存贮的1包绿豆中检出四纹豆象；9月2日，舟山动植检局对巴拿马籍“太阳星球”号废货轮实施进境检疫，在该轮干货仓存贮的2吨菜豆中检出国家一类危险性害虫菜豆象，同时检出巴西豆象和四纹豆象，菜豆作收缴销毁处理。12月21日，国家动植物检疫总所发布了《关于印发〈中华人民共和国进境运输工具动植物检疫疫区名单〉(动检部分)的通知》。1993年6月24日，舟山动植物检疫局对塞浦路斯籍“阿尔凯”油轮实施进境检疫，在该轮干货仓存贮的350千克泰国大米中检出四纹豆象、赤拟谷盗等害虫，对干货仓进行了熏蒸灭虫处理。

1994年3月起，宁波动植物检疫局对受检船舶全部实施消毒处理。4月7日，舟山动植检局对俄罗斯籍“安特·古林”轮实施进境检疫，在该轮干货仓存贮的50千克咖啡豆中截获国家一类危险性害虫咖啡果小蠹，对干货仓进行了熏蒸灭虫处理。1994年，宁波动植物检疫局检疫来自疫区船舶1060艘次，截获一类危险性害虫菜豆象3批；40％的船舶携带生活害虫，20％的船舶携带有害昆虫。4月，国务院发布175号令《国际航运船舶进出中华人民共和国口岸检查办法》，规定进出口岸的全部船舶均要实施检疫和监管。1995年6月21日，浙江省港航监督局、杭州海关、省公安厅边防局、杭州卫检局、杭州动植检局联合下发《关于国际航行船舶进出中国口岸检查办法实施意见的通知》，五部门各司其职。1996年7月18日，国家动植物检疫局下发《关于印发国际航行船舶进出境中华人民共和国口岸动植物检疫规程(试行)的通知》，明确规定了登轮检疫和泔水处理等事项。1998年11月，宁波动植检局在检疫入境船舶中截获一类危险性有害生物印度腥黑穗病。

1979—1999年，浙江口岸共对31470艘次进出境船舶实施了动植物检疫。其中，宁波动植物检疫局共受理进境船舶报检10067艘次，其中登轮检疫5021艘次，发现疫情981艘次；截获一类危险性害虫菜豆象10批、印度腥黑穗病1批，二类危险性害虫巴西豆象3批、杧果果核象甲1批、异尖线虫2批，发现多数船舶都不同程度带有各类仓库害虫和生活害虫绿豆象、烟草甲、赤拟谷盗、锯角盗、四纹豆象、花斑皮蠹、蜚蠊等，多次截获来自疯牛病、非洲猪瘟、口蹄疫、禽流感等疫区的牛肉、猪肉、禽肉及其产品，作现场封存处理。舟山动植物检疫局共检疫进境船舶11570艘次，发现疫情30艘次；截获一类危险性有害生物菜豆象4批、咖啡果小蠹2批，二类危险性有害生物巴西豆象3批，一般性有害生物四纹豆象25批；截获来自相关疫区的动植物产品和禁止进境物279.9吨，作现场封存处理。

1999年8月10日“三检”合一至2010年，浙江进出境船舶动植物检疫工作由浙江出入境检验检疫机构内的卫生检疫部门负责，船舶动植物检疫与卫生检疫合并实施。（具体情况详见第四章《国境卫生检疫》之《交通工具卫生监督》有关节目）

三、运输车厢、车辆检疫

1961年，浙江活猪开始供应中国香港、澳门地区，从上海口岸发往港澳市场，上海动植检机构负责检疫。1972年，由农业行政部门负责供港猪中转站运输工具检疫，车厢用甲醛熏蒸消毒。1977年，浙江供港澳活猪业务划归浙江粮油公司负责。装运车皮在装运前，用消毒威或农家福等药液进行喷洒消毒。浙江铁路沿线设有德清、萧山、诸暨、浦江、金华、龙游、江山7个供港猪发运中转站，由浙江农业行政部门负责中转站运输工具检疫，并出具运输工具消毒证。1982年，宁波动植检所对供港猪运输船舶实施检疫。

1998年6月，根据中国香港特别行政区政府要求，国家检验检疫局下发《关于加强供港澳活猪检疫工作的通知》，全面接管供港活猪检疫和运输车厢的检疫监管工作。7月1日起，杭州和宁波动植检局开始对每批发运的活猪实施检疫，并出具动物卫生证书；对运输车厢、车辆实施检疫监管，并开具运输车辆消毒证。杭州动植检局派员多次赴金华、龙游、江山、萧山等供港猪发运站，对装车前猪只进行检疫监管，深入了解发运站的防疫卫生情况和押运员的管理情况。是年，杭州动植检局制定供港活猪运输车辆的检疫程序，并对押运员途中上下车厢消毒作出严格规定。1999年6月，杭州动植检局向供港猪发运站下发《关于进一步加强供港活猪防疫检疫工作的紧急通知》，要求各发运站高度重视对发运站台及回空车皮的消毒工作，在装运前至少消毒2次，消毒液浓度加大1倍，加强运输途中的管理和防疫工作。至1999年8月，宁波动植检局共对151辆次供港火车车皮进行检疫监督消毒。

2001年1月，浙江检验检疫局转发国家检验检疫局关于《供港澳活猪检验检疫管理办法》的通知，要求活猪发运前后，发运站应对运输工具进行有效消毒，供港活猪的运输必须由检验检疫机构培训考核合格的押运员押运，押运员须做好运输途中饲养管理和防疫消毒工作，回空车辆要清洗消毒。是年，浙江检验检疫局指派人员随车全程押运，实地了解供港猪运输途中详况，研制了以运输车辆消毒为重点的检疫监管措施，规定消毒药物的选择与使用，车皮清洗的次数、方法，完善消毒制度，改造供港猪发运站防疫设施，强化对押运员的培训与教育，建立《押运员日志》等。2002年，供港活猪开始尝试汽车发运，浦江发运站从2002年3月开始，全部改由汽车直接发运到深圳。改装后的汽车，其车号均经检验检疫局备案。在装猪前，对汽车实施清洗消毒，清洗消毒程序与火车车厢一致。汽车发运途中的活猪，除饮水外不饲喂任何饲料。从浦江到深圳用时30个小时左右，由于大大缩短运输时间（原火车运输需要约85个小时），减少了活猪在途中感染的概率。同年10月，诸暨发运站根据浦江汽车发运的经验，也实施汽车直接发运到深圳，与浦江汽车发运不同的是，供港猪先从供港猪场专车运输到诸暨发运站，在发运站中转用汽车发往深圳，清洗消毒和检验检疫监管程序不变。汽车发运缩短了路程，保证了供港猪安全卫生，也改善了押运员的工作和生活环境。1999—2004年，宁波输往香港的猪只均通过火车运输，宁波检验检疫局均对装运供港猪的火车皮进行检疫处理。2004年下半年起，宁波地区停止供港猪供应。

四、装载容器检疫

1989年，宁波口岸在对装载货物检疫处理时，开始对进境装载动植物产品的集装箱一起实施检疫，是年检疫集装箱79标箱。1990—1992年，浙江口岸检疫进境装载动植物产品的集装箱216标箱。1994年3月20日，宁波动植检局下发《关于实施进境集装箱检疫的通知》，规定从1994年4月1日起，凡进境集装箱（包括空箱和实箱）均应实施动植物检疫。是年，宁波口岸共检疫集装箱23451标箱，其中重箱10761标箱，空箱12690标箱。

1995年3月起，浙江省对进境集装箱的检疫和消毒处理实现规范化。是年，宁波口岸共检疫集装箱49354标箱；其中重箱25900标箱，空箱23454标箱；全年检疫和消毒处理来自疫区的集装箱49354标箱。1996—1999年，浙江口岸共检疫集装箱474743标箱。

1999年8月10日“三检”合一以后至2010年，浙江进境集装箱的动植物检疫工作和集装箱卫生检疫工作进行合并，统一由浙江检验检疫系统内的卫生检疫部门负责执行。（具体内容详见第四章《国境卫生检疫》之《集装箱检疫检验》有关节目）

第六节　进境废钢船与废纸动植物检疫

20世纪80年代，拆船工业兴起，宁波口岸开始进口废钢船。入境的废钢船易携带禁止进境的动植物以及各种有害生物，宁波动植物检疫局对入境废钢船实施动植物检疫及检疫处理工作。

一、进境废钢船检疫

1979年，宁波口岸开始对从日本进口的12艘旧渔轮实施动植物检疫。1984年5月31日，国家动植物检疫总所通知沿海各动植物检验所对进口废旧轮船及所带动植物产品严格实施检疫消毒。是年，宁波口岸废旧轮进口数量大增，全年检疫废钢船15艘，合计203705轻吨①，废钢船来自波兰、韩国、新加坡、希腊、沙特阿拉伯、联邦德国、马耳他、英国、巴拿马等国家和地区，对废钢船上的生活舱进行熏蒸消毒处理，对废钢船上的动物鸟类进行隔离饲养观察，在检疫中发现了豆象、玉米象、谷盗、赤拟谷盗、锯谷盗、长蠹、烟草叶甲、药材甲等生活害虫。

1985年7月，农牧渔业部制定《关于加强进口废钢船动植物检疫的通知》《进口废钢船动

---

① 指船舶自身的设计重量。

植物检疫办法》。8月18日，宁波动植物检疫所向有关进口单位发出《关于实施〈进口废钢船动植物检疫办法〉的通知》，共同做好《进口废钢船动植物检疫办法》的实施工作。

1979—1989年，宁波动植物检疫所共检疫和处理废钢船202艘次，截获一类危险性害虫菜豆象2次，二类危险性害虫杧果果核象甲、毒麦各1次，锯谷盗、赤拟谷盗、花斑皮蠹、谷蠹、谷蛾、烟草叶甲、药材甲虫、马铃茄环腐病等植物病虫害多次。此外，多次截获禁止进口的水果、植物和土壤，截获中国禁止进境的来自非洲猪瘟疫区的猪肉21批、2000多千克，以及来自禽流感疫区的鸡肉12批、禽肉600多千克。

1990—1999年，因没有进口废钢船业务，宁波动植物检疫所(局)也未开展此项工作。1999年8月"三检"合一，浙江进境废钢船动植物检疫工作统一由浙江检验检疫机构内设卫生检疫部门负责执行。(具体内容详见第四章《国境卫生检疫》相关节目)

二、进境废纸检疫

1987年，宁波口岸开始进口废纸。10月23日，宁波动植物检疫所分别向宁波外运、宁波白纸板厂发去《关于开展进口废纸检查的函》，要求相关单位及时报检；按照规程先检后卸，按舱分层，实施三次检疫；必要时抽样、翻包及开包；发现危险病虫应实施检疫处理，在未出具检疫结果前，不得随意扩散，规范口岸废纸检疫工作。10月31日，宁波动植检所第一次对进口520吨废纸进行检疫，这是浙江省首次实施废纸检疫工作。

1990年5月22日，宁波动植检所在对"明州4号"轮装载的废纸进行开包检查时，发现一只腐烂发臭的死鼠。7月29日，宁波动植物检疫所对"北安"轮转载的330吨废纸检疫时，截获死鼠1只，并发现大量皮蠹和蜚蠊等害虫，对52吨废纸进行消毒和灭虫处理。1991年5月11日，宁波动植物检疫所召开废纸检疫工作座谈会，就废纸检疫提出了5条意见。至1998年，宁波动植检所多次在进口废纸中截获白腹皮蠹、火腿皮蠹、花斑皮蠹、拟白腹皮蠹、麦蛾、蚕豆象、凹缘蜚蠊、美洲蜚蠊等害虫，同时截获青霉菌、根霉菌、木霉菌等病菌。1999年8月"三检"合一，浙江进境废纸动植物检疫工作统一由浙江检验检疫机构内设卫生检疫部门负责执行。(具体内容详见第四章《国境卫生检疫》相关节目)

第四章　国境卫生检疫

清光绪二十年(1894年),为防止广州、香港鼠疫传入,浙江道尹会同海关医官在宁波港开办海港检疫业务,开创浙江口岸卫生检疫之先例。宣统二年(1910年),浙海关修订检疫章程,加强检疫措施。至清末,浙江的口岸卫生检疫初步成形。民国7年(1918年),浙海关颁布海港检疫章程。民国36年,温州口岸鼠疫猖獗,上海海关检疫所派员在温州设立上海海关检疫所温州卫生检疫临时分所,实施海港船舶检疫事务。

中华人民共和国成立后,浙江省卫生检疫工作进入初步发展阶段。1953年,浙江省将新建的温州交通检疫所转交浙江省卫生厅管理。1964年4月,国务院批准建立中华人民共和国温州卫生检疫所,对出入境船舶实施卫生检疫,这是浙江省内设立的第一家国境卫生检疫机构。1978年,国务院批准建立中华人民共和国宁波卫生检疫所,实行省、市双重领导,业务范围为宁波、舟山两地区。

随着改革开放的深入,浙江卫生检疫业务不断发展。1979年5月,中华人民共和国杭州卫生检疫所开始承接国境卫生检疫业务,包括机场检疫查验和办理出国人员预防接种证书。1980年,浙江卫生检疫机构开始开展国境口岸传染病监测工作,开始对港区的码头、水面、道路、货物及办公区卫生状况开展督查。此后,各口岸相继开始空港卫生检疫监督管理,监督候机楼的环境卫生状况、航空食品、饮用水以及病媒生物等。1981年,浙江卫生检疫机构有步骤地在涉外宾馆、饭店和医院设立疾病监测点,开展传染病监测。同时,对交通工具实施卫生监督。1982年,杭州新增入境外籍人员就诊的浙江医院为传染病监测点。1983年,开始对尸体、棺柩、骸骨进行消毒处理。1984年,浙江卫生检疫机构开始对进口可作原料废旧物品(以下简称废物)实施卫生监管。1985年,浙江卫生检疫机构开始对出入境人员实施健康体检。

1986年12月2日,《中华人民共和国国境卫生检疫法》颁布,中国卫生检疫事业进入了法制化的新阶段。是年,浙江开始对微生物、人体组织、生物制品、血液及制品等特殊物品实施卫生检疫。1987年,杭州卫生检疫所增加对艾滋病的检测。1988年,开始对出入境集装箱实施检疫监督管理和卫生处理。1990年11月,交通部、卫生部授予宁波港"国家卫生港"称号。1994—1998年,浙江各卫生检疫机构先后建立国际旅行卫生保健中心,主要为出入境人员开展传染病监测体检、预防接种、健康咨询、卫生保健等。1978—1998年,浙江卫生检疫机构共对1907.9万吨出入境货物进行了检疫监督管理。

1999年8月"三检"合一后,浙江卫生检疫工作开拓创新、稳步发展。其间,妥善应对了炭疽等核生化涉恐事件、"非典"、禽流感、甲型 H_1N_1 流感等一系列重大国际疫情;不断创新检疫监管模式,开展海港、空港视频监控信息化建设;通过建立交通工具"4S"〔即CQS(交通工具检疫监督业务管理系统)、AIS(船舶自动识别系统)、VS(视频监控系统)、MS(移动监管系统)4个系统〕检疫监管模式、创建国际卫生港等一系列创新举措,在实现严密监管、严把国门安全的同时,大大加快通关速度,促进贸易便利化,服务地方经济发展。2010年,在推进检验检疫业务改革和发展中,浙江检验检疫事业获得跨越式发展。是年,浙江检验检疫机构共检验检疫出入境货物243.6万批次,总货值1505.7亿美元,同比分别增长21.90%和34.55%;检疫出入境船舶19047艘次,同比下降0.46%;检疫出入境航空器15805架次,同比增长14.74%;检疫出入境人员277.9万人次,同比增长24.45%;检疫出入境集装箱64.58万标箱,同比增长25.43%;截获医学媒介生物27.65万只,同比增长1.33倍;共实施卫生处理27672次,同比增长42.86%;对63234人次出入境人员进行了传染病监测体检,同比增长1.06%;检出各类传染病695例,同比增长2.96%;预防接种49020人次,同比增长11.21%。

1964—2010年,浙江卫生检疫(检验检疫)机构共对18.11万艘次出入境船舶实施卫生检疫;对50338艘次出入境船舶实施卫生监督,经卫生监督发现问题并实施卫生处理的有6369艘次,实施行政处罚的有76艘次。1979—2010年,浙江口岸共检疫出入境人员1952.12万人次,共接种黄热疫苗、霍乱疫苗94.63万人次。1980—2010年,浙江口岸共检疫出入境航空器14.31万架次;对食品生产经营单位、公共场所和储存场地等进行卫生监督11565次,对食品、饮用水和餐饮具等采样20888份。1983—2010年,浙江口岸共对82.94万人次出入境人员实施传染病监测体检,检出并报告各类传染病和精神病患者5635例。1988—2010年,浙江海港共对580.42万标箱出入境集装箱实施卫生处理。1999—2010年,浙江口岸共检疫出入境货物1415.46万批次,货值7268.35万美元。

第一节 疾病监测管理与检疫查验

浙江检验检疫机构将疾病监测与检疫查验作为依法行政的重要手段,依法对出入境人员、国境口岸及其外环境开展传染病监测,并对检出的各类传染病实行严格管理和疫情报告制度;依法开展出入境船舶、航空器、人员、货物、集装箱、其他物品(包括行李、特殊物品、尸体、棺柩、骸骨)检疫查验工作,严防艾滋病、性病、肺结核等传染病的传入和传出,维护口岸的卫生安全,保护公民的身体健康和生命安全。

20世纪50年代,温州交通检疫所根据《国境卫生检疫条例》开展口岸疾病监测和检疫查验。60年代,温州卫检所对出入境船舶实施检疫查验。70年代末,对入境船舶检疫模式进行创新。1979年4月起,浙江各卫生检疫机关按照卫生部、交通部联合出台的《国际航行船舶试行电讯卫生检疫规定》,开始对入境船舶实施电讯检疫,提高了工作效率,加快了通关速度。

1981年,浙江各口岸卫检所(站)根据国务院批准的《国境口岸卫生监督办法》,加强对浙江口岸和交通工具的疾病监测工作。1986年起,浙江检验检疫机构根据全国人民代表大会常务委员会发布的《中华人民共和国国境卫生检疫法》开展口岸疾病监测和检疫查验。

1999年8月"三检"合一后,浙江各口岸检验检疫局加强口岸传染病监测防控和检疫查验工作。

21世纪初,宁波检验检疫局制定《宁波出入境检验检疫局卫生检疫传染病管理办法》等文件,规范了日常检疫中传染病管理工作。浙江检验检疫机构根据质检总局出台的《出入境检验检疫风险预警及快速反应管理规定》制订实施细则,加强传染病管理工作。

2010年,浙江检验检疫机构创新交通工具检疫监管模式,服务经济发展。2010年11月,宁波检验检疫局开展口岸交通工具检疫监管模式创新和系统整合研究工作,建立交通工具"4S"检疫监管模式,实现口岸交通工具检疫监督高效管理,服务口岸大通关,促进贸易便利化。

1999—2010年,浙江检验检疫机构共检疫出入境船舶16.44万艘次,检疫出入境航空器11.85万架次,检疫出入境人员1657.72万人次。

一、疾病监测与管理

1998年8月"三检"合一前,浙江口岸的疾病监测工作分别由浙江各卫生检疫机关承担。"三检"合一后至2010年底,由浙江检验检疫局和宁波检验检疫局及其分支机构承担。

(一)人员传染病监测

清同治十二年(1873年),中国开始对入境的船舶以及人员实施检疫。继上海、厦门开始检疫后,浙江的海港也开始了卫生检疫,并制订检疫章程。民国15年(1926年)5月12日,瓯海关发布《温州口暂行卫生章程》,主要内容为对疫船的确定,规定有疫船只必须接受检疫,所有人的排泄物及染疫人的衣服必须做消毒处理。民国18年3月27日,浙海关发布《宁波口防护染疫暂行章程》,以控制鼠疫、霍乱等烈性传染病在口岸的传播。民国19年6月28日,国民政府卫生署颁布《海港检疫章程》,将鼠疫、霍乱、天花、斑疹伤寒、黄热病作为应实施检疫的传染病。同年7月1日,在上海成立海港检疫管理处,统管全国10个海港卫生检疫所。

中华人民共和国成立后,人民政府接管了各地检疫所。

1954年,因宁波港未对外开放,负责检疫工作的上海海关宁波分关被撤销。1954年,上海海关检疫所温州卫生检疫临时分所被撤销。

1982年,温州卫检所对温州市正常人群开展流行性感冒抗体监测调查,阳性率达33%以上。1986年,温州卫检所从出国人员体检中检出2例埃尔托弧菌携带者。1987年11月,杭州卫检所从浙江大学外籍留学生中检出浙江口岸首例HIV抗体阳性者。是年,宁波卫检所在对宁波市某厂的一名英籍专家体检中,检出宁波口岸首例淋病患者。1989年12月4日,温州卫检所从出国人员中首次检出梅毒患者。1990年5月,宁波卫检所从劳务归国渔民中检出宁波市首例艾滋病病毒携带者;7月,舟山卫检所在为回乡定居台胞体检时,检出舟山口岸首例梅毒患者。1990年,宁波卫检所在"浙雁"轮出境检疫时,发现一名肝炎患者,采取了交换船员等检疫措施,控制了肝炎疫情在该船的蔓延。1992年11月,温州卫检局首次从温州市区申请出国人员中检出艾滋病病毒抗体阳性。1994年,海门卫检局对从玉环入境的27名越南籍遇险人员进行传染病监测体检时,发现梅毒抗体阳性1例、乙肝1例。

1996年7月,宁波卫检局在宁波至中国香港地区的出境旅客中,发现一例副溶血性弧菌食物中毒患者，经治疗，脱离危险，痊愈后监护出境。1999 年，舟山卫检局检出舟山口岸首例 HIV-1/2 混合型感染者。2001 年 5 月，宁波检验检疫局与宁波市对外经济贸易委员会联合发布《关于加强归国劳务人员健康监测管理工作的通知》，对归国劳务人员传染病监测管理工作进行规范。2003 年 3 月，浙江检验检疫局接中国驻捷克使馆电报告知，一名中国浙江籍女偷渡者将被遣返回国，同时被告知该偷渡者健康报告显示 HIV 抗体检测阳性，浙江检验检疫局及时与北京首都机场检验检疫局、省公安厅、省卫生厅、省疾控中心等有关单位取得联系，对遣返的艾滋病病毒感染者实施入境后的监控，直至完成相关交接工作。2004 年 1 月，浙江检验检疫局接浙江省卫生厅通报，一名乌干达籍女教师因病入院，检出 HIV 抗体阳性，浙江检验检疫局立即与当地公安机关、卫生行政部门联系，做好实施监护出境准备。后该名患者病情恶化，不治死亡，浙江检验检疫局根据中国艾滋病病人的尸体必须就地火化的规定，在杭州殡仪馆监督尸体火化，并对死者停放过的冰柜、运尸车进行了终末消毒处理。同年 7 月、11 月，宁波检验检疫局相继从拟出国劳务人员中检出 2 例艾滋病病毒感染者，分别进行了流行病学调查和妥善处置。2008 年 4 月，浙江湖州检验检疫局检出一名非法入境的缅甸籍女性艾滋病病毒感染者，并向当地公安机关发函提请其出境。2008 年，宁波检验检疫局发布《关于严格规范口岸传染病监测工作的紧急通知》，以加强口岸传染病监测工作的管理，规范执法行为。

（二）环境传染病监测

1980 年 6 月，《国境口岸传染病监测试行办法》颁布后，浙江卫生检疫机构逐步开展国境口岸传染病监测工作。1980 年 8 月，温州卫检所在瓯江主航道与两个采样监测点同时发现埃尔托弧菌阳性（稻叶型）。1981 年，开始对瓯江航道上水质每月一次进行细菌学调查，并对温州口岸及交通工具上的从业人员和饮用水进行定期体检和检验。1981 年、1983 年，分别检出埃尔托弧菌（稻叶型）各 1 株。1982—1983 年，温州卫检所首次对温州口岸鼠类鼠疫抗原与流行性出血热抗体进行监测，结果为鼠疫抗原阴性，流行性出血热抗体阳性率达 17.49%。1988 年 9 月，宁波卫检所在宁波港一区三泊位甬江水样中，先后两次检出霍乱弧菌（EL-Tor 生物型）。1995 年，宁波卫检局在宁波北仑港区外围杜家桥监测点采集的河水中，检出埃尔托弧菌（小川型）阳性水样 3 份。1996 年夏，宁波卫检局在宁波栎社机场外围杨家桥附近河水中检出埃尔托弧菌（小川型）阳性水样 2 份。

1999 年 8 月至 2010 年底，浙江检验检疫机构每年开展国境口岸外环境霍乱疫源检索工作。

（三）传染病管理

1989—1999 年，浙江各卫生检疫机构根据《艾滋病监测管理的若干规定》，对外籍人员、华侨中检出的艾滋病患者和感染者实施防制措施，告知当地卫生防疫部门采取相应防制措施的同时，患者离境时派卫生检疫人员陪同到离境机场监管其离境，防止艾滋病传入。1998 年，浙江各卫生检疫机构根据国家检验检疫局《国境口岸 5 种传染病应急处理方案》，加强鼠疫、霍乱、登革热、克里米亚刚果出血热及肠出血性大肠杆菌 O_{157} ：H_7 引起的食源性疾病 5 种传染病的口岸应急处理管理。同年，宁波卫检局在疾病监测中共发现梅毒 31 例，其中包括宁波某公司的日本籍职员 1 例，同时获悉与其在 5 月结婚的江苏淮阴女子也感染了梅毒，根据有关法律法规，该患者于当年 8 月 8 日从上海离境返回日本。

2002 年，浙江检验检疫局会同杭州市公安部门，处理一起中国台湾地区的性病患者擅自入境事件，并对其所住房间、餐具进行终末消毒。

2003 年，为防止“非典”在国际传播，浙江检验检疫机构成立了口岸“非典”防治工作领导小组及技术应急处理小组，制定了口岸“非典”防治应急预案，落实了加强体温监测、医学巡查、病人控制等各项防治措施，做到领导、人员、物资、制度和措施五个到位。2005 年，浙江检验检疫机构下发《关于印发浙江局应对口岸流感大流行应急处置预案的通知》和《关于进一步加强宁波口岸人感染高致病性禽流感卫生检疫工作的紧急通知》，规范浙江口岸人感染高致病性禽流感卫生检疫有关工作。

2006 年，宁波检验检疫局下发《关于认真贯彻执行〈艾滋病防治条例〉的通知》，加强口岸艾滋病防控工作。

2009 年 4 月以来，面对甲型 H_1N_1 流感疫情，浙江检验检疫机构贯彻落实质检总局统一部署和浙江省政府、宁波市政府的有关要求，启动应急预案，加强入境检疫、医学巡查、实验室检测等防控措施，构筑浙江口岸防病防线。建立“地方政府牵头，检验检疫主导，口岸相关单位配合”的浙江口岸甲型 H_1N_1 流感联防联控工作机制。

2010 年 1 月 28 日，宁波检验检疫局组织召开宁波口岸传染病联防工作会议，宁波检验检疫局、市外办、市台办、市卫生局、市公安局、市外经贸局、市劳动局、市旅游局、市教育局、市工商局、市疾控中心、宁波港集团公司、宁波栎社国际机场、市传染病医院、市保黎医院 15 家口岸联防单位共同研究和探讨宁波口岸传染病防控工作。

（四）疫情报告

1964—1988 年，浙江卫生检疫机构疫情报告工作由各卫检所报告当地的卫生防疫站后，再报告浙江省卫生厅，由省卫生厅报告卫生部。1988 年，卫生检疫所由国家卫检总所垂直管理。1988—1998 年，疫情报告由各卫生检疫机构直报国家卫检总所，同时通报当地卫生行政部门。1999 年开始，由分支检验检疫机构报告浙江检验检疫局和宁波检验检疫局，同时通报当地卫生行政部门，由浙江检验检疫局和宁波检验检疫局报告国家检验检疫局（质检总局），并建立传染病疫情报告制度。2002 年 12 月，宁波检验检疫局下发《关于进一步加强国际航行船舶海员接待工作检验检疫管理的通知》，要求船舶代理公司、国际海员接待和诊疗单位一旦发现传染病疫情，必须及时向当地检验检疫机关报告。

1983—2010 年，浙江卫生检疫（检验检疫）机构先后对在出入境人员和口岸从业人员中检出的 5635 例各类传染病开展疫情报告工作，其中报告艾滋病 113 例、性病 2961 例、肺结核 586 例、伤寒 1 例、肝炎 1699 例、其他传染病 275 例。

二、交通工具检疫查验

(一)船舶检疫查验

清光绪二十年(1894年),宁波港开始对船舶实施卫生检疫。清光绪三十三年三月十七日,在温沪航线班轮上发现有霍乱患者进入温州港;同年八月,瓯海关首次对进入温州港船舶实施卫生检疫。

民国15年(1926年)5月,瓯海关公布《温州口暂行卫生章程》,其中规定船只进入温州港或到口岸10日以内,船上有霍乱、鼠疫传染病,即视为有疫船只,必须接受检疫,所有人员的排泄物及染疫人的衣服必须消毒。

民国18年(1929年)3月27日,浙海关颁布《宁波口防护染疫暂行章程》,规定船舶需医官登轮检疫可发信号,日间鸣汽笛3长声,夜间除鸣汽笛3长声外,还在船前桅垂直悬挂红灯3盏。凡有疫口岸来港船只及人员均须检疫,经检疫后发给准单,方可下旗进港。

民国19年(1930年)6月28日,国民政府卫生署颁布《海港检疫章程》,有关船舶查验的规定有:应受检疫的船舶须移至检疫港口指定的停靠处,船长于船舶抵达指定停留处前3小时,用电报向检疫所报告如下事项:船名、预定到达时间、船员和旅客人数、在本港上岸的旅客人数及其陆上住址、发航港及最后寄港、船舶在15天内或航行中染病病人或因疫致死亡人数及病名、其他非传染疾病病名及患者数、船上有无船医等。

民国27年(1938年),对来自国外港口或来自沿海疫港和疑似疫港,或航行中有病人或有死者的船舶(货轮、客轮)实施检查,受检船舶须悬挂黄色检疫旗号。民国36年6月,建立上海港温州卫生检疫临时分所,由上海港检疫所派员到温州港办理入出境船舶检疫业务。

1950年12月23日,浙江省人民政府转发中央人民政府政务院令《进出口船舶船员旅客行李检查暂行通则》,要求各有关单位遵照执行。12月28日,卫生部公布《交通检疫暂行办法》。1953年7月2日,浙江省人民政府卫生厅、浙江省爱国卫生运动委员会联合发布防止海外霍乱疫情传入浙江的通知。1957年12月23日,全国人大常委会颁布《国境卫生检疫条例》;1957年,浙江省人民委员会转发国务院《关于对外轮进出口联合检查工作的检查报告的批复》,要求各地对外轮进出口联合检查工作加以总结检查,并研究改进办法。

1979年4月16日,卫生部、交通部联合颁发《国际航行船舶试行电讯卫生检疫规定》,浙江各卫生检疫机关按照上述规定,开始对入境船舶实施电讯检疫,加快通关速度。

1980年2月12日,卫生部发布《改进和加强海港、航空、陆地边境口岸卫生检疫工作试行方案》。浙江各卫生检疫机关改进查验工作,简化手续,对来自国外的进口船舶,一般情况下在靠泊码头或在港内实施卫生检疫。但有下列情形之一的船舶一律在检疫锚地实施检疫:船舶在航行中,发现检疫传染病、疑似检疫传染病,或有人非因意外伤害而死亡的;船舶上啮齿动物有反常的死亡,并且死因还没有查明的;根据上级指定来自某些港口和地区的船舶。对国际航行的中外籍船舶,仍继续施行电讯检疫。

1984年12月8日,卫生部发出《关于对进口废钢船进行卫生检疫的通知》。为防止废钢船携带病媒昆虫、啮齿动物以及传染病传入中国，浙江各卫生检疫机关对进口废钢船一律在检疫锚地（或指定的停泊点）实施卫生检疫，办理有关手续和必要的卫生处理。对废钢船实施联合检查和卫生处理前，任何人不得上下船，不得卸下任何物品。

1986 年 12 月 2 日，《国境卫生检疫法》颁布。1989 年 3 月 6 日，卫生部发布《中华人民共和国国境卫生检疫法实施细则》（以下简称《卫生检疫法实施细则》）。《卫生检疫法实施细则》规定了国境卫生检疫的任务、检疫机关的职责。1996 年 1 月，嘉兴卫检局建立，并于 1997 年起独立实施入出境船舶检疫查验。是年，嘉兴卫检局检疫船舶 46 艘次，其中入境 30 艘，出境 16 艘。1999 年 11 月，嵊泗检验检疫局建立，并从 2000 年起独立实施入出境船舶检疫查验。此前，嵊泗入出境船舶检疫查验工作由舟山卫检局承担。

2004 年 6 月，舟山检验检疫局完成对《国际航行船舶入出境检验检疫综合系统》软件局端、企业端、报检接收三大系统的升级改造。其中，《国际航行船舶入出境检疫远程报检》测试版在一家船舶代理公司安装调试并获成功。

2010 年 11 月 2 日，宁波检验检疫局开展宁波口岸交通工具检疫监管模式和系统整合研究工作，以出入境船舶、航空器为主线，建立一整套包含代理、外供、海员接待、开放区域管理等内容的一体化的口岸交通工具检疫监管模式和长效机制，并整合相关系统，实现对相关业务的信息化管理，推进“智慧型检验检疫”发展建设。

1964—2010 年，浙江卫生检疫（检验检疫）机构共对 18.11 万艘次出入境船舶实施检疫，其中入境 9.11 万艘次，出境 9.00 万艘次。1999—2010 年，浙江卫生检疫（检验检疫）机构共检疫出入境船舶 16.44 万艘次，其中检疫入境船舶 9.22 万艘次。

表 68-4-1-1　　1999—2010 年浙江口岸出入境船舶卫生检疫数量一览表

单位：艘次

年份	出入境船舶检疫数量	其中入境数量	年份	出入境船舶检疫数量	其中入境数量
1999	6745	3881	2005	15090	8476
2000	7693	3979	2006	16262	9152
2001	8941	5085	2007	18031	10190
2002	9998	5689	2008	17389	9826
2003	12206	7062	2009	19135	10525
2004	13889	7884	2010	19047	10480

资料来源：1999—2002 年数据来自《浙江检验检疫志》，浙江人民出版社 2005 年版，第 547—549 页；2003—2010 年数据根据浙江局、宁波局历年年鉴、CIQ2000 系统数据统计。

1. 入境船舶检疫查验

1964 年起，浙江卫生检疫机构对入出境船舶实行联合检查制度，即由港监、卫检、边检、海关组成并登轮检查，港监为组长单位。遇有染疫和染疫嫌疑的船舶时，首先由卫生检疫机关单独实施检疫。登轮前，在检疫交通艇上或其他场所由港监召开船头会议，检疫医师在此会议上可与其他单位交换情况，提出要求和建议，争取得到其他单位的配合、支持。

1964—1977年，浙江只有温州卫检所对船舶实施检疫，共检疫入境船舶139艘次。

1978年9月3日，宁波卫检所对首艘从日本装运钢板、钢管抵北仑港区的中国远洋公司"大田"轮实施入境检疫。

1989年5月至1994年5月，宁波卫检所（局）对宁波至中国香港地区开通客运定期班轮实施检疫，该航线由上海海运局客货两用"海达"轮承运，共计往返航行110航次，计运送入境旅客9868人次，出境旅客12218人次。1991年4月14日，因"友谊"号轮入境时未悬挂检疫信号，2名船员未经检疫擅自上岸，宁波卫检所依法给予书面警告处理。

1995年3月21日，国务院发布《国际航行船舶进出中华人民共和国口岸检查办法》后，联合检查制度取消，各查验单位视情况决定是否登轮检查。据此，浙江省各海港相继取消联检制度，船前会议也随之取消，但考虑到二类口岸的实际情况，为缩短入境船舶的查验时间，方便代理单位工作，仍然参照联检工作程序，并增加动植物检疫部门共同登轮查验。浙江各卫生检疫机构对持有"船舶卫生证书"的来自非疫区的船舶实行电讯检疫，简化了检疫查验手续。1999年8月"三检"合一后，入出境船舶检疫查验工作由检验检疫局承担。舟山检验检疫局自行设计开发的《船舶检验检疫系统》软件，得到浙江检验检疫局和国家检验检疫局的肯定。

2010年5月12日，嘉兴检验检疫局处置一起中国香港籍游艇突发靠港事件。

2. 出境船舶检疫查验

1964年，温州卫检所开始对出境船舶实施检疫查验。1978年，宁波卫检所开始对出境船舶实施检疫查验。

1980年2月12日，卫生部发布《改进和加强海港、航空、陆地边境口岸卫生检疫工作试行方案》，规定中国籍出境船舶除船长申请或者检疫机关认为必要时，不再实施出境检疫及签发出口检疫证。之后，温州、宁波卫检所对中国籍出境船舶一般不再实施出境检疫和签证。

1987年5月1日起实施《国境卫生检疫法》，浙江各海港恢复对中、外轮的出境检疫。

自1989年起，为保持出口水产品的存活率和鲜度，增强国际市场的竞争力，舟山卫检局经上级同意，由满载后联检改为装载前联检，简化出境船舶联检手续，同时实行24小时检疫制度，对来自非疫区的船舶做到随到港随查。

1964—1998年，浙江口岸共检疫出境船舶20132艘次。

1999年8月实行"三检"合一后，出境船舶检疫工作由浙江、宁波检验检疫局组织实施。

1999—2010年，浙江口岸共检疫出境船舶69673艘次。

（二）航空器检疫查验

浙江省对外开放的航空口岸共有3个，分别为杭州、宁波、温州空港。

1979年5月，杭州卫检所正式对外工作，主要工作为杭州笕桥机场出入境飞机和旅客的检疫查验和办理出国人员预防接种证书。1988年，宁波卫检所开始对出入境飞机检疫查验。1995年，温州卫检局开始实施出入境飞机检疫查验。

2001年,为严防登革热、霍乱、炭疽、疯牛病、口蹄疫、禽流感等传染病疫情的传入,浙江各检验检疫机构加强疫情监测,加强对重点人群、重点航班的检疫查验,完善现场检疫查验手段和措施。2001年7月12日至8月17日,宁波栎社国际机场开通宁波—曼谷包机航班。时值泰国登革热疫情暴发,宁波检验检疫局机场办事处采取"严格入境检疫,宣传登革热预防知识,对入境航空器进行灭蚊"等措施防止登革热传入。12月4日,宁波检验检疫局机场办事处依法对越共中央总书记农德孟的专机实施登机检疫,此为宁波首次对外国元首专机实施卫生检疫。2002年7月3日,为救助美国籍旅客,宁波检验检疫局机场办事处首次对宁波至中国香港地区的急救公务机DER992航班实施临时出境检疫。

2004年,宁波口岸开展入境航空器电讯检疫工作,为使宁波栎社国际机场入境航空器检疫工作与国际惯例接轨,结合宁波空港口岸的实际条件,宁波检验检疫局机场办事处与民航等相关单位、部门协商签订空中信息传递协议,自2004年9月20日起,率先对东方航空公司执行的来自中国香港地区的MU5048和MU5012航班试行电讯检疫。2005年9月11日,由中国台湾爱盲协会捐献的3只人眼角膜从美国运抵宁波栎社国际机场,宁波检验检疫局快速办理现场查验和放行手续。10月30日,舟山往返中国香港地区的临时旅客包机首航开通。2005年,为应对人禽流感和流感大流行,宁波检验检疫局加强宁波口岸交通工具卫生检疫,严防人禽流感疫情传入。2007年4月26—28日,G30(三十国国际财经事务顾问团)在杭州举办2007年春季全会,参会的部分嘉宾(副部级以上)从世界各地乘专机或者国际航班抵、离杭州。浙江检验检疫局杭州机场办事处实行24小时工作制,在确保出入境航班及旅客正常通关的情况下,为乘坐日常国际航班出入境的与会嘉宾提供专用VIP通道,办理出入境检疫手续;对乘坐专机出入境的嘉宾,工作人员在飞机上统一收取健康申报卡,在专用通道进行体温监测。2008年12月21日,浙江检验检疫局完成首周两岸直航检疫监管工作,累计完成检疫监管航空器28架次、旅客4976人次。2010年5—10月,浙江检验检疫机构贯彻落实质检总局关于保障上海世博会的有关要求,设立世博安保安全工作小组,组建机场办事处上海世博会检验检疫现场工作组,成立备降航班应急保障小组,与机场各部门、口岸各联检单位签订联防联控合作协议,做好空港口岸世博安保工作。

1999—2010年,浙江检验检疫机构共检疫出入境航空器11.85万架次。

表68-4-1-2　　1999—2010年浙江口岸出入境航空器卫生检疫数量一览表

单位:架次

年份	检疫数量	年份	检疫数量	年份	检疫数量	年份	检疫数量
1999	2786	2002	5927	2005	13778	2008	14308
2000	2830	2003	5489	2006	17175	2009	13775
2001	3666	2004	9524	2007	13412	2010	15805

资料来源:1999—2002年数据来自《浙江检验检疫志》(浙江人民出版社2005年版,第551—552页)、《宁波出入境检验检疫志》(中华书局2005年版,第434页);2003—2010年数据根据浙江局、宁波局历年年鉴、CIQ2000系统数据统计。

三、人员检疫查验

浙江口岸出入境人员检疫查验可分海港和空港两类，检疫对象包括出入境船舶的交通员工、航空器的机组人员和搭载的出入境旅客等。检疫措施主要有：体温监测、医学巡查、检查预防接种证书和健康证书、医学检查、流行病学个案调查、医学观察等。

1999—2010 年，浙江检验检疫机构共检疫出入境人员 1657.72 万人次。

表 68-4-1-3　　1999—2010 年浙江口岸出入境人员卫生检疫情况一览表

单位：人次

年份	检疫数量	年份	检疫数量	年份	检疫数量	年份	检疫数量
1999	534167	2002	783425	2005	1567965	2008	1913166
2000	521699	2003	629464	2006	1817230	2009	2233159
2001	602036	2004	1221564	2007	1974547	2010	2778816

资料来源：1999—2002 年数据来自《浙江检验检疫志》（浙江人民出版社 2005 年版，第 557—558 页）、《宁波出入境检验检疫志》（中华书局 2005 年版，第 435—436 页）；2003—2010 年数据根据浙江局、宁波局历年年鉴、CIQ2000 系统数据统计。

（一）海港出入境人员检疫查验

海港出入境人员检疫对象包括出入境船舶的交通员工和搭载的出入境旅客。

民国 32 年（1943 年），温州鼠疫流行，一名鼠疫患者死于船上，船在江中留验 7 天，船上其他船员换船，疫船和货物予以焚毁。

中华人民共和国成立后，浙江省人民政府重视疾病的预防控制和入出境人员的检疫查验工作。1953 年 7 月，浙江省人民政府卫生厅、浙江省爱国卫生运动委员会联合发布防止海外霍乱疫情传入浙江的通知，通报印度、巴基斯坦霍乱流行情况，并提出对沿海港口的渔民船户、小贩、码头工人、饮食行业等进行预防注射等 5 条措施。1964 年，成立温州卫检所，由浙江省卫生厅管辖，对沿海进出港船舶及人员实施检疫查验。

1979 年，宁波海港（含舟山）开始对出入境人员实施检疫查验。1981 年 9 月 9 日，宁波卫检所召开省远洋公司远洋船长会议，要求各船重视对副霍乱的防控工作。1983 年，宁波港务局有 6 位临时工患副霍乱，宁波卫检所立即进行调查并对患者及周围人群实施隔离等必要的医学措施，对物品、环境等实施消毒等卫生处理。同年 7 月，宁波卫检所在宁波港作业区和港监艇上发现副霍乱 2 例，对病人采取隔离治疗措施。9 月 28 日，宁波卫检所在舟山沈家门港避风的中国台湾渔船上检出 1 例患副霍乱疫情，患者是中国台湾籍渔民。同年 9 月，温州卫检所发现 3 名出国华侨为霍乱带菌者。1984 年 12 月 31 日，宁波口岸第一艘不定期国际航行客轮日本籍“樱花丸”轮停靠宁波口岸，载客 451 人，宁波卫检所在船舶及码头现场对旅客实施出入境卫生检疫。是年，海门检疫站开始对国际航行船舶交通员工实施检疫查验。1987

年，舟山港开始独立对出入境人员检疫查验。10 月 19 日，为贯彻公安部、卫生部《关于来华外国人提供健康证明问题的若干规定》，宁波卫检所与宁波市公安局联合发文，要求凡是无宁波卫检所签发的外国人体格检查记录验证证明，宁波市公安局不受理其在宁波居留申请等，并告之有关部门执行。

1990 年 5 月 18 日，宁波卫检所在对某远洋捕捞渔船的船员归国体检时，检出郑某（男，41 岁）艾滋病病毒抗体阳性，确诊为艾滋病病毒感染者，按有关规定作相应处理。1991 年 8 月 22 日，舟山卫检所发布《关于加强对外劳务人员传染病监测管理的通知》，规定舟山地区的劳务输出人员须到舟山卫生检疫机关接受健康检查，办理健康证书。1994 年 5 月，宁波至中国香港地区的“海达”轮停航，宁波海港出入境定期旅客卫生检疫查验工作暂停。1998 年 5 月 6 日，温州卫检局与温州市公安局联合发布《关于加强温州口岸出入境人员艾滋病等传染病管理办法的通知》，加强对出入境人员进行艾滋病监测。5 月 25 日，舟山卫检局会同舟山市公安局、外事办联合发出《关于对入出境人员实行健康检查的通知》，对入出境人员健康检查提出具体要求。

2000 年 2 月 20 日，舟山兴业公司所属“东渔”轮入境，舟山检验检疫局获悉有一名船员于 2 月 16 日在朝鲜兴南锚地等待入境时突然死亡，检疫医师对死因进行调查分析，根据死者健康记录及有关症状综合判断，排除传染病致死的可能性，并对死者房间、停尸场等相关场所做消毒处理。2001 年 7 月 16 日，舟山检验检疫局在检疫浙江远洋渔业公司普陀分公司所属浙远东某鱿鱼钓船时，获悉该船自西南大西洋返航途中，2 名船员相继死亡，检疫医师经询问调查，确认致死原因为非法定检疫传染病。2009 年 7 月，浙江台州大麦屿海港对中国台湾地区直航开通。在台州口岸开通前，台州检验检疫局制订检验检疫工作方案，并在首航时妥善处置一名中国台湾地区船员发热事件。

（二）空港出入境人员检疫查验

1980 年，卫生部下发《关于改进和加强海港、航空、陆地边境口岸卫生检疫工作试行方案》。是年，卫生部下发《国境口岸传染病监测试行办法》，浙江各卫生检疫机关根据该办法对国境口岸和国际通航的交通工具上人员，开展流行性感冒、疟疾、脊髓灰质炎、登革热、斑疹伤寒和回归热 6 种传染病的监测工作。1981—1983 年，杭州卫检所共检疫入境旅客 78563 人次，发放“就诊方便卡”11893 份。1988 年，杭州卫检所共检疫入境旅客 77739 人次，发放“就诊方便卡”134 份。1992 年 12 月，宁波栎社卫检局根据卫生部、公安部《关于中国公民出入境提交健康证明的通知》，对未能出示有效健康证明书的入境旅客，动员其在现场采血进行 HIV 初筛快速检测，现场出具检验报告。1993 年，国家卫检总所下发《艾滋病卫生检疫工作对策及其实施方案》。同年，杭州卫检局机场办事处为预防艾滋病传入、传出，开展全血快速检测艾滋病工作，全年共采指尖血 694 人份，结果均为阴性。1994 年 8 月，印度的马哈拉施特拉邦及古吉拉特邦发生鼠疫暴发流行。在印度肺鼠疫流行期间，有 14 名来自印度的旅客从杭州口岸入境，检疫医师逐一进行医学询问与检查，并发放“就诊方便卡”，要求接待单位或工作部门近期内采取适当的医学观察、定期复查等措施，及时反馈情况，直至潜伏期满为止。同年9月，针对印度暴发的鼠疫疫情，宁波栎社卫检局采取在“入境健康申明卡”中增填“两周内是否到过印度”栏目，了解旅客与疫区的接触史，防止鼠疫疫情传入。1995年1月4日，扎伊尔暴发埃博拉出血热，杭州卫检局搜集有关信息，加强在联检单位内宣传，消除对该病的恐惧心理，采取各种措施防止该病从杭州口岸传入。同时，向省民航管理局、各航空公司和机场有关单位发送《关于防止埃博拉出血热传入的紧急通知》。12月29日，经国务院批准，开通温州—中国澳门的航线，温州空港开始对旅客进行查验。同年，杭州卫检局在对旅客入境查验时，发现一名台商巩膜黄染，经调查，该台商系萧山某独资企业厂长，正患甲型肝炎。检疫人员对该旅客的病情进行跟踪监测，并为其工厂的100多名员工接种甲肝疫苗。1996年5月，温州机场从入境旅客中检出麻疹患者1例。7月5日，宁波栎社机场从飞往中国香港的出境旅客中发现一名严重腹泻的男性患者，劝阻其出境。经实验室细菌学检验，结果为副溶血性弧菌感染。

2000年6月1日，国家检验检疫局下发《关于防止泰国登革热传入我国的紧急通知》，浙江检验检疫局机场办事处召集执行杭州至曼谷航班的航空公司及机场公司地面服务部等有关部门，召开疫情通报会，通报疫情及检验检疫部门拟采取的各种应急措施；制订并执行曼谷至杭州航班的检疫查验及卫生处理的工作流程；针对杭州往来曼谷航班旅客大多由杭州各出境旅游公司组团的现状，向旅行社的领队和导游通报疫情，介绍登革热的预防措施等旅行知识，并将有关资料发放给各家旅行社。2000年，宁波检验检疫局机场办事处共对179名归国劳务人员采血检测，另有141名归国劳务人员填写“体检联系单”，通知其在指定时间内到指定的地点接受传染病监测体检。2003年10月22—28日西湖博览会期间，杭州萧山国际机场出入境航班和旅客创下历史最高纪录，共检疫出入境航班457班次、旅客46792人次，检疫出入境航班和旅客数比上月增长21.2%和27.0%。

2008年5月6日，根据质检总局发布《关于加强出入境人员手足口病防控工作的通知》，浙江检验检疫机构加大口岸出入境人员手足口病防控工作。2009年，宁波空港口岸甲型H_1N_1流感防控工作取得阶段性成效，在入出境旅客检疫中发现并转送6例甲型H_1N_1流感确诊病例。2010年8月30日，浙江检验检疫机构严格按照质检总局部署的口岸疟疾防控措施，从排查传染源、切断传播途径、保护口岸相关人群等多方面着手，形成较为完善的口岸疟疾检疫防控网络，做好口岸疟疾检疫防控工作。

四、货物检疫查验

货物检疫包括海港和空港两类，检疫程序包括报检、现场查验和放行等。

1989年起，宁波、温州卫检所开始对入出境货物进行检疫查验。1990年起，舟山卫检所开始对入出境水产品、蔬菜等进行检疫查验。1993年6月22日起，宁波卫检局对所有入出境货物实行申报管理和检疫监督管理。同年，杭州卫检局对入出境货物实施检疫查验。1994年5月1日起，舟山卫检局对入出境货物进行全面检疫查验。

表 68-4-1-4　　1999—2010 年浙江口岸出入境货物卫生检疫情况一览表

年份	业务量(批次)	金额(万美元)	年份	业务量(批次)	金额(万美元)
1999	139882	-	2005	1471889	6781472
2000	200743	-	2006	1665153	8306206
2001	217931	-	2007	1922315	9826960
2002	672904	2470300	2008	2016511	13045398
2003	903082	3494941	2009	2022717	11191087
2004	1158779	4980447	2010	2435595	15057026

资料来源:1999—2002 年数据来自《浙江检验检疫志》(浙江人民出版社 2005 年版,第 560 页)、《宁波出入境检验检疫志》(中华书局 2005 年版,第 437 页);2003—2010 年数据根据浙江局、宁波局历年年鉴、CIQ2000 系统数据统计。

(一)海港货物检疫查验

1989 年 6 月 15 日和 8 月 23 日,温州卫检所与温州海关、宁波卫检所与宁波海关先后发文,要求从温州、宁波口岸入出境的水产品、集装箱、废旧物品等要向卫生检疫机关报检,海关凭卫生检疫证明放行。

1991 年 11 月 28 日,宁波卫检所检疫人员对抵达镇海港的古巴籍"拉加"轮运载的古巴产散装原糖进行首次现场卫生监督和采样,未发现异常情况,即准卸货。12 月 4 日,检疫人员接到通报,部分原糖受舱内油管漏油污染,经调查后依法做出处理,销毁污染严重的 184 吨原糖,污染较轻的 324 吨不可供人食用。1992 年 5 月 4 日,中外合资宁波海静食品有限公司向日本三井物产(株)香港有限公司购买一批 2 号空罐。5 月 21 日,宁波卫检局检疫人员前往该公司进行卫生监督和采样,经检验发现并妥善处置了空罐蒸发残渣超标事件。1993 年,杭州卫检局首次对入境货物检疫查验,共查验货物 1444 件、386 吨。1993 年 6 月 21 日,根据国家卫检总所《关于对入、出境集装箱、货物实行报验制度的通知》要求,宁波卫检局召开宁波口岸入出境货物卫生检疫管理工作座谈会,从 6 月 22 日起,对所有出入境货物实行申报管理,要求货主或代理凭"报验员证"进行货物申报。1994 年 4 月,舟山卫检局与舟山市政府口岸办公室针对舟山口岸存在的"重船报、轻货报"的现象,联合发文《关于对舟山口岸入、出境货物实施卫生检疫管理的通知》,规定自 1994 年 5 月 1 日起,舟山入出境货物,其货主和代理人应在入境船舶靠泊后 24 小时内或出境装货前尽早向卫生检疫机关申报。是年,货物检疫共 17 批次、436161.8 吨,其中铁矿砂 4 批次、196978.8 吨。同年,宁波卫检局完成对宁波北仑港区的放射性本底调查工作,监测重点是可能超过放射性限值的矿石、建筑材料、废旧物品和仪器设备等。

1996 年 1 月,宁波卫检局检疫人员在对浙江省粮油食品进出口公司进口的一批鱼油进行拆箱查验时,发现鱼油有臭鸡蛋味。经采样检验,确证鱼油中含有硫化物。最后,在食检人员的监督下，鱼油被用于非食品业的生产。2月8日，宁波卫检局对一批退货河豚进行监管，检疫人员监督指导了整个拆箱、卸货、堆放过程。在宁波卫检局监管下，该批河豚最终得以再出口。5月24日，“明州22号”轮运载庆元外贸公司进口的一批保鲜香菇抵宁波港。宁波卫检局检疫人员在拆箱查验时确定该批香菇已腐烂变质，对该批香菇做出销毁处理，防止流入市场。1998年，宁波卫检局完成对宁波港镇海港区的放射性本底调查工作，监测重点是可能超过放射性限值的矿石、建筑材料、废旧物品和仪器设备等。

2003年，浙江检验检疫机构根据质检总局下发的《进口废物原料检验检疫监督管理办法》，加强对海港进口废物原料的检验检疫工作，并做好查验现场的取样留样以及影视资料的保存工作。同年，针对废旧物品中存在的疫情风险，浙江检验检疫机构根据质检总局发布的《进口可用作原料的固体废物检验检疫通用标准第三部分：卫生除害处理通用技术要求》，针对废旧物品中可能存在的生物风险，作出卫生处理具体规定。

（二）空港货物检疫查验

1994年，杭州卫检局贯彻落实《国境卫生检疫法》及其实施细则，出入境货物检疫工作逐步走上法制化管理轨道。自1994年5月1日起，对机场空运出入境货物全面实施检疫监管，要求出入境货物的承运人、代理人或者货主在托运货物或提取货物前，必须向杭州卫生检疫机关申报并填写卫生检疫申报单，并随附提单、运单及其他有关单证。经杭州卫检局机场办审单或检疫合格后，以在提单、运单或有关单证上盖卫生检疫放行章或签发出入境货物放行通知单的形式予以放行。是年，杭州卫检局共检疫货物近10万件、160余吨。宁波卫检局对航空货物的检疫监管始于1995年6月，主要是针对随机入境的航空货物。1995年8月13日，宁波卫检局发文《关于对宁波转口空运货物实施卫生检疫管理的通知》，对一部分转口货物实施检疫监管。

1998年12月28日，宁波栎社机场国际航空货运正式开通，作为宁波“三检”合一的试点单位，宁波检验检疫局机场办事处在栎社机场国际航空货运报关报验中心开展货物检疫工作。

1999年11月，浙江检验检疫局杭州、温州机场办事处按照国家检验检疫局的要求，实行一次性受理报检、检验检疫监管和处理。是年，杭州、温州机场办事处共对103482件货物实施检疫监管。2000年1月1日，杭州机场办事处对实施出入境检验检疫的货物，正式启用“出境货物通关单”和“入境货物通关单”。出境货物凭产地局出具的换证凭单或电子凭条换取出境货物通关单；入境货物受理报检后，直接出具入境货物四联通关单或二联通关单。2002年2月，浙江检验检疫局要求收货人或其代理人在货物入境后携带提单、运单等有关单证到机场办事处申请报检，所有入境货物需机场办事处审单抽查或检验检疫合格，并在报关单（实际操作为提单和提货卡）上加盖检验检疫专用章后予以放行。

2005年3月1日，宁波至中国香港地区全货机开通。

2006年，宁波检验检疫局机场办事处派员前往长沙、厦门、福州、萧山等空港实地考察学习航空快件的检验检疫操作流程，为宁波空港航空快件以及货运的快速发展提供检验检疫保障。

2010年11月22日，宁波检验检疫局机场办事处正式进驻宁波空港口岸通关中心，开展宁波空港口岸出入境货物的申报、检验检疫、卫生处理等业务。1998年12月至2010年12月，宁波检验检疫局机场办事处共受理货物检疫申报达106686.32吨。

五、集装箱检疫查验

1980年起，浙江卫生检疫机构开始对入出境集装箱、货物等进行卫生检疫监督管理，防止检疫传染病通过集装箱、货物等传入、传出。

1988年4月，杭州卫检所根据卫生部下发的《关于执行〈入境、出境集装箱卫生管理规定〉的通知》，着手从技术、设置上按照规定筹备这项指令性工作。7月4日，海门港开通中国香港的集装箱班轮，海门卫生检疫站正式开展对入出境集装箱的检疫监管和卫生处理。8月中旬，杭州卫检所首次对出运澳大利亚的一批货物包装材料及其运输容器集装箱进行卫生处理和签发证件的工作。8月20日，宁波卫检所开始对海运集装箱进行检疫监管。是年，共检疫1609标箱。之后，杭州、海门、宁波、温州、舟山、嘉兴等卫检机构全面对入出境集装箱实施卫生监管。

1994—1996年，浙江口岸共检疫入出境集装箱138264标箱。1997年3月，杭州卫检局制定《宁波港国际中转集装箱货物卫生检疫监管规程》。10月4日，宁波卫检局北仑办事处与宁波港务局集装箱管理EDI(电子数据交换)系统正式接通，完善对集装箱的管理。1997年，浙江口岸共检疫入出境集装箱90381标箱。1998年，浙江口岸检疫入出境集装箱316423标箱。

1999年8月“三检”合一后，浙江全省入出境集装箱检验检疫工作由浙江检验检疫局和宁波检验检疫局管理。

2000年5月17日，浙江检验检疫局根据浙江省实际，提出入出境集装箱检验检疫工作实施意见，即集装箱检验检疫工作按属地原则划分，实行“先检疫查验、后检验”的原则，做到卫生检疫、动植物检疫、适载性检验检疫工作一次完成。7月28日，为贯彻“监管有效，方便进出”的工作方针，支持浙江省扩大外贸出口，充分发挥宁波港的优势，改善杭州地区外贸货物进出口的查验环境，浙江检验检疫局、宁波检验检疫局经协商，制定《杭甬“口岸直通式”集装箱货物检验检疫监管办法》，规定出境货物由宁波检验检疫局完成集装箱的检疫以及必要的卫生除害处理工作，由浙江检验检疫局完成所载货物(包括随货的木质包装)的检验检疫工作。11月8日，宁波检验检疫局发布《关于加强集装箱卫生除害处理管理工作的几点意见》，要求严格按照《国境卫生检疫法》及其实施细则、《动植物检疫法》及其实施条例、质检总局发布的《进出境集装箱检验检疫管理办法》等有关规定，实施集装箱卫生处理的管理工作。2000年，浙江口岸共检疫入出境集装箱636726标箱。

2001年，浙江、宁波检验检疫局根据质检总局文件要求，分别发布《浙江出入境检验检疫局出入境集装箱检验检疫操作规范》《关于加强宁波口岸进境集装箱空箱检验检疫工作的警示通报》和《宁波出入境检验检疫局集装箱卫生处理规程》。

2004年2月11日，宁波检验检疫局发布《关于做好港区集装箱卫生除害处理有关问题的函》，加强对港区卫生除害处理工作质量的监管和港区集装箱卫生除害处理的安全管理。7

月，金华检验检疫局检疫人员对德国进口汽车配件的集装箱进行检疫查验时，截获死鼠一只，这是金华检验检疫局首次截获医学媒介生物。11 月 12 日，质检总局制定《出境集装箱检验检疫工作程序（试行）》《进境集装箱重箱检验检疫工作程序（试行）》和《进境集装箱空箱检验检疫工作程序（试行）》。2005 年 1 月 18 日，宁波检验检疫局发布《进一步做好集装箱检验检疫工作有关要求的通知》，要求入境集装箱空箱的检疫查验工作要作为集装箱检验检疫的重点工作来抓。2007 年 1 月 15 日，舟山检验检疫局监督“BEAUTY”轮引离舟山马峙检疫锚地后驶向公海出境，该货轮装运的重度污染物——77 只集装箱 1480.2 吨洋垃圾全部作退运出境处理。这是中国对国外废物数量最大的一次退运，中央电视台《新闻联播》节目进行了报道，各大媒体进行转载，引起广泛关注。同年 6 月 28 日，宁波检验检疫局转发《进出境集装箱检验检疫工作绩效考核规定》，要求开展有关进出境集装箱检验检疫工作各项政策法规宣传、研究，贯彻落实质检总局相关进出境集装箱检验检疫的各项工作措施，保证集装箱检验检疫的覆盖率，提高问题的检出率。2008 年 2 月，杭州检验检疫局对来自意大利进口的压延机进行开箱检验时，截获大批废纸和旧海绵等生活垃圾。7 月 3 日，宁波北仑检验检疫局在对来自荷兰、装载废纸的集装箱实施检验检疫过程中，截获 1 批死体蝇类，经医学媒介实验室鉴定为次生锥蝇。

2009 年 2 月，嘉兴检验检疫局在乍浦口岸对一批来自美国装载废纸的入境集装箱进行检疫查验时，截获吸血蝇类厩螫蝇。4 月 30 日，宁波北仑检验检疫局在对来自加拿大、装载废纸的集装箱实施检疫中，在废纸中发现死鼠 4 只，经鉴定为褐家鼠。5 月 3 日，宁波检验检疫局成立入境集装箱空箱监管系统研究工作组，加强入境集装箱空箱申报和查验工作。2009 年，一些国家和地区暴发甲型 H_1N_1 流感，浙江检验检疫机构严防甲型 H_1N_1 流感通过入境集装箱从浙江口岸传入。宁波检验检疫局出台《关于对甲型 H_1N_1 流感流行国家和地区来的交通工具、集装箱、货物实施卫生处理的紧急通知》，要求对来自甲型 H_1N_1 流感流行国家和地区的交通工具、集装箱、货物实施卫生处理。

2010 年 4 月，杭州检验检疫局从入境集装箱的机电设备包装中发现一鼠形动物，经鉴定属鼩鼱科臭鼩。10 月 29 日，宁波检验检疫局开展宁波口岸入境空集装箱检疫监管模式和系统整合研究。

1999—2010 年，浙江口岸共检疫出入境集装箱 865.29 万标箱。

表 68-4-1-5　　1999—2010 年浙江口岸出入境集装箱卫生检疫数量一览表

单位:标箱

年份	检疫数量	年份	检疫数量	年份	检疫数量	年份	检疫数量
1999	485721	2002	1438015	2005	371938	2008	418405
2000	636726	2003	2011805	2006	418977	2009	514889
2001	882923	2004	403176	2007	424478	2010	645837

资料来源:《浙江检验检疫年鉴》《浙江检验检疫志》和《宁波检验检疫年鉴》历年数据。

六、行李检疫查验

浙江口岸行李检疫主要在空港口岸，重点是入境旅客的行李。1999年前，浙江卫检机构依据《国境卫生检疫法》及其实施细则的有关规定，对入出境旅客行李实施检疫查验。

1999年8月“三检”合一后，根据《国境卫生检疫法》及其实施细则和《动植物检疫法》及其实施条例有关规定，对入出境旅客行李的卫生检疫和动植物检疫一并实施。浙江检验检疫机构对空港入出境旅客的行李检疫采用报检（随身行李除外）、查验或卫生处理、放行及后续管理的监管模式。

2004年2月9日，浙江检验检疫机构按照《高致病性禽流感动物疫情应急处理预案（试行）》的要求，严格加强对旅客携带物品（含托运，下同）和邮寄物品的检验检疫，禁止邮寄或旅客携带来自疫区的禽类及其产品入境；一经发现，一律作退回或销毁处理。5月10日，宁波检验检疫局根据质检总局《关于加强霍乱等传染病监测的通知》，要求各单位、各部门加强对出入境交通工具、人员、货物、集装箱、行李等的卫生检疫工作。

2005年5月11日，浙江检验检疫机构根据质检总局《关于转发〈卫生部办公厅关于通报水产品安全有关问题的函〉的通知》要求，加强重点检疫对象的卫生检疫工作，其下属各单位、各部门加强对出入境交通工具、人员、货物、集装箱、行李等的卫生检疫工作。

2008年，浙江检验检疫局杭州机场办事处在出入境人员查验通道和行李转盘处安装了核辐射监测系统，对出入境人员、行李实现放射性监测全覆盖。

2010年，宁波检验检疫局机场办事处分别在旅客通道和行李转盘处安装通道式核辐射监测仪，全年共发现放射性超标的入境旅客8人、行李1件。

第二节　卫生监督与卫生处理

浙江卫生检疫（检验检疫）机构将卫生监督与卫生处理作为依法检疫的重要手段，依法对国境口岸、入出境船舶、航空器、口岸饮用水、食品及从业人员进行卫生监督、医学媒介生物监测；对入出境船舶、航空器、集装箱、货物、废旧物品、废旧交通工具、尸体、棺柩、骸骨、人员等实施卫生处理，确保口岸的卫生安全和公民的身体健康。

20世纪50年代，温州交通检疫所根据《国境卫生检疫条例》开展口岸卫生监督和卫生处理工作。

20世纪60年代，温州卫检所开展口岸卫生监督和卫生处理工作。

1981年，浙江各口岸卫检所（站）根据国务院批准的《国境口岸卫生监督办法》，加强对浙江口岸和交通工具的卫生监督工作。1986年，浙江检验检疫机构根据《国境卫生检疫法》开展口岸卫生监督和卫生处理。20世纪80年代后期，口岸卫生监督工作从具体监管对象卫生监督向指导创建“国家卫生港”转变。1990年，在宁波卫生检疫机关指导下，宁波港通过国家级“卫生港”考核鉴定，被交通部、卫生部授予“国家卫生港”称号。

20世纪90年代中期，入出境船舶卫生监督模式发生变化，浙江创新入境集装箱卫生处理模式。1995年5月，宁波卫检局组建集装箱卫生处理专业队伍，对入境集装箱于报检前在堆场实施熏蒸处理，前置卫生处理大大提高了集装箱及其货物通关速度。

21世纪初，浙江检验检疫机构制订《国境口岸食品生产经营单位、服务行业卫生许可证管理办法》《国境口岸储存场地卫生许可证管理办法》《出入境口岸食品卫生监督管理规定》《出入境口岸食品卫生监督分级管理实施方案》和相应的操作规程，进一步规范国境口岸食品生产经营单位、服务行业和口岸储存场地卫生监督工作，在全省口岸推行食品卫生监督风险分析和分级管理制度。2008年，根据世界卫生组织要求，浙江检验检疫机构不再签发“免予除鼠证书/除鼠证书”，开始签发“船舶免予卫生控制措施证书/船舶卫生控制措施证书”。

2010年，宁波检验检疫局共对4303艘次出入境船舶实施卫生监督，并对1937艘次出入境船舶实施卫生处理，分别是2003年的2.10倍和16.14倍。浙江检验检疫局共对1682艘次出入境船舶实施卫生监督，并对167艘次出入境船舶实施卫生处理。

一、国境口岸卫生监督

1980年，杭州卫检所开始实施机场候机楼室内外卫生状况的监督管理，重点是对提供航空食品的杭州饭店进行食品卫生监督和定期抽样检验；对机场和飞机上的饮用水进行动态监测。同年，宁波卫检所开始对港区食品进行卫生监督。1981年，杭州卫检所开始对机场食品进行卫生监督。

1983年5月5日，宁波市召开贯彻《中华人民共和国国境口岸卫生监督办法》会议，宣布宁波港口岸范围：以宁波、镇海、北仑3个作业区已建范围为界，华侨饭店、甬港饭店、海员俱乐部、宁波饭店等涉外宾馆及外轮供应公司由宁波卫检所进行卫生监管。同年，宁波卫检所开展经常性国境口岸卫生监督。全年检验饮水、食品47份，没有发现污染情况。是年，杭州卫检所开始对杭州机场饮食、服务行业进行卫生监督；温州卫检所开始对温州口岸范围内的友谊商店、海员俱乐部、外轮供应公司等涉外单位进行卫生监管，对口岸饮水、食品等进行监测；宁波卫检所沈家门检疫站开始对港区卫生、供水、食品及公共场所进行卫生监督。1984年，宁波卫检所加强对口岸饮水、食品、冷饮品的监测，共检验样品971份，未发现污染。同年，海门卫生检疫站开始对口岸环境、公共场所进行卫生监督。1985年8月13日，沈家门检疫站就某饭店食物中毒事件(219人就餐，104人食物中毒)联合定海卫生防疫站一起进行调查，并将调查结果上报宁波卫检所和浙江省卫生厅。1986年开始，温州卫检所对友谊商店、海员俱乐部、外轮供应公司等申请卫生许可单位进行考核，并发放“国境口岸食品经营服务单位卫生许可证”。1986年4月，宁波市卫生局发布《关于市区食品卫生监督管理范围分工的通知》，明确市检验所(宁波卫检所)负责口岸单位和市属涉外宾馆饭店的食品卫生监督管理，并委托做好体检、发证工作。12月，宁波市卫生局根据省卫生厅有关文件精神，研究决定，从1987年起，宁波卫检所担负国境港口范围内(包括海员俱乐部)涉外单位的有关卫生工作，其他涉外单位的卫生工作由市卫生防疫站负责。1989年，温州卫检所对口岸的海员俱乐部及国内沿海客班轮餐厅的食品、饮用水、餐具等实施卫生监督。

1990 年 6 月，宁波港通过国家级“卫生港”考核鉴定。同年 11 月，被交通部、卫生部授予“国家卫生港”称号。1990 年 11 月，温州卫检所对友谊商店、华侨商店、海员俱乐部等场所进行微小环境卫生检测，结果空气细菌总数、噪声、照度卫生指标超过国家卫生标准。同年，海门卫生检疫站开始开展口岸饮食服务行业卫生监督工作。自 1990 年起，杭州卫检所每年对杭州机场口岸的候机厅、餐厅等公共场所进行 2 次微小环境卫生检测，使这些公共场所的微小气候、空气质量、噪声、照度等卫生指标逐步达到国家卫生标准。

1992 年，浙江省卫生厅主持召开杭州机场卫生监督工作协调会议，明确杭州卫检局的管辖范围和工作职责，理顺杭州机场口岸的卫生监督管理关系。杭州卫检局加强对机场饮食、服务行业的卫生监督管理，实行定期评分制检查和开展卫生流动红旗竞赛活动。在卫生监督活动中，对经多次监督检查卫生状况仍无改观的 3 家饮食单位分别做出停业整顿和罚款的行政处罚。

1994 年，舟山市政府多次召集市卫生局、市法制局、市卫生防疫站和舟山卫检局协商口岸餐饮服务单位卫生监管工作。是年 6 月 27 日，舟山市政府暂定定海华侨饭店、露亭宾馆、老塘山食堂、友谊商店、普陀的海天楼、沈家门台胞接待站、普陀山息来小庄、普济寺招待所、嵊泗的金沙大酒店由舟山卫检局实施卫生监督管理。10 月 1 日，舟山卫检局对所监管宾馆的一名炊事员因食用盐水虾患霍乱事件进行调查和消毒隔离处理。1995 年 9 月，舟山卫检局在对所监管的涉外宾馆、饭店实施卫生监督时，发现“三无”(无生产日期、无质量合格证、无生产厂家)及过期食品 1000 多件，当即予以销毁。同年，宁波卫检局开始对口岸公共场所进行卫生监测，全年监测 72 次。1996 年，嘉兴卫检局开始对口岸外环境卫生进行监测。同年 6 月 12 日晚，舟山某饭店召开的全省邮电会议代表中有 21 人食物中毒，舟山卫检局派检疫医师进行调查，随后对饭店提出整改意见，并行文报国家卫检局以及浙江省卫生厅、舟山市政府办公室和舟山市卫生局。

1998 年，宁波卫检局支持宁波民航站参加全国文明机场创建活动，宁波栎社卫检局调动人力物力投入机场卫生监督、监测工作，完成疫源地监测、鼠密度监测、水质监测、公共场所微小气候的监测等。1999 年，宁波栎社机场通过“全国文明机场”考核。

1999 年 8 月“三检”合一后，台州、嵊泗检验检疫局加强国境口岸卫生监督工作，先后开展口岸公共场所、饮食服务业的卫生监管工作。

2000 年，嵊泗马迹山港建设，嵊泗检验检疫局实施预防性卫生监督 2 次。同年，温州检验检疫局加强对机场免税商场、垃圾处理中心和食品供应中心 3 个关键部门的卫生监督管理，发布《关于进一步加强入境飞机垃圾检疫监管通知》。同年 6 月，温州检验检疫局在对温州机场进行卫生监督时，发现苍蝇密度高，影响机场的正常运转，督促民航采取灭蝇措施。在温州市政府牵头下，瓯海区政府和民航站配合，采取联合治理行动，使机场卫生面貌明显改善，《钱江晚报》、浙江电视台、《温州侨乡报》等新闻单位相继对此作报道。2001 年，温州检验检疫局指导机场食品供应中心和免税商场通过卫生监督登记考核，制定《温州检验检疫局口岸食物中毒控制预案》，促进空港整体卫生监督管理水平的提高。

2002 年 3 月 19 日，浙江检验检疫局发布《浙江出入境检验检疫局国境口岸储存场地卫生监督管理办法》《浙江出入境检验检疫局国境口岸服务行业卫生监督管理办法》《浙江出入境检验检疫局国境口岸食品生产经营单位卫生监督管理办法》。5月，浙江检验检疫局举办国境口岸卫生监督员培训班，加强行业管理，规范浙江省国境口岸卫生监督行政执法工作。2002年，宁波检验检疫局对外轮供应单位实行供应申报制度，对所供应的食品从采购、储存、运输及供应等各环节进行控制，根据申报和食品现场查验，采取采样检验或予以放行等措施，保证交通工具食品、饮用水供应的卫生质量。

2003年，在防控"非典"疫情期间，浙江检验检疫局依据质检总局、卫生部、浙江省卫生厅有关加强食品及公共场所卫生监督的文件，制定《浙江口岸食品生产经营单位及公共场所卫生监督实施方案》，在辖区口岸贯彻落实在"非典"期间的卫生监督工作，组织对杭州萧山国际机场卫生监督工作进行检查。

2004年9月6日，根据发展需要，浙江检验检疫局杭州机场办事处设立卫生监督科。主要负责空港辖区内的设施、环境、企事业单位的卫生监督，食品生产、加工、服务行业的卫生注册登记、人员健康检查、培训，以及空港媒介生物的监测调查等。

2005年，质检总局印发《关于加强口岸内环境微小气候及空气质量监测工作的通知》，浙江检验检疫机构根据文件要求，开展内环境微小气候及空气质量监测工作，并纳入口岸卫生监督工作的重要内容，定期监测。同年4月，浙江检验检疫机构在宁波举办国境口岸卫生监督员培训班，培训班就口岸食品卫生、环境卫生、媒介监测等内容进行培训。

2006年，浙江检验检疫机构在全省口岸推行食品卫生监督风险分析和分级管理制度。宁波检验检疫局制定《宁波口岸食品卫生监督分级管理实施方案》，在空港口岸首先试点，对航空配餐公司实施食品卫生监督分级管理模式；修订《宁波口岸国际航行船舶食品、饮用水供应卫生监督管理办法》，加强对国际航行船舶食品、饮用水供应的卫生监督管理力度。11月28日，针对杭州萧山国际机场范围内出现大量无证食品摊贩，为避免群体性的食物中毒事件发生，浙江检验检疫局杭州机场办事处对无证摊贩进行整治。

2008年5月21日，浙江检验检疫局杭州机场办事处举办杭州萧山国际机场口岸奥运食品卫生安全承诺书签字仪式，与机场内所有18家涉奥食品生产、经营以及餐饮行业单位代表签署承诺书，保障奥运会期间口岸食品卫生安全。7—8月，宁波检验检疫局机场办事处对辖区内的候机楼和空港大酒店进行中央空调系统军团菌监测，共采集冷却水样品6份、冷凝水样品10份，经宁波检验检疫局技术中心检测、浙江省疾病预防与控制中心验证，最终在5份样品中检出嗜肺军团菌，进行妥善处置。8月21日，澳大利亚总督的专机执行杭州至北京的飞行任务，浙江检验检疫局杭州机场办事处根据《2008年奥运会期间杭州萧山国际机场口岸食品卫生监督工作方案》的要求，联合机场公安局、汉莎航空食品公司等相关部门，制订工作方案，确保全程卫生监管，保障奥运要客所需航空食品的卫生安全。

二、交通工具卫生监督

浙江口岸需实施卫生监督的交通工具有出入境船舶和出入境航空器两种。卫生监督的主要内容包括：监督检查交通工具的卫生状况、食品饮用水卫生、医学媒介生物防控、压舱水、垃圾、废物等处理监管等。

(一)船舶卫生监督

1964年,温州卫检所开始对入出境船舶进行卫生监督。1979年,宁波卫检所开始对入出境船舶进行卫生监督。1982年,宁波卫检所沈家门卫生检疫站开始对入出境船舶进行卫生监督。1984年,海门卫生检疫站开始对入出境船舶进行卫生监督。

1988年,宁波卫检所监督发现英籍"自由之星"轮免予除鼠证书过期多日不申请办理,令其书面检讨并马上办理。1989年7月,温州卫检所在对俄罗斯籍"孛诺哥斯基"轮进行卫生监督和卫生处理中,捕获斯氏家鼠,该鼠种在浙江口岸首次截获。1989年,舟山卫检所下达《关于加强对从事冰鲜鱼直接出运捕捞船只卫生管理的通知》,对船舶的卫生管理、卫生检查、船员的健康检查等提出要求,捕捞船舶的卫生状况有明显改善。

1992—1996年,杭州卫检局对嘉兴乍浦港入出境船舶实施卫生监督管理工作。1995年,国务院出台《国际航行船舶进出中华人民共和国口岸检查办法》。经过近一年的实践,舟山卫检局对持有船舶卫生证书的15艘小型船舶的卫生状况进行调查,发现有73.4%的船舶卫生状况较差,说明这些船舶在获得卫生证书后,卫生管理工作有所放松。据此,卫生检疫机关采取不定期卫生检查和督导工作。2001年7月1日起,按照质检总局的要求,浙江检验检疫机构开展对所有入境船舶的压舱水书面申报工作,并对来自霍乱疫区的、要求在中国近海排放的压舱水进行强制性消毒,加强对船舶压舱水的管理,防止霍乱等传染病通过压舱水传入中国境内。2002年3月18日,台州检验检疫局在对入境的伯利兹国籍"远通"轮进行卫生监督时,发现有新鲜鼠粪,布鼠夹10只,捕获老鼠4只,对厨房、餐厅、货仓实施熏蒸处理。2003年10月8日,宁波检验检疫局对首次造访宁波港的豪华邮轮"狮子星"号及随行旅客实施检疫及卫生监督,保证786名旅客和1310名工作人员按时离开北仑港。2004年3月19日,宁波检验检疫局镇海办事处的检疫人员对马来西亚籍"安帕特"轮登轮实施检疫监督。在生活区实施卫生监督时,发现厨房有蜚蠊活动,指导船方杀灭后,捡获的蜚蠊经鉴定为褐带皮蠊,属中国首次检出。4月30日,嘉兴检验检疫局在对来自日本石垣的巴拿马籍油轮"珍妮沙1号"的除虫处理中,杀灭德国小蠊近千只。

2005年,宁波检验检疫局根据其制定的电子检验检疫体系建设的总体安排,结合卫生检疫工作实际,在空港旅检通道、海港码头泊位等重点开展视频监控系统建设工作。建成包括海港、空港11家企业51个监控点组成的出入境口岸电子监管视频监控系统,制定了《宁波检验检疫局码头泊位视频监控操作规范》《宁波检验检疫局机场旅检现场电子监管视频监控操作规范》等相应的操作规程。2006年9月8日,宁波检验检疫局卫检处检疫人员在对2艘远洋捕捞渔船"新世纪八十二号"和"新世纪八十六号"实施出境检疫时,发现两船上均有活蜚蠊,卫生处理后,分别捡获死蜚蠊750只和780只。9月21日,在对"新世纪八十号"和"新世纪八十五号"实施出境检疫时同样发现有活蜚蠊,经卫生处理后,分别捡获死蜚蠊650只和820只,经鉴定均为德国小蠊。由于远洋捕捞渔船常年在公海作业,容易发生严重的卫生问题,宁波检验检疫局将此类船舶列为重点检疫对象,加强检疫查验力度,采取有效措施防止传染病通过媒介生物传入宁波口岸。是年，宁波检验检疫局转移船舶检疫监管的重心，加大对电讯检疫船舶的卫生监督力度，船舶卫生监督率达25.53%，使卫生检疫由过去着重强调一点式检疫模式转变为全程式检疫监管模式，同时配合应用视频监控等现代化监管手段，提高把关力度，突出把关成效。2007年，自宁波检验检疫局在检验检疫工作中推广电子监管视频监控系统以来，宁波口岸开放码头上共设置67个视频监控点，在空港旅检通道及现场等位置设立5个视频监控点。共对码头泊位和国际航行船舶开展视频监控1704次，发现各类问题36次，其中发现违反检验检疫法律法规事件4起。通过视频监控的运用，提高了对进出码头的国际航行船舶的监管力度，达到对码头、船舶24小时全程式监管的目的。2008年10月22日，质检总局印发《船舶免予卫生控制措施证书/船舶卫生控制措施证书检查签发工作规范(试行)》，浙江检验检疫机构按照上述规范检查和签发“船舶免予卫生控制措施证书/船舶卫生控制措施证书”。2009年1月7日，浙江造船厂新造的巴拿马籍“MSCTAMARA”号集装箱船向宁波检验检疫局申请办理“船舶免予卫生控制措施证书/船舶卫生控制措施证书”。宁波检验检疫局卫检处依照国际卫生组织颁布的《关于检查和颁发船舶卫生证书的临时技术意见》对船舶实施检查，综合检查结果，“MSCTAMARA”船舶各项卫生状况符合免予卫生控制措施要求，向其签发宁波口岸首份“船舶免予卫生控制措施证书”。

(二)航空器卫生监督

1979年6月，杭州卫检所开始对杭州笕桥机场出入境航空器实施卫生监督。

1981年，杭州卫检所对杭州—中国香港航班上的航空食品及提供航空食品的杭州饭店定期进行卫生监督。共采样11次，采集样本78种202份，经卫生细菌学检验，细菌指标符合卫生标准的有118份，合格率为58.42%。

1987年4月1日，国务院发布《公共场所卫生管理条例》，卫生部根据该条例公布公共交通工具和生活饮用水卫生标准。浙江卫生检疫机构在对航空器实施卫生监督时，要求客机垃圾集中进行卫生处理；客机供旅客用的茶具、餐布等需消毒后上飞机，并严格执行贮藏规定；机舱座席头片一客一换，座席套应定期清洗、消毒。

1995年，宁波卫检局开始开展航空配餐和飞机上饮用水的采样监测工作，坚持预防性卫生监督与经常性卫生监督相结合，日常卫生监督与突击卫生监督相结合，较好地发挥了卫生监督对空港食品、饮用水与环境卫生状况的保证与改进作用。经卫生学调查，发现部分航空器卫生状况及航空配餐不符合卫生标准，7月、8月，先后发文《关于改善东方航空公司MU511、MU512航班飞机卫生状况的意见》《关于东方航空公司MU511航班航空配餐卫生学调查结果的情况通报》，经过整改，航班卫生状况明显改善。

1997年，卫生部发布《往来香港船舶、飞机卫生检疫管理有关规则》，规定往来中国香港地区飞机的检疫监管重点包括对客舱卫生、病媒昆虫、餐食饮用水及废弃物等的卫生监督和检查。根据上述规定，浙江各口岸卫生检疫机构加强食品和飞机卫生检疫管理，保障了人民身体健康，促进了中国香港地区往来飞机的卫生安全。1999年8月“三检”合一后，组建浙江检验检疫局驻杭州机场办事处，全面开展卫生监督业务。2000年，温州检验检疫局发布《关于进一步加强入境飞机垃圾检疫监管的通知》和《航空食品卫生监督管理暂行规定》，保证空港口岸检疫监管工作有效进行。2001年，宁波检验检疫局及时组织人员开展航空器微小气候监测与卫生监督检查评分，不断加强对航空器的卫生监督，对实施电讯检疫的航空器实施发证管理，进行卫生检疫评分并发放卫生证书，同时采取定期监督，定期检测微小气候、空气质量、噪声、照度等卫生指标，保证航空器卫生状况符合检疫要求。其间，对航空器进行的卫生监测指标均符合国家卫生标准。

2003年，“非典”流行期间，浙江、宁波检验检疫局机场办事处检疫人员督促出入境航空器、候机厅等公共场所保持良好的通风换气，促进空气流通，并投入大量人力、物力，对机场廊桥、旅客入境通道等空气流通不畅、人口密集的口岸公共场所实施有效的预防性消毒处理。

2004年，登革热在亚洲、美洲、大洋洲等多个国家和地区暴发流行，毗邻中国内地的国家和地区疫情态势严重，部分地区出现了登革热输入性病例，浙江检验检疫局杭州机场办事处根据质检总局3月5日和7月9日发出的《有关加强口岸卫生检疫防止登革热传入的公告》和紧急通知，要求往来泰国、新加坡等登革热疫区的航空器加强灭蚊处理工作并加强对航空器的卫生监督，保障旅客的健康。

2006年6月27日至7月2日，老挝人民革命党中央委员会总书记、国家主席朱马里一行31人对中国进行国事访问，浙江检验检疫局机场办事处负责此次离杭专机的配餐食品的卫生安全监管，专机任务得到相关单位的好评。

2010年，浙江检验检疫局杭州机场办事处在对中国台湾长荣航空公司航班进行卫生监督时，发现该航班货舱里有大量昆虫及昆虫尸体，经检查，捕获直翅目蟋蟀、螽斯和双翅目棕尾别麻蝇等6个种类昆虫。在同架航空器上一次性截获如此多种类的昆虫，在浙江空港口岸尚属首次。2010年上海世博会期间，浙江、宁波检验检疫局机场办事处加强对出入境航空器的卫生监督，做好应对口岸突发事件的应急处置准备，保障世博会期间浙江空港口岸的卫生安全，完成世博安保工作。

三、医学媒介生物监测

自1981年起，杭州卫检所、宁波卫检所开始对杭州笕桥机场及宁波港进行鼠类密度监测。从此，浙江各口岸有计划地制定口岸医学媒介生物本底调查与定期监测的工作方案，并通过监测形成鼠类等医学媒介生物本底资料。

2001年10月31日，质检总局下发《国境口岸及出入境交通工具医学媒介生物监测规定》。同年，宁波检验检疫局出台相关文件，规范宁波口岸媒介生物监测控制工作。

2002年，根据质检总局《关于加强国境口岸及出入境交通工具医学媒介生物监测工作的通知》要求，宁波检验检疫局相继印发《关于进一步加强媒介监测和媒介信息上报工作的通知》《关于印发宁波口岸2002年至2005年医学媒介生物本底调查实施方案的通知》，宁波口岸各分支机构全面开展口岸医学媒介本底及交通工具媒介监测工作。2002年，宁波检验检疫局共向质检总局上报媒介信息53条(列全国系统第四)，上报医学媒介生物总数为155272只(名列全国系统第一)，其中鼠类313只(列全国系统第一)、蜚蠊154007只(列全国系统第一)、蚊类187只(名列全国系统第二)、蝇类765只(名列全国系统第四)。

2006—2010年,浙江检验检疫局、宁波检验检疫局根据质检总局《关于加强国境口岸及出入境交通工具医学媒介生物监测工作的通知》的要求,开展浙江口岸新一轮为期5年的医学媒介生物本底调查。

(一)鼠类监测

1981年,杭州卫检所对杭州笕桥机场进行鼠类本底调查,调查发现有黑线姬鼠、褐家鼠、黄胸鼠、小家鼠和鼩鼱5种。5月,宁波卫检所开始对宁波港作业区及港区周围(白沙街道)进行鼠类本底调查,捕获鼠类341只,调查结果有6种鼠(小家鼠、褐家鼠、黄胸鼠、黄毛鼠、黑线姬鼠、社鼠)和1种臭鼩,鼠密度为7.9%(最低约为0.84%,最高约为10.2%)。1981—1983年,温州卫检所对温州口岸鼠种群开展调查,对捕获的2000余只鼠进行分类,结果为2目2科5属10种(褐家鼠、黄胸鼠、黄毛鼠、针毛鼠、社鼠、黑屋顶鼠、黑线姬鼠、小家鼠、臭鼩鼱、灰麝鼩)。1982年和1984年,宁波卫检所用ELTON夹日法对全港区进行鼠类密度调查,经调查,宁波港啮齿动物有2目(啮齿目、食虫目),2科(鼠科、鼩鼱科),6种鼠(褐家鼠、黄胸鼠、小家鼠、黄毛鼠、黑线姬鼠、杜鼠)和臭鼩鼱。家鼠以褐家鼠为优势鼠种。野鼠以黄毛鼠为优势鼠种。宁波港区、北仑港区以褐家鼠为优势鼠种,镇海港区以黄毛鼠为优势鼠种。1.鼠密度:2月较低,3月开始上升,4—5月和9—10月有两个高峰期,11月以后逐渐下降。2.繁殖:(1)妊娠:全年有两个繁殖高峰期,3—5月为一高峰,8—9月为又一高峰,年平均妊娠率:家鼠为20%,野鼠为21.29%。(2)胎仔数:家鼠胎仔数最少为3只,最多为11只,其中每胎6只占26.31%。野鼠最少为3只,最多为7只,其中4~6只占80.64%。3.性别:对758只鼠进行解剖,雌、雄比为1∶1.96。1984年12月,杭州卫检所在杭州笕桥机场进行流行性出血热自然疫源地调查,首次发现了EHF(流行性出血热)阳性鼠。1985年,杭州卫检所经调查发现,杭州笕桥机场野外鼠密度为13.9%(夹日法),室内鼠密度为31.55%(粉迹法)。同年,宁波卫检所继续在北仑、镇海等港区进行鼠类调查,发现北仑港区鼠密度为0.12%、镇海港区密度为4.096%,捕获的鼠有黄毛鼠、黑线姬鼠、社鼠、褐家鼠。1986年1月,宁波卫检所组织力量,对所监管的华侨饭店、宁波饭店、海员俱乐部进行灭鼠活动,鼠密度由灭前的3.9%~5.5%降为0~0.69%。

1987—1995年,舟山卫生检疫机关两次组织调查小组,对舟山港区鼠种群情况进行调查,结果均为褐家鼠,鼠密度为0.5%。

1991年10月至1992年9月,海门卫检所对海门口岸鼠类种群进行本底调查,发现有鼠类2目2科6种。啮齿目:鼠科有褐家鼠、黄胸鼠、黄毛鼠、小家鼠、黑线姬鼠;食虫目:鼩鼱科有臭鼩鼱。1994年1月起,温州卫检局开展为期一年的对进口废钢中鼠类种群及其感染鼠疫情况进行调查,捕获27只鼠。经鉴定为1目1属4种,采50份鼠类脏器和组织作鼠疫杆菌检测,结果均为阴性。1994年,宁波卫检局在保税区进行鼠类调查,捕鼠107只,有2目2科3种,黑线姬鼠为优势种,平均鼠密度为4.71%。1995年6月至1996年5月,宁波卫检局完成对宁波空港口岸的鼠类本底调查,共布夹14350只,调查年共捕获221只,年均鼠密度为

1.54%，隶属2目（啮齿目、食虫目），2科（鼠科、鼩鼱科），5种（褐家鼠、小家鼠、黑线姬鼠、黄毛鼠、臭鼩鼱），其中褐家鼠和黑线姬鼠为优势种。1998年4月至1999年3月，宁波卫检局对北仑船厂、金光粮油码头、正大粮油码头、镇海港区、栎社机场5个监测点的鼠类种群组成和密度指数进行监测调查。共布夹2908只，其中有效夹2773只，阳性夹94只，捕鼠62只，其中成年鼠56只（雌22只）、幼鼠6只。监测鼠种主要为褐家鼠、黑线姬鼠，年平均鼠密度为3.3%，其中6月为鼠密度高峰，达5.28%。监测显示，宁波港口及野外种群逐年减少，常见鼠种为褐家鼠和黑线姬鼠，过去常见的黄胸鼠、黄毛鼠、小家鼠已很少发现。1999年1月起，嘉兴卫检局在嘉兴港区进行为期一年的鼠密度本底调查，采用鼠夹法和粉迹法，调查结果均为褐家鼠，鼠密度为1.15%。2001年4月至2002年3月，浙江检验检疫局杭州机场办事处在萧山国际机场内进行鼠类本底调查。共捕获啮齿动物628只，经鉴定分为2目3科5属6种。其中，啮齿目有褐家鼠、小家鼠、黑线姬鼠；食虫目有小麝鼩、臭鼩鼱。室内环境平均密度为1.75%，全年波动在0.34%～3.29%之间；室外环境平均密度为6.72%，全年波动在3.16%～12.50%之间。室内环境以黑线姬鼠和褐家鼠为优势鼠种，黑线姬鼠占41.48%，褐家鼠占38.64%；室外环境以黑线姬鼠为优势鼠种，占76.55%。2002年，舟山检验检疫局对舟山口岸的鼠种群情况进行调查，共捕获鼠形动物2目2科4属5种。啮齿目：鼠科家鼠属有褐家鼠、社鼠、黄胸鼠；小家鼠属有小家鼠；姬鼠属有黑线姬鼠。食虫目：鼩鼱科鼩鼱属有臭鼩鼱。鼠密度：老塘山码头为3.2%，舟渔公司码头为0.70%。2005年5月至2006年4月，浙江检验检疫局对辖区内温州、舟山、台州、嘉兴、嵊泗口岸和杭州萧山国际机场6个口岸及其周边400米范围内开展监测鼠类监测，共捕鼠585只。

2010年，杭州萧山国际机场开展口岸鼠类本底调查，采用鼠夹法与鼠笼法，共捕获鼠类16只，经鉴定，隶属2目2科3属3种，分别为黄毛鼠、小家鼠、臭鼩鼱，鼠类体表寄生虫均未捕获。调查显示：小家鼠是机场口岸的优势鼠种，占75%；其次为臭鼩鼱，占25%；机场口岸不同生态环境之间，不同地点鼠密度存在差别，民工宿舍密度为41.67%，野外密度为25%，说明鼠类的活动与人类居住环境密切相关；鼠密度随季节消长，除过冬季，其他季节均有鼠类活动；不同生境鼠种分布不同，室内以小家鼠和黄毛鼠为主，室外以臭鼩鼱为主。

（二）蝇类监测

蝇类监测主要采用诱蝇笼捕集法、人工小时观察法、黏蝇纸法、毒蝇点法和勺捞记数法。

1981年，宁波卫检所对宁波港务第三业务区（宁波作业区）进行蝇种群初步调查。1981—1983年，温州卫检所对口岸蝇类种群和季节消长情况进行调查，发现温州口岸蝇类共5科24属38种。

1985年，宁波卫检所完成北仑、镇海港区蝇类本底调查。1988年，宁波卫检所再次对宁波、北仑、镇海3个港区进行蝇类本底调查工作，共采集蝇标本27833只，鉴定结果为4科22属49种。其中家蝇属（舍蝇、市蝇）、金蝇属（大头金蝇）、阿丽蝇属（巨尾丽蝇）、绿蝇属（丝光绿蝇）为优势种属。全年蝇密度高峰在5月和8月。蝇相：宁波三港共鉴定蝇类4科22属49种，其中花蝇科4属5种；蝇科9属21种；丽蝇科4属11种；麻蝇科5属12种。季节消长：宁波、镇海港区几乎全年有蝇类活动。北仑港区除2月外，其他月份均有蝇活动。全年蝇类季节消长呈双峰形，5月是一个小高峰，8月、9月出现一个大高峰，前一个高峰主要是巨尾阿丽蝇和丝光绿蝇的繁殖活动高峰，后一个高峰主要是家蝇、大头金蝇活动高峰。

1990年，杭州卫检所在杭州笕桥机场进行蝇类密度监测，诱获各种蝇类9192只。1993年4月至1994年3月，海门卫检局对海门口岸蝇类种群和季节消长情况进行本底调查，发现有5科25属50种。1998年4月至1999年3月，宁波卫检局对北仑港区的工作船码头、办公区、仓库、栎社机场停机坪、办公楼等的蝇类种群组成(成体)和密度指数进行监测抽查。共调查捕获成蝇1930只，3—11月月均密度：北仑11只/笼，栎社机场43只/笼。蝇种主要为巨尾阿丽蝇、大头金蝇、丝光绿蝇、市蝇、舍蝇、厩腐蝇、棕尾别麻蝇。2000年5月至2001年4月，温州检验检疫局对龙湾港区、保税区(码头)、温州机场等场所进行蝇类调查，经鉴定为4科12亚科17属29种。2000年9月至2001年8月，嘉兴检验检疫局对嘉兴港区蝇类进行调查，结果发现家蝇、麻蝇、大头金蝇、丝光绿蝇和铜绿蝇分别占50.78%、4.8%、15.78%、13.11%和15.44%。2001年，舟山检验检疫局对舟山口岸的蝇类进行调查，捕蝇36943只，有12属17种，以丝光绿蝇为优势种。2007年，浙江检验检疫局对辖区内温州、舟山、台州、嘉兴、嵊泗口岸和杭州萧山国际机场6个口岸及其周边400米范围内开展蝇类监测，调查表明，共监测到蝇类有7科18属27种，优势种为大头金蝇，其次为家蝇(舍蝇)和丝光绿蝇。其中，温州、嘉兴和杭州机场口岸的优势种为大头金蝇，嵊泗、台州为家蝇(舍蝇)，舟山为丝光绿蝇。在捕获的27种蝇类中，有16种为《医学媒介生物监督监测对象名录》外蝇种，占59.26%。从季节消长可以看出，蝇类密度高峰期为7—10月，以9月为最高。各口岸高峰期不尽相同，温州、嵊泗、台州为7—8月，嘉兴、杭州机场口岸为9—10月。

(三)蚊类监测

1991年7月19日至8月26日，宁波港务局先后向宁波卫检所送检蚊子73只，其中宁波港区送检12只，镇海港区43只，北仑港区18只。经鉴定，发现蚊种有淡色库蚊、三带喙库蚊、致倦库蚊、海滨库蚊4种。

1993年2月，温州卫检局对温州龙湾港区的蚊类种群组成进行监测，结果鉴定为3属6种，以致倦库蚊为优势种，占50.5%。1993年，宁波口岸在镇海、北仑、宁波三港区捕获成蚊标本进行鉴定，结合原市区调查的蚊种，共有2属7种，分别是按蚊属(中华按蚊)、库蚊属(尖音库蚊淡色变种、二带喙库蚊、三带喙库蚊、迷走库蚊、惠氏库蚊、致倦库蚊)，未发现埃及伊蚊及白纹伊蚊。

1994年，宁波卫检局完成对北仑、镇海、宁波三港埠公司港区的蚊类密度本底调查。

1998年4月至1999年3月，宁波卫检局采用人工小时法(吸蚊管)，对宁波北仑港区的工作船码头、办公区、仓库、栎社机场候机楼的蚊种群组成和密度指数进行了监测调查。共调查捕获成蚊381只；6—10月，月均蚊密度指数为11.3只/人工小时，蚊类活动高峰期在6月(31.7只/人工小时)；蚊种为白纹伊蚊、淡色库蚊、致倦库蚊。

2000年9月至2001年8月，嘉兴检验检疫局采用人工小时法和紫外灯诱捕法开展港区蚊类调查，发现库蚊属淡色库蚊、阿蚊属骚扰阿蚊、伊蚊属白纹伊蚊、按蚊属中华按蚊，分别占总数的54.38%、21.77%、12.5%和11.38%。2001年4—11月，台州检验检疫局组织开展口岸蚊类本底调查，发现该口岸蚊类有3属7种。2001年10月至2002年9月，温州检验检疫局用紫外线灯诱捕法和人工电动吸蚊器捕蚊法，开展对龙湾港区和温州机场蚊类调查，鉴定为3属9种。2001—2002年，舟山检验检疫局采用灯诱法对舟山港区蚊类开展调查，捕获成蚊8903只，有4属12种，以致倦库蚊为优势种。

2008年4月至2009年3月，浙江检验检疫局对辖区内温州、舟山、台州、嘉兴、嵊泗口岸和杭州萧山国际机场6个口岸及其周边400米范围内开展蚊类监测。结果显示，共有蚊类1科5属13种，优势种为致倦库蚊，其次为中华按蚊。其中，温州、台州口岸优势种为致倦库蚊，舟山、杭州机场为淡色库蚊，嘉兴为三带喙库蚊，嵊泗为微小按蚊。蚊类的季节消长明显，成蚊活动一般从4月底开始出现，于6—8月达到高峰。各口岸高峰期不尽相同，嵊泗为5—6月，舟山、嘉兴为6—7月，杭州机场为7—8月，温州、台州为8—9月。

（四）蜚蠊及其他监测

1981—1983年，温州卫检所开展蚤类调查，调查发现有二齿新蚤、缓慢细蚤、具带病蚤、不等单蚤4种。

1981—1984年，杭州卫检所对杭州笕桥机场口岸的蜚蠊、蚤类、蜱类、螨类等媒介生物进行本底调查。

1993年，宁波卫检局对北仑、镇海、宁波三港埠公司港区及港区服务性船舶的蜚蠊种群进行调查，经鉴定有德国小蠊、美洲大蠊、黑胸大蠊3种。

2000年10月至2001年9月，台州检验检疫局组织开展口岸蜚蠊本底调查，发现蜚蠊有2属3种。2001年9月，温州检验检疫局对龙湾港区、温州机场进行蜚蠊调查，结果为2科2属3种。

2001—2002年，浙江检验检疫局在杭州萧山国际机场开展蚤类调查，设航站楼和集体宿舍两个调查点，共布放黏蚤纸2208张，捕获蚤数为零，游离蚤指数为零。

2002年，舟山检验检疫局开始对蜚蠊的本底调查工作，捕获蜚蠊2属2种。

2008年2月，浙江检验检疫局在湖州口岸从圭亚那进口的龙凤檀原木集装箱内捕获7只蜚蠊成虫。经浙江检验检疫局医学媒介生物实验室鉴定，确认为古巴蜚蠊(CubanCockroach-Panchloranivea)，为国内首次截获该类蜚蠊成虫。2009年8月至2010年7月，在浙江检验检疫局辖区内，温州、舟山、台州、嘉兴、嵊泗、义乌和杭州萧山国际机场7个口岸开展蜚蠊监测，共捕获各类蜚蠊3589只，平均密度为0.28只/张，分类为2科2属4种，其中德国小蠊为优势种，占捕获总数的94.04%。除台州口岸优势种为黑胸大蠊外，其余各口岸优势种均为德国小蠊。调查发现蜚蠊的季节消长明显，其活动一般从6月开始明显增强，10月达到高峰，密度为0.73只/张。各口岸高峰期不尽相同，杭州萧山国际机场为7月，台州为8月，舟山、义乌为9月，温州、嵊泗为10月，嘉兴为11月，各口岸蜚蠊密度高峰期有差异。

（五）无鼠害港创建

1986年5月至1987年12月，根据《中华人民共和国国境口岸卫生监督办法》的要求，宁波港务局和宁波卫检所在宁波市政府、市爱卫会的领导下，联合开展宁波港创建“无鼠害港”活动，采取“急性药灭群鼠，压高峰；布鼠夹，看动向，提供线索；慢性药，追残鼠，消除隐患；堵鼠洞，改造生境，巩固成效”的灭鼠防鼠措施。一年半来，器械灭鼠共1689只，占总灭鼠2390只的70.66%，并捕获臭鼩鼱1594只。药物毒杀捡到毒死鼠701只，占总灭鼠数的29.33%；使用药物急性药为1%毒鼠磷，慢性药为0.1%敌鼠钠盐；投放毒饵141637堆，布放毒鼠箱763只。在港区铲除杂草130221平方米，平整地皮133000平方米，填芦苇荡180000平方米，消除各种垃圾杂物9516吨，建设花坛8000平方米，改建、扩建、新建露天堆场185500平方米，疏通与修建阴沟下水道5138米，堵鼠洞1927个。宁波作业区对陈旧的大型仓库进行改造，修建主要下水口防鼠装置铁丝网18只，镇海作业区拆除简易民工房120余间，新建港区下水道防鼠网8只，北仑作业区用水泥堵封墙基1760米。自1986年5月开始，宁波港灭鼠区先后布夹260188只，投放毒饵141637堆，捕获鼠类2390只及臭鼩鼱1594只。同年11月，经夹日法测定，鼠密度由灭鼠前的7.09%降至0.21%，灭效率为97.03%。

1987年12月，交通部组织有关专家对宁波港的灭鼠工作进行考核鉴定，确定宁波港鼠密度已达到《中华人民共和国国境口岸卫生监督办法》及中央爱卫会〔87〕第1号文件规定的无鼠害标准和要求，授予宁波港“无鼠害港”称号。

四、口岸卫生处理

浙江口岸卫生处理对象包括出入境船舶、航空器、集装箱、货物、废旧物品、废旧交通工具、尸体、棺柩、骸骨等。卫生处理的种类包括消毒、杀虫和灭鼠。

（一）船舶卫生处理

1964年，温州卫检所首先开始对入出境船舶进行消毒杀虫处理。浙江各级卫生检疫（检验检疫）机构自20世纪80年代初开始，重点对入出境船舶（含进口废旧钢船）上的蚊、蝇、蜚蠊等各种病媒昆虫进行杀灭处理。常用药物为含氯消毒剂、季铵盐类、过氧乙酸、漂白粉、环氧乙烷、硫酰氟等。船舶灭鼠效果最好的方法是熏蒸除鼠。浙江各口岸最早使用的除鼠熏蒸剂是氢氰酸。1980年2月，宁波卫检所用氢氰酸在七浬锚地对宁波港首艘准备投入国际航线的“姚江”轮实施熏蒸除鼠。氢氰酸熏蒸除鼠作用迅速（只需封闭2小时），但由于毒性大，使用不安全，并且只能除鼠，杀虫作用差，故在溴甲烷出现后，便不再使用。1985年，温州卫检所开始对进口废钢船用溴甲烷进行熏蒸卫生处理。1985年，宁波卫检所第一次用溴甲烷对一艘废钢船实施熏蒸除鼠与除虫处理。1986年，沈家门卫生检疫站在宁波卫检所协助下，开始对进口废钢船进行卫生处理，当年熏蒸废钢船8艘。1988年，宁波卫检所形成24小时完成船舶溴甲烷熏蒸除鼠的新模式，熏蒸过程比传统的操作规程缩短12小时以上，提高了溴甲烷熏蒸效率，受到船方欢迎。1992年，舟山市定海拆船厂进口1艘废旧钢船“弗里西亚1号”，该船总吨位87052.41吨，舟山卫检所连续工作3天半，完成熏蒸任务。1993年起，船舶熏蒸剂开始以硫酰氟取代溴甲烷，提高熏蒸的效率和安全性。

2001年2月7日，宁波检验检疫人员对巴拿马籍“利宁”轮实施卫生监督时，发现大量鼠迹，实施熏蒸后，捡获死鼠24只。2002年3月3日，宁波检验检疫局检验检疫人员对2艘4万吨级的散货船(一艘为印度籍“JAGRAHUL”轮，另一艘为克罗地亚籍“FAVORITA”轮)实施入境检疫时，发现其厨房、食品库等处虫患相当严重。经卫生处理后，在“JAGRAHUL”轮上共捡获死蜚蠊5000余只；在“FAVORITA”轮上杀灭蜚蠊10万余只，经鉴定，均系德国小蠊。此次虫患为浙江口岸检疫监管历史上罕见。2002年11月25日，宁波检验检疫人员对一艘来自马来西亚的泰国籍“盛泰海洋”轮实施检疫时，在餐厅发现大量蜚蠊，经鉴定为德国小蠊；同时，在餐厅和下水道相接的地方，发现有大量新鲜鼠粪和鼠咬痕、鼠跑道等痕迹，判定有活鼠存在。对该船实施熏蒸处理后，在厨房和配膳间发现2只毒毙鼠，经鉴定为褐家鼠；经收集清点，杀灭蜚蠊15200余只。2004年3月19日，宁波检验检疫局镇海办事处检疫人员在对马来西亚籍“安帕特”轮实施检疫时，在厨房发现蜚蠊活动，即监督指导船方对其船舶进行灭虫处理，并对标本进行收集，经鉴定该蜚蠊名为褐带皮蠊，国内尚未发现相关报道。2005年6月9日，宁波检验检疫局镇海办事处对远洋捕捞的某渔船实施锚地检疫时，根据现场检查情况对该渔船实施除虫卫生处理，熏蒸杀灭死蜚蠊10万余只，经鉴定为德国小蠊。

1980—2002年，浙江海港共消毒垃圾5703吨、压舱水101490吨、厕所9040蹲；实施药物杀虫2855艘次；对入出境船舶药物器械除鼠和蒸熏除鼠1956艘次(其中进口废旧钢船420艘)，签发“除鼠/免予除鼠证书”4093份，船上共捕获杀灭的死鼠2790只。2003—2010年，宁波口岸共完成船舶卫生处理18859艘次。

(二)航空器卫生处理

1981年起，浙江各口岸卫生检疫(检验检疫)机构使用拟除虫菊酯喷雾剂杀灭出入境飞机客舱中携带的蚊蝇。1981年，杭州卫检所在对381架次出入境飞机的卫生监督中，发现其中20架次携带有苍蝇，予以捕获和药物杀灭，经鉴定均属舍蝇；发现其中1架飞机携带淡色库蚊。1982年，杭州卫检所在对346架次出入境飞机检查时，发现有74架次携带病媒昆虫，占21.39%，共发现病媒昆虫(蝇、蚊、蜚蠊)284只，均进行卫生处理。1982年2月4日，卫生部、交通部、民航总局发布《中华人民共和国国境口岸卫生监督办法》，杭州卫检所除继续督导和协助出入境飞机乘务人员对客舱中蚊蝇杀灭外，在夏秋季蚊蝇密度较高时，还开展对杭州机场候机大厅和民航餐厅、厨房的杀虫工作，使用复方二氯丙醚菊酯杀虫喷雾剂，几分钟即可击倒蝇类，持续杀虫效果可达15天。1983年6月，杭州卫检所开始对每架出入境飞机填写《交通工具卫生检查表》。6—12月，携带病媒昆虫的飞机有94架次，携带率达33.57%；携带病媒昆虫234只，以蝇类为主，在入境飞机上未发现鼠患。1988年，杭州卫检所针对往年夏秋季飞机客舱内病媒昆虫携带严重的问题，与民航有关部门进行协商并分工，由杭州卫检所予以技术指导，提供药物和器械，民航清洁队实施具体方案，使全年病媒昆虫携带率从最高的1983年的33.5%下降到1988年的2.12%。杭州卫检所在创建无鼠害机场的活动期间

(1986—1988年),举办灭鼠骨干培训班2次,指导杭州笕桥机场各单位开展灭鼠工作,提供灭鼠药物30余千克,捡获毒毙鼠近万只。1990年6月4日,国家卫检总所下发《国境卫生检疫卫生管理规程(试行)》和《国境卫生检疫卫生处理方法》,规定卫生处理的规程和方法。

1993年8月,杭州至名古屋开通货物包机,杭州卫检局对其出入境货物实施卫生检疫。是年,杭州卫检局共检疫查验货物包机34架次,并对271吨货物进行卫生监督。1994年,杭州至名古屋的货物包机停飞。同年,由于印度肺鼠疫流行,对来自中国香港地区的入境飞机进行预防性消毒、杀虫处理。至1999年6月,对入境飞机实施预防性卫生处理共1874架次。宁波卫检局从1995年6月起,开展对东航及港龙航空公司的入境班机进行洗手间和垃圾的预防性消毒处理。2001年,质检总局下发《关于使用统一审批的卫生处理药械、严格掌握用药原则和操作规程的函》。2001年7月12日至8月17日,宁波栎社国际机场开通宁波—曼谷包机航班期间,由于当时泰国登革热疫情暴发,宁波检验检疫局对11架次的入境航空器均进行灭蚊处理。2001年8月起,航空器卫生处理任务由宁波金蛇旅行卫生服务有限公司承担。是年,浙江检验检疫局在对入境飞机的客货舱进行消毒处理时,共捕获舍蝇34只、蚊1只。2002年,捕获舍蝇4只、按蚊1只、德国小蠊5只。

2006年7月2日,浙江检验检疫局杭州机场办事处检验检疫人员在对由中国澳门地区入境的NX122航班进行登机检疫时,在机舱内截获蜚蠊成虫430只,并有少量虫卵,病媒昆虫严重超标,检验检疫人员对该航空器签发"消毒/除虫通知书",要求该航班临时停飞,并对其进行消毒除虫处理。

1995—2010年,浙江空港口岸共对182857架次航空器实施卫生处理。

(三)集装箱、货物卫生处理

1. 集装箱卫生处理

1988年8月20日,宁波卫检所开始对入出境集装箱实施卫生处理,处理对象主要是装载有易携带医学媒介生物货物的入境集装箱。是年,实施卫生处理1609标箱。1989年,温州卫检所开始对入出境集装箱进行卫生处理。是年,实施卫生处理576标箱。1990年,舟山卫检所开始对入出境集装箱进行卫生处理。是年,实施卫生处理6标箱。1993年,发现硫酰氟作为熏蒸剂全面优于溴甲烷,宁波卫检局集装箱卫生处理药剂从此改用硫酰氟。用硫酰氟熏蒸集装箱时,从业人员一般不需戴防毒面具。

1995年5月,宁波卫检局北仑办事处组建集装箱卫生处理专业队伍,对入境集装箱于报检前在堆场实施熏蒸处理,熏蒸对象包括需要处理的入境实箱和空箱。专业处理队伍的设立以及对集装箱在报检前先行处理的形式,保证了集装箱卫生处理的落实,提高了集装箱及其货物通关放行的速度。

1999年8月"三检"合一后,宁波口岸集装箱卫生处理操作与日常管理均由宁波金蛇旅行卫生服务有限公司负责,宁波检验检疫局职能部门负责质量、安全与技术指导,对卫生处理专业人员进行上岗资格考试,实行持证上岗。2002年,宁波检验检疫局成立"集装箱硫酰氟熏蒸除鼠的量效学研究"课题项目小组,对硫酰氟的使用效果及剂量、时间进行评估,获得实验数据及现场资料，为正确、有效、规范地使用酰醺氟熏蒸除鼠剂提供科学依据。2008年，宁波检验检疫局在对一来自新加坡的入境空箱实施检疫查验时，截获一种浙江省尚无报道的新蝇种，经实验室鉴定，确定为侧线盂蝇，并对该空箱实施了卫生处理。

1988—2010年，浙江海港共对580.42万标箱入出境集装箱实施卫生处理。

2.货物卫生处理

1989年3月7日，海门卫生检疫站开展对来自疫区的进口木材及其运输船舶的卫生处理。

1994年，舟山卫检局开始对货物开展卫生处理，在进口木材中发现有与人类健康有关的啮齿动物或病媒昆虫，采用溴甲烷熏蒸处理。6月12—13日，舟山卫检局首次对大型的进口矿砂设备(拖轮2艘、河驳2艘、浮吊2艘)进行消毒处理，整个消毒时间为40个小时。

1995年6月，宁波开始航空货物运输，主要是随机入境货物。1998年12月，宁波空港开通国际航空货运，入境货物主要是来自中国香港地区航班的散货。宁波检验检疫局机场办事处对有卫生处理指征的货物均做卫生处理。1993—2002年，浙江海港卫生处理货物5622395吨、原木138839.14立方米；空港卫生处理货物271吨。

(四)废旧物品卫生处理

1985年，根据对外经济贸易部《关于禁止进口旧服装的通知》和国家工商管理局、卫生部《关于禁止销售进口旧服装的紧急通知》，杭州卫检所协助海关和工商部门对已入境的小批量旧服装实施卫生检查和必要的卫生处理。至1989年，共使用过氧乙酸、福尔马林、戊二醛等消毒剂卫生处理旧服装1687件，销毁带有血迹、油污的旧服装千余件。同年，宁波卫检所对查获进入宁波市的44包(每包100千克)1795件进口旧服装进行焚烧处理。至1998年底，浙江各口岸检验检疫机构累计处理废纸665590.2吨、废旧五金电器784951.771吨、旧汽车55辆、旧设备756件、动物皮毛89760.977吨、废塑料72631.533吨、废橡胶12380吨、垃圾182吨，会同工商部门销毁其他进口旧服装4000余件。

1999年8月"三检"合一后，宁波口岸废旧物品检验检疫管理工作按业务融合要求，主要由宁波检验检疫局化矿鉴定处、口岸通关处承担，进口废旧衣物管理仍由该局卫检处承担。2001年6月，在对一批进口废物实施现场查验时，发现夹带30余件旧衣物，作销毁处理。2003年7月27日，宁波检验检疫局镇海办事处对一艘从日本进口的二手设备船实施检疫，在检查中发现大量日本船员曾用过的衣物、被褥和其他生活用品废弃物约3吨。卫生处理人员对暴露在甲板外的设备和器械进行高浓度喷洒消毒处理，对船舶生活区进行气体密闭熏蒸处理，并将船上的旧衣物等在监督下进行销毁，防止传染病的发生和传播。

2009年，宁波检验检疫局对进口废物原料实施"分类堆放＋前置卫生处理＋集中查验"的检验监管模式。通过实施检验检疫电子标识管理，将检验检疫要求在集装箱物流环节得以充分实现。港务部门根据检验检疫标识要求，将进口废物原料在港区指定集卡车通道卡口实施卫生处理，卫生处理后的集装箱运至指定的查验堆场，检验检疫部门在查验堆场集中开箱、掏箱，实施检验检疫查验工作。该模式的实施，可以缩短物流周期，加快通检速度，降低企业成本，支持了宁波经济的发展。

2010年，宁波检验检疫局镇海办事处在经卫生处理的入境废物查验中，截获自毙鼠1只。

（五）废旧交通工具卫生处理

1984年1月14日，废钢船“湟玛”轮在宁波入境，这是宁波口岸进口的第一艘废旧船舶，检疫时发现该船虫患严重，并有鼠迹发现，卫生检疫人员随即作杀虫、灭鼠处理。1992年1月3—10日，海门卫生检疫所对黄岩金清船舶拆解厂进口的一艘原苏联大型潜艇船坞（作废钢船进口）进行大规模的消、杀、灭卫生处理。至1998年底，宁波口岸累计进口废旧船舶104艘，对这些废旧船舶均实施卫生处理。2000年，宁波检验检疫局出台《宁波口岸进口旧物品卫生检疫操作规程（试行）》，加强对入境旧物品（包括旧交通工具）的管理。2000—2002年，宁波口岸共进口旧船12艘，其中2000年2艘，2001年2艘，2002年8艘，均作相应的卫生处理。

（六）尸体、棺柩、骸骨卫生处理

1983年，浙江海港开始开展尸体、骸骨、棺柩卫生处理工作。2001年，浙江检验检疫局与杭州殡仪馆、浙江大学合作，开展遗体防腐剂研究开发。至2010年底，浙江海港卫生处理尸体、棺柩42具；1987—2010年，浙江空港卫生处理190具入出境尸体、棺柩。

第三节　口岸公共卫生安全防控

浙江卫生检疫（检验检疫）机构将口岸公共卫生安全防控作为保国安民的重要手段，主要从工作预案制修订、应急演练、应急培训、口岸核生化监测、应急处置等方面入手，提升应对口岸突发公共卫生事件的应急处置能力，确保口岸卫生安全。

20世纪60年代至21世纪初，浙江口岸公共卫生安全防控工作多着眼于对单一口岸突发公共卫生事件的应急处置。

21世纪初开始，炭疽、“非典”、甲型H_1N_1流感等国际疫情相继暴发流行，给口岸卫生检疫工作带来挑战，浙江检验检疫机构制定《宁波出入境检验检疫局防治炭疽检验检疫工作预案》《浙江检验检疫局口岸应对突发公共事件及核辐射与恐怖事件应急处置预案》等相应的工作预案、技术方案，部署各项防控措施，妥善应对2001年的炭疽、2003年的“非典”、2009年的甲型H_1N_1流感等一系列国际疫情，确保浙江口岸无一例“非典”病人入出境，发现并妥善处置甲型H_1N_1流感确诊病例29例。

2010年，浙江、宁波检验检疫局根据质检总局制定的《口岸核生化恐怖因子监测技术方案》，加强浙江口岸核生化有害因子监测。上海世博会期间（2010年5月1日至10月31日），浙江、宁波检验检疫局选派7名检验检疫人员支援上海世博会检验检疫保障工作，完成世博安保重任。

一、口岸突发公共卫生事件应急处置

1983年7月，宁波作业区和港监艇上先后发现副霍乱病例2例，宁波卫检所对病人采取隔离治疗、对疫点作常规处理等措施。同年9月28日，宁波卫检所在沈家门港避风的中国台湾地区渔船上检出一名患有副霍乱的中国台湾籍渔民，对其进行妥善处置。1986年8月，中国香港地区宣布为副霍乱疫区和中国台湾地区发生副霍乱后，宁波卫检所即与浙江省远洋公司宁波办事处联系，召开远洋轮船长会议，并与石浦对台湾工作办公室等部门联系，要求加强疾病防控工作。1988年10月8日，根据宁波卫检所要求，第一例患性病来甬的外籍人员被依法提请公安部门做出限期离境处理。1997年1月7日，宁波口岸进行全国首例出境人员因患疟疾死亡保险金赔付工作。

2001年5月10日，浙江检验检疫局在给浙江省地方病防治领导小组办公室关于《浙江鼠疫控制应急预案征求意见》的复函中，加入了强化口岸传染病疫情互相通报、收治医院及隔离留验点建设等内容。同年5月16日，宁波检验检疫局与宁波市外经贸委联合印发《关于加强归国劳务人员健康监测管理工作的通知》，对归国劳务人员健康监测工作进行明确规定。2003年2月起，"非典"在全国流行，浙江、宁波检验检疫局制定预防控制"非典"应急处置预案、"非典"防治技术方案、可疑病人处置方案流程等文件，加强与卫生系统、机场、港口、口岸各联检单位密切协作，保持24小时电话值班制，坚持"非典"疫情日报告制度；成立卫生检疫疫情快速反应机动队，进行"非典"防控演习。同年5月9日，舟山检验检疫局对"瑞丰"轮船长因病死亡尸体进行入境检疫，通过现场调查和询问，诊断死者因脑血管意外死亡。检疫人员对生活区和工作场所、存放尸体的冷冻舱和尸体表面等进行卫生处理，并对12名船员随船医学留观10天，未见异常；5月12日，尸体转移到舟山火葬场就地火化。11月6日，宁波检验检疫局修订《宁波出入境检验检疫局口岸防治传染性非典型肺炎工作预案》。2004年秋季，宁波检验检疫局会同当地卫生部门妥善处置慈溪市某地发生的一起因境外输入性登革热病例引发的登革热局部暴发疫情，受到宁波市政府领导的高度肯定。

2004年12月22日，根据质检总局、公安部、铁道部、卫生部、海关总署五部委联合发《京九、沪九直通车运行途中突发公共卫生事件处置预案》《京九、沪九直通旅客列车突发事件处置办法》的要求，针对沪九直通车运行途中停靠铁路金华西站的情况，金华检验检疫局联合金华市公安局、铁路金华站、金华市卫生局、金华海关制定《沪九直通车运行途中突发公共卫生事件金华段处理预案(试行)》。

2005年，浙江检验检疫局发布《浙江检验检疫局口岸应对突发公共卫生事件及核与辐射恐怖事件应急处置预案》《浙江检验检疫局国境口岸食物中毒应急预案》《浙江检验检疫局卫生除害处理安全事故应急预案》和《浙江检验检疫局应对口岸流感大流行应急处置预案》等多个应急预案。2005年1月19日，舟山检验检疫局对"明洋"轮载着两具在生产过程中意外死亡的船员尸体进行入境检疫。经查该两名船员死因较为明确，可排除检疫性传染疾病。对尸体包装外表及周围环境实施消毒处理，并发放尸体入境许可证。4月10—11日，研制沪九直通车突发公共卫生事件应急处置预案会议在浙江金华召开，实现沪九直通车沿线检验检疫部门间的协作。7月1日，宁波检验检疫局召开宁波口岸出入境人员传染病防治工作座谈会，就国际旅行人员的卫生检疫及建立“检疫—旅游信息互通平台”等问题进行交流。8月，浙江检验检疫局举办应对突发公共卫生事件培训班，并组织全体培训班学员观摩嵊泗口岸举行的马迹山港入境国际航行船舶突发食物中毒事故应急处置演练。10月6日，采自嘉兴口岸内一池塘的水样经检测是霍乱弧菌阳性，属O1群稻叶型。浙江检验检疫局立即派人前往进行工作指导和督察，向当地政府、码头业主和相关单位进行通报并召集现场办公会议，制作警示牌告诫群众暂勿接触和使用此水，同时落实专人24小时巡查看管和加强港区门卫管理，禁止无关人员入内等，防止疫情扩散。11月7日，针对当时国际流感大流行态势，浙江、宁波检验检疫局印发《关于印发浙江检验检疫局应对口岸流感大流行应急处置预案的通知》《宁波检验检疫局口岸应对流感大流行实施方案(试行)》，加强口岸流感防控。12月，宁波检验检疫局与宁波出入境管理部门、宁波市对外经济贸易局等部门就在甬境外人员和劳务人员的传染病监测等问题再次进行沟通，与卫生、公安、劳动、港务等部门建立的宁波口岸传染病联防网络得到完善。2005年12月20日，宁波检验检疫局印发《关于加强宁波口岸人禽流感防控工作的通知》。2006年3月28日，宁波检验检疫局组织召开宁波口岸传染病联防联控工作会议。6月13日、9月20日，宁波检验检疫局分别组织举办“宁波口岸传染病现场快速检测培训班”和“口岸食源性疾病预防和控制培训班”。

2006年7月，宁波检验检疫局参加质检总局“应对口岸突发公共卫生事件医学媒介生物快速鉴定技能竞赛”，获二等奖。9月，宁波检验检疫局参加质检总局“微小气候快速监控竞赛”，获三等奖。12月8日，宁波检验检疫局在大榭港区举办“宁波海港口岸霍乱染疫船舶应急处置演练”。2007年5月15日，金华检验检疫局处置一起沪九直通车入境乘客死亡事件。10月17日，宁波检验检疫局组织举办“口岸突发公共卫生事件应急处置、重大传染病防控和急救知识培训班”。11月7日，舟山检验检疫局紧急启动应急预案，处置在舟山中远船厂修理的巴拿马籍散装货轮“爱德华”(MV. EDWARDN)号上7名外籍船员不明原因突发高热的事件。11月23日，镇海口岸举行宁波海港口岸入境船舶登革热病例应急处置演练。

2008年4月25日、28日，舟山检验检疫局分别处置日本籍油轮“晓丸”(AKATSUKI-MARU)、克罗地亚籍散货船“亚特兰大”轮上各一船员患病死亡事件。7月5日，舟山检验检疫局紧急处置一起在定海宏洲船厂修理的圣文森特籍滚装船“HAILANI1”一名印度籍船员患疟疾事件，对染疫船舶进行卫生处理，对相关人员进行隔离。11月，浙江检验检疫局、宁波检验检疫局、浙江省卫生厅在杭州召开浙江省应对口岸公共卫生事件合作机制2008年度协调会，三方讨论前一阶段合作机制的成效及存在的问题，共同探讨口岸突发公共卫生事件应对措施。2008年，因在“5·12”汶川特大地震抗震救灾工作中成效显著，宁波检验检疫局有关部门和个人分别被授予“全国抗震救灾英雄集体”“宁波市抗震救灾先进集体”“全国质检系统先进工作者”“优秀共产党员”“抗震救灾先进个人”等称号。

2009年3月14日，宁波口岸紧急处理一起外籍船员感染肺结核事件，要求患者在甬住院治疗；对患者生活和工作区域、废弃物等进行预防性消毒，对密切接触者加强医学观察。该患者经对症治疗后，传染性消除，于4月17日在宁波检验检疫人员监护下回国。4月6日17时，舟山检验检疫局对接报的土耳其籍散装船“NEMTAS-2”轮上有5名船员在航行途中相继发生不同程度的腹痛、腹泻症状，患病船员有逐步增多趋势的情况进行紧急处置，启动《舟山口岸食物中毒应急处置预案》，成立应急处置小组。经过妥善处置，该修理船未再出现船员腹泻疫情，患病船员在舟山医院治疗下也迅速康复，群体性腹泻得到控制，防止疫情在舟山口岸传播。2009年4月起，全球暴发甲型H_1N_1流感疫情后，浙江检验检疫局联系协调促成建立“杭州萧山国际机场流感防控现场协调小组”，并在杭州机场区域内建立采样点和医学留验点，加快通关速度和染疫嫌疑人的排查速度，得到质检总局督查组的充分肯定，被质检总局誉为“浙江经验”，在全国甲型H_1N_1流感防控技术培训班上专题介绍经验。5月，浙江省应对甲型H_1N_1流感联防联控工作机制口岸组第一次会议召开，会议讨论《浙江省应对甲型H_1N_1流感联防联控工作机制口岸组职责和工作方案》等。是月，由宁波检验检疫局提议并草拟的《宁波空港、海港甲型H_1N_1流感联防联控工作机制》获宁波市政府同意，形成政府部门牵头、检验检疫主导、口岸相关单位配合的甲型H_1N_1流感防控工作机制。同月，宁波检验检疫局印发《宁波口岸甲型H_1N_1流感卫生检疫应急预案（试行）》。至8月底，浙江口岸发现甲型H_1N_1流感确诊病例29例，对维护浙江社会经济稳定发挥积极作用。2009年6月8—12日，第十一届中国浙江投资贸易洽谈会暨第八届中国国际日用消费品博览会在宁波举办，1万余名境外客商（大多来自美国、日本等甲型H_1N_1流感暴发流行国家和地区）参会，浙江检验检疫局与宁波检验检疫局作为“两会”甲型H_1N_1流感防控领导小组成员单位，实施有效防控措施，保障“两会”顺利召开。2009年，宁波海港口岸对国际航行船舶实施甲型H_1N_1流感风险评估与分类管理，根据船舶的来源、航行时间是否超过潜伏期、7天内是否到达过甲型H_1N_1流感流行国家和地区、船舶到港前的申报中是否有症状者、有无船员换班下地等风险参数确定船舶的高、中、低风险。根据风险的高低，在登轮检疫时适当调整重点检疫监控对象的范围、检疫监督的措施、是否实施消毒处理及实施消毒处理的范围等。是年，宁波检验检疫局在入出境旅客检疫中发现并转送6例甲型H_1N_1流感确诊病例，在入境船舶检疫中检出全国海港口岸首例入境船员甲型H_1N_1流感确诊病例。国务院应对甲型H_1N_1流感联防联控工作机制督导组、质检总局检查督导组多次来宁波检验检疫局对口岸甲型H_1N_1流感防控工作进行检查指导，对宁波口岸防控工作给予充分肯定，质检总局对宁波检验检疫局提出的“大口岸防控一体化模式”表示赞赏。

2010年3月15日，舟山检验检疫局妥善处置一起外国籍船员患开放性肺结核事件，患病船员移送至地方医院救治，疫情得到控制，这是舟山口岸首次在外国籍船员中发现开放性肺结核病例。4月27日上午，宁波检验检疫局在宁波栎社国际机场举行“宁波空港口岸人感染禽流感应急处置演习”。5月10日，宁波检验检疫局印发《宁波检验检疫局口岸生物类突发事件应急处置工作预案》。6月11日，大榭检验检疫局在阿拉伯联合酋长国入境集装箱中截获全国首例疑似鼠疫染疫鼠，进行妥善处置，未发生次生疫情。9月29日，宁波检验检疫局在梅山码头集装箱堆场开展“世博安保反恐技能竞赛”。10月21日，宁波检验检疫局在梅山码头集装箱堆场开展“宁波检验检疫系统口岸公共安全应急处置竞技演习”。12月20日，浙江检验检疫局机场办事处组织开展“口岸核辐射突发事件应急处置演练”。

二、口岸核生化监测与应急处置

1999年8月“三检”合一前，口岸核生化的监测与应急处置中，生物与核辐射的监测与处置分别由卫生检疫与商品检验部门相应管理与实施，“三检”合一后，口岸核生化监测与应急处置由浙江检验检疫局和宁波检验检疫局卫生检疫和商品检验业务归口管理部门统一管理，随着国内外疫情变化和进出口贸易不断扩大，浙江口岸核生化监测与应急处置机制也在不断完善。

2001年，美国“9·11”事件后，全球出现炭疽恐怖活动，浙江、宁波检验检疫局分别制定《浙江口岸炭疽应急处理实施方案》《宁波检验检疫局预防控制炭疽检验检疫工作预案》；成立炭疽预防控制领导小组，对有关部门的职责做了明确分工；邀请专家做炭疽预防控制专题讲座，购置专用防护服装及器械；建立口岸大联防，加强与卫生防疫、邮政、公安、海关等部门的联系。

2002年2月15日，浙江检验检疫局在中国澳门地区至杭州的MF864飞机的货舱内发现1包黄色粉末，由于该粉末无主且性质不明，为防止炭疽病从境外传入，浙江检验检疫局杭州机场办事处按照《出入境口岸炭疽病紧急监测与控制预案》的要求，填写“出入境染疫/染疫嫌疑货物、邮包案例报告卡”，粉末先封存处理，并对机舱进行消毒。2月19日，可疑粉末送杭州市疾病预防控制中心检验，检验结果为炭疽阴性。剩余粉末移交杭州萧山机场公安分局做毒品和炸药成分的检验，未检出毒品和炸药成分。

2004年11月3日，宁波检验检疫局制定《宁波口岸进口化矿产品放射性事故预防和应急预案(试行)》，对进口铜矿及精矿、锌矿及精矿、铅矿及精矿等进行监测，对进口室内装饰用石材等放射性超标实施应急处理。2005年6月，宁波检验检疫局举办放射性检测培训班，内容涉及放射性检测技术及防护、矿产品放射性检测技术、宁波进口化矿产品放射性检测情况、放射性事故预防、应急预案和联合国化学危险品全球协调制度等。

2005年9月30日，宁波检验检疫局制定《宁波出入境检验检疫系统突发公共事件应急预案》，将突发公共事件分为涉及检验检疫工作突发公共事件和其他突发公共事件。宁波检验检疫局设立突发公共事件应急处置领导小组，下设应急办公室，并设立各专项突发公共事件应急处置领导小组，负责专项突发公共事件预防、处置工作。各分支机构成立突发公共事件现场处置领导小组，建立监测网络系统，指定人员搜集国内外信息，根据境内外各类传染病和动植物疫情动态、核与辐射性物质的管理状况、食品安全事件、有关部门提供的相关信息和口岸监测结果等汇总判断，经评估可能引发突发公共事件时，各职能部门及时发出预警信息，协助有关部门，将事件制止在萌芽状态，减少损失。

2006年8月29日，质检总局发布《口岸卫生处理事故应急处置技术方案(试行)》，宁波检验检疫局成立卫生处理事故应急指挥小组，负责研究、制订卫生处理事故应急处置技术方案并组织演练；组织、协调、指导、上报辖区内卫生处理事故应急处置工作；检查督导分支机构有关应急工作的落实情况，督察各项应急处置措施落实到位；协调与有关部门的关系，建立必要的应急协调联系通报机制。宁波检验检疫局各分支机构指导、监督卫生处理单位建立应急处置方案，落实各项应急处置措施；建立与当地政府及相关部门的联系与协作机制；负责现场应急处置工作，并及时向上级机构报告。宁波口岸卫生处理单位金蛇公司等也在检验检疫机构及当地政府相关部门的指导下，制定本单位的应急处置方案；负责现场应急处置工作，组织现场自救；并及时向检验检疫机构及当地政府相关部门报告。2007 年初，宁波穿山港区通道式放射性检测系统投入使用。11 月 13 日和 11 月 21 日，宁波检验检疫局先后制定《宁波口岸进口化矿金商品夹带危险物质应急预案》和《宁波出入境检验检疫局进口废物原料夹带放射性污染物质应急处置预案(试行)》，对在港口或备案登记的合法场站实施进口化矿金商品夹带危险物质事故预防和应急处理，并对辖区内进口废物原料检验检疫监管中发现的放射性污染物质实施应急处置工作。2007 年，宁波口岸共截获铜、锌等 4 批放射性超标进口矿，总重量 533655 千克，货值 164297.95 美元，宁波检验检疫局依法对货物全部实施退运处理。穿山港区共截获 3 批次进口废铜和废电机中夹带有放射性废物。

2008 年 5 月 30 日，浙江检验检疫局在台州口岸举行浙江检验检疫局口岸核与辐射恐怖事件应急处置演练。7 月，宁波检验检疫局举办“口岸生物类突发事件应急处置培训班”，同时在宁波栎社国际机场举办“口岸生物类突发事件应急处置演习”，为维护北京奥运期间口岸正常秩序和社会问题等提供技术保障。7 月 22 日，宁波检验检疫局举办“口岸核和辐射应急处置培训班”，组织观看口岸核与辐射恐怖事件应急处置演练录像和演示便携式放射性检测仪及防护设备使用示范操作。

2009 年 1 月，宁波检验检疫局召开口岸卫生检疫及反恐专题工作会议，通报质检总局发布的口岸发生的突发性公共卫生事件以及国外的恐怖性事件，并传达质检总局关于加强口岸卫生检疫及反恐工作的一系列指示要求。

第四节 国际旅行卫生保健

浙江卫生检疫(检验检疫)机构将国际旅行卫生保健作为依法行政、为民服务的重要举措，依法对出入境人员、口岸从业人员开展疾病监测、预防接种、健康咨询和国际旅行卫生保健，确保人们的身体健康和生命安全。

1983 年，宁波卫检所开始对交通工具和口岸食品饮用水从业人员实施健康体检，并由专人负责国内外疫情搜集、整理、分析、传递。1984 年 9 月，杭州卫检所在杭州笕桥机场候机楼联检厅开设诊疗室，向出入境旅客提供旅行保健咨询和医疗服务。1985 年 7 月，温州卫检所成为浙江省第一家开展入出境人员健康体检工作的卫生检疫机关。1986 年 4 月，温州卫检所开展对出入境人员国际旅行健康咨询工作。

20 世纪 90 年代后，国际旅行卫生保健才有了飞速的发展。1994—1996 年，宁波、舟山、温州、杭州等卫检局相继成立国际旅行卫生保健服务中心，开展国际旅行卫生保健服务。1999 年“三检”合一机构改革，成立浙江、宁波检验检疫局下属的国际旅行卫生保健中心。

2001年，浙江、宁波、温州等检验检疫局保健中心艾滋病初筛实验室通过了质检总局考评。2005年起，浙江各国际旅行卫生保健中心开始使用口服霍乱疫苗。2007年12月，质检总局批准正式启用宁波检验检疫局艾滋病确证实验室。

一、健康检查

1983年，宁波卫检所开始对交通工具上和口岸范围饮水饮食从业人员实施体检和签发健康证制度，凡患有肝炎、痢疾、伤寒、活动性肺结核、渗出性皮炎病者，调离原岗位，经复查病愈后恢复工作。

1987年4月、10月起，根据公安部、卫生部《关于来华外国人提供健康证明问题的若干规定》，杭州、宁波卫检所开展对来杭、甬居住一年以上的外国人的体检工作。1987年10月5日，在宁波市卫生局上报市政府《关于要求对出国人员归国后实施疾病监测的报告》中，同时明确实施该项工作的责任单位职责分别是：由宁波卫检所负责上述对象的疾病监测和医学检查；各县（市、区）卫生防疾站应积极配合支持；市外事办公室和市公安局应及时向卫生检疫所提供出国3个月以上人员的有关资料；出国人员所在单位应及时督促出国人员接受医学检查。根据宁波市人民政府办公室1987年11月2日下发的《转发市卫生局关于要求出国人员归国后实施疾病监测报告的通知》精神，宁波卫检所于1988年6月18日向全市各有关单位印发《关于对出国人员归国后实施疾病监测的通知》。

1988年11月28日，浙江各卫生检疫机构按照国家卫检总所有关规定，对下列人员实施健康检查：国境口岸和入出境交通工具上从事食品和饮用水的有关人员；中国籍出国居住、劳务、留学、商务、公务等有关人员；在国外居住一年以上的归国人员；国内入出境交通员工；申请来华居住一年以上的外国籍各类人员以及其他要求健康检查的人员。

1989年2月15日，杭州卫检所正式开展出入境健康体检工作。根据卫生部、公安部1989年10月9日联合发文《关于中国公民出入境提交健康证明的通知》精神，宁波卫检所与宁波市公安局联合向有关单位发文《转发卫生部公安部〈关于中国公民出入境提交健康证明通知〉》，要求各类出国人员出国前必须接受健康检查、预防接种，办理"健康证明书"和"国际预防接种证书"，出境时须向卫生检疫机关出示上述证书，方能出境；对在国外居住一年以上的国内公民出国，以及经批准回国定居或工作的华侨和港、澳、台同胞入境时，必须出示健康证明。

1994年，宁波、舟山、温州等卫检局先后成立国际旅行卫生保健服务中心，开展国际旅行卫生保健服务，包括国际旅行健康咨询、体检、宣传、预防接种、旅行保健药品发放、传染病保险等业务，方便满足出入境人员对国际旅行卫生保健的需求。1995年4月16—17日，浙江各卫生检疫局参加在北京召开的中国国际旅行卫生保健协会首届会员代表大会。1996年4月，杭州卫检局成立国际旅行卫生保健服务中心。1997年12月5日，中国国际旅行卫生保健协会在连云港召开协会定点门诊承担IAMAT（国际医疗救助协会）服务网工作任务会议，会上向杭州卫检局国际旅行卫生保健服务中心颁发了IAMAT定点门诊证书。1999年，舟山卫检局检出舟山首例HIV-1/2混合型感染者。2000年4—5月，浙江检验检疫局联合杭州市公安局、劳动就业管理局等部门，对杭州市299家“三资”企业的外籍人员健康证情况进行了专项检查，重点检查了39家，发现境外人员分别来自10个国家和地区；持有有效健康证者86人，只占56%；对过期无效健康证者进行了补检。

2005年5月18日，浙江检验检疫局丽水分中心正式挂牌成立，并顺利通过质检总局的考核验收。丽水分中心业务的开展，填补了丽水卫生检疫工作的一项空白。是年，质检总局组织核查小组分2批，对浙江检验检疫局国际旅行卫生保健中心以及温州、金华、舟山、台州和丽水分中心就机构证书、科室设置、专业人员持证上岗和基本设备等方面情况进行了现场核查。经考核，浙江检验检疫局保健中心及5个分中心全部顺利通过质检总局核查。

2006年7月7日，宁波国际旅行卫生保健中心强化对入境外籍人员验证证明管理。

2007年3月1日，全省保健(分)中心正式开展对科威特、俄罗斯两国新增的丝虫病、疟疾和麻风病、吸毒症、性病等传染病的体检项目。4月，宁波检验检疫局保健中心综合实验室在质检总局和国家认监委组织的HIV抗体检测、HCV抗体检测以及梅毒血清学检测实验室职能考评和能力验证中均获得优秀。5月，宁波市海曙区卫生局同意设立宁波口岸医院，开展相关业务。9月10日，浙江检验检疫局艾滋病确证实验室顺利通过质检总局和中国疾病预防控制中心组成的专家组的现场审核验收，经批准后开始正式投入运行，填补了浙江检验检疫系统内无艾滋病确证实验室的空白。2009年8月3日，宁波检验检疫局开始建设包括生物安全二级+(BSL－2+)实验室和PCR实验室。8月，宁波检验检疫局保健中心综合实验室连续第8年获得浙江省疾病预防控制中心HIV实验室室间质评满意结果。

二、预防接种

浙江各卫生检疫机构根据《国境卫生检疫法》及其实施细则的有关规定，开展黄热病、霍乱、天花、甲肝、乙肝、伤寒等的预防接种工作。

(一)黄热病预防接种

1979年8月16日，卫生部外事局转告世界卫生组织总部传染病处，告知包括温州、宁波、杭州在内的35个卫生检疫所为黄热病接种和签发证书的卫生检疫所。

1985—2010年，浙江口岸接种的黄热疫苗均采用卫生部北京生物制品研究所生产的17D株鸡胚减毒活疫苗，该疫苗免疫效果显著，安全性好。

1979—2010年，浙江口岸共完成黄热疫苗接种81966人次。

(二)霍乱预防接种

1964年，温州卫检所成立，对入出境人员开展霍乱疫苗的接种工作和签发相应的预防接种证书。

1979年5月，杭州卫检所开展霍乱疫苗接种，签发相应的预防接种证书，全年接种52人次。是年，宁波卫检所开展霍乱疫苗接种，接种16人次。10月，卫生部下发《关于入境人员出示预防接种证书的通知》，认为霍乱预防接种对防止霍乱传入效果不大，决定从1980年1

月1日起，对入境人员不再要求出示霍乱预防接种证书。但对出国人员不作硬性规定，可根据各国或过境国家的要求，由出国人员申请进行接种和签发相应的预防接种证书。霍乱预防接种成为卫生检疫机关向部分出境人员提供的一项服务。

2002年9月11日，浙江国际旅行卫生保健中心停止霍乱预防接种。为保障出境人员健康安全，出境人员可申请携带霍乱预防口服补液药盒。

1979—2010年，浙江口岸共完成霍乱预防接种或预防投药758573人次。

（三）天花预防接种

1964年，温州卫检所根据《国境卫生检疫条例》的规定，对入境交通员工在进行查验时，检查有效的天花预防接种证书。对不能出示有效天花预防接种证书者，当即给予免费种痘。对出国人员一律按国家有关规定接种，并对温州口岸外事单位及涉外人员给予普种。从1964—1979年，共接种天花痘苗6253人次。

1979年，杭州、宁波卫检所相继开展牛痘接种，全年分别接种95人次和13人次。

1980年5月8日，第33届世界卫生大会提出终止天花预防接种的建议。1981年1月1日起，杭州、温州、宁波卫检所相继停止牛痘接种。

三、健康咨询与宣传

1983年，宁波卫检所由专人负责国际疫情周报及卫生部发布的国内疫情动态、宁波市范围疫情和流研所提供的流行病资料，及时传递疫情。1984年，宁波卫检所与口岸部门建立了疫情联系网，并整理了宁波口岸传染病史、宁波口岸检疫史以及有关检疫业务资料，以便掌握疫情动态，提高检疫质量。

1988年12月1日，浙江各卫生检疫所在第一个“世界艾滋病日”开展大型宣传活动，向社会介绍艾滋病及性病防治知识。1989年2月15日，杭州卫检所开展国际旅行健康咨询工作。11月，宁波卫检所开展国际旅行健康咨询工作。1990年，海门卫检所开展国际旅行健康咨询工作。

1999年8月“三检”合一至2010年，浙江检验检疫局下属浙江国际旅行卫生保健中心、宁波检验检疫局下属宁波国际旅行卫生保健中心为出入境人员开展国际旅行健康咨询工作，向国际旅行者宣传各国的检疫法规；向国际旅行者介绍前往国家或地区一些常见传染病流行情况，以及这些传染病传播途径、主要症状和预防方法等；向国际旅行者介绍旅行过程中的一些卫生保健常识；发放旅行保健药盒、预防药品、卫生检疫宣传资料等。其中，浙江国际旅行卫生保健中心先后成立了舟山、温州、台州、丽水、义乌、金华6个分中心开展国际旅行健康咨询工作。

1988—2010年，每年12月1日的“世界艾滋病日”，浙江检验检疫机构均联合地方卫生、疾控、教育等相关部门在高校、广场、机场等公共场所，开展“世界艾滋病日”大型宣传活动，向广大民众特别是出入境人员介绍艾滋病及性病防治知识。

第五节　口岸核心能力建设与国际卫生港建设

从2007年起，宁波大榭检验检疫局开展宁波口岸大榭港区创建国际卫生港口（以下简称“创卫”）的基础调研、可行性分析、科学论证，成立创卫领导小组、技术小组、工作计划等工作，全面推进创卫工作，为日后成功创卫打下基础。

2008年5月，宁波检验检疫局等8个直属局的11位专家对世界卫生组织拟订的《口岸核心能力评估工具（草案）》进行讨论修改。

从2009年起，浙江检验检疫局和宁波检验检疫局根据质检总局《2009—2012年全国口岸卫生检疫核心能力建设方案》（以下简称《建设方案》）分别拟订了具体实施方案，浙江检验检疫局辖区的7个对外开放口岸和宁波检验检疫局辖区的5个对外开放口岸全面启动口岸核心能力建设工作，围绕口岸传染病控制、医疗技术支持、口岸卫生监督、口岸卫生处理、口岸突发公共卫生事件处置等口岸卫生安全的全方位内容开展口岸核心能力建设，为日后浙江所有口岸全部通过世界卫生组织口岸核心能力考核验收打下基础。

一、口岸核心能力建设

2007年5月29日，质检总局下发《口岸应对突发公共卫生事件核心能力建设情况摸底调查表》。2008年5月7日，宁波检验检疫局专家参加世界卫生组织拟订的《口岸核心能力评估工具（草案）》讨论修改工作。

2008年，浙江检验检疫局和宁波检验检疫局12个对外开放口岸〔浙江检验检疫局辖区共有7个对外开放口岸，分别为舟山港、温州港、台州港、嘉兴港4个海港口岸以及杭州萧山国际机场、温州永强机场、义乌机场（临时季节性对外开放）3个空港口岸；宁波检验检疫局辖区共有5个对外开放口岸，分别为北仑、镇海、大榭、梅山4个海港口岸以及宁波栎社国际机场〕开展口岸核心能力建设的基础性工作。1月1日，以质检总局航空口岸出入境人员健康申报制度改革为契机，推进机场的口岸核心能力建设；3月31日，宁波大榭港区正式启动创建国际卫生港工作，在省内率先以“创卫”的形式持续提升口岸核心能力；北京奥运会开幕（8月8日）前夕，浙江和宁波两局分别联合当地公安、消防、海关等口岸职能部门举行反恐演习，提升突发公共卫生事件应急处置能力。

自2009年10月30日质检总局下发《建设方案》以来，浙江检验检疫机构均发文组织所辖各相关口岸对照质检总局《口岸卫生检疫核心能力建设基本标准（试行）》进行自检自评，组织专家组对重点口岸和港区深入开展摸底调研，掌握口岸基本建设情况和存在困难，为下一步决策和整改提供依据；同时，分别印发《浙江检验检疫局口岸卫生检疫核心能力建设方案》和《关于加快推进宁波口岸卫生检疫核心能力建设的通知》，明确口岸核心能力建设的组织机构、推进步骤以及具体要求等。

至2010年底，浙江各口岸检验检疫机构按照上述要求，先后分别制定具体实施方案和计划，围绕口岸传染病控制、医疗技术支持、口岸卫生监督、口岸卫生处理、口岸突发公共卫生事件处置等口岸卫生安全的全方位内容开展口岸核心能力建设。在设施设备建设方面，整合共享口岸现有资源，采取多种途径，积极争取地方政府支持；在机制建设方面，下发《口岸卫生检疫核心能力建设细化方案》，梳理和完善工作台账、各类预案和对外合作机制，形成满足实际工作需求的一整套机制；在人才队伍建设方面，合理配置人员，每年招录医学相关专业人员补充卫生检疫队伍，每年至少举办两次大型的业务培训和演练①。

二、国际卫生港建设

国际卫生港是按照世界卫生组织颁布的《国际卫生条例(2005)》有关规定，建立完善的卫生控制与保障设施、有效的卫生管理机制，满足国际疾病及核生化有害因子防控等需要，获得世界卫生组织认可的国际通航港口。

2007年，大榭检验检疫局作为大榭港区卫生主管部门，决定以“创卫”的形式持续提升口岸核心能力。4月起，每月定期发布《大榭港区创卫简报》，及时公布创卫进展情况；定期到码头、堆场宣传贯彻创卫标准，加强创卫指导；定期召开创卫联席会议，协调相关职能部门和码头各司其职地开展创卫工作；积极争取上级支持，加强对大榭创卫的指导；加强自身能力建设，努力达到创卫各项标准。5月30日，宁波检验检疫局发布《关于成立大榭口岸创建“国际卫生港口”技术指导小组的通知》，调集全系统业务骨干成立创卫技术指导小组，并不定期地开展创卫指导。10月29日，宁波大榭检验检疫局成立创建国际卫生港口筹建领导小组。10月30日，开展创卫基础调研、可行性分析、科学论证等一系列工作。

2008年2月19日，大榭开发区召开“贯彻《国际卫生条例(2005)》，提高口岸核心能力”研讨会，介绍世界卫生组织西太平洋区域国家有关口岸核心能力建设情况和江苏张家港创卫工作经验。3月初，大榭检验检疫局向大榭开发区管委会汇报为期3个月的创卫调查摸底及可行性分析情况，得到了管委会的肯定和支持。3月31日，宁波大榭港区创建国际卫生港口动员大会召开，明确了在大榭港区开展创卫工作，涉及招商国际码头、三菱化学、烟台万华、实华码头、和欣货柜、集信物流、开发区码头、BP码头和远信物流9家码头堆场公司，标志着国际卫生港口创建项目正式启动。2008年5月6日开始，大榭检验检疫局按照创卫标准和要求开展大榭港区医学媒介监测和防控工作。5月10日，建立大榭港区生物、化学、核和辐射等突发公共卫生事件防范及应急处置体系。7月28日，组织人员参加宁波检验检疫局组织的口岸生物类突发事件应急处置培训和演练。7月31日，组织评审组对港区外轮供水企业进行卫生监督管理。8月7日，大榭检验检疫局召开创建国际卫生港口联席会议，协调解决创卫

① 2012年6月15日，中国政府向世界卫生组织提交《国际卫生条例(2005)》核心能力建设延期的申请，将中国口岸核心能力达标时限延至2014年6月15日。2012年9月，杭州萧山国际机场、舟山港区、宁波大榭港区、宁波北仑港区、宁波梅山港区和宁波栎社国际机场6个口岸顺利通过质检总局考核验收，成为全国首批世界卫生组织口岸核心能力考核的达标口岸。2013年1月，温州港区、温州永强机场、台州港区、嘉兴港区和镇海港区通过质检总局现场考核验收。2015年11月，义乌机场通过质检总局考核验收。浙江口岸12个对外开放口岸全部通过世界卫生组织口岸核心能力考核，均成为《国际卫生条例(2015)》口岸核心能力达标口岸。

中的相关疑难问题。9月2日，制定发布了《关于成立大榭开发区创建国际卫生港口工作领导小组的通知》，成立了以大榭口岸办、大榭检验检疫局、大榭开发区财政局、文教卫生局、社区管理局等部门负责人为成员的创卫领导小组，负责组织开展创卫工作，下设创卫办公室，设在大榭检验检疫局，负责大榭港区的日常创卫工作。同日，成立了传染病监测、预防接种与医疗急救组，固体和液体废弃物处理技术小组，食品、生活饮用水技术组，突发公共卫生事件应对技术小组，病媒生物监测与防控技术小组，船舶和场地卫生监督专业技术小组，公共卫生检测实验室与媒介生物鉴定专业技术小组等8个创卫技术小组。9月2日起，大榭开发区创卫领导小组办公室全力推进创卫工作：坚持每月定期发布《大榭港区创卫简报》，及时公布创卫动态，同时，根据推进进度撰写《大榭港区创卫专报》，及时向创卫领导小组汇报创卫进展情况；召开创卫领导小组会议或创卫办会议，通报前一阶段创卫进展情况，沟通协调解决存在的问题，部署下一阶段创卫工作任务；加强技术指导，协调相关职能部门和码头围绕卫生检疫监督与传染病监测、预防接种与医疗急救、固体和液体废弃物处理、食品与饮用水安全、实验室能力建设、病媒生物监测与防控以及突发公共卫生事件应对等方面各司其职地开展创建工作；组织邀请创卫专家莅临现场指导或派员外出学习创卫工作经验；组织开展创卫检查，及时发现存在的问题，推进各项创卫工作有序开展。9月4日，8个创卫技术小组制定完成了各小组的创卫工作计划。

2009年10月10日，宁波检验检疫局专家组赴大榭检查指导创卫工作，并将有关情况上报至质检总局。翌年1月15日，质检总局对大榭创卫工作提出指导意见，建议大榭开发区创卫工作的领导小组架构提升至宁波市政府层面，由宁波市政府向质检总局提交创卫申请。

2010年5月17日，宁波市政府发布《关于成立宁波港口岸大榭港区创建国际卫生港口工作领导小组的通知》，决定成立以分管副市长为组长、市政府副秘书长、宁波检验检疫局局长、大榭开发区管委会主任、副主任为副组长的大榭港区创建国际卫生港口工作领导小组，领导小组成员包括宁波检验检疫局、大榭检验检疫局、海关、边检、海事，大榭开发区宣传部、经发局、财政局、规划建设局、口岸办、社管局、文教卫生局，宁波市工商分局、市公安分局等部门的主要领导。领导小组下设办公室。5月18日，宁波港大榭港区创建国际卫生港口工作领导小组办公室制定发布了《大榭港区创建国际卫生港口工作总体方案》和《关于调整宁波港口岸大榭港区创建国际卫生港口技术小组的通知》，明确了大榭港区创卫工作的总体目标、组织机构、创建步骤和时间安排以及创建内容，对部分创建国际卫生港口技术小组以及人员进行了及时调整。6月18日，质检总局向宁波市政府发函批准同意宁波口岸大榭港区开展创建国际卫生港口活动。6月29日，质检总局卫生司分管副司长率专家组赴大榭港区，检查指导大榭港区创卫工作。7月5日，专家组反馈了大榭港区创卫工作仍存在领导小组机构设置不全、宣传动员不到位、台账资料不规范、人员能力有欠缺等13个方面的问题，并针对存在的问题提出整改意见。7月7日，大榭检验检疫局组织相关创卫人员，带着专家组反馈的上述问题赴成功创卫的上海洋山保税港区学习。7月28日，质检总局创卫专家组再次赴大榭检查指导创卫工作，重点检查指导了污水处理、垃圾处理、生活饮用水检测及食堂监管等方面的问题。

2010年8月12日和9月16日，宁波口岸大榭港区创建国际卫生港口领导小组先后召开扩大会议和办公室会议，通报各部门创卫工作尤其是整改落实进展情况，协调解决存在的创卫疑难问题，并对迎接质检总局和世界卫生组织的现场实地测评相关工作进行了部署。9月17日至10月15日，创卫办组织人员对各相关单位开展了创卫自查和联合检查，掌握创卫进度，查漏补缺。10月20日，质检总局卫生司专家再次对港区创卫工作进行了检查指导。12月30日，创卫技术小组按照国际卫生港考核要求，完成中文版和英文版的《大榭港区创建国际卫生港口技术报告》，包括《大榭港区创建国际卫生港口工作报告》《大榭港区入出境船舶卫生控制技术报告》《大榭港区集装箱检疫查验技术报告》《大榭港区卫生处理技术报告》《大榭港区传染病监测技术报告》《大榭港区黄热病预防接种技术报告》《大榭港区医疗急救技术报告》《大榭港区食品卫生监督技术报告》《大榭港区饮用水卫生监督技术报告》《大榭港区固体和液体废弃物处理技术报告》《大榭港区医学媒介生物监测与控制技术报告》《大榭港区实验室能力建设技术报告》和《大榭港区突发公共卫生事件应急处置技术报告》13份技术报告，总字数达到12万余字。

2010年12月31日，宁波口岸大榭港区创建国际卫生港口工作领导小组办公室向相关单位下发《关于迎接创卫专家组正式检查验收大榭港区创建国际卫生港口工作的紧急通知》，做好创卫迎检各项工作①。

① 2011年1月6日，质检总局创卫考核组对大榭创卫工作进行实地测评，通过为期2天的现场实地测评，大榭港区通过质检总局的创卫实地测评。3月3日，世界卫生组织创卫专家组对大榭港区创卫工作进行现场实地测评，对大榭港区创卫工作给予肯定，创卫考核组组长丹尼尔为大榭港区签发《大榭港区创建国际卫生港实地测评报告》，对大榭港区创建国际卫生港口工作进行认证。7月18日，质检总局副局长刘平均和宁波市市长刘奇为大榭国际卫生港授牌，大榭港区正式成为浙江省首个、全国第五个国际卫生港口。

第五章　鉴　定

中华人民共和国成立以前，浙江的商品检验工作由上海商检局负责。中华人民共和国成立以后，浙江口岸逐步开展公证鉴定业务。1951年，浙江对外贸易公证鉴定工作统一由上海商检局办理。1957年，浙江省的衡器鉴重工作由外贸公司负责。1962年，杭州商检局成立后，负责浙江对外贸易公证鉴定工作。1964年4月，杭州商检局成立第三检验室，负责出口农产品检验、进口商品检验、公证鉴定及化验室工作。

1964年，温州港等沿海17个港口被批准对日轮开放，杭州商检局配备了2名登轮鉴定人员，开展舱口监视、载损鉴定及登轮查勘业务。1971年，温州市外贸局革命委员会从进口的27艘次日本籍轮船中抽查了7艘次进行过磅，这是浙江省最早的衡器鉴重工作。1978年下半年，宁波港向航行于国际航线的中国籍货轮开放，浙江省进口海运才结束“三单一”〔即单一国籍（日本）、单一装运（有进无出）、单一品种（化肥）〕状态。“大田”“风胜”等中国货轮装载建设北仑港用的进口设备到港，宁波商检处鉴定人员登轮查勘，了解货物积载残损等情况。

1979年，全国商检公证鉴定工作会议召开后，浙江鉴定业务工作进入发展时期。是年，杭州商检局指定2名综合部门的专职公证鉴定人员，统一管理全省公证鉴定业务。6月1日，宁波港对外开放，宁波商检处直接对外开展公证鉴定业务。9月25日，宁波商检处对首次出口日本的2979.815吨石脑油实施岸罐重量鉴定。这是浙江省首次容器计重工作，全年共计8艘次。1981年，宁波商检处在宁波港务三区对装运出口氟石的3000吨级船舶进行水尺计重，这是浙江省首次水尺计重。

1984年，《中华人民共和国进出口商品检验条例》及其实施细则颁布实施，装运出口粮油食品、冷冻品等易腐、易变食品的船舶和集装箱，由商检机构实施强制检验鉴定。1987年，舟山商检局开始有鉴定业务，之后台州局、嘉兴局、嵊泗局陆续开展鉴定业务。1988年11月9—12日，浙江商检局在舟山召开全省公证鉴定工作会议，决定由浙江商检局综合业务处统一管理和协调全省公证鉴定工作。1989年，《中华人民共和国进出口商品检验法》颁布实施，将进出口商品鉴定工作纳入法制轨道，并将习惯叫法“对外贸易公证鉴定”改称“进出口商品鉴定”，宁波商检局公证鉴定处改名为“鉴定业务处”。同年，浙江商检局首次受理中美合资杭州某食品有限公司外方作价投资6万美元的面包生产设备价值鉴定。1991年，国家商检局发布《外商投资财产鉴定办法（试行）》和《外商投资财产鉴定规程（试行）》，明确外商投资财产鉴定由商检机构实施强制检验。1993年3月，浙江商检局首次设立鉴定业务处，主管和协调全省进出口商品鉴定业务。

2001年，宁波、温州、台州、嘉兴、舟山5个有一定规模港口的鉴定业务基本涵盖了所有的鉴定项目，涉及的商品主要有原油、成品油、矿产品、煤炭、食用与非食用油脂、化肥、钢材及制品、棉花和粮谷及豆类，同时形成一支具有较高素质的鉴定队伍。

2002年，新修订的《商检法》颁布实施。宁波检验检疫局深化业务改革，转变检验监管方式，从重检验向检验监管并重转变。7月1日，成立鉴定业务部(临时机构)，承担整个宁波口岸的鉴定业务。2003年6月，宁波检验检疫局实施检验鉴定监管一体化改革，法定的数量、重量鉴定按品质管理划归各职能部门。8月，宁波检验检疫局在口岸机构试点检验鉴定工作与船舶卫生检疫、动植物检疫业务深度融合，并对各专业人员进行交叉培训考核。2006年，按照质检总局部署，浙江检验检疫机构开展了鉴定人员业务能力提升工作，加强了对检验鉴定业务的监督管理。

2010年，浙江检验检疫机构共完成进出口商品数量、重量检验鉴定业务70817批次，重量17531.08万吨。数量、重量鉴定业务主要以进口大宗资源性商品为主，涉及的商品主要有原油、石油制品、煤炭、矿产品、原料性废物、食用与非食用油脂、化肥、金属材料及制品、棉花、粮谷、豆类等。开展检验鉴定业务的口岸主要是宁波、舟山、温州、嵊泗、台州、嘉兴等。

2010年，浙江口岸衡器鉴重共962.1万吨，水尺计重共9643.88万吨，容量计重共6925.1万吨，船舱鉴定共1106艘次，集装箱鉴定共105478标箱。

1991—2010年，浙江口岸衡器鉴重共5887.341万吨；1994—2010年，浙江口岸水尺计重共62942.62万吨；1987—2010年，浙江口岸容量计重25200批次，重量56510.54万吨。

第一节　数量、重量鉴定

数量、重量鉴定是进出口商品检验的主要内容之一，其结果作为进出口商品交接、结算、通关、结汇和处理索赔的依据。数量鉴定是指商检部门经过对进出口商品数量的清点，证明进出口商品实际数量的鉴定工作，这项业务一般与品质检验一起由商品分管部门负责。重量鉴定是商检机构对进出口商品计重的工作，包括衡器鉴重、水尺计重和容量计重。

1964年，杭州商检局开始数量、重量鉴定工作。1979年9月25日，对“胜利4”轮的重量鉴定和1981年初对装运出口氟石的3000吨级船舶进行的水尺计重，分别是浙江省进行的首次容量计重和水尺计重。

1993年12月16日，国家商检局发布《进出口商品重量鉴定管理办法》，并于1994年3月1日起施行。8月16—18日，浙江省进出口商品重量鉴定工作会议在嘉兴召开，讨论通过《浙江省实施进出口商品重量鉴定管理办法细则(试行)》，规定商检专职重量鉴定人员须经专业技术培训，参加国家商检局组织的考试，合格后持证上岗。1998年，宁波商检局发布《关于进一步加强进出口商品重量鉴定工作的通知》，明确重量鉴定业务各部门的具体分工。

2006年，浙江检验检疫机构启动岗位能力认定制度建设试点工作。2007年7月26日，宁波检验检疫局组织开展了首次鉴定岗位能力认定工作，共有42人次参加了容量计重、衡器计重和水尺计重3个鉴定岗位的理论知识考试和现场操作能力考核。随后，又开展了水尺计重、容量计重岗位理论培训教学片的摄制工作。2007 年 8 月 27 日，质检总局发布《进出口商品数量重量检验鉴定管理办法》，自 2007 年 10 月 1 日起施行。2007 年 11 月和 2008 年 2 月，宁波检验检疫局依据《进出口商品数量重量检验鉴定管理办法》，分别对运输进口铁矿粉的“FRANCESCO”轮未经检验擅自卸货案和德国进口硫酸钾逃漏检案进行依法处理。

2008 年 6 月，宁波检验检疫局举行检验鉴定岗位练兵活动，组织编写《鉴定典型案例汇编》。

2010 年，为进一步提升数量、重量检验鉴定工作有效性，优化检验检疫流程，提高检验鉴定执法地位，宁波检验检疫局在部分口岸试点推行检验、检疫和鉴定“三位一体”协同把关执行机制，推动业务深度融合。

一、衡器鉴重

1957 年，外贸部商检局对公证鉴定作出转移和分散办理的决定，撤销公证鉴定处，浙江省的衡器鉴重工作转移给外贸公司。

1966 年“文化大革命”开始后，温州港外轮到港卸货时的商品鉴重工作由温州市外贸局革命委员会商品检验人员负责。1971 年，温州市外贸局革命委员会从进口化肥的 27 艘日轮中抽查 7 艘进行过磅，到货重量符合合同规定。1972 年，从法国进口的 5000 吨钢材，有 2000 吨未称重就调拨使用，用户普遍反映短重，杭州商检局对其余的 3000 吨到货进行逐捆称重，发现短重 66 吨。

1980 年底，国家商检总局在大连举办衡器计重业务培训班，杭州商检局、温州商检处、宁波商检处分别派员参加培训。

自 1981 年起，浙江的衡器鉴重工作在全省各口岸陆续开展。宁波商检处于 1981 年对浙江省萤石公司从宁波口岸出口的氟石(萤石)进行重量鉴定。同年 9 月 19 日，温州商检处开展首次衡器鉴重，申请单位为温州市农业资料公司，靠泊地为株柏海运码头，鉴定地点为株柏码头仓库，计量工具为磅秤，称量方式为 4 包 1 箩，货物为从新加坡进口的袋装化肥。1982 年 1 月，温州市农资公司向美国驻香港菲利浦兄弟有限公司进口 9450 吨印度尼西亚产尿素，由印度尼西亚籍“TAN”轮运抵温州港，商检人员严格按照衡器计重操作规程进行衡重，发现短重 496 吨以上。同年，宁波口岸进口袋装原糖，宁波商检处开始对进口货物实施衡器计重，具体做法是组织收货人在堆场或仓库用台秤抽查衡重，宁波商检处派员监磅。是年，国家商检总局发布《进出口商品衡器鉴重办法》《衡器鉴重技术规程》和《衡器鉴重工作守则》，规范全国衡器鉴重业务。1982 年，杭州商检局在《报送“全国商检衡器鉴重工作会议纪要”贯彻情况》中指出：“我省衡器鉴重工作，除总局规定的粮、油、糖、化肥、橡胶，以及我局自己规定的水泥等六类商品，从本省口岸进口的，由公证鉴定部门负责鉴重外，其他进出口商品的衡器鉴重工作，均由各业务部门按商品分工负责。”

20 世纪 80 年代中期，台州商检处开始开展衡器鉴重业务，衡重商品主要是进口水泥、化肥等。

1987 年，宁波港进口散粮采用衡重方式计重出证，因宁波港无粮食专用码头，宁波商检局在协调货主和港务、理货等部门后，决定对到港散粮采用灌装定量包件过磅的衡重方式，在码头由港务负责灌包，理货负责点数，宁波商检局在现场按10%比例抽查鉴重。4月16日，装载2万吨澳大利亚小麦的“旅行者”号外轮抵达宁波港，由于港口条件的限制，万吨轮不能靠码头作业，散粮由锚地过驳至镇海港区和宁波港区三区两个作业点进行灌包衡重，同时对外轮进行水尺计重核对衡重结果，完成首船散粮的计重工作。是年，宁波商检局共完成进口粮食检验鉴定14.7万吨。

1989年，温州商检局在进口化肥量大、公证鉴定人员不足、短重时有发生的情况下，采取与收货人(温州市农资公司)共同把关的办法，先由收货人批批抽磅，一旦发生短重，采用扩大抽样比例衡重，做到及时发现短重和出证索赔。5月，宁波口岸首次进口巴基斯坦棉花7020吨，宁波商检局在上海商检局的帮助下，全局动员，历时一个多月，顺利完成鉴重工作，并就重量上问题向外方出具索赔证书。

1991年4月，宁波商检局完成第一批进口美棉的重量鉴定工作。1992年起，宁波港进口钢材数量大幅增长，宁波商检局根据到港货物实际情况，分别采用全批汽车衡过磅鉴重或按标明重量商品抽查鉴重方式实施重量鉴定。对集装箱装载的进口钢材，采取收货人先自行验收的方式，若重量有误，则保留货物，由商检鉴重人员现场鉴重。

1993年11月4日，国家商检局发布进出口商品检验行业标准《进出口商品重量鉴定规程—衡器鉴重》(SN/T0188-93)。自1994年1月1日起实施。

1994年6月，温州立华水产有限公司从美国进口一批白鱼粉(VICTORWHITEFISH-MEAL)，计1520袋、53200千克，由两个集装箱装运。发现短重后，经温州商检局鉴定，短重2462.4千克，短重率达4.63%。1995年，嘉兴商检局开始在乍浦口岸开展衡器鉴重业务，主要衡重货物为进口钢材。1996年2月，宁波商检局取得进口棉花独立检验权。全年共检验进口棉花36171吨，发现短重690余吨，出具索赔证书后，对外索赔共计132.9万美元。12月，宁波商检局发布《宁波大宗进出口商品衡器鉴重管理办法(试行)》。

1997年，舟山商检局首次开展衡重业务，计7979吨。1999年5月，宁波金光粮油码头投入使用，是宁波港唯一的粮食专用码头。在此码头卸货的进口粮食采用料斗秤衡重，并加用封识，确保货物全数过秤。2002年10月，宁波检验检疫局制定《宁波局衡器鉴重工作规范》。2003年4月，浙江检验检疫局丝检中心受理了浙江科尔纺织有限公司从美国进口原棉的检验业务，约8900吨。

2008年，宁波检验检疫局按照质检总局第103号令《进出口商品数量重量检验鉴定管理办法》的精神，对宁波口岸进口废物原料全面开展重量检验鉴定工作，衡器计重的业务量出现大幅猛增。是年，衡器计重业务量达到31818批次，与2007年相比，增幅高达964.9%。2008年3月18日，国际集装箱班轮“CMACGMBRASILIA”轮在北仑港二期码头成功卸下15个标箱共405吨巴西铁矿石，这是宁波口岸首次以集装箱方式进口铁矿石，突破了以往由散货船运输的局面。

2010年，浙江检验检疫机构共完成衡器鉴重68068批次、962.1万吨。涉及进口商品有润滑油脂、矿产品、粮谷、豆类、棉花、化肥金属材料及其制品、原料性废物等。

表 68-5-1-1　　1991—2010 年浙江口岸衡器鉴重一览表

单位：万吨

年份	重量	年份	重量	年份	重量
1991	42.06	1998	65.89	2005	373
1992	66.48	1999	104.56	2006	355.3
1993	52.90	2000	131.95	2007	348.73
1994	129.44	2001	235.84	2008	709.09
1995	129.71	2002	211.15	2009	872.46
1996	157.41	2003	534.767	2010	962.1
1997	15.89	2004	388.614		

资料来源：宁波局、浙江局检管处根据《浙江检验检疫志》，浙江人民出版社 2005 年版，第 623 页；《宁波检验检疫志》，中华书局 2005 年版，第 489 页；宁波局、浙江局历年鉴定质量分析、CIQ2000 系统数据统计。

说明：1996—2000 年数据不包含宁波局，1997 年、1999 年和 2000 年数据仅为台州局。

二、水尺计重

浙江的水尺计重工作起始于 1981 年。1981 年初，宁波商检处在港务三区对装运出口氟石的 3000 吨级船舶进行水尺计重。1981 年 9 月至 1982 年初，北仑港对 10 万吨级铁矿专用码头的卸矿设备进行负荷联运试运转，接卸 3 船共计 21.5 万吨澳大利亚铁矿，宁波商检处对该 3 艘大吨位散装货轮进行水尺计重。1982 年，温州商检处首次采取水尺计重的方式鉴定出口伊利石，宁波商检处派 2 名鉴定人员协助鉴定。同年，宁波港务局在北仑 10 万吨铁矿码头接卸散装过境化肥，并灌袋包装后将其转运到中国其他港口，宁波商检处接受发货人美国阿索码公司委托，对全部过境散装化肥进行水尺计重，出具的证书作为贸易双方交接结算的依据。

1985 年 1 月 16 日，装载 12.5 万吨巴西伊塔比拉铁矿砂的“巨拉”(JURUA)轮停靠北仑 10 万吨级铁矿码头，揭开了宁波港大规模进口铁矿的序幕，也是宁波商检处重量鉴定工作的一个新起点。宁波商检处对减载货物进行水尺计重，将有关水尺数据加封后交船方大副随船带至下一港商检人员，同时出具重量通知单寄往下一港商检机构合并出证。1987 年，宁波港开始进口散装粮食(玉米、小麦)，宁波商检局对其实施灌包后衡器鉴重，为核实衡重结果，同时进行水尺计重。同年，宁波港新增加的货物还有出口铅精矿、锌精矿等，均以水尺计重结果作为提单重量。

1989 年，宁波商检局课题《水尺计重通用化计算法》，通过国家商检局科研鉴定，该项目将 CASIO 袖珍计算机应用于口岸水尺计重业务，在船舶水尺、排水量和水舱等计算中，可以节省 1/3～2/3 的时间，获国家商检局科技进步奖三等奖。同年，国家商检局在天津塘沽举办《通用化水尺计重程序》学习班，推广使用。同年 7 月，北仑港外轮水尺计重业务正式移交给北仑办事处承担。1989 年 8 月，宁波商检局在实施出口日本的锌精矿水尺计重时，鉴定重量比货主申报重量多 157 吨，经多方核实，并再次复查水尺无误后，按测定的重量签发证书，为国家多创汇 5 万美元。1990 年 1 月，宁波商检局鉴定人员在对“阿泰鲁迪”轮 3.7 万吨进口尿素进行水尺计重时，查出船方故意作假隐藏在谷物舱中的 500 多吨海水，为国家避免经济损失 10 余万美元。宁波商检局北仑办事处鉴定工作组从 1989 年 7 月成立至 1992 年底，共完成进出口商品重量鉴定 329 船，约计 1900 万吨。1993 年 6 月起，承担了北仑港区除粮、油、糖外其他一切进出口商品的鉴定业务，全年完成进出口商品重量鉴定 142 船，约计 1040.9602 万吨。

1993 年 11 月 4 日，国家商检局发布进出口商品检验行业标准《进出口商品重量鉴定规程—水尺计重》(SN/T0187-93)，自 1994 年 1 月 1 日起开始实施。浙江商检局组织全省有关技术人员贯彻落实，在实施过程中及时组织召开现场交流会，对标准执行过程中出现的问题逐一研究，提出解决措施，从而使全省水尺计重业务更加正常有序地开展。5 月，宁波港开始接卸进口煤炭，国内收货人以宁波商检局的到港水尺计重重量和实测水分换算成合同约定的标准水分下的货物重量作为对外最终结算依据。同年，舟山商检局开始对进口铁矿砂水尺进行鉴定。

1995 年，嘉兴商检局开始在乍浦港开展水尺计重，涉及的商品主要为木薯干和煤，但业务量较少。12 月 6 日，30 万吨级巴拿马籍特大型散货轮“大凤凰”(GRANDPHOE－NIX)号装载宝钢和武钢进口的澳大利亚铁矿石首航抵达北仑港，停靠 1994 年底新建成的中国最大的 20 万吨级铁矿码头，北仑商检局对其进行了水尺计重，这是中国有史以来接卸的载重吨位最大的散货轮。同年，台州商检局对从日本进口的一船废五金进行水尺计重，提单重量为 1286 吨，经过鉴定，确认实际到货仅 957.2 吨，短重 328.8 吨，短重率达 25.6%，索赔 6.5 万美元。

2002 年 5 月，马迹山矿石中转码头投产。5 月 30 日，嵊泗检验检疫局首次对来自澳大利亚装载 16.7 万吨铁矿石的“ARETHOUSA”轮进行水尺计重。2003 年 5 月，嵊泗检验检疫局完成水尺计重和计费计算机软件系统的开发与研制，大大提高了工作效率。

2007 年 7 月，满载 2.25 万吨古巴原糖的“VTCGLOBE”轮停靠北仑码头，这是宁波成为国家储备糖基地后首次储存国家储备原糖。同年，针对北仑港进口铁矿石两港分卸的现状和检验鉴定工作中存在的问题和难点，宁波检验检疫局提出由中转减载相关的两港检验检疫机构联合实施检验鉴定的新工作模式，并为配合新工作模式开发了进口铁矿多港分卸系统，使检验检疫机构之间实现更加紧密的内部合作，数据传递和信息查询更加快捷方便，工作质量和工作效率进一步提升。

2009 年 5 月 11 日，“格兰仕”(GRANDEPROGRESSO)轮装载 26.9 万吨进口巴西粉铁矿，停靠宁波港矿石中转码头 2 号泊位。6 月 4 日，宁波检验检疫局与江苏检验检疫局共同签署了《宁波检验检疫局、江苏检验检疫局进口大宗散货分港卸货检验鉴定合作备忘录》。9 月，北仑检验检疫局检验鉴定人员在对一艘满载巴西细精粉铁矿的散货轮进行水尺计重时，计算货物干态短重 1986 吨，短重率高达 1.20%，涉及索赔金额 19.63 万美元。

2010 年，浙江检验检疫机构共完成水尺计重 1584 批次、9643.88 万吨，涉及商品主要有铁矿砂、煤炭、废物原料和大豆等。其中铁矿砂 1087 批次、7784.8 万吨,占全国总进口量的 11.7%;煤炭 358 批次、1898.4 万吨,占全国总进口量的 14.8%。

表 68-5-1-2　　1994—2010 年浙江口岸水尺计重情况一览表

年份	业务量(批次)	重量(万吨)	年份	业务量(批次)	重量(万吨)
1994	341	1800.30	2003	558	2923.022
1995	392	1963.90	2004	601	4637.265
1996	406	70.10	2005	906	5010.00
1997	424	4.40	2006	948	5228.20
1998	406	2.00	2007	1074	6233.40
1999	428	2207.80	2008	1176	7013.50
2000	522	2347.50	2009	1695	8188.35
2001	502	2651.50	2010	1584	9643.88
2002	568	3017.50			

资料来源:宁波局、浙江局检管处根据《浙江检验检疫志》,浙江人民出版社 2005 年版,第 626 页;《宁波检验检疫志》,中华书局 2005 年版,第 491 页;宁波局、浙江局历年鉴定质量分析、CIQ2000 系统数据统计。

说明:1996—1998 年重量数据不包含宁波局,是时宁波局只统计批次,不统计重量。

三、容器计重

1979 年,宁波商检处开始容器计重工作。9 月 27 日,“胜利 4 号”轮停靠浙炼成品油码头,装运首次出口日本的石脑油 2979.815 吨,宁波商检处进行重量检验(容器计重)工作,项目有船舱检视、岸罐计量、船舱空距测定等。1979 年,容量计重出口石脑油 8 船计 24663 吨。1980 年起,宁波商检处对一些不具备岸罐计重条件的散装液体产品实行船舱计量出证。是年 12 月,安徽产甲醇以火车槽车装到镇海煤码头装船出口,宁波商检处以日本籍“第八国朋丸”轮船舱计重数据签证。同时,应中国外轮代理公司宁波分公司的申请,12 月 7 日装货前,对“第八国朋丸”轮的 1～4 号(左、右)舱实施了验舱。装货后,于 12 月 8 日实施了空距、封识等鉴定。1980 年,宁波商检处制定《出口石脑油船舱检视、容量计重、空距测定操作规程》和《关于出口甲醇公证鉴定工作意见》等规范性文件。

1982 年 4 月 29 日,首航中国的 3.8 万吨级英国籍“兰花 2 号”轮靠泊算山原油码头,装载 18253.191 吨 80 号车用汽油出口美国,这是宁波口岸首次出口车用汽油。宁波商检处以岸罐计重对外签证,同时用船舱计量复核。1983 年,宁波口岸进口散装硫酸,宁波商检处经过认真调研,了解、收集有关硫酸的计重方法资料,确定了鉴定项目以及程序、方法等,并报杭州商检局同意后,开展进口散装硫酸鉴定工作。是年,宁波港共进口散装硫酸 5 批次,共计 8992.78 吨。

1984年，中国化工进出口总公司计划在宁波港出口液化石油气，于7月2日与香港昌域有限公司签订了出口1万吨液化气的84PLG－01号合同。为做好首次出口液化气重量鉴定工作，宁波商检处通过走访上海、南京等地商检部门，了解、收集有关计重方法资料，并就计重方式和具体计算方法请示浙江局，提出拟采用船舱计重方式和日本计算标准进行计量计算，得到浙江局同意。7月27日17时30分，首次来甬装运液化气的日本GASLINE公司所属“凤凰丸”轮靠泊算山原油码头4号泊位，28日12时15分开装，29日6时30分装毕，历时18小时15分钟，于29日13时离港，驶往泰国港口卸货。宁波商检处船舱计重结果装货量为1204.71吨。这是宁波商检处首次对液化气进行重量鉴定，为以后宁波港进出口液化气重量鉴定打下基础。该船液化气也是中国首批散装海运出口的液化气。是年，宁波港共出口液化气7批。

1985年9月19日，中国海上最大驳油平台“北仑号”在北仑港投入试生产，“北仑号”长327米，宽46米，可储藏22.3万吨原油，可供15万吨级大型油轮过驳作业，年吞吐能力达500万吨。该轮由中国华海石油运销公司购置，华海公司从江苏仪征驳运胜利油田原油到北仑港，储入“北仑号”，再由“北仑号”将原油卸给国外大型油轮中转出口。同日，利比里亚籍油轮“卡罗琳珍妮”(CAROLYNJANE)轮靠泊“北仑号”平台装运首船出口原油。该批原油由中国化工进出口总公司代理华海石油运销有限公司出口。根据合同规定，提单重量以外轮船舱计重结果为依据。21日装油结束，宁波商检处鉴定人员随即进行船舱测量，按国家标准计算结果为8.35万吨。船方计算结果为8.30万吨，经宁波商检处鉴定人员核对，发现船方系按ASTM标准计算，但API度换算错误。同时，鉴定人员还完成外轮申请的验舱、封识和空距等鉴定项目。至此，宁波商检处完成宁波港有史以来第一船出口原油的鉴定任务。1986年，从“北仑号”平台出口19批仪征原油，计171.12万吨。

1986年起，镇海石化总厂开始加工进口原油。6月15日，日本籍“友和”轮装载54310吨印度尼西亚苏门答腊中质原油靠泊算山原油码头，其中30209吨为镇海石化进口，其余24101吨驳至“大庆40号”油轮输往大连。宁波商检局对该批货物进行了船舱计重，这是宁波商检局首次对进口原油开展检验鉴定。是年6月和12月还完成了“长凤凰”轮4万吨印度尼西亚杜里原油和“海王号”轮5万吨印度尼西亚塔比斯原油的检验鉴定。1986年，位于宁波镇海作业区的中国第一个液体化工品专用码头竣工。1987年4月27日，该码头首次接卸由巴拿马籍“PACIFICGLORY”轮装运的4869吨进口日本液碱，宁波外运代理浙江省进口公司向宁波商检局申请进行品质检验和重量鉴定。1987年，“北仑号”平台因安全问题出售，宁波口岸停止了原油出口。同年，舟山商检局开始容量计重业务，8月末完成了一批从新加坡进口的5000吨柴油的检验鉴定。同年，宁波商检局完成了《PB-700袖珍计算机在散装液体产品岸罐计量中的应用》课题研究，该课题用数理统计的方法，解决用便携式、小内存的袖珍计算机贮存大容量岸罐资料的难题，使计算时间大为缩短。1988年，宁波港开始在锚地开展原油过驳作业，全年过驳量达18万吨。

1990年，宁波商检局《PB-700袖珍计算机在散装液体产品岸罐计量中的应用》课题通过国家商检局组织的鉴定，并获省商检系统一等奖。国家商检局举办了3次培训班，在全国推广使用这一科研成果。同年，台州商检局受台州石油公司的委托，完成一船国内贸易柴油计量，这是台州商检局首次开展容量计重业务。1992年，温州商检局在温州江心一号码头第一次开展容量计重业务，进口货物为苯胺。1993年2月8日，台州商检局根据临海海圳荣液化石油气有限公司的委托，检验一船从中国香港地区进口的液化石油气，这是台州商检局首批国际贸易容量计重业务。1993年，舟山开始进口原油检验鉴定。2月11日，国内最大的石油转运基地舟山岙山25万吨级码头首次迎来了载重量为31.8万吨的“兰姆帕斯”油轮，该轮装载了18.9万吨英国布伦特原油。7月21日，经国家商检局批准，由宁波商品检验公司与香港龙翔国际化工有限公司合资组建宁波华翔检验有限公司，专门从事宁波口岸进出口液体化工品检验鉴定业务。

1993年7月，镇海炼油化工有限公司进口的来料加工和进料加工原油对外合同改为以卸货港岸罐计量结果对外出证。为了适应这一变化，宁波商检局经过周密论证，在全国系统内首次提出了岸罐原油混合密度理论计算方法，解决了进口原油岸罐计重的这一技术难题。这一方法自1994年起一直应用于宁波口岸进口原油的岸罐计重。

1995年，浙江善高化学有限公司开始出口浓度为48%的液体烧碱。为做好首次出口液体烧碱重量鉴定工作，宁波商检局通过走访调研，结合实际情况，制订出口液体烧碱验舱和计量方法，并向浙江局上报《关于出口液体烧碱验舱及计量问题的请示》，浙江局下发《对宁波商检局关于出口液碱验舱和计量问题的请示批复》，同意宁波局方案。8月9日，宁波商检局在北仑杨公山码头对装运首批3000吨出口液碱的“DIAMOND”轮进行了验舱及船舱计重工作。同年，宁波商检局还开展了进口沥青和液体硫黄等液体商品的重量鉴定，均采用船舱计重方式。12月16日，宁波港首次接卸了国内最大的进口原油船30万吨级挪威籍超级油轮“别克伯爵”轮，宁波局对装载的15.7万吨来自沙特阿拉伯和阿曼的原油进行了检验鉴定。

1996年，中国开始由宁波港进口“奥里油”。“奥里油”是一种产于委内瑞拉的乳化沥青，含水量为30%左右，水为连续相，属非牛顿流体，其计重算法独特，与一般油品不同。9月18日，外轮“马拉”(MARA)轮装载5.2万吨首批“奥里油”抵达北仑锚地。委内瑞拉发货方技术人员先期抵达宁波，与宁波商检局检验鉴定人员就该批货物的检验鉴定进行了技术交流。最后，宁波商检局根据合同中的相关规定和发货方提供的技术资料，对“马拉”轮装运的“奥里油”进行了船舱重量鉴定。9月21日，中国首船“奥里油”在宁波港接卸成功。随后制订“奥里油”鉴定计量方法。同年，温州商检局开发出液化石油气的计重程序。

1997—1998年，浙江商检局授权台州商检局编制了浙江进出口商品检验局《进出口商品重量鉴定，液化石油气船舱静态计重》，标准号ZCIB0013-1998。1998年9月，载货量31.57万吨、到港吃水18.7米的挪威籍“莫斯金”轮超大型油轮顺利靠泊宁波港算山原油码头，刷新了靠泊中国港口最大吨位船舶的纪录。10月，宁波商检局建立了各类商品鉴定业务检验依据类档案，规范统一了鉴定业务。12月，东海平湖油气田岱山原油中转站首次中转原油外运，舟山商检局受上海石油天然气总公司的委托申请，承担鉴定和检测工作，年业务量将近80万吨。

1999年起，宁波港开始在虾峙门锚地进行原油过驳作业。4月21日，宁波商检局在虾峙门锚地对装载26.8万吨伊朗轻质原油的新加坡籍“弗朗特公爵”轮超大型油轮进行容量计重，过驳2.8万吨天津炼油厂的货后靠算山码头，这是宁波港首次在虾峙门锚地进行原油过驳作业。至2002年底，宁波检验检疫局在虾峙门锚地进行容量计重56艘次，累计减载181.3万吨。

2000年，嘉兴检验检疫局乍浦办事处开始检验进口原油。2000年5月17日，宁波检验检疫局在装载268724.02吨卡宾达原油和扎费罗原油的“FRONT LORD”轮检验时，发现明水10181立方米，对比装货港检出多余水4200吨，索赔金额80余万美元，其中货物短重金额74万美元，水的处理费及港口费用等共计74万元人民币，为宁波局建局以来索赔金额最大的一批。5月31日，“FRONT SUN”轮首航装载13万吨尼罗原油到达宁波港，鉴定时发现每个货油舱下部温度比上、中部明显偏低，相差近20℃，且发现各舱底部均有1米左右不等的黏稠状沉淀层。经取底部样并送实验室化验分析，确定沉淀层是尼罗原油凝固所致。经过原油倒舱以及洗舱等措施，最终将货全部卸出。经分析发现，尼罗原油装入船舱后应立即加热保温，这样就不会沉淀凝固，到港可以完全卸出。之后，全国各港口普遍存在的尼罗原油因卸货不尽引起的短重问题得到根本解决。

2002年5月17日，日本籍油轮“TAKASUZU”号装载13万吨原油靠泊宁波大榭实华码头，标志着宁波大榭口岸开始进口原油。2004年4月20日，甬—沪—宁管线开通，有力地提高了宁波港原油综合吞吐能力，全年输送原油846万吨。同时，上海、江苏口岸进口原油每年大幅度减少，两年后，上海、江苏口岸没有了进口原油业务。6月24—25日，浙江省质量技术监督局审议通过舟山检验检疫局起草的标准《进出口动植物油静态容量计重规程》。10月，宁波检验检疫局发布《进出口石油原油及石油产品的检验检疫工作规程》，规范口岸石油及其产品的检验鉴定检测工作。同时，宁波检验检疫局积极推进进口食用油脂检验检疫与鉴定的融合工作，引入第三方检验机构，开展进口食用油脂以岸罐计量作为法定计量方式的试点工作。2005年，宁波检验检疫局发布《关于印发正大粮油实业有限公司进口食用油脂检验鉴定工作座谈会纪要的通知》，同时下发《进口食用油脂监视卸载和重量鉴定工作规范》，使进口食用油脂法定岸罐计量工作规范化、制度化。

2005年3月30日，44万吨级超大型油轮(ULCC)比利时籍“泰欧”轮靠泊宁波港大榭原油码头。该轮的抵靠创造了中国沿海港口接卸超级油轮的新纪录。该船全长380米、船宽68米，满载吃水24.53米，载重441561.4吨。该船的顺利进靠，填补了ULCC进靠中国沿海港口的空白。

2006年2月8日，“安庆”轮装载8.3万吨原油缓缓离开宁波港北仑锚地，开始它的处女航。这是宁波港集团自1988年开展锚地原油过驳作业以来，单艘过驳量最大的油船。4月19日，装载12.3万吨哲诺原油和13.9万吨杰拉索原油的“TITOPAZ”轮抵达宁波港算山码头。12.3万吨哲诺原油中，有3.8万吨为镇海炼油化工股份有限公司进口的保税原油。这是宁波口岸首次进口保税原油。是年，中国首个石油储备基地镇海石油储备基地开始储油。8月11日14时，“IRANSANANDAJ”轮装载143728.773吨俄罗斯出口混合原油靠泊宁波算山码头，向18千米外的镇海石油储备基地油罐送油，标志着镇海石油储备基地正式投入使用。9 月 21 日，装载 109011.861 吨达混原油的"STENAANTARCTICA"轮靠泊宁波算山码头。达混原油是非洲国家苏丹 2006 年 6 月刚刚投产的新油田生产的。到宁波的 109011.861 吨原油是该原油第一次投放市场。达混原油的水分含量高且稳定，装货港的检验报告显示为 3.28%。经宁波检验检疫局到货检验发现，该原油虽经过长时间的运输、加温，但未分离出明水，到港时经取样化验分析，达混原油的水分含量高达 5.5%，造成短重 2230.399 吨，索赔金额 60 万美元。2006 年，宁波口岸进口苏丹产达混原油共 4 艘次，4 艘次达混原油由于高水分含量，共造成短重达 10295 吨。2006 年 10 月 31 日，"GLYFADASPIRIT"轮装载着舟山口岸首次进口的达混原油，卸货完毕进行计量后发现严重短重，引起短重的重要原因也是油品密度水分出现巨大差异。10 月 21 日，运载经宁波检验检疫局检验不符合 GB252-2000 技术要求的 3.6 万吨进口柴油的"OCEANVELA"轮离开宁波港，这是宁波港首次实施进口大宗散装货物退运。

2008 年 11 月 26 日，宁波—舟山港虾峙门锚地外深水航槽正式启用。此后，30 万吨级船舶不需货物转驳可自由从外海进出宁波—舟山港，降低了船舶运输成本，保障了航运的安全和环保。

2009 年，在经过 5 年的试点后，宁波口岸进口食用油脂采用岸罐计重方式作为法定重量鉴定。由企业提出申请，经审批同意后组织实施，并执行"一船一报"审批制度。

2010 年 7 月，宁波检验检疫局不再承担出口成品油检验鉴定中验舱和空距等属于市场委托性质的项目，由第三方检验鉴定机构凭申请办理，同时做好对第三方机构的监督检查工作。同年，宁波检验检疫局开发了"进口原油动态质量监控系统"，对多方面的信息实施整合，提高了原油检验鉴定工作的质量和效率，实现了进口原油的全过程检验监管。

2010 年，浙江检验检疫机构共完成容器计重 1158 批次、6925.1 万吨，涉及商品主要有原油、成品油、液体化工品、动植物油和石油液化气等。其中原油 835 批次，占全国总进口量的 28.7%。

表 68-5-1-3　　1987—2010 年浙江口岸容器计重情况一览表

年份	业务量(批次)	重量(万吨)	年份	业务量(批次)	重量(万吨)
1987	1	0.50	1994	651	155.42
1988	3	1.81	1995	1289	339.23
1989	8	5.55	1996	1968	275.77
1990	4	1.22	1997	1325	384.82
1991	15	12.63	1998	1338	243.41
1992	18	18.76	1999	1777	1730.87
1993	55	39.99	2000	2561	2737.71

续表

年份	业务量(批次)	重量(万吨)	年份	业务量(批次)	重量(万吨)
2001	2527	2585.15	2006	1011	5952.40
2002	3001	3354.67	2007	1061	5349.80
2003	1078	3673.70	2008	1170	6464.70
2004	1185	4894.23	2009	1054	6599.40
2005	942	4763.70	2010	1158	6925.10

资料来源:宁波局、浙江局检管处根据《浙江检验检疫志》,浙江人民出版社 2005 年版,第 630 页;《宁波检验检疫志》,中华书局 2005 年版,第 496 页;宁波局、浙江局历年鉴定质量分析、CIQ2000 系统数据统计。

说明:1987—1993 年、1996—1998 年数据不包括宁波局,宁波局只统计船次、鉴定项目。

第二节　装运技术条件鉴定

1984 年以前,商检机构对船舱、集装箱等的装运技术条件检验鉴定仅凭对外贸易关系人的申请办理,属非强制性检验。1984 年,国务院颁布的《商检条例》规定,对装运出口的粮油食品、冷冻品等易腐、易变食品的船舱和集装箱装运技术条件实施强制性检验。

20 世纪 90 年代,随着海上国际集装箱运输的飞速发展,过去传统的散装运输方式被取代,商检机构办理的监视装载和积载鉴定业务相对减少。

2000 年 1 月 11 日,国家检验检疫局发布《进出境集装箱检验检疫管理办法》,成为开展集装箱检验检疫工作的重要依据,自 2000 年 2 月 1 日起实施。

一、船舱、集装箱鉴定

(一)船舱鉴定

1979 年 9 月 25 日,宁波商检处对装运出口日本石脑油的“胜利 4”轮拟装货的油舱进行适载检验,这是浙江省首次船舱适载鉴定。宁波商检处对该轮货油舱、输油管线和输油泵进行了清洁检验。因石脑油不含铅,对装载舱的残留铅量有严格的要求,而“胜利 4”轮货油舱的树脂涂层存在脱落现象,宁波商检处从舱壁涂层取样进行了铅含量分析。最后确认适宜装载,签发了首份验舱证书。1979 年 9 月 25 日至 12 月底,共完成 8 艘次出口石脑油的验舱。1980 年,宁波商检处制订了《出口石脑油船舱检视、容量计重、空距测定操作规程》,对出口石脑油的验舱工作进行了规范。7 月,浙江省“兰江轮”拟装运石脑油去日本,验舱时,发现舱内有铁锈,浙江炼油厂坚持认为舱内铁锈要影响质量拒绝装货,宁波商检处坚持原则出具证明该轮符合装货要求,使浙江省自己的 3000 吨级“兰江”轮首航日本成功,正式投入对日航线。

1980年底起，宁波口岸陆续增加的出口液体商品有甲醇等液体化工品和汽煤柴油等液体石油产品，宁波商检处根据船方或发货人的申请，对装运上述货物的油轮货舱进行清洁检验。1981年3月3—4日，应中国外轮代理公司宁波分公司申请，宁波商检处在舟山大于冷库码头对拟装运冻对虾、冻梭子蟹和冻鱼(箱装)的“舟山六号”轮的第一、第二号上层冷藏舱及下层冷藏舱进行船舱检视。同时，在舟山大于冷库码头对拟装运冻鱼(箱装)的“舟山三号”轮的前舱及后舱进行船舱检视。经检验，各舱内部均属清洁、无异味，各舱最高、最低温度都在零下18摄氏度以下，符合装船要求。目的港均为日本长崎。这是浙江省开展粮油食品、冷冻品、易腐易变食品运载工具检验的开端。

1984年3月，浙江商检局开始实施法定验舱工作。3月30日，冷藏船“洛伽”轮到甬，第一号上层和底层舱以及第三号中层和底层舱拟装冻带鱼、冻鸭等冷冻品，宁波商检处首次开展法定冷藏舱检验业务，对该轮冷藏船舱进行清洁和冷藏效能检验。除对出口冷冻品的船舱检验外，宁波商检局又开展了宁波海洋渔业公司远洋作业冰鲜鱼船舱检验和象山口岸出口冰鲜鱼船舱检验业务。4月16日，对外经济贸易部、交通部和国家商检局联合下发《关于做好出口粮油食品、冷冻品的船舱、集装箱检验工作的通知》，决定“从1984年7月1日起，对装运我国出口的粮油食品、冷冻品等易腐食品的船舱和集装箱，统由商检部门实施检验”，并对检验范围、报检相关要求作了具体规定。从1984年开始，宁波商检局对宁波口岸出口的袋装大米船舱实施强制检验，由检务把关，要求货主或代理单位在出口大米品质、重量报检时，同时应申请验舱。6月6日，国家商检局颁布《出口粮油食品、冷冻品船舱检验办法》，浙江商检局6月23日转发通知，要求各口岸严格执行。浙江省各口岸实施法定验舱后，宁波、温州等港口相继发生过以FOB条款装运出口的冷冻品船舱、外籍船方不同意申请的情况。宁波、温州等商检处按照浙江商检局的要求，向各口岸有关单位做好宣传、解释和落实工作，经过努力，当年3月至12月底，按照国家有关要求，在各个口岸进行了7艘次的出口冷冻品船舱法定验舱工作。

1986年11月27日，国家商检局发布3个专业标准:《出口商品冷藏舱检验规程》《出口商品干货舱检验规程》和《油舱清洁、密固检验规程》。浙江商检局组织各口岸局学习贯彻3个规程，统一全省有关检验方法和监管模式。1987年，日本籍冷藏船“TOKUHISAMARU”轮抵达温州港，拟装运出口水产品。温州商检局依法对该轮实施船舱检验，发现该轮舱温达不到规定的要求。温州商检局要求船方进行整改，直至舱温达到要求后才签发验舱证书，同意装货。1989年，温州商检局对拟装运出口冷藏品的“雁荡山”轮实施船舱检验，发现该轮在天气炎热时船舱温度达不到标准要求，判定为不合格，不得装冷藏品。

随着改革开放的深入和浙江省对外贸易的迅速发展，粮油食品、冷冻品、易腐烂变质食品的出口量也不断增加，出口地域涵盖日本、韩国、欧美地区，相应的船舱检验业务量迅速增长。20世纪80年代，舟山检验检疫局船舱检验量平均每年为48艘，90年代增加至443艘。

1993年，象山开始出口活鲈鱼，宁波商检局进行船舱检验，由于船舱与船外相通，检查内容为:舱内海水是否异常，换水是否正常，船舱内操作设备是否正常。

1994年12月29日，国家商检局颁布《装运出口商品船舱检验管理办法》(以下简称《办法》),于1995年3月1日起实施。该《办法》规定,空载抵港已验船舱须申请当地商检机构对其实施查验的监管规定。4月中旬,某船务代理公司代理的一艘拟开往日本的冷藏船在上海验舱后抵达海门港装货,但未按规定向台州商检局申报,台州商检局获知后,按规定对有关当事人进行了处理。

1995年11月6日,宁波商检局下发《关于印发〈宁波口岸出口冰鲜鱼检验管理办法〉的通知》,旨在加强和规范宁波口岸装运出口冰鲜鱼检验及其管理工作。

2000年6月22日,国家检验检疫局发布《(出口商品)冷藏舱检验规程》《(出口商品)干货舱检验规程》和《(出口商品)油舱清洁、密固检验规程》等验舱标准。浙江检验检疫机构组织对相关标准的学习,并在船舱鉴定工作中严格按照标准执行落实。10月23日,"浙甬渔21022"轮经宁波检验检疫局验舱合格,装运19吨活鲈鱼出口,这是奉化莼湖出口鲈鱼的开端。

20世纪末,集装箱化运输快速发展。浙江出口的主要粮油食品、冷冻品(如水产品、速冻蔬菜等)普遍采用集装箱运输,申请船舱检验的业务相应减少。从1999年起,由于舟山口岸是浙江省出口水产品的主要生产基地,除了大部分冷冻水产品采用集装箱运输出口外,仅剩少部分法定验舱的业务,浙江局其余口岸已经没有法定船舱检验的工作业务。宁波口岸法定验舱主要是象山口岸出口冰鲜鱼及象山、奉化口岸的活鱼出口。同时,宁波局仍然延续习惯做法,将出口成品油等验舱业务作为法检项目由检验检疫机构执行。2007年6月以后,象山口岸不再有冰鲜鱼出口。

2010年,宁波局不再承担出口成品油等验舱业务,由第三方检验鉴定机构凭申请办理。宁波局全年完成出口活鱼船舱检验107艘次,其中,宁波局检验检疫二处完成在奉化口岸的出口活鱼船舱检验60艘次,象山局完成出口活鱼船舱检验47艘次。出口品种有活鲈鱼、活红鱼、活黑鱼,贸易国家是韩国。

表68-5-2-1　　1984—2010年浙江口岸船舶适载鉴定情况一览表

单位:艘次

年份	适载鉴定船舶	年份	适载鉴定船舶	年份	适载鉴定船舶	年份	适载鉴定船舶
1984	7	1991	344	1998	379	2005	466
1985	13	1992	565	1999	230	2006	690
1986	12	1993	607	2000	363	2007	1110
1987	18	1994	923	2001	473	2008	1165
1988	75	1995	1117	2002	736	2009	710
1989	164	1996	1416	2003	297	2010	1106
1990	222	1997	1036	2004	467		

资料来源:宁波局、浙江局检管处根据《浙江检验检疫志》,浙江人民出版社2005年版,第636页;《宁波检验检疫志》,中华书局2005年版,第498页;宁波局、浙江局历年鉴定质量分析、CIQ2000系统数据统计。

说明:2003年数据不包括宁波局。

(二)集装箱鉴定

1984年,根据相关法律规定,商检机构对装运出口粮油食品、冷冻品等易腐烂食品的集装箱实施法定检验。6月6日,国家商检局颁发了《集装箱检验办法》。7月30日,浙江商检局会同中国对外贸易运输总公司浙江省分公司联合发布《我省集装箱检验工作暂行办法》,明确商检机构和外运公司各自的职责,开展集装箱检验工作。浙江商检局要求外运公司把集装箱的检验地点相对集中,根据浙江省的具体情况,安排在省外运嘉兴集装箱中转站和杭州市、绍兴市、宁波倪家堰外贸仓库。

1986年,宁波商检局对装运出口粮油食品的普通干货集装箱实施法定验箱。是年,检验39标箱,其中10标箱不合格。1987年,浙江商检局开展杭州酒厂装载出口日本食用酒精的罐式集装箱适载性能检验。1988年7月4日,海门港20标箱集装箱经台州商检局进行适载检验合格后,发往美国、新加坡等国和中国香港地区,这是台州商检局建局以来首批独立完成的集装箱适载检验工作。

1989年《商检法》实施。《商检法》明确了装运出口粮油食品、冷冻品等易腐烂食品集装箱检验鉴定是强制性法定检验工作。从此,集装箱检验鉴定工作在管理方式和工作方法等方面逐步完善。1990年,宁波商检局开始开展冷藏集装箱检验鉴定。验箱地点主要集中在宁波倪家堰外贸仓库、宁波港务局三区码头、甬通公司仓库、宁波港务局北仑二期码头、福洋堆场和华鑫仓库等。1991年,宁波北仑港集装箱泊位建成投产,因多种原因普遍存在验箱逃检现象。1991年,宁波商检局进行了一次抽查,结果表明逃检率达95%。为加强宁波港集装箱检验工作,宁波商检局和宁波港务局于8月24日联合召开装运出口易腐烂变质食品的集装箱检验工作会议,会议决定,商检机构将在验箱合格后当场签发"验箱合格通知单",宁波港务局有关部门凭商检机构出具的"验箱合格通知单"办理易腐烂变质食品集装箱的装运手续,未经商检检验合格的不准装运,提出加强集装箱检验的10条措施。措施实施后,是年底,经抽查,集装箱的逃检率下降至8%,从根本上扭转了多年来逃检率高的状况。浙江商检局相继出台有效措施,以防控法定检验集装箱的逃检、漏检。1992年10月15日,宁波商检局为满足北仑港集装箱进出口业务的发展需要,进一步贯彻"就近检验、方便外贸"的原则,将北仑港区的集装箱检验鉴定业务移交北仑办事处承担。

1994年,浙江商检局规定,"鉴定业务处接受集装箱报验后,在有关单证上加盖'已接受集装箱报验'章,检务处凭该章受理出口食品报验",从出口食品的检验环节进行控制,杜绝应施法定检验集装箱的逃检、漏检。同年12月20日,宁波商检局召开全市集装箱检验工作会议。宁波市口岸办、宁波港务局和外运、外代等15个单位的代表参加会议。会议通报了几家货运代理单位应报而未报集装箱检验的情况。1995年8月,北仑商检局对验箱情况作了一次执法检查,经立案、调查、取证,对逃验的宁波甬伟国际货运有限公司等9个货运代理单位实施行政处罚,罚款金额共计25.89万元。

1995年，台州商检局采取措施，通过完善商检内部把关机制，在集装箱检验中推行认可检验制度，培训和认可社会检验员加强对集装箱的检验把关。1999年，舟山商检局首次开展冷藏集装箱的检验工作。

2000年1月11日，国家检验检疫局颁布《进出境集装箱检验检疫管理办法》(以下简称《管理办法》)，自2000年2月1日起施行。《管理办法》进一步明确了进出境集装箱的检验检疫、卫生除害处理以及监督管理等要求。4月21日，浙江检验检疫局发布《局本部出境集装箱检验检疫流程(暂行)》，规定："检务部门在受理用集装箱装运的非拼装货物的出境报检或办理放行手续时，应要求申请人提供与货物类别相符的'集装箱检验检疫结果单'正本，否则报检人须申请集装箱检验检疫。""鉴定管理处在受理集装箱检验检疫申请时，在货物报检单上加盖'已接受集装箱报检'章，检务部门审核无误后接受货物报检。"这一规定把集装箱检验检疫作为受理货物报检、放行手续的必要条件，有效地防止了出境集装箱的逃检、漏检。同年9月15日，国家检验检疫局发布《进出口用冷藏集装箱安全与卫生检验规程》(SN/T0981-2000)和《进出口用集装箱安全与卫生检验规程》(SN/T0982-2000)，自2000年12月31日起实施。上述检验规程规定了标记代号检验、箱体外部检验、箱体内部检验、冷藏效能检验(指冷藏集装箱)和密固检验的检验方法、检验器具和判定准则。浙江检验检疫机构根据检验规程的要求，在浙江口岸的集装箱检验检疫工作中予以落实。1994—2000年，宁波口岸共检验集装箱77918标箱，经检验，有3%的箱体不合格，主要不合格项目有不清洁、油污、异味和冷藏效能不合格。

2001年3月6日，浙江检验检疫局发布《出入境集装箱检验检疫规程》，规定受理报检、施检项目审单、检验检疫、计收费及制证、卫生处理、返工和退回的各项步骤和要求。8月14日，质检总局发布《关于转发明确易腐烂变质食品、冷冻品编码的通知》，明确了易腐烂变质食品、冷冻品商品编码，规范了出境集装箱、船舶的适载检验工作。2002年，质检总局发布《出入境集装箱检验检疫规程》(SN/T1102-2002)，对适载检验增加了检疫要求，规定只有同时满足检疫要求和适载性能检验要求的集装箱方为合格。浙江检验检疫机构严格按照文件和标准要求，开展出入境集装箱检验检疫工作。

2003年4月30日，宁波检验检疫局发布《关于印发〈宁波口岸集装箱和船舱适载检验管理办法〉的通知》和《宁波口岸集装箱适载检验场地和协检员管理办法》，对集装箱及船舱的检验以及对适载检验场地、协检员管理作出了具体规定。宁波检验检疫局对装运出口易腐烂变质的食品、冷冻品的集装箱检验情况进行了调查，发现未经检验擅自装运出口现象较多。随后进行突击检查，有10多家单位的20多个食品集装箱未经检验擅自装运食品出口，立案8起，共罚款17600元，有效地维护了检验检疫秩序。2004年3月1日起，宁波检验检疫局正式对出口集装箱、船舱适载检验工作启用CIQ2000系统管理。2005年1月18日，宁波检验检疫局发布《关于进一步做好集装箱检验检疫工作的通知》，旨在简化流程，加快通关速度，方便企业，逐步向无纸化、电子放行转变。10月8日，宁波检验检疫局制定发布《宁波检验检疫局集装箱适载检验电子监管视频监控操作规范》，规范集装箱适载检验电子监管视频监控系统的应用，充分发挥系统的检验检疫辅助监管功能。2006年10月，受质检总局检验监管司委托，由宁波检验检疫局牵头组织的“集装箱适载检验电子监管系统需求专题研讨会”在宁波顺利召开，来自辽宁、天津、山东、上海、厦门、深圳、广东等局的10余名系统内适载检验电子监管方面的专家参加会议，研讨出境集装箱适载检验电子监管系统的业务需求编制工作，编撰《集装箱适载检验电子监管系统业务需求手册》。

2008年，宁波检验检疫局创新罐式食品集装箱适载检验模式和启动集装箱适载检验“多点报检”试点。12月8日，宁波检验检疫局发布《关于印发新修订〈宁波口岸集装箱和船舱适载检验监督管理办法〉的通知》，对罐式集装箱清洗单位实行备案管理，对其周边环境、清洗设施、操作标准、卫生指标监控、卫生监督、从业人员等多个层面进行监管，同时导入第三方协检模式，科学设定COD、细菌总数、大肠菌群、表面活性剂等卫生学指标检测，确保罐式箱经过适载检验后达到无毒、无残留的监管目标。

2009年6月，宁波检验检疫局举行适载检验岗位能力认定现场操作考核。9月14日，北仑大港新世纪一箱号为ECMU9048770，拟装中国绿茶出口摩洛哥的集装箱在进行适载检验时，发现箱体内有大量活蚂蚁。北仑局检验检疫人员当即对该疫情进行了采样，随即联系卫生处理单位进行熏蒸除害处理，并对该集装箱作出不合格判定。

2010年2月1日，宁波检验检疫局召开宁波口岸适载检验监管工作会议，要求加强监督管理，强化规范，完善“宁波口岸适载检验监管系统”。9月16日，宁波检验检疫局颁布《关于推行出境集装箱适载检验新模式的通知》，对出境集装箱（包括干货箱、冷藏箱和罐式箱）适载检验流程向企业开放提供网上查询，方便企业，增强了工作的透明度。12月25日，宁波检验检疫局发布出境集装箱适载检验现场操作教学片，用于新进人员培训和现场操作指导。

表68-5-2-2　　1987—2010年浙江口岸集装箱适载鉴定情况一览表

单位：标箱

年份	集装箱适载鉴定箱数	年份	集装箱适载鉴定箱数	年份	集装箱适载鉴定箱数
1987	109	1995	5178	2003	52770
1988	80	1996	12213	2004	59451
1989	14	1997	13285	2005	68286
1990	75	1998	31251	2006	77794
1991	1486	1999	24770	2007	89318
1992	2725	2000	28576	2008	95433
1993	2503	2001	39726	2009	101649
1994	2381	2002	44158	2010	105478

资料来源：宁波局、浙江局检管处根据《浙江检验检疫志》，浙江人民出版社2005年版，第638页；《宁波检验检疫志》，中华书局2005年版，第500—501页；宁波局、浙江局历年鉴定质量分析、CIQ2000系统数据统计。

说明:2002—2010 年数据不包括浙江局。

二、监视装载

1984 年 1 月,《中华人民共和国进出口商品检验条例》(以下简称《条例》)颁布,明确规定商检机构和商检公司可以办理出口商品的监视装载和进口商品的监视卸载。宁波、温州商检处组织进出口企业对《条例》进行了学习贯彻。11 月,《出口商品冷藏舱检验规程》(ZBA10001-86)、《出口商品干货舱检验规程》(ZBA10002-86)和《油舱清洁、密固检验规程》(ZBA10003-86)由国家商检局正式颁布,1987 年 1 月 1 日起实施。浙江商检局组织口岸局进行学习贯彻,统一了全省有关检验方法和监管模式。1989 年 2 月,《中华人民共和国进出口商品检验法》颁布,对装运出口易腐烂变质食品的船舱和集装箱实施强制性检验的规定上升到法律层面。

宁波口岸对以衡器鉴重方式实施重量鉴定的出口萤石和大米实施监装,监装内容包括检查港方设置的船舷与码头连接处的防撒漏铺垫是否有效、货物运输车辆过磅后至码头边沿途的货物损耗情况、装船时的撒漏或破损情况、装船过程的天气情况以及对货物的影响等。

2002 年以后,浙江不再开展监视装载业务。

表 68-5-2-3　　1991—2002 年浙江口岸监视装载业务一览表

年份	检验批次	年份	检验批次	年份	检验批次
1991	28	1995	83	1999	37
1992	28	1996	53	2000	96
1993	0	1997	30	2001	100
1994	66	1998	39	2002	58

资料来源:宁波局、浙江局检管处根据《浙江检验检疫志》,浙江人民出版社 2005 年版,第 630 页;《宁波检验检疫志》,中华书局 2005 年版,第 496 页。

第三节　残损鉴定

浙江口岸进出口货物残损鉴定主要有进口粮食、饲料、化肥、水泥、化工材料、制革材料和各种成套设备等。海运货物的残损鉴定较多,陆运货物的残损鉴定较少,空运货物的残损鉴定没有发生过。

一、海运货物的残损鉴定

1964 年,对外贸易部为了严明国内国外对外残损货物的赔偿责任,下达通知规定:“海运进口商品，凡在口岸卸货时已发现包装外表残破的，必须在卸货口岸申请当地商检局检验出证，用货地商检局不直接接受申请。”1965 年，日本籍“天城丸”轮抵达温州港，卸货前船方向杭州商检局申请舱口检视，这是浙江省商检机构的首次残损鉴定工作。

1978 年以前，浙江省进口海运处于“三单一”状态。由于日本籍船舶航程短，货物在运输途中残损较少，因此，船方或收货单位申请残损鉴定不多，但商检人员对每艘外轮登轮查勘，以便发现问题及时联系船方处理解决。1971 年，日本籍“雄阳丸”轮第三号舱遭受水湿，船方向商检申请残损鉴定。时值“文化大革命”，浙江省外贸局革命委员会负责商检工作，在会同船方调查漏水原因后，确定为船方油布覆盖不密导致海浪通过舱框进入舱内，属于船方的责任。其后在检查日本籍“羽幌丸”轮时，又发现该轮的二舱右侧的测量管锈蚀，海浪从甲板上进入锈蚀测量管处漏进舱内，有少量化肥袋包遭水湿，商检人员建议船方及时修理，以避免今后造成更严重的损失。

1964—1978 年，浙江口岸海运进口 148 艘次，发生残损 5 艘次。

1978 年，“大田”“风胜”等中国货轮装载建设北仑港用的进口设备到达宁波港，宁波商检鉴定人员登轮查勘，了解货物积载残损等情况。1979 年 9 月 26 日，日本籍货轮“湖山丸”轮从日本装载 3000 吨袋装硫酸铵抵达宁波港港务三区码头，经宁波商检处查勘后，发现有 223 袋、计 11 吨化肥遭污水浸湿，这是宁波商检处第一次开展对外籍船舶的公证鉴定与残损鉴定。

1980 年 3 月 26 日，国家商检总局与中国远洋运输总公司联合下发《关于国轮载运的进口货物的残损鉴定工作的通知》，要求由商检局根据收货人的申请，负责办理国轮运载进口残损鉴定工作。10 月 25 日，国家商检总局在长沙召开验残工作交流会，讨论起草了《海运进口商品残损鉴定办法（试行）》。1981 年，国家商检总局颁发《海运进口商品残损鉴定办法（试行）》。杭州商检局组织各口岸商检处学习，并按照该办法规定开展海运残损鉴定工作。同年 5 月 6—11 日，杭州商检局召开全省商检综合业务和公证鉴定工作会议，统一有关进口化肥残损鉴定认识，坚持以使用价值作为基础结合销售影响，合理计算受损货物的贬值和估损。12 月 29 日，日本籍“德洋丸”轮装载日本 3000 吨尿素到达温州港，温州商检处登轮人员在查勘中发现二舱左舷间舱夹角处下有水湿包，上层较严重，有黄铁锈迹，湿包上方左舷舱柜有明显水迹，再顺水迹发现舱甲板上还有积水，同时发现只有两层油布，并在同一部位处发现油布有破洞。鉴定人员认为致损原因是油布少了一层，且陈旧有破洞，船舶遇 6～7 级大风，海水打上甲板和舱面，从油布破洞处流入舱板，导致货损，损失费用由船方负责。

1985 年 3 月 26 日，巴拿马籍“美番”轮装运 12561 吨钢材从巴西到达北仑锚地，“美番”轮在抵甬前，已电告该轮在航行途中船壳漏水，海水进入第四号货舱，宣布共同海损。宁波商检局根据收货人及其保险公司的委托，登轮进行残损鉴定工作。在第四号货舱发现底部有两层钢材被海水浸湿，表面严重锈蚀。在勘查过程中，除海水浸湿造成货损外，还在其他各舱中发现不同程度地存在着锈蚀钢材和正常货物混在一起的现象。根据舱内积载情况和从船方了解到的情况，结合抽样分析结果，认定为原残，对部分货物出具外观质量检验证书，合计赔款 52.58 万美元。

1988 年 6 月 16—18 日，华东地区进口残损货物当地检验协调会在上海召开。通过讨论，制订了《华东地区进口残损货物当地检验协作办法》，并组织了检验网络，浙江商检系统有关人员参加。1989年7月8日，国家商检局颁发《海运进口商品残损鉴定办法》，于1989年10月1日起实施。

1990年前，浙江海运残损鉴定业务主要集中在宁波、温州口岸，以水渍损为主。因船舶在海运过程中遭遇大风、大雨，船舶设备不良，不适航或船方未能尽其职责，而致使货物水渍损。从1991年开始，随着外贸经济发展，浙江进口货物有了很大变化，化工原料、制革原材料、各类成套设备增多，集装箱运输快速发展。进口货物残损除水渍损外，一般多为商品配载不合理、积载不当、装卸不慎所致。1991—1993年，浙江商检局各口岸受理残损鉴定业务共21批，索赔金额17.83万美元。其中，1992年，从韩国进口的一套热溶胶涂布机在运输过程中破损，经鉴定为积载不当，索赔9.2万美元。

1994年8月21日晚，17号强台风袭击温州，龙湾港区被水淹，水位达1.30米，大量堆放在港区的进出口货物遭灾。温州商检局克服鉴定人员少、受灾货物数量大、工作量重等困难，逐件逐箱查勘鉴定受灾进出口货物并及时拍照。经鉴定人员鉴定出证，总共索赔金额达90万美元。是年，浙江商检局验残工作量较大，共受理22批。

1995年，宁波敦煌集团有限公司从泰国进口一批1.40D/48F甲级涤纶短纤，计234.41吨，货值57.9万美元。该批货物装13只集装箱，由“熊岳城”轮从泰国运抵宁波。5月20日，该轮在厦门海域与另一货轮碰撞，“熊岳城”轮第三号货舱左后部位的船体被撞出7.20米×10米的大裂口，海水涌入舱内。同时，舱内油管被撞裂，燃油外溢，舱内被撞裂、变形的上述13只集装箱浸泡在水油中，造成该批货物严重水湿和油污残损。“熊岳城”轮经南通船厂修理后，于7月3日将留在舱底的受损货物运抵宁波港。宁波商检局接受残损鉴定申请后，会同货主、保险公司对该批货物进行了验残。经外观和抽样分析鉴定，该批货物已失去原有使用价值，只能作为废料回收处理，鉴定其损失为35.9万美元。保险公司如数赔付。12月28日，温州泰诺卫生洁具有限公司从英国国际出口有限公司进口一套79.5宽断石然气隧道窑部件，价值12.7万英镑，由英国的港口装船运至中国香港地区，再装“华佳”轮运至温州龙湾码头。1996年1月26日卸毕，收货人在卸货过程中发现货物残损，即申请验残。温州局鉴定人员即赴现场查勘，结果发现该批货物由两只40英尺集装箱装运，其中一只集装箱箱体严重损坏，箱内货物包装也遭不同程度损坏；另一只集装箱未受损坏，但内部货物包装散架、断裂。由于该批货物多为易碎材料，箱内货物残损严重，经现场鉴定，分类清点，完全破损断裂，没有使用价值的有1202件，估定残损贬值达100%；轻度残损(轻度铁角或损)货物125件，影响使用寿命，估定残损贬值达50%，出证索赔总价值折合10万元。

1995年，宁波港进口袋装大米共35船次，其中发生残损的有18船次。残损发生率最高的是泰国大米，仅1—4月，宁波商检局就受理了13船次泰国大米的残损鉴定。由于出口地气温高，且装货周期长，个别船次装货期长达两个月，船舶在开往宁波途中，气温下降，有时在锚地等待卸货的时间又比较长，造成舱内出现大量凝结水。此外，运载泰国大米的船只多数是老龄船，船况差、设备陈旧、通风不良以及污水井堵塞，大量凝结水积在舱底，致使舱底货物遭受水湿。经鉴定，出具进口粮食品质索赔证书和残损证书，为有关企业挽回损失约270万元。

1996年，浙江全省残损鉴定8批，向外索赔172.15万美元，其中海运残损向外索赔

165.06万美元，是浙江商检局残损鉴定获赔金额最多的一年。其中，温州商检局鉴定一套进口自动烘干定型设备和原材料残损，索赔金额达100万美元；舟山商检局鉴定从俄罗斯进口的5000吨冷轧钢板，有破包、锈蚀现象，系原残，理赔47万美元；温州商检局鉴定进口美国心血管X射线照应仪残损，索赔18.6万美元。

1997年5月7日，载有11425吨秘鲁进口鱼粉的“庐山”轮靠泊镇海港区码头卸货作业，卸货中发现货物残损，宁波商检局鉴定人员登轮进行调查取证，指导有关单位对残损货物进行分类整理，进行合理的估损，证实损失重量达484.11吨，损失金额达28万美元。1998年1月3日，装载12041.83吨印度豆粕的“浮山”轮抵宁波港北仑锚地。开卸不久即发现烧焦、变色、结块等货损现象，宁波商检局接受收货人浙江中润房地产有限公司的申请进行残损鉴定，为企业挽回损失1741万元及利息损失35万余元。同年10月30日，韩国籍船舶“SINTONG”轮装载新闻纸抵达舟山马峙锚地。卸货过程中，理货公司发现大批新闻纸有水渍、残破现象。舟山局鉴定，认为该轮舱盖密封性较差，也没使用帆布加盖舱口，遭遇恶劣天气导致海水进入舱内使货物受损，向外方索赔15万元。

2007年，质检总局《进口商品残损检验鉴定管理办法》发布实施，浙江省各口岸检验检疫局严格按照该办法开展残损鉴定工作。9月，舟山检验检疫局对进口大豆进行海运残损检验，鉴定海损大豆约182吨，直接经济损失近60万元，并出具索赔证书。此后，由于运输方式的变化，运输工具的条件大大提升，海运残损越来越少

表68-5-3-1　　　1979—2010年浙江口岸海运进口货物残损鉴定情况一览表

年份	业务量（批数）	索赔金额（美元）	年份	业务量（批数）	索赔金额（美元）	年份	业务量（批数）	索赔金额（美元）
1979	1	294	1990	10	34174	2001	6	154700
1980	3	650	1991	6	9743	2002	1	-
1981	4	1213	1992	7	11700	2003	0	0
1982	4	2562	1993	8	156900	2004	1	-
1983	2	128	1994	44	1644036	2005	0	0
1984	4	425	1995	47	1101248	2006	2	25500
1985	4	37145	1996	7	1650600	2007	2	149000
1986	1	4200	1997	11	3875	2008	0	0
1987	9	56978	1998	3	12157	2009	1	390000
1988	15	115777	1999	3	5199	2010	0	0
1989	10	53828	2000	4	43800			

资料来源：宁波局、浙江局检管处根据《浙江检验检疫志》，浙江人民出版社2005年版，第642页；《宁波检验检疫志》，中华书局2005年版，第504页；宁波局、浙江局历年鉴定质量分析、CIQ2000系统数据统计。

说明：2007年加舟山局一批残损，金额为60万元。

二、陆运货物的残损鉴定

随着浙江陆运口岸的大量对外开放，浙江陆运口岸的残损鉴定业务逐渐增多。

1988年12月，浙江商检局召开全省公证鉴定会议，明确浙江商检局综合业务处统一管理和协调全省公证鉴定工作，并办理杭州机场、铁路直接到货的公证鉴定业务。

1997年，浙江省金华嘉盛茶叶公司通过浙江机械设备进出口公司从日本进口一条绿茶生产线。设备到货后，在集装箱卸货过程中，一台精揉机因方框固定弯头断裂，导致整台机器跌落，造成设备框架、立轴和辅轴等严重变形，无法安装使用。经金华商检局鉴定，卸货操作过程按规定进行，索引拉拽、起吊也符合要求，排除了因中方装卸不当而致残的可能。经对方框固定弯头断口金相、化学成分和抗拉试验分析，发现材料含硫量高，磷和锰含量超标，材料内部存在气孔，含硫夹杂物和偏析，诱发裂纹，裂纹扩展和断裂，系卖方原因所致。经交涉，最终卖方赔偿12000美元。此后，陆运货物残损鉴定数量极微，没有列入统计。

第四节　货载衡量

1980年，宁波商检处开始货载衡量业务，但开展业务不多，每年仅几批次。同年4月12日，应中国外轮代理公司宁波分公司申请，对宁波开往中国香港地区的"瓯江"轮302号货单的96托梅林(罐头产品)蚕豆进行货载衡量，衡量货物总尺码199.36立方米。1981年9月30日，应中国外轮代理公司宁波分公司申请，对开往中国香港的"灵江"轮10号货单进行货载衡量，衡量货物总尺码50.83立方米。10月13日，应中国粮油进出口公司浙江分公司申请，对沈家门开往日本的"ZHOUSHANDIUHAO"轮5号货单进行货载衡量，衡量货物总尺码77.75立方米，重量44602千克。12月5日，应中国外轮代理公司沈家门分公司申请，对由中国香港装上"烙伽"轮运至沈家门的445只旧胶轮进行货载衡量，衡量货物总尺码108.69立方米。温州商检处也有少量业务，货载衡量的商品包括水产品(冻鱼、梭子蟹)、粮油食品(速冻蔬菜)和五金矿产等。1981年，温州商检处完成货载衡量4个航次，衡量货物总尺码为806.44立方米，校正尺码为45.68立方米。

1983年，宁波商检处货载衡量3航次，计8批，校正体积33.99立方米，校正重量0.67吨。

1986年后，宁波商检局没有再开展此项工作。1981—1992年，温州商检局共计完成货载衡量86航次。

从20世纪90年代开始，随着集装箱运输快速发展，杂货运输量日趋减少，集装箱运输取代杂货船的运输方式，各口岸货载衡量业务大幅减少。1993年以后，全省货载衡量工作全面停止。

第五节 外商投资财产价值鉴定

20世纪80年代，各地商检机构及其授权的外商投资财产价值鉴定机构，开始对外商投资财产进行分析、鉴定并确定其价值。

1989年，浙江商检局首次受理中美合资杭州某食品有限公司外方作价投资6万美元的面包生产设备价值鉴定。

1992年，国家商检局在宁波举办为期10天的中加资产鉴定研讨会。会议邀请加拿大专家讲解国际上资产鉴定的基本理论、有关规定、具体做法和鉴定技术，使价值鉴定的骨干得到初步培训。同年，受杭州某实业印刷有限公司申请，浙江商检局对中国台湾投资方作价261.64万美元的设备进行鉴定，实际价值仅值50万美元。

1993年2月起，宁波、舟山、温州等地商检局纷纷成立外商投资财产价值鉴定部门，正式开始对外商投资财产进行价值鉴定。2月，宁波商检局受理中国香港丰悦有限公司进口的一批55台二手棕绳制作设备的价值鉴定。该批设备报价为11.45万美元，经按成本法鉴定，只合2.63万美元，这是宁波局首次开展外商投资财产价值鉴定工作。4月10日，浙江商检局在永康县召开全省商检系统第一次外商投资财产鉴定工作研讨会。同年，温州商检局分别在温州市区、开发区、瓯海区、乐清市、瑞安市举行5期“三资”企业商检业务培训班。7月6日，国家商检局在银川召开全国商检系统外商投资财产鉴定工作座谈会。9月，浙江商检局决定将“三资”企业进口设备的检验、鉴定、管理全部划到鉴定业务处。11月，浙江商检局及各地区商检局共有9人获得首批国家商检局颁发的外商投资财产鉴定执业资格。

1993年，全省商检系统共受理98个项目，报鉴金额为3128万美元，经鉴定，实际为2486万美元，贬值642万美元，贬值率为20.5%。其中，浙江某钛金制品有限公司和台州温岭某钛金制品有限公司的合资方均为中国香港某有限公司。两家合资公司分别委托港方购进镀钛生产设备2套，发票金额为每套100万美元。经浙江商检局鉴定，发现这两套设备主要是用国产零件装配而成，鉴定其每套实际仅值18万美元，两套设备的不足金额达164万美元，两家公司的浙江投资方凭商检价值鉴定证书，致使港商退赔近100万美元。

1994年3月，宁波商检局撤销监管处，成立第五检验处承担外商投资财产价值鉴定工作。5月1日，国家商检局和财政部联合制定的《外商投资财产鉴定管理办法》实施。10月9日，浙江省政府令第52号发布《浙江省外商投资财产鉴定管理办法》，办法自发布之日起施行。该办法明确规定，浙江进出口商品检验局负责管理全省范围的外商投资财产鉴定工作，设在本省各地的进出口商品检验局负责管理所在地区的外商投资财产鉴定工作，并强调价值鉴定要坚持公正准确，证书签发要保证及时、规范，未取得国家商检局价值鉴定资格证书的人员一概不得签证。是年，外商投资财产价值鉴定工作开始走出国门，在境外的投资财产发货地进行评估和价格调查。浙江局先后派员参加由驻中国香港地区的中国检验有限公司浙江部开展的境外评估咨询业务，为浙江、海南、云南、广西、贵州、湖南等10多个商检局提供了

70余批价格咨询，询价金额达8000多万美元，经咨询核实为5400万美元，避免外商高报2600万美元。

1994年，浙江商检局召开“三资”企业进口建筑陶瓷设备联检会议，宁波、湖州、绍兴、金华、温州和衢州商检局代表共12人参加，并组成联检小组，决定对全省近两年进口的近20条陶瓷生产线进行联合鉴定。一条建筑陶瓷生产线在300万美元左右，其中关键设备如辊道窑和压机的单台金额有几十万美元，技术较为复杂。联检小组搜集价格资料，分析研究，确定生产线中各类设备的市场参照物和修正因素，历时半年，共完成11项鉴定，受鉴金额为4110万美元，贬值947万美元，贬值率为23%。其中，浙江红山协和陶瓷有限公司和杭州协和陶瓷有限公司均为同一外商与国内企业合资，进口年产200万平方米一次性烧成石英砖生产线。申报金额为1466.234万美元，经鉴定为1024万美元。

1995年，浙江鉴定事务所经浙江省编制委员会批准成立，并在此基础上经省国有资产管理局批准成立浙江商检资产评估事务所。同年12月，国家商检局成立由浙江商检局、天津商检局派员组成的鉴定小组，受中国国际经济贸易仲裁委员会委托，对北京某食品有限公司进口的机器设备进行价值鉴定。至此，商检价值鉴定证书成为仲裁庭处理合资企业纠纷的有效依据。同年，丽水商检局首次开展价值鉴定，对丽水金笔厂进口的一台电火花数控成形机进行价值鉴定。温州商检局、温州财政局联合下发《关于贯彻执行外商投资财产鉴定管理办法的通知》。绍兴商检局召开全市进口商检工作会议，为价值鉴定配置必要设备；金华商检局落实机构人员，建立进口设备资料档案，并举办外商投资财产鉴定培训班。12月底，浙江商检局派员赴美国进行装船前检验和价格调查。从全年鉴定情况看，外商以实物投资作价的，存在低价高报现象。新昌某合资企业由当地某百货公司和中国台湾某公司合资兴办，台商投入的15台意大利袜机，价值为82.5万美元。绍兴商检局受新昌企业申请，对该批设备进行价值鉴定，认为该批袜机非意大利原产，系拼凑设备，根据设备的现时状态，公平价值仅为3.6万美元，贬值率达95.6%。宁波商检局接受中外合资兴洋浙东(宁波)毛毯有限公司申请，对日本兴洋染织株式会社以实物投入的设备(发票额为673.53万美元)和合资公司委托该公司在日本购买的其他生产设备(发票额为1716.5万美元)进行价值鉴定。经鉴定人员现场勘查和市场调查，上述设备单价高报30%～80%不等，最终鉴定结果为2028.3万美元。

1996年，浙江商检局、浙江省政府法制局、浙江省财政厅和浙江省对外贸易经济合作厅联合发文，要求组织对《浙江省外商投资财产鉴定管理办法》落实情况进行联合执法检查。浙江商检局及各地区商检局与当地有关部门进行联合执法检查。同年1月9日，浙江商检局在舟山召开为期4天的浙江商检系统外商投资财产鉴定工作研讨会。4月1日起，国家取消对“三资”企业进口设备免税政策，一些外商为少缴关税有意高价低报。商检的评估鉴定工作从原来的鉴定其是否低价高报扩展到鉴定其是否存在高价低报。12月，受中国国际经济贸易仲裁委员会的委托和国家商检局的指定，浙江商检局组成专家组对上海华辉服饰制品有限公司的进口金属纽扣生产设备进行价值鉴定。

1996年，宁波商检局共完成外商投资财产价值鉴定160批，发票金额为5829.84万美元，分别比上年增长20.00%和22.40%。其中降值43批，为鉴定批次的26.00%；降值411.53

万美元,比上年增长12.20%。另外,升值2批,发票金额162.76万美元,升值16.80万美元。从总体情况来看,港台投资商实物投资作价的水分较大,其中,中外合作宁波澳洲鸵鸟养殖有限公司,外方拟作价投资的267头非洲优良品种鸵鸟报价为175万美元,实际价值仅为63万美元(FOB价)。慈溪锦灿商用机器制造有限公司发票值为49.94万美元的进口设备,其公平市价仅为19.64万美元。镇海山蒂士时装有限公司,台商以设备作价投资,报价为106.18万美元,公平市价为72.05万美元,降值32.14%。

1997年1月30—31日,浙江商检局在杭州召开浙江商检局外商投资财产鉴定技术小组成立首次工作会议,各地局派代表参加。3月,浙江商检局承办国家商检局、海关总署审价司在金华联合召开的外商投资财产价值鉴定和审价工作座谈会。会议就两部门在外商投资企业进口设备审价和价值鉴定的协作配合方面达成共识。国家商检局鉴定技术小组对金华商检局起草的《价值鉴定证书》《价值鉴定报告》和证书用语进行讨论,并予以审定通过。此后,由国家商检局发文于1997年11月1日起在全国推广使用。4月,浙江商检局进行机构改革,撤销鉴定业务处,鉴定科划归新成立的浙江商检资产评估中心,继续承担浙江商检局的外商投资财产鉴定和行业管理工作。5月,绍兴商检局成立检测鉴定所,宁波商检局第五处撤销,成立资产评估所,承担外商投资财产价值鉴定工作。浙江商检局评估中心开始受理无形资产价值鉴定。绍兴商检局接受三花不二工机有限公司的申请,对1994年底合资日方之一的日本不二工机有限公司的截至阀、膨胀阀生产技术4000万日元转让价格进行鉴定,最后鉴定该技术价值为2445.2万日元,贬值率达38.9%。6月22日,金华商检局派员参加国家商检局组团的中国商检3人小组,赴美国休斯敦参加资产评估国际研讨会,进行国际间的评估交流和研讨。高价低报和低价高报都有相当的危害性,它破坏引进外资工作的正常秩序,违背公平的原则。为控制这一现象的蔓延,11月24日,国家商检局和海关总署联合发布《关于加强外商投资财产价值鉴定的通知》。同年,与海关一起召开外商投资财产价值鉴定和审价工作座谈会,提出遏制外商进口设备高价低报的新课题。

1997年,宁波商检局共完成外商投资财产价值鉴定108批,发票金额为8531.75万美元,与上年度相比分别减少32.5%和增长19.32%。经鉴定,降值28批,降值金额为944.86万美元,降值率为10.80%,其降值批数和降值金额与上年度相比分别减少34.9%和增长129.3%。另外,升值13批,发票金额28.8万美元,鉴定金额为51.9万美元,升值率为44.53%,与上年度相比批数增加11批,升值金额增加6.32万美元。1998年1月9日,国家商检局和海关总署联合发布《关于做好外商投资财产鉴定工作协作配合的通知》。浙江商检局及时转发通知并要求从1998年9月1日开始,凡外商投资企业在投资总额内进口的财产,都必须由商检机构进行价值鉴定,外商投资企业凭商检机构出具的价值鉴定证书鉴定的价值入账,注册会计师在此基础上对外商投入财产的价值进行审验确认。1月13日,国家商检局印发《外商投资财产价值鉴定工作商检内部管理暂行规定》,对外商投资财产鉴定的报检、检验、出证等流程进行明确。9月11日,宁波商检局和宁波市财政局联合发文,明确自1998年10月1日起,凡外商投资企业在投资总额内进口的财产,都必须由商检部门进行价值鉴定,外商投资企业凭商检部门出具的价值鉴定证书鉴定的价值入账。宁波商检局按季度将价值鉴定结论抄送当地财政部门。1998年,浙江商检局在杭州组织了有全国14个商检局20名鉴定专家参加的联合鉴定,使近两年外商在中国投资的32条涉及金额3200万美元的方便面和饮料生产设备的鉴定有了统一的价格基准。同年,宁波商检局共完成外商投资财产价值鉴定470批,金额为4670.50万美元,与上年相比,批次增长335.19%,金额减少45.26%。3月3日,中日合资企业宁波三国机械电子有限公司为扩大生产,从日本引进热电偶生产设备,其发票金额为500万日元。经宁波商检局鉴定,为2000万日元,升值率达300%。

1994—1998年,宁波检验检疫局共完成价值鉴定2556批,总报价60394.68万美元,总鉴定值为56619.49万美元,决升降值率为-6.25%。其中高价低报94批、占总批次的3.7%,升值额81.27万美元、升值率为18.60%;低价高报472批次、占总批次的18.5%,降值额为3946.17万美元、降值率为18.32%。查处中外合资兴洋浙东(宁波)毛毯有限公司进口设备低价高报案1例。

1999年8月,国务院办公厅转发外经贸部等部门《关于当前进一步鼓励外商投资意见的通知》,从1999年10月1日起,各地检验检疫机构对外商独资企业进口设备不再进行强制性的价值鉴定,不再收取价值鉴定费用。至此,作为强制性的价值鉴定范围从原来的对中外合资、合作、独资企业外商作价投入或委托外方从境外购进的财产必须进行价值鉴定,缩小到仅对合资、合作企业外方作价投入或委托外方从境外购进的财产进行价值鉴定。12月24日,国家检验检疫局和海关总署联合发文《关于外商投资财产价值鉴定工作有关问题的通知》,强调新的检验检疫货物通关制度将于2000年1月1日正式施行,外商投资财产价值鉴定只限于外商投资企业及各种对外补偿贸易方式中,境外(包括港、澳、台地区)投资者以实物作价投资的,或外商投资企业委托国外投资者用投资资金从境外购买的财产。国家商检局与海关总署于1997年11月24日联合发布《关于加强外商投资财产价值鉴定的通知》及国家商检局检务鉴定司与海关总署监管司、关税司于1998年1月9日联合发布的《关于做好外商投资财产鉴定工作协作配合的通知》,同时废止。

2001年2—4月,中外合资宁波明州电子工业有限公司进口两批设备(滚镀设备及纯水处理设备),总报价为4.95万美元,经鉴定,价格定为1.9万美元,降值率达62%。

2002年4月26日,浙江省人民政府发布第144号省政府令,废止《浙江省外商投资财产鉴定管理办法》。8月28日,宁波检验检疫局制订印发《外商投资财产鉴定工作规范》,将外商投资财产鉴定工作纳入ISO9000质量管理体系中。2002年1月至10月底,外商投资财产鉴定降至41批,金额约239万美元。

2003年10月,浙江局受理岩下荣琪食品(杭州)有限公司委托日本海事鉴定检定协会(NKKK)出具的价值鉴定证书的审核确认,经浙江局现场检查验收,提出了对该批设备的评估方法和价格。日本NKKK复核后,同意了浙江局的意见,对两项设备作了价格调整,原估价值为31540.37美元,现调整为25205.93美元,并提交了经修正的新证书,这是全国质检系统首次对境外评估机构价值鉴定证书进行审核确认工作。2003年起,宁波检验检疫局根据进口企业委托,零星开展了一些外商投资财产价值鉴定工作。

2009年5月5日,质检总局发布2009年第42号公告,决定废止《关于发布〈外商投资财产鉴定管理办法〉的通知》《关于做好当前外商投资财产价值鉴定工作的通知》《关于外商投资财产价值鉴定工作有关问题的通知》等规范性文件。2009 年，浙江口岸全面停止了外商投资财产价值鉴定工作。

表 68-5-5-1　　1989—2002 年浙江口岸外商投资财产价值鉴定工作一览表

年份	业务量（批）	报鉴金额（万美元）	鉴定金额（万美元）	调整金额（万美元）	降值率(%)
1989—1992	8	312	272	40	12.80
1993	98	3128	2486	642	20.50
1994	439	20181	17245	2936	14.55
1995	689	30691	27432	3259	10.62
1996	760	38723	35884	2839	7.33
1997	509	53302	50260	3042	5.71
1998	905	26722	25478	1244	4.66
1999	626	25367	24794	573	2.30
2000	160	5345	5265	80	1.50
2001	320	7523	7324	199	2.65
2002	75	2665	2525	140	5.25

资料来源：宁波局、浙江局检管处根据《浙江检验检疫志》，浙江人民出版社 2005 年版，第 664 页；《宁波检验检疫志》，中华书局 2005 年版，第 512 页；宁波局、浙江局历年鉴定质量分析、CIQ2000 系统数据统计。

说明：1999 年、2000 年和 2002 年数据不包括宁波局。

第六节　其他检验鉴定

鉴定业务除前述主要的内容外，还有多种其他鉴定工作，包括船舶承租、退租鉴定，集装箱承租、退租鉴定，船舱封识、样品封识、集装箱封识鉴定等。这类鉴定业务针对外贸过程中的相关环节、凭贸易契约方的申请、根据贸易合同或契约条款的规定或依照国际贸易惯例相符的方式进行鉴定，依照事实出具鉴定报告，为维护贸易有关各方合法权益提供服务。

1994 年 4 月，关税和贸易总协定组织在乌拉圭回合谈判中，各方达成一个协议，即《装船前检验(Pre-shipment Inspection)协议》。该协议对装船前检验的定义、检验内容、适用范围、检验机构、检验地点等均作了相应的规定。中国加入世界贸易组织之后，积极开展装船前检验活动，这也是遵循国际惯例、世贸规则，完善与改进进出口商品检验与监管方式的一个重要内容。

浙江口岸鉴定部门开展承租、退租鉴定业务很少，宁波局自 20 世纪 80 代开展该项业务以来，业务量不多。

一、封识鉴定

20世纪70年代中期，浙江商检机构开展集装箱封识鉴定工作，最初的集装箱封识鉴定工作多与验残工作一并进行。进入80年代，随着中国进出口贸易量的迅猛增长，承运人、收货人（或发货人）处于自我保护和区分责任，主动向商检机构申请封识鉴定，鉴定人在开箱的第一时间确认集装箱封识的标志、代码、编码，并鉴定封识是否处于完好状态，最终出具集装箱封识鉴定证书。同时，浙江部分商检机构因设备与技术能力的限制，难以对所有的商品进行全面的检验，部分商品或项目需抽样送杭州商检局甚至省外进行检测。对抽取的样品，采用加贴封条、加盖印章等方式进行封识。

1980年，宁波商检处开始了取样封样封仓鉴定业务，对装运出口甲醇的日籍“第八国朋丸”轮装毕后，各仓的舱盖、测量管、甲板上阀门加封印有“商检”字样的铅印封识共38枚。对船舱内取得的代表性样品进行封样。封样、封仓鉴定业务凭申请办理，自1980年开始以来，该项业务一直没有中断过。1982年1月21日，国家商检局发布《关于制作集装箱封识的通知》，对集装箱的封识重新作了统一规定。1983年，杭州商检局陆续开始对机械、电子、玩具、日用陶瓷等重要出口商品实行出口质量许可证制度。对于出口质量许可证制度实施过程中抽取的部分产品样品，送国家指定实验室进行检测，在检测样品的外包装容器（纸箱、木箱等）上用印有“杭州进出口商品检验局”字样的封条纸签封，并加盖封样章。

1985年，宁波口岸开始出口原油，将装运出口原油的油轮的其他部分货油舱用作压载水舱，抵港后将货油舱内的压载水通过海底阀或蝶阀排空。同年9月，宁波商检局根据船方的申请，对装运首批出口原油的利比里亚籍油轮“卡罗琳珍妮”号（CAROLYNJANE）进行海底阀施封鉴定。随后几年又开展过几次此类封识鉴定业务。1987年8月22日，国家商检局发布《进出口商品封识管理办法》，规定需进行签封或实施封识管理的商品和样品，将封识材料的种类定为6类，规定封识管理的做法。

从20世纪90年代开始，浙江商检机构大力开拓政府合约项下的装船前检验业务，代理国外检验机构对装运出口货物的集装箱进行签封，并提供封识鉴定记录。1996年，国家对进口可用作原料的废物实施强制性检验，所有废物原料在发运国必须经过指定检验机构装船前检验，合格后方可装运，用于装运的集装箱上必须加施封识，并在装船前检验证书上列明。浙江商检机构在对集装箱装运的进口废物原料实施检验时，会同海关检查集装箱号码和封识号码，并与装船前检验证书列明的编号进行核对，这是一项强制性的封识鉴定业务，是进口废物原料检验监管工作的重要组成部分，该工作一直延续至今。

2001年6月1日起，出口打火机列入法定检验，浙江检验检疫局对出口打火机实施货物封识管理，在所有经检验合格的打火机外包装箱上加贴CIQ标志。2003年1月起，根据中韩之间的协定，对输韩水产品实施货物封识管理，浙江检验检疫局在经检验合格的水产品装入集装箱后，使用印有“中国检验检疫CIQ”字样的透明胶带在最外一层货物的包装箱上施封。

2009年，质检总局发布《关于对出口埃及工业产品实施装运前检验的公告》，对出口埃及的工业产品的检验内容包括实物检验、检测、核价和监装等工作。浙江检验检疫机构根据业务所辖对出口埃及工业产品开展了检验，并对装运出口货物的集装箱的施封过程进行监管。

二、装运前检验

根据《商检法》及其实施条例和有关法律、法规规定，从1996年起，商检机构对允许作为原料进口的废物实施装运前检验。2002年12月31日，质检总局公布《进口旧机电产品检验监督管理办法》，规定自2003年5月1日起，对那些涉及国家安全、环保、人身健康的旧机电产品以及大型二手成套设备，进口单位在对外贸易合同中订明在出口国进行装运前检验、监装等条款的旧机电设备实施装运前检验。2005年8月10日，国务院第101次常务会议通过《中华人民共和国进出口商品检验法实施条例》，自2005年12月1日起施行。浙江检验检疫机构按照《商检法实施条例》，对进口可用作原料的固体废物和价值较高，涉及人身财产安全、健康、环境保护项目的高风险旧机电产品实施装运前检验。

（一）进口可用作原料的固体废物装运前检验

1996年，国家商检局先后下发《关于发布〈进口废物原料装运前检验管理办法〉（试行）的通知》《关于同意中国检验公司等单位为进口废物装运前检验机构的通知》和《关于做好当前进口废物装运前检验工作的通知》等文件，规定对国家允许作为原料进口的废物实施装运前检验，装运前检验应由国家商检局认可的检验机构承办。浙江商检机构认真贯彻落实，各口岸商检机构要求收货人必须凭装运前证书办理报检手续，对已运抵口岸但没有装运前检验证书的，不受理报检。

1997年3月，浙江商检机构按照国家商检局《关于加强进口废物原料检验工作有关问题的通知》，要求在对来自美国、日本和中国香港地区、中国台湾地区的可用作原料的废物严格凭装运前检验合格证书受理报验的基础上，逐步做到对所有的进口可用作原料的废物必须凭装运前检验合格证书受理报验。1997年11月18日，国家商检局印发《关于进口可作原料用废物检验管理工作的若干意见》。浙江商检机构严格按照文件要求，从1998年1月1日起对从日本进口可用作原料的废物，凭日本商品检查株式会社的装运前检验证书受理报验。

1998年，宁波商检局先后派员赴美国、加拿大对进口可用作原料的废纸、进口可用作原料的废塑料进行实地考察，开展装运前检验工作。1999年11月22日，国家检验检疫局发布《进口废物原料装运前检验机构认可管理办法（试行）》，规范对进口可用作原料的废物实施装运前检验机构的认可管理，自2000年1月1日起实施。2002年，质检总局下发《关于进一步加强进口废物原料装运前检验工作的紧急通知》，2003年下发《关于进一步加强废物原料检验监管工作若干意见的通知》，2004年下发《关于转发国家认监委〈关于规范进口废物原料装运前检验监管工作的通知〉的函》。浙江检验检疫机构认真组织落实，加强和完善进口可用作原料的废物检验检疫监督管理工作。2001—2004年，宁波检验检疫局先后派员赴加拿大、美国、英国、法国、日本、德国、荷兰执行进口废物检验技术交流任务，开展装运前检验工作及进口废纸检验检疫考察。

2005年5月1日，浙江检验检疫机构根据2月5日和28日质检总局发布的《关于陆运口岸进口废物原料境外供货企业注册的指导意见》和《关于公布已批准授权的进口废物原料装运前检验机构的通知》要求，对来自已经设立境外装运前检验机构地区的可用作原料的废物，凭质检总局指定的境外装运前检验机构签发的装运前检验证书受理报检，质检总局批准中国检验有限公司和中检集团的18家海外公司为授权的进口可用作原料的废物装运前检验机构，且只接受经注册供货商的检验申请。2006年2月1日起，浙江检验检疫机构根据1月7日质检总局发布的《关于执行国家环境保护总局公告2005年第59号的通知》要求，以装运前检验证书签发日为准，按照GB16487-2005，对持有装运前检验证书的进口可用作原料的废物实施环保项目检验；以提单签发日为准，按照GB16487-2005，对无装运前检验证书的进口可用作原料的废物实施环保项目检验。4月21日，浙江检验检疫机构根据质检总局发布的《关于加强进口废物原料检验检疫工作的通知》要求，完善进口可用作原料废物的装运前检验和口岸检验检疫监管工作，严格按照国家环境保护总局和国家质量监督检验检疫总局新发布的《进口可用作原料的固体废物环境保护控制标准》(GB16487-2005)实施装运前检验和口岸检验。5月、6月、10月、11月和12月，宁波检验检疫局先后派员赴日本、韩国、法国、葡萄牙、西班牙、英国、比利时、荷兰和美国执行进口可用作原料的废物境外供货企业注册现场考核及开展装运前检验工作。

2007年1月23日，浙江检验检疫机构根据质检总局发布的《关于重申加强进口废物原料检验检疫工作的通知》要求，按照《进口可用作原料的固体废物环境保护控制标准》实施装运前检验和口岸检验。3月1日，浙江检验检疫机构根据2月8日质检总局发布的《关于启用进口废物原料电子监管系统有关问题的通知》要求，全面启用“进口废物原料电子监管系统”，按照《进口可用作原料的废物检验检疫规程》〔SN/T1791.1-13，按照《进口可用作原料的废物检验检疫规程　第一部分：废塑料》(SN/T1791.1-2006)等系列标准规定的比例〕规定的比例，对进口可用作原料的废物实施开箱查验和掏箱检验。10月27日，浙江检验检疫机构根据质检总局发布的《关于进一步加强进口废物原料检验监管工作的通知》要求，重视进口可用作原料的废物检验检疫工作。浙江检验检疫机构认真执行质检总局《关于明确授权的进口废物原料装运前检验机构业务范围和区域的公告》要求。自2007年9月1日起，39个国家和地区发往中国的可用作原料的废物必须做装运前检验，由质检总局认可的21个机构承担检验工作。

2009年8月1日起，浙江检验检疫机构根据同年7月28日质检总局发布的《关于执行〈进口废物管理目录(2009年)〉的通知》要求，对未列入新的《限制进口类可用作原料的固体废物目录》或《自动进口许可类可用作原料的固体废物目录》的固体废物，不受理报检，不再签发入境货物通关单；对目前无相应环控标准的可用作原料的废物，在未公布施行相应环控标准或强制性技术要求前，不受理该类废物原料的报检，不予签发入境货物通关单。8月21日，浙江检验检疫机构开始实施质检总局发布的《进口可用作原料的固体废物检验检疫监督管理办法》，在质检总局规定的检验业务范围和区域内，对进口可用作原料的固体废物实施口岸查验，发现货证不符或者环保项目不合格的，要求装运前检验机构应当向质检总局报告装运前检验情况，并提供记录检验情况的图像和书面资料。10月30日，浙江检验检疫机构根据质检总局发布的《关于公布〈进口可用作原料的固体废物国外供货商注册登记管理实施细则〉的公告》要求，对被质检总局发布B类预警的国外供货商输出的可用作原料的废物实施为期90日的全数检验。2009年11月1日起，进口可用作原料的固体废物国外供货商应按照实施细则的规定，向质检总局提出注册登记、变更和延续申请事宜。

2010年1月1日起，浙江检验检疫机构根据2009年12月31日质检总局发布的《关于指定中国检验认证集团南美有限公司等3家公司为中国进口废物原料装运前检验机构的公告》要求，对中国检验认证集团南美有限公司、中国检验认证集团印度有限公司以及中国检验认证集团韩国有限公司出具的装运前检验证书，接受装货地或发运地为阿根廷、巴西、乌拉圭、秘鲁、智利、玻利维亚、印度、巴基斯坦、孟加拉国、韩国输华废物原料的报检。同年8月3日，浙江检验检疫机构根据质检总局发布的《关于印发〈2010年进口氧化皮装运前检验工作研讨会纪要〉的通知》要求，加强进口可用作原料的废物中的氧化皮装运前检验工作，规范检验工作程序。9—11月，宁波检验检疫局分别派员赴荷兰、加拿大、美国、墨西哥执行进口可用作原料的废物境外供货企业注册现场考核及开展装运前检验工作。

(二)进口旧机电装运前检验

进口旧机电装运前检验始于2003年。2002年12月31日，质检总局第37号局令公布《进口旧机电产品检验监督管理办法》，规定了进口旧机电装运前检验申请、备案、检验要求等，于2003年5月1日起实行。2003年4月24日，质检总局发布《关于〈进口旧机电产品检验监督管理办法〉有关问题的公告》，将《进口旧机电产品检验监督管理办法》推迟到8月1日起实行。6月19—20日，浙江检验检疫局在温州召开贯彻落实《进口旧机电产品检验监督管理办法》现场会。2003年8月18日，质检总局发布《进口旧机电产品检验监督程序》，自2003年10月1日起实行。12月18日，宁波检验检疫局出台《宁波地区进口旧机电产品检验检疫操作规程(试行)》。

2003年，浙江检验检疫机构全年累计受理进口旧机电产品装运前检验备案共330批，货值13153.33万美元，不予备案5批，实施装运前检验6批。浙江检验检疫局派员赴境外对4批产品风险及货值较高的设备实施装运前检验，包括湖州新元泰电子有限公司从美国进口的价值6000万美元的单晶硅生产线。宁波检验检疫局对2批次进口旧机电实施装运前预检验，其中宁波武田纺织有限公司从日本引进的经编机等旧设备，金额为275万美元。经宁波检验检疫局检验发现，部分设备不符合中国的安全、卫生、环保要求。宁波检验检疫局责令发货方采取技术措施予以消除，对设备中一台采取技术措施仍无法消除的络丝机，责令发货人不得使其入境。

2004年4月，浙江检验检疫局进口旧机电产品检验监管现场工作会在嘉兴召开，规范进口旧机电产品备案、装运前预检验、到货检验和监督管理操作办法，加强各个环节的工作衔接。2004年11月，浙江检验检疫局出台《进口旧机电产品检验监管实施细则》。

2005年，浙江检验检疫局辖区合资企业以作价投资方式、独资企业以整厂搬迁方式进口旧生产线的数量明显增加。浙江检验检疫局专家组团赴境外对大型成套旧生产线实施装运前检验达12批次。通过实施装运前检验,将不符合国家技术规范和强制性要求的旧机电产品挡在国门之外,起到显著的把关作用。

2006年,浙江检验检疫局在义乌召开进口旧机电产品检验监管座谈会,在严格备案程序、加强到货检验等方面做了进一步明确,决定开始对实施装运前预检验的进口旧机电产品实行集体研究决定制度,对进口大型旧成套(项目)实行专家评审(议)制度。同年,除试点直属检验检疫局外,浙江检验检疫局在全国范围内率先尝试委托质检总局认可的境外检验机构实施装运前检验的模式,有效地控制了不符合国家技术规范的强制性要求的产品进入国门。

2006年12月31日,质检总局检验监管司下发《进口旧机电备案工作规范(试行)》和《进口旧机电装运前检验工作规范(试行)》,宁波检验检疫局依据文件规定和相关工作要求,进一步规范进口旧机电产品备案等管理工作流程。

2008年,宁波检验检疫局出台《宁波检验检疫局进口旧机电产品违规批次检验监管工作程序》,对进口旧机电产品检验监管程序作进一步规范。

2009年,浙江检验检疫局在进口旧机电备案中借鉴价值鉴定的做法,发挥优势,为企业争取合法权益。针对绝大多数进口旧机电产品尚未明确禁止进口的制造年限的实际情况,在对设备制造日期与设备现状的综合评定有疑问时,主动征求行业内专家和同类设备使用者的意见,以防部分申请人利用政策的空子将已超期服役或即将达到设计使用寿命的旧设备转移入中国。2009年12月30日,质检总局发布《关于发布取得旧机电装运前预检验资格人员名单的函》,浙江局有36人、宁波局有31人获得旧机电装运前检验资格。2010年,宁波局出台进口旧机电规范性文件,进一步完善旧机电检验监管制度。2010年度,浙江检验检疫机构共计完成进口旧机电产品到货检验875批次、金额10824.15万美元,受理进口旧机电备案1171批、金额31949万美元,其中实施装运前检验466批、金额15581.9万美元。

表68-5-6-1　　2003—2010年浙江口岸进口旧机电检验监管工作一览表

年份	备案批次	备案金额(万美元)	不予备案批次	年份	备案批次	备案金额(万美元)	不予备案批次
2003	330	13153.33	5	2007	921	21176.90	6
2004	908	36250.00	7	2008	784	17918.90	10
2005	914	32511.25	11	2009	858	26031.64	3
2006	971	26689.70	4	2010	1171	31949.00	-

资料来源:宁波局、浙江局检管处根据宁波局、浙江局历年年鉴、CIQ2000系统数据统计。

说明:2006年不予备案批次不包括浙江局。

第六章　监督管理

20 世纪 50 年代，贸易商品检验一般只查验商品类别、品质和数量、重量，不延伸到生产流通、从业人员健康资格等环节的监督管理。1963 年 3 月，杭州商检局对出口罐头、水产等产品生产企业实施驻厂质量监管。这是浙江商检机构对进出口企业及商品实施监督管理的开端。1964 年起，浙江各卫生检疫机关开始在国境口岸范围开展卫生监督工作。1980 年 10 月，杭州肉联厂获准联邦德国注册。这是浙江省出口食品生产企业首次获得国外注册。1984 年，萧山钟表机械厂成为浙江省首家获得出口质量许可证企业。是年，杭州动植物检疫所对进口水稻种子进行隔离试种监管，开始对进出境动植物及其产品实施监督管理。1985 年，浙江商检局按照《出口食品厂（库）最低卫生要求》，对出口食品生产企业实行分期分级注册登记。是年，浙江商检局陆续在机械、纺织、化工品、生丝等出口商品中实施分等管理，对优质出口商品施加“浙江商检标志”，为全国商检系统首创。同时，推行认可检验员制度，满足对外贸易快进快出的需要。1986 年，宁波商检局发布《宁波市出口表外纺织品检验监督管理实施办法》，将认可检验制度逐渐推广至纺织品、轻工业品、农副产品、化工产品等八大类。1987 年，浙江商检局对社会检验机构和工厂企业实验室实施认证，补充商检机构技术能力的不足。1988 年，浙江商检局、浙江省计经委、浙江省经贸委联合组织对浙江省 3373 家出口商品生产企业进行清理整顿，其中有 3352 家企业通过考核验收，取得合格证书，准予列入《浙江省出口商品质量保证生产企业名录》。1989 年，浙江商检局联合工商等部门，对流通领域进口家用电器、化妆品、食品等商品进行抽查，对未加贴安全卫生标志和逃避检验行为进行查处。这是浙江商检局对流通领域进口产品监管的开端。

1990 年起，浙江商检局制定一系列管理办法，规范各类出口商品监督管理工作。是年，浙江各卫生检疫机构开始对国境口岸范围内的食品生产经营单位、服务行业单位发放口岸卫生许可证书。1992 年，浙江各卫生检疫机关开始对出入境特殊物品开展卫生检疫审批工作。1994 年，浙江商检局会同浙江省工商局、浙江省消费者协会发布《浙江省流通领域进口商品质量监督管理办法（试行）》，并组织开展打击进口假冒伪劣商品统一行动。1995 年 1 月 1 日，国家商检局下放出口食品厂、库卫生注册登记的审批权，浙江商检局开始负责浙江省出口食品厂、库卫生注册登记受理审批工作。1996 年，宁波商检局从浙江商检局分离，独立开展监督管理业务。是年，杭州动植物检疫局出台《杭州动植物检疫局出境植物产品生产、加工、存放单位注册登记管理办法》，对辖区内 400 余家出境植物及产品的生产单位实施注册登记。1996 年起，浙江商检机构实验室按照 ISO/IEC 导则 25《校准和检测实验室能力的要求》建立管理体系，推动系统实验室获得中国实验室国家认可委员会（以下简称 CNAL）认可，有 30 家实验室获得 CNAL 认可。1997 年 8 月，浙江商检局开展打击假冒美国保险商试验所（Underwrite Laboratories Inc.，以下简称 UL）安全认证标志活动，出台《浙江商检局 UL 认证产品监督管理实施办法》，开展打击假冒 UL 安全认证标志活动，并获全国检验检疫系统“打击假冒 UL 案件查处优秀奖”。9 月，浙江商检局启动出口工业品免验工作，嘉兴富兴服装有限公司成为全国第四家、浙江省第一家免验企业。1999 年 5 月，浙江商检局成为全国第一家通过中国进出口商品质量认证中心（以下简称“CQC”）质量体系认证的直属商检局。

1999 年 8 月“三检”合一后，浙江检验检疫机构引入风险评估机制，抓好涉及安全、卫生、环境保护、反欺诈等重点商品的监管工作；深入推进认证认可，加大对体系认证、产品认证、实验室认可和进出口商品检验鉴定机构监管力度。2000 年 8 月，浙江检验检疫局在出口产品质量许可证、食品卫生注册登记工作中引入 ISO9001 质量管理体系。2001 年起，浙江检验检疫局加强市场采购贸易监督管理，陆续出台义乌中国小商品城出口商品检验检疫监管规范。2005 年 11 月，浙江检验检疫局对运往中国澳门地区甲型流感疫苗加快审批，在最短的时间里办理出境通关前所需的各种手续，使得这批“救命”疫苗及时到达澳门。这是浙江检验检疫局首批办理出境的疫苗。2006 年，浙江检验检疫局推行企业实验室认可工作，并在出口食品生产企业实验室开展试点。2007 年 1 月起，浙江检验检疫机构局启用质检总局“出入境特殊物品电子监管系统”，提高口岸卫生许可工作效率。4 月，浙江检验检疫局首次召开全省系统认证认可工作会议，率先在全国检验检疫系统开展管理体系认证执法监管工作。2008 年，浙江检验检疫机构大力推进出境竹木草制品生产企业分类管理工作，浙江省有 2292 家竹木草制品生产企业实施分类管理。是年起，浙江检验检疫局全面启动出口工业品区域化管理工作。宁波检验检疫局对从事进出口商品检验鉴定业务活动的机构，连续 2 年开展代号为“天平”“天罡”的整治行动，出台全国首份《宁波地区进出口商品检验鉴定行业自律宣言》。2009 年，浙江检验检疫局首次依法对 2 家违法违规检验鉴定机构实施行政处罚。

2010 年，浙江省有获出口食品卫生注册登记证企业 334 家（次），获出口商品质量许可（注册登记）证企业 238 家（次），获准免验出口工业品企业 1 家，获评出口工业品检验监管区和质量安全示范区 12 个，获得质检总局许可的进出口商品检验鉴定机构 2 家。

1985—2010 年，浙江省获出口食品卫生注册登记证企业共有 1230 家（次）；1983—2010 年，浙江省获出口商品质量许可（注册登记）证企业有 7224 家（次）；1988—2010 年，浙江省纳入出口工业品分类管理企业有 18267 家；2002—2010 年，浙江检验检疫机构共发放口岸卫生许可证 580 份，其中口岸食品生产经营单位 299 份，口岸服务行业单位 156 份，口岸储存场地 125 份。2003—2010 年，浙江省获准免验出口工业品企业有 27 家；2007—2010 年，浙江省获出口工业品检验监管区和质量安全示范区共有 12 个，涵盖生产企业 6000 余家；2008—2010 年，浙江省出境竹木草制品分类企业有 2783 家；1991—2010 年，浙江检验检疫机构帮助和促进 4537 家出口商品生产企业通过质量管理体系认证，1025 家企业通过环境管理体系认证，284 家企业通过职业健康安全体系认证，355 家企业通过食品安全管理体系认证；1987—2010 年，浙江检验检疫机构认可社会实验室 53 个；2009—2010 年，浙江检验检疫局认可（检测能力评定）企业实验室 17 个；1985—1999 年，浙江检验检疫机构共认可检验员 30151 人。

2004—2010年，浙江省获得质检总局许可的进出口商品检验鉴定机构有28个。

第一节　进出口商品监督管理

20世纪50年代，对进出口商品的监督管理主要是派驻厂员实施驻厂质量监管。1950年，上海商检局在浙江省对进出口企业实施驻厂质量监督。1963年，杭州商检局开始对出口企业实施驻厂质量监管。1985年5月，浙江商检局按照《出口食品厂(库)最低卫生要求》，对首批通过考核的29家食品生产企业颁发食品卫生注册证书。此后，浙江商检机构陆续推行出口工业品分类管理、流通领域进口商品监督抽查、优质出口商品免验、非法定检验商品监督抽查等管理措施，提升出口企业质量管理水平和出口商品质量安全。1999年"三检"合一后，浙江检验检疫机构加强涉及安全、卫生、环境保护、反欺诈等重点商品的监管工作。2006年，宁波检验检疫局大力推进出口商品监督管理工作。在实地日常监管的基础上，利用先进的信息化技术，对安装电子监管系统的卫生注册登记企业通过部分视频监控方式实施监管。2007年以后，浙江检验检疫局推行检验监管区和质量安全示范区管理，进出口商品监督管理成为检验检疫不可分割的重要手段。

一、驻厂质量监督

1950年7月，上海商检局按照国家贸易部《茶叶产地检验办法》，在浙江平水、三界派驻厂员，开展成品茶出口检验，浙江省驻厂质量监督就此开始。

1963年3月，杭州商检局根据已开验的9类35个商品的特点和要求，对敏感、质量不稳定的出口罐头、水产品等生产企业派出驻厂员，进行出口商品预验，并制定《出口商品发证放行办法(草案)》，对派驻工厂的质量监督工作作出规定。1964年9月，杭州商检局制定《驻厂工作细则》，对驻厂目的、检验依据、工作程序、抽样检验等方面做出规范。1964年12月21日，杭州商检局向驻厂员所在的望江罐头厂、黄岩罐头厂、如生罐头厂、奉化罐头厂、舟山罐头食品厂，杭州肉厂，嘉兴冷冻厂，宁波鱼品厂等发出《加强对我驻厂员政治思想领导的通知》，提出驻厂人员政治思想等方面委托工厂党委和行政加强领导。1966年前，杭州商检局驻厂检验和巡回质量监督的企业有宁波罐头厂、黄岩罐头厂、温州罐头厂、舟山水产罐头厂等，授权驻厂质量监督员签发检验结果单。"文化大革命"期间，驻厂质量监督工作被迫停止。

1978年，浙江恢复驻厂质量监督工作。宁波商检处在黄岩罐头厂、舟山水产食品罐头厂实行驻厂质量监督，对出口产品实施批批自检或共检。1979年9月，杭州商检局成立宁波北仑港铁矿石中转港装卸成套设备检验办公室，由所属的宁波商检处派员进驻北仑港，对北仑港铁矿石中转港装卸成套进口设备开展检验。是年，又成立浙江炼油厂(大化肥工程)现场办公室，对该工程引进成套设备进行驻厂检验和管理。1982年7月2—5日，杭州商检局在宁波召开全省出口罐头工作会议，明确出口罐头检验、驻厂员守则和罐头包装查验等工作要求。是年，全省11个罐头厂有9个实行驻厂质量检验监管，商检自检率从71.9%提高到95.6%。

此外，杭州商检局还派员对绍兴出口茶叶拼配厂驻厂检验。1986年，中国第一座核电站秦山核电一期工程开工。翌年，浙江商检局在秦山核电站成立秦山核电站一期工程现场办公室，对秦山核电工程引进的设备和材料进行检验监督。浙江商检局对秦山核电站的驻站检验工作受到国务院副总理邹家华的表扬。1987年，杭州丝绸印染联合厂成为全国首批38家对重要出口生产企业派驻质量监督员试点企业之一，也是全国丝绸系统唯一的试点单位。质量监督员进驻杭州丝绸印染联合厂半年后，该厂出口产品漏验率比上年同期下降50%，反馈质量信息8份，发现和解决问题18个。1988年，浙江商检局在国家重点引进建设项目杭州磁带厂设立现场办公室，实行现场检验监管。是年，杭州磁带厂进口设备因质量问题获赔400万元。1989年，宁波罐头厂生产的蘑菇罐头被美国食品药品监督管理局（以下简称FDA）检出肠毒素，宁波商检局于次年向宁波罐头厂派驻质量监督员，保证该厂生产的蘑菇罐头顺利通过美国FDA专家检查。

此后，浙江商检机构派驻质量监督员工作在更大范围开展，并根据企业质量控制能力情况适时抽回质量监督员。1990年，浙江商检局派质量监督员对杭州出口茶叶拼配厂实行驻厂检验，对出口茶叶的取样、包装、数重量进行监督检验。1991年底，浙江商检局根据秦山核电工程建设进度，第一次撤销驻秦山核电站一期工程现场办公室。1992年3月19日，宁波商检局与北仑电厂工程公司联合成立驻厂现场检验办公室，对该项工程引进的进口设备实施检验和监管。1994年3月，浙江商检局成立浙江涤纶厂现场办公室，实行监管、检验一条龙服务。1995年7月，浙江商检局成立天荒坪抽水蓄能电站工程现场办公室，开展对进口成套设备的检验监管工作。1997年，由于浙江庆丰印染有限公司产品出口量大、时间紧，浙江商检局派检验员驻厂检验，对受理报检、检验、签证放行实行"一条龙"服务。2002年9月，浙江检验检疫局成立桐柏抽水蓄能电站检验检疫现场办公室，对该项工程的进口成套设备实施监管和检验。

2005年，浙江检验检疫局分别成立华联三鑫石化有限公司现场办公室、浙能兰溪发电厂工程现场办公室和华能玉环电厂工程现场办公室。2006年4月，浙江检验检疫局重新成立秦山核电基地现场办公室，负责组织实施对秦山核电二期扩建工程进口设备的检验检疫和监管工作。6月，宁波检验检疫局成立驻台塑现场办事处，负责台塑集团在宁波投资项目进口设备的检验和监督管理。2008年4月，浙江检验检疫局成立三门核电现场办公室，对该项工程的进口设备实施检验检疫和监管工作。9月，由于"三鹿"奶粉三聚氰胺污染事件的发生，浙江检验检疫局下达《关于向各分支局派驻加强乳品生产监管工作组的通知》。是年，嘉兴检验检疫局派员进驻嘉兴美丹食品有限公司等企业。2009—2010年，浙江检验检疫局没有新增驻厂现场检验办公室。

二、出口食品生产企业注册登记监督管理

（一）出口食品生产企业注册登记

1982年，杭州商检局按照国家商检总局《出口食品加工厂（场）最低卫生要求（修订稿）》及出口水产品加工厂（库）卫生管理情况分类上报的要求，对浙江出口肉类、罐头、水产品加工

厂(场)进行调查摸底，为实施卫生注册登记打下基础。自1985年1月开始，浙江商检局将浙江省各出口食品厂(库)注册登记工作分5批进行。5月，浙江商检局在杭州召开首次食品卫生注册颁证大会，向通过考核的第一批29家企业颁发证书。

1986年3月，浙江商检局制定《水煮笋品质检验和监管办法》，依此办法对辖区各厂(库)进行检查，责令卫生条件差、管理混乱的企业限期整改，并结合整改情况，分期分批办理注册手续。7月，在杭州召开出口罐头检验工作会议，讨论蜂蜜验收和检验的几点做法，为蜂蜜加工企业的卫生注册工作做好准备。1987年，浙江商检局介入企业生产设计环节，要求企业在新建、扩建或改建出口食品厂(库)前，对选址和卫生设计进行审查，以避免在注册登记中造成不必要的浪费。是年，浙江商检局制定《浙江省出口食品厂(库)注册工作分工及流程》《出口茶叶厂、库最低卫生要求(试行)》，并向浙江省人民政府呈报《关于开展出口茶叶厂注册登记工作需解决有关问题的报告》，由浙江省政府批转给有关政府部门。1988年6月，绍兴出口茶叶拼配厂等11家企业首批获得浙江省茶叶行业食品卫生注册证书。1989年，浙江商检局对浙江出口养鳗场进行卫生登记，有34家鳗鱼养殖场获得登记。1990年，宁波商检局编写《出口食品卫生手册》等资料，为出口食品企业提供手册编写样例。1993年11月，浙江商检局发布《出口粮食厂、库卫生登记要求(试行)》，规定从1994年1月1日起，凭商检机构颁发的卫生登记证受理报验。1994年，国家商检局出台《出口食品厂、库卫生要求》和《出口加工企业注册卫生规范》，浙江商检局以企业卫生注册登记考核为切入点，帮助企业改善卫生条件，先后有40家出口食品厂(库)在卫生注册登记基础上获得美国、欧盟、日本、韩国注册。1994年，浙江商检局向出口食品生产企业发放出口食品注册登记证书236份。1985—1994年，浙江商检局累计向出口食品生产企业发放出口食品注册登记证书894份。

1995年1月1日，国家商检局将出口食品厂、库卫生注册登记的审批权下放至各直属商检局。浙江商检局负责浙江省出口食品厂、库卫生注册登记工作，卫生注册和登记证书编号前缀分别为“3300”和“3300D”。6月，浙江商检局下发《关于对出口空罐生产企业实施商检卫生登记管理的通知》，并要求出口美国、加拿大的罐头罐底必须有不易消除的卫生注册编号。1996年起，宁波商检局从浙江商检局分离，宁波地区出口食品厂、库卫生注册登记工作由宁波商检局管辖。是年，浙江商检局对获得出口食品卫生注册登记证企业建立数据库，实现出口食品卫生注册登记凭证报检计算机管理。1997年，宁波商检局出台《宁波商检局出口食品卫生注册管理工作程序》，对该项工作的考核、发证和监管管理进行规范。2000年8月，浙江检验检疫局将出口食品卫生注册登记申请受理、考核、审批发证、后续管理纳入ISO9001质量体系。在此阶段，浙江检验检疫局开发应用“浙江检验检疫认证监管资源管理系统”，率先在全国检验检疫系统实现出口食品生产企业注册登记网上申请和审批，提高工作效率。

2002年5月，浙江检验检疫局召开出口食品注册登记企业监管工作会，贯彻落实质检总局新发布的《出口食品生产企业卫生注册登记管理规定》(以下简称20号令)要求。7月，浙江检验检疫局按照质检总局《关于清理整顿对非受理卫生注册登记企业的食品报检和办理检验检疫放行情况的通知》要求，取消“特报审批”。12月，浙江检验检疫局开始按罐头卫生规范要求，对密封包装、常压杀菌、常温保存的出口水煮蔬菜实行注册管理。2004年4月，浙江检验检疫局根据20号令和《出口罐头生产企业注册卫生规范》要求，对水煮果蔬类产品(不包括9升、18升罐头)纳入罐头注册管理。2005年，宁波检验检疫局制定《宁波检验检疫局出口食品生产企业卫生注册登记管理办法》，进一步落实细化20号令的要求。

2006年4月，浙江检验检疫局制定《出口原料性腌渍菜生产企业卫生注册规范(试行)》，并对企业生产工艺实施分步改造。是年，浙江局辖区58家腌渍菜生产企业中，有32家完成改造。宁波检验检疫局也完成对7家腌渍菜生产企业的改造。8月29日，浙江检验检疫局在对金华火腿室内洗晒的传统工艺专题调研的基础上，召开全省辖区出口火腿生产企业加工设施改造现场会，推广金华火腿室内洗晒设施改造试点经验，彻底解决浙江金华火腿几百年来室外洗晒不符合卫生要求的问题。2007年，浙江检验检疫局开展出口黄酒生产工艺改造的调研，提出对绍兴酒的传统酿造车间进行现代化改造，绍兴地区有2家龙头企业率先试点改造。2008年，浙江检验检疫局制定《出口食品生产企业安全卫生自控能力促进计划》《浙江出口食品生产企业实验室建设指导意见》，提升企业自检自控能力。是年，浙江检验检疫局出台《2008年浙江省出口珠茶、眉茶企业整改要点》，加大出口茶叶企业升级改造力度。2009年10月13—14日，浙江检验检疫局在绍兴召开出口珠茶、眉茶企业改造验收现场会，推广绍兴县两溪茶厂、绍兴县和兴茶厂改造经验。是年，浙江局辖区38家出口茶业企业中，有26家完成改造并通过验收，4家被淘汰，8家限期整改。浙江绍兴地区出口茶叶企业的改造情况得到国家认证认可监督管理委员会(以下简称国家认监委)检查组的充分肯定。2010年，浙江省有334家(次)企业获得出口食品卫生注册登记。

1985—2010年，浙江省累计有1230家(次)企业获得出口食品卫生注册登记，其中注册企业725家(次)，登记企业505家(次)。

(二)获得出口食品注册登记证企业后续管理

1989年4月，国家商检局制定《出口食品注册厂监督管理规定》和《对出口食品厂、库卫生管理的补充规定》，要求把注册工作的重点转移到加强监督管理上来，对出口肉类等食品厂实行分级注册管理和监督检查，依据查出问题轻重作出警告、通报批评、限期改进、暂停接受出口检验、停止产品出口或吊销注册证书等处理。6月，浙江商检局在检查中发现8家厂未经卫生注册登记、非法生产出口芦笋罐头企业，遂责令其停工整顿，对已出运的罐头，商请有关口岸予以扣留。7月，浙江商检局停止受理11家未获卫生注册证书或卫生状况差的出口肠衣生产企业的报验。2001年1月，浙江检验检疫局对辖区内获食品卫生注册登记证企业进行全面检查，对10家卫生管理不善的企业作出注销证书处理。

2002年9月，舟山地区1家水产注册企业从未注册企业收购冻虾仁，报验出口，违反注册编号专厂、专号、专用的规定，浙江检验检疫局依法吊销该企业卫生注册证书。10月，温州地区1家集团公司以欺诈手段违法出口冷冻虾仁，浙江检验检疫局依法吊销其冷冻蔬菜检疫卫生注册证书，并按裁量上限处罚。

2003年6—11月，浙江检验检疫机构按照国家认监委的部署，组织对浙江省出口食品卫生注册登记企业开展“拉网式”检查。共检查食品注册企业462家、登记企业391家，对不符合卫生要求的121家企业作出卫生注册登记自动失效和吊销处理。2005年1月，浙江检验检疫局针对企业卫生注册登记的日常监管缺乏有效记录和连贯性的问题，统一编制并使用出口食品生产企业日常监管日志，提升监管工作的有效性。2006年11月，浙江检验检疫局根据国家认监委《关于切实加强输美贝类产品卫生注册监管工作的通知》要求，组成4个检查组，重点对杭州、温州、舟山、台州、嘉兴、湖州、嵊泗等地31家出口水产注册企业进行检查，促进水产品企业管理水平的提升。

2007年4月，浙江检验检疫局发布《出口食品生产企业定期监督检查分类办法(试行)》，鼓励企业提升自检自控能力，杭州娃哈哈等77家企业首批获得一类管理资格。此后，浙江检验检疫局结合企业的生产条件、管理水平、自检自控能力、产品质量状况及风险程度等因素，动态调整一类定期监管企业名单，连续3年共调整公布企业名单317家次。

2007年5月，浙江检验检疫局对杭州、绍兴、湖州、嘉兴、金华、衢州等地区29家出口茶叶企业进行专项检查，及时督促企业对问题进行整改，促进出口茶叶生产企业的卫生质量意识的提高。7月，浙江检验检疫局针对"三鹿奶粉事件"，成立专项检查组，对辖区4家乳制品生产企业实施现场检查，未发现乳制品添加三聚氰胺的情况。在此检查的基础上，浙江检验检疫局对大宗、高风险出口食品添加剂使用情况进行重点调研和风险评估，预防类似三聚氰胺事件的发生。8—12月，浙江检验检疫机构贯彻落实质检总局进出口产品质量和食品安全专项整治工作的要求，对出口食品注册登记企业开展"拉网式"检查，共检查企业914家，对313家企业作出暂停报检、自动失效和吊销资格处理。是年，浙江检验检疫机构对出口食品原辅料、食品添加剂、农业投入品使用情况进行清理检查，共检查出口食品生产企业824家，对88家企业做出整改、暂停处理。2008年，宁波检验检疫局对64家出口食品生产企业开展飞行检查，提出不符合项65个，抽取动物源性食品样品63个，检测结果有3个样品含有三聚氰胺，有效防范有毒有害物质对食品安全的污染隐患。2009年，浙江检验检疫局组织对12家食品添加剂登记企业进行全面检查，提升企业的卫生安全意识。

1989—2010年，浙江检验检疫机构累计检查出口食品卫生注册登记企业2657家次，分别对443家企业作出暂停报检、自动失效和吊销资格处理。

(三)出口卫生注册评审员管理

1998年8月，浙江商检局按照国家商检局《进出口商品生产企业质量体系评审员管理办法实施细则》要求，考核并聘任45名同志为浙江商检系统第一批出口卫生注册评审员。评审员制度推出以后，实现异地考核、评审分离，使食品卫生注册登记考核更趋公平公正。2001年，浙江检验检疫局分别在舟山和杭州举办出口食品注册登记评审员培训班，89名学员取得评审员资格，另有6名评审员参加质检总局培训班，取得主任评审员资格证书。此后，浙江检验检疫局定期举办卫生注册评审员培训班，有250余人接受培训，评审员队伍逐年扩大。2006年10月，浙江检验检疫局结合出口食品生产企业的种类和特点，首次为评审员配备注册评审专用工具箱，购置数码相机、温度检测仪、二氧化硫速测盒等仪器和设备，提高食品卫生注册评审工作质量。2008年8月29日，浙江检验检疫局首次举办"2008浙江检验检疫系统卫生注册评审员岗位技能竞赛”，12 个分支局的 24 名选手参加竞赛活动，有 6 名选手分别获得一、二、三等奖。是年，浙江检验检疫局制定《出口食品企业卫生注册评审与监管人员能力促进计划》《出口食品生产企业卫生注册登记卷宗审核要求》《建立“两证”评审质量和廉政反馈意见度》《出口质量许可(注册登记)、卫生注册评审员管理实施细则(试行)》，进一步规范卫生注册评审员管理制度。2009 年，浙江检验检疫局首次对 58 名卫生注册评审员的评审能力进行评价。是年，宁波检验检疫局举办 2 期卫生注册评审员培训，持续提高评审员的业务水平。2010 年，浙江检验检疫机构有 96 人获卫生注册评审员资格、24 人获主任评审员资格。

1998—2010 年，浙江检验检疫机构有 338 人获卫生注册评审员资格、56 人获主任评审员资格。

三、出口商品质量许可(注册登记)监督管理

(一)出口商品质量许可证制度

1983 年 12 月，杭州萧山钟表机械厂作为试点单位实行出口商品质量许可证管理，浙江商检局联合地方工业主管部门按照许可证企业要求对该厂实施考核。萧山钟表机械厂于 1984 年成为浙江省首家获得出口商品质量许可证企业。1986 年 2 月，浙江商检局会同浙江省、市两级工业主管部门开展贯彻落实国家商检局、国家经济委员会、国务院机电产品出口办公室联合发布的《出口机电产品质量许可证管理试行条例》工作，举办培训班，指导企业按照质量许可制度要求建立管理体系，并组织开展许可证考核，实施凭证报检。出口商品质量许可制度的实施，明显提高出口企业的管理水平，萧山万利集团本是生产出口木工麻花钻的乡镇企业，以 1.5 万元投资起步，通过出口商品质量许可管理后，产品质量明显提高，逐步壮大成为一家自营出口的集团公司。此后，国家商检局联合相关部委发布《“七五”期间实施出口机电产品质量许可证产品目录》，将 84 种机电产品列入目录。

1986 年 7 月，浙江商检局根据外经贸部、轻工部、国家商检局、中国丝绸公司联合制定的《出口服装质量监督管理办法(试行)》要求，对出口服装实施许可证考核。浙江商检局与省经贸厅、省二轻总公司、省丝绸公司联合组成考核验收领导小组，选择湖州丝绸服装厂、杭州童装厂、定海服装厂进行试点考核。10 月，在湖州召开全省出口服装质量许可证考核工作会议，推广试点工作经验，全面开展出口服装质量许可证管理。是年，宁波商检局组成第一个质量许可证联合考核小组，对宁波服装一厂、绣服厂、服装三厂等 11 家企业进行考核。是年底，浙江省有 89 家出口服装企业获得出口服装质量许可证。1987 年 11 月，浙江商检局召开浙江省出口纺织品质量许可证考核工作会议，要求根据国家商检局《出口纺织品质量管理办法》《出口纺织品质量监督管理办法(试行)》，制订许可证考核计划，全面铺开质量许可证考核工作。杭州都锦生丝织厂等 31 家企业首批获得出口纺织品质量许可证。1988 年 8 月，浙江商检局、浙江省经贸厅联合下发《浙江省出口商品包装纸箱质量管理办法(试行)》，要求申请生产出口商品包装纸箱，经浙江省经贸厅包装管理办公室批准后，方可向商检机构申请注册。同年，浙江商检局出台《浙江省出口包装企业注册登记考核办法》，会同浙江省经贸厅对浙江省出口包

装纸箱生产厂进行考核，有18家纸箱企业获得注册。1989年3月，浙江商检局根据国家商检局《出口畜产品检验监督管理办法》，制定《出口革皮服装质量许可证考核办法（试行）》，开始对浙江革皮服装实施许可证管理。5月，全国出口机电产品质量许可证工作会议在杭州淳安召开，全国商检、机电系统100余人参加，国家商检局局长朱震元出席并作重要讲话。

1990年12月，浙江商检局制定《浙江商检局出口商品质量许可证管理办法》《出口商品临时质量许可证管理实施办法（试行）》，以及出口机电产品、纺织品、畜产品等类的商品质量许可证实施细则，规范各类商品出口质量许可证管理工作。1991年11月，浙江商检局制定《浙江省出口商品运输包装质量许可证管理办法》，对箱类、桶（罐）类和袋类等出口商品运输包装质量许可证的申请、考核、发证和监督工作作出规定。是年，浙江商检局受国家商检局委托，承担在出口玩具生产企业中推行质量许可证试点工作，选择浙江平湖玩具总厂、金利玩具有限公司、海宁工艺玩具厂作为试点，借鉴ISO9000系列质量体系管理标准，摸索出一套适合中国出口玩具生产企业特点的质量许可证考核办法，为全国实施出口玩具质量许可证提供实践经验。1992年5月，国家商检局、对外经济贸易部、轻工业部、农业部联合颁发《出口玩具质量许可证管理办法》，浙江省出口玩具产品开始实施质量许可证管理。

1992年8月，国家商检局、机械电子部、轻工部、纺织部、中汽中公司等单位联合发布《“八五”期间实施出口质量许可证产品目录》。据此，浙江商检局调整并印发8类计61种凭出口商品质量许可证报验的产品目录，印发《办理质量许可证统一掌握的几个问题》《出口商品质量许可证有关问题解答》，解决出口企业申证过程所遇到的问题。1993年8月，浙江商检局出台《出口商品运输包装——钢桶（听罐）、吹塑桶、塑编袋和集装袋质量许可证考核办法》，要求从1994年1月1日起对该类产品实施凭证报验。至1994年底，浙江商检局累计发放纺织品、服装、机构、轻工、包装、畜产品等出口产品质量许可证2260份。1996年2月，浙江商检局出台《浙江省海运出口危险货物小型气体容器包装质量许可证管理办法》，对出口打火机、点火枪和小型压力容器等产品实施质量许可证管理。4月，国家商检局调整“九五”期间实施出口商品质量许可证产品目录，重点加强对涉及安全卫生、环保等出口商品实施质量许可制度，纺织品、服装、棉花和部分轻工机电、电子产品等26种商品不再列入出口商品质量许可证产品目录，对医疗、电子、烟花爆竹等16种商品实施质量许可证管理。浙江商检局依据目录调整许可商品范围，制订推进计划，考核发证。

1996年，宁波商检局从浙江商检局分离，宁波地区出口商品质量许可证监管业务由宁波商检局管辖。同年，宁波商检局制定《宁波商检局办理出口商品质量许可证（食品卫生注册、登记证）工作程序》，同时下发《关于出口商品质量许可证管理若干问题的暂行规定》，规范出口商品质量许可证管理。1998年2月起，浙江商检机构按照国家商检局《关于加强质量许可证管理工作的通知》要求，对机械、电子、轻工机电、纺织机械、冶金、玩具等商品实行出口商品临时质量许可制度。1999年5月，浙江商检局对出口商品木箱包装实施登记管理。至1999年7月31日，宁波商检局累计颁发出口商品质量许可证191份、临时许可证81份，企业登记767家，完成600多家次出口商品生产企业质量许可证的考核、复查和换发证工作。9月，浙江检验检疫机构按照输美陶瓷谅解备忘录的要求，对6家获得出口商品质量许可证的日用陶瓷企业进行输美认证。是年,6家企业分别获美国FDA注册。1999年11月,浙江检验检疫局将原来的出口木箱质量许可证管理改为登记制度。翌年1月,取消纸箱定点生产。2000年起,烟花爆竹、打火机、点火枪、节日灯列入登记或许可管理,浙江检验检疫局按照国家检验检疫局相关出口产品考核管理办法,对企业生产条件实施现场考核,有4家出口烟花爆竹生产企业,235家出口打火机、点火枪类生产企业获得登记;有63家节日灯生产企业获得出口质量许可证,其中台州地区企业有59家,占总数的93.7%。同年,浙江检验检疫局按照ISO9001标准和相关工作要求,制定并实施出口产品质量许可证申请受理、样品检测、考核、审批发证和后续管理通用程序,使出口质量许可管理工作与国际接轨。2001年,宁波检验检疫局出台《出口商品质量许可证管理办法》,规范质量许可证管理工作。2001年底,浙江省累计获得出口商品质量许可证企业有4478家,出口商品临时质量许可证企业有1648家。

2002年7月,浙江检验检疫局承担《出口质量许可制度档案规范》的起草工作,12月,该标准通过国家认监委组织的专家组的审定,并在全国系统应用实施。2003年8月,浙江检验检疫局根据国家认监委对实施强制性产品认证制度的产品不再重复实施出口质量许可证制度的规定,调整实施出口商品质量许可证管理的产品目录。2004年10月,质检总局将喷雾罐、打火机等纳入出口危包质量许可管理,取消出口商品运输包装(普包)质量许可和出口烟花爆竹登记制度。同时,将出口危包质量许可审批归由质检总局统一管理。2005年1月,浙江检验检疫局组织对温州地区12家首批申证的打火机生产企业进行试点考核,为全面开展出口打火机企业评审打下基础。2006年3月,浙江检验检疫局受国家认监委的委托,承担《非公路用摩托车产品出口商品注册登记实施细则》编制工作。7月,浙江检验检疫局出台《浙江出入境检验检疫局出口危险货物包装容器质量许可管理实施细则(试行)》,并召开出口危险货物包装容器质量许可工作座谈会,落实质检总局《关于规范出口危险货物包装容器质量许可工作程序的通知》要求,规范全省系统出口危包质量许可证管理工作。次年,浙江检验检疫局根据质检总局《关于下放出口危包质量许可证审批权的通知》,做好危包质量许可证的审批发证工作。

2007年6月,美国3次大规模地召回中国玩具,将中国玩具质量问题推到风口浪尖。8月,质检总局下达《关于加强出口玩具检验监管和质量许可工作的紧急通知》,国家认监委出台《出口玩具质量许可(注册登记)实施细则(试行)》,将原来的质量许可管理改为注册登记管理,玩具产品种类范围从原先的4种扩大到11种,出口竹木、乘骑、纸制文具及弹射类玩具等均被纳入注册登记管理,并取消玩具产品过渡性质的临时许可证管理。浙江丽水、台州是全国最大的出口木制玩具生产基地,新纳入许可管理的企业数约占全国的80%,新注册登记制度严重影响玩具产品出口。为应对这一情况,浙江检验检疫局立即组织调研,根据实际情况提出解决措施,在报备上级主管部门后,于8月23日发文,明确对新纳入许可管理的出口竹木等玩具产品在凭证报检期间给予3个月过渡期的规定,同时,选择杭州地区2家出口木制玩具企业进行试点考核。8月24日,浙江省人民政府副省长钟山和金德水分别对丽水市云和县专题报送的《加强出口玩具检验监管和质量许可工作给云和县经济社会发展带来一系列重大影响》作出重要批示。9月5日,浙江检验检疫局会同浙江省外经贸厅、浙江省经贸委和浙江省工艺美术行业协会召开会议,就贯彻落实省政府领导批示和质检总局文件精神,进行专题研究,达成高度一致的意见。至 12 月底,经浙江检验检疫局考核,有 89 家木制玩具生产企业获得质量许可(注册登记)。至此,浙江的一次玩具出口突发性危机得以化解,此案成为检验检疫部门联合地方政府部门共同解决对外贸易问题的典型事例。

2008 年以后,浙江检验检疫机构对未列入强制性产品认证的商品继续实施出口商品质量许可制度。4 月,宁波检验检疫局下达《关于明确出口玩具许可(注册登记)证书扩项事宜的通知》,对玩具出口国别、产品种类的扩项作进一步的明确。8 月,浙江检验检疫局出台《浙江检验检疫局出口玩具质量许可(注册登记)企业现场评审作业指导书》等 3 个指导性文件,统一出口玩具生产企业现场评审标准。

2009 年 1 月,婴孩推车及其附件类产品实施法检,并纳入出口玩具注册登记制度管理。3 月,宁波检验检疫局以政策宣传和结对帮扶为主,开展婴孩车出口企业帮扶工作。至 10 月底,17 家婴孩车企业递交出口玩具许可证的申请,其中 13 家通过考核并获得证书。2010 年 12 月,宁波检验检疫局制定《出口商品注册登记管理规范》《出口商品注册登记与危包质量许可管理工作实施细则》,对宁波地区出口商品注册登记、危包质量许可申请、抽样、考核和审批进行规范管理。此外,浙江检验检疫局在出口商品质量许可证凭证报检中实行计算机联网管理,自行研发应用"浙江检验检疫认证监管资源管理系统",实现出口商品质量许可证网上申请和远程提交申请材料,也为实现考评分离打下了基础。

表 68-6-1-1　1985—2010 年浙江省颁发出口商品质量许可证和临时质量许可证统计一览表

年份	出口质量许可(注册登记)证发证数(份)	临时质量许可证发证数(份)	年份	出口质量许可(注册登记)证发证数(份)	临时质量许可证发证数(份)
1985	44	-	1998	128	165
1986	107	-	1999	235	133
1987	23	-	2000	179	254
1988	473	-	2001	307	371
1989	249	-	2002	336	306
1990	194	-	2003	379	234
1991	847	-	2004	254	38
1992	373	-	2005	220	122
1993	204	331	2006	276	110
1994	399	394	2007	322	108
1995	417	-	2008	401	67
1996	175	-	2009	320	12
1997	124	-	2010	238	54

资料来源:部分数据来自《浙江检验检疫志》,浙江人民出版社 2005 年版,第 696 页;部分数据由浙江检

验检疫局认证监管处、宁波检验检疫局认证监管处提供。

说明:部分临时质量许可证发证数据缺失。

(二)获得出口商品质量许可证企业的后续管理

2000年,浙江检验检疫局首次组织开展对出口商品质量许可证获证企业的后续监管,包括获证企业监督审核和获证产品监督抽查。是年,检查获证企业118家,抽查玩具、瓦楞纸箱、电动工具共86批,注销证书21家,总体抽查合格率为67.3%。2004年,宁波检验检疫局对辖区25家出口危险货物包装容器生产企业获得质量许可证情况进行一次全面的监督检查。2007年8月,浙江检验检疫局组织对出口危险货物包装容器质量许可企业进行专项监督检查,抽查获证企业35家,发现各类问题119项,限期整改企业27家,暂停证书企业7家。9月,浙江检验检疫机构结合出口玩具安全专项整治工作,对出口玩具质量许可(注册登记)企业实施100%清查,共出动执法人员560多人次,“拉网式”检查企业227家,对199家企业作出限期整改、暂停报检、注销或吊销证书处理。12月,宁波检验检疫局对142家机械、轻工和危包许可证获证企业进行清查,对23家企业作出暂停、限期整改处理。2008年3月,浙江检验检疫局组织开展出口竹木玩具质量许可(注册登记)企业专项监督检查,出动检查人员160人次,检查获证企业53家,对7家企业作出暂停证书处理。2009年8月,浙江检验检疫局结合“质量和安全年”活动,组织开展对出口自行车质量许可企业专项监督检查,出动检查人员105人次,检查获证企业31家,发现各类问题66项,并督促企业限期整改。2010年,浙江检验检疫局监督检查获证企业421家,暂停证书企业15家,注销证书企业16家,自动失效证书企业4家;抽查获证产品313批,抽查合格率为87.54%。

2000—2010年,浙江检验检疫机构持续抓好获得出口商品质量许可证企业的后续监管,累计监督审核获证企业3080家次,抽查获证产品983批,对279家获证企业作出暂停、注销、吊销和自动失效证书处理。

(三)出口质量许可地方级评审员管理

1998年8月,浙江商检局按照国家商检局《进出口商品生产企业质量体系评审员管理办法实施细则》要求,考核并聘任55名同志为浙江商检系统第一批出口质量许可地方级评审员。2001年,宁波商检局建立由83名质量许可评审员组成的专业评审队伍,具体负责质量许可证评审工作。2001年起,浙江省出口机械、电子、轻工产品质量许可证考核工作逐渐由检验检疫部门独立承担,检测单位仅从事产品的检测工作。评审员制度的实施,为实现异地考核、保证评审公平公正打下基础。此后,浙江检验检疫机构评审员队伍不断扩大。2009年3月,浙江检验检疫局出台《出口质量许可(注册登记)管理工作规定(试行)》《出口质量许可(注册登记)、卫生注册评审员管理实施细则》。8—10月,浙江检验检疫局首次对49名质量许可评审员评审能力进行评价,对评审员工作质量实施日常监督。2010年,浙江检验检疫局培训、评定、聘任出口质量许可地方级评审员64人。

1998—2010年，浙江检验检疫机构累计培训、评定、聘任出口质量许可地方级评审员362人，其中浙江检验检疫局254人、宁波检验检疫局108人。

四、出口工业品监督管理

（一）出口工业产品企业分类管理

1983年，杭州商检局召开会议，对出口商品分等检验和分等监管问题进行研究，议定采取检验和监管结合的方式，视商品情况将检验分为自验为主、自验和监管相结合、监管为主3种方式，并开展试点，摸索工作经验。1984年，浙江商检局明确提出将检验员从批批检验中解放出来，提出分等检验和分等监管的理念。分等管理是分类管理的雏形，为全国商检系统先例。

1985年，浙江商检局开始在主要出口商品中实施分等管理，印发《关于实施我省〈出口纺织品检验分等管理暂行办法〉的通知》，开始对出口纺织品（除服装外）实行分等管理。1986年，浙江商检局制定《浙江省出口商品检验监督管理试行办法（机电、轻工、工艺品类）》《出口丝类商品的检验监督管理办法》。是年，浙江省对130家出口纺织品企业的200个出口商品品种实施分等管理。1987年以后，浙江商检局陆续制定《浙江省出口商品运输包装检验分等管理实施细则（试行）》，以及轻工、机械、纺织、化工品、生丝等14个商品的分等管理实施细则，规范各类出口商品分等管理工作。

1989年，浙江商检局出台《浙江省出口商品检验分等管理办法（试行）》。1992年3月，浙江商检局修订《浙江省出口商品检验分等管理办法（试行）》，对分等规则、申报（审批）程序、各等级管理内容及登记转换等方面作出明确规定。是年，浙江商检局批准的一等管理企业有30家，其中纺织品13家、服装12家、机电产品4家、水产品1家。1993年，浙江商检局把获得出口商品质量许可证（或卫生注册证）企业作为分等管理的新增条件，对涉及安全卫生或需出具商检证书的商品生产企业不实施分等管理。浙江商检局对原分等管理办法的部分内容进行调整，明确一类管理商品由各地局、各处考核审定，报浙江商检局批准后实施；二等管理商品由各地局、各处考核审定后实施，报浙江商检局办公室备案；分等管理有效期由原来的1年调整为2年。1994年5月，浙江商检局印发《关于宁波商检局出口商品一等检验管理审批权的批复》，明确宁波地区出口商品检验一等管理的考核、批准和一等降为二等的批准事项由宁波商检局办理。是年，全省实施一等管理企业111家，二等管理企业376家。1997年，宁波商检局出台《宁波商检局出口商品检验分等管理办法》，把出口商品检验分为3个管理等级，明确实施一等管理的企业必须通过ISO9000质量体系认证。批准宁波名钟机电工业有限公司等170家企业的出口商品检验分别实施一、二等管理。

1998年，浙江商检局根据国家商检局工作要求，制定出口机电产品分类管理试点计划，选择浙江阳光集团股份有限公司作为分类管理考核试点，横店集团电声有限公司作为分类管理后续监管试点。1999年，国家检验检疫局提出建立出口机电产品分类检验监管制度。次年，浙江检验检疫局制定《浙江出口机电产品分类检验监管实施细则》，并对出口机电产品开展分类管理工作。2001年9月，浙江检验检疫局在总结分类管理多年工作经验的基础上，修订《浙江省出口商品检验分类管理办法》，具体细化分类管理的必备条件和各类抽验比例，增加机电产品安全型式试验的强制性规定及后续管理要求。是年底，浙江检验检疫局一类管理企业达到79家，二类管理企业297家。2002年，浙江检验检疫局制(修)订出口茶叶、罐头、水产品、革皮服装、竹木藤柳草及其制品等分类管理工作细则，加大对服装、纺织、轻工、机械产品等企业分类管理的力度。2002年10月底，一类管理企业上升到89家，二类管理企业381家。

2003年，质检总局发布《出口工业产品生产企业分类管理办法》。浙江检验检疫机构根据该办法，对出口商品生产企业实施分类管理。是年，浙江省获一、二类管理企业达1212家。2004年，浙江检验检疫局依据分类管理条件，完成7家纺织品一类管理企业的现场考核和61家二类管理企业的审核工作。2007—2008年，浙江检验检疫局落实质检总局进一步推进工业产品出口企业分类管理工作的指导性意见，又新增一类检验监管企业169家，使更多一类企业享受检验检疫便利措施。2009年7月，浙江检验检疫局在杭州召开出口工业产品分类管理工作领导小组会议，解读质检总局新修订的《出口工业产品生产企业分类管理办法》。8月14日，浙江检验检疫局在浙江省人民大会堂首次召开出口工业产品企业分类管理新制度新闻发布会，通过媒体向广大出口企业呼吁及时了解和掌握该办法，积极配合检验检疫部门做好相关工作，尽早享受到这一措施带来的实惠。同时，出台《浙江出入境检验检疫局高风险、较高风险产品目录》《浙江出入境检验检疫局出口工业产品企业分类管理工作规范(试行)》《关于贯彻〈浙江检验检疫局出口工业产品企业分类管理工作规范〉的意见》，并对11个分支局进行出口工业产品企业分类管理工作督查。是年，宁波检验检疫局成立由分管局领导为组长的出口工业产品企业分类管理领导小组，先后组织各层级的内部培训39场次、1365人次；组织企业宣传活动68场次、5576人次；研究制定《宁波地区出口工业产品企业分类管理工作规范(试行)》。2010年，浙江检验检疫局对出口机电、轻工、纺织、玩具等18个出口工业产品检验监管工作规范进行梳理和修订。是年，宁波检验检疫局在分类管理的基础上，形成准入管理＋分类管理＋监督管理的"三管理"模式，并出台《宁波检验检疫局出口工业品检验监管"三管理"模式实施办法》。是年，浙江省纳入分类管理的企业有759家，其中一类管理企业132家、二类管理企业579家、三类管理企业48家。

1986—2010年，浙江省有18267家出口工业品企业纳入分类管理，并按照各类出口产品对应的不同风险等级确定检验监管方式，其中一类管理企业730家、二类管理企业9371家、三类管理企业8159家、四类管理企业7家。

(二)出口工业品免验

1990年，国家商检局发布《进出口商品免验办法(试行)》，提出在出口产品中推行免验。1997年，浙江商检局根据国家商检局《进出口商品免验办法(试行)》规定，将分等管理与商品免验相结合。一类企业中的浙江富兴服装有限公司成为浙江省第一家免验企业。11月7日，召开颁证大会，浙江省委常委、宣传部部长梁平波，副省长龙安定出席颁证大会。此后，由于推荐条件限制，免验工作没有推开。2003年，质检总局修订并出台《进出口商品免验办法》，浙江检验检疫机构启动出口工业品免验工作，出台《出口商品免验实施细则》，加快出口免验工作的推进。是年，浙江检验检疫局帮助杭州江宁丝绸制衣有限公司完善质量管理体系，使之成为浙江省第二家获准免验的出口工业品生产企业。2004—2005年，浙江检验检疫机构稳步开展出口免验工作。胜达集团有限公司、宁波慈兴轴承有限公司、华立仪表集团股份有限公司、奉化市爱伊美服饰有限公司等企业分别获准免验。2006—2007年，浙江检验检疫局加强免验工作的推进力度，华立仪表集团股份有限公司等15家出口企业获准免验，涉及机电、轻工、纺织三大类浙江支柱产业。获准免验的企业享受费用免征、通关快速等优惠政策。其中仅汉帛（中国）有限公司一家企业，每年减免的检验费用就多达上百万元。2008年，浙江检验检疫局出台《出口工业品免验企业推荐办法》等3个工作规范，规范出口工业品免验企业推荐、初审和监督管理工作，并对审核员实行上岗资质制度。2009年，受"三聚氰胺事件"影响，浙江检验检疫局严格筛选、推荐出口免验企业，经帮扶指导，有浙江真爱毛纺有限公司等6家企业获准免验。同年，浙江检验检疫局首次召开免验企业座谈会，征求企业对免验工作的建议和意见。

1997—2010年，浙江省获准免验的出口工业品企业已达27家，数量位居全国前列。

表68-6-1-2　　1997—2010年浙江省获准免验的出口工业品生产企业一览表

序号	企业名称	免验商品范围	所在地区	首次获准免验时间	发布的文件号
1	浙江富兴服装有限公司	出口真丝衬衫、真丝睡衣、真丝裙子、真丝西装、真丝夹克衫	嘉兴	1997年9月	国质检检〔1997〕289号
2	杭州江宁丝绸制衣有限公司	出口梭织室内服装、便服、衬衫	杭州	2004年3月	国质检检〔2004〕117号
3	宁波慈兴轴承有限公司	出口微小型球轴承（直径3毫米～25毫米）	宁波	2004年8月	国质检检〔2004〕700号
4	胜达集团有限公司	出口瓦楞纸箱	杭州	2004年12月	国质检检〔2004〕1038号
5	华立仪表集团股份有限公司	出口电能表（规格：DDS28、DTS541、DD862、DD58、LD68、DT58、DDSY283、DDSD285、DTSD546）	杭州	2005年4月	国质检检〔2005〕117号
6	奉化市爱伊美服饰有限公司	出口服装	宁波	2005年9月	国质检检〔2005〕284号
7	浙江四方集团公司	出口手扶拖拉机（GN121、GN151）	金华	2006年12月	国质检检〔2006〕529号
8	浙江美欣达印染集团股份有限公司	出口棉及棉氨纶染色面料	湖州	2006年12月	国质检检〔2006〕488号
9	汉帛（中国）有限公司	出口梭织女式便服、衬衫	杭州	2006年12月	国质检检〔2006〕547号
10	中银（宁波）电池有限公司	"双鹿"牌LR6无汞碱性电池	宁波	2007年1月	国质检检〔2007〕7号

续表

序号	企业名称	免验商品范围	所在地区	首次获准免验时间	发布的文件号
11	宁波长城精工实业有限公司	出口钢卷尺	宁波	2007年10月	国质检检〔2007〕429号
12	台州宝利特鞋业有限公司	出口PU材料浇注鞋、PU材料胶粘鞋	台州	2006年12月	国质检检〔2006〕545号
13	浙江浦江力霸皇自行车有限公司	出口自行车(LBH20B系列、LBH24B系列、LBH26B系列)	金华	2007年1月	国质检检〔2006〕620号
14	浙江新光饰品股份有限公司	出口环保型锡基合金饰品、锌合金饰品及铜银系列饰品	义乌	2008年1月	国质检检〔2007〕661号
15	浙江阳光照明电器集团股份有限公司	出口自镇流荧光灯(功率25瓦及以下)	绍兴	2008年1月	国质检检〔2008〕3号
16	浙江华励时装有限公司	出口女士便服、衬衫、内衣	杭州	2008年01月	国质检检〔2008〕12号
17	杭州东华链条集团有限公司	出口短节距传动用精密滚子链(节距12.7毫米~63.5毫米,08A等18种规格,HS编码:7315119000)	杭州	2008年1月	国质检检〔2008〕2号
18	金帝集团有限公司	出口胶粘鞋	温州	2008年1月	国质检检〔2008〕10号
19	巨一集团有限公司	出口胶粘鞋	温州	2008年1月	国质检检〔2008〕15号
20	浙江博民机电股份有限公司	出口1/4~4直通式黄铜球阀	台州	2008年1月	国质检检〔2008〕16号
21	宁波雅戈尔衬衫有限公司	出口全棉衬衫	宁波	2008年1月	国质检检〔2007〕617号
22	浙江伴宇实业股份有限公司	出口男女便服、羽绒服装	嘉兴	2009年6月	国质检检函〔2009〕291号
23	浙江真爱毛纺有限公司	出口毛毯	义乌	2009年10月	国质检检〔2009〕443号
24	浙江金龙电机股份有限公司	出口0.25千瓦~75千瓦三相异步电动机	台州	2009年10月	国质检检〔2009〕497号
25	横店集团联宜电机有限公司	≤750瓦电容运转异步电动机、≤750瓦永磁直流电机、≤300瓦直流无刷电机、≤100瓦步进电机产品	金华	2009年10月	国质检检〔2009〕497号
26	浙江京马电机有限公司	出口单相交流电动机(10瓦~250瓦)	嘉兴	2009年10月	国质检检〔2009〕497号
27	杭州宏顺服装有限公司	出口男女衬衫、便服	杭州	2010年1月	国质检检〔2009〕572号

资料来源:浙江检验检疫局检验监管处根据质检总局发布的文件整理。

（三）出口工业品检验监管示范区

2007年12月21日，浙江检验检疫局与义乌市人民政府签署《建立出口饰品监管示范区，促进地方经济健康发展合作备忘录》，率先在全国检验检疫系统尝试产业集群区域化检验监管新模式，构建"产区政府负责、企业严把质量、检验检疫监管、相关部门齐抓、行业协会协调、社会力量参与"的出口饰品质量安全区域化管理体系。2008年，浙江检验检疫局出台《关于推进产业相对集中的出口工业品主产区实施区域化监督管理的指导意见》，全面启动出口工业品区域化管理工作。是年，开始创建"杭州建德市出口插头插座检验监管区""温州出口鞋类产品检验监管区""金华永康市出口电动工具检验监管区"等12个检验监管区，出口工业品检验监管区工作走在全国检验检疫系统前列。2009年，浙江检验检疫局发布《浙江检验检疫局出口工业品区域化管理实施办法》（以下简称《办法》），推进出口工业品区域化管理工作。为更加科学有效地对《法检目录》内工业品和《法检目录》外工业品实施针对性管理，该《办法》对示范区的名称进行规范和统一，对《法检目录》内工业品实施区域化管理的，统一称为"检验监管区"；对《法检目录》外工业品实施区域化管理的，称为"质量安全示范区"。同年8月，浙江检验检疫局分别与各相关分支局签署"出口工业品区域化管理责任书"，落实出口工业品区域化管理责任制。2010年9月25—26日，浙江检验检疫局召开出口工业品区域化管理机制建设研讨会，确立推动"检验监管区"向"检验监管示范区"发展的新目标。平湖独山港镇出口服装检验监管示范区成为首个省级检验监管示范区。同年，浙江检验检疫局出台《出口工业品检验监管示范区管理考核验收办法》，并在杭州、温州等地召开示范企业授牌大会，推举示范企业成为行业标杆，带动区域性行业质量安全管理水平的提升。截至2010年底，浙江检验检疫局共有浙江云和出口木制玩具检验监管区、浙江诸暨大唐袜业质量安全示范区、浙江建德出口低压电器检验监管区、浙江温州鹿城出口鞋类产品检验监管区、浙江路桥出口机动车检验监管区、浙江平湖出口服装检验监管区、浙江乐清出口低压电器检验监管区、浙江临海出口节日灯检验监管区、浙江永康出口电动工具检验监管区、浙江义乌出口仿真饰品质量安全示范区、浙江永康出口全地形车检验监管区、浙江武义出口全地形车检验监管区12个出口工业品检验监管区和质量安全示范区，涵盖生产企业6000余家。

五、出口食品生产企业国外注册

（一）推荐出口食品生产企业国外注册

1980年10月，杭州肉联厂、金华肉联厂接受欧共体兽医官对加工卫生条件考核，其中杭州肉联厂获准联邦德国注册，允许其肉类进口。这是浙江省出口食品生产企业首次获得国外注册。1981年，杭州罐头厂相继在英国、联邦德国注册。1982年，联邦德国兽医专家到中国检查肉类加工厂卫生状况，认为中国工厂卫生状况不符合联邦德国法令，联邦德国卫生部于1983年撤销包括杭州肉联厂和金华出口火腿厂在内的中国24个肉类加工厂注册编号，并自

1983年1月15日起停止进口中国肉类产品。此后,国内相关食品企业着手工厂改造并取得成效。1985年,德国同意杭州肉联厂等加工企业恢复注册并进口其产品。1991年,浙江商检局支持桐庐外贸冷冻厂进行技术改造,改善卫生状况,推荐其出口冻乳猪向新加坡原产局注册并获批。1992年,桐庐外贸冷冻厂、金华肉联厂和金华火腿厂获新加坡原产局注册批准。1994年,浙江商检局帮助40家出口食品厂(库)获得美国、日本、韩国、新加坡及欧共体注册。注册企业在符合国内卫生注册要求的基础上,结合进口国卫生法规要求进行改造,软、硬件均得到明显提升。

1995年,浙江商检局编译《澳大利亚食品标准法规汇编》《新加坡原产局兽医卫生要求》《肉禽食品加工与检验》《欧共体食品卫生指令汇编》《美国FDA水产品HACCP)法规》《美国和中国水产品的等同性确定》等100万字资料,供工作实践使用。是年,浙江省有84家出口生产企业取得美国、日本、韩国、新加坡及欧共体的注册批准。1997年,浙江商检局受国家商检局委托,牵头组织全国6个直属商检局翻译美国FDA《水产品HACCP管理员培训教材》,共30万字,向全国商检系统出版发行。5—8月,浙江商检局受国家商检局委托,分别在杭州、广州举办"输美水产品HACCP培训班",浙江检验检疫局参加培训的43名学员经考试获得培训合格证书。10月,浙江商检局组织对拟向美国FDA提报出口水产品的33个工厂的HACCP计划及执行情况进行检查。11月,浙江省20家工厂被批准为首批建立HACCP体系的工厂并报送美方。次年,浙江商检局重点做好对有关企业人员HACCP知识的培训和考试工作,235人获得培训合格证书。

1998年6月,国家商检局下达《关于对欧盟国家出口水产品推荐企业名单有关问题的通知》,舟山、台州、温州、宁波的22家工厂和2条货船被列入向欧盟申报注册的名单,需接受欧盟官方检查和考核。9月,浙江22家工厂和2条船通过欧盟官方检查组的检查。是年,浙江商检局在嘉兴召开出口肠衣监管工作会议,布置迎接欧盟检查工作,确保向欧盟注册肠衣生产企业符合规定要求。1999年2月,浙江省推荐的6家肠衣加工企业获得欧盟注册。2000年8月,日本农林水产省公布新版《关于向日本出口偶蹄类肉及肉品的卫生要求》。2001年2月和7月,日本农林水产省官员分别对杭州知味食品有限公司和浙江萧山速冻厂进行现场检查。翌年,日方又派员对上述两家企业的整改情况进行检查并顺利通过。

2002年6月,美国以应对生物恐怖袭击为由,发布《公共健康安全与生物恐怖预备应对法》,规定美国本土和对美国出口的外国食品、饲料生产、加工、包装、仓储企业必须向美国FDA注册。为做好应对准备工作,浙江检验检疫局通过媒体向企业进行宣传,同时向社会公布热线电话。2003年10月10—11日,浙江检验检疫局会同中国进出口商品检验技术研究所,在杭州为100多家企业举办"对美相关企业应对美FDA反恐注册和进口予通报培训班",并协助企业进行相关的申请工作。由于前期准备工作充分,未发生对美出口企业因美国FDA实施新法规后进口受阻现象。

2003年9月,浙江检验检疫局根据日本《动物卫生要求》(2003年版)的规定,指导并通过国家认监委向日本农林水产省报送杭州2家对日出口加热肉制品生产企业增设蒸炉的申请材料。10月22日,得到日方同意。2004年,2家企业接受日本农林水产省官员的现场核查确认。2007 年 5 月，浙江检验检疫机构推荐 89 家水产品加工企业向俄罗斯注册。6 月，宁波检验检疫局推荐 2 家出口咸蛋和皮蛋产品生产企业向新加坡注册。8 月，舟山地区 9 家水产品生产企业接受俄罗斯官方检查组的考核。是年，宁波检验检疫局推荐的 1 家热加工禽肉生产企业获得日本注册，为宁波地区首家。2009 年 8 月 2—8 日，日本农林水产省对慈溪 1 家冷冻食品生产企业进行检查后，批准宁波地区 16 家热加工禽肉企业和 15 家热加工偶蹄动物肉类企业在日本注册。10 月 22 日，宁波检验检疫局推荐 7 家虾产品生产企业向台湾地区进行注册。2010 年，浙江省有 27 家(次)出口食品生产企业获得国外注册。

1980—2010 年，浙江省有 535 家(次)出口食品生产企业获得国外注册。

(二)接受国外官方对国外注册企业的检查

1999 年 6 月 8—11 日，欧盟检查官检查舟山海之格水产有限公司、舟山海洋渔业公司水产制品厂、温州信业水产有限公司和温州安达水产有限公司，并考察浙江商检局及其综合检测中心、舟山商检局及其水产品实验室。经过检查和评估，欧盟检查官肯定浙江商检局对水产品生产企业的监管工作，认为工厂卫生状况能够接受，基本上达到欧盟规定。在此检查基础上，浙江商检局上报的 15 家水产品生产企业和 2 条船获得注册批准。是年，欧盟废除 97/368/EC 关于微生物批批检验的决议，使中国从二类进口国上升至一类进口国。12 月 18 日，韩国海洋水产部检查组一行 4 人，对舟山兴业有限公司综合加工厂、舟山水产联合公司冷冻加工厂和舟山检验检疫局水产品实验室进行检查，对舟山水产企业的卫生条件和检验检疫的管理工作予以认可。2000 年 5 月 10—13 日，美国 FDA 官员对舟水联水产制品厂执行美国法规 1CFR-PART110(良好操作规范)和 21CFR-PART123&1240(海产品 HACCP 法规)进行检查。美方认为工厂的卫生条件、SSOP/HACCP 的执行能够达到美方法规要求。2001 年 11 月 17—20 日，欧盟食品和兽医办公室残留监控考察团一行 4 人，对舟山远洋渔业集团第三冷冻厂、定海小沙养殖场、舟山检验检疫局水产品实验室和浙江检验检疫局理化实验室进行检查，认为中方的残留监控和检测体系尚不能达到欧盟的要求，应采取措施予以改进。被检查单位对存在问题进行整改纠正。

2002 年 3 月 19—20 日，根据中韩《关于进出口水产品卫生管理协议》和中国出口韩国水产品存在的问题，韩国海洋水产部检查团从舟山 52 家输韩注册厂中随机抽取 8 家进行检查。检查总体评价很好。浙江检验检疫局与韩方交流，希望韩方能尽早解除 2001 年 7 月 1 日中韩协议实施以后，因韩方检出金属异物而被拒进口的 3 家舟山工厂的进口禁令，建议韩方区别对待在捕捞过程中自然产生的钓带鱼、钓河豚等产品的金属钓钩残存问题，允许通关。韩方表示尽快促成问题的解决。2002 年 11 月 16—17 日，韩国海洋水产部又派员对 3 家禁止进口的企业进行检查，并解除进口禁令。

2004 年 3 月 19 日，日本政府实施新的《日本从中华人民共和国输入偶蹄动物肉类、培根、火腿、香肠的兽医卫生条件》。翌年，日本农林水产省对中国获得日本注册的 80 余家偶蹄动物肉制品加工企业进行“地毯式”检查。浙江检验检疫机构高度重视此次检查，制订多套迎检方案，做好应对准备工作。2005 年 3 月 20—21 日，日本农林水产省检查官对杭州知味食品有限公司、萧山速冻厂、慈溪永进冷冻食品有限公司进行全面检查，对2家企业的管理状况表示满意。2007年8月14—17日，俄罗斯联邦兽医与植物卫生监督局派出检查组，对中国拟向俄罗斯申请注册的水产品生产企业进行抽查。舟山、台州地区有9家企业接受检查。9月18日，国家认监委发布公告，全国有385家水产品生产企业获得俄罗斯卫生注册资格，其中浙江检验检疫局管辖的区域内，有87家水产品生产加工企业获准向俄罗斯出口，占全国总数的23%。11月，浙江省10家输韩水产企业接受韩国海洋水产部检查团的检查，韩方对输韩水产品生产企业的卫生状况和整体食品安全体系运行情况表示认可。2010年7月，美国FDA对宁波2家输美低酸罐头企业进行检查，宁波检验检疫局派出专家组对企业进行预检，通过发现问题、整改问题，提高企业的自检自控能力，2家企业均顺利通过美国FDA检查。

1999—2010年，浙江对外注册水产品加工企业累计接受欧盟、美国、韩国、日本、俄罗斯等国家和地区的官方检查共14次。

（三）国外注册企业监督管理

2000年，韩国政府反映中国输韩的河豚、梭子蟹等水产品掺杂有铅块等杂质。对此，韩国政府对中国输入的水产品实行严格的双重检验，并修改韩国食品卫生法，对中国输韩水产品加工企业实行注册。9月，浙江检验检疫局要求各出口水产品加工企业重视韩国反映，并对110家输韩水产品企业进行清理整顿。2001年7月，检出浙江舟山产输欧冻虾仁含有氯霉素残留、输韩冻鱼类含有金属异物。浙江检验检疫局成立工作组对辖区出口水产品库存虾仁以及原料、半成品和相关鱼类产品进行氯霉素普查，对18家获欧盟注册企业进行检查和HACCP验证，对20家输韩出口企业的金属检测仪进行验证，并追究问题企业相关人的责任。2002年2月，针对浙江省水产品出口中出现的金属异物和氯霉素残留问题，浙江检验检疫局组织对辖区获国外注册的出口水产品企业进行清理整顿，严格凭证报检，确定保留对欧盟注册企业25家、对美国注册企业29家、对韩注册企业83家；撤销国外注册资格的13家；注销食品注册企业2家，自动失效12家。

2002年8月20日起，韩国海洋水产部因舟山岱山县拷门水产有限公司输韩冻黄花鱼被韩方检出铅块禁止其进口，浙江检验检疫局立刻停止该企业的报验，并吊销对韩注册资格。11月27日，浙江省副省长王永明对《舟山市人民政府关于要求恢复岱山拷门水产有限公司对韩注册资格的请示》作出批示。是年，浙江检验检疫局在对该事件调查的基础上，督促企业整改，并通过国家认监委向韩方提交相关材料，要求韩方撤销对该企业的进口禁令。2003年4月17日，韩国恢复岱山县拷门水产有限公司水产品进口。是年，舟山4家、嵊泗1家水产品加工企业也恢复对韩水产品出口的资格。

2004年7月26日，浙江省岱山县宝发水产有限公司输韩冻寿司虾大肠杆菌超标，韩方取消该企业对韩出口水产品注册。事件发生后，浙江检验检疫局及时对该事件进行调查和处理，停止该企业的输韩产品报检，找出产生冻寿司虾大肠杆菌超标可能的原因，并将此事通报辖区所有出口水产品加工企业，引以为戒。同时，针对产生的原因，一方面，与企业一起认真查找问题所在，提出整改措施；另一方面，调整输韩即食虾类产品的检测项目，增加大肠菌群的检测。在浙江检验检疫局的督促下，企业完成整改工作，并通过专家组的符合性确认。是年，浙江检验检疫局根据国家认监委对出口罐头等6类获证企业必须通过HACCP官方验证要求，完成对211家HACCP官方验证，其中罐头类48家、水产品类134家、肉及肉制品14家、速冻蔬菜11家、果蔬汁1家、含肉或水产品的速冻方便食品3家。2007年7月，浙江检验检疫局根据认监委对欧盟肠衣出口企业专项监督检查要求，成立专家组对8家肠衣注册企业进行监督检查，对不符合要求的企业作出限期整改处理。是年，浙江检验检疫机构对浙江省输美水产品企业进行一次全面清理检查。浙江检验检疫局对58家输美水产品注册企业进行检查和HACCP验证确认，并向国家认监委推荐52家可颁发HACCP验证证书的输美水产企业；对6家不具备注册条件的企业，作出暂停或吊销卫生注册证书的处理。宁波检验检疫局取消3家出口食品生产企业对美注册资格。2008年1月，浙江检验检疫机构针对日本“毒饺子事件”，组织对392家输日食品注册企业开展“拉网式”检查。对不符合要求的241家企业作出处理，其中列入质检总局监管黑名单1家，暂停报检38家，限期整改202家。7月，浙江检验检疫机构组织对欧盟注册水产企业的检查，共检查水产企业63家，做出限期整改28家，建议国家认监委取消对欧盟注册5家。2009年3月24—26日，浙江检验检疫局为50家出口水产品企业140余人举办欧盟法规培训班，帮助企业应对国外技术壁垒，提高企业对欧盟法规和标准的认知程度。

2000—2010年，浙江检验检疫机构累计检查国外注册企业527家次，撤销注册企业39家。

六、非法定检验商品监督抽查

1990年12月，浙江商检局根据《商检法》制定《浙江省〈种类表〉外出口商品抽查办法》，开始对种类表外出口商品实施质量抽查和监管。1991年5月，浙江商检局确定种类表外出口商品抽查重点为针织服装、木制工艺品。12月，浙江商检局在金华召开工作会议，讨论《浙江省非法定检验出口商品抽查检验实施细则》，并根据下一步抽查工作任务，成立浙江省出口针织品检验技术小组。1992年2月，浙江商检局发布《浙江省〈种类表〉外出口商品抽查检验实施细则(试行)》，对全省表外出口商品抽查的组织分工、抽查检验和结果处理等作出规定。是年，组织抽查针织服装企业28家、2510件(套)，地毯企业15家、230条地毯。1993年8月，宁波商检局根据浙江商检局表外出口商品抽查工作的要求，确定抽查种类为针织品、地毯、工艺品、水煮笋，共抽查生产企业13家。抽查结果显示，针织品不合格率比1992年上升，地毯质量下降，工艺品档次低，产品标准不明确。1994年，国家商检局发布《进出口商品检验抽查管理办法》，进一步规范表外进出口商品抽查检验工作。浙江商检局根据国家商检局统一部署，组织对出口彩色铅笔、蜡笔、皮革箱包抽查。1996年起，宁波商检局从浙江商检局分离，宁波地区表外进出口商品抽查工作由宁波商检局负责。是年5月，宁波商检局开展出口机织棉毯、箱包、印染布等11种产品的抽查工作，共抽查出口产品生产企业27家。经检验，发现4家企业的6批产品不合格。1999年，浙江检验检疫局推行ISO9001标准，将表外出口商品抽查工作纳入质量体系管理，制定《表外出口商品监督抽查管理程序》，规范表外商品抽查工作。

是年，重点抽查实施质量许可制度、假冒 UL 认证标志及出口量大、客户投诉多的非法检商品。共抽查 20 家纺织品企业的 20 批商品、7 家轻工机电类企业的 7 批商品，主要是温州地区的稳压器、绍兴地区的车辆牌照灯、嘉兴地区的印刷电路板等商品。

2002 年 5 月，浙江检验检疫局受质检总局的委托，承担《进出口商品抽查检验管理办法》修订工作。9 月，该办法通过审定，并以质检总局 39 号令的形式发布实施。2003 年，质检总局首次组织全国统一的目录外进出口商品抽查工作。浙江检验检疫机构抽查重点主要集中在进口服装、纺织面料和一次性医疗器械。2006 年 7 月，浙江检验检疫局制定《浙江出入境检验检疫局法检目录外进出口商品抽查检验实施细则(试行)》，进一步规范目录外商品的抽查工作。2007 年，浙江检验检疫机构重点抽查进口家电产品、木制品、儿童用品、服装及出口塑料餐具、纺织品等。其中，浙江检验检疫局采取市场购买形式对进口商品进行抽查。2008 年，浙江检验检疫局结合进出口服装、涂料、仿真饰品等重点产品的专项整治工作，共抽查进出口服装、涂料、出口仿真饰品、食品接触材料、儿童用油画颜料五大类商品共 530 家生产/经营企业。2009—2010 年，浙江检验检疫局分阶段实施监督抽查工作，重点抽查进口儿童用品、玩具、进出口服装、一次性卫生用品和出口床单、不间断电源、皮鞋、竹木制餐厨具等产品。

七、流通领域进口商品监督管理

1989 年，浙江商检局会同工商等部门，对流通领域进口家用电器、化妆品、食品等商品进行抽查，对未加贴安全卫生标志和逃避检验问题进行查处。这是浙江商检局对流通领域进口产品监管的开端。

1992 年，根据国家商检局、国家经委、经贸部、海关总署联合发布的《进口商品质量监督管理办法》，及国家商检局发布的《实施进口商品许可制度目录》，浙江商检局会同杭州市防疫部门，对杭州 23 家商场(店)、229 件进口化妆品进行抽查，查出其中 6 项有害物质超标，查获 7 份假商检单证，并对此作出处理。1993 年，浙江商检局会同工商部门、消费者协会及新闻单位，对消费者反映强烈的进口鞋类进行抽查，共抽查杭州地区 11 家商场(店)及批发公司 35 个品牌，发现伪造商检单证、进货渠道不规范、产地标志混乱、假冒伪劣商品等问题。事后，会同杭州市工商、消协部门制定《杭州市售进口鞋类管理办法》，对市场销售的进口鞋类采取 4 条监管措施，加大监督抽查力度。是年，进口鞋类消费者投诉比 1992 年同期下降 72%。同年，浙江商检局对全省各地销售的进口汽车、电冰箱、电视机等 9 种商品的安全质量及商检标志进行检查。共抽查 15 个市(县)的 27 个商场(店)和进口商品使用单位，发现进货渠道不规范，伪造、变造商检单证等问题，特别是进口彩电假冒伪劣情况严重。宁波商检局抽查发现 13 家商场经销的进口彩电非原装进口，其中进口"松下"彩电，其机芯均为国产"佳丽"。

1994 年，浙江商检局会同浙江省工商局、消费者协会发布《浙江省流通领域进口商品质量监督管理办法(试行)》。是年，浙江省 10 个市(地)开展打击进口假冒伪劣商品统一行动，先后 21 次出动执法人员 190 人次，抽查 24 家商场(店)及批发公司，共查获假冒伪劣进口摩托车、彩电、燃气具等价值 400 万余元。至 1994 年底，浙江商检局共接受消费者投诉 33 起，经检验，其中有 6 种属假冒伪劣进口商品，对外出具检测报告 72 份。共受理流通领域进口检验、鉴定、检测441批，货值1.38亿元，其中不合格20批，货值475万元，对检验、鉴定合格的进口商品加贴“浙江商检”防伪标志。1995年，浙江商检局扩大进口商品市场抽查范围和品种，抽查范围扩大到个体摊位、专业市场，抽查品种由9种增加到13种。全年共开展抽查活动60余次，共检验鉴定流通领域进口家电、服装、化妆品、鞋类、热水器等1098批，价值1.55亿元，涉及不合格商品金额722万元。1995年起，嘉兴商检局连续3年在《嘉兴日报》和《嘉兴南湖晚报》头版刊登《关于对流通领域进口商品组织抽查的通告》，公布市场抽查时间、抽查商品种类及内容，介绍有关法律法规及相关规定，抽查结束后及时公布结果，督促经营者依法经营。

1996年，浙江商检局联合工商部门重点抽查进口摩托车、电视机、空调器、化妆品等，抽查12个城市的60家商场和批发专业市场。发现进口彩电、空调器、摩托车、化妆品不符合规定的问题依然存在。是年，浙江商检局举办进口商品经营单位培训班，对抽查发现的问题进行通报，并在商场开展“坐堂服务”，为消费者提供识别真假进口商品的技术咨询。全年对受理833批进口商品，加施92万枚国家商检局统一发布的激光商检检验标志（绿色），同时停止使用“浙江商检”标志。

1997年，浙江商检局根据国家商检局、国家工商局颁布的《流通领域进口商品质量监督管理办法》，出台《关于对流通领域进口商品质量管理的实施意见》，与浙江省技术监督局共同制定《浙江省流通领域进口商品质量监督管理办法》，加大涉及安全、卫生的进口商品监管抽查力度。浙江商检局、金华商检局和义乌商检局会同浙江省工商局、义乌市工商局，对杭州、义乌流通领域进口家用电器进行突击检查，中央电视台《生活》栏目组赴现场跟踪报道，查获5.6万元的假冒进口商品。全年共接受消费者投诉120余起，查获假冒商品总数达3000余台（件、套），停止鞋、服装等进口商品的标志加贴，并配合中央电视台介绍进口化妆品商检标志的识别方法。是年，宁波商检局会同当地工商部门对辖区41家大中型商场2329件进口家电产品进行抽查，检查发现有883件进口家电产品未加贴商检标志。1998年，浙江商检局会同工商部门对各大商场及超市进行突击检查，查封不符合规定的进口化妆品，处罚供货（经销）商6家；查处中国香港产的“樱雪”“花世界”洗涤产品假冒商检标志案件，处罚供货商2.5万元，处罚经销商5000元。1999年6月，浙江商检局针对“二噁英”事件，组织开展流通领域进口酒类检查，查处法国四省疑有使用牛血蛋白为净化剂的葡萄酒16162瓶。

2000年，浙江检验检疫局被杭州市消费者协会评为宣传贯彻《中华人民共和国消费者权益保护法》先进单位。是年，宁波检验检疫局对全市各大主要商场和超市进行监督巡查70余人次。2001年2月，宁波检验检疫局在宁波家乐福店中店查处货值约400万元的“假冒进口法国香水案”。8月，在宁波华联商厦查处货值为37万元的“大畈屋进口食品逃检案”。2002年，浙江检验检疫机构贯彻国务院有关整顿和规范市场经济秩序的决定，主动会同工商、质检等部门开展专项打假活动，对进口肉制品、保健品、化妆品、美容美发用品等进行联合执法检查，查获一大批假冒或违规进口商品。是年，浙江检验检疫局在杭州西博会召开前期，会同工商部门对杭州的多家营业酒吧进行突击检查，查获2家出售假冒进口洋酒的酒吧。宁波检验检疫局对988袋已被禁止销售的培乐1婴儿配方袋装奶粉和培乐2较大婴幼儿配方袋装奶粉进行查封和监督销毁处理。年底，浙江检验检疫局受理杭州地区投诉不到10起。浙江流通领域进口商品质量监管工作走上规范化、制度化轨道。

2005年，浙江检验检疫局定期开展每两个月一次的市场检查活动。重点对进口化妆品经营单位备案情况、进口化妆品标签审核证书和CIQ标志进行检查，维护进口化妆品市场的秩序。2006年春节前，浙江检验检疫局对浙江世纪联华等4家大型超市和银泰百货等4家大型商场进口食品进行检查，通过检查发现问题、解决问题，保护广大消费者的利益。2007年5月，浙江检验检疫局与浙江省工商局签署合作机制备忘录，就在流通领域进口商品联合执法、进出口企业诚信管理、信息通报、检验检疫实验室资源利用等方面达成一致意见。是年，浙江检验检疫局组织对全省范围内各大商场、超市、专业批发市场、饭店、酒店、KTV、酒吧、冷库等场所经营的进口商品开展全面的监督检查，共检查30余次，出动执法人员200余人次。是年，宁波检验检疫局对宁波地区各大超市、商场、专营店及展销会上经销的进口食品、化妆品开展检查。全年共组织市场巡查16次，派出人员50余人次，下达限期整改书20份，查扣可疑货物6批，立案调查违法事件1起，并通过宁波电视台等多家新闻媒体进行宣传报道，引起社会的广泛关注。2008年，针对“三鹿奶粉事件”，宁波检验检疫局对流通市场的来自8个国家、10个品牌、22个批次的奶粉进行抽查。经检测，均无三聚氰胺成分，检测结果通过媒体进行公布。

2010年，根据商务部发布的奶粉进口预警通报，宁波检验检疫局加强对进口奶粉的检验监管，监督抽查宁波地区销售的进口婴儿配方奶粉30份。经检测，全部符合中国相关要求。

第二节 市场采购贸易监督管理

2001年，浙江检验检疫局对金华检验检疫局《关于义乌“中国小商品城”出口商品检验工作有关问题的请示》作出批复并明确，鉴于出口小商品情况的特殊性，同一客户、同一集装箱装运的货物，在检验时从检验依据、商品类别、便于出证等方面考虑并符合安全可靠要求的情况下可作适当并批。2002年起，浙江检验检疫局积极争取质检总局对出口小商品检验在政策上的支持。2003年3月，浙江检验检疫局印发《义乌中国小商品城出口小商品检验检疫管理办法》《义乌中国小商品城出口小商品检验检疫工作规范》，明确在检验过程中实行“三严三宽”原则，即对涉及安全、卫生、健康、环保的出口小商品从严，对一般小商品适当从宽；对进口国进行风险分析，出口发达国家的从严，出口发展中国家的适当从宽；进行外贸主题分类，对委托或代理的从严，对客户直接上门采购的适当从宽。2004年，义乌检验检疫局开展对小商品市场出口玩具抽样监测工作和风险评估，根据出口商品种类、出口国家、外贸主体不同，实施相应的检验检疫监督管理。2005年，浙江检验检疫局出台《义乌地区市场采购出境货物检验检疫暂行办法》《义乌市场采购出境货物经营单位诚信考核办法》，以安全卫生环保的商品为重点，以诚信为基础，提高义乌市场采购商品的信誉度。是年，共受理市场采购出口商品报检10462批、1.8亿美元，占义乌检验检疫局受理报检总量的48.8%和36%，同比增长69.2%和80%。是年，质检总局吸收和采纳义乌小商品市场进出口商品检验监管工作方法，出台《市场采购商品检验检疫基本要求(试行)》,并在全国检验检疫系统推广实施。

2006年,义乌检验检疫局制定《义乌市场采购出境货物规范化外贸仓库管理办法》,并按照该办法对外贸仓库进行考核,有8个达到规范化外贸仓库要求。是年,义乌检验检疫局开展对小商品市场出口玩具抽样监测工作和风险评估,根据出口商品种类、出口国家、外贸主体不同,实施相应的检验检疫监督管理。全年共送实验室检测商品1493批次,检出不合格商品363批次,不合格率为24.3%,严禁不合格商品出口。同时,对市场采购检测商品作风险分析,按照高、中、低3个风险等级及相应比例进行抽样检测,深受外贸企业好评。

2007年7月,浙江检验检疫局根据质检总局统一安排,对辖区中国轻纺城、海宁皮革市场等8个市场采购出口商品检验监管情况进行全面摸底。是年,浙江检验检疫局根据调研情况,研究市场采购出口货物检验检疫的有效措施,初步建立市场出口商品检验检疫、监督管理和执法稽查"三位一体"的工作体系。

2008年,浙江检验检疫局将市场采购出口商品检验监管工作列为年度重点大事之一。2月,浙江检验检疫局成立市场采购出口商品(含饰品)检验监管工作领导小组。7月16日,浙江检验检疫局向杭州海关通报浙江省市场采购出口法检商品检验检疫监管情况和存在问题,建议和海关共同完善市场采购出口商品监管合作机制,建立共同查验平台和信息沟通机制。7月18日,浙江检验检疫局发布《市场采购出口商品检验监管工作规范(试行)》和《市场采购出口商品规范化外贸仓库管理办法(试行)》,规范市场采购出口商品检验监管行为。是年,浙江检验检疫局在全国率先探索市场采购出口商品全申报、全备案工作,义乌检验检疫局累计对457家组货单位实施备案,对全申报货物采取"语音+视频监控",对30家规范化外贸仓库实施考核。2009年5月,浙江检验检疫局关于有条件受理义乌市场采购出口玩具报检的请示,得到质检总局批复同意。

2010年9月30日,义乌市人民政府向浙江检验检疫局申请开展市场采购出口化妆品检验业务。①

第三节　进出境动植物监督管理

20世纪80年代,杭州、宁波动植物检疫所建立简易隔离场,加强进口植物隔离检疫监管。1991年,浙江动植检机构开始对生产、加工、存放进境皮张的企业全面实施定点加工制度。是年8月,国家动植检总所批准海宁制革厂为浙江省首家进境动物产品定点加工企业。1996年11月,浙江动植检机构按照国家动植检局《进出境动物临时隔离检疫场管理办法》,规范对隔离场的考核。2000年以后,浙江检验检疫机构加强对出境动植物及其产品企业的注册登记工作。2008年,浙江检验检疫机构大力推行辖区竹木草制品企业分类管理工作。2010年,浙江检验检疫机构根据质检总局《进境动物隔离检疫场使用管理办法》,对隔离场实

① 经浙江检验检疫局向质检总局请示,于2011年1月得到批复同意。

施指定管理。

一、进境动植物监督管理

(一)进境动植物隔离检疫监督管理

1. 动物

1988年8月28日,杭州动植检所根据国家动植检总所下发《关于加强进口种禽检疫和管理工作的通知》,加强对进口禽鸟类的检疫监管,在禽类进境前做好隔离检疫场的考核,禽类入境后做好隔离检疫的监管。

1990年5月,杭州动植检所受国家动植检总所委托,牵头起草《进口牛蛙检疫工作程序》,规范现场检疫、实验室检验、隔离检疫等方面的具体操作程序。1991年4月,杭州动植检所依据农业部发布的《进口鱼、虾、蛙等检疫工作程序》,规范进境水生动物的检疫工作,对鱼、虾、蛙分别实施40天、30天、60天的隔离检疫监管。

1996年11月,杭州动植检局按照国家动植检局《进出境动物临时隔离检疫场管理办法》,对隔离场进行规范考核。是年,宁波动植物检疫所对从澳大利亚引进的263头鸵鸟进行隔离检疫监管。2003—2004年,宁波检验检疫局分别对从澳大利亚引进的6331头荷斯坦种奶牛、从日本引进的3头长颈鹿、从新西兰引进的1724头荷斯坦种奶牛进行隔离检疫监管。

2005—2007年,浙江检验检疫局根据质检总局《关于加强进口动物临时隔离检疫场管理的通知》和《关于进一步规范和明确进境大中动物检验检疫工作程序及要求的通知》要求,规范进口动物检疫监管,加强进境大中动物临时隔离检疫场的使用与管理工作。分别对从荷兰引进的11匹赛马、从美国引进的12条扬子鳄、从南美洲阿根廷引进的13只企鹅和从法国引进的3546只种鸡进行隔离检疫监管。

2008年1月,浙江检验检疫局出台《浙江出入境检验检疫局进出境重大动物疫情应急处置实施细则(试行)》,建立口岸、隔离检疫等环节的应急机制,防止重大动物疫情发生后在口岸等地传出、传入,保障畜牧业生产安全和人民身体健康。

2010年,浙江检验检疫局根据质检总局《进境动物隔离检疫场使用管理办法》,下达《关于做好进出境指定动物隔离检疫场审批和管理工作的通知》,编制《浙江检验检疫局进出境动物指定隔离检疫场评审记录表》,规范浙江局辖区对隔离场实施指定管理。是年,宁波检验检疫局对从美国引进的20947只种鸡进行隔离检疫监管。

2. 植物

1985年,宁波动植物检疫所受拱北、上海动植物检疫所委托,对进口五针松接穗、种子和茶梅实施隔离检疫监管。其中,共隔离检疫监管五针松接穗11批、75896株,茶梅6批、15500株,均未发现疫情。

2001年11月,浙江检验检疫局下发《关于进一步加强进出境繁殖材料检疫工作的通知》,要求对经现场检疫合格,并在指定地点隔离试种的进境种苗,所在地检验检疫局要加强对隔离种植期间的检疫监管。

2002年6月25日至8月7日，宁波检验检疫局检疫2批次荷兰百合球茎(数量分别为120100个和258800个)，首次截获三类有害生物草莓滑刃线虫(Aphelenchoidesfragariae)和穿刺根腐线虫(Pratylenchuspenetrans)，将该2批种球经杀线虫剂药液浸泡处理后，集中种植于货主在杭州的市郊农场。隔离种植期间，由浙江检验检疫局派员进行检疫监管，隔离期满后未发现疫情。是年11月，浙江检验检疫局下发《关于严禁擅自调离隔离检疫的植物繁殖材料的通知》，要求有关企业不得擅自调离隔离检疫期间的植物繁殖材料，如有违反，一经查实，将依法处罚。

2008年1月15日，质检总局下发《关于做好输往欧盟盆栽植物检疫及监管工作的紧急通知》，宁波检验检疫局对输欧3家出口盆景企业进行检查。是年，欧盟委员会发布紧急植物检疫措施(世界卫生组织通报编号G/SPS/N/EEC/334)，要求自2008年10月31日起，输欧星天牛寄主植物应来自星天牛非疫区，或出口前已隔离种植两年，并在植物检疫证书上附加特定声明。根据此情况，质检总局发布《关于转发欧盟对星天牛寄主植物采取紧急检疫措施的通知》，浙江检验检疫机构采取紧急措施，严格按照欧盟要求，做好输欧盟植物的检验检疫和出证工作，帮扶企业积极应对欧盟出台的新政策。

(二)进境动植物产品后续监督管理

1. 进境动物产品定点加工监督管理

1985年，经上海动植物检疫所考核，嘉兴毛条厂成为浙江省首家进口羊毛定点加工企业。1986年，国家动植物检疫总所对进境原毛、皮张的生产、加工、存放企业实行定点制度。1991年，浙江动植检机构开始对加工、生产、存放进境皮张的企业实施定点制度。是年8月，国家动植物检疫总所批准海宁制革厂为浙江省首家进境皮张定点加工企业。

1992年，浙江各动植检局根据国家动植物检疫总所《进境动物产品检疫管理办法》，先后开展对进境油脂加工企业、蚕茧加工企业、羽毛羽绒加工企业实施定点加工制度。东阳市丝织厂被列为首批国家定点加工进口蚕茧企业，萧山畜产品公司被列为首批国家定点加工进口羽毛羽绒加工企业。1992—2002年，经国家动植检局批准的浙江省进境皮张定点存放、加工、生产企业共33家，其中：宁波4家、温州12家、嘉兴14家、衢州2家、湖州1家；进口原毛定点加工企业共11家，其中：宁波3家、绍兴1家、嘉兴5家、湖州2家。定点进境油脂加工或仓储企业有4家，其中：杭州1家、温州1家、嘉兴1家、丽水1家。

2010年6月，浙江检验检疫局对辖区50多家进境皮毛定点加工企业进行检查，并根据质检总局相关文件要求和浙江检验检疫局监管工作实际，制定《进境皮张检验检疫工作规范》，规范定点企业的考核、检验检疫工作流程和后续监督管理要求。

2. 进口粮食加工监督管理

20世纪90年代，进境粮食加工监管主要是对发现一类危险性有害生物的小麦矮腥黑穗病(以下简称TCK)的疫麦进行监管。1996年，杭州、宁波、舟山的动植物检疫局承担部分从美国进口的TCK疫麦的封存监管任务。是年8月，舟山动植物检疫局制定《TCK疫麦监管办法》，提出6条监管措施。9月，杭州动植物检疫局印发《TCK疫麦封存期间检疫监管要求的通知》，要求存放TCK疫麦的南星桥、萧山、德清粮食储备库建立TCK疫麦封存监管措施，对TCK疫麦要专人负责，建立储存档案，设置明显货位卡。TCK疫麦入库后，由杭州动植检局加贴封识，不得随意动用封存疫麦。是年，宁波动植物检疫局出台《TCK疫麦监管暂行办法》，对进口的10万吨疫麦卸货、运输、存放实施严格监管措施。

1999年9月，浙江检验检疫局根据国家检验检疫局统一安排，同意各粮库对1996年封存的TCK疫麦在实行熏蒸灭菌处理后，进行启封。10月，浙江检验检疫局发文，要求对砻糠等TCK疫麦垫仓物继续实施监管；对封存期间已被TCK疫麦污染，且疫麦熏蒸期间又未经熏蒸处理的砻糠等垫仓物继续封存、焚烧或用二氧化碳与环氧乙烷混合气熏蒸处理。10月21日前，杭州、萧山、德清及中穗(萧山)4个库点封存的36997.787吨、132垛的TCK疫麦熏蒸灭菌处理工作全部完成。舟山定海国家粮库封存的14937.48吨TCK疫麦的处理工作因情况特殊，经国家检验检疫局、国家粮食储备局同意，留待第二年延期启封。

2000年6月，宁波检验检疫局印发《宁波口岸进境粮食检验检疫程序(试行)》，对进境粮食的监管要求作出明确规定。2003年11月，浙江检验检疫局下达《关于加强对进口大豆检疫监管工作的通知》，制定相关进口大豆监管记录表，明确进境大豆的监管要求。

2008年10月，质检总局下达《关于加强进口粮谷杂草检疫监管及疫情监测的通知》，要求各检验检疫局对辖区内进口粮谷相关的码头、车站、公路、铁路沿线以及使用进口粮食的加工厂及周边地区，进行一次杂草疫情普查，并要求自2009年起，在各辖区内开展外来检疫性杂草疫情年度监测工作。是年，浙江检验检疫机构按照质检总局要求、进行杂草普查和清除，未发现外来检疫性杂草。同年，浙江检验检疫机构对179万吨粮食进行加工监管，对18万吨储备粮进行监督管理。2009年，浙江检验检疫机构根据质检总局《关于做好2009年国家外来有害生物监测工作的通知》和《外来杂草监测技术指南(2009)》要求，开展杂草疫情监测工作，发现假高粱和毒莴苣2种检疫性有害杂草零星分布，对其进行铲除和销毁处理。2010年9月，浙江检验检疫机构按照质检总局《进口储备粮检验检疫监督管理规定》，规范对进口储备粮的监管工作。是年，浙江检验检疫机构对295万吨粮食进行加工监管，对18万吨储备粮进行监督管理。

二、出境动植物监督管理

(一)出境动植物及其产品企业注册登记

1. 动物及其产品

1994年，法国农业部要求对输入该国的宠物饲料加工企业进行卫生注册，否则不得进口。是年起，温州商检局参照《出口食品厂、库卫生要求》，对温州地区宠物饲料加工企业进行卫生登记考核，有10家企业获得卫生登记并获法国注册。1998年6月，浙江省又有7家企业获得第二批在法国注册。2000年3月，浙江检验检疫局出台《出口宠物用品加工企业登记卫生要求(试行)》，并组织对18家宠物用品加工企业进行卫生登记考核，有16家企业通过考核。2002年6月，浙江检验检疫局羽毛绒检测实验室经美国发证机关同意，成为负责亚洲地区的美国羽绒消毒许可证现场审核机构。2003年5月，欧盟发布(EC)NO1774/2002号条例

《非人类食用的动物副产品的卫生条例》，要求生产宠物食品等饲料的动物源性原料必须来源于可供人类食用的被屠宰健康动物，产品应来自中国官方检验检疫机构注册批准的加工厂，企业应实施 HACCP 管理并需提前在欧盟备案。至年底，浙江检验检疫局辖区有 30 余家动物源性宠物食品（狗咬胶）企业获得欧盟注册。是年，浙江检验检疫局修订《出口宠物用品加工企业登记卫生规范》，规范出口宠物用品加工企业登记管理，并推荐 22 家宠物饲料加工企业向美国 FDA 注册。2004 年，浙江检验检疫局根据质检总局《关于填报向法国出口宠物食品生产企业名单的紧急通知》的要求，对辖区内申请对法注册的出口宠物用品生产企业进行考核，并将符合条件的 26 家企业通过质检总局报送法国农业部备案。

2005 年，针对中国出口鳗鱼及其产品频频被国外检出孔雀石绿的严峻形势，浙江检验检疫局对辖区内所有出口食用水生动物养殖场、中转包装场实施注册登记管理，要求所有出口养殖水生动物必须来自检验检疫机构注册的养殖场，出口企业须凭《出口食用水生动物供货证明》向检验检疫机构报检；同时，建立注册场水生动物养殖数量确认和出口核销制度，对原来的各备案养殖场进行清理整顿，符合条件的转化成注册场。是年，浙江检验检疫局制定《供出口裘革皮服装原料的生产企业禁用偶氮染料暂行管理办法》，要求供出口裘革皮服装原料生产企业实行登记备案。经考核，浙江检验检疫局批准温州斯利达皮业有限公司等 4 家企业为首批供出口裘革皮服装原料生产登记备案企业。

2007 年 4 月，质检总局、商务部、海关总署联合发布《关于对人类食品和动物饲料添加剂及原料产品实施出入境检验检疫的公告》，将 124 种人类食品和动物饲料添加剂及原料产品列入《出入境检验检疫机构实施检验检疫的进出境商品目录》。是年，浙江检验检疫机构对辖区内出口宠物用品生产企业进行 100%清查，对不符合条件、产品质量得不到保障的企业，暂停其产品出口，限期整改。经清理整顿，有 36 家出口饲料和饲料添加剂企业、25 家出口宠物用品加工企业通过检查。

2008 年 4 月，浙江检验检疫局对出口羽毛绒企业实施注册登记制度。是年，辖区内有 23 家羽毛绒企业获得注册登记。10 月，浙江检验检疫局制定出台《浙江检验检疫局出境非食用动物产品生产、加工、存放企业注册登记及其变更程序》，并对所有出口农产品企业实施注册登记制度。是年底，有 47 家出口饲料和饲料添加剂企业、24 家出口宠物用品加工企业、15 家供港活猪注册饲养场、28 家出口食用水生动物注册养殖场、53 家出口动物和非食用动物产品企业获得注册登记。11 月 27 日至 12 月 7 日，欧盟食品兽医局（FVO）检查组来华考察中国出口饲料添加剂及预混料安全卫生管理体系。绍兴检验检疫局、绍兴市畜牧兽医局、浙江医药股份有限公司顺利通过检查。2009 年 3 月 23—25 日，欧盟食品和兽医办公室代表团首次对浙江省出口宠物食品安全控制体系进行检查评估。温州地区有 17 家宠物食品出口企业通过检查，并获得向欧盟出口宠物食品资质。

2009 年 9 月，浙江检验检疫局根据《进出口饲料和饲料添加剂检验检疫监督管理办法》和《关于实施〈进出口饲料和饲料添加剂检验检疫监督管理办法〉有关问题的通知》要求，对辖区内饲料进出口企业实施备案管理。同时，在全国率先开展出口饲料检验检疫监管模式改革试点工作，并通过质检总局组织的专家组的论证与认可。

2010 年，浙江检验检疫局组织编写进口饲料检验检疫培训教材，并面向辖区监管人员和企业人员举办出口饲料安全卫生控制培训班，80 余家出口饲料企业 120 多人参加培训。

2. **植物及其产品**

1995 年 5 月，国家动植检局发布《出境植物、植物产品生产、加工、存放单位注册登记实施办法》，要求对经常性从事出口植物、植物产品生产、加工、存放的单位实施注册登记管理。是年，宁波动植物检疫局出台《出境竹、木、草、藤、柳制品生产、加工、存放单位注册登记考核办法》，并开展注册登记工作，有 10 家企业获得注册登记。1996 年，杭州动植物检疫局下达《关于办理出境植物、植物产品生产、加工、存放单位注册登记证的通知》，并出台《杭州动植物检疫局出境植物产品生产、加工、存放单位注册登记管理办法》，对辖区内 400 余家出境植物及产品的生产单位实施注册登记。

2007 年，浙江检验检疫局出台《浙江出境水果果园、包装厂注册登记实施办法（试行）》，对辖区出口水果果园、包装厂实施注册登记，共有 58 家出口水果果园、51 家出口水果包装厂取得注册登记资格。是年，浙江检验检疫机构按照质检总局《关于加强进出境种苗花卉检验检疫工作的通知》要求，对辖区出境种苗花卉生产经营企业实施注册登记管理。浙江省共有 17 家出口种苗花卉生产经营企业获得注册登记资格。

2008 年，浙江检验检疫机构按照质检总局关于从 4 月 1 日起出境竹木草制品应来自注册登记企业要求，对出境竹木草制品生产企业实施注册登记制度。是年，有 2292 家出境竹木草制品生产企业获得注册登记。

2009 年，浙江检验检疫局开发并运行“出境农产品注册登记管理系统”。2010 年 1 月，浙江检验检疫局出台《浙江检验检疫局出境农产品企业注册登记流程管理办法（试行）》，规范出境农产品企业注册登记受理、评审、审批、发证和归档等各项工作。3—4 月，浙江检验检疫局分别举办两期出境农产品企业注册登记评审员培训班，帮助动植检一线检疫人员掌握出口农产品企业的注册登记工作流程和要求。

（二）分类管理

2000 年，宁波检验检疫局出台《宁波检验检疫局出境竹、木、草制品检疫程序》，对出口竹、木、草制品进行分类管理。2001 年 11 月，宁波检验检疫局出台《宁波口岸出境非食用性植物产品生产加工单位登记管理办法（试行）》，对出境植物产品全面实施分类管理。2002 年，浙江检验检疫局发布实施《浙江检验检疫局出境水产品分类管理实施办法》《浙江检验检疫局出口革皮服装分类管理实施细则》，对所有出境动物及其产品进行检验检疫风险分析，并根据不同的风险程度，对企业实施分类管理。2003 年，浙江检验检疫机构按照质检总局《出境竹木草制品检疫管理办法》要求，对出境竹、木、草制品及其生产加工企业实施分级分类监督管理。2006 年，宁波检验检疫局辖区有 4 家竹、木、草制品生产企业列入一类管理。2008 年，浙江检验检疫局出台《浙江检验检疫局出境竹木草制品检验检疫监管工作实施细则（试行）》，推进辖区竹、木、草制品企业分类管理工作。是年，浙江检验检疫局对辖区内 2087 家出境竹、木、草制品生产企业实施分类管理，其中一类管理企业 92 家，二类管理企业 637 家，三类管理企业1349家。

2008—2010年，浙江检验检疫机构实施分类管理的出境竹、木、草制品生产企业共有2783家，其中一类管理企业121家，二类管理企业914家，三类管理企业1748家。

第四节 口岸卫生检疫监督管理

口岸卫生检疫监督管理工作主要包括口岸卫生许可管理，尸体、棺柩、骸骨入境、出境许可管理，出入境特殊物品卫生检疫审批工作。口岸卫生检疫监管工作是检验检疫机构的重要工作职责，也是中国国境卫生检疫事业的重要组成部分。1983年，宁波卫检所开始对出入境尸体、骸骨进行检疫查验。1990年起，杭州卫检所、海门卫检所等开始对国境口岸范围内的食品生产经营单位、服务行业单位发放卫生许可证书。1992年，浙江各卫生检疫机关开始对出入境特殊物品开展卫生检疫审批工作。1999年“三检合一”以后，浙江地区口岸卫生许可管理，尸体、棺柩、骸骨入境，出境许可证管理和出入境特殊物品卫生检疫审批工作分别由浙江检验检疫局、宁波检验检疫局负责。

一、口岸卫生许可管理

1990年，海门卫检所开始开展口岸饮食服务行业卫生监督工作，发放口岸饮食行业卫生许可证2份。是年，杭州卫检所对杭州机场范围内的3个食品生产经营单位和7个服务行业进行定期卫生监督12次，发放卫生许可证10份。1990年至1999年7月，杭州卫检所对杭州机场范围内食品生产经营单位和服务行业单位共发(换)放卫生许可证273份。

2000年，宁波检验检疫局发布《宁波口岸食品生产经营单位和服务行业卫生许可证管理办法》。是年，共发放口岸食品生产经营单位卫生许可证17份、口岸服务行业卫生许可证19份、口岸储存场地卫生许可证4份。2002年3月，浙江检验检疫局发布《浙江检验检疫局国境口岸储存场地卫生监督管理办法》《浙江检验检疫局国境口岸服务行业卫生监督管理办法》《浙江检验检疫局国境口岸食品生产经营单位卫生监督管理办法》，统一国境口岸食品生产经营单位、口岸服务行业、国境口岸储存场地卫生许可证(以下简称口岸三证)发放程序和管理权限。完成富阳、萧山、杭州机场、下沙、金华、义乌、乍浦、衢州等地口岸储存场地卫生许可证考核，共发放口岸食品生产经营单位卫生许可证12份、口岸服务行业卫生许可证8份、口岸储存场地卫生许可证12份。是年，宁波检验检疫局在涉外航修、储存场地、外轮供应、国际海员接待等国境口岸服务单位和食品生产经营单位全面推行卫生许可证制度，共发放口岸食品生产经营单位卫生许可证38份、口岸服务行业卫生许可证43份、口岸储存场地卫生许可证14份。2003年，浙江检验检疫局推荐杭州汉莎航空食品有限公司参加质检总局主办的全国口岸食品生产先进单位评比活动。

2004年，浙江检验检疫局结合《中华人民共和国行政许可法》的实施，开展口岸食品生产经营单位和服务行业单位的整顿清理，规范“口岸三证”管理。2005年，浙江检验检疫机构在宁波举办一期口岸卫生监督业务培训班。是年，浙江检验检疫局组织对11家卫生除害处理单位进行检查。2006年，浙江检验检疫局进一步规范口岸卫生检疫行政许可工作，明确"口岸三证"受理部门、审查机构、复审及决定机构。2007年1月起，浙江检验检疫机构启用质检总局"出入境特殊物品电子监管系统"，提高口岸卫生许可工作效率。2008年，浙江检验检疫局按照"三证合一"的要求，对口岸卫生许可工作进行调整。

2010年，浙江检验检疫机构共发放口岸卫生许可证143份，其中口岸食品生产经营单位84份，口岸服务行业单位15份，口岸储存场地44份。

2002—2010年，浙江检验检疫机构共发放口岸卫生许可证580份，其中口岸食品生产经营单位299份，口岸服务行业单位156份，口岸储存场地125份。

二、尸体、棺柩、骸骨出入境许可管理

对尸体实施卫生检疫由来已久。早在清同治十二年(1873年)，上海海关拟订的"检疫章程"就有船舶在航行时发现因传染病致死者，应将该船隔离1～2日，以资查验的规定。此后，温州、宁波、厦门、福州、江汉、广州、安东等口岸拟就的卫生章程中，均规定船上发现有因患检疫传染病或疑检疫传染病致死的尸体，即判为染疫或染疫嫌疑船舶，尸体、棺柩移埋他处。从有疫港口运来的尸棺不准进口。非疫港运来的棺柩须出示出发港医官证明，棺柩封闭坚固完善，且死者已逾半年以上的方准进口。

1983年3月10日，卫生部公布《中华人民共和国国境卫生监督办法》，对有关尸体、棺柩处理要求作出规定。是年，宁波卫检所开始对尸体、骸骨检疫查验，检疫查验入境棺柩4具。

1984年6月，海关总署发布《关于尸体、棺柩和骨灰进出境管理问题的通知》，对进出境尸体、棺柩，海关凭卫生检疫机关签发的进出境尸体、棺柩移运许可证放行。是年，浙江省共检疫查验入境棺柩5具。

1987—1988年，杭州卫检所检疫查验入境棺柩2具。1991年4月20日，舟山卫检所首次对一名出境菲律宾籍华人尸体棺柩检疫查验并作卫生处理，签发尸体棺柩出境许可证。是年，温州卫检所对一名因心脏病突发而死亡的船员尸体进行卫生处理，并签发尸体移运许可证。是年，浙江共检疫入出境尸体、棺柩3具。

1994年，杭州卫检局根据浙江省人民政府台湾事务办公室浙政台发〔1994〕第92号文件精神，给9名台湾籍遇难军人骨灰办理出境检疫手续。是年，为24名千岛湖"三三一事件"遇难者骨灰办理出境卫生检疫许可证。1995—1997年，杭州卫检局累计签发尸体、棺柩、骸骨、骨灰入出境许可证22份。

1998年9月22日，国家检验检疫局、民政部、海关总署联合发出《关于遗体运输入出境事宜有关问题的通知》，对尸体、骸骨或骨灰的出境或入境承运人作出明确规定。浙江检验检疫局严加对申报资料核查和承运物的卫生监管，对合格者签发尸体、棺柩、骸骨、骨灰入出境许可证。是年，舟山卫检局检疫出境棺柩1具，杭州卫检局签发骨灰入出境许可证6份。1999年，温州卫检局检疫查验入境棺柩2具，舟山卫检局检疫出境棺柩1具，杭州卫检局签发骨灰入出境许可证5份。1983年1月至1999年7月，宁波卫检局(所)共对6具入境船舶上和3

具口岸发现的尸体，实施移运前包装处理的监督，签发尸体、骸骨、棺柩入出境许可证或移运证；对8具入境棺柩实施卫生检疫和必要的卫生处理。2000年5月23日，杭州市殡仪馆被中国殡葬协会批准为国际运尸网络服务中心指定承运人，担负起浙江省的涉外运尸业务。浙江检验检疫局会同浙江省民政厅、杭州海关联合发文，规范入境尸体、棺柩、骨灰的卫生管理。是年，舟山检验检疫局检疫入境尸体1具；温州机场办检疫入出境骨灰7份，骸骨1具，棺柩4具；浙江检验检疫局机场办事处检疫入出境骨灰4份。

2002年，浙江检验检疫局对国际运尸加强监管，做到随报随办，缩短尸体、棺柩、骸骨、骨灰出入境许可证办理时间。2004年8月，浙江检验检疫局处置一起一名非法入境的缅甸籍艾滋病病人死亡事件，并全程监管尸体和遗物的处理过程。2005年5月1日，“海蜂”轮在中国海域遇难沉没，23名船员全部落水遇难。船员家属通过越南驻中国大使馆向中国政府发出将尸体移运回国的请求，舟山检验检疫局帮助外事部门准备申报材料和相关证明。6月8日，舟山检验检疫局根据尸体移运许可证签发的条件和规程，经现场查验，在确定遇难船员非因传染病死亡，并且在运输途中不会造成泄漏和污染的情况下，依法出具尸体移运许可证。2006年6月，中国岱山籍渔船在江苏外海拖虾作业时捞上一具海漂尸体，带回岱山后冷冻保存于岱山殡仪馆。后经有关部门查证，死者为越南人，系“海蜂”轮船员，舟山检验检疫局对遗体作出处理。

2008年2月22日，质检总局取消尸体、骸骨入境、出境许可证，全国检验检疫部门不再办理尸体、骸骨出入境相关卫生许可审批，尸体、骸骨入境直接在入境口岸申报卫生检疫。

1999年8月至2008年12月，浙江检验检疫局共对89具出境尸体、棺柩实施移运前包装处理的检疫监督；宁波检验检疫局办理尸体入境许可证2份，尸体出境许可证1份。

三、出入境特殊物品卫生检疫审批

1992年，杭州卫检局首次对杭州市中心血站的出入境人血样品进行检疫查验。1996年4月，卫生部、对外贸易经济合作部、海关总署联合发出《关于进一步加强人体血液、组织器官管理有关问题的通知》，规定人体血液（包括全血、血浆等）的采集、供应、加工生产和出入境均由卫生部统一归口管理。6月，杭州卫检局共对乙肝表面抗原、人体骨髓、血浆等24批次的特殊物品实施检疫查验，保证出入境特殊物品的运输和使用安全。1998年5月，奥地利、德国从非洲进口一批受污染血源，制成血液制品，向中国和印度出口，为防止受污染的血液制品入境，温州卫检局根据国家卫检局指示精神，进行专题调查并上报国家卫检局。1998年11月27日，杭州卫检局首次对香港至杭州MU504航班上旅客携带的用于浙江省首例非亲缘异体基因骨髓移植的骨髓进行卫生监管。

2000年，浙江检验检疫局、宁波检验检疫局结合各自出入境特殊物品工作特点，分别出台相关《出入境特殊物品卫生检疫管理办法（试行）》，对特殊物品进行规范管理。

2002年10月，宁波检验检疫局发现1批次共48只携带疫情（HBsAg阳性）的特殊物品（人血标准样质控液），依法对其作出销毁处理。是年，浙江检验检疫局对杭州华大基因研发中心从台北引进的4批次水稻组织mRNA样品进行审批、现场检疫查验并放行。至年底，浙江检验检疫局共审批骨髓及科研用细胞株36批次。2004年7月，浙江检验检疫局对浙江大学医学院人体解剖教研室的62件人体标本(包括人体骨骼和部分人体组织器官)出境办理出入境特殊物品审批手续，此为浙江省首次人体标本出境。浙江检验检疫局对该批出境的人体标本进行现场查验、放行，并对其返回入境加以监管。

2005年11月，浙江检验检疫局对运往中国澳门地区的甲型流感疫苗加快审批，在最短的时间里办理出境通关前所需的各种手续，使得这批“救命”疫苗及时到达澳门。这是浙江检验检疫局首批办理出境的疫苗。是年，根据质检总局要求，浙江检验检疫机构将收集到的出境特殊物品、入境特殊物品、无审批特殊物品等卫生检疫信息通过计算机网络系统进行上报。

2006年1月，质检总局发布《出入境特殊物品卫生检疫管理规定》，统一规范全国出入境特殊物品的检疫监管工作。2007年1月，质检总局启用《出入境特殊物品电子监管系统》。浙江地区出入境特殊物品卫生检疫工作通过统一的电子平台进行管理。

2008年7月，浙江检验检疫局开辟绿色通道，将特殊物品审批单送达浙江省血液中心，确保大陆捐赠的脐血干细胞及时抵台，这是大陆向中国台湾地区同胞捐赠的首份脐血干细胞。8月，北京奥运会期间，浙江检验检疫局从分支局抽调5名卫检专业人员支援杭州机场办工作。杭州机场办和金华检验检疫局等设立奥运报检专用窗口，实行“提前预约、快速查验”制度，对来自重点地区人员、集装箱、进出口高风险特殊物品等进行监督检查。11月，杭州检验检疫局对出口危地马拉的一批甲肝疫苗实施卫生检疫，这是浙江省疫苗产品首次出口中美洲国家。

2009年，浙江检验检疫局针对部分信用良好且出入境特殊物品种类风险低、批次多、申报频次高的企业，进行一次审批、多次核销的审批改革，提高办事效率，加快通关速度，为企业提供便利。2010年2月，杭州检验检疫局对出口秘鲁的11万人份甲型(H_1N_1)流感疫苗实施检疫查验，这也是浙江首批出口的甲型(H_1N_1)流感疫苗。

2010年，浙江检验检疫局完成出入境特殊物品卫生检疫审批共1412批，其中微生物19批、人体组织20批、生物制品1331批、血液及其制品42批，卫生检疫不合格0批。宁波检验检疫局共对34批次生物性医用诊断试剂等特殊物品实施卫生检疫。

1992—2010年，浙江检验检疫局完成出入境特殊物品卫生检疫审批共3558批，其中微生物61批、人体组织95批、生物制品3196批、血液及其制品206批，卫生检疫不合格2批。1999—2010年，宁波检验检疫局共对535批次生物性医用诊断试剂等特殊物品实施卫生检疫。

第五节　认证监督管理

认证监督管理包括管理体系认证、食品农产品认证和强制性产品认证(China Compulsory Certification，以下简称CCC)的制度宣传推动、认证执法检查、获证产品抽查以及进口产品免办CCC认证管理等。1991年开始，浙江商检局在出口玩具、机电、轻工、纺织等产品生产企业中推行ISO9000系列标准，提高企业质量管理体系水平，扩大产品出口。2003年9月3

日，国务院颁布《中华人民共和国认证认可条例》(国务院令 390 号，以下简称《认证认可条例》)。11 月起，浙江检验检疫机构在全省各地宣传《认证认可条例》，提高社会公众对认证认可的认知度，同时，推动企业开展环境管理体系认证、职业健康安全管理体系认证、HACCP 认证和良好农业规范认证。2006 年 7 月 1—2 日，浙江检验检疫局在绍兴组织召开浙江、上海、江苏、安徽、宁波五省、市第二次认证监管工作研讨会，建立长三角地区认证监管协调机制。2008—2010 年，浙江检验检疫机构开展认证全过程执法监管试点工作，建立认证执法监管长效机制，严厉打击认证违法违规行为。

一、管理体系认证监督管理

1991 年，浙江商检局在出口玩具生产企业中推行 ISO9000 系列标准运行的试点工作，确定平湖玩具总厂等 3 家企业为试点企业。1992 年 1 月，国家商检局颁布《出口商品生产企业质量体系评审管理办法》。5 月，浙江商检局派出 2 名学员参加英国 BSI 第一批 ISO9000 主任审核员培训班，并成为浙江商检系统首批 ISO9000 主任审核员。9 月，国家商检局与外经贸部、农业部、轻工业部联合在杭州召开出口玩具质量许可证暨 ISO9000 标准推行工作会议。国家商检局副局长吕葆英肯定浙江的试点经验，要求在全国推广。是年，浙江商检局举办质量管理体系培训班 17 期，培训企业骨干 1500 余人。

1993 年 5 月，浙江商检局、浙江省计划经济委员会、浙江省对外经济贸易委员会、浙江省机电产品出口办公室联合成立浙江省出口商品生产企业质量体系工作管理委员会。同年，浙江商检局组建浙江涉外质量保证中心，负责质量管理体系认证评审工作。1994 年，浙江商检局成立出口商品生产企业质量体系浙江评审中心(后改为中国进出口质量认证中心浙江评审中心，以下简称浙江评审中心)，完成对杭州万向钱潮股份有限公司、宁波大中玩具有限公司等 8 家企业的质量管理体系评审。1995 年，浙江商检局在温州、金华、舟山、台州、绍兴、湖州、嘉兴、衢州分别设立浙江评审中心分支机构。8 月 8 日，在杭州黄龙饭店为获得认证的杭州松下家用电器有限公司、杭州叉车总厂举行 ISO9000 颁证大会，全国 20 多家新闻单位对此进行报道。是年，完成质量管理体系企业评审 13 家，另有 41 家企业签订评审协议。1996 年起，浙江商检局建立浙江商检局工作质量体系，并选定舟山、台州、绍兴商检局 3 个分支局，局机关 3 个管理处室为试点单位。1997 年，浙江商检局按 ISO9001 标准编制质量体系文件开展质量体系普及培训。是年，中国进出口质量认证中心宁波评审中心成立，培养认证审核员 140 余人，认证领域不断扩大。1998 年 4 月 1 日，浙江商检局正式发布实施第一版质量手册和程序文件。1999 年 5 月，浙江商检局质量体系通过中国进出口商品质量认证中心(以下简称 CQC)认证，获得质量管理体系认证证书，浙江商检局质量体系成为全国第一家通过 CQC 认证的直属商检局。2000 年 9 月，浙江检验检疫局通过 CQC 质量体系换证审核，体系覆盖范围从原进出口商品检验扩展为检验检疫。同年，舟山、台州、绍兴检验检疫局建立运行的质量体系，也分别通过 CQC 认证。2001 年 7 月，湖州检验检疫局质量管理体系通过 CQC 认证。2002 年，宁波检验检疫局在局机关导入 ISO9001 质量管理体系工作。翌年 4 月 10 日，宁波检验检疫局质量管理体系获得 CQC 认证。8 月 12 日，国家认监委主任王凤清参加颁证仪式，将质量管理体系认证证书颁发给宁波检验检疫局局长徐金记。宁波检验检疫局成为宁波市级机关第一家导入ISO9000质量管理体系并获得认证证书的行政机关。浙江检验检疫机构推行质量管理体系认证工作走在全国商检系统前列。

2002年，浙江检验检疫机构根据国家认监委、质检总局、国家工商总局和外经贸部联合发布的《认证机构及认证培训、咨询机构审批登记与监督管理办法》要求，对系统内20家认证咨询机构重新登记审查并获国家认监委批准。2003年1月，浙江检验检疫机构按照国家认监委工作部署，对通标、莱茵等外资认证机构进行稽查，成立检查小组，重点对认证机构认证活动的有效性、公正性和规范性进行检查。共检查获证企业24家，发现有5家企业质量管理体系运行不良。2005年8月，浙江检验检疫局根据国家认监委的工作要求，对相关企业社会责任的情况进行调查摸底。12月21—24日，国家认监委调研组在杭州召开两次全省社会责任专题座谈会，听取浙江检验检疫局的汇报及行业组织、进出口企业对企业社会责任的认识、出口贸易中涉及的企业社会责任要求及实施情况汇报，并实地走访杭州万谷服饰有限公司和嘉兴浙江伴宇实业股份有限公司。2006年7月，浙江检验检疫机构按照国家认监委的统一部署，对获得环境管理体系认证的企业及认证机构进行检查，检查获证企业14家、认证机构2家，检查情况及时报送国家认监委。10月，浙江检验检疫局对10家认证机构的办事机构开展专项检查，督促认证机构撤销其办事机构1家。是年，宁波检验检疫局组织人员对8家认证机构办事处进行专项检查，对其中1家办事处提出整改要求。2007年7—11月，浙江检验检疫局经请示国家认监委同意，首次自主开展出口商品生产企业认证有效性检查，出台《浙江检验检疫局出口商品生产企业认证有效性检查管理办法(试行)》，制定检查方案，培训检查人员146人，备案获证企业2521家，检查企业365家，涉及认证机构42家。2008年9月，浙江检验检疫局按照国家认监委的工作要求，组织开展《认证认可条例》立法后评估调研工作。通过发放调查表、召开座谈会，就认证监管体制、法律责任等方面进行调查论证，为国家认监委修改《认证认可条例》提供依据。2009—2010年，浙江检验检疫局加大管理体系认证执法监管力度，累计培训认证执法人员350余人，检查获证企业2029家，涉及认证机构200家次。对22家质量体系运行失效的企业，分别作出吊销出口产品质量许可证、取消快速核放、无纸化报检资格处理，对4家违法违规认证机构实施行政处罚。

2008年10月，国家认监委在全国质检系统开展认证全过程执法监管试点工作，浙江检验检疫机构被列为试点单位。浙江检验检疫局选择绍兴检验检疫局为试点局，宁波检验检疫局选择慈溪检验检疫局为试点局，各自成立试点工作领导小组，制定试点方案。同月，浙江检验检疫局在绍兴召开第一次工作会议，布置开展认证全过程执法监管试点工作。2008年11月至2009年8月，绍兴检验检疫局探索和建立试点认证企业全备案、认证机构全报备、检验检疫日常监管与专职执法稽查相结合的全过程执法监管机制，选取不同产品类别的80家获证企业开展认证有效性检查工作。试点期间，向相关认证机构发出认证监管建议书3份、认证执法监管通知书5份，要求认证机构撤销或暂停认证证书6份，立案查处违法认证机构3家。慈溪检验检疫局通过开展管理体系认证、产品认证有效性检查、CCC免办的后续监管等工作，对现有的资源、监管手段进行整合、优化，探索建立认证全过程监管链条和质量可追溯体系、责任追究体系，建立认证监管工作的长效机制。9月，浙江检验检疫机构召开认证执法监管试点工作总结现场会，进一步推广试点工作经验和做法。次年，浙江检验检疫局结合试点工作实际，修订《浙江检验检疫局管理体系认证有效性管理办法》，编制《管理体系认证执法监管手册》，规范管理体系认证执法监管工作。

2010年，浙江检验检疫机构累计出动监管人员1355人次，检查管理体系认证获证企业647家，涉及认证证书762份，涉及发证机构100个次，发现违法违规认证机构4个。

2007—2010年，浙江检验检疫机构累计出动监管人员4622人次，检查管理体系认证获证企业1849家次，涉及认证证书799份，涉及发证机构253个次，处罚违法违规认证机构5个。

1991—2010年，浙江检验检疫机构共帮助和促进4537家出口商品生产企业通过质量管理体系认证，1025家企业通过环境管理体系认证，284家企业通过职业健康安全体系认证，355家企业通过食品安全管理体系认证。

二、强制性产品认证监督管理

(一)强制性产品认证制度宣传

2001年12月3日，质检总局发布《强制性产品认证管理规定》，明确从2002年5月1日开始实施中国强制性产品认证制度，替代进口安全质量许可制度和国内产品安全认证。同日，质检总局和国家认监委公布第一批实施强制性产品认证的产品目录。2002年6月7日，浙江检验检疫局在杭州召开出口生产企业强制性产品认证宣贯会，有200多家企业参会。是年，宁波检验检疫局多次召开强制认证说明会，数百家企业参会，并在《东南商报》等报纸定期进行强制性产品认证的相关知识宣传。至2003年7月，浙江检验检疫局辖区600多家强制性认证产品生产企业中，有95%的产品获得强制性产品认证。2004—2005年，质检总局和国家认监委陆续公布装饰装修、安全防范、机动车零部件、玩具产品实施强制性产品认证的产品目录，浙江检验检疫机构加大宣传推行力度。2006年6月，浙江检验检疫机构联合当地政府有关部门和妇女儿童工作委员会，深入学校、幼儿园、企业、商场宣传玩具产品强制性产品认证知识，累计分发资料15000余份，张贴宣传画7500余张。

2007—2010年，浙江检验检疫机构每年利用“3·15”国际消费者权益日、“六一”儿童节、“世界认可日”和消费者博览会等活动及网络、电视、电台、报纸等媒体，宣传强制性产品认证制度。

(二)强制性产品认证执法监管

2003年7月，浙江检验检疫机构、宁波检验检疫局配合8月1日CCC认证制度的正式实施，分别举办CCC认证行政执法培训班，编制《中国强制性产品认证文件汇编》，购置紫外光CCC认证标志鉴别器，并成立执法检查小组，对电视机等6种CCC认证产品开展执法检查工作。浙江检验检疫局检查CCC认证产品生产企业76家，发现涉嫌违法违规企业3家。是年，宁波检验检疫局开展企业的咨询服务工作，走访企业近600家，累计为20000家次企业接受有关CCC认证咨询，对21个商场和20家企业进行执法检查。2004年起，浙江检验检疫机构加大对CCC认证产品目录内进口产品的入境验证工作，特别是加强对涉及民用产品的监管力度，宁波检验检疫局还开展对生产CCC目录内产品的50家企业的执法检查。2005年7月，浙江检验检疫局联合杭州市工商管理局对流通市场进口溶剂型木器涂料和瓷质砖CCC认证情况进行检查。9月起，宁波检验检疫局对涉及溶剂型木器涂料、瓷质砖、混凝土防冻剂等商品实施入境验证。2006—2007年，浙江检验检疫机构开展对机动车零部件产品、童车等6种CCC认证玩具产品实施入境验证工作。2007年10月，浙江检验检疫机构根据国家认监委的工作部署，开展对家用电器、儿童玩具、低压电器、汽车配件和电线电缆五大类CCC认证产品专项整治工作。2008—2009年，浙江检验检疫机构作为全国质检系统认证全过程执法监管试点单位，组织开展强制性产品认证全过程执法监管试点工作。2010年，浙江检验检疫局在总结认证执法监管全过程试点工作经验的基础上，出台《浙江检验检疫局强制性产品认证行政监管规定》，编制《强制性产品认证执法监管手册》，规范强制性产品认证执法监管工作。

2003—2010年，浙江检验检疫机构对30000多批强制性认证产品实施入境查验，对260多批不合格产品实施整改、退运和销毁处理。

（三）强制性产品认证获证产品监督抽查

2006年7月，浙江检验检疫局按照国家认监委工作部署，首次开展对流通领域获得CCC认证的进口电动工具的监督检查。2007年7月，浙江检验检疫局对流通领域获得CCC认证的进口电饭煲、电动玩具实施检查。2008年6—12月，浙江检验检疫局对杭州、温州、金华、台州、绍兴、嘉兴、湖州7个地区流通领域获得CCC认证的家用电器和电动工具的产品质量安全状况进行检查，抽样检测电饭煲、电钻等10个样品，检测不合格率达60%。针对进口产品存在的问题，分析监管工作存在的薄弱环节，并向国家认监委提出加强流通领域CCC认证获证进口产品的监管措施的意见和建议。

2008—2010年，浙江检验检疫机构继续对流通领域获得CCC认证进口产品实施抽样检测，督促商家下架抽查不合格商品，并通知认证机构作暂停证书处理。

表68-6-5-1　　2006—2010年浙江省强制性产品认证获证产品专项监督抽查情况一览表

<table>
<tr><th>年份</th><th>抽查产品名称</th><th>检查结果</th><th>检查单位</th></tr>
<tr><td>2006</td><td>电钻、砂光机</td><td>不合格</td><td rowspan="5">浙江检验检疫局</td></tr>
<tr><td>2007</td><td>电饭煲、电动玩具</td><td>不合格</td></tr>
<tr><td>2008</td><td>多功能高压电饭煲、取暖器、咖啡机</td><td>不合格</td></tr>
<tr><td>2009</td><td>蒸汽电熨斗</td><td>合格</td></tr>
<tr><td rowspan="2">2010</td><td>电动玩具、电磁加热电饭煲、电烤箱、榨汁机</td><td>合格</td></tr>
<tr><td>电灶、洗衣机、塑胶玩具、电动玩具、娃娃玩具</td><td>合格</td><td>宁波检验检疫局</td></tr>
</table>

资料来源：由浙江检验检疫局认证监管处、宁波检验检疫局认证监管处提供。

(四)免办强制性产品认证进口产品监督管理

2002年8月起,浙江检验检疫机构按照国家认监委8号令的要求,对符合免予办理CCC认证条件的进口产品出具免予办理强制性产品认证证明(以下简称免办证明),供海关验证放行。浙江检验检疫机构在官网公开办事程序和申办要求,是年,共签发免办证明184余份。2003—2004年,浙江检验检疫机构累计受理免办咨询达6000人,办理免办证明4600余份。2005年,浙江检验检疫局制定《进口商品免办强制性产品认证实施细则(试行)》,规范免办管理工作。2006年,宁波检验检疫局出台《宁波检验检疫局强制性认证产品入境验证特殊情况申办管理规定》,规范办理宁波口岸CCC目录内产品入境各类特殊情况。2007年8月,浙江检验检疫局研发并使用"进口商品免办强制性产品认证网上申报系统",率先在全国检验检疫系统实现免办证明网上申请、审核、审批和制证,方便企业,提高工作效率。2008年4月,浙江检验检疫局将企业信用纳入监督管理,出台《免办强制性产品认证诚信企业管理规定(试行)》,对免办CCC认证诚信企业实行"一次办证、多次放行"的便利政策。是年,有6家企业获得CCC认证诚信企业。2009年,浙江检验检疫机构推行国家认监委"CCC免办电子审批系统",为企业举办培训班,指导企业尽快掌握新系统的使用要求。

2010年,浙江检验检疫机构办理免办证明2724份,定期监管免办企业122家。

2002—2010年,浙江检验检疫机构累计办理免办证明31000余份,定期监管免办企业480余家,立案查处违法违规企业9家。

三、食品农产品认证监督管理

2006年9月,浙江检验检疫机构根据国家认监委关于质检系统开展良好农业规范试点工作的要求,向国家认监委推荐23家企业参加第一批良好农业规范试点工作。是年,浙江检验检疫机构推荐浙江传化生物技术有限公司、宁波六通园艺有限公司等32家企业列入中国一荷兰MPS(Milieu Programma Sierteelt基金会的缩写)花卉认证试点单位。2007年3月,浙江检验检疫局成立开展良好农业规范试点工作领导小组,按计划推进试点工作。4月26—30日,举办首期良好农业规范标准培训班,培训试点企业及检验检疫人员49人。6月28日,浙江检验检疫局推荐新增试点企业7家。是年底,浙江省有10家企业通过良好农业规范认证的现场检查。2008年3月,浙江检验检疫局又推荐试点企业11家,有8家企业列入国家认监委试点项目。至2009年9月,浙江检验检疫局推荐的8家试点企业中,有4家企业通过第三方认证和验收。

2009年10—12月,浙江检验检疫局根据国家认监委的工作安排,通过座谈、实地调研和问卷调查形式,开展《有机产品认证管理办法》立法后评估调研工作,并形成调研报告报送国家认监委。

2009—2010年,浙江检验检疫机构举办3期食品农产品认证监管培训班,累计培训认证监管人员150余人;累计派出行政执法人员1186人次,检查食品农产品获证企业430家次,涉及认证机构33家次，重点对HACCP体系、食品安全管理体系、无公害绿色食品、有机产品和良好农业规范等认证领域进行监管，未发现有违法违规现象。

第六节　实验室监督管理

实验室监督管理包括实验室考核、注册、认可与计量认证、资质认定管理和社会认可（备案）、企业实验室认可（检测能力评定）。1987年起，浙江商检局依据国家商检局《进出口商品实验室认证管理办法（试行）》，对社会检验机构和工厂企业实验室实施认证。1988年起，国家商检局加强商检实验室管理，对实验室实施三级考核，浙江商检机构有30个实验室通过考核。1999年，浙江商检局制定《浙江商检局社会实验室考核认可管理暂行规定》，认可社会实验室10家。2003年，浙江检验检疫机构在系统实验室中推行实验室认可与计量认证。2006年，浙江检验检疫机构按照质检总局颁布的《实验室和检查机构资质认定管理办法》，对系统实验室实施资质认定管理。是年，浙江检验检疫局在出口食品生产企业推行企业实验室认可（检测能力评定）试点工作。此后，扩大到出口机电、轻工等产品生产企业中开展企业实验室检测能力评定工作。

一、商检系统内实验室考核、注册、认可与计量认证、资质认定管理

（一）实验室三级考核管理

1988年4月，国家商检局颁发《商检系统实验室管理与考核办法》。1989年3月，国家商检局下发《关于商检系统开展实验室审核定级工作的通知》，要求各直属商检局本部的实验室在2年内完成审核定级工作，其他实验室在3年内完成。国家商检局负责一级实验室的审核定级，各大区实验室审核定级工作小组负责二级实验室审核定级，各直属局负责三级实验室的审核定级。全国商检共划分为6个组，浙江商检局属于华东组。该组由上海商检局、浙江商检局、江苏商检局、安徽商检局、江西商检局、福建商检局组成。组长局由上海商检局担任，副组长局由浙江商检局担任。9月，国家商检局出台《商检实验室认证评审员管理办法》，对各地商检局推荐的实验室评审员进行统一考试，浙江商检局有8人成为首批实验室评审员。10月，华东大区在金华召开第一次实验室认证工作会议，拟订《1989—1990年度华东大区二级实验室认证计划》。浙江商检局8个实验室列入该认证计划。是年，浙江商检局出台《浙江商检局进出口商检实验室认证管理办法》，召开全省商检系统实验室认证工作会议，部署1990年实验室考核评审的工作任务。1990年，浙江商检局通过一级考核实验室有2个，通过二级考核实验室有8个，通过三级考核实验室有2个。1991－1996年，浙江商检机构持续做好实验室三级考核管理，有20个实验室通过三级考核。1997年，浙江商检局有1个实验室通过三级考核。1997年后，商检系统实验室不再实施三级考核管理。

1990—1997年，浙江商检机构有4个一级实验室、16个二级实验室、13个三级实验室，

初步形成门类齐全、优势互补、内外结合的实验室检测网络。

表 68-6-6-1　　1990—1997 年浙江商检机构实验室考核定级情况一览表

实验室名称	一级	二级	三级	定级年份
浙江商检局食品化学分析仪器实验室	√			1990 年
浙江商检局丝类检测中心	√			
浙江商检局农食畜实验室		√		
浙江商检局化矿实验室		√		
浙江商检局金属材料实验室		√		
浙江商检局纺织品理化实验室		√		
浙江商检局纺织原料实验室			√	
温州商检局综合实验室		√		
舟山商检局食品实验室			√	
宁波商检局食品实验室		√		
宁波商检局化工矿产品实验室		√		
宁波商检局北仑铁矿石机械取制样实验室		√		
浙江商检局包装实验室			√	1991 年
湖州商检局综合实验室			√	
金华商检局综合实验室			√	
台州商检局综合分析实验室			√	
浙江商检局纺织品理化实验室	√			1993 年
宁波商检局化工矿产品实验室	√			
浙江商检局纺织原料实验室		√		
嘉兴商检局综合实验室			√	
浙江商检局家电实验室		√		1994 年
绍兴商检局综合实验室			√	
嘉兴商检局纺织品理化实验室		√		1995 年
绍兴商检局纺织品理化实验室		√		
绍兴商检局农食畜实验室		√		

续表

实验室名称	一级	二级	三级	定级年份
舟山商检局油品实验室		√		1995年
舟山商检局水产品实验室		√		
台州商检局综合分析实验室		√		
衢州商检局综合实验室			√	
丽水商检局综合实验室			√	
宁波商检局纺织品实验室			√	
慈溪商检局出口玩具检测实验室			√	
绍兴商检局机电实验室			√	1997年

资料来源:部分数据来自《浙江检验检疫志》,浙江人民出版社2005年版,第719—720页;部分数据由浙江检验检疫局认证监管处、宁波检验检疫局科技处提供。

(二)实验室注册、认可与计量认证、资质认定管理

1996年5月,浙江商检局成立浙江商检局实验室管理专家委员会,发布《浙江商检局实验室管理专家委员会章程》《浙江商检局实验室水平测试奖励办法》,并组织20个实验室参加钢样、铜样、食品水平测试活动,有9家实验室获得结果满意。是年,浙江商检局在系统实验室全面推行ISO/IEC导则25《校准和检测实验室能力的要求》,举办2期实验室内部评审员培训班,培训实验室内审员55名。1997年5月,根据国家商检局一级实验室转为中国国家出入境检验检疫实验室认可委员会认可实验室(以下简称CCIBLAC;后变更为中国实验室国家认可委员会,以下简称CNAL),其他转为国家检验检疫局注册实验室的规定,浙江商检局食品化学分析仪器实验室、浙江商检局丝类检测中心、浙江商检局纺织品理化实验室和宁波商检局化工矿产品实验室4家一级实验室向CCIBLAC提出转换复查申请。是年,浙江商检局出台《浙江商检系统实验室监督管理办法》,规范实验室管理工作。1998年,浙江商检局综合检测中心理化实验室、浙江商检局丝类检测中心、浙江商检局纺织品检测所3个实验室获CCIBLAC认可。1999年,宁波商检局综合检测中心石油化工实验室、浙江商检局技术中心电气安全实验室等7个实验室通过CCIBLAC认可,浙江商检局技术中心电气安全实验室还成为指定的出口电动工具质量许可证型式试验指定实验室。是年,湖州检验检疫局、金华检验检疫局、宁海检验检疫局3个三级实验室成为首批国家检验检疫局注册实验室。2000年,舟山检验检疫局石油及石油产品实验室在全国率先获得澳大利亚全国测试机构协会(National Association of Testing Authorities,以下简称NATA)的认可,并通过NATA与世界各国签署互认协议。2002年,浙江检验检疫局技术中心电气安全实验室成为国家认监委指定的强制性产品认证电动工具检测室。是年,宁波检验检疫局19个实验室全面建立ISO/

IEC17025《校准和检测实验室能力的通用要求》标准体系，有8个实验室获得CNAL认可。2003年，浙江检验检疫机构根据国家认监委在检验检疫系统实验室推行实验室注册制度向实验室认可和计量认证转换、实行实验室认可与计量认证“二合一”评审、不再实施注册管理的要求，制定实验室认可与计量认证推进计划，帮助指导实验室完善管理体系。是年，浙江检验检疫局有6个实验室通过CNAL认可与计量认证，宁波检验检疫局有3个实验室通过CNAL认可与计量认证。宁波检验检疫局技术中心电气安全检测中心还成为质检总局指定的小家电产品型式试验实验室。2004年8月，浙江检验检疫局技术中心电气安全实验室成为国际电工委员会电气设备合格检测与认证委员会（International Commission for the inspection and certification of electrical equipment，以下简称IECEE）认可的认证机构体系（Certification Bodies' Scheme，以下简称CB）实验室，其测试报告在CB体系内的各成员国得到互认。是年，浙江检验检疫局又有3个实验室通过CNAL认可与计量认证，全面完成系统实验室认可与计量认证推进计划。2005年，浙江检验检疫局丝检中心通过CNAL认可，成为全国丝绸行业首家能力验证计划提供者。宁波检验检疫局余姚电器检测中心成为国家强制性产品认证指定检测实验室。

2005年11月，浙江检验检疫局根据国家认监委的工作安排，开展以食品检测类实验室为重点的计量认证监督检查，对浙江检验检疫局技术中心和温州检验检疫局、湖州检验检疫局、台州检验检疫局、衢州检验检疫局的相关实验室进行检查。2006年1月，国家认监委通报全国2005年度计量认证专项监督检查情况的结果，浙江检验检疫局系统接受检查的5家实验室成绩优秀。2006年2月，质检总局颁布《实验室和检查机构资质认定管理办法》，把获得计量认证实验室称为“资质认定实验室”。8月30日，浙江检验检疫局在杭州召开系统实验室主任会议，传达全国实验室资质认定工作会议精神，布置系统实验室资质证书换发工作。2007年8月，浙江检验检疫局组织开展蔬菜中农药残留和重金属检测项目协同试验，32家系统实验室、社会实验室和企业实验室参加协同试验，有19家实验室获得结果合格。2008年5月，浙江检验检疫局出台《浙江检验检疫系统实验室资质认定管理办法》，规范系统实验室资质认定管理、监督检查、能力验证和培训交流工作的管理。2008—2009年，浙江检验检疫局组织对21家系统实验室资质认定管理进行专项检查，并在食品、纺织品、传染病领域开展4次实验室比对试验，提升实验室管理能力和检测水平。2010年4月，浙江检验检疫机构全面开展检测工作整顿活动。6月24—25日，浙江检验检疫局在丽水遂昌召开专题会议，研讨检测工作整顿面临的形势和存在的问题，部署下一阶段检测整顿工作任务。11月，浙江检验检疫局根据国家认监委的工作要求，完成《实验室和检查机构资质认定管理办法》立法后评估调研工作，为国家认监委修订该管理办法提供依据。是年，义乌检验检疫局综合技术服务中心实验室通过实验室认可与资质认定。

1997—2010年，浙江检验检疫机构实验室获CNAL认可与计量认证（资质认定）52个，获国家局注册10个。

表 68-6-6-2　　1998—2010 年浙江商检机构实验室获注册、认可与计量认证（资质认定）情况一览表

实验室名称	国家局注册	CCIBLAC(CNAL)认可与计量认证（资质认定）	注册（认可）年份
浙江商检局综合检测中心理化实验室		√	1998
浙江商检局纺织品检测所		√	
浙江商检局丝类检测中心		√	
宁波商检局综合检测中心石油化工实验室		√	1999 年
宁波商检局综合检测中心矿产品实验室		√	
北仑港商检局铁矿检测实验室		√	
宁波商检局综合检测中心农副产品实验室		√	
宁波华翔有限公司流体化工实验室		√	
舟山商检局石油及石油产品实验室		√	
浙江商检局技术中心电气安全实验室		√	
湖州检验检疫局综合实验室	√		
金华检验检疫局综合实验室	√		
绍兴检验检疫局机电包装实验室	√		
宁海商检局综合实验室	√		
舟山检验检疫局水产品实验室	√		2000 年
宁波检验检疫局动植物检疫实验室	√		
北仑检验检疫局综合测试实验室		√	
宁海检验检疫局综合室验室		√	
慈溪检验检疫局出口玩具检测实验室		√	
慈溪检验检疫局综合实验室		√	
宁波检验检疫局国际旅行卫生保健中心综合实验室	√		

续表 1

实验室名称	国家局注册	CCIBLAC(CNAL)认可与计量认证(资质认定)	注册(认可)年份
台州检验检疫局综合分析室	√		2001 年
嘉兴检验检疫局综合实验室		√	
北仑检验检疫局医学媒介生物监测实验室	√		
宁波检验检疫局轻工产品检测中心		√	
宁波检验检疫局转基因实验室		√	
浙江检验检疫局微生物实验室		√	2002 年
浙江检验检疫局化矿金实验室		√	
衢州检验检疫局综合实验室	√		
宁波检验检疫局打火机实验室		√	
金华检验检疫局机电产品检测中心		√	2003 年
舟山检验检疫局水产品实验室		√	
绍兴检验检疫局纺织品检测中心		√	
湖州检验检疫局综合实验室		√	
浙江检验检疫局羽毛绒检测实验室		√	
嵊泗检验检疫局化矿实验室		√	
宁波检验检疫局生物安全检测分中心		√	
宁波出入境检验检疫局纺织品检测中心		√	
宁波检验检疫局电气安全检测中心		√	
浙江国际旅行卫生保健中心舟山分中心综合实验室		√	2004 年
浙江国际旅行卫生保健中心温州分中心实验室		√	
台州检验检疫局综合技术中心实验室		√	
宁波检验检疫局工业品安全检测分中心		√	
宁波检验检疫局食品安全检测分中心		√	
大榭检验检疫局石油化工实验室		√	

续表 2

实验室名称	国家局注册	CCIBLAC(CNAL)认可与计量认证（资质认定）	注册（认可）年份
浙江检验检疫局动植物检疫实验室		√	2005 年
温州检验检疫局技术中心实验室		√	
衢州检验检疫局综合实验室		√	
宁波国际旅行卫生保健中心综合实验室		√	
宁波检验检疫局化学危险品分类鉴定检测中心		√	
奉化检验检疫局综合实验室		√	
浙江国际旅行卫生保健中心实验室		√	2006 年
金华检验检疫局综合实验室		√	2007 年
浙江检验检疫技术中心低压电器实验室（温州）		√	
宁波检验检疫局技术中心象山分中心		√	
浙江国际旅行卫生保健中心丽水分中心综合实验室		√	2008 年
浙江检验检疫技术中心玩具实验室		√	
浙江检验检疫技术中心轻工产品安全实验室		√	
浙江检验检疫技术中心发动机废气排放实验室		√	
宁波检验检疫局汽车零部件检测中心		√	
丽水检验检疫局综合技术服务中心		√	2009 年
义乌检验检疫局综合技术服务中心实验室		√	2010 年

资料来源：部分数据来自《浙江检验检疫志》，浙江人民出版社 2005 年版，第 720—721 页；部分数据由浙江检验检疫局认证监管处、宁波检验检疫局科技处提供。

二、社会实验室认可（备案）管理

1986 年 5 月 24 日，国家商检局颁发《进出口商品实验室认证管理办法（试行）》，该办法规定承担进出口商品检验、测试、鉴定等工作的社会实验室，均应向商检机构申请认可。1987 年，浙江商检局首次对浙江省金属材料公司检验所、宁波动力机厂理化室等 10 个社会检验机构和工厂企业实验室实施认证，这是浙江商检局认可社会检验机构与厂矿企业实验室的开端。1989 年 10 月，浙江商检局制定《浙江省进出口商检实验室认证管理办法》，明确实验室认证的基本要求。1991 年 4 月 26—27 日，浙江商检局在杭州召开首次社会认可实验室主任会议，为全省 20 个社会实验室颁发认可证书和印章。1992—1998 年，浙江商检局认可社会实验室 9 家。1999 年，浙江商检局制定《浙江商检局社会实验室考核认可管理暂行规定》，同时出台《实验室评审细则》，进一步规范社会实验室考核认证及管理工作。同年，“三检”合一后，浙江检验检疫局对社会实验室进行摸底清理，公布 26 个合格分包实验室名单。

2002 年，浙江检验检疫局制定《浙江检验检疫局检验检疫社会实验室认可管理暂行办法》。2007 年 4 月，浙江检验检疫局根据质检总局《实验室和检查机构资质认定管理办法》的要求，修订《浙江检验检疫局社会实验室认可管理办法》，明确认可申请、现场评审、监督管理等各环节的工作要求。2008 年，宁波检验检疫局出台《宁波检验检疫局社会实验室管理办法》《宁波检验检疫局实验室对外合作管理办法》，继续做好宁波渔业钢丝绳厂和中石化宁波工程公司等社会实验室认可工作，弥补该局检测力量的不足。2010 年 6 月，浙江检验检疫局将该认可管理办法修订为《浙江检验检疫局社会实验室备案管理办法》，对社会实验室备案程序、权利和义务、监督管理作出进一步规范。

1987—2010 年，浙江检验检疫机构认可浙江省金属材料公司检验所等 53 个社会实验室。实验室的检测范围包括机电、金属材料、家电、食品、矿产、包装、化纤、检疫、农残等方面。

表 68-6-6-3　1987—2010 年浙江检验检疫机构认可(备案)社会实验室情况一览表

认可(备案)实验室(原单位)名称	认可(备案)时间(年)	认可(备案)实验室数量(个)
浙江省金属材料公司检验所	1987	10
宁波动力机厂理化室		
温州冶金机械厂理化测试中心		
杭州齿轮箱厂金属材料实验室		
杭州制氧机厂中心试验室		
杭州发电设备厂硅钢片实验室		
浙江省五一机械厂理化实验室		
宁波化工机械总厂中心实验室		
镇海石化总厂机修厂理化实验室		
宁波渔业钢丝绳厂金属线材实验室		
浙江省地质科学研究测试中心	1988	2
浙江省测试技术研究所		

续表 1

认可(备案)实验室(原单位)名称	认可(备案)时间(年)	认可(备案)实验室数量(个)
温岭微型电机总厂微分电机检测站	1989	3
杭州链条总厂精密滚子(套筒)链检测站		
浙江省纤维检验所		
中国石化总公司第三公司检测中心	1990	3
杭州柠檬酸厂中心实验室		
温州第一建筑安装工程公司中试室		
钱江啤酒厂检测中心	1991	6
浙江省家用电器研究所		
浙江省轻工业厅纺织测试中心		
宁波纸制品总厂瓦楞纸箱实验室		
浙江省军区车辆检测站		
浙江省地矿厅第三实验室		
宁波市环境保护科学研究所	1992	1
瑞安外贸包装制品厂瓦楞纸箱测试中心	1994	3
桐乡华兴包装用品厂瓦楞纸箱检测实验室		
温州市农科院实验室		
浙江省机械工业仪表电器产品质量监督检测站	1995	1
浙江省电子产品检验所	1997	1
中国人民解放军 4806 工厂金属材料实验室	1998	3
浙江省劳动安全卫生检测中心站		
杭州市劳动安全卫生检测站		
杭州炼油厂油品实验室	1999	1
衢州通天星集团公司纸箱纸张检测中心	2000	1
杭州锅炉集团有限公司金属材料实验室	2001	1

续表 2

认可(备案)实验室(原单位)名称	认可(备案)时间(年)	认可(备案)实验室数量(个)
浙江省农业科学院病毒实验室	2002	6
浙江省农业厅畜牧管理局浙江省畜禽防疫检疫站		
农业部农产品质量监督检验测试中心		
农业部农药残留质量监督测试中心		
农业部茶叶质量监督检验测试中心		
农业部稻米及制品质量监督检验测试中心		
浙江省纸张产品质量检验中心	2004	1
浙江省汽车产品检测中心	2006	4
杭州市质量技术监督检测院		
温州东经集团纸制品检测中心		
温州市工业科学研究院分析测试中心		
浙江进出口包装检测中心	2007	1
金华晟丰纸制品检测有限公司	2008	4
浙江省机电产品质量监测所		
舟山市质量技术监督检测院		
机械工业机床产品质量检测中心(上海)		
浙江省泵阀产品质量检验中心	2010	1

资料来源:部分数据来自《浙江检验检疫志》,浙江人民出版社 2005 年版,第 716—717 页;部分数据由浙江检验检疫局认证监管处、宁波检验检疫局认证监管处提供。

说明:1993 年、1996 年、2003 年、2005 年和 2009 年无通过认可(备案)的社会实验室。

三、企业实验室认可(检测能力评定)管理

2006 年,浙江检验检疫局首先从出口食品生产企业入手,对开展企业实验室认可的必要性、合理性、可行性进行充分的论证,为改革检验检疫监管模式打下基础。2007 年 12 月,浙江检验检疫局在调研的基础上,出台《浙江检验检疫局出口食品生产企业实验室认可管理办法(试行)》,明确对出口食品生产企业实验室认可的评价要求和采信原则,并在食品企业开展实验室认可试点工作。2008 年 9 月,浙江检验检疫局将该管理办法修订为《浙江出入境检验检疫局出口商品生产企业实验室认可管理办法(试行)》,扩大企业实验室认可范围。10 月,浙江检验检疫局在杭州举办一期企业实验室内审员培训班,有 75 名企业实验室人员参加培

训。12月，杭州蜂之语蜂业有限公司实验室作为试点实验室，首家通过浙江检验检疫局组织的现场考场，2009年1月获得浙江检验检疫局认可。2009年6月，浙江盾安人工环境设备股份有限公司计量检测中心获得浙江检验检疫局认可。2010年8月，浙江检验检疫局根据企业实验室认可工作实际，将管理办法更名为《浙江检验检疫局企业实验室检测能力评定管理办法》。9—10月，宁波检验检疫局结合出口食品农产品生产企业风险分类管理推进工作，组织对不同类型的出口食品农产品生产企业开展调查，内容包括企业产品出口情况、产品质量、产品检测、实验室检测条件等，覆盖宁波地区自建实验室的食品农产品生产企业132家。是年底，出台《宁波地区出口食品农产品生产企业实验室管理办法》。2010年，浙江检验检疫局认可(检测能力评定)企业实验室11家。

2009—2010年，浙江检验检疫局认可(检测能力评定)企业实验室17家，实验室的检测领域包括食品、轻工、机械、电器等方面。

表68-6-6-4 2009—2010年浙江检验检疫局认可(检测能力评定)企业实验室一览表

企业实验室名称	检测产品	获得认可(检测能力评定)时间
杭州蜂之语蜂业股份有限公司检测中心	蜂产品、蜂王浆、蜂胶、蜂花粉、蜂蜡	2009年1月8日
浙江新迪国际食品质量安全检测中心	速冻、保鲜果蔬	2009年4月8日
浙江天新药业有限公司质检中心	维生素B6、L—抗坏血酸棕榈酸酯、DC级维生素B6、DC级维生素B1(DC级硝酸硫胺)	2009年5月22日
舟山港明食品有限公司实验室	水产品(海水鱼、头足类、蟹类、海捕/养殖虾类)	2009年5月26日
浙江兴业集团有限公司中心检验室	水产加工制品	2009年6月3日
浙江盾安人工环境设备股份有限公司计量检测中心	家用和类似用途电磁四通换向阀、制冷与冷冻设备用制冷剂截止阀等	2009年6月10日
德力西电气有限公司研发部/检测中心	家用及类似场所用过电流保护断路器等	2010年2月2日
巨一集团有限公司鞋类实验室	面料、底料、成品鞋	2010年2月2日
浙江豪中豪健康产品有限公司产品检测中心	家用及类似用途电器、按摩器具	2010年2月2日
金帝鞋业有限公司检测中心	PU、外底、鞋跟、成鞋	2010年2月2日
浙江阳光集团股份有限公司照明电器实验室	紧凑型自镇流荧光灯、照明设备、灯具、电子镇流器	2010年2月3日
浙江医药股份有限公司新昌制药厂质管部	食品及食品添加剂、饲料及饲料添加剂	2010年3月15日

续表

企业实验室名称	检测产品	获得认可(检测能力评定)时间
海亮集团浙江铜加工研究院有限公司检测中心	金属材料及其制品、铜及铜合金	2010年3月17日
韩泰轮胎检测实验室	轮胎	2010年3月29日
浙江银河食品有限公司食品安全实验室	果蔬、食品	2010年5月28日
舟山市立洲水产有限公司食检室	冻水产品	2010年9月18日
浙江茗皇天然食品开发有限公司技术中心	速溶茶、茶叶	2010年11月22日

资料来源:浙江检验检疫局认证监管处提供。

第七节　标志标签管理

标志标签管理主要包括对进出口商品质量认证标志、国外认证标志以及进出口产品标识标签的管理等。1985年开始,浙江商检局在出口机电、轻工商品实施浙江商检标志,成为全国商检系统首创。1992年起,全国统一商检标志,停用各地商检标志,统一使用 中国商检标志。1999年"三检"合一后,进口商品统一加贴CIQ标志。是年,浙江检验检疫机构开始打击假冒UL安全认证标志,开始对出口产品加贴国外认证标志实行监督管理。2000年,浙江检验检疫机构按照质检总局《进出口化妆品监督检验管理办法》,加强对进出口化妆品标签的管理。2004年,食品标签审核工作纳入行政许可范围。

一、质量认证标志管理

20世纪80年代,浙江机电轻工产品出口快速发展。为提高出口产品在国际市场上的位置和竞争能力,1985年3月,浙江商检局下达《关于浙江省出口机电、轻工商品实施"商检标志"的通知》,对部分优质出口商品加贴浙江商检标志的申请条件和考核程序作出规定。8月,杭州橡胶厂和绍兴县五金标准件厂5个出口产品通过工厂考核和产品检测,被批准首批使用浙江商检标志,并颁发证书,为全国商检系统首创。通过加贴浙江商检标志,绍兴五金标准件厂出口五金钢碗每只价格上升5美分。1986—1987年,浙江省获浙江商检标志的商品增至14种。1991年,宁波水表厂成为宁波地区首家加贴商检标志的试点单位。1991年11月,浙江商检局制定《浙江出口商品检验标志管理实施细则》,对标志的申请条件、办理程序、后续监管作进一步规范,明确浙江商检局统一负责颁发质量认证合格证书和商检标志等工作。1992年,国家商检局统一商检标志,浙江商检局对出口机电、轻工商品停止使用浙江商检标志。是年,绍兴县五金标准件厂、绍兴自行车飞轮厂和宁波水表厂生产的有关出口产品首先加施中国商检标志。1993年,浙江省获中国商检标志的商品增加6个。1994年,浙江商检局对出口生丝、金华火腿、绍兴黄酒、罐头等传统名优商品的商检证书上加贴中国商检标志。是年,杭州卫生检疫局对进口定型包装食品使用进口食品卫生监督检验激光全息防伪标志。1995年1月,浙江商检局开始对经检验合格的进口化妆品加施浙江商检标志。3月,浙江商检局下发《关于印发〈全省流通领域进口化妆品商检工作会议纪要〉的通知》,规定从口岸进口的化妆品或流通领域整箱批发的进口化妆品,经检验合格后,可在大包装箱封口处加贴大号浙江商检标志,分拨到各地后,经当地商检机构受理报验,可直接启封开箱加贴小号标志。

1995年9月,国家商检局发布《进出口商品标志管理办法》,对标志的印制、颁发、使用和监督管理作出统一规定。1998年,国家检验检疫局启用新型材质商检标志,提高商检标志防伪性能。1999年,浙江检验检疫机构按照国家检验检疫局要求,对进口食品统一加贴CIQ标志。2000年5月,国家检验检疫局发布《出入境检验检疫标志管理办法》,规范检验检疫标志的管理。2001年2月,浙江检验检疫局下发《关于对进口化妆品等4类商品加施检验检疫标志有关事项的通知》,要求对进口化妆品、结构胶、玩具和出口烟花爆竹4类商品做好检验检疫标志的监督加施工作。2007年7月,浙江检验检疫局出台《浙江检验检疫局出口食品加施检验检疫标志实施细则》,对出口食品及其运输包装加贴检验检疫标志的申领、印制、加施、监督管理作出统一规定。2008—2010年,浙江检验检疫机构继续按照质检总局有关加贴CIQ标志的工作要求,做好进口商品的标志加贴工作。

二、使用外国标志管理

20世纪80年代初,中国进出口商品检验总公司和美国UL开展业务合作,国家商检局负责UL安全认证标志的监管和打击假冒UL认证标志的管理。浙江省的UL标志打假由上海UL检验中心负责。90年代初,美国市场上发现大量从中国进口的贴有UL标志的临时电源接线板和峰值电流保护器,美国宣布此类商品系假冒UL产品。此事危及中国产品对北美的出口。1992年2月,国家商检局要求各地商检局加强机电产品检验监管,协助上海UL检验中心把好关。是年,浙江商检局开始对国外认证标志实行监督管理,打击假冒UL安全认证标志。1995年11月,浙江商检局先后6次对杭州建德梅城10多家电源接线生产企业假冒UL标志行为进行检查,查处企业6家。在当地工商部门的监督下,烧毁1万多只印有UL标志的包装盒。同时,派出12人次到台州、温州等地对假冒UL标志案件实施检查,查处假冒案件7起。1996年10月24日,宁波商检局开展查处假冒UL认证产品工作,并将检查情况、意见建议等上报国家商检局。12月,浙江商检局在杭州召开有150家企业参加的浙江省UL产品研讨会,美国UL有关负责人讲解UL标志认证知识。1997年4月,杭州UL检验中心成立,负责对浙江省获得UL产品企业的跟踪检验。8月,浙江商检局出台《浙江商检局UL认证产品监督管理实施办法》,成立打击假冒UL认证产品工作领导小组。是年,宁波商检局加强对UL标志产品的监管工作,共检查5次,查出假冒、滥用UL标志4批,并联合工商部门对宁波某电器公司内销继电器假冒UL认证标志行为进行查处，工商部门对该公司处以3万元的罚款。至1997年底，浙江获得UL产品认证企业突破140家。是年，浙江商检公司开始与德国莱茵公司技术监督公司、荷兰电力材料协会合作，从事CE、GS等外国认证标志的认证代理业务。1998年8月，国家检验检疫局召开全国打击假冒UL标志工作总结暨表彰大会，浙江商检局获"查处优秀奖"。9月，浙江商检局在杭州召开UL认证产品监管工作会议，表彰工作成绩突出的温州检验检疫局、浙江商检局机电处等10个单位和部门。1999年，浙江商检局和杭州UL中心共同对瑞安某企业进行突击检查，发现假冒UL打字轮6个，予以收缴；假冒UL标志的电线16卷，当众焚毁，并对福建某进出口公司假冒UL标志行为进行处罚。2000年，浙江省知识产权保护工作领导小组办公室、浙江省对外贸易经济合作厅、浙江省工商行政管理局、浙江检验检疫局、杭州海关、浙江省专利管理局联合发布《在我省开展打击假冒UL标志专项活动的通知》，浙江检验检疫局共查处假冒UL认证标志案件6起，销毁制假模具2件，并对制假企业处以1万元的罚款。2001年3月，宁波检验检疫局对宁波某家具公司生产的UL产品实施检查，查获假冒UL标签252张。通过进一步调查，发现该公司从2000年起在出口美国的4批91件套家具上使用假冒UL标志，宁波检验检疫局对该公司处以12万元的罚款。4月，国家检验检疫局在武汉召开全国打击假冒UL认证标志工作总结暨表彰大会，浙江检验检疫局获得"2000年打击假冒UL案件查处鼓励奖"。2004年，浙江检验检疫局开展打击假冒UL标志专项行动，出动执法人员100多人次，立案查处假冒、伪造UL标志案件4起。2005年以后，浙江检验检疫机构未开展打击假冒UL标志专项行动。

三、产品标识标签管理

1993年，浙江商检局根据国家商检局《出口纺织品标识查验管理规定》，对出口纺织品标签挂牌和包装的产地标识进行查验。1994年4月，杭州卫生检疫局、宁波卫生检疫局根据国家卫生检疫总所的文件精神，对进口食品使用进口食品卫生监督检验激光全息防伪标志。8月起，浙江商检机构按照国家商检局的工作要求，对出口食品所附标签实施登记管理和检验制度。1996—1999年，宁波商检局开展对宁波市场的进口化妆品进行流通领域进口化妆品标志标签情况的核查工作，对检验合格的进口化妆品加贴商检绿色验讫标志。1999年4月，浙江商检机构贯彻落实国家商检局的工作要求，对出口欧盟的水产品加贴卫生标签。2000年，质检总局发布《进出口化妆品监督检验管理办法》，要求加强对进出口化妆品标签的管理。浙江检验检疫局加大宣传力度，送政策上门，取得企业的理解和支持。2001年4月，宁波检验检疫局根据全国检验检疫系统食品标签审核暨电子化管理工作会议精神，开展标签管理工作，至年底，共受理标签468份，其中进口标签76份、出口标签392份。2001年6月，浙江检验检疫机构在出口打火机、点火枪产品外包装上加贴CIQ标志。2002年，浙江检验检疫局邀请质检总局食品安全局及标签终审办公室的领导和专家，研究制定样张清晰、文字规范的一整套标签审核样，为标签审核工作的顺利开展奠定基础。至2002年底，共受理上报标签727份，涉及企业32家，其中进口化妆品标签245份，出口化妆品标签482份。2003年，浙江检验检疫局下发《关于进一步规范出口预包装食品标签有关工作的通知》，规范出口预包装食品标签工作。2004年,食品标签审核工作纳入行政许可范围。浙江检验检疫机构编制《进出口食品标签申请指南》和《进出口食品标签审核工作程序》,方便企业申办。至年底,共受理杭州地区进口化妆品标签审核399份,出口化妆品标签审核102份,监督加贴CIQ标志16万枚,批发商及零售商登记备案33家,设计品牌达2000多个。2005年,质检总局发布《进出口食品标签审核操作规程》和《进出口化妆品标签审核操作规程》,浙江检验检疫局通过召开专题会议、培训、工作质量检查,进一步规范进出口食品标签审核工作。2006年,质检总局下发《关于调整进出口食品、化妆品标签审核制度的公告》《进出口食品化妆品标签检验规程(试行)》等文件,统一规范进出口化妆品标签审核工作。是年,浙江检验检疫局制定《浙江检验检疫局预包装食品标签检验和管理工作程序(试行)》,明确各部门和相关人员的职责。2007年8月,质检总局出台《出口食品运输包装加施检验检疫标志操作规定》,要求出口食品加施检验检疫标志。为此,浙江检验检疫局制定《出口食品加施检验检疫标志实施细则(试行)》,对出口食品检验检疫标志的加施和监督管理进行规范。至年底,浙江检验检疫局共对1.3万批出口食品运输包装加施标志。2009年,质检总局经商商务部,自3月10日起,不再对出口纺织品服装实施标识查验和收取标识查验费。2010年6月起,浙江检验检疫局根据质检总局工作要求,对进口化妆品实施全成分标识。

第八节　检验鉴定机构与人员监督管理

2005年3月起,浙江检验检疫机构依法受理审查浙江省内进出口商品检验鉴定机构(以下简称检验鉴定机构)提交的许可申请,并对获得许可的检验鉴定机构实施年审和监督检查。5月29日,质检总局首次举办全国进出口商品检验鉴定机构人员资格考试,浙江省考试合格有259人,位列全国前十位。2004—2010年,浙江省获得质检总局许可的检验鉴定机构有26家,2543人获得出口商品检验鉴定人员资格。浙江检验检疫局依法查处违法违规检验鉴定机构2家。

一、检验鉴定机构监督管理

2003年9月4日,质检总局、商务部、国家工商行政管理总局联合公布《进出口商品检验鉴定机构管理办法》(总局联合令2003年第58号),对进出口商品检验鉴定机构的设立和监督管理进行规范。2004年7月20日,中国检验认证集团浙江有限公司、中国检验认证集团宁波有限公司首批获质检总局许可。2005年,温州检验认证有限公司、台州检验认证有限公司等8家机构又获得质检总局许可。2006年起,浙江检验检疫机构加强对获得许可机构的后续监管,组织开展年度审查和现场监督检查。是年,宁波检验检疫局出台《检验鉴定机构监督管理手册》,统一监管尺度和要求。2008年5月,宁波检验检疫局开展“天平行动”,对宁波地区进出口商品检验鉴定机构实施全面排查,对4家涉嫌违规机构进行调查。2009年,浙江检验检疫机构根据质检总局的工作部署,对浙江进出口商品检验鉴定机构进行专项检查。浙江检验检疫局出动执法人员150余人次，依法查处违法违规机构2家，累计罚款40余万元。宁波检验检疫局发起为期100天的针对进出口商品检验鉴定市场的“天罡行动”，出台全国首份《宁波地区进出口商品检验鉴定行业自律宣言》，净化宁波地区进出口商品检验鉴定市场。2010年，宁波检验检疫局对3个涉嫌违法机构进行立案调查。

2004—2010年，浙江省获得质检总局许可的进出口商品检验鉴定机构有26个，其中1个因倒闭被质检总局注销证书。

表68-6-8-1　　2004—2010年浙江省获得从事进出口商品检验鉴定业务资格机构情况一览表

序号	机构名称	所在地区	首次获证时间	机构性质	业务类别	发布的公告号	备注
1	中国检验认证集团浙江有限公司	杭州	2004-7-20	中资	检验、鉴定	质检总局2004年第97号	
2	中国检验认证集团宁波有限公司	宁波	2004-7-20	中资	检验、鉴定	质检总局2004年第97号	
3	通标标准技术服务有限公司宁波分公司	宁波	2004-7-20	中外合资	检验、鉴定	质检总局2004年第97号	
4	浙江弥禧马检品有限公司	嘉兴	2004-7-20	中外合资	检品	质检总局2004年第97号	
5	浙江出入境检验检疫鉴定所	杭州	2005-4-6	中资	鉴定	质检总局2005年第47号	
6	温州检验认证有限公司	温州	2005-4-6	中资	检验、鉴定	质检总局2005年第47号	
7	台州检验认证有限公司	台州	2005-4-6	中资	检验、鉴定	质检总局2005年第47号	
8	上海天祥质量技术服务有限公司杭州分公司	杭州	2005-4-30	中外合资	检测	质检总局2005年第70号	
9	通标标准技术服务有限公司镇海实验室	宁波	2005-4-30	中外合资	检验、鉴定	质检总局2005年第70号	
10	杭州英华技术服务有限公司	杭州	2005-12-21	中外合资	检测	质检总局2005年第183号	
11	通标标准技术服务有限公司杭州分公司	杭州	2005-12-21	中外合资	检测	质检总局2005年第183号	
12	通标标准技术服务有限公司安吉分公司	湖州	2005-12-21	中外合资	检测	质检总局2005年第183号	
13	杭州锐科纺织品有限公司	杭州	2006-9-13	中外合资	检验	质检总局2006年第134号	2008年倒闭

续表

序号	机构名称	所在地区	首次获证时间	机构性质	业务类别	发布的公告号	备注
14	浙江中衡商品检验有限公司	宁波	2006-9-13	中资	鉴定	质检总局2006年第134号	首次注册地杭州，2009年迁址宁波
15	浙江久亮商品检验鉴定有限公司	杭州	2006-9-13	中资	检验	质检总局2006年第134号	
16	上海天祥质量技术服务有限公司宁波分公司	宁波	2007-4-19	中外合资	检验	质检总局2007年第65号	
17	上海东方天祥检验服务有限公司宁波分公司	宁波	2007-4-19	中外合资	鉴定	质检总局2007年第65号	
18	宁波吉富服装整理有限公司	宁波	2007-4-19	中资	检品	质检总局2007年第65号	
19	上海申美商品检测有限公司宁波分公司	宁波	2008-1-2	中外合资	检验	质检总局2008年第2号	
20	广州欧亚太产品检验有限公司宁波分公司	宁波	2008-1-2	中外合资	检验	质检总局2008年第2号	
21	上海祥诚商品检验技术服务有限公司宁波分公司	宁波	2008-1-2	中资	鉴定	质检总局2008年第2号	
22	上海毕法克检验有限公司义乌分公司	义乌	2008-12-8	中外合资	检验	质检总局2008年第129号	
23	浙江经纬公正检验行有限公司	嘉兴	2008-12-8	中资	检测	质检总局2008年第129号	
24	浙江立德产品技术有限公司	杭州	2009-7-27	中资	检测	质检总局2009年第73号	
25	亚检产品质量信息咨询(深圳)有限公司杭州分公司	杭州	2010-9-25	外商独资	检验	质检总局2010年第107号	
26	必维申美商品检测(上海)有限公司杭州分公司	杭州	2010-9-25	中外合资	检验	质检总局2010年第107号	

资料来源：浙江检验检疫局认证监管处、宁波检验检疫局认证监管处根据质检总局2004—2010年发布的公告整理提供。

二、进出口商品检验鉴定人员资格管理

2004年5月，质检总局决定开展全国进出口商品检验鉴定人员资格考试工作，浙江检验检疫局通过媒体做好宣传工作。7月31日至8月1日，浙江检验检疫局在杭州举办进出口商

品检验鉴定人员考前培训班，有90余名检验鉴定人员参加培训。2005年5月29日，质检总局首次举办全国进出口商品检验鉴定机构人员资格考试，并在杭州、宁波设立考场。浙江局辖区考生均在杭州考场参加考试，有208名考生参加考试；宁波局辖区考生均在宁波考场参加考试，有260名考生参加考试。10月，国家质检总局发布第126号公告，浙江省进出口商品检验鉴定机构人员资格考试有259人合格，合格的比例居全国前十位。2006—2008年，浙江省有2146人参加进出口商品检验鉴定人员资格考试，有918人通过考试。2009年，质检总局调整全国进出口商品检验鉴定人员资格考试模式，改为计算机考试，并在每年的5月和11月各举行一次。2010年，浙江省有1649人参加进出口检验鉴定人员资格考试，通过考试的有360人。

2005—2010年，浙江省参加进出口检验鉴定人员资格考试人数累计达6780人，通过考试的有2543人。

第九节　认可检验员管理

1984年，浙江商检局针对批批检验的方式不能满足出口商品快速通关需要的情况，开始推行认可检验员制度。1985年，浙江商检局出台《出口机电、轻工商品认可检验员规程(试行)通知》，规范认可检验员管理，举办多期培训班，浙江省有130名厂检员通过考核，获得认可检验员资格，这是浙江商检局最早认可的检验员。

1986年，国家商检局发布《出口商品生产、供货单位检验员考核、认可办法(试行)》。浙江商检局对全省主要出口生产厂或供货单位人员进行培训，考核认可检验员451人，1987年认可280人，1988年认可158人。1989年，浙江商检局制定《浙江商检局认可检验员管理办法》，对认可条件、认可申请考核及管理等方面加以规范。是年，浙江商检局下发《关于评选优秀认可检验员的通知》。1990年4月17—18日，浙江商检局在杭州召开优秀认可检验员表彰大会，表彰45名优秀认可检验员。

1990年5月，国家商检局发布《出口商品生产、供货单位检验员认可、管理办法》，浙江商检局对认可检验员的考核、审批、发证工作进行调整。1991年3月，浙江商检局制定《优秀认可检验员评比表彰办法》，对评比条件、范围、程序和方法加以规定。1993年，宁波商检局出台《商检认可检验员管理工作程序》，规范认可检验员工作。1994—1997年，浙江商检局累计认可检验员15311人。1998年8月，浙江商检局制定《浙江商检局认可检验员管理工作程序》，规范对认可检验员的管理。是年，宁波商检局出台《宁波商检局认可检验员管理办法》，独立开展宁波地区认可检验员管理工作。至1998年底，浙江省经营出口的企业都有认可检验员，覆盖率达100%。1999年，浙江检验检疫局有认可检验员1200人。

1984—1999年，浙江检验检疫机构共有认可检验员30151人。

2000年7月，国家检验检疫局取消认可检验员制度。11月，浙江检验检疫局不再受理认可检验员申报发证工作。

第七章 检 务

1963年3月10日，杭州商检局开始受理出口商品报检，报检、签证放行等检务事项由行政科统一负责办理，设专职检务人员1人。1964年起，浙江卫检机构相继对出入境人员、交通工具、集装箱实施检疫，受理报检等检务工作由检疫医师负责。1979年起，杭州、宁波和温州动植检所先后开始受理所辖地区进出口动植物及其产品的检疫业务，检务工作分别由动检科(组)、植检科(组)检疫人员完成。同年12月，杭州商检局开始签发普惠制原产地证书。

20世纪80年代，随着浙江省对外贸易的发展，浙江商检机构出口报检逐步增长，原产地证书签发也得到加强，检务工作进一步统一。1988年，浙江商检局本部设立总报验室，所有检务工作都在窗口完成，改变了原来分散在各业务办公室的做法。之后，浙江商检局规定商检分支机构必须设立集中办理检务窗口，并制定窗口服务规章制度。1989年，受理出口报检51763批，比1980年增长110%；签发普惠制原产地证书15725份，比1980年增长20.22倍。

1990年起，商检机构检务工作着手应用计算机管理，进一步提高检务工作效率和质量。同年，浙江商检局启用“全国普惠制微机管理系统”，开展普惠制签证业务。1991年，浙江商检局受理进出口商品报检量突破10万批次，其中出口98119批，货值1087739万美元。1992年，浙江商检局开发“浙江商检检务管理系统”，实现商检主要业务从报检、签证拟稿、计收费、签证审核、缮制证书各检务流程的实时信息处理和检务综合管理。同年，宁波商检局启用自主开发的“进出口商品检验签证综合业务系统”，开展报检、签证、计费等检务工作。

1994年，杭州动植检局制定实施《检务试行办法》，明确办公室主管检务工作，下设报检单证室具体负责受理报检、签发各类证单、检疫收费、有关资料的整理、统计、归档以及对检疫证单、报检单位及其报检员的管理。自杭州动植检所成立以来，受理报检、检疫、计收费和出证工作都由检疫人员一人承担的现象自此得以改变。1995年12月1日，宁波动植检局开始使用天津动植检局海港模式“动植物检疫业务管理系统”，实行受理报检、计收费、签证、统计等计算机管理。

1996年，舟山卫检局专门设立报检大厅，配备专职检务人员2人，统一受理出入境交通工具、人员、货物及进口食品的报检工作，改变了以往检务工作无专人负责、由各业务部门受理报检的状况。

1999年8月“三检”合一，原“三检”检务人员开始集中在检务大厅受理报检，但仍各自负责原“三检”业务。2000年8—9月，浙江检验检疫局、宁波检验检疫局及全省各分支机构陆续启用全国统一的“检验检疫综合业务管理系统”(以下简称CIQ2000系统)，实行一次受理报检、一次计收费、一次签证放行，原“三检”检务工作统一纳入CIQ2000系统管理。11月起，全省检验检疫机构开始推广实施电子报检、电子转单、电子签证(以下简称三电工程),除需口岸检验检疫机构出具证书等不能实行电子转单的情况外,其余出境货物全部实行电子转单。三电工程的实施,方便了企业报检,提高了货物通关效率,检务工作全面走上电子化、信息化的道路。

2001年,中国加入世界贸易组织,随着外贸的发展,检验检疫业务量也迅速增长。为加快口岸通关速度,方便进出口货物通关放行,浙江检验检疫机构开展"大通关"建设,逐步推出通关放行模式的重大改革措施。2002年,实施出口货物检验检疫绿色通道制度,对符合规定的货物给予绿色通道通关便利,口岸检验检疫机构只审查电子转单数据,不查验货物,直接签发《出境货物通关单》放行。2004年,实施电子审单快速核放制度,电子审单后,对不需要检验的批次由检务部门直接签发通关单予以放行。2005年,继续完善三电工程,加大推广实施绿色通道和快速核放力度,出入境检验检疫报检量再上台阶。2008年,浙江检验检疫机构与海关联合实施通关单联网核查,为建立口岸无纸化通关机制奠定基础。2010年1月1日起,浙江检验检疫机构和海关正式实施"浙江省域出口商品通关单直通放行"机制,浙江省内生产并报关出口的商品,报关地海关凭浙江检验检疫机构、宁波检验检疫机构签发的出境货物通关单验放,把过去产地、口岸两次报检放行环节变为了一次报检一次放行,这是出口商品放行模式的重大改革和创新,对推动"大通关"建设和提高通关效率意义重大。

2010年,浙江检验检疫机构进出口报检量为2435084批,货值15054371万美元,批次和货值分别是1999年的8.3倍和14.2倍;签发出口证书127424份、凭单2873161份,签发进口证书8525份、凭单165060份;出入境检验检疫收费107410.2万元;签发一般原产地证书346989份,签证金额1141528万美元;签发普惠制原产地证书800125份,签证金额2467903万美元。

第一节 报检受理

1963年3月10日,杭州商检局挂牌开检,开始受理肉禽、罐头、冷冻水产、鲜蛋、茶叶、生丝、绸匹、皮鞋、皮制品等出口商品报检,独立实施进出口商品的检验和管理。是年,制定了第一个检务工作规章制度文件《杭州商品检验局有关接受出口商品报验的暂行规定》,对出口商品受理报检、签发证单、办理放行等检务工作作出规定。检务人员在受理出口商品报检时,须审查申请单、厂检证、合同副本、成交小样等,审查合格的,登记编号后送至有关检验室。1964年4月,温州卫生检疫所开始受理船舶及人员卫生检疫申报,要求提交总申报单、旅客名单、货物仓单以及其他卫生证件。1963—1965年,商检业务发展平稳,报检批次年平均增长率为34.06%。

1966年,"文化大革命"开始,商检工作受到影响,出口商品报检工作基本停滞。

1973年3月,杭州商检局恢复建制,恢复受理出口商品报检,且开始受理进口商品报检。11月24日,对外贸易部公布《现行实施检验商品种类表》(以下简称《种类表》),杭州商检局据此范围受理报检。是年，共受理出口报检4890批，进口报检23批。

1974年，温州商检处成立，开始受理温州地区部分出口商品的报检。翌年，宁波商检处成立，受理宁波地区出口大米、罐头、棉布、肉类（包括畜肉和家禽肉）、蛋及再制蛋、皮鞋、水产品等商品的报检。1977年5月1日起，舟山、台州地区的出口水产品由宁波商检处受理。1978年8月1日起，舟山、台州地区的出口冻畜肉、冻禽肉、蛋及再制蛋由宁波商检处受理。1979年6月1日起，宁波商检处新增口岸检验业务以及登轮公证鉴定业务，开始受理口岸检验业务的报检（验）及申请。

1979年11月起，杭州、宁波和温州动植物检疫所先后成立，受理所辖地区内进出口动植物及其产品检疫报检，检务工作分别由动检科（组）、植检科（组）检疫人员完成。1980年6月，杭州动植检所印发《关于加强杭州口岸对外植物检疫工作的通知》，规定贸易性的进出口植物及其产品报检，需提交动植物检疫报检单、输出国家（地区）官方检疫证书、贸易合同或贸易供货协议副本等有关单证。8月，浙江省农业厅转发农业部《关于引进种子、苗木检疫审批单的函》，规定凡从国外引种（包括互赠、互换的种苗）报检时，需提供引进种子、苗木检疫审批单。

1982年1月4日，杭州商检局对宁波商检处管辖地区和业务作出调整，由宁波商检处受理宁波、台州地区的进出口商品和口岸公证鉴定，以及舟山地区的进口商品和部分出口商品的报检。2月，杭州商检局沈家门商检处开始受理出口商品的报检。7月1日，浙江商检机构开始受理出口机床等6类55种机电产品新增出口法检商品的报检。是年，出口商品报检量跃增至48072批，是1981年的2.63倍。

1983—1987年，浙江商检机构受理报检商品种类和业务范围继续扩大。1983年，新增受理13种机床工具、32种进出口钢材等金属材料、测量仪具等商品报检。1984年7月1日起，开始受理装运出口粮油食品、冷冻品等易腐烂变质食品的船舱和集装箱的报检。1985年，开始受理进出口压力容器、危险货物包装报检。1986年12月20日，浙江省劳动厅、浙江商检局联合印发《浙江省进口锅炉压力容器报验程序及须知》，要求进口锅炉压力容器报检时，提供进口商品检验申请单一式三份、有关单证和技术资料。1987年5月3日，浙江商检局印发《关于机床工具出口产品凭质量许可证接受报检的通知》，规定对列入1985年和1986年颁发机床工具出口产品质量许可证的产品，从1987年7月1日起实施法定检验，并实施凭质量许可证报检。同年，浙江商检局制定《浙江商检局检验签证管理办法》，进一步规范受理报检要求。

1988年，开始对自营出口报检单位进行登记备案管理。登记备案时，要求报检人提供工商营业执照、进出口经营权批文等相关文件。凡未有出口经营权的单位报检的，一律不予受理。

1989年，浙江卫生检疫机构根据3月6日卫生部发布的《卫生检疫法实施细则》受理卫生检疫报检，范围包括入出境集装箱、货物、废旧物等物品，入出境微生物、人体组织、生物制品、血液及其制品等特殊物品，入出境尸体、骸骨，入出境人员。同年7月10日，国家商检局公布新的《种类表》，浙江商检机构从8月1日起执行，受理出口法检商品范围增加到64类333种，进口法检商品增加到40类148种。10月1日，浙江商检机构根据《关于对我省出口商品包装瓦楞纸箱实施检验的通知》，要求受理出口商品报检时，随附出口商品包装性能厂检合格单。10月19日，根据国家商检局文件规定，对未获得出口质量许可证的《种类表》内服装和纺织品不受理报检。同年，浙江动植检所根据《出口动物检疫管理试行办法》，要求报检时提供产地县以上农牧部门签发的产地检疫证书、贸易双方签署的协议或合同；报检出口濒危或珍稀动物的，须提交濒危物种出口管理办公室出具的许可证；报检出口畜禽的，须提交农牧部门品种审批单。浙江卫检机构依据《卫检法实施细则》，对入出境船舶、飞机的报检工作提出新的要求。

1990年，浙江商检局重申出口机电产品须凭质量许可证接受报检。5月1日起，对列入《实施进口商品质量许可制度目录》内的进口商品，凭国家商检局颁发的进口商品质量许可证受理报检。在报检人不能提供许可证正本的情况下，通过国家商检局网站查询该进口商品取得许可证的情况来决定是否受理报检。同年，浙江卫检机构要求经营进口食品的单位和个人，在货物入境通关前，提供该批货物的提单、发票、装箱单、合同、产地证、卫生安全证明等有关单据，填写卫生检验报检单并加盖单位印章后报检。

1991年1月1日，浙江商检机构执行国家商检局公布的新《种类表》，受理报检的商品名称及编码改为采用国际上通用的《商品名称及编码协调制度》(以下简称HS)，商品范围与1989年的《种类表》相比不扩大、不缩小。同时，根据国家商检局《出口商品运输包装检验管理办法(试行)》，检务部门受理出口商品的运输包装报检。是年，浙江商检机构受理进出口商品报检量首次突破10万批。

1991—1992年，浙江商检、动植检、卫检机构开始加强对报检员的管理，相继开展报检员培训，经考试合格后发放报检员证，实施凭报检员证办理报检业务制度。无报检员证的，先登记领取临时报检员证，但须在下一期报检员培训班时参加培训。

1993年1月1日，浙江商检机构根据国家商检局文件通知，将出口锅炉压力容器的附件法兰、弯头、管件视同《种类表》内商品，开始受理报检。4月1日起，根据外经贸部、海关总署、国家商检局联合签发的《关于禁止纺织品非法转口的规定》，浙江商检机构对出口纺织品的标签、挂牌、包装的产地标识进行查验，并指定检务部门负责受理报检、计费和签发出口纺织品标识查验放行单，报检时要求申请人填写出口商品检验申请单，提供出口合同等必要单证，以及有关商品全套标签、挂牌等实物和唛头内容。同年，浙江动植物检疫机构根据农业部、海关总署印发的《关于旅客携带伴侣犬、猫进境的管理规定》，要求畜主在入境伴侣犬、猫报检时，提供输出国家(地区)官方兽医检疫证书和狂犬病接种证书。

1994年，浙江省工商局、浙江商检局、浙江省消费者协会联合发布《浙江省流通领域进口商品质量监督管理办法(试行)》，浙江商检机构开始受理《浙江省流通领域抽查鉴定进口商品目录》内的进口商品报检，种类主要有西洋参、奶粉、鞋类、服装、彩电、空调、电冰箱、摩托车和化妆品。受理《浙江省流通领域抽查鉴定进口商品目录》内的进口商品报检时，审核浙江省流通领域进口商品鉴定申请单，进口商品的进货发票、购销合同、品质证书、说明书复印件和外省商检机构签发的有关证单。是年，受理流通领域进口商品报检441批，货值1.38亿元。

1995年5月1日起，浙江商检机构受理空运进出口危险货物包装检验报检。7月1日，根据新调整的《种类表》受理报检，商品共涉及 HS 编码 2012 个，比原《种类表》减少约 20%。1996 年，浙江商检局制定《浙江商检局关于进口废物检验签证暂行规定》，受理可用作原料的进口废物报检，种类主要有废电机、废五金、废金属、废纸等，要求提供除合同、发票、装箱单、提单等必要的单证外，还需提供国家环境保护局签发的进口废物批准证书和经国家商检局认可的国外检验公司签发的装船前检验证书。

1997—1998 年，浙江商检、动植检机构除了继续加强对商品的报检管理，也开始进一步强化报检员和代理报检单位的资质管理。1997 年，浙江商构机构凭蜂蜜出口配额许可证受理出口蜂蜜的报检。对出口北美地区的机电商品，要求在出口商品检验申请单“报验人申明”栏内列明产品是否已取得 UL 认证。对第二批实施安全质量许可制度的 18 类进口商品，凭商检安全标志和劳动部钢印标志受理报检。12 月，浙江动植检机构实施《进出境动植物检疫报检须知》，对报检员持证报检以及报检单的填制进行规范。1998 年，浙江商检机构对进口旧机电产品凭国家机电产品进出口办公室的批件受理报检，对“三资”企业作为投资进口的机器设备、零部件和其他物料，要求提供外商投资企业的批准文件、海关征免税证明或海关签章的企业担保单、报检申请单、进口货物发票、装箱单、提单等有关单证。根据国家商检局《对外援助物资检验管理办法》，浙江商检局对受理援外物资报检作出明确规定和要求。同年，宁波动植检局印发《宁波动植物检疫局检务工作管理办法》，对受理报检、单证协调、检疫结果、出证放行、收费管理等内容进行明确。1998 年 3 月 4 日，国家商检局发布《代理进出口商品报验机构管理办法(试行)》，浙江商检机构自 4 月 1 日起，对浙江省辖区内代理报验机构实行注册登记制度，从事代理报验的机构须在办理代理报验注册登记手续、取得代理进出口商品报验机构注册登记证书后，方可从事代理报检业务。

表 68-7-1-1　1963—1998 年部分年份浙江商检机构进出口商品检验报检量一览表

年份	合计		出口		进口	
	批次(批)	金额(万元)	批次(批)	金额(万元)	批次(批)	金额
1963	5318	-	5318	-	-	-
1964	8808	-	8808	-	-	-
1965	9558	-	9558	-	-	-
1973	4913	-	4890	-	23	46 万元
1974	7121	-	7097	-	24	86 万元
1975	6255	-	6218	-	37	132 万元
1976	5402	9838	5362	9338	40	500 万元
1977	15207	25807	15125	24167	82	1640 万元
1978	19311	42829	19171	39949	140	2880 万元

续表

年份	合 计		出 口		进 口	
	批次(批)	金额(万元)	批次(批)	金额(万元)	批次(批)	金额
1979	20258	53226	20096	49991	162	3235 万元
1980	24894	73730	24651	65386	243	8344 万元
1981	18829	78740	18308	68588	521	10152 万元
1982	48517	92493	48072	84203	445	8290 万元
1983	52926	112124	52264	102080	662	10044 万元
1984	51735	128105	50885	108383	850	19722 万元
1985	57741	193484	56550	137232	1191	56252 万元
1986	60421	268523	59056	184428	1365	84095 万元
1987	69581	333329	66827	213208	2754	120121 万元
1988	48638	450205	44830	257488	3808	89502 万美元
1989	55616	688556	51763	362935	3853	99627 万美元
1990	93563	1135799	91298	793684	2265	72460 万美元
1991	100890	1780622	98119	1087739	2771	131348 万美元
1992	115966	2416819	112773	1451891	3193	178809 万美元
1993	131518	4159017	126668	2229862	4850	335271 万美元
1994	151923	5203151	145845	3269353	6078	226012 万美元
1995	161208	6341291	156469	3696318	4739	313211 万美元
1996	153439	6221798	146796	3417542	6643	337131 万美元
1997	162224	6664957	154765	3698530	7459	357487 万美元
1998	181555	6525226	171443	3786961	10112	329991 万美元

资料来源：1963—1995 年数据来源于《浙江检验检疫志》，浙江人民出版社 2005 年版，第 1173 页；1996—1998 年数据由浙江检验检疫局通关处提供。

说明：美元兑人民币按当年汇率计算。

1999 年，海关总署和国家检验检疫局对实施进出口商品检验、进出境动植物检疫和进口食品卫生监督检验的商品范围进行了适当调整，印发了《进出口商品检验种类表》《进出境动植物检疫商品与 HS 目录对照表》和《进口卫生监督检验食品与 HS 目录对照表》，其中进出口商品检验的编码由原来八位码的 2181 个调整为十位码的 2638 个，检验商品范围未发生变化；动植物检疫的编码由原来的1438个调整到十位码的1481个，检疫商品略有增加；进口卫生监督检验食品编码共1127个。自1999年1月15日起，浙江检验检疫机构按此范围受理报检。是年，受理进出口商品检验检疫报检批次达292473批。同年，浙江检验检疫机构根据《出入境检验检疫报检规定》，要求代理报检单位的报检人员需经检验检疫机构培训合格后领取“代理报检员证”，凭证办理代理报检手续。

2000年1月1日起，浙江检验检疫机构原“三检”业务实行一次报检，统一使用国家检验检疫局印制的新报检单。2月1日，按新的《出入境检验检疫机构实施检验检疫的进出境商品目录》（以下简称《法检目录》）范围受理报检，新《法检目录》将1999年《进出口商品检验种类表》《进出境动植物检疫商品与HS目录对照表》和《进口卫生监督检验食品与HS目录对照表》合并，调整后的目录涉及编码商品4113个。7月1日起，根据《进出口化妆品监督检验管理办法》和《进出口化妆品标签审核细则》的规定，对进出口香水类化妆品凭进出口化妆品标签审核证书或标签审核单位出具的标签审核申请有效证明受理报检，报检人不能出具的，不予受理。8月起，启用全国统一的“检验检疫综合业务管理系统”（以下简称CIQ 2000系统），通过CIQ 2000系统受理报检。

2001年，浙江检验检疫机构开始推行电子报检。浙江检验检疫局制定了《浙江检验检疫局出入境检验检疫电子报检实施细则》，宁波检验检疫局印发了《关于进一步规范出境货物电子转单和优化CIQ 2000系统运行的通知》等，规范企业通过信息化系统开展电子报检业务。报检人使用电子报检软件，通过检验检疫电子业务服务平台将报检数据以电子方式传输给检验检疫机构，经CIQ 2000业务管理系统和检务人员处理后，将受理报检信息反馈报检人，实现远程办理出入境检验检疫报检。6月1日起，根据《关于对出口打火机、点火枪类商品实施法定检验的通知》，浙江检验检疫机构受理一次性袖珍气体打火机、可充气袖珍气体打火机、台式打火机及其他类型打火机（包括点火枪）的法定检验报检。

2002年1月1日起，根据《进口许可制度民用商品入境验证管理办法》，浙江检验检疫机构受理国家实施进口许可制度的民用商品入境验证报检，审查进口质量许可等证明文件，对经查实证明文件符合规定的，签发入境货物通关单，不符合规定的，不予签发入境货物通关单，以保证进口商品符合安全、卫生、环保要求。11月，质检总局出台《出入境检验检疫报检员管理规定》和《出入境检验检疫代理报检管理规定》，浙江检验检疫机构对报检员和代理报检单位实施行政许可制度，未经许可注册的报检员和代理报检单位，不得从事报检业务。

2003年4月，浙江检验检疫机构组织首次报检员资格全国统一考试。5月1日起，浙江检验检疫机构根据《进口旧机电产品检验监督管理办法》受理进口旧机电产品报检，要求报检时提供质检总局或者直属检验检疫局出具的进口旧机电产品免装运前预检验证明书正本或者进口旧机电产品装运前预检验备案书、旧机电产品装运前预检验证书正本以及其他必要单证。8月，宁波检验检疫局对宁波口岸出口货物口岸查验工作实行“多点报检”，报检人可按意愿选择报检地，根据货物存放地点实施口岸查验。同年，宁波检验检疫局开展出口货物检验检疫报检集中审单试点工作，在报检时，由检验部门当场确定该批货物是否需要检验，对不需要检验的批次，由检务部门现场直接签发通关单予以放行，改变原来检验部门取得物理单证审核后，再移交检务部门签发出境货物通关单的做法。

2004年，浙江检验检疫机构根据《出入境检验检疫代理报检单位监督管理工作规范（试行）》《出入境检验检疫代理报检单位信用等级评定与分类管理工作规范（试行）》和《出入境检验检疫报检员注册管理工作规范（试行）》开展代理报检单位和报检员注册工作。首批有10家申请单位通过审批，成为浙江检验检疫局辖区内第一批注册登记的代理报检单位。2月1日起，浙江检验检疫机构开始受理出口塞拉利昂商品装运前检验的报检，范围是中国对塞拉利昂出口每批次价值在2000美元以上的贸易性商品。2005年1月1日，根据《2005年新增实施进境检验检疫的商品表》，新增29个编码商品列入《法检目录》。同年，宁波地区10家代理报检单位获得质检总局批准注册登记。

2006年5月，宁波检验检疫局印发《宁波出入境检验检疫局报检员计分管理办法（试行）》，对报检员实施差错扣分管理。7月1日起，浙江检验检疫机构对代理报检单位全面实行凭证报检，只接受已取得代理报检单位注册登记证书的代理企业的报检申请。同时，加强对代理报检单位的管理，要求代理报检中介服务明码标价，实行公开、公平、公正收费，逐步建立依法经营、公平竞争的代理报检秩序。10月1日起，受理出口埃塞俄比亚产品装运前检验的报检，范围是出口货物每批次价值在2000美元以上的贸易性商品。

2007年5月15日起，浙江检验检疫机构根据国家质检总局、商务部、海关总署联合发布的《关于对人类食品和动物饲料添加剂及原料产品实施出入境检验检疫的公告》，受理124种人类食品和动物饲料添加剂及原料产品的法定检验报检，要求申请人在报检时需申明用途，对申报仅用于工业用途、不用于人类食品和动物饲料添加剂及原料的产品，企业须提交贸易合同及非用于人类食品和动物饲料添加剂及原料产品用途的证明。8月30日起，增加受理全地形车、铝制高压锅、塑料餐具及厨房用具、塑料制其他家庭用具及卫生或盥洗用具的出口报检。9月，浙江检验检疫局印发《浙江检验检疫局进口旧机电产品到货检验工作规范（试行）》，对免于装运前检验的旧机电产品，受理报检时核查免装运前检验证明书正本以及其他报检资料；对实施装运前检验的旧机电产品，审核装运前检验备案书正本、装运前检验证书正本、装运前检验报告正本以及其他报检资料。11月，浙江检验检疫机构对代理报检单位进行清查整治，严厉打击弄虚作假、虚报谎报、买卖单证等违法违规代理报检行为。12月，浙江检验检疫局召开代理报检单位行业管理会议，对清查整治情况进行了通报，与各代理报检单位签订《出入境检验检疫代理报检单位诚信代理报检承诺书》。

2008年3月，宁波检验检疫局对宁波口岸出口货物口岸查验异地核查货证业务采用直接派单的新模式，报检人自愿选择报检方式和报检地点。12月5日，宁波检验检疫局发布了《关于全面实施"进口全申报"的通知》，要求自12月8日起，所有入境货物（包括法检及非法检）及木质包装、集装箱等相关信息由报检人员通过CIQ 2000系统企业申报端申报，集装箱、木质包装不再单独另报。是年，浙江检验检疫机构制定了《代理报检单位分类管理办法》，根据代理报检行为、注册信息变更、年度审核以及违规处理等情况，对代理报检企业信用等级进行综合评定，根据不同的信用等级实施便利或加严监管措施。浙江检验检疫局共评定A级代理报检企业10家，B级24家，C级2家；宁波检验检疫局评定A级企业5家，B级34家，C

级8家,D级4家。

2009年1月1日起,浙江检验检疫机构根据《关于调整〈出入境检验检疫机构实施检验检疫的进出境商品目录(2009年)〉的公告》,调整法检商品受理报检范围,将部分初级纺织品、矿产品、石材、工业原料、皮革制品、五金工具、小家电产品、部分石材等商品共计647个10位HS编码调出《法检目录》,将部分烟草代用品、可用于食品添加剂的化工产品、日常生活用品、婴幼儿及儿童服装、衬衣睡衣泳衣、家用电器、卫生器具等商品共计357个10位HS编码新增纳入《法检目录》或增补进(出)境检验检疫监管。5月1日起,受理出口埃及工业产品装运前检验的报检。10月,根据《关于贯彻执行〈进口可用作原料的固体废物检验检疫监督管理办法〉的通知》,浙江检验检疫机构受理进口废物原料报检时,除审核入境货物报检单、进口可用作原料的固体废物国外供货商注册登记证书(复印件)、进口可用作原料的固体废物国内收货人注册登记证书(复印件)、装运前检验证书、固体废物进口许可证(检验检疫联)以及合同、发票、装箱单等单证外,还需通过进口废物原料电子监管系统"国外供货商管理"子系统中相关的信息,对国外供货商的注册登记证书编号、企业名称、申报HS编码是否属于批准注册产品种类涵盖范围进行核对,严格按照注册登记证书批准的注册登记产品种类受理报检。

2010年3月30日,质检总局出台《出入境检验检疫代理报检管理规定》,浙江检验检疫机构自2010年6月1日起执行。新的代理报检管理规定降低了代理报检单位的准入门槛,从原来资质要求150万元注册资金、10名有报检员资格证的人员,调整为100万元注册资金、5名有报检员资格证的人员,并将代理报检的注册工作常态化管理;降低了对代理报检单位监督审核的频次,代理报检单位的年审由每年一次的例行审核改为每两年进行一次;加大了对代理报检单位行政处罚的力度;明确了代理报检单位违法违规行为及其处罚规定。新规定明确各直属检验检疫局负责所辖区域代理报检企业注册登记工作。浙江检验检疫机构根据新的代理报检管理规定开展代理报检企业管理工作,至2010年12月31日,浙江省共有代理报检企业130家(浙江检验检疫局辖区65家,宁波检验检疫局辖区65家)。

2010年12月,质检总局制定了《进出口食品接触产品检验监管工作规范(试行)》,浙江检验检疫机构在受理食品接触产品出口报检时,除按《出入境检验检疫报检规定》及有关要求审核相应的报检资料外,还要求企业提供出口食品接触产品符合性声明、产品检测报告等符合性证明文件。12月17日,《法检目录》再次调整,将部分纺织品、升降机、功率≤125瓦的吊扇和装有离心甩干机的非全自动洗衣机等91个HS编号调出出口法检,刃面固定的餐刀调入出口法检,将经化学处理的森林凋落物、经化学处理的其他动植物肥料、贱金属制袖扣饰扣、其他贱金属制仿首饰、未列名材料制仿首饰5个HS编码调入进出口法检。浙江检验检疫机构于2011年1月1日起按新的《法检目录》范围受理报检。

表 68-7-1-2 1999—2010 年浙江检验检疫机构出入境货物检验检疫报检量一览表

年份	合计		出口		进口	
	批次(批)	金额(万美元)	批次(批)	金额(万美元)	批次(批)	金额(万美元)
1999	292473	1062112	274190	647197	18283	414915
2000	409359	1877464	380681	1035498	28678	841966
2001	482497	1948105	442759	1134420	39738	813685
2002	671704	2458890	614993	1465860	56711	993030
2003	903082	3494940	816785	1962325	86297	1532615
2004	1157653	4948995	1014778	2498740	142875	2450255
2005	1472608	6786059	1307440	3398334	165168	3387725
2006	1665139	8303804	1522067	4306411	143072	3997393
2007	1922338	9826970	1806115	5357526	116223	4469444
2008	2019879	13049667	1903713	6188814	116166	6860853
2009	2022875	11193181	1835876	5106895	186999	6086286
2010	2435084	15054371	2213408	6609294	221676	8445077

资料来源:根据《浙江检验检疫志》,浙江人民出版社 2005 年版,第 1164 页;2003—2011 年的《浙江检验检疫年鉴》;《宁波出入境检验检疫志》,中华书局 2005 年版,第 1032、1094 页;2004—2011 年的《宁波检验检疫年鉴》及浙江检验检疫局通关处提供的数据综合整理。

第二节 签证通关

1963 年,杭州商检局制定《出口商品发证放行办法》,对检验合格的商品发给证书或放行单,准予输出。签证放行工作由行政科负责,凭检验结果报告单或查验报告单办理发证放行。签发的证书借用上海商检局的证书编号,使用时在证书编号前加一“杭”字,以资识别。对合同规定由生产经营部门出证的或受货人不要求发证的出口商品,只办理放行手续,即在公司报关用出口货物明细单上加盖放行章或核发放行单。在外埠直接发运的货物,由行政科委托检验员办理签证或核发放行单。1964 年 1 月 1 日起,除生丝仍使用上海商检局的证书编号出证外,其余经杭州商检局检验出证的商品,均以杭州商检局的证书编号出证。浙江卫生检疫证单的使用是自 1964 年 4 月温州港对外开放,温州卫检所设立伊始。1964 年,温州卫检所使用的证单,是 1960 年 10 月 20 日卫生部发布的 29 种卫生检疫证单中的 18 种,签发卫生检疫证单的依据是1958年6月28日卫生部发布的《卫生检疫签证规范》。

1966年“文化大革命”开始，浙江进出口商品检验工作几近停顿，仅受理凭工厂检验结果单盖章的审单放行业务，有41家单位自行签发证书。1970年10月5日，根据卫生部军管会发布的《试行“国境卫生检疫单证”的通知》，卫检检疫证单由29种减至15种。

1973年，杭州商检局恢复建制。4月1日起，收回罐头、水产等部分交给工厂填发的证书，开始克服盲目发证的现象。11月，重申《种类表》内商品都应向商检局报验，对出口商品，海关凭商检局签发的证书、放行单或在出口货物明细单上加盖的放行章验放；对进口商品，海关凭商检局在报关单上加盖的“已接受报验”的戳记验放。

1974—1979年，温州、宁波和金华商检处先后开展签证工作。1979年5月22日，为适应浙江省自营出口业务的发展和口岸商检工作量逐步增加的需要，杭州商检局印发《关于自营出口商品检务工作的做法》，规定集中备货在口岸仓库的自营出口商品，由所在地商检部门负责受理报验、检验、签证放行和收费等工作；对已在厂检合格单上签署意见或发给预验结果单的自营出口商品，出口时，由口岸商检机构受理换证报验，负责口岸查验、办理换发证书或放行工作。自营出口商品统一使用杭州商检局证书和统一格式的检验申请单、检验记录及证书证稿。1979年6月1日前，宁波商检处无专职检务人员，检务工作由检验人员兼任。商品检验合格后，签发检验合格检定单，供其他口岸商检机构换证放行。检验合格检定单以宁波商检处为抬头，加盖杭州商检局宁波商检处章。6月1日，随着宁波港对外开放，宁波商检处开始使用杭州商检局证书直接对外签证。9月26日，“湖山”轮装载3000吨日本产化肥抵达宁波港，宁波商检处对这船化肥实施检验并出具检验情况通知单，这是宁波商检处签发的第一份进口商检证单。9月27日，“胜利4号”轮装载浙江炼油厂生产的2979.815吨石脑油出口日本。宁波商检处为其出具了品质、重量、验舱等证书，这是宁波商检处承担口岸商检工作后对外签发的最早的出口证书。1979年，浙江省商检签证量为878份。同年，浙江动植检机构使用农业部1972年规定的三类证单，第一类为检疫证书，共6种；第二类为犬检疫证单，共2种；第三类为检疫单证，共4种。

1981年5月，杭州商检局召开全省商检综合业务和公证鉴定工作会议，提出建立证稿二审、证书二校制度，提高签证工作质量。同年，沈家门商检处开始签发证单。是年，浙江省商检签证量达10700份，首次超过1万份。

1982年，浙江商检机构根据国家商检局关于证书格式的规定，启用出口检验鉴定通用证书、兽医卫生证书、生丝品级公量单、衡量证书、验舱证书、进口检验证书、验残证书、产地证书、价值证书、空白证书、末页、插页12类14种新证单格式。是年，签证量达到24859份。同年1月5日，杭州商检局印发《检验证书签署办法》和《证书证稿核签制度》，规定自2月1日起，发往国外的商检证书的正本、副本、复本由主任检验员、主任兽医、主任鉴定人、官方签证人或其他职称的人员逐份手签。5月5日，为落实国家商检局《关于修改〈签证管理办法〉中的并证条目的通知》，要求在对出口商品出证时，根据信用证的有关条款确定能否并证，信用证条款不明确的，一般按分证处理；如申请单位无法提供信用证，由申请人在申请单上填明并证或分证，作为出证的依据。6月，浙江动植检机构根据国务院《动植物检疫条例》，规定对进口动植物及其产品检疫后未发现检疫对象、应检病虫的，签发检疫放行通知单，或在货运单上加盖检疫放行章，准予进口；发现检疫对象、应检病虫的，根据不同情况签发检疫处理通知单，通知报检人分别作熏蒸、消毒、控制使用、退回或销毁处理。熏蒸、消毒等除害处理后，经检查合格的，准予进口。

1983年3月1日起，浙江动植检机构执行国家动植检总所《关于使用熏蒸通知书和统一证书评语英译文的函》规定，对需在大船上进行熏蒸处理的进口粮，按规定格式签发中、英文本的熏蒸通知书。5月1日起，按照《关于使用邮寄入境动植物检疫处理通知单的函》，对邮寄进口的植物及动植物产品，发现检疫对象的，检疫处理后按中、英文对照格式签发检疫处理通知单。10月15日，农牧渔业部颁发《动植物检疫条例实施细则》。浙江动植检机构根据该实施细则规定，由农艺师、兽医师及所长签发证书。对需要在口岸专用隔离检疫场(圃)或运往指定地点的隔离场所作隔离检疫的进口动物和植物种子、苗木等，签发检疫处理通知单，通知报检人或隔离场所的检疫机关进行隔离检疫。报检人凭检疫处理通知单，向海关申请将货物调离现场。对经检疫合格，准予进口的动植物及其产品，货主或报检人凭检疫放行通知单或货运单上加盖的检疫放行章向海关申请放行。对需出证索赔的进口动植物及其产品，分别签发动物检疫证书、植物检疫证书或检验证书，作为对外索赔的证件。对分港卸货的进口动植物产品，分卸口岸的动植检机关应及时将检疫结果通知最后一港口岸动植检机关，由其汇总统一出证。对经检疫合格的出口动物及其产品，签发动物检疫证书或检疫证书。对经检疫合格的出口植物及其产品，签发植物检疫证书或检疫证书。对出口植物产品，输入国家要求不得带有活虫或规定需要熏蒸处理的，熏蒸后符合规定的签发植物检疫证书。对出口动物，国外要求作产地检疫的，由产地县以上农牧部门的兽医检疫机关(包括产地动植检机关、浙江省动物检疫站)接受报检，检疫合格的签发产地兽医检疫证明书，到达出境口岸后，由出境口岸动植检机关进行复检，并签发动物检疫证书。出口植物及其产品，由产地和出境口岸动植检机关执行检疫，并签发植物检疫证书。货物运至出境口岸时，口岸动植检机关查证、换证或重验后出证。对从产地原车由国际铁路直运出口的货物，验证放行；对需要在口岸换装、拆装、拼装出口的货物，换证放行；对证书过期失效的货物，重检后出证放行。旅客携带物经现场检查不合格，又不能用杀虫灭菌方法处理的，签发处理凭证，截留销毁。对旅检中凡可能带有某种潜伏性检疫对象的动物产品、种子、苗木、繁殖材料和有传染病可疑症状的动物，出具留检凭证，截留检验。留检合格的，物主在限期内凭留检凭证向检疫机关领取；留检发现疫情的，签发处理凭证，销毁处理。留检凭证和处理凭证一式两份，一份交物主，一份留存。同年，浙江卫检机构使用卫生部制定的6种国境口岸卫生监督类证单。杭州商检局部分证书开始使用计算机制证。

1984年1月1日，杭州商检局更名为“浙江商检局”，自7月1日起，使用新局名的证单和签证印章。4月28日，卫生部要求沿海卫检机关对中国远洋海员实施健康体检发证或换证，温州卫检所随之开展此项工作。7月1日，浙江商检局根据国家商检局《关于新商检证书格式的规定及填制说明》，启用新格式出口检验证书、进口检验证书、兽医卫生证书、产地证书、价值证书、衡量证书、空白证书和丝类证书8类18种证书，以及放行通知单、检验合格检定单、检验不合格通知单、检验情况通知单、委托检验结果单、出口商品检验结果单、进口商品检验结果单7种其他单证。宁波商检局为简化报验手续，接受以出口单位填制的出口货物明细单或分析单等外贸原始制单代替出口检验申请单办理报验手续。是年，浙江省商检签证量达30988份。1985年6月1日，杭州、宁波、温州卫检所开始对部分出入境人员实施健康体检，签发国际旅行健康证明书。同年，宁波商检处印发《检验、签证流程管理规定(试行)》《宁波商检处证书样本汇编》，以提高各类证稿的拟制质量，并实施检验签证流程管理，加快单证流转，缩短检验签证周期。

1987年8月12日，浙江商检局印发《浙江商检局关于贯彻国家商检局提高检验签证工作质量和缩短检验签证周期的几点意见》，加强检验、签证各道环节的审核把关工作。自9月1日起，全面实行检验、签证流程管理制度。9月16日，宁波商检局印发《宁波商检局检验签证流程管理办法》，规定平均签证周期：出口商品为2天，进口商品为5天。

1989年，浙江商检局召开全省商检检务工作会议，强调加强证书的管理和缮制工作，坚持拟稿、审证、复核三把关，确保证书质量。宁波商检局印发《宁波商检局岗位目标管理考核办法》，规定单证差错率不超过1.5‰。同年，在全国商检系统证书质量检查评比中，浙江商检局获得第二名，并有10份进口商品索赔证书和出口商品证书入选参加全国商检系统证书展览。同年，浙江卫检机构启用入境/出境集装箱卫生检疫许可证、进口废旧物品卫生检疫卫生证书和临时移运许可证。

1990年，浙江商检局启用放行联系单，检务部门凭检验部门填写的放行联系单，审核后办理放行。同年，开始使用出口商品检验换证凭单，并印发《浙江商检局"换证凭单"填制要求》。8月，执行国家商检局《陆运口岸进出口商品检验签证补充规定(试行)》，对铁路、公路国际联运和原车过轨的出口商品，由发运站商检机构检验合格后，签发商检证书或办理放行手续。是年，浙江省商检签证量达70005份。

1991年1月1日，浙江商检机构开始签发出口商品运输包装性能检验合格单。宁波商检局率先在浙江省内用电脑缮制换证凭单，把换证凭单视为一般出口证书，由检务部门复审缮制、实行二道校对把关，使该单质量有明显提高。3月，国家卫检总所、中华人民共和国进口食品卫生监督检验总所联合发布《国境卫生检疫单证表格式暂行管理办法》，浙江卫生检疫机构严格按要求规范签发证单，发现填写不规范或有文字错漏的单证表格，按原日期换发新证单，并将其复印件报送国家卫检总所和原签证机关。同年，启用国家卫检总所印发的进口食品卫生监督检验单证式样共12种，用于进口食品卫生监督管理签发证单。

1992年1月1日起，浙江动植物检疫机构使用农业部重新核定的动植物检疫证书12种，通知单、报检单9种。3月，浙江商检局再次对出口商品检验换证凭单的填制和审核工作进行补充规定，严格核签制度，确保证单质量。7月，浙江商检局本部开发应用小型机，以茶叶、蜂产品为试点，实行检验部门拟制证书证稿和检务签发证书联网，取得成功。9月25日，浙江商检局重新核定主任检验员、主任鉴定人和主任兽医，进一步严格岗位责任制，强调主任检验员和主任兽医必须有核准的主管范围(包括商品类别或检验、鉴定业务)，不得超范围签发证单。10月23日，浙江商检局印发《进口检验证书拟证规范(试行)》，规定检验不合格的进口商品证书证稿的拟制原则、依据、要求和方法。12 月 30 日，国家商检局下达新的由浙江商检局设计的出口商品放行单样式和出口商品放行单填制说明。同年，浙江商检局为提高出证速度，方便外贸企业和工厂，开始在工厂设立包装证单打印点，采用工厂打印证单、商检审核盖章并定期核销的方式。此外，针对边远地区交通不便及出口商品检验换证凭单签发量增加的实际情况，在有关市、县重点出口企业设立出口商品检验换证凭单打印点，检验合格后现场制证、审核、发证。

1994 年 1 月 1 日，浙江商检局启用新的出口商品放行单和放行章。1 月 17 日，印发出口商品检验证书填制说明及有关注意事项，进一步统一和规范全省出口商品检验签证工作。7 月 1 日，为确保浙江商检局出口丝类商品检验证书在国际市场上的良好信誉，防止假冒和伪造证书现象的发生，浙江商检局开始在该类证书正本上加贴以国家商检局局徽为背景、印有商检“CCIB 浙江”字样的金色激光防伪标志。9 月 21 日，浙江商检局启用流通领域进口商品检验/鉴定/核查结果单，规范流通领域进口商品检验、鉴定和监管工作。

1995 年 8 月，浙江商检局转发《国家商检局关于加强管理提高商检工作质量的决定》，提出加强检验签证管理措施：凡要求出证的，原则上必须坚持自验，签发商检证书必须坚持证单一致、货证相符的原则，加强对首次检验不合格确认放行的管理以及认可检验放行的审核把关工作。9 月 5—7 日，浙江商检局在杭州召开全省检务工作会议，贯彻落实国家商检局《关于提高商检工作质量和全面推进商检体制改革的意见》，其中对签证放行工作提出具体实施意见：必须由检务部门集中统一办理；办理放行人员要经考核合格后才能注册备案和行使放行权，商检证书上体现扦样情况、检验依据、检验结果和评定意见四项基本内容，达到内容完整、结果准确、评定合理、证面美观的要求。会后，浙江商检局印发浙江商检局检务工作质量检查表，明确规定签证放行工作质量检查的要点和评分标准。10 月 31 日，宁波商检局制定《宁波商检局出口商品放行管理办法》，进一步加强出口商品放行把关工作，保证货证相符。

1996 年 6 月 10 日，浙江商检局印发《浙江商检局关于进口废物检验签证的暂行规定》，规定对经检验不符合环保要求的进口废物，出具检验证书；符合环保要求的，出具检验情况通知单；品质、重量等不符合合同规定的，另行出具索赔证书。6 月 24 日，正式启用进口废物检验情况通知单。10 月 1 日，启用通用格式的出口商品预验申请/结果两用单及其附页，进一步规范、简化商检业务单证，适应计算机业务管理的需要。

1997 年 7 月 1 日，浙江商检局启用出口商品运输包装容器性能检验结果单，原出口商品运输包装性能检验合格单同时废止。同年，经国家动植检局同意，杭州动植检局将检疫放行通知单截留凭证由二联改为三联，并制定国际船舶检疫放行通知单、国际船舶动植物检疫申报单和船舶集装箱报检单。浙江卫检机构对往来中国香港地区的飞机启用往来香港飞机卫生检疫证。浙江商检局本部制定《签证过程控制细则》《进口商品检验证稿复审、证单校对作业指导书》《出口商品检验证稿复审、证单校对作业指导书》等质量管理体系文件，明确各岗位职责，使签证各环节处于受控状态。

1998 年 1 月 22 日，浙江商检局转发国家商检局《外商投资财产鉴定工作商检内部管理暂行规定》。根据规定，浙江商检局对已受理财产鉴定的外商投资财产填发外商投资财产价值鉴定报验通知单，供海关验放使用。6月，浙江商检局规定，凡出口商品产地在省外，又从省外口岸装运出口，无法进行实地口岸查验的，外贸单位应向产地商检局或实地装运口岸商检局申办出口放行和出具商检证书事宜。11月1日，浙江商检局根据外经贸部、海关总署、国家检验检疫局联合发布的《关于加强旧机电产品进口管理的补充通知》的要求，对进口旧机电产品出具旧机电产品进口备案书，供海关验放使用。12月，宁波商检局印发《宁波商检局进出口商品检验签证周期》。

表 68-7-2-1　　1979—1998年浙江商检机构签发证单情况一览表

单位：份

年份	签发量	年份	签发量	年份	签发量
1979	878	1986	34489	1993	220039
1980	5362	1987	37320	1994	242244
1981	10700	1988	34222	1995	209422
1982	24859	1989	42767	1996	191031
1983	29768	1990	70005	1997	200223
1984	30988	1991	124716	1998	202682
1985	31562	1992	191890		

资料来源：据《浙江检验检疫志》，浙江人民出版社2005年版，第767页；《宁波出入境检验检疫志》，中华书局2005年版，第576页数据整理。

1999年8月“三检”合一至1999年12月31日，原“三检”仍使用各自的证单对外签证。2000年1月1日，根据国家检验检疫局与海关总署联合印发的《关于启用检验检疫出入境货物通关单的通知》，浙江检验检疫机构与海关建立新的检验检疫货物通关制度，出境和入境的放行方式统一为出具通关单，即对经检验检疫合格或已受理报检的出入境货物，签发出境货物通关单或入境货物通关单，并加盖检验检疫专用章，海关一律凭通关单验放，取消原“三检”以放行单、证书或在报关单上加盖放行章等放行方式。同时，根据国家检验检疫局《关于启用检验检疫证单有关事宜的通知》，启用新的检验检疫证单（以下简称CIQ证单），2000年1月1日至3月31日为新旧证书使用的过渡期。在此过渡期内，2000年1月1日之前签署合同或信用证的，仍凭原“三检”以各自名义签发的证书进行结汇或索赔；2000年1月1日以后签署合同或信用证的，一律签发CIQ证单。自2000年4月1日起，原“三检”签发的证书，一律停止使用，签证放行工作也改为统一由各级检验检疫机构检务部门办理，并开始使用带有各自机构名的签证印章对外签证，改变了以往都以直属局名义对外签证的做法。为规范检验检疫证单签署工作，浙江检验检疫机构实行证单签署人制度，根据岗位，浙江检验检疫局批准首批274人、宁波检验检疫局批准58人分别作为官方兽医、检疫医师、医师、授权签字人，负责各自业务范围内的检验检疫证单的签署工作，不得跨范围统签。实验室的授权签字人仅负责签发实验室的证单。对通关单手签人员实施备案制度，加强对入境货物通关单和出境货物通关单手签人员的管理。同年8月起，浙江检验检疫机构使用CIQ 2000系统进行施检结果登记、证稿拟制、证稿审核、复审、制证等业务，签证放行工作得到进一步加强和规范。

2001年7月，质检总局印发《出入境检验检疫电子转单管理办法》，全面推广电子转单。截至2001年底，宁波地区共进行出境货物电子转单48371批，入境货物电子转单143批，成为全国检验检疫系统最早全面开展出入境电子转单的直属检验检疫局之一。2002年，在宁波口岸"大通关"建设中，宁波检验检疫局加强与海关的联系，建立关检协作机制，8月1日，实施"提前报检、提前报关、实货放行"的通关模式；同时，加强与外经贸的联系，制定检贸协作有关办法，建立与重点企业进出口联系制度，对宁波口岸18家IT企业和15家名牌出口企业实施检验检疫便利措施。10月，浙江检验检疫局与上海、宁波检验检疫局签署《关于在浙沪两地实施"绿色通道"制度试点的备忘录》和《关于在浙甬两地实施"绿色通道"制度试点的备忘录》，绿色通道试点企业名单由浙江检验检疫局提出，经与上海、宁波检验检疫局协商同意报质检总局批准，首批共86家浙江企业获得实施"绿色通道"试点资格。同年，质检总局印发《出入境检验检疫证单填制规范》，对检验检疫证单种类及使用范围、填制说明、证单样本等作了详细具体的介绍和规定，浙江检验检疫机构在签证工作中严格执行。

2003年1月1日起，浙江检验检疫机构启用新版国际旅行健康证明书、国际预防接种证书、境外人员健康检查记录验证证明、预防接种禁忌证明等证单。6月10日，为防止非典型肺炎传播，加强旅检工作，浙江检验检疫机构根据质检总局《关于启用入境和出境健康检疫申明卡的通知》和《关于启用入境和出境健康检疫申明卡有关问题的紧急通知》，启用上述两种申明卡，暂停使用原入境检疫申明卡。经过不断调整和完善，截至2003年6月底，检验检疫证单分为证书11类37种、凭单5类33种和监管类证单5类32种。同年，质检总局批准在皖、浙、苏、沪、甬实施"绿色通道"制度试点。浙江检验检疫局、宁波检验检疫局根据质检总局《出口货物实施检验检疫绿色通道制度管理规定》，给予符合规定的货物"绿色通道"通关便利，口岸检验检疫机构只审查电子转单数据中实施"绿色通道"制度的相关信息，对于审查无误的，不实施查验，直接签发出境货物通关单放行。是年，浙江省检验检疫"绿色通道"企业共254家(浙江局205家，宁波局49家)，名列全国第二。同年，浙江检验检疫局试运行出口货物电子审单快速核放系统，对有健全的质量管理体系，产品不涉及安全、卫生和环保要求且质量相对稳定，具有良好信誉的企业实施快速、便捷的出口货物放行模式。报检企业只要正确输入电子报检信息，检验检疫部门即可通过电子审核平台一次完成证稿拟制、单证审核、电子转单等相关程序，并立即将电子转单号、转单密码通过移动通信网以短信的形式传输给企业，实现提速、增效、减负、严密监管。

表 68-7-2-2　　**1999—2010 年浙江检验检疫机构签发出口证单情况一览表**　　单位:份

年份	证书								凭单			
	小计	检验证书	卫生类证书	兽医类证书	动物检疫类证书	植物检疫类证书	检疫处理类证书	其他证书	小计	出境通关单	出境换证凭单	出境货物不合格通知单
1999	29692	29692	–	–	–	–	–	–	–	–	–	–
2000	51181	51181	–	–	–	–	–	–	–	–	–	–
2001	66009	15611	7707	9937	1575	11713	17516	1950	503756	152671	349543	1542
2002	85368	21063	7911	12923	1673	17913	22733	1152	711955	219764	490393	1798
2003	97029	19936	9812	13300	1573	21756	29684	968	977811	306268	669849	1694
2004	119292	18156	11589	18744	1534	26528	41437	1304	1240410	395360	843076	1974
2005	129647	17265	14272	19021	1206	30318	45464	2101	1587315	529191	1055156	2968
2006	113196	15993	15391	21062	1486	25153	31707	2404	1895157	681660	1209766	3731
2007	115670	16497	15807	20526	1185	25560	30870	5225	2281780	824594	1449306	7880
2008	101425	10151	16620	17350	1851	23645	26780	5028	2435102	894992	1531209	8901
2009	106168	10454	17954	17179	1475	22580	24130	12396	2362423	928552	1427686	6185
2010	127424	11365	21040	18549	1414	24519	26080	24457	2873161	1163669	1702633	6859

资料来源:1999—2000 年数据来源于《中国出入境检验检疫统计年鉴(1999 年)》,第 24—25 页;《中国出入境检验检疫统计年鉴(2000 年)》,第 22—23 页,国家出入境检验检疫局内部资料;2001—2010 年数据由浙江检验检疫局通关处、宁波检验检疫局通关处根据 CIQ 2000 系统统计后整理汇总。

说明:1999—2000 年证书数据仅包括原商检的检验证书。

表 68-7-2-3　　**1999—2010 年浙江检验检疫机构签发进口证单情况一览表**

单位:份

年份	证书							凭单		
	小计	检验证书	卫生类证书	兽医类卫生证书	动物检疫类证书	植物检疫类证书	其他证书	小计	入境通关单	入境货物检验检疫证明
1999	12138	-	-	-	-	-	-	-	-	-
2000	18900	-	-	-	-	-	-	-	-	-
2001	3970	1691	1687	1	0	6	585	52144	36800	15344
2002	3873	1558	1605	8	0	6	696	71988	52425	19563
2003	5594	2300	1781	1	0	0	1512	109514	84780	24734
2004	6923	2796	1864	1	2	0	2260	147097	114784	32313
2005	7164	2900	1988	0	1	12	2263	162122	131427	30695
2006	7442	3474	1695	0	0	2	2271	134620	98679	35941
2007	6935	3733	1121	0	0	0	2081	146623	113334	33289
2008	7687	3850	1316	0	3	1	2517	152019	113638	38381
2009	6628	3070	1327	0	0	0	2231	127782	102160	25622
2010	8525	3621	2237	0	0	0	2667	165060	136758	28302

资料来源:1999—2000 年数据来源于《中国出入境检验检疫统计年鉴(1999 年)》,第 24—25 页;《中国出入境检验检疫统计年鉴(2000 年)》,第 22—23 页,国家出入境检验检疫局内部资料;2001—2010 年数据由浙江检验检疫局通关处、宁波检验检疫局通关处根据 CIQ 2000 系统统计后整理汇总。

说明:1999—2000 年证书小计栏数据包括原商检的检验证书和检验情况通知单(2000 年 4 月后改为入境货物检验检疫证明)。

随着中国对非洲国家出口贸易的迅速发展，2004年，浙江检验检疫机构对非洲国家开展出口产品装运前检验工作，并签发输非装运前检验证书，2月1日起，开始对出口塞拉利昂的货物签发装运前检验证书。3月9日，宁波检验检疫局正式启动货物电子审单快速核放系统。是年，共对19家企业的5696批小家电、纺织品、自行车、空调器等出口商品实现快速出口通关。2005年，浙江检验检疫局在“大通关”建设方面进一步加快步伐，继续完善电子申报、电子放行、电子签证。继续加大推广实施“绿色通道”和电子审单快速核放力度，新增172家实施“绿色通道”制度出口企业、643家快速核放企业。到2006年，浙江检验检疫局共有510家实施“绿色通道”制度出口企业，对1126家出口生产企业实施快速核放。“大通关”建设的加快，为优化投资环境和提升竞争力发挥了作用。2006年10月1日起，开始对出口埃塞俄比亚的货物签发装运前检验证书。2007年8月，根据质检总局《关于换证凭单拟制有关问题的通知》，浙江检验检疫机构进一步规范换证凭单拟制操作，明确证稿拟制环节规范处理及通过转单查询查找数据的办法，确保转单数据的完整性。

2008年1月1日起，为提高口岸通关效率，推进无纸化通关改革，有效防范和打击逃漏检行为，海关总署与质检总局联合实施通关单联网核查。基本流程是：出入境检验检疫机构根据相关法律法规的规定对法检商品签发通关单，实时将通关单电子数据传输至海关，海关凭此验放法检商品，办结海关手续后将通关单使用情况反馈检验检疫机构。是年，浙江检验检疫局共传送电子通关数据90572批，宁波检验检疫局共传送电子通关数据920835批。实施通关单联网核查后，对通关单、报关单的审核由人工变为电脑审核，避免了以前纸质单证通关时伪报的情况，有效打击逃漏检行为，保障进出口产品质量和食品安全，同时，通关单联网核查也为全面建立口岸无纸化通关机制奠定了基础。同年12月，浙江检验检疫局转发质检总局《关于实施检验检疫绿色通道制度促进进出口企业持续发展的通知》，做好“绿色通道”制度的落实工作。浙江检验检疫机构对所有“绿色通道”企业进行了核查清理，对已不符合规定的企业取消“绿色通道”资格，重新报送合格企业名单。经质检总局审核，浙江省共有348家(浙江检验检疫局辖区260家，宁波检验检疫局辖区88家)企业获准实施“绿色通道”制度。是年，浙江检验检疫局试行直通放行制度，共审核批准355家直通放行试点企业。

2009年3月1日，浙江检验检疫机构启用新的出境货物通关单，新的通关单只是对纸质通关单部分内容的调整，不影响与海关间的通关单联网核查。4月1日，启用海峡两岸直航交通工具检验检疫专用证单共22种，包括船舶类：申请类5种，通知类1种，证书类6种；航空器类：申请类3种，通知类1种，证书类6种。7月1日，开始对出口埃及的货物签发装运前检验证书。9月1日起，检验检疫电子证书交换核查系统开始试运行，浙江检验检疫机构对新西兰、澳大利亚签发的进口肉产品证书进行网上核查，将出境货物的植物检疫证书全部上传到电子证书核查平台，以供国外官方主管机构核查。12月，针对分支机构在《出入境检验检疫签证管理办法》实施过程中遇到的问题，浙江检验检疫局印发《关于实施〈出入境检验检疫签证管理办法〉有关问题的通知》，对证稿拟制与核签、证单缮制与审校、证单签发、证单更改等方面进行了明确，进一步提高签证工作质量。同月，浙江省政府牵头在杭州举行“浙江省域出口商品直通放行”启动仪式，宁波检验检疫局、浙江检验检疫局、宁波海关、杭州海关共同签发《关于实施“浙江省域出口商品直通放行”机制的通知》，建立“产地检验、口岸监控、直通放行”出口商品通关放行模式。

2010年1月1日，浙江省域出口商品直通放行机制正式实施，浙江省内生产并报关出口的商品，报关地海关凭浙江、宁波出入境检验检疫局辖区内产地检验检疫局签发的出境货物通关单验放，把过去口岸、内地两次报检放行环节变为了一次报检、一次放行。是年，浙江检验检疫局实施直通放行企业5200家，浙江省域出口商品直通放行批次11.48万批，货值45.46亿美元，主要产品为鞋类、纺织品、机电产品、化工原料、塑料玩具等。其中，在宁波口岸通关的直通放行批次为4.98万批，货值20.38亿美元。2月1日起，扩大对来自新西兰的动物产品实施电子证书网上核查。3月1日起，将所有对贸易对象签发的SPS证书①信息全部上传到电子证书平台。8月1日起，将所有出口货物的检验检疫证书上传到电子证书平台，供进口国家或地区核查。9月15日，质检总局决定启用具有更强防伪功能的检验检疫证单，以防范不法人员伪造假冒检验检疫证单，维护检验检疫证单的权威性。新版检验检疫证单只涉及纸张、底纹、油墨等防伪功能的增强，各种证单的格式内容未作任何变化。浙江检验检疫机构自2010年10月1日起正式启用新版检验检疫证书。②

第三节　计收费

1963年3月，杭州商检局计收费工作按照1958年10月2日对外贸易部公布的《出进口商品检验工作细则(暂行)》第二十九条和第三十条规定执行：“经商检局办理的出口商品的品质检验和出进口商品的动、植物检疫工作，不收检验费，经商检局委托其他机关检验的，需要费用时由报验人负担。不属于二十九条办理的其他检验工作均按统一规定的费额和费率收取检验费。”1964年4月，温州卫生检疫所成立，开展海港卫生检疫工作，按规定收取卫生检疫费。

1972年4月26日，卫生部根据《中华人民共和国国境卫生检疫条例实施规则》规定，制定检疫卫生处理收费标准，浙江卫检机构根据标准收取卫生处理费。蒸熏除鼠、货物除虫消毒、压仓水消毒用药费按市场批发价计算加收30%的消耗费，手续费按500吨以下、501吨～1000吨、1001吨～3000吨、3001吨～7000吨、7001吨～10000吨、10000吨以上划分，蒸熏除鼠按200元～1200元收取，货物除虫消毒和压仓水消毒按50元～300元收取。

1974年2月，杭州商检局执行外贸部《关于自一九七四年二月一日起实行新的进出口商品检验收费办法的通知》，恢复对法定检验出口商品检验收费，并对金属、钢材、机械仪器、机动车辆等进口商品检验按新费率(商品总值3‰)计收。检验费超过3000元的，超过部分按8

① SPS证书：是指根据世界贸易组织《实施卫生与植物卫生措施协定》(SPS协定)，对货物实施检验检疫后签发的证书，种类包括卫生证书、健康证书、兽医卫生证书、动物卫生证书、植物检疫证书、植物转口检疫证书、熏蒸/消毒证书等。

② 2011年1月1日起正式启用新版检验检疫凭单。

折计收。是年，共计收检验费13.91万元。由于新收费标准对进口金属材料及机电仪等商品规定得不够具体，执行中存在不少问题，1977年，外贸部颁发《进口商品检验收费办法补充规定》，把金属材料检验项目分为外观规格、机械物理性能、化学成分及金相探伤四大项目。对外收费时，按合同及标准规定项目收取；检验合格对内收费时，按实际检验项目收取。机电仪产品按有问题或有缺陷部分价值的5‰收取。1978年，外贸部发布《关于商品检验收费工作的通知》，把对外费率和对内费率分开。凡经检验不合格或合同规定以商检证作为结算依据而对外出证的进口商品，以及由国外申请人直接申请或由国外负担检验费的进出口商品，一律按收费表的对外费率或费额计收。鉴于收费有了明确的标准且检验费有较大的增加，杭州商检局开始设专人计费，计收费工作由财务部门负责。是年，杭州商检局收取检验费32.79万元。

1979年2月20日，农林部印发《进出口植物检疫收费办法》和《进出口植物检疫收费表》，对进出口植物检疫的收费标准作出具体规定。浙江动植检机构自4月1日起执行，并将检疫费和证书副本费列为事业费收入，仅供事业费开支。3月14日，卫生部制定《国境卫生检疫收费办法》，对入出境人员、交通工具、行李、货物签发证书和实施卫生处理的收费标准作出规定。5月，杭州卫检所开展空港卫生检疫工作，按规定计收卫生检疫费。1980年，随着浙江省自营出口业务的扩大，浙江省商检工作在检验项目、内容和数量等方面均有新的发展，在检验做法和分工上有新的变化，原商检计收费工作均由杭州局按季计收的做法已不适应。8月27日，杭州商检局印发《关于商品检验收费几项规定的通知》，对不同业务类型的计收费工作以及撤销报检、重验等作出明确规定。1981年，杭州商检局根据全国商检局长会议精神，落实商品检验计收费规定，各地商检处除每月一次将检验费汇缴杭州商检局外，还按季填报检验费、证书费分类表。同年，宁波卫检所沈家门检疫站开始对入出境人员、交通工具、货物等实施卫生检疫，按规定计收卫生检疫费。1982年9月，浙江卫检机构按卫生部修订后的《国境卫生检疫收费办法》标准计收费，并给予缴费者正式收据，对经济确有困难的本国籍的旅客、华侨、港澳同胞和边民，酌情减免检疫费。

1983年3月1日，浙江动植检机构根据农牧渔业部于是年1月25日公布的《进出口动物及其产品检疫收费办法》的标准，计收进出口动物及其产品的检疫费。6月13日，杭州商检局印发《有关计费、收费工作的几点规定》，要求各商检处应配备专职或兼职计费、收费人员，计收费依据仍按外贸部《关于商品检验收费工作的通知》，重验收费标准仍按《关于商品检验收费几项规定的通知》办理，同时规定了国内外委托检验费收费标准，自1983年7月1日起执行。7月起，宁波商检处收费工作由专职人员承担。12月26日，农牧渔业部印发《关于〈进出口植物检疫收费办法〉的补充规定》，浙江动植检机构根据补充规定对苗木、鲜果、一般中药材、种子及其他植物产品计收检疫费。

1984年7月1日起，对装运出口粮油食品、冷冻品等易腐食品的船舱和集装箱实施检验，浙江商检局按照《关于集装箱检验收费问题的通知》所规定的11项集装箱检验鉴定项目收费标准进行计收费。同年，海门卫检所开始对入出境人员、交通工具、货物等实施卫生检疫，按规定计收卫生检疫费。

1985年8月1日起，浙江卫检机构恢复对进出境交通工具征收卫生检疫签证费，并执行卫生部、财政部印发的《关于恢复进出境交通工具卫生检疫签证收费的通知》规定的进出境交通工具卫生检疫签证费标准：船舶按10000总吨以上300元/每艘次、5000总吨以上200元/每艘次、1000总吨以上50元/每艘次、1000总吨以下10元/每艘次计收，飞机按10元/每架次计收，火车按2元/每节车厢计收，汽车及其他车辆按1元/每辆次计收；日落以后至日出之前，星期日和节假日按标准的200%收费；对外国籍交通工具按标准全额收费，中国国营企业、中外合资、合作和外商投资企业的交通工具减半收费。

1986年5月7日，宁波商检局印发《关于加强检验计费工作的几项规定》，对计费、检验和财务等工作环节的协调工作作了10项规定，力求准确、合理计收费，杜绝漏计、错计等情况，该规定从1986年6月起执行。1986年6月23日，浙江商检局印发《关于重申商检计费工作有关问题的通知》，分别对进口商品检验计费和出口商品检验计费作出4项和6项具体规定。是年，由于国内委托检验业务的不断发展，浙江商检局规定国内委托检验计收费必须按外贸部1978年《关于商品检验收费工作的通知》第二十五条执行，即由报验人送样的委托检验，按检验项目收取委托检验费，费额由各地商检局参考有关部门规定，或以实耗仪器、设备、药品、材料及劳务费合理拟订。为做到合理收费，统一收费标准，浙江商检局对国内委托检验各项收费标准进行统一汇集。

1987年，国务院全面检查清理乱收费。1月14日，卫生部印发《关于印发国家物价局“国务院有关部门行政事业收费标准”有关部分的通知》，明确卫生检疫收费项目有进口食品卫生检验费、进出境交通工具卫生检疫签证费和国境卫生检疫费三大类，其他收费则参照当地的收费标准或向当地物价管理部门申报审批。1988年1月15日，国家商检局、国家物价局、财政部共同印发《进出口商品检验、鉴定收费办法》，对进出口商品检验、鉴定收费进行了清理，并作了必要的调整。1988年6月13日，在对进出口动植物及其产品的检疫收费办法和标准进行检查、清理、修订和补充的基础上，农业部、国家物价局、财政部联合印发《进出境动植物检疫收费及管理办法》，过去颁布的各种动植物检疫收费办法和标准同时废止。10月6日，国家商检局印发《关于出口原油计费补充规定》，规定对原油(不包括石油产品)按总值的1‰计收品质检验费，总额超过3000元的，超过部分按8折计收。

1989年3月14日，国家卫检总所制定《入境、出境集装箱卫生管理规定》，并对集装箱卫生检疫卫生处理收费标准作了暂行规定。杭州卫生检疫所加强对入出境集装箱的卫生管理，并根据规定，收取签证费大箱2元、小箱1元，卫生处理费大箱40元、小箱20元，箱内货物卫生处理费，每人工2小时10元，药品费参照国内有关规定加1倍收费。4月3日，根据国家卫检总所制定的《进口废旧物品卫生处理收费暂行标准》，浙江卫检机构对各种进口可用废旧物品以件、平(立)方米、套、辆、条、吨、人工为计算单位收费。4月13日，浙江商检局召开计费工作座谈会，对计费工作中存在的问题提出改进意见，统一做法。要求对尚未计收的证书费、产地证费和放行费进行补收；对零星报验单位，在接受报验时进行收费。是年，商检、动植检、卫检收费额均有较大幅度增长，浙江商检机构收费1241.2万元，比1988年增长49.6%；浙江动植检机构收费74.61万元，比1988年增长70.3%；浙江卫检机构收费56.59万元，比1988

年增长194.7%。

1990年1月15日，浙江卫检机构执行修订调整后的《国境卫生检疫收费管理办法》及《国境卫生检疫收费标准》，该标准对出入境卫生检疫签证费、传染病监测费、卫生监督费、卫生处理费、废旧物品卫生处理费、实验室检验费、进口食品检验费和其他各项收费项目、计算单位、收费标准进行了重新确认，收费标准为0.05元～900元不等。4月6日，国家商检局、国家物价局联合发文《关于发送〈进出口商品检验、鉴定收费办法〉的补充规定的通知》，对品质/规格、数量/重量、一般商品的包装性能检验、安全/卫生、口岸查验换证、进口成套设备、鉴定业务、封识管理的费率费额、实施产品认证和商检标志的费率费额和办理复验、免验、复议的费率费额作出规定。9月28日，宁波商检局印发《宁波商检局检验鉴定计收费管理办法》，规定计费工作由检务部门承办，收费工作由行政计财处承办，根据检务部门开具的计费缴款书向报验单位收取检验费。10月15日，宁波商检局印发《关于出口商品包装瓦楞纸箱检验签证及计费等暂行规定的通知》，对纸箱的检验、签证及计费等事项作出规定，计费由检务处负责，但鉴定业务处在汇交报验单证同时，应分批统计出各种规格的报验数及检验旅差费交检务处。检验费以共验计费。凡1990年10月25日前检验的纸箱，不分规格大小，每只均以0.015元计费，且免收旅差费。是年，温州商检局开始对计收费实施计算机管理。

1992年4月1日，宁波商检局研发的《检验签证综合业务管理信息系统》实现联网运行，以计算机自动计费替代传统的人工计费。同年，国家物价局、财政部对商检、动植物检疫、卫检的收费标准进行重新审查。5月，发布《进出口商品检验鉴定收费办法》和《进出口商品检验鉴定收费标准》，浙江商检机构严格执行，并到物价部门办理收费许可证，使用国家商检局统一印制并加盖地方财政部门行政事业性收费专用章的收费票据，接受物价、财政部门的监督检查。6月，国家物价局、财政部发布《国境卫生检疫和进口食品检验收费管理办法及标准》《进出境动植物检疫收费管理办法及其收费标准》。是年，根据新的计收费标准，浙江商检机构收费4561.2万元，浙江动植检机构收费115.17万元，浙江卫检机构收费278.77万元。

1993年4月，根据外经贸部、海关总署、国家商检局《关于禁止纺织品非法转口的规定》，浙江商检局开展纺织品产地标识的查验工作，规定出口纺织品产地标识查验按50元/批收取查验费，出具出口纺织品标识查验放行单的，按20元/份收取签证费。9月，浙江商检局贯彻执行国务院《开展1993年税收财务物价大检查的通知》，对检验、鉴定业务计收费工作进行自查，并规定对计费工作实行三级管理，即科室计费，处级汇总，局级审核，费用统一由财务部门对外收取。11月，根据国家商检局《关于立即停止和纠正乱收费的通知》，浙江商检局立即发文停止收取进出口商品检验签证加快加急费。是年，浙江商检局本部开始试用计算机计费和打印缴款书，实行先收费后检验，一般采取直接向报验人收取现金或支票的方式，对于经常有业务往来的报验单位，签订协议，定期结算。同年，杭州卫检局根据浙江省财政厅、物价局、卫生厅《关于核定口岸艾滋病监测检验收费标准的批复》，按中国公民50元/人，外国人、华侨、港澳台同胞100元/人计收口岸艾滋病监测检验费，并向当地物价局申领收费许可证，使用财政部门统一监制的收费票据。

1994年2月25日，宁波商检局印发《关于实行商检费收取新办法的通知》，规定对出口检验货物在领取合格(不合格)证单或者放行单证前收费,对进口检验或鉴定货物采用先押空白支票待出证后结算的收费办法。4 月起,收费方式由原来的邮寄收费收据给报验单位结算,改为前台直接收费和后台定期结账相结合,有效防止欠账呆账的发生。7 月,浙江商检机构根据《国家计委、财政部关于发布进出口商品检验鉴定收费办法及收费标准的通知》,取消内外有别的收费标准,并将进出口商品品质检验收费标准合二为一。8 月,国家商检局印发《认可外国实验室收费标准(试行)》和《关于进出口食品所附食品标签检验工作收费标准的通知》。11 月,国家商检局规定:木材检尺每立方米 0.50 元,最低收费为 100 元;汽车初检、登记费每辆 20 元,摩托车初检、登记费每辆 10 元。是月,国家商检局印发《凭申请办理鉴定业务收费标准》,规定集装箱鉴定、货载衡量、残损鉴定、海损鉴定等 14 种凭申请办理的鉴定业务收费标准,调整外商投资财产鉴定计费标准,由原来的 5‰调整为申报财产总值小于或等于 50 万美元的,按 4‰计;超过 50 万美元的,超过部分按 3‰计。同年,浙江动植物检疫机构执行国家计委、财政部《国家计委、财政部关于发布进出境动植物检疫收费管理办法及收费标准的通知》、修订后的《进出境动植物检疫收费管理办法》和《进出境动植物检疫收费标准》,浙江卫检机构执行修订后的《国境卫生检疫收费标准》。是年,浙江商检局本部计费工作全部采用计算机管理,实现检务、财务和检验部门之间的联网。宁波动植检局采用计算机辅助计费。

1995 年 7 月 10 日,宁波市物价局、宁波市财政局联合印发《关于重新核定市商检局、宁波海关行政事业性收费项目的通知》。文件规定:经重新审核保留的市商检局的收费标准仍按原规定执行,除保留项目外的其他行政事业性收费项目一律取消;保留的行政事业性收费项目,应按规定实行收费许可证、收费年审和预决算制度,使用由财政部门统一印制的行政事业性收费票据。7 月 21 日,为加强进口预包装食品标签管理,国家卫检局印发《关于审批进口预包装食品中文标签收费管理的通知》,浙江卫检机构按规定对进口预包装食品中文标签按品种收取检验鉴定费,最高不超过 130 元。随着业务量的增加和银行委托收款制度的改革,自 1995 年起,各动植检局采取新的收费方式,将收费对象分成月结户和非月结户两类,对付款信誉好、实力强、检疫批次较多的企业,签订月结户收费协议,按协议规定日结算上月检疫费;对非月结户的企业和货主单位,在每批货物检疫后,先缴清检疫费,再发放检疫证书和放行单。是年起,为加强口岸动植物检疫系统收费管理,浙江各动植检局使用由财政部监制、全国统一印制的进出境动植物检疫收费专用收据。

1996 年 2 月,根据国家商检局制定的《委托商检机构检验鉴定业务收费办法(试行)》,委托检验鉴定业务的收入纳入商检收入管理。5 月,浙江商检机构按照《出口危险货物小型气体容器包装检验收费标准》,对出口危险货物小型气体容器包装的检验,暂按小型气体容器包装件(包括内、外包装及内装物)货值的 5‰收取检验费,最低收费为 100 元。是年,根据国家商检局《关于开展口岸收费专项检查工作的通知》要求,浙江商检机构对计收费工作进行自查,针对检查中发现的问题制定整改措施,完善计算机计费的审核把关程序,加强对计收费工作的管理和监督,加强对出口单位报验证单的审核,防止逃漏检验费、拖欠检验费和做虚假出口证单的做法,既不允许多收费、乱收费,也不允许少收费、逃漏费。1996 年起,浙江商检局要求报验单位以现金、银行商检费专用 IC 卡或银行转账支票的方式当场付清检验费,不再委托银行收款,减少拖欠检验费的现象。

1997 年 7 月,浙江商检机构根据国家商检局《关于加强商检收费管理坚决制止乱收费行为的通知》《关于贯彻中共中央、国务院关于治理“三乱”问题决定的通知》,认真组织学习和开展治理“三乱”工作,并对外公布收费办法和收费标准以及治理“三乱”举报电话,主动接受外部监督。此外,还对辖区内部分企业为少付检验费,将商品价格高价低报的行为进行整治。1997 年 12 月 10 日,国家计委、财政部决定降低第一批 22 项收费标准,涉及卫检业务的为小批量进口食品检验费,收费标准从进口金额的 6%下降至 5%。涉及商检业务 2 项,麻袋包装性能鉴定收费标准从每件 0.02 元降至每件 0.01 元,进口化肥检验收费标准从商品总值的 2.5‰降至 2‰。

1998 年 2 月,为切实减轻企业负担,国家商检局对制定的部分收费标准进行了清理,降低外商投资财产鉴定收费标准,浙江商检机构严格执行。11 月 23 日,宁波商检局印发《关于计费工作中有关问题统一目光和规范计费工作的签报》,对计费工作中有关品质检验费费率、有毒有害商品危险品清单、数量重量检验费计收等 9 个方面问题作了统一规范。

表 68-7-3-1　　1974—1998 年浙江商检机构计收费情况一览表

单位:万元

年份	收费金额	年份	收费金额	年份	收费金额
1974	13.91	1983	169.06	1992	4561.20
1975	9.95	1984	207.74	1993	6503.20
1976	18.34	1985	294.63	1994	9814.60
1977	16.99	1986	410.57	1995	14351.50
1978	32.79	1987	508.56	1996	18799.08
1979	37.12	1988	829.50	1997	19567.34
1980	68.93	1989	1241.20	1998	18085.82
1981	108.05	1990	1994.90		
1982	146.18	1991	2963.70		

资料来源:根据《浙江检验检疫志》(浙江人民出版社 2005 年版)第 780 页和《宁波出入境检验检疫志》(中华书局 2005 年版)第 648 页数据整理。

说明:杭州商检局财务从 1974 年 5 月独立,故 1974 年的统计数据为 5—12 月。

表 68-7-3-2　　1981—1998 年浙江动植检机构计收费情况一览表

单位：万元

年份	收费金额	年份	收费金额	年份	收费金额
1981	0.48	1987	13.66	1993	392.67
1982	0.05	1988	43.80	1994	907.51
1983	1.74	1989	74.61	1995	1617.17
1984	3.59	1990	85.08	1996	1839.27
1985	6.81	1991	131.77	1997	1848.28
1986	9.04	1992	115.17	1998	2050.17

资料来源：《浙江检验检疫志》，浙江人民出版社 2005 年版，第 781—782 页。

表 68-7-3-3　　1981—1998 年浙江卫检机构计收费情况一览表

单位：万元

年份	收费金额	年份	收费金额	年份	收费金额
1981	0.46	1987	21.76	1993	490.79
1982	0.48	1988	19.20	1994	638.79
1983	0.75	1989	56.59	1995	1051.50
1984	0.42	1990	171.74	1996	1118.84
1985	4.22	1991	186.18	1997	1024.05
1986	9.70	1992	278.77	1998	1279.37

资料来源：《浙江检验检疫志》，浙江人民出版社 2005 年版，第 782—783 页。

1999 年 5 月 1 日起，浙江商检机构按国家检验检疫局通知，临时降低加工贸易品质检验和外商投资财产鉴定收费的标准，对来料加工和进料加工的出口货物品质检验费按标准的 70%计收；缩小外商投资财产鉴定的计收费范围。执行后，加工贸易品质检验费降低 30%，外商投资财产鉴定费降低 35%。1999 年 8 月“三检”合一，原“三检”涉及的所有检验检疫收费项目由浙江检验检疫局、宁波检验检疫局统一管理。实行预算外资金“收支两条线”管理，所有收入全部上缴，专户存储。11 月 1 日起，浙江检验检疫机构根据国家检验检疫局《关于转发〈国家计委财政部关于第二批降低收费标准的通知〉的通知》，对所有进出口商品检验、进出境动植物检疫和国境卫生检疫的检验检疫费按《进出口商品检验鉴定收费办法及收费标准》《进出境动植物检疫收费管理办法及收费标准》和《国境卫生检疫收费管理办法及收费标准》规定的 2/3 计收。12 月 1 日起，浙江检验检疫机构使用由国家检验检疫局按财政部有关规定统一印制的出入境检验检疫收费收据。

2000年1月，浙江检验检疫机构严格执行国家检验检疫局《关于提高检验检疫出境货物通关效率、规范收费的紧急通知》，进一步规范收费行为。3月16日，宁波检验检疫局对个别计费问题作出规范："入境毛类动植物检疫费仍按原100元/批计收；出境木质包装计费按795号文件规定计收；中华纸业进口木浆，按《目录》规定，不属检疫范围，虽数量较大，因依据不足，不收费。"6月16日，国家检验检疫局印发《出入境检验检疫标志、封识暂行收费标准》，浙江检验检疫机构依此计收标志标识费。

2002年3月，宁波检验检疫局印发《关于进一步加强检验检疫计收费管理的通知》，严格执行国家批准的收费范围和标准，保证各项检验检疫费及时足额收取和上缴，并建立健全内部票据管理制度，加强内部控制。7月，根据国家计委、财政部、质检总局《关于降低加工贸易出口货物品质检验收费标准的通知》，浙江检验检疫机构对加工贸易（包括来料加工和进料加工）的出口货物品质检验收费标准降为按50%计收；共同检验降为按25%计收；审核换证降为按12.5%计收。8月22日，国家认证认可监督管理委员会转发国家发展计划委员会印发的《国家计委关于强制性产品认证收费标准的通知》。

2003年8月，宁波检验检疫局印发《关于明确近期业务改革中有关业务处理问题的通知》，其中对计收费工作作出进一步明确：检验检疫费和鉴定费同时收取。出境货物报检批的计收费一般在领取出境货物通关单前完成；对先通关后出证书的，在领取证书前完成。入境货物报检批的计收费一般在领取入境货物通关单前完成；对申请含有水尺计重、容量计重、空舱、监卸、残损鉴定等鉴定项目的，在领取证书前完成。出入境液体散装货物检验、鉴定费一般按发票数重量和金额计算；特殊情况下，实际数重量和报检数重量差异较大时（操作时按大于5%来掌握），按实际数重量和金额计费。2003年12月31日，国家发展改革委、财政部联合发文《关于印发〈出入境检验检疫收费办法〉的通知》，该办法将进出口商品检验、国境卫生检疫和进出境动植物检疫各自的收费办法和标准进行了整合统一，过去有关出入境检验检疫收费规定与该办法不一致的，一律废止。

2004年3月31日，质检总局印发《关于实施〈出入境检验检疫收费办法〉有关问题的通知》，对有关计收费标准作补充说明。其中包括输港、澳地区屠宰用活动物沿用《国家计委、财政部关于发布进出境动植物检疫收费管理办法及收费标准的通知》中的规定，并降费1/3执行，对新造集装箱的检验检疫及收费仍按质检总局《关于新造集装箱出口检验检疫有关问题的通知》办理，加倍收费的危险品目录由总局统一在计算机系统中维护。浙江检验检疫机构于2004年4月1日起执行新的检验检疫收费标准。为应对高致病性禽流感对我国家禽业造成的影响，扶持家禽业发展，2004年2月1日至2004年7月31日，浙江检验检疫机构根据《国务院办公厅关于扶持家禽业发展若干措施的通知》规定，对出口的禽类及其产品全额免收出入境检验检疫费。11月1日，国家发展改革委重新核定强制性产品认证收费标准，强制性产品认证收费项目包括申请费、产品检测费、工厂审查费、批准与注册费、监督复查费、年金、认证标志费。

2006年3月，浙江检验检疫机构落实质检总局《关于进一步加强和规范检验检疫实验室收费有关问题的通知》，要求要严格按照国家相关规定收费，不得擅自增加或减少收费项目，不得擅自提高或降低收费标准,不得重复收费。11月1日起,强制性产品认证检测收费按国家发展改革委印发的《强制性产品认证检测收费标准(试行)》执行,此前规定的标准废止。2006年10月,浙江检验检疫电子缴费系统首先在浙江检验检疫局本部投入使用。该系统通过与银行的专线网络连接,企业在银行开户后,检验检疫费用通过网络直接自动缴纳,整个过程只需几秒时间;产地证缴费通过浙江检验检疫申报卡管理系统与浙江检验检疫电子缴费系统的对接,由企业产地证申领员持"出入境检验检疫申报卡"自助刷卡,系统自动完成产地证签证的计费和缴费处理。电子缴费系统的启用,改变了检验检疫业务收费用现金、支票等传统手工缴费的方式,大大提高了检验检疫计收费工作效率,方便了外贸企业。

2007年9月1日起,出入境检验检疫标志(标记)成本费标准在原有基础上降低50%。9月10日,为提高计费工作质量和效率,浙江检验检疫局对计费工作业务流程进行调整,将计费复核由每报检批次复核调整为每季度按比例抽查,建立每季度自查上报制度。2007年10月1日至2008年12月31日,浙江检验检疫机构根据财政部、国家发展改革委、质检总局的联合发文通知,对列入《法检目录》的出口农产品减免收取出入境检验检疫费,其中浙江检验检疫局免收2262万元,宁波检验检疫局免收713万元。

2009年3月起,浙江检验检疫机构根据《关于停止对出口纺织品服装实施标识查验的通知》,不再对出口纺织品服装收取标识查验费。8月10日起,按照质检总局《关于出口食品检验收费有关问题的通知》规定,对《法检目录》内实施出口食品卫生监督检验的商品,按《出入境检验检疫收费办法》规定,计收食品及食品加工设备卫生检验费(货物总值的1.2‰);对《法检目录》中的出口动物产品同时实施出境动植物检疫和出境商品检验,或同时实施出境动植物检疫和出境食品卫生监督检验的,只计收品质检验费或食品及食品加工设备卫生检验费,不累计收取动植物检疫费。2009年,继续减免出口农产品的出入境检验检疫费,同时,出口纺织服装产品的检验费用降低30%,范围为《法检目录》第61、第62章全部编码,降低收费的收费项目为品质检验、数量鉴定费、包装使用鉴定费、纺织品产地标识查验费、签发证(单)费、纺织品类实验室检验项目收费。2009年1月1日至12月31日,浙江检验检疫局免收检验检疫费2971万元,宁波检验检疫局免收788万元。

2010年2月1日起,浙江检验检疫机构根据《国家发展改革委、财政部关于调整进口原油出入境检验检疫收费标准的通知》,对列入《法检目录》的进口石油原油的货物,降低检验检疫费收费标准,按每吨0.1元计收。同批货物检验检疫费超过5000元的,超过部分按80%计收。8月26日,针对收费工作自查中发现的个别分支局向企业多收取出境火车和出境汽车检验检疫费的问题,浙江检验检疫局专门对出境运输工具为火车或汽车的计收费标准进行明确,同时对自动计费模块进行规则设置,防止计费错误。同年,浙江检验检疫局制定印发《浙江出入境检验检疫局涉企收费公示制度》,通过门户网站、报检大厅信息发布终端等形式,向社会长期公布涉企收费办法、收费项目及收费标准,尤其是重点公示财政部、发改委、质检总局关于减免、取消、调整的收费项目和标准,建立目录,及时更新,并公布举报监督电话,接受社会监督。是年,浙江检验检疫机构延续执行出口农产品和纺织服装减免政策,浙江检验检疫局免收3380万元,宁波检验检疫局免收1072万元。

表 68-7-3-4　　1999—2010 年浙江检验检疫机构计收出入境检验检疫费一览表

单位:万元

年份	出入境检验检疫费	年份	出入境检验检疫费
1999	24084.40	2005	86436.12
2000	25683.06	2006	104358.92
2001	30707.37	2007	91816.41
2002	32793.50	2008	141233.96
2003	47279.68	2009	101774.61
2004	66173.48	2010	107410.20

资料来源:根据浙江检验检疫局计财处、宁波检验检疫局计财处提供数据汇总。

表 68-7-3-5　　1972—2010 年浙江检验检疫机构执行的计收费标准一览表

年份	计收费标准
1972	卫生部根据《中华人民共和国国境卫生检疫条例实施规则》规定,制定检疫卫生处理收费标准
1974	外贸部《关于自一九七四年二月一日起实行新的进出口商品检验收费办法的通知》
1977	外贸部《进口商品检验收费办法补充规定》
1978	外贸部《关于商品检验收费工作的通知》
1979	农林部《进出口植物检疫收费办法》和《进出口植物检疫收费表》,卫生部《国境卫生检疫收费办法》
1982	卫生部《国境卫生检疫收费办法》
1983	农牧渔业部《进出口动物及其产品检疫收费办法》《关于〈进出口植物检疫收费办法〉的补充规定》
1984	国家商检局《关于集装箱检验收费问题的通知》
1985	卫生部、财政部《关于恢复进出境交通工具卫生检疫签证费的通知》
1987	卫生部《关于印发国家物价局"国务院有关部门行政事业收费标准"有关部分的通知》
1988	国家商检局、国家物价局、财政部《进出口商品检验、鉴定收费办法》
	农业部、国家物价局、财政部《进出境动植物检疫收费及管理办法》
	国家商检局《关于出口原油计费补充规定》
1989	国家卫生检疫总所《入境、出境集装箱卫生管理规定》、国家卫生检疫总所《进口废旧物品卫生处理收费暂行标准》

续表

年份	计收费标准
1990	卫生部《国境卫生检疫收费管理办法》《国境卫生检疫收费标准》
	国家商检局、国家物价局《关于发送“〈进出口商品检验、鉴定收费办法〉的补充规定”的通知》
1992	国家物价局、财政部《进出口商品检验鉴定收费办法》《进出口商品检验鉴定收费标准》
	国家物价局、财政部《国境卫生检疫和进口食品检验收费管理办法及标准》
	国家物价局、财政部《进出境动植物检疫收费管理办法及其收费标准》
1994	国家计委、财政部《关于发布进出口商品检验鉴定收费办法及收费标准的通知》
	国家商检局《认可外国实验室收费标准(试行)》《关于进出口食品所附食品标签检验工作收费标准的通知》
	国家计委、财政部《国家计委、财政部关于发布进出境动植物检疫收费管理办法及收费标准的通知》
	国家计委、财政部《国境卫生检疫收费标准》
1995	国家卫检局《关于审批进口预包装食品中文标签收费管理的通知》
1996	国家商检局《委托商检机构检验鉴定业务收费办法(试行)》《出口危险货物小型气体容器包装检验收费标准》
1999	国家计委、财政部《国家计委财政部关于第二批降低收费标准的通知》
2000	国家检验检疫局《出入境检验检疫标志、封识暂行收费标准》
2002	国家计委、财政部、质检总局《关于降低加工贸易出口货物品质检验收费标准的通知》
	国家发展计划委员会《国家计委关于强制性产品认证收费标准的通知》
2003	国家发展改革委、财政部《关于印发〈出入境检验检疫收费办法〉的通知》
2006	国家发展改革委《强制性产品认证检测收费标准(试行)》
2010	国家发展改革委、财政部《国家发展改革委、财政部关于调整进口原油出入境检验检疫收费标准的通知》

资料来源:浙江检验检疫局通关处根据局藏档案资料整理。

第四节　原产地证书与标记

原产地证明分为原产地证书和原产地标记,其中原产地证书按种类分为一般原产地证书、普惠制原产地证书、区域性优惠原产地证书和专用原产地证书四大类,原产地标记分为原产国标记和地理标志。浙江检验检疫机构积极开展原产地业务,在签发原产地证书和进行原产地标记注册保护方面走在全国前列。

1979年,杭州商检局开始签发普惠制原产地证。1982年,国家商检局、中国银行和国际贸易促进委员会(以下称简称贸促会)联合规定商检局和贸促会为合法、独立的对外签发一般原产地证的机构,杭州商检局签发一般原产地证。1992年5月1日起,浙江商检机构依据统一的原产地规则签发原产地证书,原产地管理工作走上法制的轨道。1990—1999年,原产地证签证工作逐步使用计算机管理,加快签证流程,签证量逐年增长。

1999年8月"三检"合一后,浙江检验检疫机构加快推广电子签证步伐,并利用计算机自动审证,大大提高了签证效率,使原产地证签证工作跃上新台阶。2002—2010年,随着区域性自由贸易区的发展,原产地证签证领域也不断扩大,从原来的只签发一般原产地证和普惠制两种证书,扩展到签发区域性优惠产地证,相继签发《曼谷协定》,《亚太贸易协定》,中国一东盟自贸区、中国一巴基斯坦自贸区、中国一智利自贸区、中国一新西兰自贸区、中国一新加坡自贸区、中国一秘鲁自贸区等区域性优惠原产地证书,使浙江省出口产品享受到丰厚的关税减免待遇,有力地促进了浙江省的外贸发展。同时期,浙江检验检疫机构认真实施金伯利进程国际证书制度,为世界毛坯钻石的合法交易保驾护航,积极开展地理标志产品保护工作,促进地方特色品牌产品的发展。

一、一般原产地证书

一般原产地证是各国根据各自的原产地规则签发的、证明货物原产于某一特定国家或地区、享受进口国正常关税待遇的证明文件。1982年,国家商检局、中国银行和贸促会联合就签证工作职责分工等问题进行明确,规定商检局和贸促会为合法、独立的对外签发一般原产地证的机构,其他单位一律不得签证。浙江商检机构的一般原产地证书签发工作由检务部门负责。

20世纪90年代前,一般原产地证书所起的作用并没有引起有关单位和从事外贸活动的人们的注意。全国缺乏统一的原产地规则和相应的管理办法,浙江商检机构和贸促会基本上沿用过去的判定方式,即最后一道工序在国内完成就可申领中国一般原产地证书。为加强对一般原产地证书签发管理工作,1992年3月8日,国务院批准和发布《中华人民共和国出口货物原产地规则》。4月1日,外经贸部发布《中华人民共和国出口货物原产地规则实施办法》及《含有进口成分出口货物原产地标准主要制造、加工工序清单》。《中华人民共和国出口货物原产地规则实施办法》对一般原产地证书的申请和签发作了具体的规定:凡进口方要求中国官方机构签发原产地证的,申请单位应向商检局申请办理;凡进口方要求由中国民间机构签发的,申请单位应向贸促会申请;未明确要求的,可以向商检局或贸促会申请。原产地证的申请采用注册登记、逐批申领的办法。浙江商检机构自当年5月1日起正式执行,结束了原产地工作没有统一规章制度和管理体系的状况,原产地管理工作从此走上法制的轨道。5月,外经贸部第4号公告发布授权原产地证签证机构名单,全国直属商检局和贸促会在列。是年,浙江商检机构签发一般原产地证书5860份,签证金额达36786万美元。

1993年,一般原产地签证开始统一使用微机管理,同时为加快签证流程,浙江商检局增设一般原产地证书签证窗口,47%的证书按急件办理。为宣传一般原产地证工作,提高申报人员的业务素质,浙江商检局举办培训班20期,向出口企业发放宣传资料上千份。是年,共签发一般原产地证书7396份,比上年增长26.2%。1994年,浙江商检局简化一般原产地证书申领手续,取消需提交报关单的做法,共签发一般原产地证书8463份,比上年增长14.4%。

1995年11月21日,外经贸部印发《关于签发中华人民共和国出口货物原产地证明书的规定(试行)》,浙江商检机构按照规定,对一般原产地证书的注册登记、年审、原产地调查、证书签发等工作作了进一步规范,并启用注册登记表、申请书、含进口成分产品加工工序成本明细单等规范表式。

1996年1月,浙江商检局对1994年1月1日前办理产地证注册登记的企业进行重新审核,合格的予以保留。7月,商检局和贸促会启用统一的新标准格式证书。新证书正本印有浅蓝色水波纹,以长城图案为暗影。证书上印有全国统一的顺序号,各签证机构不再自行编号,在已印就证书编号下加打各自的机构代码。新证书由外经贸部统一印制。是年,浙江商检机构签发一般原产地证书10440份,比上年增长27%。

1997年,浙江商检局将签证流程由国家商检局规定的3个工作日缩短为1个工作日,进一步加快签证速度。1998年1月,外经贸部印发《关于加强原产地证明书管理和签发工作的通知》,浙江商检局对产地证签证管理工作进行自查。是年,浙江商检局20名产地证签证人员均持有产地证签证人员资格证书,全部采用计算机对产地证进行统计和注册管理。每年都对产地证申领员进行培训,考试合格后发给产地证申领员证。对异地货物申请一般原产地证书的,一般要求提供异地调查结果单。对出口货物实行不定期的抽查,但因签证人员忙于签证,实地调查比例不高。新注册企业经注册调查合格后方准注册。对原注册企业,每两年进行一次年审。原产地调查记录、申领员培训记录及年审记录都存入企业的注册档案,长期保存。证书档案按规定保存3年。空白证书专人保管,专柜存放,入出库均有记录。严格执行国家商检局制定的收费标准,一般原产地证书签证费每份50元,注册登记、年审、加急签证等一律免费。1999年,浙江检验检疫机构一般原产地签证量开始进入快速增长期。是年,浙江检验检疫机构签发证书20648份,首次超2万份,比上年增长52.8%。

2001年4月,浙江检验检疫局开始对部分一般原产地证书实行电子签证。2002年,浙江检验检疫机构全面实行产地证电子签证,签证流程缩短至半个工作日,吸引了不少企业前来申请一般原产地证书。是年,浙江检验检疫机构签发一般原产地证书61350份,比上年增长71.6%,是开签以来增长最快的一年,签证国家和地区增至184个。2003年,浙江检验检疫机构继续积极推行电子签证,在全省实现了100%电子签证,企业申请签证更便捷、检验检疫机构审单时间更缩短、服务质量更提高,许多企业将一般原产地证书的申请由贸促会转向检验检疫机构。是年,浙江检验检疫机构一般原产地证书签证量达92869份,签证金额28.81亿美元,比上年分别增长51.4%和64.3%。

2004年,国务院发布《中华人民共和国进出口货物原产地条例》。2006年6月,根据质检总局《关于加强原产地证书管理的通知》要求,浙江检验检疫机构启用质检总局规定的新版原产地证书。2009 年 6 月 14 日，质检总局发布《中华人民共和国非优惠原产地证书签证管理办法》，浙江检验检疫机构于 2009 年 8 月 1 日开始实施，严格按照该办法的规定签发一般原产地证书。

截至 2010 年，浙江检验检疫机构共签发一般原产地证书 196.7 万余份，签证金额达 638.2 亿美元，为浙江省销往世界各地 200 多个国家的产品顺利进入国际市场和享受最惠国关税待遇提供了方便。

表 68-7-4-1　1992—2010 年浙江商检、检验检疫机构一般原产地证书签证量一览表

年份	签证量(份)	签证金额（万美元）	年份	签证量（份）	签证金额（万美元）
1992	5860	36786	2002	61350	175425
1993	7396	40324	2003	92869	288145
1994	8463	37367	2004	125338	425595
1995	8223	34379	2005	178501	542967
1996	10440	40258	2006	217296	697810
1997	12595	50326	2007	243634	805455
1998	13512	47461	2008	271244	911581
1999	20648	68666	2009	278320	844924
2000	28593	94495	2010	346989	1141528
2001	35970	119180			

资料来源：根据浙江检验检疫局通关处、宁波检验检疫局通关处提供数据整理汇总。

二、普惠制原产地证书

普惠制原产地证是根据普惠制给惠国原产地规则和有关要求签发的原产地证书，它是受惠国货物出口到给惠国时享受普惠制关税优惠待遇的官方凭证。1979 年 10 月 7 日，外贸部发出通知，从 1979 年 12 月 1 日起，凡属给惠国规定必须由官方机构签发普惠制证书的，统一由商检局负责签发。12 月 1 日，国家商检局发布《普惠制产地证明书管理试行办法》（以下简称《管理办法》），浙江商检机构开始签发普惠制原产地证。是年，共签发普惠制原产地证 9 份，签证金额 33 万美元。

1980 年 12 月，国家商检局修订《管理办法》。杭州商检局执行规定，从接受申请之日起，一般在 2 个工作日内签发证书，要求申请单位需派专人申领证书，申请时除提交申请书、填制正确的普惠制证书及出口商品的商业发票副本外，对含有进口成分的商品，还要提供工厂成本明细单。是年，杭州商检局有签证人员 3 名，共签发普惠制原产地证 741 份，签证金额 3017 万美元。签证商品主要有茶叶、化工产品和粮油食品。随着普惠制原产地证的签发，其扩大出口的作用逐步体现。浙江省土畜产公司自营出口的丝织地毯，在春季北京交易会上，成交额仅4.2万美元，而到秋交会时已提价10%，成交额猛增到200余万美元。1981年6月，杭州商检局邀请联合国贸发会驻亚太地区原产地规则顾问斯托威尔先生到杭州举办普惠制讲座，杭州的主要进出口公司经理及业务员参加听讲。同年，杭州商检局规定来料加工产品申请普惠制原产地证时，除提交申请书和正式商业发票外，还须提供产品成本明细单，包括进口原料和国产原料的价值、工缴费及离岸价格等。是年，签发普惠制原产地证1718份，是1980年的2.3倍，年签证量居全国第11位。签证商品达70余种，主要有土特产、粮油食品、化工产品、玩具和机械产品等。

1982年2月15日，杭州商检局收到来自英国海关的第一封官方查询函，要求核查签证产品的原产地标准，包括产品的进口成分含量。经认真调查，杭州商检局发现产品中采用的保险丝系进口零件但出口商未申报，将调查结果如实反馈英国海关，收到对方表示感谢的回复。6月，国家商检局和中国银行联合发文，重申普惠制原产地证仅正本有效，签发时，只签正本，不签副本。根据这一规定，杭州商检局只在证书的正本上签字、盖章。8月1日，宁波、台州地区的普惠制原产地证开始由宁波商检处签发。10月，国家商检局发布《普惠制产地证明书(FORM A)的填写说明》。11月，再次修订《管理办法》，对普惠制原产地证的申请、签发、国外退证查询的处理、统计等工作作出具体规定。杭州商检局根据《管理办法》规定，对申请普惠制原产地证的单位开始实行登记注册，申请普惠制证书的单位，必须是经对外贸易经济部门正式批准出口业务，并向当地商检局注册登记的中国出口公司、工厂、其他企业及中外合资企业，外国人不得直接申请签证。来料加工产品由承办来料加工的出口公司或工厂，持主管审批机关所发证明文件、来料加工协议及合同副本向当地商检局办理登记后，才能申请签证。是年，签发普惠制原产地证3102份，签证金额6917万美元，比上年分别增长80.6%和67.0%，年签证量居全国第9位。

1983年4月13日，外经贸部发文规定，自6月1日起，停止对美国出口商品的普惠制签证。此后，浙江商检机构未对美国签发普惠制原产地证。

1984年10月，国家商检局发布《对外加工装配业务和补偿贸易，中外合资、合作以及外国独资企业的出口产品普惠制签证规定》，规定必须在中国国内生产、制造或加工装配的上述产品方能申请普惠制原产地证。浙江商检机构始开展对“三来一补”企业出口产品签发普惠制证书。申请签证的来料加工产品主要有计算机电线、工作手套、羽毛球、圣诞花灯等，签证量约占总量的3%。为保证所签证书的产品符合原产地标准，浙江商检局对本地区申请普惠制原产地证的产品进行调查，建立含进口成分商品成本明细档案。1985年，浙江商检局和北京商检局共同研制完成PHZ-GL普惠制原产地证书统计分析应用程序，应用于全系统的普惠制原产地证统计分析。是年，对申请来料加工产品普惠制原产地证书的，浙江商检局要求申请单位提供产品明细单、出口许可证、合同等有关证明文件，并对杭星电脑有限公司等来料加工企业的产品进行实地调查。此外，还在杭州各大宾馆的旅游商场、友谊商店放置普惠制宣传牌，让国外客商了解其购买的商品可以签发普惠制原产地证。1985年，浙江商检局普惠制原产地证签证量达5753份，主要有茶叶、蔬菜、水果罐头、绍兴酒、猪鬃、水产品、化工产品、医药品、纺织品、编织品、竹制品、玩具、鞋类、手工工具等，申请签证的商品中有50%经香港地区转运。

1987年3月11日，国家商检局印发《关于处理给惠国对普惠制产地证退证查询的管理规定(试行)》《对普惠制项下出口受惠商品的原产地调查及填制调查卡片和受惠卡片的规定(试行)》和《普惠制签证人员职责和要求(试行)》。根据管理规定，浙江地区的退证查询一律由浙江商检局统一对外答复，各分支局负责前期的调查工作。在答复原则上，严格按国家商检局制定的方针，如实向国外海关反映调查结果。对不如实申报或涂改证书内容而引起国外查询的企业依法进行查处。对签证商品开展原产地调查，建立《普惠制项下出口受惠商品卡片》。首次对普惠制签证人员的资质提出要求，即应具备大专以上学历和一定的英语水平。是年，浙江商检局普惠制原产地证签证量达10806份，签证金额达29286万美元，比上年分别增长36.6%和60.1%，年签证量上升到全国第6位。1988年10月1日，温州、舟山和台州商检局开始签发普惠制原产地证书。10月31日，国家商检局发文要求对申请签发普惠制产地证的“三资”企业和对外承接“三来一补”业务的加工装配企业进行注册登记，根据这一规定，浙江商检局要求有关企业到当地商检机构进行注册登记。

1989年5月16日，国家商检局发文《关于启用宁波商检局证书和签证专用章的通知》，明确自1989年7月1日起，宁波商检局的各类证书，包括普惠制产地证正式启用宁波商检局签证印章对外签发。9月1日，国家商检局发布《中华人民共和国普遍优惠制原产地证明书签证管理办法》，规定凡申请办理普惠制证书的单位，必须先在当地商检机构办理注册登记手续。为确保普惠制证书的真实性和准确性，商检机构应进行注册调查和签证调查，对产品的原料、零部件来源，成本构成，加工工序及进口成分进行核实。浙江商检机构开始对申请普惠制证书的单位实行注册调查、登记制度，并使用自行设计的产地证注册证、准签证和申报员证。

1990年1月1日，浙江商检机构开始使用“全国普惠制签证微机管理系统”，商品分类采用HS编码。7月1日，金华、绍兴、嘉兴和湖州商检局开始签发普惠制产地证。9月28日，国家商检局印发《普遍优惠制原产地证明书签证管理办法实施细则》，对普惠制产地证的注册、申请和签证作了更具体的规定，包括制定和规范各种相关的申请表格，还对经中国香港转运的货物签发普惠制产地证作了明确的规定：经给惠国确认，货物经中国香港转运时，需由香港中检公司在已签发的普惠制证书上加签“未再加工证明”。

1991年3月，浙江商检局与省经贸厅联合召开浙江省利用普惠制经验交流会。浙江商检局发布题为《浙江利用普惠制扩大出口迈开新步伐》的简报。省政府《政务信息》刊登《利用普惠制扩大出口创汇前景广阔》的文章，对浙江商检局的普惠制工作给予充分肯定。5月，浙江商检局联合省旅游局，研究开拓旅游零售商品签证业务，召开各大宾馆商场经理参加的座谈会，杭州中日友好饭店商场部介绍了利用普惠制的经验。是年，浙江商检局共举办6期普惠制业务培训班，培训600多人次，其中，宁波商检局举办3期，培训普惠制产地证申领员80余人；召开普惠制业务座谈会3次、经验交流会1次。在《商检信息》和《外贸信息》上刊登普惠制业务信息9篇，年签证量跃居全国第4位，签证商品1000余种，注册单位400余家。

1992年5月，浙江商检局在省旅游系统进行多次普惠制宣传讲座。10月14日，国家商检局印发《签发旅游零售商品普惠制原产地证明书的管理规定》，经国家商检局批准，各地签证机构可以向国家重点旅游区的旅游零售商品销售单位发放代发旅游零售商品普惠制原产地证明书准许证，准许其代发普惠制原产地证。浙江商检局选择杭州中日友好饭店商场部和邵芝岩笔庄作为代发证书的试点单位，同时，为其他涉外商场、旅游零售商店培训普惠制业务人员，使杭州涉外旅游零售商品都能享受普惠制待遇。1993 年 7 月，国家商检局先后印发《关于加强普惠制产地证签证调查几点意见的通知》和《产地证签证人员签证资格审批管理规定》，对签证商品的原产地调查进行分类管理，根据产品的原产地标准严格程度，分为一类产品、二类产品和三类产品，各类产品的抽查比例不同；普惠制签证人员须具备大专以上学历及大学英语四级水平。根据规定，浙江商检局对申请普惠制原产地证的 264 家企业进行注册调查，对签证中有疑义的产品进行针对性调查，对国外查询的产品进行专项调查。11 月 8 日，国家商检局印发《签发普惠制产地证的原产地调查规程》，浙江商检机构贯彻执行。是年，浙江商检局新增注册企业 723 家，普惠制产地证签证量超过 5 万份，达 50401 份，比上年增长 52.7%，签证金额占全省外贸出口总值的 43.97%。1996 年 2 月，加拿大海关通告，自 3 月 1 日起，对输往加拿大普惠制项下的商品，普惠制原产地证不再需要受惠国指定的官方机构签发，出口商可自行申报。但加拿大进口商仍要求出口商提供商检机构签发的证书，因此，3 月 1 日后，上述产品的普惠制产地证仍由浙江商检局签发。3 月，中国政府与欧盟达成协议，自 4 月 1 日起，对无联运提单经中国香港地区转口至欧盟的受惠产品，采用在原普惠制产地证上加签“未再加工证明”的做法。6 月，浙江商检局对 1992 年前注册的单位进行重新注册登记，注销一批多年不申请产地证的企业，并对含有进口成分的产品或新增加的产品进行重点调查。1997 年，欧盟开始对中国部分受惠商品实施“毕业”措施，但由于浙江外贸的高速增长，浙江商检机构普惠制原产地证签证量仍保持增长态势。

1998 年，浙江商检局启用国家商检局推广的“处理退证查询管理系统”，用计算机登统、上报退证查询情况。是年，萧山商检局开始签证。1999 年，欧盟出台普惠制新方案及原产地规则（1999 年 7 月 1 日至 2001 年 12 月 31 日），对享受普惠制产品的范围和优惠幅度作了新的调整。随着中国经济的增长和出口产品竞争力的提高，其享受普惠制待遇的范围开始逐步缩小。浙江检验检疫机构积极向企业宣传实施欧盟新普惠制方案，针对新变化，帮助企业充分利用其有利条款，开发受惠产品，争取充分受益。是年，浙江检验检疫机构普惠制签证量达 171604 份，比上年增长 36%。

2000 年 4 月 1 日，浙江检验检疫机构启用“三检”合一后新的普惠制产地证签证专用章。9 月 12 日，国家检验检疫局发《关于推广电子报检、产地证电子签证的通知》，宁波检验检疫局作为第二批试点局，于 2000 年 12 月启动产地证电子签证推广工作，向产地证月申报量 10 份以上及兼有较大报检量的 120 家企业印发了《关于开展产地证电子签证工作的通知》，于 2001 年 1 月 1 日在宁波检验检疫局本部开始实施电子签证。根据国家检验检疫局《关于加快产地证电子签证推广工作的通知》，2001 年 3 月和 4 月，宁波检验检疫局相继印发了《关于全面推广应用产地证电子签证的通知》和《关于进一步落实全面推广应用产地证电子签证的通知》，进一步加快推广电子签证工作。2001 年 1—6 月，宁波全市有 690 余家企业完成电子签证软件安装,占申报企业的比例达到65%,提前完成质检总局计划的推广要求。4月,浙江检验检疫局本部和部分分支局开始对一些申报量较大的企业实行电子签证。2002年1月1日,土耳其成为中国的给惠国,浙江检验检疫机构开始对土耳其签发普惠制产地证。5月,浙江检验检疫局开始全面推广产地证电子签证,要求企业按签证量大小分批安装电子签证企业端软件。至2002年底,共安装电子签证企业端软件3064家,电子签证率达80%以上。实行电子签证后,签证流程由原来的两个工作日缩短至半个工作日。是年,浙江检验检疫机构普惠制签证量快速增长,达到369085份,比上年增长38.5%。是年,宁波检验检疫局针对产地证电子签证退证率高和业务量增幅大等实际情况,利用实施电子签证的有利条件,研制开发了"计算机自动审证系统",提高签证效率和工作质量。2005年,宁波检验检疫局印发《关于原产地证电子签证取消物理申请书的通知》,推进原产地业务的无纸化进程。

表68-7-4-2　　1979—2010年浙江商检、检验检疫机构普惠制原产地证书签证量一览表

年份	签证量（份）	签证金额（万美元）	年份	签证量（份）	签证金额（万美元）
1979(12月)	9	33	1995	80567	248678
1980	741	3017	1996	86663	249754
1981	1718	4142	1997	103565	287247
1982	3102	6917	1998	126137	345022
1983	4015	8444	1999	171604	438770
1984	5169	12004	2000	222820	567061
1985	5753	12477	2001	266421	728648
1986	7911	18293	2002	369085	1025000
1987	10806	29286	2003	494717	1294920
1988	14295	33389	2004	583620	1449832
1989	15725	46679	2005	674471	1675115
1990	18194	44913	2006	753764	1984418
1991	26001	73088	2007	830671	2332409
1992	33006	110487	2008	802620	2505036
1993	50401	132799	2009	711882	1989248
1994	66767	214786	2010	800125	2467903

资料来源:1979年12月至1995年数据来源于《浙江检验检疫志》,浙江人民出版社2005年版,第802—803页;1996—2010年数据根据浙江检验检疫局通关处、宁波检验检疫局通关处提供数据汇总。

2007年1月1日,罗马尼亚、保加利亚两国正式加入欧洲联盟。同年,鉴于列支敦士登公国与瑞士组成关税同盟，浙江检验检疫机构开始对出口该三国的产品签发普惠制产地证。2008年，欧盟反欺诈办公室对舟山检验检疫局签发的一份出口输欧盟水产品FORM A的真实性提出质疑，质检总局通关司、浙江检验检疫局赴舟山进行调查，调查结果证实符合要求。2010年7月6日，白俄罗斯、俄罗斯和哈萨克斯坦成为海关联盟，使用统一的海关规则。为符合白俄罗斯等三国海关对普惠制原产地证书的要求，2010年10月25日起，浙江检验检疫机构在对白俄罗斯和哈萨克斯坦签发普惠制原产地证书第11栏中加注浙江检验检疫局、宁波检验检疫局英文全称。

1999年12月至2010年底，浙江检验检疫机构普惠制原产地证签证量达到734.2万份，签证金额达2034亿美元，签证份数年平均增长率为23.6%。普惠制不仅给客户带来极大的经济效益，更为出口企业带来可观的订单和价格的提升。

三、区域性优惠原产地证书

区域性优惠原产地证书是订有区域性优惠贸易协定的国家官方机构签发的享受相互减免关税待遇的凭证。区域性优惠证书上所列产品应是优惠贸易协定项下的产品。签证依据为相应的区域性优惠原产地规则。截至2010年底，检验检疫机构可签发的区域性优惠原产地证书有《亚太贸易协定》原产地证书、中国一东盟自由贸易区原产地证书、中国一巴基斯坦自由贸易区原产地证书、中国一智利自由贸易区原产地证书、中国一新西兰自由贸易区原产地证书、中国一新加坡自由贸易区原产地证书、中国一秘鲁自由贸易区原产地证书7种区域性优惠原产地证书。

(一)亚太贸易协定原产地证书

《亚太贸易协定》的前身为《曼谷协定》。2001年5月23日，中国正式成为《曼谷协定》成员，这是中国加入的第一个具有实质性优惠关税安排的区域性贸易协定。2002年9月13日，海关总署和质检总局联合公告，自10月1日起，各地检验检疫机构开始签发《曼谷协定》优惠原产地证书，用于《曼谷协定》签约国对进口货物的关税减让。12月，浙江检验检疫局对韩国签发第一份《曼谷协定》优惠原产地证书，签证金额0.11万美元。《曼谷协定》优惠原产地证书格式暂以普惠制产地证FORM A代替，但要在证书第4栏加注“曼谷协定原产地证书”(CERTIFICATE OF ORIGIN UNDER THE BANGKOK AGREEMENT)字样。区域性优惠原产地证书的开签，使浙江省出口到亚洲的一些产品享受到了关税减免的待遇。2005年11月，《曼谷协定》第一次部长级理事会在北京举行，各成员代表共同宣布《曼谷协定》正式更名为《亚太贸易协定》，成员国为中国、孟加拉、印度、老挝、韩国和斯里兰卡。2006年9月1日，《亚太贸易协定》正式实施。浙江检验检疫机构根据质检总局《关于签发〈亚太贸易协定〉原产地证书的通知》，自2006年9月1日起，对出口至《亚太贸易协定》成员国降税清单内的货物签发《亚太贸易协定》优惠原产地证书。由于当时成员国尚未就《亚太贸易协定》原产地签证操作程序达成一致，签证仍沿用原《曼谷协定》原产地规则及相关程序，原产地证书仍以普惠制原产地证书代替，在证书第4栏注明“亚太贸易协定原产地证书”。2007年1月1日起，浙江检验检疫机构全面启用《亚太贸易协定》新原产地证书，根据《亚太贸易协定》原产地规则中非完全原产品判定标准和《亚太贸易协定》原产地证书填制要求签发证书。是年，《亚太贸易协定》原产地证签证量达到1万份以上。浙江检验检疫机构积极向企业宣传，帮助出口企业充分利用区域关税优惠贸易政策，签证量呈现逐年快速增长势头，2007—2010年平均增长率为26%。2003—2010年，浙江检验检疫机构共签发《亚太贸易协定》原产地证书81575份，签证金额237711万美元。

（二）中国—东盟自贸区优惠原产地证书

2003年6月，中国与泰国签订《中国—东盟全面经济合作框架协议》"早期收获"方案下加速取消关税的协议（中泰果蔬零关税协议），中泰两国自2003年10月1日起，在中国一东盟自由贸易区框架下提前实现中泰之间蔬菜和水果产品进出口的零关税。是年，浙江检验检疫局签发《中泰果蔬协议》优惠原产地证书8份，签证金额14.8万美元，宁波检验检疫局签发1份，金额6000美元。12月，为贯彻落实《中华人民共和国与东南亚国家联盟全面经济合作框架协议》项下的"早期收获"方案，海关总署和质检总局发布联合公告，自2004年1月1日起，浙江检验检疫机构开始签发"早期收获"方案项下出口货物原产地证书FORM E。

2004年11月，中国一东盟签署《货物贸易协议》，规定自2005年7月起，除2004年已实施降税的早期收获产品和少量敏感产品外，双方将对其他约7000个税目的产品实施降税。2005年7月，质检总局印发《关于全面实施中国—东盟自贸区货物贸易协定签发原产地证书FORM E的通知》，浙江检验检疫机构自2005年7月20日起开始签发中国—东盟自由贸易协定优惠原产地证书FORM E。

2006年4月和8月，菲律宾、越南相继完成国内程序，浙江检验检疫机构开始对菲律宾、越南签发中国一东盟自由贸易区优惠原产地证书FORM E。是年，根据质检总局《关于加强对签发中国—东盟自贸区优惠原产地证书项下货物价值审核的函》，浙江检验检疫机构在对出口东盟大蒜等农产品（不论是否产地）签发FORM E原产地证书时，认真审查企业提供的发票，并调阅该批货物的出口报检信息进行认真核对，严格按照报关、报检的货值签发FORM E原产地证书，对低报货值的，及时纠正后签发原产地证书，避免因进出口国的统计相差过多而引起贸易争端或国外对我进行反倾销、反欺诈的专项调查，保证检验检疫系统执行政策的一致性。

2007年1月12日，质检总局印发《关于规范原产地证书签证人员手签笔迹的函》，明确应东盟有关成员国海关的要求，质检总局将向东盟成员国海关以电子方式备案我签证人员手签笔迹，浙江检验检疫机构高度重视，加强对原产地证书签证人员的管理，保证签证人员在原产地证书上的签名与备案材料保持一致，切实解决浙江出口货物在东盟成员国等海关通关受阻问题，使浙江出口货物顺利享受区域关税优惠待遇。

2010年12月，因越南海关不再接受中文背页注释的FORM E原产地证书，浙江检验检疫机构加强对中国—东盟自贸区FORM E原产地证书背页注释的审核，停止使用印有中文背页注释的证书，全部使用印有英文背页注释的FORM E原产地证书。

2003—2010 年，浙江检验检疫机构共签发中国—东盟自贸区 FORM E 原产地证书 127296 份，签证金额达 419868 万美元。

（三）中国一巴基斯坦自贸区原产地证书

2003 年 11 月，中国与巴基斯坦签订《中国与巴基斯坦优惠贸易安排》，质检总局印发《关于对〈中国与巴基斯坦优惠贸易安排〉项下产品签发优惠原产地证书的通知》。2004 年 1 月 1 日起，浙江检验检疫机构开始签发《中国与巴基斯坦优惠贸易安排》项下出口货物优惠原产地证书。

2005 年 4 月，中巴两国签署《中华人民共和国政府与巴基斯坦伊斯兰共和国政府关于自由贸易协定早期收获计划的协议》和《中华人民共和国政府与巴基斯坦伊斯兰共和国政府关于自由贸易协定及其他贸易问题的谅解备忘录》。降税模式比照中国—东盟"早期收获"安排的产品降税模式，从 2006 年 1 月 1 日开始分 3 次在 2008 年 1 月 1 日前全部降税为零。

2005 年 12 月，质检总局印发《关于签发中国—巴基斯坦自由贸易区原产地证书的通知》，明确《中华人民共和国政府与巴基斯坦伊斯兰共和国政府关于自由贸易协定早期收获计划的协议》项下的《中国—巴基斯坦自由贸易区原产地规则》于 2006 年 1 月 1 日开始实施。浙江检验检疫机构自 2006 年 1 月 1 日起签发中国—巴基斯坦自由贸易区优惠原产地证书。3 月，浙江检验检疫局下属萧山检验检疫局为杭州华红机械有限公司签发了浙江省首份中巴自贸区早期收获原产地证书，为该公司出口至巴基斯坦的一批货值 56200 美元的纺织机及零件减免了 1/4 的关税。

2004—2010 年，浙江检验检疫机构共签发中国—巴基斯坦自由贸易区原产地证书 22959 份，签证金额达 54476 万美元。

（四）中国—智利自贸区优惠原产地证书

《中国—智利自由贸易协定》是中国与拉美国家签署的第一个自贸协定。2005 年 11 月 18 日，中国和智利签署了《中华人民共和国政府和智利共和国政府自由贸易协定》。两国将从 2006 年 10 月 1 日起，启动货物贸易的关税减让进程。其中，占两国税目总数 97%的产品将于 10 年内分阶段降为零关税。2006 年 9 月，质检总局印发《关于签发中国—智利自由贸易区原产地证书 FORM F 的通知》，浙江检验检疫机构自当年 10 月 1 日起签发中国—智利自贸区优惠原产地证。是年，由于产地证电子签证系统没有包含自贸区电子签证的功能，浙江检验检疫局自行开发了自贸区原产地证书电子签证程序，并在全省推广应用，率先成为全国检验检疫系统自贸区原产地证书电子签证局。

2006—2010 年，浙江检验检疫机构共签发中国—智利自由贸易区原产地证书 108948 份，签证金额达 359006 万美元。

（五）中国—新西兰自贸区优惠原产地证书

2008 年 4 月 7 日，《中华人民共和国政府和新西兰政府自由贸易协定》正式签署。9 月 19

日，质检总局印发《关于签发中国—新西兰自由贸易区优惠原产地证明书有关事项的通知》，浙江检验检疫机构自当年10月1日起签发中国—新西兰自贸区优惠原产地证。

2008—2010年，浙江检验检疫机构共签发中国—新西兰自由贸易区原产地证书2650份证书，签证金额达4480万美元。

（六）中国—新加坡自贸区优惠原产地证书

2008年10月23日，中国与新加坡签署《中华人民共和国政府和新加坡共和国政府自由贸易协定》（以下简称《协定》）。根据协定，新加坡从2009年1月1日起，取消所有自中国进口产品的关税；中国在2012年1月1日前，取消97.1%自新加坡进口产品的关税，其中87.5%的产品从《协定》生效时起即实现零关税。同年12月16日，质检总局印发《关于签发中国—新加坡自由贸易区优惠原产地证明书有关事项的通知》，浙江检验检疫机构自2009年1月1日起签发中国—新加坡自贸区优惠原产地证。

2009—2010年，浙江检验检疫机构共签发中国一新加坡自由贸易区原产地证书926份，签证金额达1882万美元。

（七）中国—秘鲁自贸区优惠原产地证书

2009年4月28日，中国与秘鲁签署了《中国—秘鲁自由贸易协定》，中秘双方将对各自90%以上的产品分阶段实施零关税。

2010年2月23日，质检总局印发《关于签发中国—秘鲁自由贸易区优惠原产地证明书有关事项的通知》，浙江检验检疫机构自当年3月1日起，签发中国—秘鲁自贸区优惠原产地证书。是年，浙江检验检疫机构共签发中国—秘鲁自由贸易区优惠原产地证书2800份，签证金额达8343万美元。

表 68-7-4-3 2003—2010 年浙江检验检疫机构区域性优惠原产地证书签证量一览表

年份	曼谷、亚太协定		中国—东盟		中国—巴基斯坦		中国—智利		中国—新西兰		中国—新加坡		中国—秘鲁	
	份数	金额（万美元）	份数	金额（万美元）	份数	金额（万美元）	份数	金额（万美元）	份数	金额（万美元）	份数	金额（万美元）	份数	金额（万美元）
2003	221	497	9	15	–	–	–	–	–	–	–	–	–	–
2004	972	2798	380	2876	1	–	–	–	–	–	–	–	–	–
2005	2754	6462	857	2448	1	1	–	–	–	–	–	–	–	–
2006	5217	13094	4103	12471	82	165	3459	11262	–	–	–	–	–	–
2007	12727	35972	11010	40601	1074	3235	22058	66951	–	–	–	–	–	–
2008	15233	55709	16518	61075	2397	8122	25156	91510	291	562	–	–	–	–
2009	19000	51681	30585	89033	6169	15397	23940	72730	1161	1875	330	602	–	–
2010	25451	71498	63834	211349	13235	27556	34335	116553	1198	2043	596	1280	2800	8343

资料来源：根据浙江检验检疫局通关处、宁波检验检疫局通关处提供数据整理汇总。

四、专用原产地证书

(一)纺织品原产地证书和手工制纺织品原产地证书

1979年7月18日,中国与欧共体草签《纺织品协定》。10月20日,外贸部印发《纺织品管理实行办法》,授权各地商检局负责签发纺织品原产地证和手工制纺织品原产地证,证书格式采用普惠制产地证书FORM A。1980年1月,杭州商检局开始签发上述两种产地证。1981年6月9日,外贸部和国家商检局联合通知,自7月1日起,对欧共体出口纺织品所需的纺织品原产地证和手工制纺织品原产地证统一由外贸局签发。杭州商检局按照通知要求,向浙江省外贸局移交纺织品原产地证和手工制纺织品原产地证签证工作。

(二)手工制品原产地证书

1983年10月26日,中国与奥地利签订手工制品减免关税协定。中国出口的手工制品原产地证由各地外经贸厅(局)签发,证书格式采用普惠制产地证书FORM A,但奥地利海关坚持要由商检机构盖章。为此,外经贸部和国家商检局规定,手工制品原产地证先由商检机构在证书第11栏签字、盖章,再由外经贸厅(局)在第4栏加注"产品系手工制品,符合中奥手工制品协议"字样,并加盖外经贸厅(局)公章。1988年,外经贸部向奥地利有关当局做出解释,奥方开始认可由外经贸机构独立签发的手工制品原产地证书。此后,浙江商检机构不再签发手工制品原产地证书。

(三)输欧盟部分产品特定原产地证书

根据欧盟委员会颁布的2388/2000号条例的规定,出口至欧盟的特定葡萄、奶酪、葡萄酒、烟草和硝酸盐等特定产品,凭政府签证机构签发的有关证书,可享受特定关税待遇。2002年5月,质检总局印发《关于对欧盟签发特定产品原产地名称等证书的通知》。是年,浙江检验检疫机构对有关出口至欧盟的特定产品签发托考伊葡萄酒原产地名称证书、"皇帝"牌葡萄真实性证书、奶酪制品证书、烟草真实性证书和硝酸盐真实性证书。

2003年3月25日,商务部和质检总局联合发布公告,经向欧盟委员会备案,输欧盟蘑菇原产地证书签发工作由原外经贸部及各地外经贸主管部门移交至质检总局及各地出入境检验检疫局负责。从2003年4月15日起,浙江检验检疫机构可以开始签发输欧盟蘑菇原产地证书。2007年之后没再签发过此类证书。

(四)金伯利进程国际证书

2002年12月29日,质检总局、海关总署、对外贸易部等六部委联合公告,根据联合国大会第55/56号决议,中国自2003年1月1日起实施金伯利进程国际证书制度。12月31日,质检总局印发《金伯利进程国际证书管理规定》和《关于实施金伯利进程国际证书制度有关工作的通知》,授权上海、广东、浙江等11个检验检疫局作为第一批实施机构,于2003年1月1

日开始对外签发《金伯利进程国际证书》。

2003年1月，浙江检验检疫局成立金伯利进程国际证书制度实施工作小组。当时浙江有两家从事钻石加工进出口业务的企业，即衢州弘基钻石有限公司和宁波日月钻石科技有限公司。由于宁波检验检疫局未被质检总局列为首批实施机构，宁波日月钻石科技有限公司的业务暂向浙江检验检疫局申请办理。2003年1月2日，浙江检验检疫局杭州机场办事处(以下简称杭州机场办)在杭州萧山国际机场受理了金伯利进程证书制度项下的全国第一批进口毛坯钻石的入境申报并实施核查检验，签发了入境货物通关单和进口毛坯钻石确认书，发送至货物原产国(地)/来源国(地)政府主管机构，同时以电子邮件方式确认该批钻石已到达目的地；8日，签发浙江第一份出口毛坯钻石金伯利进程国际证书。2月17日，浙江检验检疫局受理宁波日月钻石科技有限公司进境毛坯钻石的入境申报并实施了全部相关工作。2月13日，浙江检验检疫局对该项工作的分工作部分调整：杭州机场办负责受理入境毛坯钻石的受理申报、核查检验和签发入境货物通关单。衢州检验检疫局负责受理衢州弘基钻石有限公司的出境毛坯钻石的申报、核查检验，对经确认无误并符合金伯利进程国际证书制度要求的，加施封识，签发金伯利进程国际证书，缮制出境货物通关单。杭州机场办负责实施出境口岸查验，随到随放。7月，宁波检验检疫局被质检总局批准为金伯利进程国际证书指定实施机构，于2003年8月1日起负责受理宁波地区毛坯钻石的验证、检验、签证业务。8月，宁波检验检疫局成立实施工作领导小组和办公室，印发《关于实施金伯利进程国家证书制度有关事宜的通知》，对毛坯钻石的入出境有关事项进行了明确。为减少对钻石加工企业开展业务的影响，宁波检验检疫局将入境毛坯钻石的检验场所设在宁波机场入境货物查验环节，对于符合规定的予以现场签发入境货物通关单，并签发进口毛坯钻石确认书。

2005年，浙江检验检疫局金伯利进程国际证书制度实施领导小组及金伯利进程办公室配合“大通关”工作的要求，积极探索毛坯钻石核查监管新模式，不断提高核查工作效率，加强对企业的有效监管，了解生产加工以及非法检成品钻的出口情况，对所有入境毛坯钻石复出口情况实行备案登记制度，同时，加强企业所在地检验检疫机构与口岸机构之间的协调，加大对出入境毛坯钻石的把关力度，为企业提供更优质快捷的服务。衢州检验检疫局于2005年1月率先在全国系统内开展出境毛坯钻石现场核查办公形式，杭州机场办于2005年8月3日率先在全国系统内对入境毛坯钻石实行预报检等便捷措施，每次可以缩短1～2个小时的办理时间，减少毛坯钻石这种特殊高价值商品在机场、路途长时间流转、滞留可能引致的安全隐患，深受企业好评。同年，衢州市新增1家注册钻石加工登记企业(衢州星光钻石有限公司)。

2006—2010年，浙江检验检疫机构继续严格执行金伯利进程国际证书制度。2010年，宁波地区唯一一家从事毛坯钻石加工业务的进出口企业——宁波日月钻石科技有限公司因毛坯钻石价格上涨太快等原因，不再从事毛坯钻石加工业务。

表 68-7-4-4　　2003—2010 年浙江检验检疫机构实施金伯利进程国际证书制度业务情况一览表

年份	入境			出境		
	批次	重量（克拉）	金额（万美元）	批次	重量（克拉）	金额（万美元）
2003	80	133935.35	325.29	50	44871.27	213.14
2004	59	92788.52	1103.23	35	17621.77	59.60
2005	81	205636.55	1519.44	74	145842.2	664.30
2006	135	277525.26	2555.46	108	151716.14	740.12
2007	119	130757.15	2294.07	65	8108.41	94.51
2008	57	59556.94	1018.78	42	4333.63	64.73
2009	45	56899.33	1095.71	36	1596.96	21.45
2010	58	78811.52	1611.77	96	2640.44	32.70

资料来源：根据 2002－2010 年的《浙江检验检疫年鉴》和浙江检验检疫局杭州机场办事处、衢州检验检疫局、宁波检验检疫局通关处提供资料整理汇总。

五、原产地标记

原产地标记是产品原产地标识的一种形式，地理标志是指表明某一货物来源于某一成员国的领土或该领土内的一个地区或地方的标志。2000 年，浙江检验检疫局开展对原产地标记保护的理论研究，发表了《商品的地理标志及原产地保护》《应加强原产地名称保护》《地理标志与商标保护》《法国地理标志保护》《呼吁专门立法保护地理标志》等文章。

2001 年，欧盟和中国就地理标志双边保护和互认制度进行协商。在此背景下，国家检验检疫局要求各地检验检疫机构积极开展原产地标记保护工作，以适应中国加入世界贸易组织后原产地工作的需要。3 月 5 日，国家检验检疫局颁布《原产地标记管理规定》和《原产地标记管理规定实施办法》，对原产地标记的申请、评审、注册以及标志的使用和管理等作出具体规定。是年，浙江检验检疫局开展原产地标记保护工作。8 月，湖州市善琏湖笔厂和王一品斋笔庄向湖州检验检疫局提出对湖笔原产地标记注册保护申请。2002 年 2 月，湖笔正式通过质检总局原产地标记注册审核，成为浙江检验检疫局第一个获得原产地标记注册保护的产品。4 月，宁波检验检疫局成立原产地标记工作小组，印发《宁波出入境检验检疫局原产地标记审核注册工作程序（试行）》，并通过媒体、窗口、培训会等途径宣传开展原产地标记保护工作。8 月，宁波检验检疫局第一个地理标志产品——奉化水蜜桃获得质检总局批准注册，获颁注册证书。9－11 月，磐安香菇、玉环柚、宁波蔺草编制品（“开诚”牌、“华升”牌、“金坚”牌、“黄古林”牌、“野草”牌、“梁祝”牌）通过质检总局原产地标记注册保护。产品获原产地标记注册保护后，经济效益和社会效益明显显现。磐安香菇注册前，日本、欧盟的进口商就提出加贴原产地标志的要求，日本大荣公司在企业不能满足要求的情况下，停止了订单，直到加贴标志为止。加贴原产地标志后的磐安香菇不仅进入了日本和欧盟市场，还被允许进入大型超市。玉环柚加贴原产地标志后，身价进一步提升，在当年产量大增的情况下，价格始终保持稳定，并首次出口法国。湖笔注册后就有商家主动上门订货。

2003年，浙江检验检疫局继续大力推进原产地标记保护工作，是年，共有16个地理标志产品获原产地标记注册保护，注册产品数量并列全国第二。宁波检验检疫局辖区当年有上林湖越窑青瓷、奉化曲毫茶、慈城年糕、慈溪丝瓜络及其制品、慈溪杨梅、余姚杨梅、余姚榨菜7个地理标志产品。产品获得原产地标记注册后，在市场准入、提升品牌形象以及扩大出口方面都得到了切实的好处。嘉兴五芳斋粽子在进入美国市场之前，美方就提出加贴地理标志的要求。仙居杨梅和仙居蜜梨获原产地标记注册后，销售价格比上年增长20%。磐安香菇2003年的产量虽然比2002年低，但是因为加贴了地理标志，单价高于2002年，菇农的收益反而增加。金华佛手于2003年7月获得注册，当年的出口量比上年增加了2倍。2004年，浙江检验检疫局辖区内又有9个地理标志产品获得质检总局原产地标记注册保护，宁波检验检疫局有奉化芋艿头、溪口千层饼2个新增产品获得保护。7月，在北京举行的中欧地理标志保护研讨会上，浙江检验检疫局辖区内的开化龙顶茶、仙居杨梅、仙居蜜梨、临安天目笋干、千岛湖鱼、嘉兴粽子和德清花(乌)鳖及其制品7个地理标志注册产品在大会上作了展示，其中开化龙顶茶企业还接受了中央电视台的采访。11月，浙江检验检疫局在江山市召开原产地标记颁证及新闻发布会，对全省新获得原产地标记注册的产品进行现场颁证。会议期间，参加会议的企业展示了各自的地理标志注册产品，新闻媒体进行了专题报道，在社会上取得了良好的宣传效果。2005年，浙江检验检疫局辖区内有23个产品、宁波检验检疫局辖区内有4个产品获质检总局地理标志注册保护。为扩大原产地标记注册保护工作的社会影响，宁波检验检疫局与鄞州农林局共同举办了蔺草、贝母、雪菜原产地标记信息发布会。12月，宁波检验检疫局向宁波市政府报送的《我市名特产品有待进一步加强原产地标记保护》专报获市领导毛光烈批示："请农业局请专家讲讲课，并专题研究，力争这项工作在明年有所突破。"

2006年，浙江检验检疫局制定印发了《地理标志产品监督管理规定》和《地理标志产品监督审核工作程序》，规范全省地理标志产品保护工作，辖区又新增8个地理标志注册产品，累计注册数量居全国第一。地理标志产品的市场竞争力不断突显，为企业取得了可观的经济效益。2007—2009年，浙江检验检疫局辖区内又有龙游发糕、开化杜仲茶、仙居鸡(蛋)及其制品、德清早园笋、海盐大头菜、姚庄蘑菇、王店三元鸡、临海杨梅、南湖菱9个地理标志产品获质检总局注册保护。2009年，浙江检验检疫局印发《关于进一步加大地理标志保护工作力度的通知》，将地理标志保护工作作为帮扶企业的有力举措，进一步加大对企业的帮扶力度。是年，质检总局和陕西省人民政府在陕西举办第16届农高会地理标志保护产品专题展，浙江检验检疫局组织辖区内杭州、温州、金华、台州、嘉兴和湖州6个地区的9类产品参展，这些地域特征明显、风味独特的地理标志产品获得了极大的关注，产品知名度和影响力得到了提升。2010年，衢州莹白瓷获得质检总局地理标志产品保护。是年，宁波地区部分出口酒类产品的企业有涉嫌冒用“温州老酒”的情况，宁波检验检疫局发布警示通报，杜绝冒用“温州老酒”地理标志名称等情况发生。

2002—2010年，浙江检验检疫局辖区共有63个产品获得地理标志产品保护，数量居全国第一。宁波检验检疫局共15个产品获得地理标志产品保护。

表68-7-4-5　　2002—2010年浙江检验检疫机构地理标志保护产品一览表

序号	质检总局保护公告	产　品	申请单位	产　地
1	2002年第9号	湖　笔	王一品斋笔庄	湖　州
	2002年第9号 2002年2月10日	湖　笔	湖州市善琏湖笔厂	湖　州
2	2002年第87号 2002年8月29日	奉化水蜜桃	奉化市人民政府	奉　化
3	2002年第101号 2002年9月30日	玉环柚	浙江省玉环县名特优果品服务中心	台　州
4	2002年第116号 2002年11月18日	磐安香菇	浙江省磐安县食用菌生产办公室	金　华
5	2002年第117号 2002年11月18日	宁波蔺草编制品	宁波市蔺业经济联合会	宁　波
6	2003年第4号 2003年1月29日	德清花（乌）鳖及其制品	浙江清溪鳖业有限公司	湖　州
7	2003年第41号 2003年4月25日	开化龙顶茶	浙江省开化县龙顶名茶协会	衢　州
8	2003年第41号 2003年4月25日	淳安千岛玉叶茶	浙江省淳安县千岛玉叶名茶协会	杭　州
9	2003年第41号 2003年4月25日	长兴白果	浙江省长兴县进出口有限公司	湖　州
10	2003年第41号 2003年4月25日	嘉善黄酒	浙江嘉善黄酒股份有限公司	嘉　兴
11	2003年第41号 2003年4月25日	嘉兴粽子	浙江五芳斋实业股份有限公司	嘉　兴
12	2003年第45号 2003年5月15日	上林湖越窑青瓷	慈溪市越窑青瓷有限公司	慈　溪
13	2003年第45号 2003年5月15日	奉化曲毫茶	奉化市茶叶协会	奉　化
14	2003年第59号 2003年6月17日	西湖莼菜	杭州市千盛食品厂	杭　州

续表 1

序号	质检总局保护公告	产　品	申请单位	产　地
15	2003 年第 82 号 2003 年 8 月 28 日	仙居杨梅	浙江省仙居县林业特产开发服务中心	台　州
16	2003 年第 82 号 2003 年 8 月 28 日	仙居蜜梨	浙江省仙居县林业特产开发服务中心	台　州
17	2003 年第 67 号 2003 年 7 月 24 日	磐安中药材	浙江磐安中药协会	金　华
18	2003 年第 67 号 2003 年 7 月 24 日	金华佛手	金华市锦林佛手开发有限公司	金　华
19	2003 年第 67 号 2003 年 7 月 24 日	临安天目笋干	临安市竹业协会	杭　州
20	2003 年第 67 号 2003 年 7 月 24 日	临安山核桃	临安市山核桃产业协会	杭　州
21	2003 年第 70 号 2003 年 8 月 2 日	慈溪杨梅	慈溪市人民政府	慈　溪
22	2003 年第 70 号 2003 年 8 月 2 日	余姚杨梅	余姚市人民政府	余　姚
23	2003 年第 82 号 2003 年 8 月 28 日	余姚榨菜	余姚市榨菜协会	余　姚
24	2003 年第 89 号 2003 年 9 月 23 日	萧山大青梅及其制品	杭州华和食品有限公司	萧　山
25	2003 年第 95 号 2003 年 10 月 10 日	慈城年糕	宁波市慈城镇人民政府	宁　波
26	2003 年第 95 号 2003 年 10 月 10 日	慈溪丝瓜络及其制品	慈溪市丝瓜络产销协会	慈　溪
27	2003 年第 100 号 2003 年 10 月 30 日	千岛湖鱼	杭州千岛湖发展有限公司	杭　州
28	2003 年第 100 号 2003 年 10 月 30 日	诸暨山下湖淡水珍珠及其首饰	浙江山下湖珍珠集团股份有限公司	诸　暨
29	2004 年第 3 号 2004 年 1 月 12 日	志棠白莲	浙江龙游县志棠白莲开发有限公司	衢　州
30	2004 年第 59 号 2004 年 5 月 27 日	江山绿牡丹茶	江山市绿牡丹名茶产业协会	衢　州
31	2004 年第 59 号 2004 年 5 月 27 日	江山白菇及其制品	江山市白菇产业化协会	衢　州
32	2004 年第 59 号 2004 年 5 月 27 日	绍兴腐乳	绍兴咸亨食品有限公司	绍　兴

续表 2

序号	质检总局保护公告	产　品	申请单位	产　地
33	2004 年第 123 号 2004 年 9 月 14 日	奉化芋艿头	奉化市芋艿头协会	奉　化
34	2004 年第 123 号 2004 年 9 月 14 日	溪口千层饼	奉化市溪口千层饼协会	奉　化
35	2004 年第 140 号 2004 年 9 月 29 日	临海蜜橘	浙江省临海市特产技术推广总站	台　州
36	2004 年第 150 号 2004 年 10 月 21 日	洞头羊栖菜及其制品	浙江三丰水产食品有限公司	温　州
37	2004 年第 150 号 2004 年 10 月 21 日	平阳马蹄笋	雨田集团有限公司	温　州
38	2004 年第 152 号 2004 年 10 月 21 日	温州老酒（“江心”牌）	温州市食品工业协会	温　州
39	2004 年第 152 号 2004 年 10 月 21 日	温州老酒（“厨工”牌）	浙江厨工酿造有限公司	温　州
40	2005 年第 7 号 2005 年 1 月 11 日	南麂岛大黄鱼 及其制品	平阳县南麂岛开发有限公司	南麂岛
41	2005 年第 7 号 2005 年 1 月 11 日	开化苏庄山茶油	浙江开化余氏飞龙山茶油有限公司	开　化
42	2005 年第 7 号 2005 年 1 月 11 日	衢州椪柑	衢州市柑橘产业协会	衢　州
43	2005 年第 7 号 2005 年 1 月 11 日	斜桥榨菜	海宁市蔬菜产业协会	海宁市
44	2005 年第 7 号 2005 年 1 月 11 日	杨庙雪菜	嘉善杨庙雪菜专业合作社	杨庙镇
45	2005 年第 7 号 2005 年 1 月 11 日	平湖西瓜	平湖金平湖西瓜合作社	平　湖
46	2005 年第 7 号 2005 年 1 月 11 日	凤桥水蜜桃	嘉兴市秀城区凤桥镇农业综合经营部	嘉　兴
47	2005 年第 7 号 2005 年 1 月 11 日	嘉荷青鱼及其制品	嘉兴市秀洲区水产行业协会	嘉　兴
48	2005 年第 7 号 2005 年 1 月 11 日	嘉善锦绣黄桃	嘉善县姚庄镇农贸实业公司	嘉　善
49	2005 年第 7 号 2005 年 1 月 11 日	乌镇酱卤禽类制品	嘉兴三珍斋食品有限公司	嘉　兴
50	2005 年第 7 号 2005 年 1 月 11 日	景宁泡笋	浙江景宁大自然食品有限公司	景　宁

续表 3

序号	质检总局保护公告	产　品	申请单位	产　地
51	2005 年第 7 号 2005 年 1 月 11 日	兰溪小萝卜	兰溪市小萝卜产业协会	兰　溪
52	2005 年第 7 号 2005 年 1 月 11 日	绍兴麻鸭及其制品	绍兴咸亨集团股份有限公司	绍　兴
53	2005 年第 7 号 2005 年 1 月 11 日	杜家杨梅	杭州市萧山区所前镇果业协会	萧　山
54	2005 年第 7 号 2005 年 1 月 11 日	练市系列黄酒	湖州练市酒业有限公司	湖　州
55	2005 年第 7 号 2005 年 1 月 11 日	安吉辣味香笋	浙江安吉东光食品有限公司	安　吉
56	2005 年第 7 号 2005 年 1 月 11 日	莫干山蜜饯	浙江莫干山实业有限公司	德　清
57	2005 年第 7 号 2005 年 1 月 11 日	新市羊肉	湖州一品食品有限公司	新　市
58	2005 年第 7 号 2005 年 1 月 11 日	莫干山赤炼胎蛇	德清县莫干山蛇类实业有限公司	莫干山
59	2005 年第 7 号 2005 年 1 月 11 日	临海蟠毫茶	临海市特产技术推广总站	临　海
60	2005 年第 7 号 2005 年 1 月 11 日	羊岩勾青茶	临海市羊岩茶厂	临　海
61	2005 年第 7 号 2005 年 1 月 11 日	衢州竹炭及其制品	衢州民心炭业有限公司	衢　州
	2005 年第 7 号 2005 年 1 月 11 日	衢州竹炭及其制品	衢州现代炭业有限公司	衢　州
	2005 年第 7 号 2005 年 1 月 11 日	衢州竹炭及其制品	衢州净力竹炭厂	衢　州
62	2005 年第 8 号 2005 年 1 月 11 日	樟村浙贝	宁波市鄞州区章水镇人民政府	宁　波
63	2005 年第 8 号 2005 年 1 月 11 日	邱隘雪菜及其制品	宁波市鄞州区雪菜协会	宁　波
64	2005 年第 8 号 2005 年 1 月 11 日	宁波“大红鹰”卷烟	宁波卷烟厂	宁　波
65	2005 年第 8 号 2005 年 1 月 11 日	宁波“五一”卷烟	宁波卷烟厂	宁　波
66	2005 年第 41 号 2005 年 3 月 23 日	开化黑木耳	浙江省开化县食用菌协会	衢　州

续表 4

序号	质检总局保护公告	产　品	申请单位	产　地
67	2006 年第 138 号 2006 年 9 月 18 日	三门锯缘青蟹	三门县水产技术推广总站	台　州
68	2006 年第 195 号 2006 年 12 月 22 日	常山山茶油	常山县林业产业协会	衢　州
69	2007 年第 5 号 2007 年 6 月 18 日	龙游发糕	龙游发糕行业协会	衢　州
70	2007 年第 57 号 2007 年 3 月 20 日	开化杜仲茶	开化县杜仲茶研究所	衢　州
71	2007 年第 92 号 2007 年 6 月 18 日	仙居鸡(蛋)及其制品	浙江省仙居种鸡场	台　州
72	2007 年第 92 号 2007 年 6 月 18 日	德清早园笋	德清县山伢儿早园笋专业合作社	德　清
73	2007 年第 117 号 2007 年 8 月 9 日	海盐大头菜	海盐县红益大头菜合作社	嘉　兴
74	2007 年第 186 号 2007 年 12 月 10 日	姚庄蘑菇	嘉善县姚庄镇农贸实业公司	嘉　兴
75	2008 年第 121 号 2008 年 10 月 31 日	王店三元鸡	嘉兴市秀洲区王店三元鸡专业合作社	嘉　兴
76	2009 年第 88 号 2009 年 9 月 21 日	临海杨梅	浙江省临海市清峰水果专业合作社	临　海
77	2009 年第 89 号 2009 年 9 月 21 日	南湖菱	嘉兴市油车港镇南湖水果专业合作社	嘉　兴
78	2010 年第 70 号 2010 年 7 月 13 日	衢州莹白瓷	衢州火神瓷业有限公司	衢　州

资料来源:浙江检验检疫局通关处、宁波检验检疫局风险处根据质检总局公告整理汇总。

第八章　合作与交流

浙江出口商品检验国际合作始于民国11年(1922),浙江、江苏、安徽丝茧总公所与美国丝业公会共同出资成立上海万国生丝检验所。

随着浙江对外贸易的发展,浙江检验检疫机构的对外合作交流也逐步发展。20世纪80年代,浙江对外贸易实行自营出口,国际交往大幅增加,来访和出访活动较为频繁,国际合作项目开始涌现。1981年6月,杭州商检局邀请联合国贸发会亚太地区原产地规则顾问斯托威尔到杭州举办普惠制讲座。1984年5月,浙江商检局首次派员赴日本对宁波北仑港铁矿石自动取制样的关键设备进行考察验收。1987年3月,美国TRANSTEC公司代表凯勃尔在杭州与浙江商检公司就长期委托检验千斤顶项目达成协议。1987年9月,浙江商检局派员赴新加坡参加第7届世界食品科学与技术会议,为浙江检验检疫机构参加国际会议的开端。同年,浙江商检局首次承办国际丝绸协会第16届会议。

20世纪90年代,浙江检验检疫机构的对外合作取得新进展,浙江检验检疫机构开始与外资方成立合资公司。1993年12月,中国进出口商品检验总公司宁波分公司(以下简称宁波商检公司)与香港龙翔化工国际有限公司合资成立宁波华翔检验有限公司,开展进出口液体化工品检验鉴定。1995年,浙江商检局与浙江省丝绸集团公司常驻德国的富德丝绸公司签约在欧洲设立信息窗口。1998年6月,中国进出口商品检验总公司浙江分公司(以下简称浙江商检公司)与日本三岛物流株式会社合资设立浙江弥禧马检品有限公司,从事服装和纺织品检验业务。1999年3月,宁波商检公司与新日本检定协会合资组建上海华日商品检验有限公司。这一时期,外商及政府职能机构人员的来访主要集中于富有浙江特色的大宗进出口产品,如关于罐头、猪肉、生丝、铁矿石以及水产品等的检查与技术交流活动。

2001年,中国加入世界贸易组织,浙江省对外交流呈现较快发展趋势。2005年后,浙江检验检疫机构加强与浙江省工商行政管理局等单位合作,开展产品质量、食品安全、强制性认证产品等的专项整治,打击逃避检验检疫的行为。1980—2010年,浙江检验检疫机构接待各类来访209次、490余人。1987—2010年,浙江检验检疫机构参加国际会议62次,主办、承办、协办国际会议、论坛14次。1990—2010年,浙江检验检疫机构出访(因公出国出境)共计1460批、2442人,主要是开展检验、学习培训、出席国际会议、考察、谈判和开展审核工作。

浙江检验检疫机构的国内合作交流发端于20世纪80年代,早期合作的主要对象是科研院校。1984年,浙江商检局与杭州大学合作开发"浙江省进出口商品质量管理系统生丝子系统"。1996年,浙江商检局与浙江丝绸工学院合作完成《生丝抱合检验精度的研究》课题。1999年8月"三检"合一之后,浙江检验检疫机构开展国内合作与交流日渐密切。随着浙江外向型经济的快速发展，浙江检验检疫机构从服务浙江经济发展和促进口岸“大通关”建设出发，进一步加强与地方政府、有关职能部门以及其他检验检疫机构的合作交流，签署一系列合作备忘录（协议）。2000—2010年，以浙江检验检疫机构名义签署的各类备忘录（协议）共56项。

第一节　对外合作与交流

20世纪80年代，浙江对外贸易发展迅速，浙江检验检疫机构加强对外合作，开展出国检验、考察、谈判和专业培训，掌握行业前沿技术，增强自身检测实力和质量管理水平。同时，国外检验检疫机构来浙江考察出口企业、交流质量管理经验、统一检验检疫标准活动逐年增多。为更好地与国际接轨，浙江检验检疫机构积极承接和参与国际会议，扩大浙江在国际上的话语权和影响力。

1983年7月前，商检系统因公出国人员护照办理和签证工作由对外经济贸易部办理。1983年7月，按照外交部规定，浙江商检机构护照在浙江省外事办公室办理，由浙江商检机构负责保管，出国签证统一由经贸部代为办理。1985年1月，国家商检机构自行审批局级以下干部出国。1989年12月，外交部同意国家商检局自行办理自己组团的出国签证。1990年1月，国家商检局委托地方外事办公室办理因公出国人员的护照、签证及出国证明等，护照由浙江商检机构负责保管。1993年12月，浙江商检局制定《浙江商检局出国（境）管理暂行规定》，规定出国原则、审批手续、政治审查、外事纪律等。

1999年8月“三检”合一前，浙江动植检机构组团的出国任务需向国家动植检局申报，由农业部审批；参加地方政府组团的，需报国家动植检局批准；参加国家动植检局组团的，由国家动植检局统一办理。护照由申办单位负责保管。浙江卫检机构组团的出国任务需向国家卫检局申报，由卫生部审批；参加地方政府组团的，需报国家卫检局批准。

1999年，浙江检验检疫局制定《加强出入境检验检疫系统人员因公出国（境）任务审批管理工作的通知》等文件，规定系统所有人员出国（境）均须国家检验检疫局审批；参加地方组团的，由国家检验检疫局出具任务确认书。2001年7月，浙江检验检疫局制定《浙江检验检疫局出国（境）工作管理暂行规定》，出国（境）任务审批工作开始规范发展。

一、对外合作

民国11年（1922）3月27日，浙江、江苏、安徽丝茧总公所与美国丝业公会各出一半资金，共6万美元，合办上海万国生丝检验所，对销往美国的生丝进行分级和检验。

1987年3月，美国TRANSTEC公司代表凯勃尔在杭州与浙江商检公司就长期委托检验千斤顶项目达成协议。1988年12月11—24日，浙江商检代表团一行4人访问中国香港地区，与中国进出口商品检验总公司香港分公司（以下简称香港商检公司）达成协议，凡从香港发货或中转的浙江省进口商品，原则上委托香港商检公司代为实施装船前检验。同时，还与富春有限公司、香港浙江旅游公司、宁新有限公司等中资企业达成文字或口头意向合作协议。

1993 年 12 月 22 日，经国家工商行政管理局核准登记注册，宁波商检公司与香港龙翔化工国际有限公司合资成立由宁波商检公司控股的宁波华翔检验有限公司，注册资本 60 万美元，其中宁波商检公司 36 万美元，香港龙翔化工国际有限公司 24 万美元，主要从事宁波口岸进出口液体化工品的检验鉴定工作，并签发相应的检验鉴定证书。1995 年，浙江商检局与浙江省丝绸集团公司常驻德国的富德丝绸公司签订合约，在欧洲设信息窗口。1997 年，中国质量认证中心浙江评审中心（以下简称浙江评审中心）与香港工业总会建立合作关系。1998 年 3 月 24 日，宁波商检局与德国布鲁克 AXS 公司的代表就布鲁克 AXS 宁波服务中心（原宁波西门子分析仪器维修站）签订合作协议。6 月 22 日，经对外贸易经济合作部批准，浙江商检公司与日本三岛物流株式会社合资设立浙江弥禧马检品有限公司，专业从事服装和纺织品检验业务。1999 年 3 月 5 日，经对外贸易经济合作部批准，宁波商检公司等与新日本检定协会（SK）合资组建上海华日商品检验有限公司。同年 5 月，工商部门批准注册。

2000 年 1 月，浙江检验检疫局羽毛绒检测实验室与国际权威的羽绒检测机构美国国际羽绒羽毛检测实验室（International Down & Feather Laboratory，以下简称 IDFL）签署合作协议，双方相互确认对方为唯一的合作伙伴，开展羽绒样品的检测。加入 WTO 后，浙江的对外交流呈现较快发展趋势，与国际社会的交流逐渐增多。2002 年 3 月 11 日，中国进出口商品检验总公司与德国莱茵 TüV 集团合资项目莱茵技术—商检（宁波）有限公司举行签约仪式。4 月 16 日，宁波检验检疫局下属鄞州检验检疫局综合技术服务中心与日本化学纤维检查协会签订合作协议，主要合作业务是出口日本的纺织品服装、箱包、鞋子、锅具等产品的检测。12 月 29 日，莱茵技术—商检（宁波）有限公司成立。2005 年 6 月，浙江检验检疫局羽毛绒检测实验室与美国西点史迪文斯公司（WestPoint Stevens）、必维国际检验集团（BV）、美国 IDFL 签署四方合作协议，为西点史迪文斯公司提供羽毛绒大货抽样、锁包、监装的服务。11 月 14 日，浙江检验检疫局局长慎仁安和英国天祥集团（ITS）执行总裁罗伯迪尔沃思（Rob dilworth）就成立中外合资杭州英华技术服务有限公司事宜正式签署合作协议。

2006 年 9 月 25 日，宁波检验检疫局纺织品检测中心与上海天祥质量技术服务有限公司（代表英国天祥集团）签署合作协议。是年，为落实质检总局与斯洛伐克共和国标准、计量与检测局签署的《关于工业产品检验合作实施方案》，推动两国检测结果和检验证书的互认工作，浙江检验检疫局下属台州检验检疫局技术检测中心参加两国比对试验。2007 年 3 月，双方合作的实验室正式开检，主要承接出口欧美等国家的纺织品检测业务。同年 9 月，浙江检验认证集团浙江有限公司与丹麦 UL 国际 DemkoA/S 就 CB 体系下的测试签订协议。10 月 25 日，舟山检验检疫局与法国生物梅里埃中国有限公司签订合作协议，共建生物梅里埃食品微生物示范实验室。2008 年 1 月 11 日，宁波检验检疫局技术中心与新日本检定协会、中国检验认证集团日本有限公司举行会谈，三方就合作事宜达成一致。同年 8 月 14 日，宁波电气安全检测中心（慈溪）与德国莱茵集团举行合作授牌仪式，加快产品测试进程，缩短产品认证周期，方便企业开拓国际市场。同年 10 月 31 日，浙江检验检疫局丝类检测中心、浙江理工大学、嘉兴埃迪尔丝绸有限公司 3 家单位与法国香奈儿公司就合作开发新型煮茧设备项目举行签约仪式，标志着由浙江检验检疫局丝类检测中心主导，由浙江理工大学、嘉兴埃迪尔丝绸有限公司参与的中法合作项目正式启动。2010 年 6 月 23 日，浙江检验检疫局羽毛绒检测实验室与美国 IDFL 重新签署合作协议，加强羽绒检测国际资讯交流、科研项目开发及标准制修订等方面的合作。自 2000 年双方建立合作关系以来，合作检测业务量由 2000 年的 291 批发展到 2010 年的 2324 批，年均增长 23.1%，检测项目扩大到羽绒及其制品的全项目检测。双方还在国际标准制修订上加强合作，截至 2010 年，双方共同制定 3 项国际羽绒检测标准。2000—2010 年，浙江检验检疫机构签署对外合作协议或建立合作项目 12 项。

二、出访

浙江检验检疫机构出访〔因公出国（境）〕始于 1984 年，主要集中在出国（境）检验、出国（境）培训学习以及出国（境）考察、谈判和审核等方面。1984 年，浙江商检局出访 1 次 1 人；1985 年宁波商检局出访 1 次 3 人；1988 年，浙江商检局出访 5 批 9 人；1989 年宁波商检局出访 4 批 12 人。1990—2010 年，浙江检验检疫机构出访批次、人数见表 68-8-1-1。

表 68-8-1-1　　1990—2010 年浙江检验检疫机构出访批次、人数统计一览表

年度	浙江检验检疫局		宁波检验检疫局	
	批次	人数	批次	人数
1990	6	6	4	9
1991	9	10	9	17
1992	8	9	8	14
1993	10	10	7	13
1994	20	26	4	8
1995	11	15	9	20
1996	21	30	13	33
1997	9	16	7	21
1998	30	42	18	32
1999	40	62	12	23
2000	5	19	20	27
2001	45	57	26	37
2002	61	86	35	64

续表

年度	浙江检验检疫局		宁波检验检疫局	
	批次	人数	批次	人数
2003	61	95	38	72
2004	78	128	64	104
2005	80	103	52	78
2006	92	161	75	122
2007	72	122	63	107
2008	53	98	50	108
2009	56	127	43	76
2010	84	144	52	91
合计	851	1366	609	1076

资料来源：宁波检验检疫局相关年度外事工作总结及浙江检验检疫局人事处统计数据。

说明：1990—1998 年浙江检验检疫局出访批次、人数包括原浙江商检局、杭州动植检、浙江卫检机构；宁波检验检疫局出访批次、人数包括原宁波商检局、宁波动植检、宁波卫检机构。

(一)出国(境)检验

1984 年 5 月，浙江商检局派遣副局长陈宪枢赴日本对宁波北仑港铁矿石自动取制样的关键设备和零部件进行验收与考察。这是浙江检验检疫机构首次派员出访。1985 年 10 月，宁波商检局首次以宁波商检公司的名义派 3 人赴土耳其进行国外委托铬矿检验，共完成 2 批国外委托铬矿检验。

1988 年，浙江商检局派员赴国外执行秦山核电项目设备检验任务，全年共派出 4 批 5 人次。1991 年 8 月，浙江商检局派员赴香港地区对 PU 二层榔皮、涂皮贴合成套设备进行装运前预检验。1992 年 11 月，宁波商检局派员赴俄罗斯执行电解铜检验任务。1993 年 11 月，宁波商检局派员赴荷兰对进口废纸进行装运前检验。12 月，宁波商检局派员赴印度尼西亚和苏里南对进口木材、三合板进行装运前检验。1994 年，浙江商检局在巴基斯坦恰西玛工地派驻商检人员，对第三国直运巴基斯坦恰西玛建设工地的进口商品实施检验，并派员在巴基斯坦卡拉奇五洲公司常驻，开展商品检验鉴定工作。

1995 年 2 月，宁波商检局派员赴菲律宾对宁波美亚引发钢管制造有限公司引进的 4 条钢管生产线设备进行装运前检验。3 月，宁波商检局派员赴巴西对 25000 吨白糖进行装运前检验。4 月，宁波商检局派员赴捷克共和国对宁波海天塑料机械有限公司进口的大型设备进行生产现场检验。11 月，宁波商检局派员赴日本对宁波第一密封摩擦材料有限公司引进的石棉橡胶地板的成型机及附属设备进行装运前检验。1996 年 3 月，浙江商检局副局长谢丽娟带队赴美国对进口设备进行检验、验收和监装。4月，宁波商检局派员赴德国对宁波中华纸业35万吨涂布白纸板工程主体设备进行装运前检验。6月，宁波商检局派员赴日本、韩国就出口硃石进行现场取样检验。8月，宁波商检局派员赴美国对浙江镇海联合发电有限公司进口的1号燃气轮机进行出厂检验。9月，宁波商检局派员赴巴西对50000吨锰矿进行装运前检验。9月和11月，宁波商检局分两批派员分别赴荷兰、德国对北仑港20万吨级铁矿石中转码头商检取制样设备进行出厂前考核验收检验。11月，宁波商检局派员赴马来西亚就宁波开发区经济发展局进口的设备进行装运前预检验。1997年3月24—28日，浙江商检局派员赴日本，对浙江万向机械有限公司订购的星形套外圆磨床进行装运前预检验，检验判定该机床为不合格产品，不得运往中国。为做好秦山核电设备检验工作，浙江商检局从1998年起，共派出26批次29人次随中国核工业集团、核电秦山联营公司、秦山核电第三有限公司进行设备装运前检验，前往国家有日本、法国、德国、加拿大、美国、英国、意大利等。1999年2—3月，宁波商检局分两批派员赴日本对进口设备进行装运前检验。4月，宁波商检局派员赴德国对进口设备进行装运前检验。6月，宁波商检局派员赴澳大利亚对进口铁矿砂进行检验。7月，宁波商检局派员赴日本对进口废塑料进行检验。

2000年，浙江检验检疫局组织人员赴美国哈里森·R.考柏系统有限公司对马迹山港铁矿石取制样设备进行装运前预检验。1月，宁波检验检疫局派员赴英国对进口设备进行装运前检验。2月，宁波检验检疫局派员赴意大利对宁波中鑫毛纺集团公司进口设备进行装运前检验。4月，宁波检验检疫局派员赴日本、韩国对宁波五金甬兴化学有限公司进口设备进行装运前检验。2001年2月，宁波检验检疫局派员赴中国香港地区、泰国对宁波申洲服装有限公司进口设备进行装运前检验。是年，宁波检验检疫局共派出5批次7人次赴中国香港、泰国、英国、日本、新加坡等国家和地区执行装运前检验任务。2002年，宁波检验检疫局共派出4批次12人次赴境外执行装运前检验任务，前往国家有澳大利亚、德国、瑞士、意大利等。2003年1月，宁波检验检疫局派员赴法国为东方航空公司对进口的空客飞机进行验收。2004年3月，宁波检验检疫局派员赴德国对进口钢管进行装运前检验。2005年4月，宁波检验检疫局派员赴日本对进口锂电池生产设备进行装运前检验。2006年2月，宁波检验检疫局派员赴罗马尼亚对进口废钢轨进行装运前检验。2007年10月，宁波检验检疫局派员赴日本对进口船板实施装运前检验。

2008年9月，浙江检验检疫局派员赴埃及执行输华大米预检任务。9月，宁波检验检疫局派员赴德国执行镇海炼化100万吨/年乙烯裂解装置裂解气大阀节点检验任务。2009年4月，浙江检验检疫局派员赴德国进行装船前检验任务。5月，宁波检验检疫局派员随质检总局团组赴日本协助中国进出口商品检验总公司日本公司对拟进口的10台轻触开关自动装配机等实施装运前检验。11月2—7日，浙江温州医学院附属第一医院进口的一台美国通用电气公司(GE)的核磁共振设备无法完成添加液氦程序，对此，浙江检验检疫局组成3人技术审查组赴美国对通用电气公司的磁体工厂进行技术审查，保护中国用户的正当权益，在国内外引起广泛影响。2010年5月，宁波检验检疫局派员赴美国对进口的PTA(精对苯二甲酸)改扩建项目所需设备实施装运前检验。10月，浙江检验检疫局副局长刘志研带领进口废物原料检验监管现场检查组，赴加拿大对10家供货商进行现场检查。2010年，浙江检验检疫局派员跟随质检总局团组赴德国、法国、意大利、日本、澳大利亚、西班牙对进口旧机电实施装运前检验。

（二）出国（境）培训、学习

1988年10月，杭州动植物检疫局派员赴菲律宾国际水稻研究所参加种子健康培训班。1990年12月，宁波商检局派2名技术人员赴中国香港地区参加原子吸收分光光度计仪器操作技术培训。1990年，浙江商检局派员参加香港地区密理博中国有限公司举办的高效液相色谱仪操作及维修培训班。1991年，浙江商检局从香港怡和丹比有限公司购买1台微生物检验用的自动生化分析仪，并派员赴港进行仪器使用及维修培训。1992年5月，浙江商检局派2名人员参加英国标准学会（Britain Standard Institute，以下简称BSI）第一批ISO 9000主任审核员培训班，成为浙江商检首批ISO审核员。1994年5月，杭州动植检局派员赴美国俄勒冈州立大学鱼病研究室参加鱼类嗜水气单胞菌分离鉴定技术培训。同月，派员赴美国农业部外国病杂草研究所学习花卉苗木、土传病害的检测鉴定。9月，浙江商检局派员赴伊朗学习农药质量分析标准及方法。10月，杭州卫检局派员赴日本横滨卫生检疫所研修艾滋病及进口食品卫生监督检验。1995年7月，浙江商检局派员赴日本参加鞋业市场的质量和标准培训。1996年10—12月，杭州动植检局分别派员赴日本东京农工大学进修蚕微粒子病检疫技术，赴菲律宾国际水稻研究所参与水稻种子病理学课题研究。1997年6月，宁波商检局派4人赴日本参加球团矿物理性能检测设备装运前检验和设备操作技术培训。同年，浙江商检局分别派员赴日本参加食品卫生管理培训，随国家商检局团组前往美国参加危害分析与关键控制点体系（Hazard Analysis Critical Control Point，以下简称HACCP）教员培训，赴澳大利亚参加实验室认可培训，赴瑞典参加质量管理培训，赴新加坡参加气相色谱仪质谱仪操作及维修培训。1998年2月，为提高油品检测技术水平，应澳大利亚壳牌克莱德炼油厂（ShellClydeRefinery）实验室的邀请，浙江商检局派员赴澳大利亚进行技术培训，并与澳大利亚认可委员会/认可组织（National Association of Testing Authorities，以下简称NATA）就实验室认可工作进行技术交流。9月，派4名技术人员赴德国西门子公司参加进口X荧光光谱分析仪设备的操作使用培训。

1999—2006年，浙江检验检疫机构多次派员赴国外参加各类技术培训，其中参加进口检测设备使用、维修培训的人数最多，其他学习内容主要有花卉苗木、土传病害的检测鉴定，鱼类嗜水气单胞菌分离鉴定技术，蚕微粒子病检疫，产品认证培训，食品卫生管理培训，实验室认可培训，HACCP培训，TBT协议培训等。2007年7月，浙江检验检疫局派员随质检总局团组，赴德国、英国、法国、加拿大和美国开展进口旧机电产品装运前检验资格现场评审和人员培训工作。10月，宁波检验检疫局派员随质检总局团组赴加拿大进行“食品安全和质量监控－HACCP优势计划”培训。2008年5月，宁波检验检疫局派员赴日本参加由日本海外技术者研修协会（The Association for Overseas Technical Scholarship，以下简称AOTS）举办的机械安全和压力容器、压力管道现场检验方面的培训。12月，浙江检验检疫局派员随质检总局团组赴比利时进行信息化管理培训。2009 年 10 月，浙江检验检疫局派员随质检总局团组，赴意大利、荷兰和美国进行食品安全培训。同月，宁波检验检疫局派员随质检总局团组赴英国进行“公务员绩效评估体系与方法”培训。2010 年 6 月，宁波检验检疫局派员随质检总局团组赴美国参加质检突发公共事件应急管理与有效处置的培训。10 月，浙江检验检疫局派员随质检总局团组赴法国参加国际卫生调理培训。

（三）出国（境）考察、交流、谈判、审核

为促进浙江氟石出口，浙江商检局先后于 1986 年和 1988 年两次派员赴印度考察，与印度氟石检验机构交流水分及重量结算等技术问题。

1990 年，国际市场“丝绸热”降温，中国出口波兰的绸缎遭遇索赔，浙江商检局派员随中国丝绸公司调查组赴波兰谈判，通过技术交流，波兰接受中方意见，撤销索赔，为浙江挽回经济损失 200 万美元。1991 年，国家商检局派浙江商检局局长张京率中国监装检验技术代表团赴日本进行技术交流。同年，为开拓商检公司的国外委托检验业务，宁波商检局派员赴新加坡与美国联合油国际供贸公司、太平洋责任国际有限公司和印度标准学会（ISI）进行业务洽谈。1992 年，浙江商检局派员赴中国香港地区、西欧考察丝绸市场。9 月，浙江商检局派员访问伊朗农业部、农资总公司和植物保护组织，并与该国植物保护组织就农药质量分析标准及方法等问题进行交流。同月，宁波商检局派员赴日本交流氟石检验技术，并派员分别赴法国对出口机电产品、赴日本对水煮笋生产技术及市场进行检验技术交流和考察。1993 年，宁波商检局派员赴新加坡和印度尼西亚实地考察原油检验及油品贮运情况。3 月，宁波商检局派员赴日本交流氟石检验技术。5 月，浙江商检局派员随中国丝绸总公司贸易团访问韩国国立蚕丝所。1994 年 1 月，宁波商检局派 2 人赴南非依斯科铁矿公司和萨尔达尼亚装船港进行实地考察和技术交流。4 月，浙江商检局副局长慎仁安率专家组赴秘鲁考察铁矿砂检验工作。5 月，杭州卫生检疫局局长何幼康随浙江省访问团赴新加坡进行国际机场建设和航空食品卫生管理考察。10 月，浙江商检局派员赴美国保险商试验所（Underwriter Laboratories Inc，以下简称 UL）所属的电器安全实验室进行认可考核。11 月，浙江商检局派员赴韩国、日本丝检机构访问。1994 年，北仑港 20 万吨级矿石中转码头主体工程建成在即，根据码头商检取制样设施工程需要，浙江商检局派员赴澳大利亚进行技术考察。同年，为开拓东非和北非市场，浙江国际经济技术合作公司与浙江商检局联合组成考察组，赴东非乌干达、肯尼亚、坦桑尼亚和北非摩洛哥四国考察，建立非洲商检工作点，浙江商检局局长张京参加考察。1995 年 3 月，宁波商检局派员随中国五金矿产进出口公司赴日本，与日本海事检定协会（NIPPON KAIJI KENTEI KYOKAI，以下简称 NKKK）进行氟石检验技术交流。8 月，舟山商检局派员赴新加坡、中国香港地区考察进口原油计量、检验和收费情况。1995 年，浙江商检局派员随中国丝绸公司团组赴新加坡、泰国进行有关生丝检验标准事宜的交流。1996 年 4 月，宁波商检局派 2 人赴南非依斯科铁矿公司进行实地考察和技术交流。1996 年 8 月 21 日，杭州动植检局局长郑钟灵参加国家动植检局组织的赴澳大利亚考察团，对澳大利亚隔离场圃及检疫法规管理等情况进行考察。

9月，宁波商检局派6人赴荷兰、德国参加北仑港20万吨级码头铁矿石商检取制样设备出国设计联络小组第二次设计联络会议及合同设备的最终设计审查工作。12月，宁波商检局派7人赴德国西博公司参加北仑港20万吨级码头铁矿石商检取制样设备装运前检验。1996年，浙江商检局派员赴德国对输德有关商品禁止使用偶氮染料检验标准等问题进行技术交流。1997年1月20—26日，杭州动植检局派员随国家动植检局输美盆景植物检疫代表团赴美国，参加中国输美植物盆景检疫技术交流。10月，杭州动植检局派员随浙江省口岸办组织的考察团赴新加坡、中国香港地区了解口岸查验单位的工作流程。1997年，浙江评审中心派出审核组赴越南胡志明市，对易圣橡胶股份有限公司进行审核认证，浙江评审中心成为大陆首家开展对境外企业评审的机构。1998年5月，宁波商检局派5人赴德国西博公司参加北仑港20万吨级码头铁矿石商检取制样设备技术谈判。7月，浙江评审中心派员赴美国加利福尼亚对斯麦瑞化工贸易公司进行预审。同时，派员赴泰国、越南、马来西亚调研，拟开拓东南亚市场。10月，赴中国台湾地区对健祥企业、元顺电机、铨铭金属、土芳营造4家企业进行现场审核，并与瑞士通用公证行(Société Générale de Surveillance，以下简称SGS)、荷兰电力行业的测试机构(Keuring Van Elektrotechnische Materialen，以下简称KEMA)、英国质量管理机构(AOQC)、法国从事质量和环境体系认证及其他行业标准认证的国际机构(Bureau-Veritas Quality International，以下简称BVQI)等认证机构进行联合评审。1998年，为促进浙江省来料加工出口业务发展，浙江商检局派员赴中国香港洽谈生丝来料加工及检验业务。同年，宁波商检局派技术人员赴美国、加拿大对进口废纸、进口废塑料进行实地考察及装运前检验工作。1999年2月，浙江商检局派员赴法国、西班牙就普惠制签证、退证查询问题与两国海关磋商。1999年4月、5月和8月，宁波商检局先后派遣5个团组赴马来西亚、泰国、澳大利亚、新西兰和中国香港地区，对出口乳胶手套、出口阀门、出口服装及进口散装货物、煤矿港口等进行考察和检验技术交流。5月，应杭州市政府要求，浙江商检局派员赴秘鲁对杭州电视机二厂出口电视机遭客户质量投诉问题进行调查，未发现质量问题，秘鲁进口商撤诉。同月，宁波商检局首次派员赴欧洲对执行ISO 9000环境管理体系的情况进行考察。11月，浙江检验检疫局派员赴印度考察，改变过去对出口印度的低品质丝不检的做法。2000年3月，应中保宁波市分公司邀请，宁波检验检疫局派员赴越南进行海损鉴定。7月，浙江检验检疫局派员随浙江省丝绸公司团组赴日本进行制丝设备技术交流。同月，宁波检验检疫局派员赴德国对出口打火机进行技术考察和交流。9月，宁波检验检疫局派员赴印度尼西亚、新加坡对金光食品(宁波)扩建项目进行考察。10月，宁波检验检疫局派员随国家轻工业局团组赴意大利、法国就食品加工技术和设备进行考察。11月，宁波检验检疫局派员赴日本对进口质量许可企业进行审核。12月，宁波检验检疫局派员随质检总局团组赴土耳其对烟霜霉病进行考察。2001年1月，浙江检验检疫局派员赴中国香港地区进行服装检验技术交流。同月，宁波检验检疫局派员赴英国、法国、挪威对进口原油装运港进行考察。3月，宁波检验检疫局派员赴澳门对空港旅检、货检业务进行考察。4月，宁波检验检疫局派员赴美国、加拿大进行进口废物检验技术交流。2002年4月，宁波检验检疫局派员随质检总局团组赴澳大利亚进行铁矿石检验技术交流。7月，浙江检验检疫局派员赴日本进行废物原料检验技术交流。10

月，宁波检验检疫局派员随质检总局团组赴日本对日本海事检定协会进行境外评估机构资格审查。12月，浙江检验检疫局派员随质检总局团组赴英国进行电气安全检测技术交流。2003年8月，宁波检验检疫局派员赴美国对进口大豆进行检验检疫考察。2004年3月，宁波检验检疫局派员赴荷兰、芬兰对液体化工码头进行考察。2005年5月，宁波检验检疫局派员赴阿拉伯联合酋长国对出口打火机市场进行考察。2006年5月，宁波检验检疫局派员赴日本、韩国进行废物原料境外供货企业注册现场考核。6月，浙江检验检疫局派员随质检总局团组赴南非执行柑橘预检任务。2007年7月，浙江检验检疫局派员随质检总局团组赴美国、加拿大执行海外检验机构审核任务。10月，宁波检验检疫局派员赴马来西亚对拟进口的晶体管封装生产线进行考察。2008年11月，宁波检验检疫局派员赴俄罗斯原木供货企业就进口俄罗斯原木有害生物危害、材积检验规范以及熏蒸处理等问题进行检验检疫技术交流。2009年11月，宁波检验检疫局派员随质检总局团组赴阿根廷就大麦有害生物风险分析进行考察。2010年9月，宁波检验检疫局派员赴日本进行食品安全管理体系探讨及市场考察。12月，浙江检验检疫局派员随质检总局团组赴阿拉伯联合酋长国、沙特阿拉伯执行进口废物原料国外供货商现场检查任务。

三、来访

20世纪80年代，浙江全面开展自营出口，出口市场发展迅速，产品产量持续扩张，国际市场反响积极，国际来访快速增加，促进浙江外贸和出入境检验检疫事业的发展。80年代初，宁波港北仑口岸成为全国最大的进口铁矿石中转港，国外铁矿公司、检验机构来访交流逐渐增多。同期，各国食品管理部门及企业到浙江考察生产企业、交流品质管理技术的活动较为活跃，主要集中在出口罐头、猪肉、生丝、水产品和进口铁矿石等领域。2001年，中国加入WTO后，出口水产品的技术性贸易壁垒增多，2003年、2005年及2009年，欧盟食品兽医办公室（以下简称欧盟FVO）先后到浙江考察企业卫生管理体系。1980—2010年，浙江检验检疫机构累计接待各类来访活动209次、490余人。其中，开展罐头质量管理技术交流共13次、29人，开展猪肉品质管理检查交流活动共13次、28人，开展进口铁矿石相关交流共31次、近70人，开展生丝检验技术交流共8次、26人，开展水产品检查共12次、28人，开展检验检测结果认证共3次、9人，另接待其他来访活动129次、300余人。

（一）出口罐头质量管理技术交流

1979年8月25日，中国粮油食品进出口总公司批准浙江省从1980年1月1日起罐头全部实行自营出口，出口罐头的检验工作全部由杭州商检局负责实施。是年，浙江检验出口罐头47267吨。罐头食品成为浙江省自营出口初期的骨干商品。

1980年9月，美国绿色巨人公司客商到杭州商检局商议从浙江省购买蘑菇罐头的检验事项，交流美方对产品杀菌、除螨、农残等检验技术。1981年，浙江开拓美国罐头市场。此后，各国食品管理部门及企业到浙江考察生产企业、交流品质管理技术的活动较为活跃。1981年5月，加拿大卫生福利部专家及工商贸易部官员一行4人到杭州商检局座谈，交流罐头品质检验和质量管理等技术。11月19—21日，美国食品药物管理局（U. S. Food & Drug

Administration，以下简称美国 FDA）斯卡夫南博士一行 2 人到杭州商检局，交流出口罐头罐体结构和杀菌技术。1984 年 12 月 6—8 日，美国 FDA 自然科学部主任罗伯特·沙夫南博士一行 3 人参观浙江商检局并举办食品安全卫生讲座。1986 年 11 月 16—19 日，欧洲经济共同体代表团到浙江商检局实验室参观，交流分割肉和罐头检验技术。1987 年 12 月 6—11 日，美国 FDA 技术代表团一行 3 人到浙江商检局实验室参观，交流罐头感观、理化、细菌和罐体结构等项目的检验技术。

1990 年，美国 FDA 蘑菇罐头专家到中国考察，主要了解自 1989 年 3 月出口到美国的蘑菇罐头发现葡萄球菌肠毒素后，产品各生产加工环节的质量安全控制问题，美国 FDA 专家对浙江商检局检测水平表示满意。同年，美国恢复从浙江进口蘑菇罐头。1990 年 3 月，日本岩井株式会社、加拿大雪费尔公司的代表到浙江商检局就蘑菇罐头质量问题进行技术交流。1991 年 7 月，美国技术公司驻中国香港办事处专家 D. Ebyooys 等人到浙江杭州、宁波、奉化考察 3 个罐头厂，帮助监督工厂按美国 FDA 法规要求生产加工出口罐头。11 月，应国家商检局邀请，美国 FDA 专家柯尔、里奇到浙江宁波、奉化、乐清、瑞安考察 4 家罐头厂，并与有关部门和企业进行技术交流。此后，浙江罐头对美国出口量回升。1992 年 10 月，应国家商检局邀请，英国农业部兽医官员萨默里拉到杭州，对在英国卫生注册的杭州肉联厂和杭州罐头厂进行检查。11 月 27 日至 12 月 2 日，澳大利亚检验检疫署代表团一行 3 人访问浙江商检局、杭州罐头食品厂和温州市乐清、瑞安的罐头厂。2009 年 4 月，新日本检定协会（SHIN NIHON KENTEI KYOKAI，以下简称 SK）常务理事中山一、岸本茂孝、田形肇等考察宁波检验检疫局技术中心实验室，对罐头等食品检测技术进行交流。2010 年，未接待国外对罐头产品的检查。

（二）出口猪肉质量管理检查交流

1987 年 1 月 12—15 日，苏联派遣由全苏食品国外贸易公司副总经理戈托夫率领的苏联食品代表团一行 5 人到杭州，参观大观山生猪饲养场、杭州肉类加工厂、杭州罐头厂及浙江商检局。1 月 16 日，欧洲经济共同体兽医委员会主任 Bourjacn 率 4 人组成的兽医代表团考察杭州猪场、杭州肉联厂、杭州罐头厂以及浙江商检局。3 月 12—16 日，美国农业部肉品兽医卫生代表团一行 3 人考察浙江商检局实验室，并交流浙江猪肉制品进入美国市场的有关技术。1986—1990 年，联邦德国卫生部兽医委员会主任欧罗先后 3 次对杭州肉联厂进行国外注册厂检查。1991 年 10 月 8—14 日，新加坡原产局副局长蔡新民、博士周昌泰考察杭州肉联厂、金华火腿厂等企业，并参观浙江商检局实验室。1992 年 10 月，应国家商检局邀请，英国农业部官员对在英国卫生注册的杭州肉联厂、杭州罐头厂进行检查。2000 年，日本修改《动物防疫法》，规定输日的偶蹄动物产品加工企业的认可将由日本政府部门完成。是年 9 月，日本农业水产省派检查组到中国检查新申请的和原已在日注册的企业，其中包括杭州知味食品有限公司、金华肉类联合加工厂、萧山速冻厂和浙江中大食品有限公司。2001 年 2 月，日本农林水产省派官员对已在日本注册的杭州知味食品有限公司进行检查。2 月 27 日，日本农林水产省对宁波地区在日注册肉类加工企业进行首次官方检查。2004 年，浙江检验检疫局通过新加坡农业与食品兽医局（Agri-Food & Veterinary Authority of Singapore，以下简称

AVA),对桐庐冷冻厂和金华火腿厂的HACCP等卫生质量体系进行检查。2005—2010年,未接受国外针对猪肉的相关检查。

(三)进口铁矿石检验技术交流

由于宁波港北仑口岸成为中国最大的进口铁矿石中转港的地域优势和检测实力,国外铁矿公司、检验机构的来访交流逐渐增多。1984年2月14日,英国丹尼尔·西·格里菲思检验公司约翰·加诺特·鲍威尔到杭州商检局和宁波商检处,就"GALLANTRY"轮在北仑港卸载铬矿的监卸、扦样、计重等问题进行技术交流。2月15日,日本海事检定协会(NKKK)大贯进到杭州商检局和宁波商检处,就"军粮城"号船载进口铬矿的水尺、扦样、测水分、化验等项目进行技术交流。1985年12月9—11日,应中国进出口商品检验总公司邀请,波兰商检公司总经理雅盖罗和对外合作处处长西柯尔斯基在波兰驻华大使馆商务专员邦克的陪同下赴宁波访问,参观北仑港及商检铁矿石自动取制样系统,并洽谈委托检验业务。1986年2月22日,浙江商检局和日本日立制作在杭州举行北仑港铁矿石取制样设备验收交接仪式。1987年4月4日,日本海事检定协会检查部参事家村一行和业务部课长代理石乡冈康浩访问浙江商检局,到宁波进行铁矿石取制样检验技术交流,并参观北仑港铁矿石取制样设备。1997年,荷兰天马公司先后4次派8人赴宁波商检局就北仑港20万吨级铁矿石码头取制样设备进行开箱、安装、调试。1998年,加拿大铁矿公司、巴西矿物联合公司先后3次8人赴宁波,与宁波商检局进行铁矿石检验技术交流。1987—1999年,澳大利亚哈默斯利铁矿公司先后6次21人与宁波商检局就铁矿石取制样、实验室检测等方面进行技术交流。2002－2006年,巴西SAMARCO公司、巴西矿物联合公司、南非铁矿公司、澳大利亚哈默斯利公司、澳大利亚BHP公司、澳大利亚必和必拓公司先后13次派21人到宁波检验检疫局进行铁矿检验技术交流和考察铁矿石取样和检测系统。其后至2010年,无相关来访。

(四)生丝检验技术交流

1985年4月,国际丝绸协会技术部主任、意大利生丝实验站站长布莱格丁一行2人访问浙江商检局。9月,菲律宾桑蚕茧考察团访问浙江商检局。1989年8月,华加公司法国分公司董事长访问浙江商检局,交流生丝检验技术,探讨不用乌斯特(UST)匀度检验仪的原因等。11月,英国丝绸协会主席一行2人访问浙江商检局。1990年1月,在杭州参加联合国亚太生丝标准讲习班的泰国、马来西亚、印度、韩国等10多个国家的代表到浙江商检局访问交流。同年,法国里昂有限公司董事长雅克·布诗雅及夫人访问浙江商检局。1995年,日本横滨农林水产省原生丝检验所中元直吉先生等一行3人、韩国农林水产部国立农产物检查所文骏英先生等一行3人先后访问浙江商检局。

(五)出口水产品质量检查

1. 欧盟来访

自1997年起,欧盟加严对中国出口水产品的卫生检查。1997年5月,欧盟委员会发布

97/368决议，规定从1997年5月13日起，对中国出口水产品实施副溶血性弧菌、霍乱弧菌和沙门氏菌的批批检验，且不断增加检测项目。1999年6月，欧盟派专家对浙江杭州、舟山、温州出口水产品企业卫生管理体系进行考察，考察证明企业基本符合有关欧盟指令要求。1999年11月25日，欧盟批准通过中国出口欧盟水产品由二类国家升为一类国家的提案，不再实施批批检验。

2001年中国加入WTO后，国外针对中国出口水产品的技术性贸易壁垒明显增多，对浙江省出口水产品造成相当严重的影响。2001年7月，舟山输德国冻虾中多次被欧盟绿色食品组织和德国官方检出氯霉素残留，德国开始对从中国进口的虾仁批批检测氯霉素。2001年9月13日，欧盟发出2001/699号EC指令，所有欧盟国家对来自中国的虾类产品都进行封存检查。针对浙江舟山多次被检出氯霉素残留的情况，11月17日，欧盟残留监控考察团对舟山水产养殖场的情况进行调查。2002年1月30日，欧盟发布2002/69/EC决议，禁止中国动物源性产品进口。针对该事件，国务院总理温家宝2次作出批示，引起外经贸部、质检总局、浙江省政府领导的高度重视，指示加强对浙江动物源性产品残留的监控。2003年9月17—19日，欧盟FVO考察浙江省动物源性食品残留监控工作，重点是虾产品、蜂产品，考察团对浙江的残留监控工作给予肯定。2005年3月2—5日，欧盟FVO代表团对浙江省出口欧盟水产品的捕捞、加工、贮存等环节的安全卫生控制能力进行全面考察。2007年，加拿大食品署Mary Ann Green考察宁波地区进出口水产品情况，并就出口水产品出证、进口水产品检验检疫等问题进行交流。2008年9月24—25日，美国驻上海总领事馆范思杰（Francis Peters）、唐凝一行考察宁波检验检疫局、宁波市水产品进出口码头、冷藏仓库和配送销售市场，了解食品安全和检验检疫情况。2009年5月9—14日，欧盟FVO考察组一行对浙江省输欧水产品卫生监管体系进行考察，欧方对浙江输欧水产品卓有成效的控制体系、公开透明的工作程序等给予充分肯定，认为浙江建立了有效的出口水产品安全卫生管理体系。2010年，未接待针对水产品的欧盟检查。

2. 韩国来访

1993年12月20日，韩国农业水产部畜牧局李祥金等到浙江商检局参观微生物实验室和仪器分析室，并进行技术交流。1999年12月18日，韩国水产品检查代表团考察浙江的水产品质量控制体系，包括舟山检验检疫局水产品实验室及2家水产品加工厂。通过考察，韩方认可检验检疫机构注册的工厂，认可检验检疫机构的检验结果。2002年3月，韩国海洋水产部水产政策局局长朴德培等一行6人到浙江检验检疫局、宁波检验检疫局进行交流，对工厂进行检查，韩方对检查情况表示满意。2002年4月1日起，韩方决定只对检出问题的箱装水产品作退运或销毁处理。其后，韩方对相关问题的反映大幅减少。2008年6月16—21日，韩国农林水产食品部官员对浙江输韩水生动物养殖企业进行检查并顺利通过。2009年、2010年，未接待针对浙江水产品的韩国检查。

（六）验证检验检测结果

中国自建的第一座核电站秦山核电站建设期间，浙江商检局检出部分进口核电设备存在质量问题并向外方提出异议，外方派员来华进行现场交涉，验证中方检验检测结果。1991年，国际知名电缆出口生产商意大利XX公司总经理亲率7名专家到现场交涉，由于浙江商检局检测结果准确无误，XX公司除认赔23.6万元外，还增赔2000米电缆。1995年4月4日，加拿大谷物委员会官员大卫·萨姆森赴宁波商检局了解油菜籽检验情况，依照国家商检局要求，由上海商检局按加拿大方法进行复验，复验结果杂质含量与宁波商检局检验结果基本一致。1999年5月，卢森堡钢贸公司产品总经理一行因秦山核电站商检现场办公室判定其出口的工程非标准管道支吊架的主要材料之一H型钢为不合格，到杭州见证试验，最终凭商检证书认赔。

（七）其他来访活动

1981—2010年，浙江检验检疫机构接待国（境）外官方、企业来华关于动植检、卫生检疫、烟花质量、仪器修理维护、项目合作、业务洽谈、举办业务讲座等其他来访活动共129批次。见表68-8-1-2。

表68-8-1-2　　1981—2010年浙江检验检疫机构接待其他来访情况一览表

序号	时间	来访人员	到访单位	来访事项
1	1981-05	加拿大卫生福利部代表团一行4人	杭州商检局	了解实验室仪器设备
2	1981-06	联合国贸发会驻亚太地区原产地规则顾问斯托威尔	杭州商检局	举办普惠制讲座
3	1985-10	联邦德国卫生局局长格罗斯·克劳斯率领的兽医代表团一行14人	浙江商检局	举办技术讲座和兽医卫生检验与监督管理研讨会
4	1987-06	南斯拉夫法学博士教授维刘斯·耶林娜	浙江商检局	交流进出口商品检验法律、法规，介绍国际货物销售中商品质量的检验做法
5	1987-10	日本G. MARK公司高级顾问稻毛邦善夫妇	浙江商检局	交流中国对日出口烟花品质方面问题和建议
6	1987—1998	德国西门子公司	宁波商检局西门子分析仪器维修站	对仪器维修、业务合作及维修站开展工作考察
7	1989-04	日本丸红株式会社迁岗敏夫一行	浙江商检局	交流高岭土取制样、分析技术
8	1992-07	美国烟花标准实验室	浙江商检局	测试出口美国的烟花质量，后全省62个烟花品种进入美国市场
9	1992-09	美国植物检疫代表团加里·彼德森、威廉·杜勒一行	杭州动植检局	交流植检技术

续表 1

序号	时间	来访人员	到访单位	来访事项
10	1992-10	埃及塑料薄膜暖房条件下植物检疫考察组	杭州动植检局	参观考察交流
11	1992-12	澳大利亚官方检疫检验署代表团	浙江商检局	了解食品检验、食品厂监督管理和卫生注册制度
12	1993-06	联邦德国汉堡州兽医局局长欧罗博士一行 3 人	浙江商检局	举办关于欧共体内部肉类检验管理的小型讲座
13	1993-08	美国植检代表团格林司长一行 2 人	杭州动植检局	交流用介质土栽培盆景技术
14	1993-09	韩国蚕丝农务官廉相烈	浙江商检局	考察交流
15	1993-10	日本兽医检查团	浙江商检局	技术交流
16	1993	中国台湾地区金属工业研究发展中心人员	浙江商检局	技术交流
17	1996-09	欧洲质量网络(EQNET)主席福尔克等 5 人	宁波商检局	参加宁波地区 ISO 9000 获证企业颁证大会
18	1996-11	德国卫生部汉堡州兽医局局长、驻欧盟首席兽医官员欧罗博士及夫人	浙江商检局	通报欧盟最新指令，探讨部分地区恢复对欧盟出口家禽及其制品的可能性
19	1997	美国保险商试验所	宁波商检局	举办 UL 业务研讨
20	1997	荷兰认证服务公司	宁波商检局	举办 KEMA 业务讲座
21	1998-05	澳大利亚国家检测机构协会(NATA)官员	舟山商检局	对油品实验室进行初访
22	1998-10	美国驻上海总领事馆经济处领事加芬先生	宁波动植物检疫局	就中国输美木包装新的检疫措施交换看法
23	1999-03	加拿大卫生部安全局主管进口产品安全与质量检查官员安迪等 3 人	宁波商检局	就中国出口加拿大的打火机、点火枪等质量问题参观考察实验室及 3 家打火机生产企业
24	2001-06	欧盟木制包装检疫代表团	浙江检验检疫局	交流考察
25	2002—2010	德国莱茵公司	宁波检验检疫局	合资项目谈判和业务交流
26	2002-03	瑞士迅达电梯有限公司 2 人	宁波检验检疫局	洽谈进口电梯事宜
27	2002 年 4—10 月	日中商品检查株式会社石乡冈康浩等人	宁波检验检疫局	业务合作洽谈

续表 2

序号	时间	来访人员	到访单位	来访事项
28	2002-05	日本株式会社生方制作所高桥哲夫等 6 人	宁波检验检疫局	进口花木树苗有关规定咨询座谈
29	2002-06	中国香港龙翔国际化工有限公司吴为民	宁波检验检疫局	参加合资公司董事会
30	2002-06	日本海事检定协会中川靖之等 4 人	宁波检验检疫局	港口考察
31	2002-09	日本海外货物检查株式会社企划部石山佳久	宁波检验检疫局	业务交流
32	2002—2009	日本化学纤维检查协会	宁波检验检疫局	技术交流、业务合作
33	2003-01	新加坡杜邦公司亨利	宁波检验检疫局	业务交流
34	2003-03	意大利标准认证有限公司维维安	宁波检验检疫局	业务交流
35	2003-07	德国分析化验公司托安民	宁波检验检疫局	业务交流
36	2003—2005	日本吉富株式公社玉和宏	宁波检验检疫局	业务合作
37	2003-10 至 2003-11	马来西亚科伯斯奥琪木材保护公司	宁波检验检疫局	实验课题合作
38	2003-10	荷兰认证服务公司高级工程师韩杰森	宁波检验检疫局	就 KEMA 产品认证进行洽谈
39	2003-11	韩国食品安全局林基先、金亨一	宁波检验检疫局	审核实验室
40	2003—2008	澳大利亚必和必拓公司	宁波检验检疫局	技术交流
41	2003—2007	泰国五洲检验(泰国)公司	宁波检验检疫局	业务交流
42	2004-03	中国检验认证集团北美公司总裁钱葆龙	宁波检验检疫局	参加进口废物检验监管座谈会
43	2004—2010	新日本检定协会公司	宁波检验检疫局	业务合作与交流、实验室考察
44	2005-04	新西兰兰德卡尔研究所崔现兰	宁波检验检疫局	就免疫学、分子生物学进行讲学
45	2005-04	日本厚生医药食品局食品安全部监视安全课、厚生神户检疫所藤冈、木村	宁波检验检疫局	考察出口菠菜冷冻加工过程、卫生状况及宁波局对出口菠菜检测农残的过程
46	2005-04	以色列索宝公司三山、郑恒光 2 人	宁波检验检疫局	委托检测业务
47	2005-10	美国食品药物管理局殷俊杰	宁波检验检疫局	举办讲座

续表 3

序号	时间	来访人员	到访单位	来访事项
48	2006-02	VDE 检测认证所莉莲·陈、克里丝汀·张、扎克·普罗哈斯卡	宁波检验检疫局	交流国内外检测标准方法
49	2006-02	美国动植物检疫局肯尼思、沃纳等 5 人	宁波检验检疫局	考察输美竹木制品检疫除害处理监管情况
50	2006-03	德国电子电气和信息工程协会安德烈亚斯·费边	宁波检验检疫局	参加 VDE 产品检测认证技术研讨会，到会讲解 VDE 认证情况、IEC 60335-1 新标准与旧标准的差异、家电材料的测试方法
51	2006-04	英国思瑞克斯电器有限公司理查德·豪斯	宁波检验检疫局	委托宁波电气安检中心余姚实验室测试电水壶
52	2006-05	美国保险商实验所(UL)韦德	宁波检验检疫局	为宁波电气安检中心余姚实验室成为 UL 就地目击测试实验室进行现场考察
53	2006—2009	泰国驻上海总领事查利·玛尼雅坤一行	宁波检验检疫局	促进中泰经贸交流合作
54	2006-10	欧盟委员会罗伯特、汉斯等 3 人	宁波检验检疫局	考察打火机检测能力
55	2006-10	加拿大食品检验署皮埃尔	宁波检验检疫局	考核出口宠物食品生产企业
56	2007-03	澳大利亚力拓公司彼得·马里奥	宁波检验检疫局	技术交流
57	2007 年 3—8 月	美国农业部	宁波检验检疫局	中美检疫处理课题交流
58	2007-08	美国保险商试验所(UL)苏州大中华区总裁及外方代表	宁波检验检疫局	考察交流
59	2007-09	日本交洋株式会社山北宏纪	宁波检验检疫局	参观宁波局食品安全实验室
60	2007-09	韩国食药厅李东祜、金成年、辛荣熙	宁波检验检疫局	对宁波局食品实验室作为“韩国国外公认检测机关”进行现场检查
61	2007-10	德国欧洲打火机进口商协会马丁、雷扎 2 人	宁波检验检疫局	技术交流
62	2007-11	美国谷物检验局布里顿、美国驻华大使馆佩特里等一行 3 人	宁波检验检疫局	就美国输华大豆检验检疫问题和宁波口岸从美国大豆中两次检出种衣剂问题进行交流

续表 4

序号	时间	来访人员	到访单位	来访事项
63	2007-11	UL 香港工程师	宁波电气安全检测中心	研讨宁波地区家用烹调器具 UL 标准
64	2007-12	欧盟考察团	浙江检验检疫局	对浙江省饲料添加剂及预混料安全卫生监管体系进行检查
65	2008—2009	欧盟荷兰考察团、欧盟 FVO 考察团	浙江检验检疫局	考察输欧盆栽植物检验检疫监管体系
66	2008—2009	美国驻上海总领事馆	宁波检验检疫局	工作交流、中美食品安全交流会活动筹备
67	2008-06	美国棉花总会乔恩·哈德维克等 16 人	宁波检验检疫局	进口棉花检验及相关问题的技术交流
68	2008-06	国际汽车工程师协会年度轮值主席托马斯·瑞安博士	宁波检验检疫局	与宁波汽车零部件检测中心共同签署《三方战略合作框架协议》
69	2008-11	日本货主协会春原博、河村辉夫、久田佳宏	宁波检验检疫局	就木质包装检疫处理、标识加施的有关问题进行交流
70	2009-02	欧盟 FVO 官员史蒂芬·琼斯	宁波检验检疫局	考核宁波局输欧苗木等产品的检疫监管体系
71	2009-03	加拿大驻华大使馆官员	浙江检验检疫局	交流浙江与加拿大农业、食品双向贸易中的准入和检验检疫情况
72	2009-03	UL 香港资深工程师	宁波检验检疫局 宁波电气安全检测中心(慈溪)	个人护理器具安规要求和产品认证培训
73	2009-05	印度尼西亚政府考察团工业部农业化学司司长雷·波斯曼、商务部危险品和废料司司长萨哈特·格姆、环境部职员诺费利沙·塔希尔等	宁波检验检疫局	就有关进口废物原料 AQSIQ 的有关政策和管理系统、CIQ 如何到货把关、各类废料工厂如何加工利用进口废料等事考察
74	2009-06	丘博保险集团安迪烈·达赖尔先生、黄小治	宁波检验检疫局	拜会贸促会宁波分会及宁波检验检疫局
75	2009-06	新西兰驻上海总领事隋新	浙江检验检疫局	考察交流
76	2009-11	日中检验公司、日方废物原料贸易企业王洪贵等十几家日方废物原料贸易企业负责人	宁波检验检疫局	考察交流废物原料检验监管事宜

续表 5

序号	时间	来访人员	到访单位	来访事项
77	2009-12	埃塞俄比亚等 24 个国家驻华使节海尔·格塞塞等 32 人	宁波检验检疫局	国家质检总局组织的驻华使节来甬考察
78	2010-07	中国进出口商品检验总公司日本公司大脇小百合	宁波检验检疫局	走访宁波检验检疫局技术中心
79	2010-08	泰国商务部曼那一行	宁波检验检疫局	促进泰国农产品出口
80	2010-09	欧盟植物检疫代表团	浙江检验检疫局 宁波检验检疫局	考察输欧星天牛寄主植物监管体系

资料来源:《浙江检验检疫志》,浙江人民出版社 2005 年版,第 924 页;《宁波检验检疫志》,中华书局 2005 年版,第 710—714 页;浙江、宁波检验检疫局外事档案资料。

四、国际(境外)会议

(一)参加国际(境外)会议

1987 年 9 月,浙江商检局派遣倪洪生赴新加坡参加第 7 届世界食品科学与技术会议,此为浙江商检局派员参加国际会议的开端。此后,浙江商检局多次派员参加国际会议,密切同国外检验、鉴定机构的关系,了解最新的检测方法与标准,拓展相互间的技术业务交流与合作,为保证浙江省大宗特色出口产品的质量、促进浙江地区对外贸易健康发展起到重要作用。

20 世纪 90 年代,参加国际会议的主要目的是与国际惯例接轨。浙江检验检疫机构连续多年派员参加食品进出口检验和认证系统法典委员会(Codex Committee on Food Import and Export Inspection and Certification System,以下简称 CCFICS)会议,旨在改善中国原有的进出口食品检验系统工作,使之与国际惯例接轨,并为中国与其他国家签订谅解备忘录打下基础。国际羽绒羽毛局(以下简称 IDFB)在国际羽毛羽绒界有一定影响,其检测方法与标准对国际羽毛(绒)交易有一定的约束力。浙江是羽毛出口大省,萧山羽毛绒实验室是 IDFB 技术委员会成员,通过参加会议,有助于参与国际羽绒检测标准的制定,保持在国际标准上的话语权。"欧洲丝绸论坛"是 2003 年国际丝绸协会解散以后,丝绸界唯一的国际性组织。2008 年,浙江检验检疫机构受邀参加论坛会议,并在会上介绍和推广生丝电子检测技术,对推动该技术研究成果从理论研究走向国际实际应用具有重要意义。

表 68-8-1-3　　1987—2010 年浙江检验检疫机构参加国际会议情况一览表

序号	会议名称	举办年份	附　注
1	第 7 届世界食品科学与技术交流会(新加坡)	1987	
2	联合国粮农组织(FAO)亚洲地区食品原子辐射检测方法交流会	1989	
3	国际第 6 次兽药残留会议	1991	
4	国际农药协会(CIPAC)第 36 届年会	1992	
5	联合国粮农组织(FAO)会议	1993、1995、1996、1997、2001	
6	国际羽绒羽毛局(IDFB)年会	自 1994 年起每年举办	
7	ISO 9000 与企业跨国经营研讨会	1994	
8	ISO/TC102 国际标准化组织铁矿石技术委员会国际会议	1994	
9	第 20 届国际丝绸协会会议	1995	
10	国际虾类变质检验研讨会	1995	
11	联合国粮农组织(FAO)成立 50 周年国际研讨会和纪念庆典	1995	
12	亚太经合组织(APEC)会议	1996	
13	食品法典委员会(CAC)会议	1996	
14	“欧洲丝绸论坛”国际会议	自 1996 年起每年举办	
15	美国评估师协会资产评估国际研讨会	1997	
16	食品进出口检验和认证系统法典委员会(CCFICS)会议	1995、1997、1998、2000(2 次)、2002	
17	第 21 届国际丝绸协会会议	1999	
18	第 43 届国际农药分析协会年会	1999	
19	《曼谷协定》常委会	2004	完成《曼谷协定》统一原产地规则草案的修改工作
20	中韩进出口水产品检验检疫研讨会	2004	
21	金伯利进程监控和统计工作组联席会议	2004、2005、2006	

续表 1

序号	会议名称	参会年份	附　注
22	首届亚洲支原体学组织大会	2004	
23	进出口食品检验和认证委员会第十三次会议	2004	
24	国际皮革工艺师和化学师协会联合会(IULTCS)国际会议(第 28 届)	2005	*Study on determination of certain AZO colourants in leather* 论文演讲
25	ISO/TC102 年会及 4 个分技术委员会会议	2005	
26	第四届媒介生态学会议	2005	
27	联合国危险货物运输会议	2005	
28	CAC CCEEP 第 27 届工作例会	2005	
29	IEC/TC111WG3 会议	2006	
30	2006 年 APECSCSC 第一次会议、第二次会议	2006	
31	国际松材线虫研讨会	2006	
32	2006 国际保健行业高峰论坛	2006	
33	第三届鼠害生物学及控制国际会议	2006	
34	中印经贸合作研讨会	2006	
35	放射性监测国际会议	2007	
36	ISO/TC102 第 13 次会议	2007	
37	第二届亚洲支原体学组织大会	2007	
38	IEC/TC111 年会	2007	
39	第 48 届国际医学法学大会及第 74 届世界蚊类控制年会	2008	
40	世界卫生组织西太办事处会议	2008	
41	第五届国际线虫会议	2008	
42	第 64 届世界卫生大会	2008	
43	“电子电气产品中限制物质符合性评价指南”(PT62476)工作组末次会议	2008	
44	“制定样品拆分的公共可用技术规范文件工作组”(HWG3)关于 ROHS 机械拆分的最后一次国际会议	2008	

续表2

序号	会议名称	参会年份	附注
45	第12届国际放射防护大会	2008	
46	金伯利进程国际证书制度全会	2008、2010	
47	世界纺织大会	2008	
48	良好农业规范(GAP)国际论坛	2009	就GAP认证对促进柑橘出口的作用作专题发言
49	IEC/TC111/WG3"有害物质检测方法"工作组第8次工作会议	2009	
50	第三届亚洲支原体学组织大会	2009	
51	IEC73周年大会暨IEC/TC111第七次全会和各相关工作组会议	2009	
52	世界卫生组织入境口岸公共卫生措施会议	2009	
53	植物检疫电子证书研讨会	2009	
54	第二届两岸农产品检验检疫研讨会	2009	
55	《国际卫生条例》与甲型 H_1N_1 流感应对措施研讨会	2009	
56	《关于消耗臭氧层物质的蒙特利尔议定书》第二十一次缔约方大会	2009	
57	2010年APEC/SCSC第一次会议	2010	
58	ISO/TC102会议	2010	
59	国际电工委员会IEC/TC111/WG3工作组第10届会议	2010	
60	国际电工委员会有关环境标准化技术委员会会议	2010	
61	世界卫生组织2009年甲流大流行期间实施公共卫生措施工作会议	2010	
62	中韩第六届食品安全合作委员会会议	2010	

资料来源：根据浙江检验检疫局、宁波检验检疫局档案资料整理。

(二)承办、协办国际(境外)会议

1. 承办国际性纺织会议

1987年5月，国际丝绸协会第16届会议在杭州召开。瑞士、意大利、法国、英国、美国、日

本、巴西、韩国、印度、中国等 11 个国家的代表及国际丝绸协会主席鲍斯利、日本横滨农林规格检查所所长三户森领夫先生等近百人到浙江商检局丝类检测中心参观丝类检验，进行技术交流。1990 年 4 月 5—10 日，国际羊毛局中国分局和中国进出口商品检验总公司联合在杭州举办服装高级检验师研讨会，国际羊毛局邀请日本专家到会授课并进行技术交流。

2. 承办国际出口食品质量控制研讨会

1995 年 10 月 16—20 日，浙江商检局承办由联合国粮农组织（以下简称 FAO）和国家商检局共同召开的国际出口食品质量控制研讨会，交流亚洲各国出口食品卫生、质量控制方面的政策、战略、管理与标准。参加者有 FAO 专家 4 人，中国代表 12 人，其他亚洲国家代表 11 人。浙江商检局副局长叶永茂作题为《中国食品进出口检验与控制》的报告。

3. 承办中国第五届进口食品卫生监督检验顾问委员会国际交流会

1997 年 10 月 3—6 日，受国家卫检局委托，杭州卫检局在杭州组织召开中国第五届进口食品卫生监督检验顾问委员会国际交流会，来自国内外的 100 多名专家学者参加了此次学术交流。

4. 在香港地区举办颁证大会

1999 年 5 月，浙江评审中心首次在香港地区举办颁证大会，为香港红十字会颁发认证证书。香港红十字会会长董赵洪聘女士、香港医院管理局行政总裁杨永福、香港输血服务管治委员会主席 Dayen 到会祝贺。

5. 举行国际打火机技术交流会

2002 年 3 月 24—25 日，亚洲太平洋地区危险品协会在温州举行国际打火机技术交流会。亚太地区危险品协会会员、温州主要打火机生产企业负责人共数百人参加会议。会上重点讨论应对欧盟拟出台 CR 法规的措施。会议邀请美国消费品安全委员会高级执法官 James Joholske、美国打火机专业实验室主任 Perry Sharpless 作专题演讲，讨论通过亚太地区危险品协会章程。

6. 协办多届中国国际丝绸论坛

2004—2007 年，每年 10 月，由中国丝绸协会主办、浙江检验检疫局协办的中国国际丝绸论坛在杭州举行。论坛邀请来自印度、韩国、意大利、日本、瑞士、英国、德国、哈萨克斯坦等 10 余个国家的国际人士、国内大专院校及丝绸企业的代表参加，共同对丝绸行业发展形势进行讨论。2004 年、2005 年分别出版丝绸检测技术国际研讨会会刊《丝绸检验》。

7. 承办中美舞毒蛾监测项目双边会谈

2007 年 5 月 31 日，中美舞毒蛾监测项目双边会谈在宁波举行，美国农业部动植物检疫局高级政策官员 Michael Evan Simon 一行 5 人，与质检总局动植司、国家林业局、检科院及江苏、上海、天津、广东、宁波检验检疫局的 13 位植物检疫专家进行会谈。其间，美国代表团考察了北仑港以及宁波检验检疫局外来有害生物监测点。

8. 举办中日废物原料贸易与检验检疫研讨会

2009 年 11 月，为了减少或避免进口废物原料的环境风险，加强对废物原料的检验检疫监管，促进中日两国废物原料贸易的顺利稳定发展，中日废物原料贸易与检验检疫研讨会在杭州召开。日本环境省、质检总局有关领导出席会议，中国环保部、海关总署、中国检验检疫协会再生资源分会、中国塑协塑料再生利用专委会的代表应邀参加会议。

9. 主办生丝电子检验方法国际标准项目首次会议

2010年7月14—15日，由中国主导制定的生丝电子检验方法国际标准项目首次会议在杭州检验检疫局举行，来自中国、瑞士、意大利、印度及日本的项目注册专家、国际标准化组织/纺织品技术委员会(ISO/TC38)秘书处代表、天然蛋白质工作组(WG05)召集人、ISO/TC38国内对口单位(中国纺织标准研究所)的专家以及部分翻译和列席代表共计23人参加会议。

10. 举办发展中国家技术法规宣讲会

2010年9月16日，由质检总局主办的发展中国家技术法规宣讲会在义乌召开。中非共和国、尼日利亚、科特迪瓦等国家使馆官员和质检官员出席会议。宣讲会的主题是“产品质量、共同责任”，邀请36个国家的79名质检官员、部分驻华使馆官员及国内10余个直属检验检疫局、企业、部分第三方检验机构的代表340人到会。与会各方就发展中国家在产品质量安全方面采取的技术法规、市场准入条件、技术标准运用及进口监管措施等进行交流。

第二节　国内合作与交流

浙江检验检疫机构国内合作与交流起步于20世纪80年代。进入21世纪，随着中国加入WTO和浙江省外向型的经济发展，浙江检验检疫机构国内合作交流更加密切频繁，与其他检验检疫机构、地方政府及有关部门、高等院校及其他部门等加强合作交流，与工商局、质量技术监督局等部门联合开展专项整治。2000—2010年，以浙江检验检疫机构名义签署的各类合作备忘录(协议)达56项，其中，与其他检验检疫机构签署合作备忘录21项，与地方政府及有关部门签署31项，与高等院校及其他部门签署7项，旨在争取政府支持，联合有关职能部门力量，加强联合执法、工作互助，更好地促进地方外向型经济发展。

表68-8-2-1　　2000—2010年浙江检验检疫机构签署合作备忘录情况一览表

序号	签署时间	签署方	合作事项(项目)
1	2000-01	浙江、上海检验检疫局	陈山原油码头检验检疫业务交接工作备忘录
2	2000-11	宁波、广西检验检疫局	支持西部大开发合作协议
3	2001	宁波检验检疫局、宁波市质量技术监督局	召开联席会议、加强业务交流
4	2001-05	宁波检验检疫局、大榭开发区管委会	大榭出入境检验检疫机构筹建协议书

续表 1

序号	签署时间	签署方	合作事项(项目)
5	2001-05	宁波检验检疫局、象山县人民政府	设立象山出入境检验检疫机构协议书
6	2002-10	浙江、宁波检验检疫局	实施“绿色通道”制度试点
7	2003-01	上海、江苏、浙江、宁波、安徽检验检疫局	五省(市)检验检疫局检验联络协调机制
8	2003-06	宁波检验检疫局、余姚市人民政府	在东方国际物流中心设置检验检疫办事机构的合作备忘录
9	2003-09	宁波检验检疫局、慈溪市人民政府	电器安全检测中心筹建协议
10	2003-11	上海、江苏、浙江、宁波、安徽、江西检验检疫局	建立局际间协调机制，推进长三角检验检疫行政执法与通关机制建设。
11	2004-05	浙江、四川检验检疫局	进一步加强对口交流合作意向书
12	2005-06	杭州海关、浙江检验检疫局	关检合作机制备忘录
13	2005-07	浙江检验检疫局、杭州市人民政府	建设杭州出入境检验检疫局的协议
14	2006-07	杭州海关、浙江检验检疫局	树新风促和谐 廉政共建合作备忘录
15	2006-07	浙江检验检疫局、杭州经济技术开发区管委会	筹建杭州经济技术开发区检验检疫机构意向书
16	2006-07	浙江检验检疫局、浙江省电信有限公司	全面合作暨“全球眼”视频监控项目合作协议
17	2007-03	宁波检验检疫局、大榭开发区管委会	促进宁波大榭开发区对外开放和建设发展
18	2007-04	浙江、宁波检验检疫局，浙江省卫生厅	建立应对口岸公共卫生事件合作机制
19	2007-05	浙江检验检疫局、浙江省工商行政管理局	加强检验检疫系统和工商行政管理系统的协调配合，维护浙江省健康的经济秩序
20	2007-05	杭州海关、浙江检验检疫局	和谐口岸共建备忘录
21	2007-07	宁波检验检疫局、宁波市农业局	支持宁波市实施农产品质量安全战略
22	2007-09	宁波检验检疫局、余姚市人民政府	支持余姚市实施品牌战略
23	2007-11	南昌、宁波海关，宁波、江西检验检疫局，宁波港集团有限公司，鹰潭市人民政府	建设鹰潭“无水港”合作备忘录
24	2007-11	南昌、宁波海关，宁波、江西检验检疫局，宁波港集团有限公司，上饶市人民政府	建设上饶“无水港”合作备忘录

续表 2

序号	签署时间	签署方	合作事项(项目)
25	2007-12	浙江检验检疫局、义乌市人民政府	义乌出口饰品监管示范区合作备忘录
26	2007-12	宁波、湖北检验检疫局	检验检疫业务交流协作
27	2008-01	浙江检验检疫局、解放军防化兵学院	出入境卫生检疫处理
28	2008-01	宁波检验检疫局、宁波保税区管理委员会	促进检验检疫事业和区域外向型经济又好又快发展
29	2008-03	浙江检验检疫局、中国人民解放军防化指挥工程学院	出入境检疫处理业务合作协议
30	2008-05	浙江、宁波检验检疫局	进一步加强产地检验监管与口岸查验协同把关合作备忘录
31	2008-06	杭州、宁波海关,浙江、宁波检验检疫局,浙江海事局、浙江国际货代仓储协会、宁波市国际货代协会	浙江口岸查验单位支持指导和服务货代企业等级评估促进诚信口岸建设协作备忘录
32	2008-06	宁波检验检疫局、慈溪市人民政府	加快推进慈溪开放型经济和宁波检验检疫事业发展
33	2008-07	上海、江苏、浙江、宁波检验检疫局	长三角地区检验检疫机构合作备忘录
34	2008-07	浙江检验检疫局、舟山市人民政府	实施“以质取胜”战略提高出口水产品质量合作备忘录
35	2008-10	浙江检验检疫局、温州市人民政府	出口鞋类检验监管区提升为检验监管示范区合作备忘录
36	2008-11	上海、浙江、宁波检验检疫局	全面深化协作 加强通关业务合作备忘录
37	2008-11	上海、浙江检验检疫局	出口食品农产品检验检疫合作备忘录
38	2008-11	宁波检验检疫局、宁波港集团有限公司	加强政策、信息、技术合作,促进检验检疫事业和宁波港口发展
39	2009-02	浙江检验检疫局、浙江省对外贸易经济合作厅	建立贸检紧密合作机制备忘录
40	2009-05	宁波、江西检验检疫局	实施直通放行制度机制、信息资源共享与合作机制
41	2009-06	江苏、浙江、宁波检验检疫局	进口大宗散货分港卸货检验鉴定合作备忘录
42	2009-06	宁波检验检疫局、宁波市林业局	推进宁波市出口林特产品基地区域化管理等
43	2009-07	浙江检验检疫局、质检总局标准法规研究中心	技术性贸易措施工作战略合作框架协议

续表 3

序号	签署时间	签署方	合作事项(项目)
44	2009-08	浙江检验检疫局、浙江省农业厅	共同促进农产品出口合作备忘录
45	2009-08	宁波检验检疫局、宁波市卫生局	共同应对口岸公共卫生事件
46	2009-09	浙江、云南检验检疫局	丝类商品检验合作备忘录
47	2009-10	宁波、四川检验检疫局	深化检验检疫大通关建设
48	2009-10	上海、宁波检验检疫局	应对沪甬海港口岸公共卫生事件合作备忘录
49	2009-11	宁波、重庆检验检疫局	深化检验检疫大通关建设
50	2009-12	上海、江苏、浙江、宁波检验检疫局	长三角地区检验检疫机构合作备忘录
51	2010-05	浙江、内蒙古检验检疫局	加强边境贸易中市场采购出口商品检验监管合作备忘录
52	2010-07	浙江检验检疫局、嘉兴南湖革命纪念馆	建立浙江检验检疫系统革命传统教育基地
53	2010-07	宁波检验检疫局、宁波市质量技术监督局	共享监管信息资源,推进实施标准化战略,加强质量安全监管协作,开展技术和科技合作,合力建设大质检文化
54	2010-08	宁波检验检疫局、宁波市公安局	联合执法
55	2010-11	上海、江苏、浙江、宁波、安徽、福建、江西、湖北检验检疫局	泛长三角地区检验检疫机构合作备忘录
56	2010-12	宁波检验检疫局、宁波市江北区人民政府	出口苗木盆景区域化管理

说明:1.表中内容来源限于资料卡及网站报道;2.表中不含浙江、宁波检验检疫局分支机构签署的合作备忘录(协议)。

一、与其他检验检疫机构合作

2000 年 1 月,浙江检验检疫局和上海检验检疫局在浙江嘉兴乍浦就陈山原油码头的检验检疫业务交接事宜召开协调会,签署交接工作备忘录,要求在 1 月 30 日前完成陈山原油码头交接工作。2 月 1 日起,该码头法定检验检疫商品的检验检疫工作由嘉兴检验检疫局实施检验管理。11 月 8 日,宁波检验检疫局和广西检验检疫局就实施支持西部大开发合作协议制订建立例会制度、加强人员交流和加强技术合作等工作计划。

2002 年 10 月 25 日,浙江检验检疫局和宁波检验检疫局签署合作备忘录,决定在质检总局《关于在京津两地实施"绿色通道"制度试点的通知》规定的基础上,结合浙江省外贸发展情况,在两局之间实施"绿色通道"制度试点。明确由浙江的出口企业生产并经宁波口岸出运的出口货物,经浙江检验检疫局及其分支机构检验检疫合格后,宁波检验检疫局不再进行口岸查验，直接签发出境货物通关单放行。

2003年1月18—19日，沪、苏、浙、甬、皖检验检疫局联席会议在江苏宜兴召开，会议就进一步做好“大通关”工作，建立并实施五省(市)检验检疫局检验联络协调机制和“绿色通道”制度，加强口岸与内地检验检疫的协作等问题进行研究，签署五省(市)检验检疫局建立联络协调机制的合作备忘录。11月28日，沪、苏、浙、甬、皖、赣检验检疫“大通关”联席会议在温州举行，六局共商建立局际间协调机制，推进长三角检验检疫行政执法与通关机制建设，促进长三角经济区域外经贸发展。

2004年5月，浙江检验检疫局与四川检验检疫局签订进一步加强对口交流合作意向书，促进两局实现优势互补、共同发展。

2006年3月14日，温州检验检疫局与宁德检验检疫局在温州签署《出口养殖大黄鱼监管协作备忘录》。8月1日、2日，慈溪检验检疫局分别与台州检验检疫局、湖州检验检疫局签订《关于对出口烤鳗企业对应养鳗场共同监管的职责分工协议》，加强对出口鳗鱼产品的管理，确保对出口加工企业的原料鳗养殖、药物和饲料使用及加工过程实施监督检查，保证出口鳗鱼产品的安全卫生质量。

2007年8月3日，北仑检验检疫局与舟山检验检疫局签订《出口食品安全口岸产地监管合作备忘录》，全面强化出口食品安全监管工作，确保出口食品质量安全。9月21日，慈溪检验检疫局与杭州检验检疫局签订《出境水产品(南美白对虾)养殖场共同监管的职责分工协议》，保证出口南美白对虾产品的安全卫生质量。12月7日，宁波检验检疫局与湖北检验检疫局签署合作备忘录，加强检验检疫业务交流与协作。

2008年5月30日，浙江检验检疫局与宁波检验检疫局签署《进一步加强产地检验监管与口岸查验协同把关合作备忘录》，建立产地监装与口岸查验放行“绿色通道”等6项合作机制。7月28—29日，长三角区域“大通关”建设协作第二次联席会议在江苏南京召开，上海、江苏、浙江、宁波检验检疫局签署《长三角地区检验检疫机构合作备忘录》，明确四地检验检疫机构要围绕服务地方经济联动发展，实现长三角地区检验检疫工作协调配合、信息资源共享、技术优势互补、协同把关严密、机制灵活高效的目标。

2008年11月6日，浙江检验检疫局与上海检验检疫局、宁波检验检疫局分别签署《全面深化协作加强通关业务合作备忘录》，浙江检验检疫局还与上海检验检疫局签署《出口食品农产品检验检疫合作备忘录》，浙江省人民政府副省长钟山、质检总局副局长魏传忠出席签字仪式。根据合作备忘录，上海、宁波两地检验检疫部门对直通放行目录内，浙江检验检疫局审核批准的进出口货物实行直接放行。作为补充，三局建立产地监装、口岸快速验放机制。对不列入出口直通放行目录或质量安全卫生要求较高的食品、农产品敏感商品，浙江检验检疫局将选择部分信用良好的出口企业，采取产地监装并在集装箱上加施封识，在换证凭单上注明封识号。上海、宁波检验检疫局在核查货证时，换证凭单与封识一致的即换证放行，一般情况下不再开箱查验。12月，嘉兴检验检疫局分别与上海洋山检验检疫局、吴淞检验检疫局签署《全面深化协作共促开放型经济发展合作备忘录》，建立深化完善进出口货物直通放行等多项合作机制。

2009年4月20日，北仑检验检疫局与阿拉山口检验检疫局就加强监管业务等合作签订合作协议书。5月25日，宁波检验检疫局与江西检验检疫局在江西南昌签署合作备忘录，建立两地检验检疫机构实施直通放行制度合作机制和信息资源共享与合作机制两个机制。6月5日，江苏、浙江、宁波检验检疫局在张家港共同签署《江浙甬进口大宗散货分港卸货检验鉴定合作备忘录》，建立分港卸货领导小组和工作小组及相应工作机制，约定按照同一收货人、同一商品、同一船舶的要求界定分港卸货合作范畴。7月17日，浙江检验检疫局与质检总局标准法规研究中心签署《关于技术性贸易措施工作战略合作框架协议》，在开展技术性贸易措施相关研究等6个方面建立合作机制。9月16日，浙江检验检疫局与云南检验检疫局在云南昆明签署《丝类商品检验合作备忘录》，双方约定在丝类商品检测实验室建设、丝类商品的质量检验、更好更高效地服务企业等方面开展合作。10月15日，宁波检验检疫局与四川检验检疫局签署合作备忘录，深化在检验检疫"大通关"建设方面的合作。10月23日，宁波检验检疫局与上海检验检疫局签署应对沪甬海港口岸公共卫生事件合作备忘录，包括公共卫生事件通报交流机制等5项合作内容。11月12日，宁波检验检疫局与重庆检验检疫局签署合作备忘录，深化检验检疫"大通关"建设合作。11月，嘉兴检验检疫局与上海检验检疫局航交办在上海签署《加强通关业务合作备忘录》。12月4日，上海、江苏、浙江、宁波等长三角区域检验检疫机构在杭州召开2009年度合作机构联席会议，建立了8项合作机制，长三角区域检验检疫机构合作进入业务建设一体化发展的新阶段。同日，杭州海关、宁波海关、浙江检验检疫局、宁波检验检疫局在杭州共同签署《浙江省域出口商品通关单直通放行协议》，根据该协议，浙江省域出口商品通关单直通放行将于2010年1月1日起正式实施。12月25日，北仑检验检疫局与嘉兴检验检疫局就加强通关业务合作签订合作协议。

2010年5月21日，浙江检验检疫局和内蒙古检验检疫局签署《关于加强边境贸易中市场采购出口商品检验监管合作备忘录》，建立协同执法、货物验放、溯源管理、信息共享、宣传培训和会议协调机制。10月18日，嵊泗检验检疫局与上海检验检疫局签订《绿华港区进口货物检验合作备忘录》，双方在建立组织保障机制、信息共享和沟通机制、科研合作机制、探索新监管模式等8个方面开展协作。11月11日，长三角地区检验检疫机构合作联席会议在湖北武汉召开，会议审议了《长三角检验检疫八项合作机制修订稿》《四项新增合作机制和合作备忘录》，签署了《泛长三角地区检验检疫机构合作备忘录》。上海、江苏、浙江、宁波、安徽、福建、江西、湖北检验检疫局党组班子及有关处室负责人等60余人参加会议。11月，台州检验检疫局与深圳文锦渡检验检疫局建立台州出口大宗食品、农产品检验检疫监管合作机制。

二、与地方政府及有关职能部门合作

（一）与地方政府合作

2001年5月12日，宁波检验检疫局与大榭开发区管委会签署《大榭出入境检验检疫机构筹建协议书》。5月13日，与象山县人民政府签署《设立象山出入境检验检疫机构协议书》。

2003年6月10日，宁波检验检疫局与余姚市人民政府联合召开建设东方国际物流中心现场办公会议，双方签署了在东方国际物流中心设置检验检疫办事机构的合作备忘录。9月2日，宁波检验检疫局与慈溪市人民政府签订《电器安全检测中心筹建协议》。

2005年7月15日，浙江检验检疫局与杭州市人民政府在杭州举行《关于建设杭州出入境检验检疫局的协议》签字仪式，杭州市市长孙忠焕、浙江检验检疫局局长慎仁安分别代表双方在协议书上签字。

2006年7月18日，浙江检验检疫局与杭州经济技术开发区管委会共同签署《关于筹建杭州经济技术开发区检验检疫机构意向书》，并就过渡时期先行开展检验检疫业务与开发区管委会签订了《关于开发区检验检疫机构建设期间开展检验检疫工作协议书》。

2007年3月22日，宁波检验检疫局与宁波大榭开发区管委会签署合作备忘录，明确把“大榭岛建成世界一流港口的经济贸易区”的目标。9月21日，宁波检验检疫局与余姚市人民政府签署合作备忘录。根据合作备忘录精神，宁波检验检疫局以信息、技术、人才、政策优势支持余姚市实施品牌战略，促进外向型经济增长方式转变，余姚市政府支持构建和谐高效的检验检疫工作环境，并建立双方合作工作机制。11月3日，宁波检验检疫局、宁波港集团有限公司、南昌海关、宁波海关、江西检验检疫局共同与鹰潭市人民政府签订《建设鹰潭“无水港”合作备忘录》，与上饶市人民政府签订《建设上饶“无水港”合作备忘录》。12月21日，浙江检验检疫局与义乌市人民政府签署《义乌出口饰品监管示范区合作备忘录》。

2008年1月18日，宁波检验检疫局与宁波保税区管理委员会签订合作备忘录，明确双方共同致力于促进检验检疫事业和区域外向型经济又好又快发展的合作事项。3月18日，宁波检验检疫局电气安全检测中心与慈溪市附海镇人民政府签订《出口电器质量帮扶合作备忘录》。6月25日，宁波检验检疫局与慈溪市人民政府签订合作备忘录，旨在进一步发挥地方政府对产品质量和食品安全监管负总责、检验检疫部门在职责范围内进行监管的作用，加快推进慈溪开放型经济发展。同年6月，温州检验检疫局与瑞安市政府签署《关于开展科技领域合作的备忘录》，启动双方在科技领域的合作。7月9日，浙江检验检疫局和舟山市人民政府在舟山签署《关于实施“以质取胜”战略提高出口水产品质量合作备忘录》。7月18日，湖州检验检疫局和安吉县人民政府在湖州安吉签署《关于以质取胜率先发展促进安吉经济社会又好又快发展合作备忘录》。

自2008年开始，浙江检验检疫局下属分支机构与地方政府陆续签署多个关于共建检验监管示范区的合作备忘录。2008年8月，丽水检验检疫局与龙泉市政府在龙泉签署《关于建立出口食用菌基地示范区合作备忘录》。10月7日，绍兴检验检疫局与嵊州市政府签署《关于建立协作机制推动出口茶叶产业发展备忘录》。10月13—14日，浙江、温州检验检疫局分别与温州、乐清市政府签署《将出口鞋类、低压电器检验监管区提升为检验监管示范区的合作备忘录》。10月17日，绍兴检验检疫局与诸暨市人民政府签署《共建“大唐袜业”出口质量安全示范区合作备忘录》，这是浙江省乃至全国范围内首个签署的出口袜业质量安全示范区合作备忘录。10月20日，杭州检验检疫局与建德市政府在建德签署《关于建立建德地区插头插座检验监管区合作备忘录》。11月7日，衢州检验检疫局与衢州市柯城区人民政府签署《促进柑橘出口合作备忘录》。11月19日，杭州检验检疫局与桐庐县政府签署《桐庐县蜂产品质量安全示范区建设合作备忘录》。12 月 24 日，杭州检验检疫局与杭州余杭区政府签署《关于合作建立出口茶叶质量安全示范区备忘录》。

2009 年 4 月 21 日，杭州检验检疫局与建德市人民政府签署《杭州出入境检验检疫局建德办事处筹建合作协议书》。7 月 1 日，嵊泗检验检疫局与嵊泗县人民政府签署《应对口岸突发公共卫生事件合作备忘录》，明确双方在口岸疫情防控、疫情联合处置的合作机制和工作职责。7 月 6 日，温州检验检疫局与泰顺县人民政府签署《出口玩具检验检疫监管合作机制备忘录》。7 月 23 日，丽水检验检疫局与缙云县人民政府签订《丽水检验检疫局缙云办事处筹建协议》。8 月 28 日，温州检验检疫局和温州苍南县人民政府签署《出口产品检验检疫监管合作机制备忘录》。10 月 28 日，北仑检验检疫局和宁波经济技术开发区管委会签订《国家级实验室共建协议》。

2010 年 6 月 10 日，台州检验检疫局与台州玉环县人民政府签订《出口活水生动物质量安全监管区合作备忘录》，这是浙江省内首个区域化水生动物合作备忘录。8 月 4 日，衢州检验检疫局与江山市人民政府签署《江山市木门出口区域化管理合作备忘录》，在出口木门源头管理、有毒有害物质监测、生产加工等方面开展合作。11 月 12 日，温州检验检疫局、温州市海洋与渔业局与洞头县政府共同签署《建立出口羊栖菜质量安全示范区合作备忘录》。12 月 28 日，宁波检验检疫局与宁波市江北区人民政府签署合作备忘录，双方约定建立出口苗木盆景区域化基地合作机制。

（二）与外经贸部门合作

2007 年 4 月，温州检验检疫局和温州市经贸委举行《关于加强机电设备进口前期服务管理工作协作备忘录》签字仪式。双方在加强国家宏观政策信息通报、对进口成套设备项目企业的前期辅导和服务、进口环节的检验监管、后续跟踪服务及加强经常性的沟通和合作等方面建立协作机制。

2009 年 2 月 26 日，浙江检验检疫局与浙江省对外贸易经济合作厅在杭州签署《关于建立贸检紧密合作机制备忘录》，双方商定建立贸检紧密合作机制，提高便利化水平，共同促进浙江开放型经济又好又快发展。3 月 12 日，湖州检验检疫局与湖州市对外贸易经济合作局签署《关于建立贸检紧密合作机制备忘录》。4 月 10 日，金华检验检疫局与金华市对外贸易经济合作局签订合作备忘录。4 月 30 日，温州检验检疫局与温州市对外贸易经济合作局签订合作备忘录。6 月 22 日，绍兴检验检疫局、嘉兴检验检疫局分别与当地外经贸部门签署合作备忘录。

（三）与农业部门合作

2007 年 4 月，丽水检验检疫局与丽水市农业局就建立出入境动植物及其产品互通机制签订备忘录。7 月 10 日，宁波检验检疫局与宁波市农业局签署合作备忘录，加强在源头管理、认证认可、实验室检测、疫情防控、残留监控、信息沟通、学术交流 7 个方面的合作。8 月，温州检验检疫局和温州市农业局签订合作机制备忘录，双方约定加强合作，提升温州市农产品质量和出口水平。2008年11月，台州检验检疫局与台州市农业局签订合作备忘录，旨在共同做好台州口岸重大动植物疫病疫情防控工作，确保台州出口农产品质量安全。2009年8月4日，浙江检验检疫局与浙江省农业厅在省人民大会堂签署《关于共同促进农产品出口的合作备忘录》。双方在出口农产品原料种植养殖基地建设、推进出口农产品示范区建设等6个方面建立合作机制。2010年9月，浙江检验检疫局与浙江省农业厅联合印发《关于共同促进出口农产品备案管理的通知》，并确定暂在蔬菜、茶叶及保鲜柑橘等产品上先予以施行。同月，浙江检验检疫局与浙江省农业厅开展在出口蔬菜（含食用菌）、茶叶和保鲜柑橘三大类产品中试行基地备案合作工作，并联合印发执行要求。截至2010年底，杭州余杭、湖州长兴等地的农业主管部门对向浙江检验检疫局申请备案或换证复查的9个、8000余亩出口茶叶原料基地进行了作物病虫害发生情况、农药销售及使用情况，以及茶叶粗制加工情况等的考察核实，并出具推荐意见。浙江检验检疫局根据农业部门的推荐意见验证审核后予以备案。

（四）与卫生部门合作

2007年1月22日，浙江检验检疫局、宁波检验检疫局和浙江省卫生厅共同建立应对口岸公共卫生事件合作机制，三方约定共同应对浙江省口岸重大传染病疫情、群体不明原因疾病、重大食物中毒等公共卫生事件，预防和控制传染病的传播和蔓延，保护人民群众的身体健康。4月13日，浙江检验检疫局、宁波检验检疫局与浙江省卫生厅合作机制签字仪式暨首次工作会议在杭州举行。6月，嘉兴检验检疫局与嘉兴市卫生局签订《应对口岸公共卫生事件合作机制备忘录》。2008年10月，丽水检验检疫局与丽水市卫生局签署《涉外疫情信息互通合作备忘录》，建立疫情和公共卫生事件通报交流等5项合作机制。2009年8月11日，宁波检验检疫局与宁波市卫生局签署合作备忘录。同日，大榭检验检疫局与大榭开发区医院签订《医疗急救与传染检测合作机制》。

（五）与工商部门合作

2007年5月，浙江检验检疫局和浙江省工商行政管理局签署合作机制备忘录，旨在加强协调配合，维护浙江省健康的经济秩序。7月13日，温州检验检疫局和温州市工商局签署合作机制备忘录，建立流通领域进口商品的市场监管联合执法等5项合作机制。11月8日，台州检验检疫局与台州市工商局签署合作机制备忘录，建立联席会议制度、信息互通互联与资源共享机制、市场监管联合执法等机制。2008年6月，义乌检验检疫局与义乌市工商局对一批输往埃塞俄比亚的儿童运动套装涉嫌仿冒商标案件进行联合查处。2009年5月20日，义乌检验检疫局与义乌市工商行政管理局签署《关于建立合作机制备忘录》，双方就共同推行市场商位区域化管理，加强市场采购出口商品质量安全和知识产权监管等方面建立合作机制。2010年5月，杭州检验检疫局和杭州市工商行政管理局签署合作备忘录，双方在流通领域监管、信息互通、技术合作、案件协查、消费维权、特殊领域监管、商标侵权、联络机制等方面建立协作机制，构架了双方联合执法、确保流通领域进口商品质量安全的整体框架。

（六）与质监部门合作

2001年，宁波检验检疫局与宁波市质量技术监督局签订合作意向书，明确了召开联席会议、加强业务交流等合作内容。

2008年7月18日，杭州检验检疫局与杭州市质量技术监督局签订合作协议，双方约定在检查、执法、资源共享、技术互补、信息互通等方面展开合作与交流。11月21日，萧山检验检疫局与杭州市质量技术监督局萧山分局签订合作备忘录。

2010年5月18日，温州检验检疫局与温州市质量技术监督局签署《建立“大质量”和“大质检文化”合作机制备忘录》，双方约定将在3个领域10个方面开展合作。7月5日，宁波检验检疫局与宁波市质量技术监督局签署合作备忘录，双方约定加强交流合作，共同推进实施标准化战略，加强质量安全监管协作，开展技术和科技合作，合力建设大质检文化。7月14日，北仑检验检疫局与宁波市质量技术监督局北仑分局签署合作备忘录。7月26日，慈溪检验检疫局与慈溪市质量技术监督局签署合作备忘录。8月10日，鄞州检验检疫局和宁波市质量技术监督局鄞州分局签署合作备忘录。11月4日，衢州检验检疫局和衢州市质量技术监督局签署合作机制备忘录，在共同推进质量强市工作等六方面建立合作机制。12月1日，余姚检验检疫局与余姚市质量技术监督局签署合作备忘录。

（七）与海关合作

2005年6月21日，浙江检验检疫局局长慎仁安、杭州海关关长张志南共同签署《杭州海关浙江出入境检验检疫局关于建立关检合作机制备忘录》。根据合作机制约定，进出浙江口岸的旅客和货物实行“一单两报”（企业进口货物的报检、报关信息通过一个窗口一次录入分别报送海关和检验检疫部门）、“一机两屏”（一台行李查验X光机在海关和检验检疫部门各设一个显示屏幕）等通关新模式。7月29日，嘉兴检验检疫局与嘉兴海关签署合作备忘录。8月，湖州检验检疫局与湖州海关签署合作备忘录。12月，浙江检验检疫局检务处与杭州海关通关处签订《杭州萧山国际机场“提前申报、货到验放”通关模式关检合作备忘录》。

2006年1月，义乌检验检疫局与金华海关驻义乌办事处签署合作备忘录。3月，绍兴检验检疫局与绍兴海关签署合作备忘录。6月17日，温州检验检疫局与温州海关签署合作备忘录。7月15日，浙江检验检疫局与杭州海关在浙江义乌召开2006年度关检合作联席会议。双方签署《树新风促和谐廉政共建合作备忘录》，共同探讨义乌口岸关检执法合作机制，考察义乌国际物流中心现场，就进一步推进关检协作机制建设，开创关检协作新局面达成多项共识。7月21日，萧山检验检疫局与萧山海关办事处签署合作备忘录。8月，嘉兴检验检疫局与嘉兴海关、嘉兴海关缉私分局、嘉兴边防检查站、嘉兴海事局、嘉兴市港务局等单位共同签署《“树新风，促和谐”廉政共建合作备忘录》。12月，温州检验检疫局机场办事处、检务处分别与海关机场办事处、监管通关科签订《关于加强空港旅检工作配合和通关管理工作联系配合》等两份协议。

2007年4月19日，台州检验检疫局与台州海关签署合作备忘录。5月14—15日，浙江检验检疫局与杭州海关在舟山召开2007年度关检合作联席会议。会议就进一步推进关检协作机制建设、开创关检协作新局面达成多项共识。浙江检验检疫局局长阎震和杭州海关关长张志南代表双方单位签署《杭州海关浙江出入境检验检疫和谐口岸共建备忘录》。8月，舟山检验检疫局与舟山海关签署合作备忘录。

2008年6月3日，丽水检验检疫局与丽水海关签署合作备忘录。6月25日，浙江检验检疫机构与杭州海关、宁波海关、浙江海事局、浙江国际货代仓储协会、宁波市国际货代协会等7个单位，在杭州签订《浙江口岸查验单位支持指导和服务货代企业等级评估促进诚信口岸建设协作备忘录》，建立货代企业信用等级评估有关制度和工作机制，将信用等级评估与口岸查验实施分类管理紧密结合，诚信货代企业优先适用各项便利通关措施等三方面的工作内容和机制。12月16日，衢州检验检疫局与衢州海关签署合作备忘录，确定双方定期或不定期召开工作例会，回顾总结合作成效，交流探讨进一步合作事宜。

2009年4月7日，2009年度浙江海关与检验检疫合作联席会议在浙江省人民大会堂召开，会议总结了关检合作3年来的成果，对进一步优化监管和服务，共同推动浙江区域“大通关”建设，加大对浙江电子口岸支持力度等工作进行研讨部署。

三、与高等院校及其他单位合作

（一）与高等院校合作

1984年，浙江商检局与杭州大学合作微机应用开发。1985年5月，完成“浙江省进出口商品质量管理系统生丝子系统”应用开发项目并通过鉴定，达到国内领先水平。至1985年底，丝类商品检验实现微机数据计算、分级、制证、月报和质量管理。1996年，浙江商检局与浙江丝绸工学院合作，完成“生丝抱合检验精度的研究”课题，并通过国家商检局鉴定，在全国生丝检验交流会上作介绍。浙江商检局完成生丝外观色差标样制作，获国家商检局二等奖，并在全省出口丝生产厂推广应用。

2007年3月18日，舟山检验检疫局与浙江大学动物科学学院签约，成立浙江大学动物科学学院“博士后研究基地”和“研究生实习基地”两大基地，在食品安全、动物检疫和水产科学领域展开全面的科研合作，确保进出口海产品的卫生质量。2007年4月2日，慈溪检验检疫局综合技术服务中心和浙江大学材料与化工学院签订协议，共建教学实践基地。2007年4月5日，慈溪检验检疫局与中国计量学院签订科研合作框架协议，开展科研项目、学生实习基地等合作。2007年4月12日，慈溪检验检疫局与浙江大学材料与化工学院签订《共建教学实践基地协议》，旨在发挥各自优势，加强产学研合作。12月18日，嘉兴检验检疫局、浙江清华长三角研究院、卡森国际控股有限公司三方在嘉兴举行签约仪式，在科技创新、快速检测技术研究和实验室建设等方面开展合作。12月24日，浙江省检验检疫科学技术研究院与浙江大学生物系统工程与食品科学学院签订全面合作协议，双方在共同申请政府科技计划项目和企业委托项目、联合攻关科研课题、共建博士后流动工作站、共享仪器设备、联合指导毕业论文、为检验检疫系统培训高层次人才六大方面加强合作。12月，湖州检验检疫局与湖州师范学院签订科研合作备忘录，在科研攻关、技术交流、资源共享、人才培养、人员培训等方面开展合作。

2008年1月2日，浙江检验检疫局与中国人民解放军防化指挥工程学院在北京签署合作协议。协议签订后，台州、嘉兴等检验检疫局陆续与防化部队所属熏蒸消毒研究所开展相关业务的合作。4月21日，温州检验检疫局与浙江工贸职业技术学院签署《共建"学习型社会"，推动"创业创新人才培养"合作备忘录》。5月，浙江省检验检疫科学技术研究院和上海大学机电工程与自动化学院签订合作框架协议，成立浙江省检验检疫科学技术研究院—上海大学机电工程与自动化学院协作基地，以玩具产品为起点，在技术研究、课题申报、设备研发以及人员培养方面进行深入合作。12月，湖州检验检疫局和湖州师范学院生命科学学院就双方合作研究课题签署合作协议。

2009年4月22日，丽水检验检疫局与丽水学院签署科技工作合作机制备忘录，建立人才输送、人员培养和科研合作等机制。5月6日，舟山检验检疫局与浙江大学签订合作协议书，共同研究开发"出口海产品中主要致病菌的快速检测技术"项目。7月，温州检验检疫局低压电器实验室与温州大学、温州质监局高低压检测中心、浙江省机电设计研究院3家单位签署《共建浙江省温州低压电器及智能电器科技创新服务平台协议》。

2010年9月7日，宁波检验检疫局与浙江理工大学签订合作协议，双方开展人才培养、科学研究和社会服务等方面的合作，通过检学合作，共建人才培养基地和各级(类)科技研发机构。2010年9月，浙江省检验检疫科学技术研究院萧山分院分别与浙江大学、浙江理工大学、中国计量学院、南京农业大学等院校签署"检学研"合作协议，举行"教学实习(实践)基地"挂牌仪式。同年9月，义乌检验检疫局与浙江师范大学签订"检学"合作协议。

(二)与其他单位合作

1998年6月9日，浙江商检局资产评审中心与中国太平洋保险公司杭州分公司签订保险财产鉴定合作协议。

2005年7月，浙江出入境检验检疫鉴定所与台州市仲裁委、台州市保险行业协会建立业务合作关系，合作的内容包括残损鉴定、涉案财产司法鉴定、产品质量司法鉴定和相关服务。5月，浙江出入境检验检疫鉴定所与杭州临安市交警大队签署《交通事故车辆检验鉴定业务合作协议》，协议主要包括电动自行车是否属于机动车的鉴定、交通事故中的事故原因鉴定、交通事故中的技术分析(车速、痕迹鉴定)、交通事故车辆安全检查等业务。12月，浙江出入境检验检疫鉴定所与杭州市公安局交通警察支队签订《事故车辆检验鉴定协议》。

2006年7月18日，浙江检验检疫局与浙江省电信有限公司全面合作暨全球眼视频监控项目合作协议在杭州举行签约仪式。2007年12月28日，嘉兴检验检疫局与嘉兴第一人民医院、嘉兴第二人民医院签署境外人员健康检查委托协议。2008年5月26日，丽水检验检疫局与丽水市人民检察院召开惩治与预防职务犯罪联席会议，签订《预防职务犯罪合作备忘录》，建立案件移送制度等6项合作机制。6月3日，温州检验检疫局与温州市海洋与渔业局举行合作机制备忘录签字仪式。6月17日，衢州检验检疫局与衢州市人民检察院签署《预防职务犯罪联系协作备忘录》。6月，舟山检验检疫局与舟山边防检查站签订《奥运安保协作备忘录》。11月17日，宁波检验检疫局与宁波港集团有限公司签署合作备忘录，建立双方主要领导定期会晤等4项协作机制。11月，杭州检验检疫局和杭州市邮政局签署合作机制备忘录，加强在进出境邮寄物检疫管理方面的合作。

2008年1月2日，慈溪检验检疫局综合技术服务中心与上海天祥质量技术服务有限公司签订协议，共同进行市场推广和组织研讨会，实现资源共享。2008年7月11日，宁波检验检疫局与雅戈尔集团股份有限公司签订合作协议，就纺织服装检测实验室建设和科研工作的全面合作达成协议。

2009年6月2日，大榭检验检疫局与宁波港股份有限公司油港轮驳分公司签订《处置海上突发公共卫生事件合作机制》。6月11日，宁波检验检疫局与宁波市林业局签署合作备忘录，共同推进宁波市出口林特产品基地的区域化管理、加强病虫害防治、信息交流和信息互通、林特产品质量体系建设、植保员培训等工作。6月，丽水检验检疫局保健中心与丽水市中心医院建立业务协作机制，在出入境人员疑难疾病诊断、医疗救治、预防接种过敏反应急救、人员培训、科研合作等方面加强协作。11月13日，大榭检验检疫局分别与大榭规划建设局、大榭海事处、大榭社管局、大榭开发区文教卫生局建立合作机制，提高口岸突发公共卫生事件应急处置能力。

2010年3月4日，浙江检验检疫局杭州机场办与杭州边防检查站建立合作机制，防范境内外敌对势力潜入潜出实施破坏以及核、生化恐怖活动，共同做好甲型H_1N_1流感等各类传染病疫情的防控。4月16日，北仑检验检疫局与北仑边防检查站签订《世博安保工作协作协议》，维护北仑口岸的安全稳定。7月10日，浙江检验检疫局与嘉兴南湖革命纪念馆签署共建协议，明确在南湖革命纪念馆建立“浙江检验检疫系统革命传统教育基地”。8月20日，宁波检验检疫局与宁波市公安局联合提出执法协作意见。12月22日，温州检验检疫局与温州市环境保护局签署《建立应对口岸核与辐射突发事件合作机制备忘录》。

第九章　法制建设与执法稽查

法律法规是检验检疫的立身之本、立业之基，对检验检疫事业的健康发展发挥了重要的引领、推动和保障作用。浙江检验检疫机构的法制建设在改革开放后随着国家、社会以及进出口贸易的发展得以不断发展完善。

1978 年到 1999 年 8 月，浙江的商检机构、动植物检疫机构、卫生检疫机构各自独立开展法制建设工作，从普法教育入手，相继开展规范性文件制定、行政处罚等法制工作。1982 年 6 月，国务院发布《中华人民共和国进出口动植物检疫条例》，宁波动植检所召开全市植保、畜牧站长会议，进行宣传贯彻。1983 年 5 月 5 日，宁波卫检所以宁波市人民政府名义，召开贯彻《中华人民共和国国境口岸卫生监督办法》会议。1984 年 1 月 28 日，国务院颁布《中华人民共和国进出口商品检验条例》。11 月，宁波卫检所对某外轮未经联检擅自允许非联检人员登轮作业进行通报处理，这是建所以来首次对违法行为进行处罚。1986 年 12 月，《中华人民共和国国境卫生检疫法》颁布，极大推动了浙江卫生检疫工作的法制化进程。1987 年 9 月，浙江省政府发布《浙江省进出口商品检验监管办法》。1989 年 2 月，《中华人民共和国进出口商品检验法》颁布，促进了浙江商检工作向依法施检方向发展。3 月 6 日，卫生部经国务院批准，发布施行《中华人民共和国国境卫生检疫法实施细则》。是年，宁波卫检所会同宁波海关联合下发《关于从宁波口岸入出境的水产品、集装箱、废旧物品等海关凭卫生检疫证书放行的通知》。1991 年 10 月，《中华人民共和国进出境动植物检疫法》颁布，促进了浙江动植物检疫工作法制化进程。是年，围绕《动植物检疫法》，杭州动植检所和宁波动植检所先后制定一系列配套管理办法。1992 年 10 月 23 日，国家进出口商品检验局经国务院批准，发布《中华人民共和国进出口商品检验法实施条例》。1996 年 12 月，《中华人民共和国进出境动植物检疫法实施条例》颁布。1997 年 8 月，浙江商检局转发国家商检局《商检行政执法和行政执法监督管理规定》，规范浙江商检行政执法和行政执法监督检查工作。

1999 年 8 月“三检”合一以后，随着国家法制建设进程的不断加快，进出口贸易的快速发展，浙江检验检疫机构的法制建设也进入快速发展的时期。普法教育、规范性文件管理、行政处罚、行政许可、行政检查、行政复议与诉讼、执法监督、司法接待、法治理论研究等法制工作得以全面开展并快速发展。2000 年，宁波检验检疫局将原卫生检疫、动植物检疫和商品检验的规范性文件进行修订、废止，并制定一批新的规范性文件，统一重新编号后发布，共涉及 113 件规范性文件。2002 年 4 月 28 日，第九届全国人民代表大会常务委员会第二十七次会议审议通过《全国人民代表大会常务委员会关于修改〈中华人民共和国进出口商品检验法〉的决定》。2003 年，浙江检验检疫局修订《义乌出口小商品检验检疫管理办法》，制定《进口商品到货地催报检管理办法(试行)》,组织开发进口流向货物管理系统。2004 年,宁波检验检疫局清理业务规范性文件。2005 年,宁波检验检疫局成立执法稽查大队,加强执法监督工作。2005 年 8 月 10 日,国务院第 101 次常务会议审议通过《中华人民共和国进出口商品检验法实施条例》(以下简称《商检法实施条例》),自 2005 年 12 月 1 日起施行,1992 年 10 月 23 日原国家进出口商品检验局发布的《中华人民共和国进出口商品检验法实施条例》同时废止。2006 年 11 月,浙江检验检疫机构派员参加质检总局举办的“全国质检法律知识竞赛”,宁波检验检疫局代表队获得检验检疫组初赛第一名,决赛三等奖。2007 年 9 月,浙江检验检疫机构派员参加由司法部、国务院新闻办等多家单位联合开展的“百家网站奥运相关法律知识竞赛”活动,浙江检验检疫局代表获得全国唯一的特等奖。2007 年 12 月 29 日,第十届全国人民代表大会常务委员会第三十一次会议审议通过《全国人民代表大会常务委员会关于修改〈中华人民共和国国境卫生检疫法〉的决定》,并于当日公布施行。2008 年,宁波检验检疫局获得“全国质检系统依法行政先进单位”称号,全国仅 3 个直属检验检疫局获此荣誉。2009 年,宁波检验检疫局开展以“弘扬法治精神、服务科学发展”为主题的首届法律知识竞赛;围绕行政处罚、司法接待和复验工作,设计制作 4 部法制工作教学片。

2010 年,浙江检验检疫机构法制建设进入全面建设法治质检的新时期。2010 年 4 月 19 日,国务院第 108 次常务会议审议通过《国务院关于修改〈中华人民共和国国境卫生检疫法实施细则〉的决定》。9 月,质检总局召开全国质检系统依法行政工作会议,明确提出“法治质检建设”的目标、任务和要求,拉开全面建设法治质检的序幕。随后,质检总局下发《关于印发〈关于全面加强法治质检建设的指导意见〉的通知》,对全面建设法治质检提出具体要求。浙江检验检疫机构根据国务院和质检总局相关要求,结合浙江实际,制定推进法治质检建设的实施意见,对全面建设法治质检进行详细规划和部署,为法治质检建设深入推进奠定了基础。1999—2010 年,浙江检验检疫机构不断加大对逃避检验检疫,伪造、变造和买卖检验检疫证单,进出口假冒伪劣产品等违法违规行为的打击力度,加强行政处罚工作,共办理行政处罚案件 16089 件,共处罚款 11771.2 万元。

第一节　法制建设

浙江检验检疫机构将法制建设作为内部治理的重要手段,主要从加强业务规范性文件制修订、执法行为监督检查和普法教育等方面提高执法人员综合素质和能力,规范执法行为,提升执法公信力。

1978 年到 1999 年 8 月,浙江的商检机构、动植物检疫机构、卫生检疫机构各自独立开展法制建设工作,从普法教育入手,相继开展规范性文件制定、行政处罚等法制工作。1999 年 8 月“三检”合一以后,随着国家法制建设进程的不断加快,进出口贸易的快速发展,浙江检验检疫机构的法制建设也进入快速发展的时期。2000 年,宁波检验检疫局将原卫生检疫、动植物检疫和商品检验的规范性文件进行修订、废止,并制定一批新的规范性文件,统一重新编号后发布，共涉及113件规范性文件。2002年4月28日，第九届全国人民代表大会常务委员会第二十七次会议审议通过《全国人民代表大会常务委员会关于修改〈中华人民共和国进出口商品检验法〉的决定》。2005年，宁波检验检疫局成立执法稽查大队，加强执法监督工作；国务院第101次常务会议审议通过《商检法实施条例》。2006年11月，浙江检验检疫机构派员参加质检总局举办的“全国质检法律知识竞赛”，宁波检验检疫局代表队获得检验检疫组初赛第一名，决赛三等奖。2007年9月，浙江检验检疫机构派员参加由司法部、国务院新闻办等多家单位联合开展的“百家网站奥运相关法律知识竞赛”活动，浙江检验检疫局代表获得全国唯一的特等奖。2008年，宁波检验检疫局获评“全国质检系统依法行政先进单位”。2010年，质检总局下发《关于印发〈关于全面加强法治质检建设的指导意见〉的通知》，对全面建设法治质检提出具体要求。浙江检验检疫机构根据国务院和质检总局相关要求，结合浙江实际，制定推进法治质检建设的实施意见，对全面建设法治质检进行详细规划和部署。

一、规范性文件管理

（一）“三检”合一前的规范性文件管理

在1999年8月“三检”合一之前，浙江商检机构、卫生检疫机构和动植物检疫机构各自独立开展规范性文件管理工作。

1. 商品检验规范性文件管理

1986年5月，宁波市政府颁布并施行《宁波进出口商品检验管理实施办法》。1987年，浙江省政府颁发《浙江省进出口商品检验监管办法》，规范并推动浙江省进出口商品检验监管工作。1988年4月9—12日，秦山核电工程商检工作会议在杭州桐庐县召开，浙江商检局制定《秦山核电工程商检工作规范》。1989年9月，浙江商检局颁发《浙江省出口商品检验分等管理办法(试行)》。1990年，根据国家商检局颁发的《进出口商品复验办法(试行)》，浙江商检局制定《执行复验办法细则》。是年，对1984—1989年间制定颁布的40件规范性文件进行清理。对照《中华人民共和国行政诉讼法》(以下简称《行政诉讼法》)和《商检法》的规定要求，认定继续有效的规范性文件11件，自行失效和应予废止的规范性文件21件，修改后继续有效的规范性文件8件。1991年，又对1984年以前颁布的15件规范性文件进行清理，认定继续有效的规范性文件5件，自行失效和应予废止的规范性文件10件。1991年，制定并实施《浙江进出口商品检验局行政复议程序的规定》，规定行政复议案件按照国家商检局、国家物价局《〈进出口商品检验、鉴定收费办法〉的补充规定》的有关标准适当收取费用。1993年，浙江商检局制定4部规范性文件：《浙江商检局查处违法违章案件程序的规定》《关于对外提供诉讼证明材料有关问题的通知》《杭州市出售进口鞋类管理办法》《浙江省进出口商品复验办法(试行)》。1994年4月，浙江商检局会同省工商局、省消费者协会联合发布并实施《浙江省流通领域进口商品质量监督管理办法》。是年，浙江省政府发布《浙江省外商投资鉴定管理办法》，加强外商投资领域管理。浙江商检局对《中华人民共和国进出口商品检验行政处罚办法(征求意见稿)》提出修改意见。1996年，浙江商检局对商检规范性文件进行分析整理并形成《关于清理规章和其他规范性文件情况的报告》，决定对1979年以来由浙江省政府发布或批准发布的与商检工作有关的4部规章、规定、办法作不同处理：1987年9月由省政府发布的《浙江省进出口商品检验监督管理办法》根据1989年颁布的《商检法》作修订；1988年省政府转发的《关于改进进出口商品检验工作的报告》、1993年省政府办公厅转发的《关于加强进口商品质量监管工作的意见》、1994年省政府发布的《浙江省外商投资财产鉴定管理办法》3个文件要予以修改。1996年，制定并实施《浙江商检公司本部实施〈种类表〉内进出口商品检验的管理办法》《义乌中国小商品城出口小商品检测管理办法(试行)》。印发《浙江商检局关于坚持以法治检进一步提高商检业务工作质量的意见》，提出进一步增强法制观念，严格坚持依法施检、依法管理。1997年，浙江商检局着重抓检验标准的收集和规程的制修订工作，强调所有新增商品在开检前都要拟定检验规程。是年，浙江商检局印发《关于建立进口流向单登记核销制度的通知》，决定从1997年9月1日起建立进口流向单登记核销制度。1998年，根据国家商检局、国家税务总局《关于做好出口棉产品含棉率检验工作的通知》精神，浙江商检局制定《浙江出口棉产品含棉率检验工作若干规定(试行)》，要求做好出口棉产品含棉率检验工作。1999年，浙江商检局印发《关于进一步加强对外援助物资检验管理有关事宜的通知》，要求严格执行"产地检验、口岸查验"的原则，规范援外物资的市场采购及检验行为；下发《关于进一步规范商检公司从事〈种类表〉内进出口商品检验工作的通知》，规定浙江商检公司及其各地分支机构除了对外贸易合同或信用证约定由其检验的商品以外，原则上不受理《种类表》内进出口商品的检验业务。

2. 卫生检疫规范性文件管理

1987年4月，杭州卫检所会同杭州市公安局制定《外籍人员入境居住实行健康体检的规定》。1989年8月，宁波卫检所会同宁波海关联合下发《关于从宁波口岸入、出境的水产品、集装箱、废旧物品等海关凭卫生检疫证书放行的通知》。9月，舟山卫检所发布《关于加强从事冰鲜鱼直接出运捕捞船只卫生管理的通知》。1990年3月，宁波卫检所制定《宁波口岸集装箱卫生检疫管理办法》。1991年8月，舟山卫检所发布《关于加强对外务工人员传染病监测管理的通知》。1994年6月，宁波卫检局会同宁波市工商行政管理局、市消费者协会联合下发《关于对部分进口食品实施防伪标志管理的规定》。1998年2月，宁波卫检局制定《关于实施宁波口岸卫生检疫监管注册的通知》。8月，温州卫检局与温州市公安局联合发布《关于加强对温州口岸出入境人员艾滋病等传染病管理的通知》，加强对出入境人员进行艾滋病监测。

3. 动植物检疫规范性文件管理

围绕《动植物检疫法》，杭州动植检局和宁波动植检局先后制定一系列配套管理办法。1993年，宁波动植检局制定《出口调味马面鱼检验方法》《出口冻生小虾仁检验规程》《出口冻安康鱼检验方法》《出口冰鲜鱼检验规程》《进出境植物检疫管理办法》。1995年，宁波动植检局制定《出境竹、木、草、藤、柳制品生产、加工、存放单位注册登记考核办法》，开展注册登记工作，实施协检员制度。1997年，杭州动植检局和宁波动植检局先后制定《从事进出境动植物及其产品熏蒸单位注册登记管理办法》《出境植物及其产品加工、生产、存放单位注册登记的通知》《出境盆景基地实行检疫注册登记管理制度的通知》《进境动物产品加工、生产、存放单位注册登记管理办法》《国际集装箱检疫管理办法》《国际船舶检疫管理办法》《检务工作管理办法》《注册登记管理办法》《宁波保税区进出境动物产品生产、加工、存放单位注册登记管理办法》《报检员管理办法》《截获疫情鉴定管理办法》《国际航行船舶进出宁波口岸动植物检疫管理办法》《TCK 疫粮监管暂行办法》《检疫抽样标准及样品管理办法》《检疫统计管理办法》《检疫单证管理办法》《动植物检疫行政处罚执行办法》《危险物品管理办法》。是年 8 月，杭州动植检局制定《杭州动植物检疫局文明执法八条措施》，要求在执行《农业部规范执法服务七条要求》和国家动植检局《改进执法服务工作和文明执法的十条要求》的基础上，从预约服务、公开收费标准等 8 个方面对文明执法作具体的规范。

（二）“三检”合一后的规范性文件管理

“三检”合一以后，浙江检验检疫机构加强业务规范性文件的管理工作，不断建立和完善各项业务管理制度，规范行政执法行为。

2000 年，宁波检验检疫局将原卫生检疫、动植物检疫和商品检验的规范性文件进行修订、废止，并制定一批新的规范性文件，统一重新编号后发布，共涉及 113 件规范性文件，分为综合管理和业务管理两大类，包括《出入境检验检疫行政处罚实施办法（试行）》《宁波出入境检验检疫局认可检验员管理办法（试行）》等。是年，浙江检验检疫局印发《关于清理规范性文件的函》，对原“三检”的规章制度、工作程序和规范性文件进行修订、整理和汇编，印发《浙江检验检疫系统行政执法规范性文件目录》；印发《关于对丽水局要求开展出入境植物检疫业务的批复》，丽水局自此开展干鲜食用菌、木质玩具、竹木制品、太阳伞的出入境植物检疫监管工作。是年，《浙江省进境水产品检验检疫管理办法》施行，加强对进境未经加工或虽经加工但仍有可能传播动物疫病的有鳍类、甲壳类和其他种类的水生生物产品（冷冻或干制），包括鱼、蟹、贝壳类等的检验检疫。《有关消费争议的商品送检规定》施行，检验机构按照消费者要求的检验项目和内容，依据经双方确认的相关标准、产品说明或科学依据进行检验，并出具检验报告。有关消费争议的商品检验费用按国家规定的收费标准收取。检验费用由争议双方当事人协商支付或者由消费者先行支付，责任确定后，依法按责任情况承担。《关于审核 2000 年“浙江名牌产品”“浙江农业名牌产品”初选产品质量情况的函》施行，明确“浙江名牌产品”“浙江农业名牌产品”推荐标准和程序。

2002 年，浙江检验检疫局制定《浙江检验检疫局工作规则》《废物检验检疫工作规范》《出口宠物用品检验检疫管理办法》《口岸卫生监督管理办法》《浙江检验检疫局植物检疫审批初审实施办法》等 50 多个规章制度；对全局综合管理、业务管理等方面 107 个规章制度汇编成册，发放全局；废止《浙江省进出口商品检验监管办法》《浙江省外商投资鉴定管理办法》。2003 年，浙江检验检疫局修订《义乌出口小商品检验检疫管理办法》《进口商品到货地催报检管理办法（试行）》，组织开发进口流向管理系统，建立相应的进口商品催报检和核销流程。制定《行政处罚工作程序的规定》《业务协调综合管理规定》《安全卫生质量风险预警通报管理办法》。2004 年，宁波检验检疫局清理 1999 年 8 月至 2004 年 3 月出台的各类业务规范性文件，废止、修改与《中华人民共和国行政许可法》(以下简称《行政许可法》)、检验检疫法律法规及质检总局出台的规范性文件相抵触的规范性文件，共废止13件规范性文件，印发《关于公布第一批废止的业务规范性文件目录的通知》。全年制定业务规范性文件12件，主要包括《宁波进出口石油原油及石油产品检验检疫工作规程》《宁波进出口矿产品检验检疫工作规程》《宁波口岸进口化矿产品放射性事故预防和应急预案(试行)》《宁波出入境检验检疫局进口废物原料检验检疫管理办法》《宁波进出口金属材料检验检疫工作规程》。是年，浙江检验检疫局制定《卫生除害单位管理办法》《出口轮胎过程检验实施细则》《出口金属材料过程检验实施细则(试行)》。

2005年，浙江检验检疫机构健全法制工作制度。依据《进出口商品复验办法》有关规定，制定《进出口商品复验工作程序》。依据《中华人民共和国行政处罚法》(以下简称《行政处罚法》)和《出入境检验检疫行政处罚办法》有关规定，制定《行政处罚简易程序实施办法(试行)》，规定当场处罚工作的管理和实施部门、适用对象、当场处罚决定书的制作、缴款期限、罚款的当场收缴、罚没收据、救济措施、当场收缴罚款部门的备案等内容，并设计《实施行政处罚简易程序当场收缴罚款备案书》。2006年，浙江检验检疫机构多次组织人员对《卫生检疫法(修订草案)》《出入境检疫处理单位及从业人员核准管理办法》《缺陷产品管理条例》等法律法规和规章进行研究，向质检总局报送意见函。应邀参加质检总局组织的《卫生检疫法》修订讨论会和《进口医疗器械管理办法》草案审查会。向地方有关部门报送《建设法治宁波(征求意见稿)》和《宁波市人民政府关于推进法治政府建设的意见(征求意见稿)》的修改意见。2007年，浙江检验检疫机构参与质检总局有关规范性文件的制定、修订，提出对《中华人民共和国食品安全法(草案)》《参加国际标准化活动管理办法(送审稿)》等相关意见建议上报质检总局；对《浙江省港口管理条例》《宁波市行政处罚自由裁量权参考规则》《关于在整规工作中加强执法衔接工作机制建设的意见》进行问卷调查，征集意见，提供咨询，使得地方立法和规范性文件的内容符合检验检疫法律法规的要求。同年，宁波检验检疫局参照《国家质量监督检验检疫规章制定程序规定》，制定《宁波出入境检验检疫局规范性文件制定办法》，明确规范性文件的范围、制定程序。根据《中华人民共和国行政复议法》及其实施条例、《出入境检验检疫行政复议办法》，制定出台《宁波出入境检验检疫局行政复议工作程序(试行)》。

2008年，浙江检验检疫局共审核《出口塑料餐厨具等产品检验监管操作规范》等规范性文件42件。对1990—2007年制定的规范性文件展开清理工作，下发《清理规范性文件的通知》。共清理529件，废止53件，继续有效的476件，其中包括需要修订的16件，最终确定予以继续执行的规范性文件目录统一在局内网站公布，向全局印发《关于公布浙江检验检疫局执法依据目录的通知》。各分支局也按浙江检验检疫局要求，完成执法依据清理工作。是年，宁波检验检疫局在《宁波出入境检验检疫局规范性文件制定办法》基础上，制定《宁波出入境检验检疫局业务规范性文件制定、宣贯落实和效果评估办法》，对业务规范性文件的制定、宣贯落实和效果评估全过程进行全面规范，提高业务规范性文件制定质量和效率，促进业务规范性文件科学化、程序化、规范化。组织承办质检总局规范检验检疫自由裁量权规章制定工作，向质检总局法规司报送《保税区检验检疫监督管理办法》的评估意见和建议，承担质检总局在宁波召开的《保税区检验检疫监督管理办法》评估研讨会。报送《供港澳蔬菜监督管理办法(征求意见稿)》《进出口饲料及饲料添加剂监督管理办法(征求意见稿)》等多个规章草案的意见建议。向宁波市人大、政府法制办等部门报送《中华人民共和国食品安全法(草案)》《宁波市政府规章立法后评估办法(草案)》《宁波市食用农产品质量安全管理办法(草案)》等的意见建议。向人大代表提交与检验检疫相关的立法建议,对地方立法和规范性文件制修订中涉及的检验检疫法律问题与地方政府部门进行沟通和协调。2009 年,浙江检验检疫机构先后向质检总局报送对《国家质量监督检验检疫总局规范性文件管理办法》《卫生检疫法》《中华人民共和国食品安全法实施条例》《特殊监管区域检验检疫监督管理办法》《国境口岸卫生许可管理办法(草案)》《供港澳蔬菜检验检疫监督管理办法》《进出口食品安全管理办法(草案)》《出入境检验检疫报检规定(修订稿)》《进出境肉类产品检验检疫监督管理办法》等的修改意见和建议。向地方有关部门报送对《宁波国家高新技术产业开发区条例(修订草案)》等的意见和建议,使地方立法内容符合检验检疫法律、法规、规章和有关政策要求。宁波检验检疫局评估清理 1999 年 8 月“三检”合一至 2009 年 5 月 1 日期间制定的所有业务规范性文件共计 809 件,决定废止 202 件业务规范性文件,印发《关于废止部分业务规范性文件的通知》。是年,根据质检总局要求,宁波检验检疫局承担《中华人民共和国食品安全法》第六十四条、第六十五条的释义起草工作。

2010 年,宁波检验检疫局再次清理业务规范性文件,决定废止 50 件,印发《关于公布第三批废止的业务规范性文件目录的通知》。全年制定业务规范性文件 21 件,主要包括《宁波地区出境竹木草制品生产企业注册登记管理工作程序》《关于对部分动植物产品实施风险管理的通知》《关于进一步加强宁波地区出口蜂产品检验监管的通知》等。

二、普法工作

1982 年 6 月,《中华人民共和国进出口动植物检疫条例》颁布,宁波动植检所召开全市植保、畜牧站长会议,传达条例精神,宣传条例的目的、意义及实施办法。1983 年 5 月 5 日,宁波卫检所以宁波市人民政府名义召开贯彻《中华人民共和国国境口岸卫生监督办法》及其若干规定会议,参加会议的有宁波市外办、口岸办、港务系统、涉外单位、外经贸等 60 余家单位。1987 年 4 月 29 日,宁波卫检所以宁波市人民政府名义召开贯彻《卫生检疫法》会议,参加会议的有宁波市人大教卫委、市府教卫处、外办、口岸办、交通、外经贸、公安、司法、新闻和口岸有关部门等 80 多家单位的领导。1989 年 4 月 29 日,宁波市政府召开口岸系统有关单位负责人会议,贯彻《卫生检疫法实施细则》,共 70 余人参加。1989 年 8 月 1 日,《商检法》施行,浙江商检局把抓好《商检法》的学习宣传和贯彻落实作为治理整顿的中心任务,印发千余份宣传学习资料,举办《商检法》培训班。

1991 年 10 月 30 日,《动植物检疫法》通过。11 月,杭州动植检所在杭州召开宣传贯彻《动植物检疫法》大会,浙江省人大常委会、省法制局、省经贸厅、浙江商检局、杭州海关、省民航局等 49 个单位的 60 余位代表出席。1992 年 3 月,温州动植检所以温州市政府名义召开宣传贯彻《动植物检疫法》会议,温州市领导及农业、外贸、涉外机构、公检法相关部门、新闻单位等有关部门负责人和代表60余人出席会议，发放宣传资料1000余份。4月，宁波动植检所以宁波市政府名义召开贯彻实施《动植物检疫法》动员大会，市政府各委办局、口岸查验单位及货主代表到会，宁波市副市长到会讲话。1993年，浙江商检局强化对外法制宣传，增强社会商检意识，与浙江经济电台合办《商检之声》(每周两次，全年播出)；在《浙江经济报》开辟"企业与商检"专栏，连载两个月；组织部分新闻单位进行沿海商检"千里采访"活动。各地商检局也在当地电台、电视台、报刊上举办"商检之窗""商检知识讲座"等专栏、专题节目。举办认可检验员、报检员以及检验技术、质量管理等培训班54次，3000多名企业业务骨干接受培训。1994年，浙江商检局开展多种形式的普法宣传活动。省人大、省政府法制局、省司法厅、省经贸委、省工商局、杭州海关和省口岸办的领导，以及新华社浙江分社、《浙江日报》、浙江电视台、浙江人民广播电台等26家新闻单位共67人参加省局在杭州召开的新闻发布会。8月，浙江商检局会同浙江电视台联办"欢乐时光——庆祝《商检法》实施五周年"综艺节目，全省有关各进出口企业、省经贸委、海关、工商、消协等59个单位共217人参加节目现场录制。1995年，浙江商检局组织广大检验人员深入学习《国家赔偿法》《商检行政处罚办法(试行)》《商检行政复议实施办法》等有关法律法规和行政规章，增强法制观念，提高执法水平。

1996年8月，宁波动植检局选派人员到北京参加农业部举办的《行政处罚法》培训班，学习《行政处罚法》及相关法规。9月，邀请宁波市中级人民法院行政庭法官讲解《行政处罚法》。1997年6月，宁波卫检局举办《行政处罚法》《行政诉讼法》培训班。1998年2月，宁波动植检局完成国家动植物检疫局下达的《国际动物卫生法典》英译汉工作任务。是年，浙江商检局组织有关人员参加浙江省第二期行政执法培训和考试，93人获得行政执法证。1999年7月，宁波商检局开展庆祝《商检法》实施10周年系列宣传教育活动。2000年3月，宁波检验检疫局分批举办《行政处罚法》培训班，学习《行政处罚法》和《出入境检验检疫行政处罚办法》，123名执法人员参加了此次培训。是年，浙江检验检疫局组织部署"三五"普法总结验收工作，对五年来的法制宣传教育工作进行全面梳理，总结经验，寻找薄弱环节，确定下一步工作重点，顺利通过省政府的"三五"普法总结验收。组织处级以上干部进行检验检疫的法律知识轮训，组织具备条件的执法人员进行执法证资格考试。

2001年，浙江检验检疫机构采购《全国质检系统普法学习法律法规汇编》，相继举办行政执法程序培训班、职务犯罪预防与惩治知识讲座、新进人员法律知识培训班，开展第一个"法制宣传日"活动等。通过召开政策答疑会、专题座谈会、报告会等形式开展对外经贸企业的法律法规宣传，组织人员对从事海员接待、国际旅行人员接待、对外供应、外轮维修人员以及学校外贸专业的学生等进行检验检疫法律知识的培训，对290名船舶和货物检验检疫的报检人员、670名产地证手签员集中培训、考核和认可。2002年4月，修订后的《商检法》颁布，浙江检验检疫机构通过政策宣讲会、通报会、知识讲座等形式宣传新修订的《商检法》，以当地政府有关部门、外经贸单位、进出口企业、口岸单位及其员工为宣传重点，根据不同对象，针对他们切实关心的内容进行宣讲。2003年，宁波检验检疫局制订印发《关于加强领导干部学法用法工作的意见》。全年共举办2期由全局科级干部参加的、以"依法行政、依法施检"为主题的法制讲座，参加人员近100人；举办1期《行政许可法》讲座，参加人员近200人；对全局干部职工进行《认证认可条例》的轮训，参加人员近400人；发放500本《“四五”普法作业本》。2004年，《行政许可法》正式实施，浙江检验检疫局成立贯彻实施《行政许可法》工作领导小组，制定印发《浙江检验检疫局贯彻实施〈行政许可法〉工作方案》，具体部署《行政许可法》的学习培训和贯彻实施工作，加强对全省系统各单位分管领导和法制工作骨干的培训，进行全员学习培训，组织观看电视讲座。是年，宁波检验检疫局承办质检总局组织的《进出口商品检验鉴定机构管理办法》宣贯会，共有40名同志参会。举办学习《行政许可法》、检验鉴定机构从业人员资格考试、报检员资格考试、检验检疫法律法规知识等培训班。

2005年是“四五”普法总结验收之年，浙江检验检疫机构部署全系统的“四五”普法总结验收工作，举办浙江检验检疫系统“四五”普法培训班，邀请省内有关专家讲授国务院《全面推进依法行政实施纲要》《中华人民共和国公务员法》，还首次邀请质检总局法规司专家来杭讲授检验检疫行政执法知识。根据质检总局《关于做好2005年“3·15”国际消费者权益保护日系列宣传工作的通知》要求，组织全系统开展“3·15”国际消费者权益保护日活动。通过宣传橱窗、图板、宣传册和新闻媒体，宣传检验检疫部门在维护消费者权益方面所承担的工作职责和所取得的成绩。组织系统内有关法律和检测专家参加浙江省消费维权网、浙江都市网等4家全省知名网站的网络受理消费者投诉和咨询活动，以及接听现场开通的8路电话受理投诉咨询。现场为消费者所关心的进口家用电器、服装、食品等产品质量，出国保健、“CCC”强制认证等问题解疑释难。是年，宁波检验检疫局开展《商检法实施条例》《出境货物木质包装检疫处理管理办法》《保税区检验检疫监督管理办法》《出入境检验检疫行政处罚办法》《进出口商品复验办法》等检验检疫法律法规和规章的宣贯工作，共举办12期学习培训班。

2006年是“五五”普法开局之年，宁波检验检疫局举办执法人员检验检疫法律法规轮训班，全局近300名学员参加培训和考试；举办《出入境检验检疫行政处罚程序规定》《质量监督检验检疫行政执法监督与行政执法过错责任追究办法》等规章宣贯会。通过检贸协作会等活动，对外进行法律法规宣传。浙江检验检疫局根据浙江省委、省政府和国家质检总局的要求，制订《浙江检验检疫局关于开展法制宣传教育第五个五年规划》。是年，浙江检验检疫机构参加质检总局举办的“全国质检法律知识竞赛”。11月，63支代表队的189名队员参加在北京举行的初赛(笔试)，宁波检验检疫局代表队获检验检疫组第一名。2007年1月25日，检验检疫和质量监督两组获得初赛前6名的12支代表队在北京参加总决赛，宁波检验检疫局最终获得检验检疫专场总决赛第四名，获三等奖。中央电视台全程转播总决赛。

2007年，浙江检验检疫局调整充实“五五”普法领导小组和普法工作办公室。9月，在萧山召开《国务院关于加强食品等产品安全监督管理的特别规定》(以下简称《特别规定》)宣贯会暨年度普法工作会议；印制并在系统内发放6500余本《特别规定》单行本；举办52期以宣传集中整治行动和国务院《特别规定》为主要内容的政策法规宣贯会，培训2132家企业、5512人次；召开全省出口玩具企业检验监管与质量许可会议、出口全地形车检验监管会议，对400余家出口玩具企业、130余家出口全地形车企业、408家塑料制品企业进行政策法规宣传和标准培训。9月，浙江检验检疫机构组织人员参加由司法部、国务院新闻办、国家体育总局、北京奥运会组委会、全国普法办联合部署开展的“百家网站奥运相关法律法规知识竞赛”活动，共有987名干部职工参加竞赛活动，参赛人员比例超过70%，其中67人参赛成绩进入全国前2000名，浙江检验检疫局有1人获得全国唯一的特等奖。是年，宁波检验检疫局开展《特别规定》《中华人民共和国行政复议法实施条例》《国际卫生条例(2005)》等法律法规规章和国际条约宣贯；组织参加“3·15”国际消费者权益保护日、2007“浙江法治宣传月”、宁波市组织的“保护知识产权宣传周”等活动；制作印刷全套检验检疫法律法规宣传漫画。

2008年，浙江检验检疫机构通过检企座谈会、政策宣贯会普法，面向100余家企业进行法律法规宣贯、授课，参与人数5000余人。利用广播、电视、报纸、网络等进行宣传。先后5次派人参加省市广播电台《法制》专栏，以案说法，宣传检验检疫法律法规。2月，宁波检验检疫局与北京检验检疫局、江苏检验检疫局一起被质检总局表彰为“全国质检系统依法行政先进单位”，宁波检验检疫局2名同志获评“全国质检系统法制工作先进个人”。8月，浙江省直属单位普法依法治理工作会议在杭州召开，共161家省直属单位参会。浙江检验检疫局作为4家在会上介绍推广普法工作经验的单位之一，作题为《完善机制创新形式提高普法宣传的实际效果》的发言，介绍浙江检验检疫局“五五”普法以来取得的成效。9月，结合《中华人民共和国节约能源法》《出入境检验检疫查封、扣押管理规定》的宣贯，浙江检验检疫局举办行政诉讼应诉代理人培训班，组织各分支局分管副局长、各办事处负责人、法制工作部门负责人、行政诉讼应诉代理人，及浙江检验检疫局各处室、直属单位普法工作负责人、普法骨干百余人参加培训。2009年，浙江检验检疫局举办普法培训班，近百人参加培训。在杭州武林广场举行“3·15国际消费者权益保护日”纪念宣传、咨询活动，面对普通消费者宣传检验检疫法律法规，介绍检验检疫打假维权职责、3C产品认证知识、国境卫生检疫工作、省检科院五大实验室在提供保护国家进出口经济安全和为消费者提供优质检测服务方面的能力等以及如何正确选择进口食品、家用电器等商品知识。受理消费者咨询50件、投诉5起。参加浙江省《食品安全法》宣传周启动仪式。组织参加2008年度全国法制好新闻和2007—2008年度全国法制题材电影电视节(剧)目评比活动，共推荐通讯类作品13件。分别赴台州、丽水、温州、衢州等10余个地区，向当地进出口企业宣讲金融危机形势下帮扶企业新政策新措施，帮助企业及时了解有关信息，现场解答企业提出的各类问题，并向企业发放新政策法规汇编，共有近3000家企业的代表听取巡回宣讲。是年，宁波检验检疫局开展“弘扬法治精神、服务科学发展”首届法律知识竞赛，并在现场举行围绕行政处罚、司法接待和复验三项工作所设计制作的4部法制工作教学片的首发仪式。宁波检验检疫局在“全国质检系统食品安全法知识竞赛”中获三等奖。

2010年，浙江检验检疫局在杭州举办“五五”普法法律知识竞赛现场决赛。质检总局法规司、浙江省普法办、省司法厅领导到现场观摩。是年，浙江检验检疫机构开展“五五”普法总结和检查验收工作，总结“五五”普法经验、成果和不足；开展自查自纠、统一检查、总结表彰检查验收工作。是年，宁波检验检疫局组织开展首届宁波进出口企业检验检疫法律知识竞赛。全市512家进出口企业、2221名代表参与比赛。开展“3·15”国际消费者权益保护日、世界艾滋病日等专题普法宣传。先后4次参加宁波人民广播电台的《法制》栏目，面向进出口企业开展法律法规、政策宣贯。局党组中心学习组听取法律专家关于行政法、食品安全法等专题讲座。宁波检验检疫局举办法制岗位能力认定培训班，对拟任法制岗位的人员进行岗位必备法律法规知识的培训。举办执法人员法律知识轮训班，分3轮对全局执法人员进行法律法规知识集中培训，并宣传《中华人民共和国食品安全法》。12月，浙江检验检疫局在杭州召开依法行政工作会议，局长作了题为《坚持依法行政 建设法治质检 努力开创浙江检验检疫法制工作新局面》的报告，表彰全省8个行政执法先进集体和33位行政执法先进个人，质检总局法规司司长作依法行政专题讲座。

三、执法监督

1990年9月，浙江省司法厅、经贸厅、监察厅、省政府法制局和浙江商检局在各市、各部门自查的基础上，组成检查组，对《商检法》执行情况进行监督检查。1992年，浙江商检局和新华社浙江分社共同采写的浙江外商设备低价高报、以旧充新、以次充好情况严重的报道，被新华社《动态清样》采用。1993年，浙江商检局建立商检工作质量检查制度，把工作质量列入岗位目标管理的重要内容之一，层层分解到各地局、各处室，落实到每个检验员和综合管理人员。组成检查组进行年中、年末2次检查考核。重点检查考核出口商品检验分等管理，出口食品、服装、进口机械设备检验，执行质量许可制度，执行请示报告及完成上级下达交办事项和行政处罚工作等内容。此外，对商检证书质量及检务工作进行专项抽查。1994年，浙江商检局开展《商检法》执法检查。年初，联合省政府法制局、省外经贸委、省口岸办向全省各地市发出检查通知，8月，在各地市自查和抽查的基础上，由省政府法制局和浙江商检局两单位领导带队，省人大财经委、法工委、省口岸办、外经贸委派员组成全省《商检法》执法检查组，对绍兴、嘉兴两市的执法情况进行检查，听取当地政府执法检查情况汇报，召开22家外贸生产企业、进口收用货部门和经营公司代表参加的座谈会，对6家企业和2个商检局进行现场检查，并与当地政府领导和有关部门负责人共同研讨如何进一步全面贯彻落实《商检法》等问题，使商检法制建设进一步落到实处。

1996年9月，浙江商检局抽调20多人组成由局领导挂帅的3个检查小组，分别对各地局、各处室进行工作质量检查，并首次组织地区局业务骨干检查省局工作质量。同时，为适应《国家赔偿法》等实施的要求，制定行政执法工作质量差错追究、经济赔偿制度和行政执法工作质量按级报告、通报制度等。1997年8月，浙江商检局转发国家商检局《商检行政执法和行政执法监督检查规定》，对商检行政执法和行政执法监督检查工作的责任部门、工作职责、工作原则，以及商检行政执法监督检查工作的对象、内容、程序、形式、工作纪律以及奖励与惩罚等进行规范。1998年4月，浙江商检局在6个试点单位及相关职能部门试行按照ISO 9000国际标准建立的商检内部质量保证体系，许多质量管理环节得到了控制，业务管理进一步规范。是年，杭州动植检局在原有检疫管理制度的基础上，修订了相关的检疫管理制度，并重点抓好操作规程、检务处理等措施的制定，初步形成了检疫业务管理体系，为实行规范化、制度化管理奠定了基础。

1999年“三检”合一以后，浙江检验检疫机构注重工作质量监督检查，通过经常性、制度化的工作质量检查，排查工作质量隐患，防范工作质量事故发生。2002年4月，浙江检验检疫机构根据质检总局《关于进行质量监督检验检疫系统行政执法工作检查的通知》的要求，开展查法制基础建设、查执法文书、查案件把关、查普法工作、查队伍建设、交流执法工作的行政执法“五查一交流”活动。通过自查、互查和抽查，总结执法工作的经验教训，研究分析执法工作中存在的问题和不足。5月，浙江检验检疫局根据质检总局的统一部署，按照先全面自查后重点抽查的步骤，在全局开展行政执法工作检查，要求有关单位对查出的问题及时加以纠正，进一步规范行政执法工作。9月，宁波检验检疫局在全局共抽查“三检”合一以来的检验检疫执法证单6100余份。2003年，浙江检验检疫局制定《浙江出入境检验检疫行政执法责任制》《浙江出入境检验检疫行政执法评议考核与奖惩办法》《浙江出入境检验检疫行政执法监督检查规定》，健全和完善行政执法责任及考核、监督机制，规范行政执法工作。2004年，浙江检验检疫局开展年度行政执法工作质量监督检查，分4个检查小组对12个分支检验检疫局行政执法及工作质量进行监督检查。对检验检疫基础管理工作、行政许可规范性、行政处罚案件质量、监督管理工作落实情况以及对进口敏感商品检查中发现问题所采取的整改措施的落实情况进行抽样检查，检查内容包括食品卫生注册登记管理工作、出口质量许可管理工作、出口小家电检验监管、出口鞋类检验监管、出口蔬菜基地备案管理、进境木质包装检疫、残留监控及进出口食品标签审核工作、检验检疫证单签证工作、检验检疫业务统计工作、行政处罚工作以及进口铁矿的检验监管工作。

2005年，宁波检验检疫局工作质量监督检查工作改变以往以单证检查为主的模式，实行业务综合素质测试、现场跟踪检查以及单证检查“三结合”的新监督检查模式。根据出口商品风险的程度，有针对性地开展出口蔬菜、肉类、水产品等多项高风险商品的专项稽查，评估检验检疫人员的执法水平和工作质量水平。加强对入境流向货物的监督管理，确保流向货物检验检疫工作的顺利实施。是年，宁波检验检疫局向相关检验检疫局就入境流向货物监管协作发函18份，建立起口岸检验检疫协作体系。是年，浙江检验检疫局按照质检总局的工作部署，组织全局开展《行政许可法》执法工作检查，依照“突出重点、加强调研、深入实际、注重实效”的原则，通过与行政许可项目经办人员座谈交流、现场检查与业务档案抽查相结合等方式，对全局系统各单位、各部门的贯彻执行情况进行抽查。重点对行政许可对外公开情况、许可项目的办理过程以及后续监管等方面进行检查。6月，质检总局执法检查组对浙江检验检疫局行政许可工作进行专项检查。9月，根据《关于进一步加强浙江检验检疫局行政执法工作质量监督检查工作的意见》，浙江检验检疫局组织开展了2005年度行政执法工作质量监督检查，对12个分支局和10个处室行政执法工作质量进行了全面监督检查。

2006年，宁波检验检疫局通过两种方式提升监督检查的针对性：一是建立业务试题库，在业务综合素质测试的基础上，广泛征集业务试题，建立业务试题库；二是探索电子检查新模式，主要对进境废物原料、进境木包装等进口敏感货物的检验检疫工作实施视频实时监控。是年，印发《宁波检验检疫局业务工作质量考核办法（试行）》，明确和规范考核对象、考核程序、工作质量差错分类以及考核结果的应用等内容。印发《宁波检验检疫系统深入推行行政执法责任制实施方案》，建立权责明确、行为规范、监督有效、保障有力的检验检疫行政执法体制。9月，质检总局在江苏省南京市召开全国质检系统法制监督工作现场经验交流会，宁波检验检疫局作为质检总局指定的8个大会交流发言单位之一，在会上介绍结合ISO 9000质量管理体系深入推行行政执法责任制工作的经验。是年，浙江检验检疫局制定《关于进一步加强浙江局检验检疫行政执法工作质量监督检查工作的意见》，具体规定执法检查的原则、目标、范围、内容、形式及工作要求。9月，组织开展浙江检验检疫行政执法工作质量监督检查，分别对12个分支机构和10个处室的行政执法工作质量进行监督检查。

2007年，浙江检验检疫局印发《浙江检验检疫系统绩效管理考核办法(试行)》《浙江检验检疫系统2007年度主要工作目标考核项目书》。8—9月，组织对全省11个分支局和省局各单位绩效考核工作质量的自查和抽查工作。在各单位自查的基础上，组织省局有关职能处室对温州局、绍兴局和省局食品处、保健中心和机场办的工作质量自查工作进行抽查。10月，下发《关于2007年第三季度全省系统绩效考核工作质量检查情况的通报》。12月，印发《关于组织开展全省系统绩效考核自查自评的通知》，组织全系统开展年终绩效考核工作质量检查工作。2008年，宁波检验检疫局印发《宁波出入境检验检疫局业务稽查专家库管理办法(试行)》，设置法律法规组、卫生检疫组、动物检验检疫组、植物检验检疫组、食品检验检疫组、机电检验组、化矿检验组、轻纺检验组、废物原料检验组、认证认可组、检务组11个专家组，并对专家组的组建、专家的选聘和解聘等内容进行规范。是年，印发《宁波检验检疫局执法能力稽查管理办法》，对执法能力检查工作的检查方式、管理程序、结果应用、绩效考核等内容进行规范。全年，宁波检验检疫局对23个业务部门进行结合ISO 9000体系内审的常规检查，对6个部门开展鉴定业务的专项检查。对涉及进境废物原料查验、进境木质包装检疫等敏感业务的32个场站、码头监控点展开电子视频检查。共抽查检验检疫单证、原始记录2500余份，核查企业档案、日常监管记录300余份；综合业务能力测试63人次；现场跟踪检查21人次；反馈工作质量和ISO 9000体系中的问题和建议316项，其中包括工作质量问题57项，ISO 9000体系不符合项28项，工作建议231项，并对存在问题的单位和部门签发稽查意见书。是年，浙江检验检疫局大力推进行政执法责任制工作。浙江检验检疫局和各分支局相继成立行政执法责任制工作领导小组，明确主要领导为行政执法工作的第一责任人，分管领导为直接责任人，法制工作部门为责任部门，并把行政执法责任制工作作为年度绩效考核的一项重要内容。对2003年制定的《行政执法评议考核及奖惩办法》进行修订，制定《行政执法责任制评议考核管理办法(试行)》，明确行政执法责任制的要求及评议考核的标准。根据质检总局相关要求，下发《关于开展法制工作质量自查自评的通知》，组织部署全局开展法制工作质量自查自评工作，并向质检总局上报浙江检验检疫局法制工作质量自查报告。8月，浙江检验检疫局制定《投诉举报管理办法(试行)》，统一在外网公布投诉举报电话。全年共受理针对检验检疫内部执法行为的投诉和涉及进出口企业违法行为的举报线索30余件，按规定调查后，将调查处理结果及时反馈投诉举报人。2009年，宁波检验检疫局构建起稽查处、业务管理处以及分支机构三级工作质量监督检查管理机制。全年，共对全局17个业务单位(部门)进行结合ISO 9000质量管理体系内审的常规检查，对12个业务单位(部门)开展19人次的检验检疫执法人员场景检查，以及对全局4个业务岗位的检验检疫执法人员开展32人次的业务理论综合测试。共核查单证1800余份，审查企业档案、日常监管记录400余份；反馈业务工作质量和ISO 9000质量管理体系中的问题和建议218项，其中包括工作质量差错57项，ISO 9000质量管理体系内审不符合项14项，并对存在问题的单位（部门）签发稽查结果通知书及稽查意见书29份。各业务管理处对各自业务管理范围的分支局、办事处以及业务执行处等开展七大类业务的专项检查，共抽查单证记录900余份，审查企业档案记录300余份。是年，制定《宁波检验检疫局工作质量控制体系实施指南》，为全局检验检疫工作质量体系实施提供依据和指南。

2010年，浙江检验检疫局创新外部执法监督形式，向全局的外部执法监督员分发《外部执法监督员意见征询表》。内容分为履行职责、依法行政、政务公开、程序规范、首问负责、办事效率、服务态度、廉洁自律、改革创新和整体评价10个方面。发放的26张征询表，反馈意见的16张，反馈率为61.5%。在16张反馈表中，12张对以上10个方面全部评价为“好”；4张对依法行政、政务公开、首问负责、办事效率、服务态度、廉洁自律和整体评价7个方面评价为“比较好”；2张对办事效率和改革创新评价“一般”。反馈意见中，没有对以上10个选项选择“比较差”或“差”。是年，宁波检验检疫局围绕“提升质量安全水平、服务经济平稳较快发展”主线，组织开展全局的业务工作质量大检查。大检查工作按照各业务单位、部门自查与宁波检验检疫局检查组检查相结合的方式进行。是年，质检总局督查内审司组成业务督查组，对宁波检验检疫局进行业务督查调研。业务督查组通过业务流程核查、单证核查、现场跟踪检查、企业走访等方式对宁波检验检疫局进行业务督查。随后，业务督查组对督查情况进行反馈，宁波检验检疫局党组专题听取相关部门对反馈问题的处理意见和建议。8—10月，按照质检总局的部署，宁波检验检疫局在全局开展行政执法案卷评查工作。法制与综合业务处对局本部行政处罚案卷自查，各行政许可事项归口管理处室及各分支机构对各自行政许可案卷自查；在自查的基础上，法制与综合业务处牵头对各分支机构、各行政许可事项归口管理处室的行政处罚和行政许可案卷开展检查验收。

第二节　执法稽查

浙江检验检疫机构将执法稽查作为依法行政的手段，依法对行政相对人开展行政调查与检查，查处违反检验检疫法律法规的违法行为；保障行政相对人救济权利，依法化解行政争议，认真办理行政复议案件，积极参与行政诉讼，维护进出口贸易秩序。1984年11月16日，某外轮未经联检擅自决定非联检人员登轮，宁波卫检所对其作通报处理，这是建所以来首次对违法行为进行处罚。1999—2010年，浙江检验检疫机构不断加大对逃避检验检疫，伪造、变造和买卖检验检疫证单，进出口假冒伪劣产品等违法违规行为的打击力度，加强行政处罚工作，共办理行政处罚案件16089件，共处罚款11771.2万元。1992年9月，最高人民法院将《上海远洋运输公司不服宁波卫检所国境卫生检疫行政处罚决定》一案作为典型的卫检行政执法与诉讼案例，在《中华人民共和国最高人民法院公报》1992年第3期上公布。2000—2010年，浙江检验检疫局无行政复议和行政诉讼案件；宁波检验检疫局共有行政复议案件6

件，无一件被撤销，行政诉讼案件2件，无一件败诉。

一、行政检查与处罚

1984年11月16日，某外轮未经联检擅自决定非联检人员登轮，宁波卫检所对其作通报处理，此为建所以来首次对违法行为进行处罚。1985年2月，宁波某公司违规从日本进口五针松并进行倒卖，宁波动植检所依法对该公司罚款3万元。3月，该公司违规从日本进口大阪杉，宁波动植检所依法对该公司罚款10万元。1986年3月，某外轮未经联检，擅自与某供水轮船商定并实施靠轮供水，宁波卫检所依法对该外轮罚款300元，对该供水轮船给予警告处罚。1987年5月，某外轮未经联检，擅自安排港务局北仑作业区商务科工作人员登轮联系业务，宁波卫检所依法对该轮罚款500元，对商务科罚款300元。10月，温州某毛纺厂在上报审批定点加工企业的过程中，未经温州动植检所实施现场监管，擅自加工未经检疫消毒的新西兰羊毛，被温州动植检所处以1000元罚款。

1988年1月，浙江商检局向宁波、温州、金华、舟山、台州等地商检局转发财政部《关于商检部门罚没收入如何上交和违反财政法规罚款列何科目的函》。随后，浙江各地商检部门依法收缴的罚没收入，均执行财政部的规定，全部上交地方财政，所需办案费用补助向地方财政申请核拨。

1990年，浙江某服装进出口公司未报经检验，将一批出口西德的棉夹克衫运至深圳报关出口，被深圳海关查出并要求补办商检手续，浙江商检局依法对该公司罚款5000元。1991年8月，浙江商检局发布实施《浙江商检局查处违法违章案件程序的规定》。1993年3月，浙江商检局下发《全省商检系统行政处罚工作研讨会纪要》，在全省范围内统一行政处罚的程序和标准，要求严肃查处违法行为，做到有法必依，执法必严，违法必究，维护对外贸易和商检工作的正常秩序。同月，杭州某丝绸制衣厂在浙江商检局对该厂生产的1批出口美国的电力纺砂洗尖领背心实施检验时，违规调换3箱已抽好待检验的质量较差的产品，并更改箱号，试图将不合格产品出口。浙江商检局经调查，决定对该厂予以通报批评，并罚款2500元。1994年7月，杭州某工具有限公司生产、宁波市鄞县某进出口公司和金华市某进出口公司分别报验出口的2批次货物被浙江商检局检验为不合格。上述2家进出口公司在收到不合格通知单并被告知不准出口以后，仍擅自将上述2批次货物装运出口。浙江商检局依法对上述3家企业予以通报批评，并分别对2家进出口公司罚款10000元。9月，浙江商检局派员对杭州某制衣有限公司报验的2批女装棉外套（共计10848件、226箱）抽样检验时，发现在抽取的20箱中，有7只空箱。经调查，该公司承认是为了凑齐出货商检数量，在大货中放入空箱。浙江商检局根据《商检法实施条例》第五十一条的规定，决定给予该公司通报批评处罚。同年，杭州某制衣有限公司在浙江商检局实施检验过程中，擅自将已抽好待检验的13箱样品换掉12箱，后被商检工作人员发现并制止。浙江商检局依法决定对该厂擅自调换商检机构抽取样品的违法行为予以通报批评。全年，浙江商检局对37起逃避法定检验、涂改、伪造商检单证等违法行为，分别给予通报批评、警告、罚款，直至停止报检等处罚。1995年，浙江商检局根据国家商检局有关规定，发函统一全省进口机动车辆违反《商检法》行为的处罚标准。12月，某对外工程公司、上海某核电器材公司出口到巴基斯坦的核电物资中含有6种法检商品未经检验。浙江商检局发函通知两家公司该批法检商品未经检验不得出运。但两家公司未经浙江商检局同意,擅自将该批法检商品交项目公司报关出运。浙江商检局于1996年2月对以上两家公司处以罚款。

1996年6月,浙江商检局下发《浙江商检局行政处罚工作程序的规定(试行)》。同年,根据国家商检局《关于进一步查处假冒UL标志的通知》要求,依法打击生产、销售假冒UL标志产品的非法行为。联合工商和当地政府及时查处打击有关假冒UL标志行为,对余杭某线缆厂、杭州某电器有限公司假冒UL标志的行为进行查处。同年,舟山商检局查处浙江某化工进出口公司舟山分公司违规向美国出口虾仁一案,对该公司罚款6万元,并予以通报批评。1997年,浙江商检局成立打击假冒UL认证标志工作领导小组,指导全省打击假冒UL认证标志的违法行为。同年,对国家商检局7月转来的中央办公厅刊发的"金华基层反映出口商品逃漏验情况严重,海关商检部门应联手整治"信息进行核实,共调查走访金华地区37家出口商品生产企业。经调查,发现有9家生产企业逃漏验(逃避产地检验)情况,占被调查企业数的24.32%,涉及逃漏验金额2278.47万元。浙江商检局依法对违法企业进行了处理。1998年4月,日本某株式会社杭州代表处在代办1批法检商品鲜香菇的出口手续时,被海关发现报关单涉嫌造假。后经浙江商检局调查发现,该代表处在报关单上伪造商检放行印章及商检工作人员手签笔迹,涉案金额29750美元。浙江商检局依法对该代表处予以通报批评,并处罚款25000元。同月,宁波商检局根据《行政处罚法》和当事人申请,举行建局以来首次行政处罚听证会,对宁波镇海某外贸公司伪造放行印章一案举行听证会。7月,浙江商检局在对杭州某金属有限公司出口西班牙货物申办普惠制原产地证书的调查中发现,该公司擅自涂改普惠制证书日期,对进口成分不如实申报。浙江商检局依据《商检法实施条例》的有关规定,对该公司做出罚款25000元及对其违法行为予以通报的处罚决定。12月,宁波经济技术开发区某贸易有限公司在其设在杭州某百货公司的"巴黎世家"服装专柜经销的服装上,加贴假冒"CCIB绿色验讫"标志。经浙江商检局调查核实,涉案假冒商检标志共约300枚,涉及服装货值约10万元。浙江商检局依法对该公司予以通报批评并处罚款10000元。1999年4—9月,浙江商检局根据国务院办公厅通知要求,在全省范围内查禁非法进口"红油"及"红油"与其他成品油勾兑的混合成品油。

1978年至"三检"合一以前,宁波动植检局(所)共查处各类违法案件17起;宁波卫检局(所)共对违反《卫生检疫法》及其实施细则的19艘次出入境交通工具实施行政处罚。

1999年8月"三检"合一以后,浙江检验检疫机构加大对违法行为的查处力度,行政处罚案件数量不断增加。2000年,浙江检验检疫局在对杭州市场进口的化妆品进行检查中发现,来自苏州某经贸公司的部分进口化妆品加贴的安全卫生标志系该公司伪造,对该公司予以处罚。2001年1月,宁波检验检疫局在对宁波某百货经营单位"大畈屋"备案过程中,发现该经营单位采用欺骗手段,从某检验检疫局骗取用于流通领域验证的卫生证书,作为进口后已经检验检疫合格的卫生证书,并查获来自日本的糖果、巧克力和饼干等食品667箱,货值538万余日元。宁波检验检疫局依法对该单位处以罚款。2月,宁波检验检疫局查处1家未经备案的进口香水经营单位，现场查获无外包装、无产地标签、无CIQ防伪标志、无中文标签及未在产品上标示有效期的某法国知名品牌分装香水95种，合计3600瓶，货值400万元。宁波检验检疫局将该案移送宁波市工商局进行处罚。3月，某公司向丽水检验检疫局申报1批香菇与白背木耳，共106箱、1549千克，出口加拿大。该公司擅自在码头将6箱香菇换成人参，装入集装箱出运。丽水检验检疫局向该公司提出批评，并责成其就此事写出书面检查。3月，宁波检验检疫局依法查处宁波某家具公司使用假冒的UL标签一案，现场查获尚未使用的假冒UL标签252张，并查明该公司自2000年11月开始，应美国客户的要求，分别在出口美国的4批91件(套)家具上使用假冒UL标志的违法事实。宁波检验检疫局依法对该家具公司罚款12万元。6月，宁波检验检疫局检查发现宁波某食品公司从南美进口的5万余吨大豆存在发霉、变质和腐烂的情况，且部分大豆携带的假高粱(系二类危险性有害生物)严重超标。在调查期间，该公司又擅自将应销毁处理的700余吨残损大豆用于生产加工或当作垃圾、肥料、饲料处理。宁波检验检疫局依法对其处以210万元罚款。2001年3—9月，宁波检验检疫局根据国务院《关于整顿和规范市场经济秩序的决定》的精神以及质检总局的部署，组织开展打假工作，对假冒进口化妆品、进口保健品和进口酒类开展打击活动，对出口锁具、出口电动工具、出口打火机、进口肉类的储存场库进行检查，依法打击制售假冒伪劣商品违法活动。

2002年5月，浙江某集团公司在委托宁波1家企业生产并报检出口搪瓷产品的过程中，为骗取检验检疫通关单，采取复印、拼写等手段伪造外商质量确认书10份，货物总价值221900.96美元。宁波检验检疫局依法对该公司罚款92100元。6月，温州某制革有限公司未经检疫审批，分别从澳大利亚进口盐湿牛皮4490张，从美国进口盐湿牛皮2250张，违反《动植物检疫法》规定，温州检验检疫局对该公司处以3000元的罚款。2002年底至2003年6月，温州某鞋业有限公司从美国、澳大利亚进口牛皮14个标箱，货值约25万美元，从阿拉伯联合酋长国进口羊皮2个标箱，货值约6万美元，经温州检验检疫局检疫，允许实施定点加工。但该公司未经温州检验检疫局同意，擅自将该批货物转卖给他人，违反《动植物检疫法》的规定，温州检验检疫局对该公司处以28000元罚款。2003年，浙江检验检疫机构对装运出口易腐烂变质的食品、冷冻品的集装箱逃检行为进行综合治理。联合多个部门对出口的船名、航次进行突击检查，发现共有10余家单位的20余个食品集装箱未取得适载检验合格证书擅自装运食品出口，共作出行政处罚8起。5月，湖州检验检疫局在对湖州某公司从意大利、韩国进境的打印机、机械设备等货物实施木质包装抽查时，现场开箱发现有大量的木质包装，与货主申报材料中的“无木质包装申明”不符。湖州检验检疫局依据《动植物检疫法》及其实施条例的相关规定，作出罚款的行政处罚决定。2004年，浙江检验检疫机构开展进口旧机电产品专项治理工作，打击以旧充新、低价高报、伪造证单和瞒报、伪报等不法手段违规进口的行为。根据质检总局的统一部署要求，浙江检验检疫局与浙江省质量技术监督局联合成立打击假冒UL标志工作组，对假冒UL标志的情况进行全面摸底排查，对违法企业处以罚款。是年，宁波检验检疫局共查处11家进口旧机电产品违规企业，涉案货值346.16万美元，处以罚款68.63万元。

2005年5月，宁波检验检疫局在对浙江某渔业公司所属轮船实施出境检疫时，发现32名船员中有21人提供的国际旅行健康检查证明书及国际预防接种证书存在英文拼写错误、无检疫人员签名等伪造嫌疑。经调查，确认上述证书系河南某劳务中介公司伪造而成，遂依法将此案移送河南检验检疫局处理。同期，宁波某造船厂以进料加工的形式从美国进口一批空调、冰箱、管道等商品。该批货从上海浦东机场进境后，没有向上海检验检疫局申报并领取入境货物通关单，从而逃避检验检疫机构对该批货物的检验监管。货到宁波后，该造船厂对其中的法定检验商品未向宁波检验检疫局报检，且在未经检验的情况下即将该批货物投入使用。宁波检验检疫局依据《商检法》规定，对该公司予以罚款。8月，宁波某外贸公司进口1批来自匈牙利的敌毒素（饲料添加）。宁波检验检疫局执法人员经过抽样检测发现该批货物不合格，立即对其进行施封。10月，该公司在未得到启封通知书的情况下，擅自撕毁封条，将该批货物装箱出仓予以退运。宁波检验检疫局依据《商检法实施条例》的有关规定，对其罚款34000元。11月，宁波检验检疫局接群众举报，慈溪某轴承公司在未经ISO 9001-2000质量管理体系认证的情况下，伪造1份ISO 9001-2000质量管理体系认证证书，用于该公司的网页和宣传资料中。对此，宁波检验检疫局依据《认证证书和认证标志管理办法》的有关规定，责令该公司予以改正，并对其处以罚款3万元。2005年3月至2006年2月，宁波某公司为青岛某公司代理进口4批从中国台湾地区进口的乙烯一乙酸乙烯酯共聚物，货物总量206.75吨，总值278077.50美元。该4批货物均从天津口岸进境，目的地为浙江省宁波市。该公司在该4批货物通关进境后，并没有与报检时申报的目的地检验检疫机构联系检验，而直接予以销售。宁波检验检疫局依据《商检法》的有关规定，对该公司处以罚款。2006年7月，北京一家外贸公司从德国进口一批法定检验电子产品，从上海口岸报关入境，但该企业未按要求向其申报的目的地浙江检验检疫机构报检并接受检验，擅自安装使用，浙江检验检疫机构对该公司进行查处。8月，宁波检验检疫局查处宁波某童车生产企业在未取得出口商品质量许可证的情况下，通过4家外贸企业，将本企业生产的童车以其他有出口资质的童车生产企业的名义报检出口的违法行为，依法对涉案的6家企业进行处罚。在此案调查过程中，为保存证据、查清事实，宁波检验检疫局首次使用查封扣押行政强制措施。是年，宁波检验检疫局开展纸质流向单与入境电子转单信息相结合监管的新模式。通过CIQ 2000系统把2004年以来的入境流向货物纸质和电子数据进行比对，清理入境电子转单未受理信息，查处入境流向货物逃漏检违法行为为26起。是年，宁波检验检疫局开展对食品、化妆品等专项市场整顿活动，发现6起违法违规事件，对违法行为人予以行政处罚。浙江检验检疫局协同山东检验检疫局查获3份伪造检验检疫证书。是年，为了总结行政处罚工作经验，进一步提高行政执法人员行政处罚工作水平，浙江检验检疫局组织法制骨干编写了《行政处罚案例汇编》。

2007年，浙江检验检疫机构根据《出入境检验检疫行政处罚程序规定》的规定，不断完善行政处罚工作相关制度。宁波检验检疫局启用法律意见书和行政处罚案件补充调查通知书，下发《关于加强行政处罚案件调查取证与检验检疫业务衔接工作的通知》。9月，宁波检验检疫局在宁波某展览品监管库内发现一个天然木制作的中木箱，发现木箱上的IPPC标识系国内收货人伪造。宁波检验检疫局根据质检总局《进境货物木质包装检疫监督管理办法》第十八条规定，对该进口公司予以罚款。11月至年底，浙江检验检疫局查处1批骗取检验检疫单证的串案。案件涉及建德梅城地区生产企业7家、全国各地外贸进出口公司33家，涉案金额63万余美元。办案人员先后赴深圳、天津、重庆、湖北、湖南、安徽、江苏、上海及宁波检验检疫局辖区和浙江省内各地调查取证，对其中30多家经查证属实确有违法行为的企业进行处罚，取消2家生产企业的快速核放资格。是年，浙江检验检疫机构开展针对进口商品市场产品质量安全的一系列专项监督检查活动。联合工商、质监、外经贸、卫生等部门，对200余家商场、超市、专业批发市场、饭店、酒店、KTV、夜总会、酒吧、冷库等相关营业场所进行30余次专项检查，对存在违法行为的商家进行立案查处。是年，浙江检验检疫局组织开展出口企业报检产品"飞行"检查，下发《关于组织开展出口企业报检产品飞行(突击)检查的通知》。"飞行"检查共发现存在严重问题的有10批，其中被判不合格1批，暂停报检1家，立案查处8起。同时，对义乌市场采购出口商品进行两次专项检查，对部分商品抽样检测，对检测不合格糖果等及时部署义乌局进行立案查处。发现存在各类问题，对其提出限期整改、加严监管、吊销许可证和检出不合格不予出口等监管措施的有128批，被取消快速核放资格6批、暂停报检37批、立案查处24起。是年，宁波口岸共有出口货物退运3956批，货值12938万美元，其中涉及宁波地区出口货物退运的共2400批，货值7248万美元。宁波检验检疫局对548批次涉及宁波地区出口法检退运货物实施追溯调查，并对15起涉嫌逃漏检或不如实报检的出口退运货物进行立案查处。共转入入境流向货物724批次，立案查处入境流向逃漏检案件26批次，其中一般程序立案处罚14批次，当场处罚12批次，涉案金额达108.7万美元。9月，宁波港国际集装箱码头某外轮发生一起出境集装箱起火爆炸事件。经检验检疫机构现场勘验，该集装箱货物申报品名为《法检目录》外的非法检商品，实际装有电子打火机等出口法检商品。通过掏箱查验，检验检疫机构还发现在港的其他33个可疑集装箱也均存在不同程度的不实申报行为，涉案商品货值共计288万余元。经过调查核实，宁波检验检疫局共立案13起，对利用伪报、漏报商品名称等手段，逃避检验检疫监管，对擅自出口法检商品的发货人给予行政处罚。

2008年，浙江检验检疫机构与辖区司法机关建立行政执法与刑事司法信息共享平台。通过平台与公安、检察、海关、质监等机关加强协作，实现案件的网上移送、网上办理，案件信息流转全程跟踪可控。宁波检验检疫局制定《关于建立宁波出入境检验检疫系统大要疑难案件报告及案件移送制度的通知》《宁波出入境检验检疫系统违法案件举报奖励办法》《宁波检验检疫局行政处罚案件协查管理办法》《关于调整涉及木质包装违法案件行政处罚工作的通知》。1月，宁波检验检疫局在执法中发现，2007年11月，舟山市某鱼粉厂在未依法办理进境动植物检疫审批手续的情况下，与香港某国际贸易公司签订从肯尼亚进口吞拿鱼粉的合同。该批吞拿鱼粉共169760千克，货值129017.60美元，于2008年1月运抵宁波港。宁波检验检疫局根据《动植物检疫法》及其实施条例的规定，对该鱼粉厂予以罚款处罚。2月，上海某公司接受委托办理1批米糕出口至意大利的定舱及出口手续。但由于该批米糕不符合出口食品检验检疫的有关规定，定舱后无法正常办理米糕的检验检疫手续。该公司负责人何某遂设法伪造从市场采购的全套出口钢管报检资料，先向产地检验检疫局报检骗取出境货物换证凭条，之后向口岸检验检疫局报检取得出口货物名称为钢管的出境货物通关单，把米糕违法出口至意大利。该批米糕在意大利销售时被查出含有转基因成分，欧盟就该事件向中国进行通报。宁波检验检疫局按照法律法规，依法对该报关公司予以处罚，对涉嫌构成刑事犯罪的上海某公司及其责任人员移送公安机关。宁波市某区人民法院公开开庭审理后，判决上海某公司构成逃避商检罪，被依法处罚金10万元；该公司负责人何某构成逃避商检罪，被判处有期徒刑8个月，缓刑1年，并处罚金1万元。是年，宁波检验检疫局查处一起某货运公司报检员邬某通过网上交易购买伪造的出境货物通关单，并加价倒卖给温州某货运代理公司，用于一批未经检验检疫的出口法检商品报关出口的案件。北仑检验检疫局依法将案件移送公安机关侦查，后经法院判决认定，邬某的行为已构成买卖国家机关公文罪，依法判处其有期徒刑1年6个月，缓刑2年。5月，宁波检验检疫局执法人员在例行检查中，发现余姚市某公司在网上公开承揽出口货物的咨询和检验工作。该公司营业执照载明的业务范围不包括从事出口货物的咨询和检验工作，其开展出口货物的检验业务也未经质检总局许可。但该公司实际开展的业务包括对出口货物的检验，构成未经许可擅自从事检验鉴定的违法行为。宁波检验检疫局根据《商检法》的有关规定对其作出行政处罚。8月，宁波检验检疫局接到举报，称有1批义乌市场采购的婴儿奶粉抵达北仑港，即将出口阿富汗，该批奶粉不合格，未经检验检疫。在宁波海关的协助下，于9月2日在北仑港三期码头某堆场截获该批货物。查获1672箱奶粉，经检测成分不合格，灌装奶粉中含有三聚氰胺成分。宁波检验检疫局依据《中华人民共和国食品卫生法》等有关规定实施行政处罚。10月，新加坡籍J号油轮从越南海防出发，按照“海防—香港—宁波港口”的预定线路驶向中国。在行进过程中，国外公司指示该船临时改变计划，取消中途停靠中国香港地区的计划，直接驶抵宁波港口。由于越南属于霍乱和鼠疫疫区，按照中国的有关规定，该船应当经锚地检疫，以防疫情从口岸传入。但是，该轮并没有将改变航线的情况通知宁波船舶代理公司，该船舶代理公司未向检验检疫机构更正该船的最新信息，仍将该船的出发港申报为中国香港。宁波检验检疫局依据《卫生检疫法》及其实施细则的规定依法予以处罚。是年，浙江检验检疫机构开展“重点产品诚信守法”专项稽查。在预先不告知的情况下，对电子监管未实施现场检验检疫的出口货物开展随机性的突击检查，发现和查处出口企业伪报、瞒报、虚报等不如实报检骗取通关单的行为和其他违法行为。浙江检验检疫局印发实施《关于开展工作质量专项执法检查的通知》，开展全局范围内的工作质量专项执法检查行动。开展对进出口食品等重点敏感商品的集中专项执法稽查，依法打击掺杂掺假、以次充好、以假充真、以不合格产品冒充合格产品、逃漏检等各类违法行为。组织全局开展打击“飞单”专项稽查行动。杭州局、温州局、台州局和衢州局分别成立打击“飞单”专项稽查行动领导小组，分别对插头插座、小家电、鞋类、服装、打火机、锁具生产企业和代理报检单位以及产地证申报企业进行稽查。是年，宁波口岸共受理原产地涉及宁波地区的退货2108批，货值6556万美元，其中出口法检货物536批，货值2671.8万美元。共实施调查570批次（包括34批次为非法检货物），行政处罚5批次。同期，宁波检验检疫局研发出口退货信息管理系统。对宁波辖区146家出口企业开展诚信守法稽查，共稽查货物598批次，涉及金额2271.21万美元，查处违法违规企业56家，涉及货物146批次，涉及金额377.82万美元，其中对28家违法企业的52批次货物进行立案查处，涉案金额为165.05万美元。在对违法违规企业进行查处的同时，对17家存在问题的企业进行后续回访。是年，宁波检验检疫局共受理投诉举报11项，对其中3起涉及企业违法违规行为的举报进行立案查处。

2009年，浙江检验检疫机构建立行政处罚案件调查长效协作机制，理顺调查部门和业务部门的关系，在案件调查需要时，得到业务部门的配合和支持。2月，浙江检验检疫局在杭州启用行政执法稽查专用车辆，执法用车喷上专用的可识别标志。5月，浙江检验检疫局修订印发《浙江出入境检验检疫行政执法稽查管理办法》。开展对可可制品行业存在的用可可壳加工成可可粉等掺杂掺假违法行为的集中整治。赴宁波对包括茶叶在内的浙江局辖区出口的食品进行口岸开箱验证；对绍兴地区的6家出口茶叶企业进行突击检查，对企业待装运的货物进行突击抽样检测，比对实际装运出口茶叶与报检抽检茶叶是否一致。在日常执法稽查工作中，全局执法稽查人员出动稽查力量2585人次，排查企业1073家，立案333起，涉案金额达2100万余美元。同月，宁波某公司委托象山某茶叶公司向宁波检验检疫局报检2批出口到摩洛哥的绿茶。宁波检验检疫局根据茶叶出口目的地摩洛哥国家标准及相关规定进行检验检疫，合格后出具出境货物通关单给予放行。为满足外商的要求，该公司单证员私自按照外商的要求变更目的地为西班牙，同时取得提单出运。货到西班牙后，该2批绿茶因氰戊菊酯超标被欧盟通报。12月，质检总局根据欧盟通报，向宁波检验检疫局发出食品安全核查指令，要求对该公司5月出口到西班牙的2批绿茶因氰戊菊酯超标被欧盟通报事件进行调查。宁波检验检疫局通过调查后，依据《商检法实施条例》规定，依法对其实施行政处罚。5—9月，嘉善某商贸公司先后从韩国进口9批可用作原料的固体废物纺织材料制碎织物，起运港均为韩国仁川港，总量为185.7吨，涉案货值为37140美元。由于伊朗没有质检总局指定的检验机构，从伊朗输出的固体废物经检验检疫机构审核同意后，可以在没有装运前检验证书的情况下接受报检。于是，该商贸公司通过提供虚假的合同、发票、装箱单等资料的方式，将其中的输出国家伪报为伊朗、起运港口伪报为阿巴斯港，以图达到逃避装运前检验的目的。宁波检验检疫局依据《商检法实施条例》规定，分别对嘉善某商贸公司、宁波某国际货运有限公司予以行政处罚。8月，浙江检验检疫局在舟山召开华东地区检验检疫系统行政处罚疑难案例研讨会，对10起行政处罚疑难案例进行研讨。质检总局法规司领导介绍总局在行政许可、行政处罚和行政执法责任制建设等方面的动向。是年，宁波检验检疫局启动检验检疫执法典型案例编撰工作，对宁波检验检疫局办理的行政处罚案件进行梳理、遴选、分析，形成《检验检疫执法典型案例汇编》；启用RAPEX-CHINA专项工作信息平台，开展欧盟RAPEX通报调查工作。全年，宁波检验检疫局调查来自19个国家的机电产品、玩具、轻工纺织品及危险品四大类通报案例73起。

2010年，浙江检验检疫机构推进检警协作，完善横向执法协作大平台。宁波检验检疫局与当地公安机关共同制发《关于加强执法协作的意见》，确立密切日常执法配合、畅通案件移送渠道、建立联席会议制度等多项检警协作长效机制。宁波检验检疫局受质检总局委托，开发设计“出口退货管理系统”（全国版），能够有效协助调查部门追溯调查，有利于发现和查处企业违法违规行为。浙江检验检疫机构按照质检总局关于落实国务院“双打”行动方案的要求，加大对“飞单”等违法行为的调查和处罚力度，并将涉嫌犯罪的案件移送公安机关追究刑事责任。2—5月，浙江检验检疫局组织开展打击伪造贩卖和使用检验检疫假证书专项行动、市场采购出口商品的专项稽查行动，查获30余份伪造检验检疫证书，对违法行为人予以罚款。3月，宁波检验检疫局依法对未经检验擅自使用进口成套设备（SBR-1450型分条机）的某涉案企业予以行政处罚，涉案货物总值达280万日元。同期，某公司未经许可，擅自从新西兰进口1批绵羊生皮并运抵宁波保税区。宁波检验检疫局依法对该公司破坏动植物进口检疫监管秩序的行为予以行政处罚。5月，宁波检验检疫局在案件协查过程中，发现宁波某铝箔制品有限公司有买卖熏蒸/消毒证书的重大嫌疑，经执法人员历时半年调查，查获宁波1家物流公司和3家外贸公司相关人员涉嫌买卖熏蒸/消毒证书的犯罪案件。因该案所涉当事人涉嫌犯罪，按照《行政执法机关移送涉嫌犯罪案件的规定》，将该案移送当地公安机关。后经刑事诉讼程序，当地人民法院依照《中华人民共和国刑法》规定，认定孙某、廖某、蒋某3人犯买卖国家机关证件罪，并分别判处刑罚。12月，宁波海关向宁波检验检疫局移送了1起出口“黑心棉衣”案。经查，同年9月，宁波某公司委托1家货物运输代理有限公司向北仑海关申报出口1批男式棉衣，共13920件，最终出口目的国为阿拉伯联合酋长国。经北仑海关查验发现，货物实际为儿童棉衣，棉衣内胆色杂，且含有塑料、碎布等物质。经依法抽样、送检，样品填充料检验结果为纤维性工业下脚料，该批产品为不合格产品。该公司的行为构成《商检法》规定的以不合格商品冒充合格商品出口的违法行为，宁波检验检疫局依法对该批货物的实际货主处以货值1倍的罚款。是年，浙江检验检疫局根据质检总局《关于全面排查假劣产品有关情况的通知》要求，组织各分支局查清辖区内大型出口商品假冒伪劣问题突出的产品及生产企业和产区等情况，依法查处假冒伪劣违法行为。1999—2010年，浙江检验检疫机构共办理行政处罚案件16089件，共处罚款11771.2万元。

表68-9-2-1　　1999—2010年浙江检验检疫机构行政处罚情况一览表

年份	浙江检验检疫局		宁波检验检疫局	
	案件数量（件）	罚款金额（万元）	案件数量（件）	罚款金额（万元）
1999	-	-	28	16.3
2000	38	11.3	38	14.5
2001	162	35.0	66	64.0
2002	551	462.6	160	380.0
2003	223	88.6	89	148.2
2004	176	185.1	237	442.1
2005	500	540.2	872	409.5
2006	575	542.0	1576	648.5

续表

年份	浙江检验检疫局		宁波检验检疫局	
	案件数量(件)	罚款金额(万元)	案件数量(件)	罚款金额(万元)
2007	933	1176.8	1736	600.0
2008	1160	2085.8	1970	749.0
2009	1051	862.1	1403	431.2
2010	1289	1571.6	1256	306.8

资料来源:表格数据由宁波检验检疫局法制处根据浙江检验检疫局和宁波检验检疫局提供资料整理。

二、行政复议与诉讼

行政复议和行政诉讼,是行政相对人实现权利救济的法定形式,也是行政机关化解行政争议的重要途径。浙江检验检疫机构在行政执法中,通过认真办理行政复议案件、积极参与行政诉讼等多种途径,积极保障行政相对人实现权利救济。

1991 年 6 月 15 日和 18 日,上海远洋运输公司所属某外轮大厨等人连续两次未持有卫生检疫机关签发的健康证书进入中国国境。宁波卫检所随即要求船方办理换证签发手续,但船长以 3 名从业人员所持有的交通部颁发的海员健康证书是有效的为由,拒绝办理换证签发手续。6 月 24 日,宁波卫检所根据《卫生检疫法实施细则》的规定,决定对上海远洋运输公司所属该外轮罚款 4900 元。上海远洋运输公司不服处罚决定,提起行政复议和行政诉讼,历经行政复议和行政诉讼一审、二审程序,处罚决定最终得到浙江省高级人民法院的维持判决。1992 年 9 月,最高人民法院将《上海远洋运输公司不服宁波卫检所国境卫生检疫行政处罚决定》一案作为典型的卫检行政执法与诉讼案例,在《中华人民共和国最高人民法院公报》1992 年第 3 期上公布。

2006 年,宁波检验检疫局受理“三检”合一以来首例行政复议申请。宁波某麦芽有限公司不服北仑检验检疫局就其进口的大麦未经许可,擅自运抵该公司并予以灌包的行为所作出的行政处罚决定,向宁波检验检疫局提起行政复议申请,请求撤销行政处罚决定。宁波检验检疫局经审理查明,北仑检验检疫局作出的行政处罚决定证据确凿、事实清楚、适用法律法规准确、程序合法。最终,申请人以书面形式撤回行政复议申请。是年,宁波市 2 家进出口有限公司不服北仑检验检疫局就其进口的废物原料不如实报检,骗取商检机构的有关证单的案件所作出的行政处罚决定,分别向北仑区人民法院提起行政诉讼。该案以原告主动撤诉终结。

2007 年,宁波检验检疫局依法对淮安某公司“擅自出口属于国家实行出口商品注册登记管理而未获得注册登记的商品”一案依法进行处罚。该公司不服行政处罚决定,向质检总局提出复议申请。质检总局经过审查,最终维持该项行政处罚决定。2008 年,宁波检验检疫局依法对宁波某铜制品有限公司和宁波某电子有限公司 2 家公司擅自使用未经检验的进口法检商品行为作出处罚决定。2 家公司不服行政处罚决定,先后向质检总局提出复议申请。质检总局经过认真审查，最终维持行政处罚决定。同年，鄞州检验检疫局针对宁波某对外贸易股份有限公司不如实提供商品真实情况取得原产地证书的行为作出行政处罚决定。该公司不服鄞州检验检疫局行政处罚决定，向宁波检验检疫局申请行政复议。该案最终以申请人主动撤回行政复议申请结案。2009 年，宁波检验检疫局依法查处宁波某公司进口 1 批机床后未经现场检验，擅自开箱卸运的违法行为，并对其予以行政处罚。同年 6 月，该公司不服处罚决定，以“为便于运输而拆开包装整体停放在车间等待检验”不属于“使用”为由，向质检总局提出行政复议申请。质检总局审查认为，《商检法》及其实施条例所称“使用”一词，包括对进口商品的加工、装配、组装、调运、安装、调试等多种形式，如果收货人擅自改变进口商品原始状态，检验人员将难以识别和辨别货物真实情况，进口货物包装箱内有无夹带违禁物品及虚报瞒报产品等情况将无法核查，据此决定维持原处罚决定。

2000—2010 年，浙江检验检疫局无行政复议和行政诉讼案件；宁波检验检疫局共有行政复议案件 6 件，无一件被撤销，行政诉讼案件 2 件，无一件败诉。

第十章　综合管理

综合管理包括科技管理、实验室建设、信息化建设与管理、人事管理、财务管理、资产管理。

科学技术是检验检疫业务的重要支撑。20 世纪 80 年代，杭州商检局开始编制科研计划，至 1999 年“三检”合一前，机构实力已能承担对进出口商品化学成分、物理性能、有害元素、细菌毒物等进行系统精确的检测和分析。至 2010 年，浙江检验检疫机构规范的科技管理和制度趋于全面、系统，完善的奖励激励机制充分调动了科技人才的科研热情，各级科研项目、标准制(修)订工作蓬勃开展，科研成果奖项层次亦逐渐提高。1985—2010 年，浙江检验检疫机构共获省部级奖项科研课题 76 项。

实验室建设事关检验检疫执法的科学准确，同时，它也是开展检验检疫科技工作的重要基础平台。浙江检验检疫机构于 20 世纪 70 年代初创简易实验室。20 世纪 80—90 年代，伴随浙江省开放型经济的迅猛发展，浙江检验检疫机构实验室建设紧贴进出口产业，相继建成丝类商品检验实验室、理化实验室、化矿实验室、食品实验室、纤维检验所、出入境人员体检实验室、纺织品实验室以及各类动检实验室，覆盖区域主要进出口产品。至 2010 年，浙江检验检疫局、宁波检验检疫局共建成国家级重点实验室 21 个、区域中心实验室 14 个、常规实验室 24 个，为检验检疫把关服务提供了科学、准确、及时的技术支撑。

信息化是检验检疫业务工作的重要保障。浙江检验检疫机构应用计算机系统起步较早。20 世纪 80 年代初，商检机构即引入计算机系统并应用于业务管理，动植检机构、卫检机构于 20 世纪 80 年代末也普遍应用计算机系统，20 世纪 90 年代即应用局域网技术，接入国际互联网开展检港合作和建设网站。至 2010 年，CIQ2000 出入境检验检疫综合业务计算机管理系统、电子监管系统、诚信管理系统、出口食品农产品风险管理系统等广泛应用于浙江、宁波检验检疫局各类业务工作中。

人事管理是保证浙江检验检疫机构高效率运转的重要工作之一。浙江省内的商检机构、动植检机构、卫检机构的人事管理在成立之初都归属地方管理，后收归国家部委垂直管理为主，地方协助管理。“三检”合一后，浙江检验检疫机构人事管理实行分级管理。厅局级干部以垂直管理为主，地方党委协助管理，其他干部由浙江、宁波检验检疫局党组管理，部分岗位干部实行事前审批或事后备案管理。浙江检验检疫机构的人员编制由最初的 2 人增加到 2010 年底的 2507 人，人员培训也由自训、学历教育向岗位培训、知识更新培训转变，并通过国家进出口商品检验局浙江大学教育中心培养输送了大批专门人才，为检验检疫工作提供了较好的支撑。

财务管理是浙江检验检疫机构综合管理的一项主要工作，它是检验检疫事业发展的有力支撑。浙江检验检疫机构的财务管理经历了一个复杂的发展过程。“三检”合一前，浙江商检、卫检、动植检三账分立，各有各的财务体制与管理。1974年起，杭州商检局由原向浙江省外贸局的财务报账制改为实行财务独立核算，编报财务计划。1979年，浙江卫检机构执行《浙江省行政事业单位会计制度》，实行全额预算管理体制。1980年，杭州商检局收支分配由国家商检局管理。1982年起，杭州、宁波、温州动植检所财务工作由原地方农业部门管理改为国家动植物检疫总所统一管理。1987年1月1日起，浙江商检机构实行财务企业化管理。1990年起，国家卫检总所对下属单位的财务工作实行分片管理，浙江的杭州、宁波、温州、舟山卫检所分在中片，杭州卫检所为中片组长单位。1999年10月起，“三检”财务并账。实行“统一管理、分级负责”的中央垂直财务管理体制，实行“核定收支、定额上缴、超支不补、结余留用”的预算管理办法，年度预算收支计划汇总上报国家检验检疫局。

资产管理包括基本建设、设备和港口配套设施的管理。浙江检验检疫机构的基本建设和设施、设备的管理，伴随着检验检疫管理体制的变化而变化。1964年，浙江卫检机构初期的办公、检疫实验用房以借用为主。之后，宁波、温州、杭州卫检局办公用房由浙江省卫生厅出资建造，舟山、海门、嘉兴卫检局办公用房由当地政府出资建造。1975—1984年，宁波商检机构的检验办公用房均由宁波市政府提供解决。2002年，浙江检验检疫局所开发的“质检系统仪器设备计算机管理软件”正式通过质检总局鉴定。1998—2002年，浙江商检局独立承担建设的国家重点工程马迹山矿石中转港商检配套设施和宁波北仑港商检配套设施工程的建设与管理，均按照国家商检局《商检系统港口配套设施基本建设管理办法》统一规划、统一设计、规范管理、同步建设。

第一节　科技管理与实验室建设

20世纪80年代，浙江检验检疫机构逐步重视科技发展规划和科技管理工作。1981年，杭州商检局制定《杭州进出口商品检验局科技发展规划》。1984年，浙江商检局制定《浙江商检局科技工作管理办法》《浙江商检局科技工作奖励办法》，完善科技管理流程，开展科技奖励。20世纪90年代，浙江商检局成立科学技术委员会，科技管理工作建章立制并日渐完善。1995年，浙江商检局编制“九五”科技发展规划。1997年，宁波商检局成立首届科学技术委员会，制定《宁波商检局科学技术奖励实施办法》等制度。“九五”计划期间，浙江检验检疫机构加强科技项目的组织管理和科技攻关、技术引进、标准制(修)订和跨世纪科技带头人、科技人才开发工作，科技成果斐然。1993—1999年，浙江商检系统共取得科研成果102项，制定标准77项，获国家科技进步奖、国家商检局科技进步奖和浙江省科技进步奖35项。对蘑菇罐头的葡萄球菌肠毒素检测、出口糙米的农药残留检测和纺织品皮革制品的偶氮染料检测水平得到业界公认；羽毛绒检测技术与能力得到国际羽绒羽毛局(IDFB)的认可与好评，并参与该组织的标准制(修)订。1999年8月“三检”合一，浙江检验检疫局组建科技与认证处，加强科技管理工作。2001年，浙江检验检疫局印发《科学技术奖励实施办法》。2002年，宁波检验检疫局制定《学科带头人管理办法》。2004年，浙江检验检疫局印发《科技管理实施办法》，强化科技管理，优化激励机制。2010年，浙江检验检疫局制定《科技经费管理办法》等，促进科技档案、科技项目评审、科技经费使用的规范管理。科技管理进入全面规范管理，有力支撑了浙江检验检疫事业的快速发展。

1972年，杭州商检局成立微生物检验室和化验室，启动实验室工作。1980年，杭州商检局仅有各种仪器设备138台(件)，价值46.33万元，仪器设备比较简陋，检测手段比较落后。1986年后，全省各卫检所实验用房扩大，人员、设备增加，检疫能力明显提高。1990年，浙江商检局建成一级实验室2个，二级实验室8个，三级实验室2个。1993年，浙江商检机构把工作重点转移到涉及安全、卫生、环境保护和关系国计民生的进出口商品检验把关上。1995年，浙江商检机构已建有27个实验室，其中一级认证实验室4个，二级认证实验室11个，三级实验室12个。在商检机构的帮助下，各食品加工企业也建立起微生物实验室。是年，浙江商检局在全国商检系统较早开展对纺织品、皮革制品的偶氮检测，被国家商检局列为首批对德出口纺织品、皮革制品偶氮检测单位。2001年，宁波检验检疫局转基因实验室顺利通过中国国家认证认可监督管理委员会(以下简称国家认监委)组织的水平测试。2003年，宁波电气安全检测中心通过中国实验室国家认可委员会(以下简称CNAL)认可，成为质检总局定点试验实验室之一。2006年，浙江检验检疫局完成对电子产品检测重点实验室等8个国家级重点实验室的现场验收工作。是年，宁波检验检疫局制定《实验室建设"十一五"规划》。2007年，浙江检验检疫局制定《"十一五"实验室建设发展规划》《实验室布局调整规划》。2008年，宁波检验检疫局完成7个国家级重点实验室建设工作，提前完成"十一五"规划确定的目标。2010年，浙江检验检疫局3个国家级重点实验室顺利通过质检总局现场验收。同年，宁波检验检疫局轻工产品检测中心、宁波检验检疫局电器安全检测中心、宁波汽车零配件检测有限公司成为中国检验认证集团[以下简称中检集团(CQC)]签约实验室。

一、科技管理

1980年8月，杭州商检局根据全国标准化会议精神和国家商检总局要求，以检验、取样方法标准为重点，改变标准的构成，编制1981年标准制(修)订计划。11月，上报1981年制(修)订标准项目计划。1981年8月，杭州商检局制定《杭州进出口商品检验局科技发展规划》(初稿)，将出口生丝检验的方法和测试手段，出口大米、茶叶(主要是珠茶)拣样方法和扦样理论，出口罐头听卷边结构、密封的检验方法和出口炼乳检验方法列入科研计划。1982年3月，杭州商检局将4个新增项目及2个结转项目一并列为年度科研计划。1983年，杭州商检局列入计划的科研项目共6个，其中协办项目2个，自立4个。

1984年，浙江商检局制定《浙江商检局科技工作管理办法》《浙江商检局图书、情报管理办法》《浙江商检局科技工作奖励办法》，完善科技管理流程，建立科技档案，成立标准资料馆，加强科技标准管理。1986年，浙江商检局在检务处设立科技情报科，负责科技管理和图书、情报资料工作。是年，国家商检局下达浙江商检局课题7项，浙江商检局负责起草国家商检局下达的制(修)订专业标准4项。1987年5月,根据国家商检局制(修)订专业标准计划,由浙江商检局负责起草《进口铬鞣(兰)湿革检验方法》等11项标准。8月,浙江商检局按照《进出口商品检验标准制(修)订工作细则(试行)》,统一管理制(修)订标准工作。同月,浙江商检局制定《浙江商检局科技管理办法(暂行)》。是年,浙江商检局承担制(修)订标准项目9项,加历年结转项目共14项。收集标准1324册,国内标准汇编本114册,国际标准14种,国外先进标准22种。同年,国家商检局下达浙江商检局课题10项,加历年结转项目共16项。

1988年9月,浙江商检局设立科技处,统一管理全局科技工作,负责科技和情报资料管理、分析仪器管理及检测、部分科研与技术开发。12月,浙江商检局成立技术委员会,加强和协调技术工作,推进全局技术进步。是年,浙江商检局承担国家商检局下达科研项目7项,加上历年结转共23项;承担制(修)订标准任务5项,全年完成批准发布的1项,通过审定报批的7项,其中《出口桑蚕丝织物》《出口合纤绸》《出口生坯和服绸》3项标准上升为国家标准。1989年1月,浙江商检局技术委员会一届一次会议在杭州召开,讨论通过技术委员会章程,明确技术委员会是负责科技方面决策、指导、审议、咨询工作的机构,其常设办事机构设在科技处,负责处理日常工作。是年,浙江商检局下属5个地区局和3个新建局分别落实专职或兼职科技管理人员。

1990年3月,浙江商检局技术委员会审议通过《浙江商检局技术委员会论文评审方案(试行)》,并开展首次论文评审工作。是年,浙江商检局公布试行《出口小型节日灯串检验规程》等21个文件,解决新开验商品需要。1991年2月,浙江商检局制定《浙江商检局科技管理实施细则》《浙江商检局科技发展基金管理实施办法》《浙江商检局科技奖励实施细则》《浙江商检局科技情报管理办法》。6月,将"微电脑粮食水分测试仪(携带式)""北仑铁矿石制样设备程序控制器的技术开发""监督管理的微机管理系统""部门计算机管理系统""玩具阻燃及纺织品燃烧速率检测仪的研究"列为浙江商检局局级课题。10月,制定《浙江商检局论文评审方案》,对论文评审的目的、组织机构、职责、评审程序作出详细规定。10月和11月,浙江商检局"进口金属材料检验、统计综合管理系统"和"霍乱弧菌在冷冻水产品中存活时间研究"课题分别通过鉴定。12月,浙江商检局技术委员会审议批准《浙江商检局专业技术人员考核办法(试行)》,在食品理化方面开展农兽残及生物毒素快速检验方法标准、有毒有害成分快速检测方法(包括用免疫学、生物学方法及AMS技术的开发等)研究。

1992年,浙江商检局牵头研制的"电子数据交换(以下简称EDI)在商检业务中的应用",列入国家商检局1992年科研项目计划。1993年4月,国家商检局制定"EDI在商检的应用和发展"纲要,确定课题达到的目标,由浙江商检局牵头承担"商检EDI报文格式的标准化"研究工作,该课题于当年完成研制。4—5月,浙江商检局起草的《出口小型节日灯串检验方法》《出口游标卡尺检验规程》《出口万用电表检验规程》《出口钳形表检验规程》《出口砂洗真丝服装检验规程》通过国家商检局组织的审定。4月和10月,浙江商检局"纺织纤维水分检测群控系统""动物性食品猪肉、对虾、鳗鱼中氯霉素残留物快速高液相色谱法研究""鳗鱼、猪肉和对虾中痢特灵的快速高效液相色谱测定""猪肉和鳗鱼中三种磺胺药物的快速高效液相色谱法""红外光谱法鉴别均聚聚丙烯和共聚聚丙烯""化妆品中汞、砷、铅的快速测定——微波消解法”6个项目通过鉴定。1994年5月，浙江商检局牵头与上海、江西、北京、天津商检局共同起草的《出口小型压力容器包装检验规程》，在江西通过国家商检局组织的审定。

1995年2月，编制浙江商检局“九五”科技发展规划。5月，浙江商检局对技术委员会进行调整。9月，浙江商检局在杭州召开商检系统第二届科技教育工作会议，贯彻全国科技大会和第二届全国商检系统科技工作会议精神，表彰全省商检系统“八五”期间科技工作先进集体，评选科技奖。会后，浙江商检局印发《关于加强科技工作的若干决定》，第一次以文件形式在组织、教育、人才培养、科技奖励等方面作出全面规定。

1996年，浙江商检局开始实施局内部检验方法（以下简称ZCIB方法），并制定相应的管理办法。5月，首次下达ZCIB方法制（修）订计划。1997年4月，浙江商检局在原办公室业务管理科、政策法规科和科技情报科的基础上组建综合业务处（科技处），下设科技管理科，负责全局科技管理工作，具体职能是研究制订和组织实施科技发展规划，组织实施科研、技术开发、科技情报、标准制（修）订等工作，组织并协调各部门和分支机构及下属单位的科技工作。7月，宁波商检局成立首届科学技术委员会。先后制定《宁波商检局科学技术奖励实施办法》等21个规章制度。1998年6月，浙江商检局制定《关于对科学技术奖励的补充规定》。

1999年11月，浙江检验检疫局组建科技与认证处，下设科技管理科。同时，根据商品检验工作的需要，浙江检验检疫局自1999年起开展地方标准制（修）订工作，首批下达12个项目。1978—1999年，浙江检验检疫机构完成（登记、发布、获奖）科技成果项目共85项。1985—1999年，获省部级科技进步奖共50项，其中，仅宁波动植检局就获得国家动植检总所（局）科技进步奖三等奖2个、浙江省科技进步奖三等奖1个、宁波市科技进步奖三等奖3个、宁波市农业丰收奖三等奖3个、宁波市科技进步奖四等奖1个。1987—1999年，浙江检验检疫机构负责制订的国家标准、行业标准共74项。

2000年3月，浙江检验检疫局成立第一届技术委员会，审议通过《浙江检验检疫局技术委员会章程》。6月，召开技术委员会一届二次会议，原“科学技术进步奖”改名为“科技兴检奖”。9月，浙江局负责的“LRP2000检测与校准实验室资源管理系统”课题在杭州通过鉴定。是年，浙江局承担国家检验检疫局科研项目1项，标准制（修）订22项，浙江局科研项目6项。2001年1月，浙江局负责的“检验检疫系统广域网关键技术的开发”课题在杭州通过国家检验检疫局组织的验收，该课题是国家科委“九五”重点科技攻关项目“商检EDI应用系统的开发与建立”中的一个重要专题。6月，浙江局首次召开科技工作会议。7月，出台《关于建立浙江检验检疫系统中青年专家队伍的若干规定》《浙江出入境检验检疫局科学技术奖励实施办法》。同年，宁波检验检疫局完善科技管理办法，制定《宁波出入境检验检疫局科技成果登记与归档管理办法》《宁波出入境检验检疫局对外科技合作项目的暂行办法》。宁波局全年承担国家检验检疫局科研项目8项，其中独立承担的项目6项，与兄弟局合作项目2项；自立科研项目35项。是年，开展2001年度优秀科技论文和科技工作奖评选工作，25篇论文获优秀科技论文奖，9个科研项目获项目类科技工作奖，14项工作获非项目类科技工作奖，4篇论文被评为2001年度国家检验检疫局优秀论文。

2002年7月，浙江局组织评选科技兴检奖42项，其中一等奖4项、二等奖5项、三等奖

19项、鼓励奖14项;疫情截获奖33项,其中植物检疫截获奖18项、卫生检疫截获奖15项。7月12日,浙江局承担的"质检系统仪器设备计算机管理系统"课题在杭州通过鉴定,正式在全国质检系统推广应用。8月,浙江局承担的"全国出口丝类商品质量统计分析程序的研制"课题在杭州通过鉴定。是年,浙江局承担科研项目计划8项,其中科技部项目1项、质检总局项目2项,并出台《浙江检验检疫局动物检疫疫情截获奖鉴定办法》《浙江检验检疫局动物检疫疫情截获鉴定、报告程序》《浙江检验检疫局植物检疫疫情截获鉴定办法》《浙江检验检疫局卫生检疫疫情截获奖鉴定办法》《浙江检验检疫局卫生检疫疫情截获鉴定、报告程序》。同年,宁波局制定《宁波检验检疫系统学科带头人管理办法(试行)》,首次选出5名学科带头人。宁波局全年承担质检总局科研与制标课题项目22项,其中独立承担的项目11项,与兄弟局合作的项目11项;同时,首次承担宁波市科研项目3项,自立科研项目39项。开展2002年度科技进步奖评选工作,9个科研项目获科技进步奖。

2003年,浙江局承担质检总局科研计划项目2项,浙江局科研项目14项,国家标准4项,检验检疫行业标准制(修)订项目16项。完成科研项目11项,标准制(修)订项目9项。同年,宁波局成立第二届科学技术委员会,制定《宁波检验检疫系统中青年专业技术骨干管理办法(试行)》,19人入选首届中青年专业技术骨干人才库。修订印发《宁波出入境检验检疫局科学技术奖励实施办法》。是年,宁波局承担质检总局制(修)订标准项目7项、科研项目1项,首次承担浙江省分析测试基金项目计划1项,自立项科研项目16项,制(修)订宁波局方法19项。全年共有7项标准作为检验检疫行业标准发布,7项科研成果通过质检总局组织的成果鉴定,11个项目通过宁波局组织的审定,其中8项作为宁波局方法发布。

2004年,浙江局制定《浙江出入境检验检疫局科技管理实施办法》,修订《浙江出入境检验检疫局科学技术奖励实施办法》。是年,浙江局承担质检总局科研计划项目7项,浙江局科研项目25项,检验检疫行业标准制(修)订项目15项;完成科研项目10项,标准制(修)订项目14项;获得质检总局科技兴检奖一等奖1项,二等奖1项。同年,宁波局重点加强科技人才队伍建设,根据动态管理的原则,重新选拔学科带头人,新评选出10名专业技术人才组成第二届学科带头人,与2003年底选拔出的专业技术骨干一起构成技术人员梯队。是年,宁波局承担质检总局科研与制标课题项目13项,其中制(修)订标准项目9项,科研项目4项。同时,列入浙江省分析测试基金项目计划1项,承担宁波市科技开发项目2项;自立项科研项目25项,制(修)订宁波局方法21项。全年有17项成果通过质检总局和宁波市组织的鉴定,其中,9项科研项目取得质检总局科技成果登记,6项行业标准制(修)订项目作为检验检疫行业标准发布,2项科研成果首次在宁波市获科技成果登记。在2004年质检总局科技兴检奖评选中,宁波局有2项成果获二等奖。

2005年,浙江局成立第二届科学技术委员会,对专业技术组及成员进行调整和完善,新增信息技术专业技术组,制定《浙江出入境检验检疫局科学技术委员会章程》。承担质检总局科研计划项目11项(其中3项为科技部配套)、浙江省科技厅2项、浙江局36项,承担检验检疫行业标准制(修)订项目27项、国家标准1项;完成科研项目21项;完成标准制(修)订项目22项;获得质检总局科技兴检奖三等奖6项。同年,宁波局重点加强科技项目的管理。承担检验检疫行业标准制(修)订项目27项,承担质检总局科技开发项目6项。另外,承担宁波市科技开发项目4项,自立项科研项目45项,制(修)订宁波局方法7项。科技成果方面,4项科研开发项目通过质检总局组织的科技成果鉴定并获科技成果登记,12项标准通过国家认监委组织的标准审定。16项科研开发项目通过宁波局自行组织的科技成果鉴定,23项成果发布为宁波局方法。获得质检总局科技兴检奖三等奖5项。是年,共验证各部门使用标准1000余册,将1992年以来的1700余册检验检疫行业标准全部转换成电子文本,在宁波检验检疫局系统内实现网络共享。

2006年,浙江局评选首批学科带头人19人。承担质检总局科研计划项目7项,国家茧丝绸发展风险基金项目2项,浙江局科研项目37项,省科技厅计划1项;国家标准3项,检验检疫行业标准23项,浙江省地方标准2项。完成科研项目30项,完成标准制(修)订项目45项。同年,宁波局组织科学技术委员会换届工作,选拔出学科带头人12人、中青年技术骨干9人。宁波局技术中心获全国质量监督检验检疫"科技兴检先进集体"称号,1人获全国质量监督检验检疫"科技兴检先进个人"称号,3人被评为质检系统学术技术骨干。是年,宁波局承担检验检疫行业标准制(修)订项目15项,承担质检总局科技开发项目4项,承担国家认监委负责的国家科技部课题子项目1项、自立科研项目34项,制(修)订宁波局方法19个,投入科研资金110万余元。7项科研开发项目通过质检总局组织的科技成果鉴定,并获科技成果登记;7项标准通过国家认监委组织的标准审定,全部作为检验检疫行业标准发布。

2007年,浙江局修订《浙江出入境检验检疫局科技管理实施办法》《浙江出入境检验检疫局科学技术奖励实施办法》。承担质检总局科技计划项目7项,质检公益性行业科研专项1项,国家茧丝绸发展风险基金1项,浙江局科研项目49项,省科技厅计划1项;行业标准36项,国家标准12项。完成科研项目14项,标准制(修)订项目29项。同年,宁波局承担检验检疫行业标准制(修)订项目48项,承担质检总局科技开发项目4项;7项科研成果通过宁波局成果鉴定,16项宁波局方法通过审定并发布,2项课题获宁波市立项,2项科研成果在宁波市科技局获得成果登记,18项科研开发项目通过质检总局组织的科技成果鉴定并获科技成果登记;3项标准通过国家认监委组织的标准审定,其中2项已作为检验检疫行业标准发布。宁波局课题获得质检总局科技兴检奖一等奖1项、三等奖4项。

2008年,浙江局成立第三届科学技术委员会,新增实验室设备专业技术组。承担质检总局科技计划11项,省科技厅计划1项,浙江局科研计划76项;行业标准6项。完成科研项目30项,其中质检总局科技计划6项,省科技厅计划项目2项;完成标准制(修)订项目65项,其中国家标准15项。是年,承担浙江省标准信息公共服务平台中出入境检验检疫标准服务子平台的建设,主要包括浙江出入境检验检疫标准与技术法规指标库、检验检测指标库、国外合格评定要求指标库等建设,以及国外重要技术法规、标准、合格评定程序专题咨询服务。同年,宁波局获得主持国际标准制(修)订任务2项;国家标准制定任务98项,其中主持48项,参与50项;检验检疫行业标准制(修)订项目50项,主持和参与各25项。是年,10项检验检疫行业标准获准升为国家标准。全年完成课题31项,其中4项质检总局课题通过鉴定并获成果登记,18项宁波局自立项课题完成鉴定并获成果登记,自立项的9项检验检疫方法通过审定并发布实施。10项科研项目获2009年度质检总局立项。宁波局自立项课题60项，其中，科研项目45项，方法标准15项。获浙江省科技厅2008年度省大型科学仪器设备协作公用平台科研计划项目2项，承担宁波市科技局第三、第五批科技项目2项。首次主持国家高技术研究发展计划（“863”计划）先进制造技术领域2008年度“射频识别（RFID）技术与应用”的课题申报。是年，宁波局开发完成“情报标准系统”，将6500多个国内外常用、受控标准的题录和电子文本收录系统全部转化为电子文本，其中，有2200多个纸质检验检疫行业标准。同时，在线实时提供35万多条的国内外标准目录检索，实现标准信息实时数据交换和申购、审批、电子传输、自动提示无纸化一条龙服务。同年，宁波局与中国检验检疫科学研究院签订“科技项目合作协议”，开展《入侵物种口岸除害处理技术》等6项课题的合作研究，科研项目合作实现质和量的突破。科研合作成果不断深化，与中国计量学院开展全自动火焰高度图像检测仪等18台设备的研制，其中，一种打火机按钮的按压力检测装置获得实用新型专利证书，打火机火焰高度检测装置获发明授权，另有3项获实用新型授权，喷雾气雾剂点火距离和封闭空间点火试验仪等5项发明专利待审查。是年，宁波局相继修订《宁波检验检疫系统学科带头人管理办法》《宁波检验检疫系统中青年专业技术骨干管理办法》等制度。

2009年，浙江局承担质检总局科技计划项目9项，省科技厅计划项目8项，自立项96项，行业标准43项。完成科研项目20项，其中，质检总局课题4项，自立项课题16项；完成标准制（修）订项目26项。获得质检总局科技兴检奖二等奖1项、三等级1项。是年，针对检验检疫监管的新形势，对涉及食品、动植物及其产品、疫病疫情、有毒有害物质残留等国外法规、标准情况跟踪研究，全年在《国外标准法规快讯》栏目发布研究简报、预警信息共计406篇。是年，宁波局共获宁波市、部（省）级科研项目12项，包括主持承担质检总局科研项目2项、浙江省自然科学基金项目1项、宁波市自然科学基金项目4项、宁波市法人和团队科技特派员项目3项、宁波市科技服务创新服务平台项目2项，另有自立项4项；全年共获主持国家标准制（修）订任务4项，主持检验检疫行业标准制（修）订任务16项；全年获科研成果登记55项，包括质检总局科研成果登记31项和宁波局科研成果登记24项；全年发布标准50项，包括检验检疫行业标准12项、宁波局方法38项；出台《宁波检验检疫局“十二五”专业技术人员管理办法》，为充分发挥科技人才作用提供保障。

2010年，浙江局制定《浙江出入境检验检疫局科技档案管理暂行规定》，从形成、归档、管理等方面对科技档案进行规范；制定《浙江出入境检验检疫局科技计划项目评审办法》，从科技计划项目评审程序、评审专家组成、评审行为准则等方面对评审工作进行规范和管理，加强科技计划项目的立项管理工作，提高科技计划项目的质量和水平，实现科技计划管理工作的科学化、规范化和制度化；制定《浙江出入境检验检疫局科技经费管理办法》，从来源、管理、使用、报销、结算、监督与检查等方面对科技经费进行规范，进一步加强浙江检验检疫局系统科技经费的管理，保证科技经费的合理使用，充分调动科技人员的积极性，提高科技经费的使用效益。是年，浙江局承担质检总局科研计划项目10项，检验检疫行业标准制（修）订项目12项。浙江局课题获得浙江省科学技术进步奖1项；建设“浙江省标准信息与质量安全科技创新服务平台出入境检验检疫子平台”，发布检验检疫标准、法规、国外贸易技术壁垒等各类信息470余条。同年,宁波局共获省部级项目12项,包括主持承担质检总局科研项目2项、浙江自然科学基金1项、宁波市自然科学基金项目4项、宁波市法人和团队科技特派员项目3项、宁波市科技服务创新服务平台项目2项;全年共获得主持国家标准制修(订)任务4项,主持检验检疫行业标准制(修)订任务16项;自立宁波局科研项目4项;全年获科研成果登记55项,包括质检总局科研成果登记31项和宁波局科研成果登记24项;全年发布标准50项,包括发布检验检疫行业标准12项,宁波局标准方法38项;全年共有71项科研成果顺利通过科技鉴定。是年,重新修订《宁波出入境检验检疫局科技项目管理办法》,研发"宁波局科研信息管理系统",为高效管理、服务科研及领导决策提供支撑。

表68-10-1-1　　浙江检验检疫机构获省部级奖项科研课题一览表

序号	课题名称	负责人	获奖情况	获奖年份
1	全国沙门氏菌菌型分布调查及其选种的研究	李慧琳	卫生部重大医药科技成果乙级奖	1985
2	浙江省进出口商品质量管理系统	顾菽苏	浙江省科技进步奖三等奖	1988
3	多种有机磷农药残留量的毛细管气相色谱分析、柑橘苹果中瑞毒霉素残留量测定方法、出口水果中甲霜残留量检验方法	李　聪	经贸部科技进步奖三等奖	1988
4	茶叶中硒的荧光光度法测定	郑自强	经贸部科技进步奖四等奖	1988
5	生姜油中铅的测定	郑自强	经贸部科技进步奖四等奖	1988
6	宁波市仓虫种类名录及疫情调查		国家动植检总所(局)科技进步奖三等奖	1989
7	应用指示植物快速诊断柑橘病毒技术研究	金显忠	浙江省科技进步奖四等奖	1990
8	仪器设备档案的管理系统	王治熊	经贸部科技进步奖三等奖	1990
9	双波长分光光度法测定番茄酱中的番茄红素	倪洪生	经贸部科技进步奖三等奖	1990
10	罐头平酸菌检验方法及防治方法的研究	朱兰芳	经贸部一等奖	1990
11	水尺计重计算机程序	杨永胜	经贸部三等奖	1990
12	蔺草麦蛾生物学特性及防治		浙江省科技进步奖三等奖	1991
13	舟山市仓库害虫和疫情调查	殷汉华	口岸动植物检疫科技进步奖三等奖	1991
14	铁矿石的X荧光光谱测定法研究	王莉莉	经贸部二等奖	1992

续表1

序号	课题名称	负责人	获奖情况	获奖年份
15	邻苯二胺分光光度法测定电介锰中的硒	马高发	经贸部科技进步奖三等奖	1992
16	原子吸收测钾法在总β(减去钾-40)放射性污染检验中的应用	杨建民	经贸部科技进步奖三等奖	1992
17	食用植物油掺假鉴别的模式识别方法研究	李　聪	经贸部科技进步奖三等奖	1992
18	皮革制品中五氯酚的直接气相色谱的研究	郑自强	经贸部科技进步奖三等将	1992
19	桑蚕丝/其他含量分析新方法研究	郑少波	经贸部科技进步奖三等奖	1992
20	进口金属材料检验统计综合管理系统	朱永林	经贸部科技进步奖三等奖	1992
21	假高粱种子氨化无害试验		国家动植检总所(局)科技进步奖三等奖	1992
22	淡水鱼类暴发性流行病病原的分离鉴定及其对金鱼、牛蛙的致病性研究	朱民吾	国家动植检系统科技进步奖二等奖	1993
23	出口盆景介质土栽培及检疫处理试验研究	贺水山	口岸动植物检疫科技进步奖二等奖	1993
24	出口安全食品工程的研究	赵关凤	国家商检局科技进步奖一等奖	1994
25	纺织纤维水分检测群控系统	王治熊	国家商检局科技进步奖二等奖	1994
26	二氯二甲吡啶酚残留量的气相色谱测定法	郑自强	国家商检局科技进步奖二等奖	1994
27	出口酒类氨基甲酸乙酯残留检验方法(气象色谱法)	郑自强	国家商检局科技进步奖三等奖	1994
28	新型丝绸防泛黄整理剂及其制备方法	郑少波	国家商检局科技进步奖三等奖	1994
29	铁矿石自动取制样设备程序控制器的技术开发	张益中	国家商检局科技进步奖三等奖	1994
30	回归分析在单峰型疾病预测研究中的应用	汪利民	浙江省统计科研优秀成果奖三等奖	1995
31	生丝外观检验流水线(原名:生丝外观检验自动装置)	柳伟平	国家商检局科技进步奖二等奖	1996
32	出口粮谷中丙线磷残留量检验方法	郑自强	国家商检局科技进步奖三等奖	1996
33	出口蔬菜中杜稀残留量检验方法	商学兵	国家商检局科技进步奖三等奖	1996

续表 2

序号	课题名称	负责人	获奖情况	获奖年份
34	进出境苗木、花卉蚧蚜螨综合处理技术研究	王建伟	口岸动植物检疫科技进步奖二等奖	1997
35	菜豆象检验鉴定及适生性研究	黄信飞	口岸动植物检疫科技进步奖二等奖	1997
36	松材线虫与拟松材线虫快速检测及种间差异研究	王建伟	浙江省科技进步奖三等奖	1998
37	抱合检测仪的改进及研究	柳伟平	国家商检局科技进步奖三等奖	1998
38	纺织品及皮革制品中禁用偶氮染料的高效液相色谱测定方法研究	陈笑梅	国家商检局科技进步奖三等奖	1998
39	INTERNET 互联网络中文界面的研制及其在外贸商检中的应用研究	潘有初	国家商检局科技进步奖三等奖	1998
40	浙江商检检务管理系统	付　嵘	浙江省科技进步奖三等奖	1998
41	分光光度法测定化工品 Hazen 单位色度	章晓氡	国家商检局科技进步奖三等奖	1998
42	浙江省仓储粮食危险性害虫调查及检疫防治技术研究	王建伟	浙江省科技进步奖二等奖	1999
43	流动注射－氢化物发生－ICP－AES 联用技术及其在商检中的应用	陈建国	国家检验检疫局科技进步奖三等奖	2000
44	进出口金属材料抽样方案的研制及实现	朱永林	国家检验检疫局科技进步奖三等奖	2000
45	检验检疫系统广域网络关键技术的开发	王治熊	质检总局“科技兴检”二等奖	2002
46	蜂王浆冻干粉标准样品蜂王浆标准样品	陈笑梅	质检总局“科技兴检”三等奖	2002
47	进出口食品安全监测预警与风险控制技术研究	李　聪	质检总局“科技兴检”一等奖	2004
48	新型丝类商品检测系统的研制：丝类商品电子检测方法的研制（国家茧丝绸发展风险基金项目）	陆　军	质检总局“科技兴检”二等奖	2004
49	集装箱硫酰氟熏蒸除鼠的量效学研究	郑剑宁	质检总局“科技兴检”二等奖	2004
50	松材线虫 rDNA 分子生物学检测及其试剂盒研发	贺水山	质检总局“科技兴检”二等奖	2004
51	松材线虫传播侵害特点及其对生态系统的影响	吴　蓉	浙江省林学会“科技兴检”二等奖	2004

续表 3

序号	课题名称	负责人	获奖情况	获奖年份
52	进出口皮革及皮革制品中铅、镉含量的测定火焰原子吸收光谱法	俞旭峰	质检总局“科技兴检”三等奖	2005
53	生丝纤度指标与丝绞制取样方法相关性研究	陆　军	质检总局“科技兴检”三等奖	2005
54	痕量氯霉素在动物源产品中的检测方法研究	谢　文	质检总局“科技兴检”三等奖	2005
55	松材线虫种间变异标记及快速检疫方法的研究	吴　蓉	质检总局“科技兴检”三等奖	2005
56	低压电器专用测试系统设备的研制（过电流断路器瞬态脱扣特性试验装置研制；IDB-3 型 A 型剩余电流动作保护器测试仪研制；MCB 过流延时特性试验设备研制）	余金钧	质检总局“科技兴检”三等奖	2005
57	进出口液化石油气采样方法手工法	沈宣铭	质检总局“科技兴检”三等奖	2005
58	木质包装松材线虫溴甲烷熏蒸处理技术研究	贺水山	质检总局“科技兴检”三等奖	2005
59	无公害出口肉猪饲养的质量管理体系的建立	黄绍棠	质检总局“科技兴检”三等奖	2005
60	产地证计算机自动审证系统	孔哲鸿	质检总局“科技兴检”三等奖	2005
61	铜精矿样品的制备与贮存条件对铜量的影响及其机理研究	陈少鸿	质检总局“科技兴检”三等奖	2005
62	输入性蚊类携带登革病毒的检测方法	张　锜	质检总局“科技兴检”三等奖	2005
63	电子电气产品中有毒有害物质的检测机械拆分第一部分:通用要求	周　敏	质检总局“科技兴检”一等奖	2007
64	铁矿石取制样设施控制系统技术改造研究	徐金记	质检总局“科技兴检”二等奖	2007
65	进出口蜂产品中链霉素、双氢链霉素残留量的检测方法 液相色谱串联质谱法	陈笑梅	质检总局“科技兴检”三等奖	2007
66	自行车/儿童自行车制动力检测试验机	胡若平	质检总局“科技兴检”三等奖	2007
67	辐照粮食无对照样品检测技术的优化与应用研究	郭利平	质检总局“科技兴检”三等奖	2007
68	进境木质包装中携带的伞滑刃属线虫形态学研究及 PCR-RFLP 鉴定	顾建锋	质检总局“科技兴检”三等奖	2007

续表 4

序号	课题名称	负责人	获奖情况	获奖年份
69	X射线荧光光谱分析技术在液体石油产品分析中的应用研究	王松青	质检总局“科技兴检”三等奖	2007
70	蜂王浆产品中有害物质残留检测方法研究及安全性评估和应对措施研究	陈笑梅	质检总局“科技兴检”二等奖	2009
71	生丝电子(电容)检测方法	董锁拽	质检总局“科技兴检”三等奖	2009
72	傅立叶变换近红外光谱技术在液体石油燃料检测中的应用研究	林振兴	质检总局“科技兴检”三等奖	2009
73	新型环保纤维——聚乳酸纤维染色工艺、定性、定量分析方法研究	傅科杰	质检总局“科技兴检”三等奖	2009
74	电子电气类产品中有害物质的测定技术研究	施　军	宁波市科技进步奖三等奖	2009
75	应对出口食品安全壁垒检测技术攻关研究与应用	谢　文	浙江省科技进步奖三等奖	2010
76	宁波地区伞滑刃属线虫调查	顾建锋	中国植物保护学会科学研究类三等奖	2010

资料来源：根据《浙江检验检疫志》(浙江人民出版社 2005 年版)第 884—887 页表 8-12；《宁波出入境检验检疫志》(中华书局 2005 年版)第 684 页表 8-25、第 692—693 页文字；以及浙江、宁波检验检疫局历年年鉴整理。

二、实验室建设

1972 年，杭州商检局启动实验室工作，在杭州市长生路成立微生物检验室和化验室，面积各约 7 平方米和 11 平方米，人员 2 人。主要检验项目为微生物、卤水鱼中盐分和重量、罐头汤汁中糖度等。罐头中重金属和糊状叶绿素中叶绿素铜钠盐的检验采取外送协同检验方式，主要的协同检验单位是浙江省卫生防疫站和药检所。

1975 年下半年，杭州商检局实验室面积增至约 80 平方米，人员增至 3 人。同年，温州商检处设立食品实验室，址设温州市佳会里巷，实验场地 20 平方米，设备价值 2 万余元，开展糖分、脂肪、盐分、水分、酸度、茄红素、细菌总数等一般检验项目。

1976 年 7 月 1 日，宁波商检处第一个化验室(后称为食品实验室)建立。同年，杭州商检局实验室人员增至 5 人，增加番茄酱罐头中茄红素测定项目。10 月初，杭州商检局与浙江农业大学合作，在其实验室进行前处理、薄层分析，开验出口柑橘中敌百虫、乐果、氧乐果等农药残留量。11 月，在添置必要的实验装置后，杭州商检局化验室开展薄层分析法检测柑橘、冻鸡、冻兔和水产品中部分农药残留量，并开展农药残留量、番茄红素、pH 值、总酸度水分、盐分、含氨量等项目的测定工作。1977 年，杭州商检局购置 751 分光光度仪，自行承担罐头中重金属和糊状叶绿素中叶绿素铜钠盐的检验项目，并增加活性炭中脱色率、pH 值和氯离子含量测定等项目。1978 年，杭州商检局实验室引进第一台气相色谱仪，型号为美国产 3920B，并配有 SIGMAIO 数据处理器，开始采用仪器分析法进行农药残留检验。同年，陆续添置碳、硫检测仪，开展进口钢材中碳、硫、锰、硅、磷 5 个元素的检验，锰、硅、磷采用比色法测定。1978 年，宁波商检处建立化矿实验室。

1979 年，杭州卫检所仪器设备仅有冰箱、培养箱、手提式多压灭菌器各 1 台。是年 5 月，组建杭州动植检站，实验设备、设施较为落后，检疫出入境动植物及产品仅有几十批次。1980 年，杭州商检局筹建丝类商品检验实验室，实验室按检验流程设计，设备按 45 批/天规模进行配置。是年，杭州商检局相继开展化工品中双氢胺、萤石、钼精矿、钨精矿等检验，实验室人员增至 8 人。1981 年 9 月 1 日，杭州商检局丝类商品检验实验室正式开验，拥有主要常规检测仪器、设备 44 台(套)，在编职工 30 人，专业从事全省出口丝类商品检验、鉴定、出证、放行工作和以杭州地区为主的全省进出口纺织原料产品检验、鉴定和制证工作。同年，开展纺织品检测，有 Y502 织物强力机、Y801A 恒温烘箱和 ND101DF 测色仪 3 台检测设备，无专职检测人员。是年，杭州商检局进口美国产 PE-380 原子吸收分光光度仪，用于金属矿产和食品中有关元素的测定。1982 年，杭州卫检所增配检验技术人员和仪器设备，建立微生物实验室，独立开展对供应飞机食品、餐具、饮用水的细菌检验。1983 年，宁波卫检所初建实验室。1984 年，开始开展检验工作。1984 年，浙江商检局组建中心化验室，下设理化实验室和化矿实验室。是年，温州商检局成立化验科，食品实验室面积扩大为 200 平方米，检验人员增至 7 人，仪器设备 10 万元，检测条件粗具规模。1985 年，随着出口印染绸缎的增加，浙江商检局纺织品实验室仪器设备增至 9 台，价值 2.5 万元，实验室面积约 30 平方米，但仍没有单独的恒温恒湿室，设有 1 名专职测试人员，能进行一些简单的色牢度、缩水率和强力等项目的检测，年检测约 100 批次，检测样品数在 300 块左右，全部是列入法检的出口绸缎和棉布类产品，实验室隶属第三检验处纺织品检验科。同年，舟山商检局和台州商检局分别设立实验室，主要开展食品罐头、水产品中理化和微生物指标检测。舟山商检局实验室场地约 100 平方米。

1986 年初，为适应浙江省丝绸纺织产品对外贸易快速发展的需要，提高纺织品理化检测能力，浙江商检局对原纺织品实验室进行扩大改建，先后从国外引进电子强力机、耐静水压仪、透气仪等各类先进的纺织品检测仪器设备 20 余台。1986 年 9 月，成立浙江商检局纤维检验所。11 月，纤维检验所对恒温恒湿室进行改建。同年，宁波商检局建立仪器分析室。1987 年初，浙江商检局纺织品实验室改建完成。4 月，纤维检验所对水分检验室进行改建。经过调整后的实验室用房总面积为 1200 平方米，其中恒温恒湿室 82 平方米，主要检验仪器设备 101 台(套)，在编人员 38 人。

1988 年 8 月，浙江商检局进行机构改革，纤维检验所独立成为第四检验处，纺织品实验室正式独立，理化实验室更名为“仪器分析室”。是年，舟山商检局实验室购置原子吸收光谱仪、气相色谱仪等设备，更名为“食品理化实验室”。是年，嘉兴商检局成立综合实验室；绍兴商检局在建局不久也设立综合实验室，开验纺织品和羽绒检测的常规项目。8 月 19 日，宁波商检局召开实验室考核工作会议，初步提出 10 个拟参加考核的实验室：矿产品实验室、化工产品实验室、石油产品实验室、仪器分析实验室、北仑进口散装矿石机械取制样实验室、微生物实验室、食品化学实验室、罐头感官检验实验室、粮食实验室、冻品感官检验实验室。是年，杭州卫检所筹备成立出入境人员体检实验室。1989 年 2 月，正式开展传染性疾病的监测工作，检测项目有 HIV 抗体检测、乙肝表面抗原检测、梅毒初筛试验、血型测定、ALT、血沉以及对援外（非洲、美洲）回国人员进行微丝蚴、疟原虫的血片检查。同年，实验室检出一例 HIV 抗体阳性者，属全国范围内最早检出艾滋病感染者的单位之一。

1990 年，浙江商检局纺织品实验室工作人员增至 7 人，检测仪器设备增至 43 台，开展新列入《种类表》的毛衫类各项理化检测，首次将承检产品扩大到服装成品类。温州商检局对食品实验室进行重新改造，添置气相色谱仪、电脑滴定仪、紫外分光光度计、高速冷冻离心机、原子吸收分光光度计等仪器，成为设有食品感官、食品化学、化矿检验、微生物检验、培养基配置消毒、仪器分析 6 个工作室的综合性实验室。台州商检局实验室正式从检验科室分离成立化验室，检测人员增至 4 人，实验场地 300 平方米，新增进口水泥理化项目的检测。1990 年，宁波商检局化矿实验室和食品实验室通过国家商检系统Ⅱ级实验室考核认可，同年筹建纺织品实验室。1991 年，湖州商检局成立综合实验室，实验场地约 200 平方米，专兼职人员 4 人，配备检测设备价值约 20 万元，开展食品、纺织品中二氧化硫、沙门氏菌、色牢度等 13 个项目的检测，全年共检测送样产品 206 批次。同年，浙江商检局成立羽毛绒检测实验室，检测项目为中国和日本标准中成分分析。台州商检局实验室添置原子吸收光谱仪，陆续开展食品中重金属和玩具材料中 8 元素的检测。是年，宁波商检局纺织品实验室通过国家商检系统Ⅲ级实验室考核认可。

1993 年 10 月，宁波卫检局开始筹建中华人民共和国宁波国境口岸卫生服务中心。中心主要开展国际旅行健康保健以及口岸卫生服务工作，开设医疗门诊，开展包括医疗服务、健康体检、预防接种与预防投药、健康保健、健康宣传等服务；设立宁波国境口岸卫生服务中心门诊部，开展艾滋病、性病、皮肤病咨询门诊。同月，宁波商检局化矿实验室晋升为国家商检系统Ⅰ级实验室。1994 年 1 月，宁波国境口岸卫生服务中心加入中国国际旅行卫生保健协会，宁波国境口岸卫生服务中心门诊部更名为中国国际旅行卫生保健协会宁波服务中心门诊部。1996 年，宁波卫检局艾滋病检测工作通过浙江省卫生厅专家组的实地考核和全面论证，成为浙江省第一批认可的艾滋病筛选实验室。1997 年 12 月，中国国际旅行卫生保健协会宁波服务中心门诊部在宁波市海曙区卫生局注册，获得执业许可证，并更名为“宁波国际旅行卫生保健门诊部”。

1997 年，宁波商检局原化矿实验室、食品实验室和纺织实验室合并组建宁波商检局综合检测中心，主要负责对进出口农畜产品、纺织原料、纺织品、化矿产品、金属材料、油品和铁矿的品质等项目的检测工作，承担金属矿产品、非金属矿产品及化工产品科技成果的国家级检测鉴定。1998 年 5 月，宁波卫检局食品检验的计量认证通过国家技术监督局专家组的最终评审。1998 年底，宁波动植检局在动检方面主要有病理、病毒、细菌、寄生虫等实验室以及动物病理标本室，有实物标本和病理标本等共 910 个（张）；植检方面主要有昆虫、线虫、病理和养虫及杂草等实验室，以及 1 个植物杂草标本室，收集各种杂草种子标本 203 种，木材害虫标本 160 种、1000 多个。

1999年“三检”合一时，成立宁波国际旅行卫生保健中心，具体承担宁波口岸国际旅行卫生保健工作，并管理宁波国际旅行卫生保健门诊部。2000年3月，宁波检验检疫局实验室注册的考核工作划入华东大区考核领导小组管理。2001年4月，根据质检总局《关于加快检验检疫系统实验室注册工作的通知》要求，宁波局专门成立实验室注册领导小组，对各实验室进行调研，收集多方信息，并对已经通过注册认可的3个实验室(农副实验室、北仑铁矿实验室、宁海综合实验室)进行现场考核和监督审核工作，另对6个未通过注册实验室作出注册和认可的时间进度安排。宁波局重点扶持转基因项目检测实验、出口小家电检测实验室的建设。2001年底，转基因实验室顺利通过由国家认监委组织的转基因产品良性检测水平测试，成为全国检验检疫系统25个转基因产品测试实验室之一。

2002年，衢州局综合实验室通过质检总局实验室注册现场评审。是年，浙江局制定《浙江出入境检验检疫局动植物检疫、卫生检疫实验室建设规划》，提出动植物检疫、卫生检疫实验室建设和布局的方案以及对人员、场地、仪器设备的要求。制定《分支局食品安全检测实验室布点方案》，提出浙江局食品安全检测实验室布点的具体计划，形成以该局技术中心食品安全实验室为核心的检测网络。同年，宁波局将实验室资源重新整合，明确“安全、卫生、健康、环保、反欺诈”的方向，加大实验室建设硬件和软件投入，实现实验室投资、功能、管理上的三项变化，建设工业品及原材料安全检测中心、食品安全检测中心、生物安全检测中心、传染病检测中心四个一流的专业检测中心。是年底，14个实验室全部导入ISO/IEC17025体系，采用国际通行的标准化管理，实现与国际接轨目标；共有8个实验室获得中国国家进出口商品检验实验室认可委员会(以下简称CCIBLAC)认可证书，综合实力达到国内外先进水平，实验室的检测水平和管理水平迈上新台阶。2003年8月，宁波电气安全检测中心通过CNAL认可，并成为质检总局定点试验实验室之一。10月，根据质检总局《关于下达检验检疫实验室规划方案的实施意见》，确定浙江局设立10个国家级重点实验室、10个区域性中心实验室和5个常规实验室。宁波局共有4个国家级重点实验室、8个区域中心实验室列入质检总局规划。是年，舟山水产品实验室、萧山羽毛绒实验室、绍兴纺织品检验中心、湖州局综合实验室、金华局电动工具实验室通过CNAL现场评审。同时，浙江局电气安全实验室通过CNAL的复评审和扩项评审，共通过33个标准扩项。嘉兴局综合实验室顺利通过CNAL监督和扩项评审。嵊泗局化矿实验室、舟山局保健中心综合实验室、台州局综合实验室3个实验室申请CNAL现场评审。宁波局共有9个实验室通过国家实验室认可委员会的认可，10个实验室通过计量认证。

2004年4月，宁波局制定生物安全管理措施和紧急预案。8月，制定《宁波出入境检验检疫局实验室管理办法(试行)》。同月，大榭局石油化工实验室通过CNAL和计量认证认可“二合一”考核并获得证书。6—8月，宁波局先后有7个实验室通过CNAL的监督评审。10月，宁波局技术中心下属实验室由原动植检、农副、石化和矿产品4个CNAL认可实验室整合更名组建为生物安全检测分中心、食品安全检测分中心和工业品安全检测分中心。2004年，浙江局制定《浙江检验检疫局关于实验室建设规划的实施意见》，实验室开展认可与计量认证工作。舟山局保健中心综合实验室、台州局综合技术中心实验室、温州局保健中心综合实验室通过CNAL现场评审。至此，浙江局系统内实验室全部完成实验室认可与计量认证计划。同时，浙江局食品安全实验室、电气安全实验室、丝检中心等10个实验室通过CNAL的复评审和扩项评审。

2005年初，浙江局制定重点实验室和区域性中心实验室的验收计划。8月，制定舟山局动植物检疫实验室建设方案，并组织实施。10月，召开卫生检疫实验室建设工作研讨会，研讨浙江局卫生检疫实验室的建设规划工作。至10月底，浙江局系统获实验室认可与计量认证5个，累计24个。同年，宁波局奉化综合实验室通过CNAL初评，宁波局食品安全检测分中心、宁波电气安全检测中心、工业品安全检测分中心及其他相关实验室均按计划通过2005年度CNAL的监督评审或扩项审查。宁波局技术中心被质检总局列为可承检电子电气设备中有害物质的第一批推荐实验室，同时，实验室参与质检总局组织的关于限制在电子电器设备中使用某些有害成分的指令（以下简称RoHS指令）中检测方法的标准编制工作，牵头组织2项行业标准的编写。宁波局余姚电器检测中心成为国家强制性产品认证（以下简称CCC）指定检测实验室。

2006年初，浙江省政府批复同意浙江局建设“国境安全检验检疫科技创新服务平台”，并提供建设资金1000万元。6月，完成艾滋病确证实验室的改建装修工程并组织验收工作。2006年，浙江局完成国家级重点、区域性中心实验室验收前准备情况的汇总报告，提出验收挂牌的工作方案。制定发布《浙江检验检疫局规划内实验室验收实施细则（暂行）》，陆续组织完成对电工产品检测重点实验室（浙江局技术中心电气安全实验室）、低压电器检测重点实验室（温州）、纺织品检测重点实验室（嘉兴）、国家级羽绒羽毛检测重点实验室（萧山局羽毛绒实验室）、国家级农药兽药残留（杭州）检测重点实验室（浙江局技术中心食品理化实验室）、国家级纺织品检测重点实验室（绍兴局纺织品检测中心）、国家级纺织品检测重点实验室（浙江局技术中心纺织品实验室）、浙江皮革制品检测中心实验室（嘉兴）8个国家级重点实验室的现场验收工作。国家级蚕病检疫重点实验室、质检总局浙江动物检验检疫中心实验室、质检总局浙江植物检疫中心实验室、质检总局浙江石油及石油产品检测中心实验室（舟山）、质检总局舟山水产品检测中心实验室申请现场验收。同年，宁波局制定《宁波检验检疫局实验室建设“十一五”规划》，明确建设宁波检验检疫科学技术研究院，实施检验检疫技术“大中心”工程，提出19项保障措施。是年，根据业务分工的调整，宁波局将实验室注册、认可工作的管理职能由认证监管处调整到科技处，科技处内设科室相应进行调整，增设实验室管理科，实现全局实验室的规划、注册、认可工作的全面协调和统筹管理。

2007年9月，浙江局卫生监督科的微生物实验室投入使用。是年，浙江局制定《浙江检验检疫系统“十一五”实验室建设发展规划（征求意见稿）》《浙江局实验室布局调整规划》；批准建立台州煤炭检测实验室、丽水局香菇检测实验室，正式向质检总局推荐浙江检验检疫技术中心食品安全实验室［国家级农药兽药残留（杭州）检测重点实验室］、浙江检验检疫技术中心电气安全实验室（国家级电工产品检测重点实验室）等6个实验室申请首批验收，按照《浙江省省级行业和区域创新平台建设与管理试行办法》的要求落实工作。同年，宁波局发布《宁波检验检疫局实验室建设“十一五”规划》，筹建艾滋病确证实验室获得质检总局批复并通过验收;宁海检验检疫局筹建以文具检测为主的综合实验室;宁波局打火机实验室通过欧委会认可,成为国内获得欧盟推荐的2个打火机检测机构之一;电气实验室CB实验室完成首次资质预评审;食品实验室通过韩国食药厅专家组的现场检查,继续保持韩国食药厅认可的"国外公认检测机关"资质;宁波打火机实验室针对欧盟的CR法案,研发1台重压电打火机检测仪,该检测仪器申报3项国家发明专利,在技术上处于国内乃至世界领先地位,被科技部列为国家重点新产品计划。

2008年10月,浙江检验检疫系统首批5个国家级重点实验室:国家农药兽药残留检测重点实验室(浙江)、国家电工产品检测重点实验室(浙江)、国家丝类商品检测重点实验室(浙江)、国家羽绒羽毛检测重点实验室和国家纺织品检测重点实验室(嘉兴)顺利通过质检总局现场核查验收。是月,宁波局结合质检总局国家级重点实验室的二次规划,新申请建设10个国家级重点实验室。11月,根据质检总局《关于报送国家质检中心、国家级重点实验室建设规划方案的通知》要求,浙江局向质检总局申报国家级重点实验室8个。12月,湖州局植物源性产品实验室达到区域性中心实验室验收标准,批准为质检总局浙江植物源性产品检测中心实验室。同年,宁波局将矿产品安全检测中心和石油化工安全检测中心调整设置到北仑检验检疫局新大楼;光电电气产品检测中心和汽车零部件检测中心升级为国家级重点实验室,共建成国家级重点实验室7个,提前完成"十一五"规划中确立的国家级重点实验室建设目标。是年,宁波局相继开检光电实验室和汽车零部件检测实验室,建设宁海综合实验室、象山针织品实验室,拓展慈溪食化实验室的检测范围,开展奉化、大榭实验室人、财、物集中的"大中心"试点,宁海、奉化、大榭、象山、慈溪实验室实现"五个统一",即统一品牌、统一体系、统一业务模式、统一管理手段、统一服务的目标,所有实验室均通过CNAS复评审或年度监督审核。同年,宁波局相继出台《宁波检验检疫局实验室管理办法》《宁波检验检疫局实验室管理工作考核办法》及考核指标,制定《宁波检验检疫局社会实验室管理办法》《宁波检验检疫局实验室对外合作管理办法》等系列管理制度。

2009年11月,质检总局组织对浙江局金华、义乌分支局申报国家级重点实验室二次规划的重点实验室开展现场调研。12月,质检总局批准筹建28个国家级重点实验室,其中包括浙江局申请筹建的3个国家级重点实验室:国家非公路机动车重点实验室(金华)、国家小商品质量安全检测重点实验室(义乌)和国家食品接触材料检测重点实验室(台州);宁波局2个国家级重点实验室:水产品重点实验室、纺织服装检测重点实验室。同年,宁波局设立中国检验检疫科学研究院宁波石油化工产品实验室和中国检验检疫科学研究院光电电气产品实验室,并纳入该院实验室管理体系。是年底,宁波局数字实验室系统开发完成框架搭建,并在技术中心开展试运行。是年,宁波局启动化学品GLP(实验室作业规范)实验室建设,并被国家认监委列为检验检疫系统内第一个GLP试点实验室。

2010年5月13日,宁波局轻工产品检测中心、宁波局电器安全检测中心、宁波汽车零配件检测有限公司被中国质量认证中心授牌为CQC签约实验室。同年,浙江局的国家纺织品检测重点实验室(杭州)、国家电动工具检测重点实验室(浙江)、国家纺织品检测重点实验室(绍兴)通过质检总局组织的现场核查验收。是年,宁波局制定印发《宁波检验检疫系统检测工作整顿活动实施方案》。宁波局技术中心和分支机构实验室全部上线使用数字实验室系统。宁波局申报的工业原材料及化学危险品公共检测服务平台和消费品检测公共服务平台获评宁波市科技服务创新服务平台。是年，余姚电气实验室获得 CB 实验室资质，宁波化学品安全评价中心通过 GLP 现场符合性评价。2010 年底，浙江检验检疫局共有国家级重点实验室 12 个，区域中心实验室 9 个，常规实验室 16 个；宁波检验检疫局共有国家级重点实验室 9 个，区域中心实验室 5 个，常规实验室 8 个。

表 68-10-1-2　　　　2010 年浙江检验检疫机构实验室一览表

级别	序号	名　　称	所属单位
国家级重点实验室	1	国家农药兽药残留检测重点实验室(浙江)	浙江检验检疫局技术中心
	2	国家纺织品检测重点实验室(杭州)	浙江检验检疫局技术中心
	3	国家电工产品检测重点实验室(浙江)	浙江检验检疫局技术中心
	4	国家丝类商品检测重点实验室(浙江)	杭州检验检疫局
	5	国家低压电器检测重点实验室(温州)	温州检验检疫局
	6	国家电动工具检测重点实验室(金华)	金华检验检疫局
	7	国家非公路机动车检测重点实验室	金华检验检疫局
	8	国家食品接触材料检测重点实验室	台州检验检疫局
	9	国家纺织品检测重点实验室(绍兴)	绍兴检验检疫局
	10	国家纺织品检测重点实验室(嘉兴)	嘉兴检验检疫局
	11	国家小商品质量安全检测重点实验室	义乌检验检疫局
	12	国家羽绒羽毛检测重点实验室	萧山检验检疫局
	13	国家石油化工品检测重点实验室	宁波检验检疫局技术中心
	14	国家铁矿检测重点实验室	北仑检验检疫局
	15	国家山水盆景检疫重点实验室	宁波检验检疫局技术中心
	16	国家轻工产品检测重点实验室	慈溪检验检疫局
	17	国家化学品分类鉴别与评估重点实验室	宁波检验检疫局技术中心
	18	国家光电电气产品检测重点实验室	宁波检验检疫局技术中心
	19	国家汽车零部件检测重点实验室	鄞州检验检疫局
	20	国家纺织服装检测重点实验室	鄞州检验检疫局
	21	国家水产品检测重点实验室	宁波检验检疫局技术中心

续表 1

级别	序号	名　　称	所属单位
区域中心实验室	1	国家质检总局浙江动物检验检疫区域性中心实验室（杭州）	浙江检验检疫局技术中心
	2	国家质检总局浙江植物检疫区域性中心实验室（杭州）	浙江检验检疫局技术中心
	3	国家质检总局浙江医学媒介生物检测区域性中心实验室（杭州）	浙江检验检疫局保健中心
	4	国家质检总局浙江结核病检测区域性中心实验室（杭州）	浙江检验检疫局保健中心
	5	国家质检总局浙江鞋类检测区域性中心实验室（温州）	温州检验检疫局
	6	国家质检总局舟山水产品检测区域性中心实验室	舟山检验检疫局
	7	国家质检总局浙江石油及石油产品检测区域性中心实验室（舟山）	舟山检验检疫局
	8	国家质检总局浙江皮革制品检测区域性中心实验室	嘉兴检验检疫局
	9	国家质检总局浙江植物源性产品检测区域性中心实验室	湖州检验检疫局
	10	国家质检总局宁波植物检疫区域中心实验室	宁波检验检疫局技术中心
	11	国家质检总局宁波生物安全区域中心实验室	宁波检验检疫局技术中心
	12	国家质检总局宁波食品安全检测区域中心实验室	宁波检验检疫局技术中心
	13	国家质检总局宁波医学媒介生物监测区域中心实验室	北仑检验检疫局
	14	国家质检总局宁波结核病检测中心实验室	宁波检验检疫局保健中心
常规实验室	1	浙江国际旅行卫生保健中心医学检测综合实验室	浙江检验检疫局保健中心
	2	浙江温州出入境检验检疫局综合实验室	温州检验检疫局
	3	浙江国际旅行卫生保健中心温州分中心医学检测综合实验室	温州检验检疫局
	4	浙江金华出入境检验检疫局综合实验室	金华检验检疫局
	5	浙江国际旅行卫生保健中心金华分中心医学检测综合实验室	金华检验检疫局
	6	浙江舟山出入境检验检疫局综合实验室	舟山检验检疫局
	7	浙江国际旅行卫生保健中心舟山分中心医学检测综合实验室	舟山检验检疫局
	8	浙江台州出入境检验检疫局综合实验室	台州检验检疫局
	9	浙江国际旅行卫生保健中心台州分中心医学检测综合实验室	台州检验检疫局
	10	浙江绍兴出入境检验检疫局综合实验室	绍兴检验检疫局

续表 2

级别	序号	名　　称	所属单位
常规实验室	11	浙江嘉兴出入境检验检疫局综合实验室	嘉兴检验检疫局
	12	浙江湖州出入境检验检疫局综合实验室	湖州检验检疫局
	13	浙江衢州出入境检验检疫局综合实验室	衢州检验检疫局
	14	浙江国际旅行卫生保健中心丽水分中心医学检测综合实验室	丽水检验检疫局
	15	浙江嵊泗出入境检验检疫局综合实验室	嵊泗检验检疫局
	16	浙江国际旅行卫生保健中心义乌分中心医学检测综合实验室	义乌检验检疫局
	17	工业品安全检测分中心	宁波检验检疫局技术中心
	18	宁波象山出入境检验检疫局综合实验室	象山检验检疫局
	19	宁波慈溪出入境检验检疫局综合实验室	慈溪检验检疫局
	20	宁波北仑出入境检验检疫局综合实验室	北仑检验检疫局
	21	宁波检验检疫局艾滋病确证实验室	宁波检验检疫局保健中心
	22	宁波奉化出入境检验检疫局综合实验室	奉化检验检疫局
	23	宁波宁海出入境检验检疫局综合实验室	宁海检验检疫局
	24	宁波大榭出入境检验检疫局综合实验室	大榭检验检疫局

资料来源：由浙江、宁波检验检疫局科技处提供。

第二节　信息化建设与管理

1983 年，浙江商检机构引入微型计算机并应用于商检业务。1988 年始，浙江卫检机构普及应用计算机。1989 年，动植检机构开始应用计算机，主要用于业务管理和办公自动化。1990 年始，浙江商检局、宁波商检局应用全国商检系统统一开发的计算机系统，同时自行开发计算机系统。1998—2002 年，浙江检验检疫局网络建设实现全系统广域网连接。2003—2005 年，宁波检验检疫局实施网络安全系统建设，初步建成数据中心。2005 年，宁波检验检疫局全面使用质检总局研发的出口电子监管系统、电子监管视频监控系统、集装箱全球定位（以下简称 GPS）全程监控系统等一系列计算机管理系统。11 月 21 日，国务院副总理吴仪在听取宁波检验检疫局电子监管工作专题汇报中，充分肯定宁波检验检疫局的此项工作。2008 年，实施内外网隔离。1999—2010 年，浙江检验检疫局、宁波检验检疫局应用于检验检疫业务管理的计算机系统主要有：出入境检验检疫综合业务计算机管理系统（以下简称 CIQ2000

系统)、电子监管系统、诚信管理系统、出口食品农产品风险管理系统。这些系统的运用已经可以满足全省检验检疫业务的快捷服务需要。

一、信息化建设

(一)商检机构计算机应用

1. 浙江商检局计算机应用

1983 年,杭州商检局引进第一台美国 CROMEMCO 公司 CS-1 微型计算机,计算机技术开始应用于商检业务。

1991 年,浙江商检局引进 HP3000/925 小型计算机和 ORACLE 大型数据库系统,其中,ORACLE 数据库系统被国家商检局指定为全国商检系统使用的数据库应用平台。1994 年,运用 EDI 技术开发电子报检和进口到货信息的应用系统,拓宽计算机技术在跨区域、跨行业的应用。

1996 年 1 月,浙江商检局针对全省各分支局计算机应用发展不平衡的现状,决定组织项目攻关组,统一开发全省各分支局的检务管理系统。1997 年 4 月,检务管理系统首先在衢州和湖州商检局投入试运行,实现主要商检业务,包括出口、进口、鉴定、监管以及相应的报检、检验、签证、计收费、统计等流程信息的实时管理。是年,浙江商检局承担国家科委"商检系统广域网络系统的建设与应用"项目研制。"三检"合一后,项目名称改为"检验检疫系统广域网络关键技术的开发";该项目是国家科委"九五"重点科技攻关项目"商检 EDI 应用系统的开发与建立"中的一个重要专题;项目完成检验检疫系统广域网总体方案的设计和实施,制定广域网络相关标准,并在广域网络平台上开展网络增值服务和检验检疫业务的网络应用。1998 年 3 月,湖州商检局采用中国电信 64k 帧中继线路接入浙江商检局本部,是浙江商检局广域网建设的第一家分支机构。同年,检务管理系统在金华、舟山、温州、绍兴、萧山、嘉兴、台州、丽水商检局分两批推广应用。是年,浙江商检局制定商检系统的 IP 地址和域名规范草案。1999 年,各分支局全部应用检务管理系统,对提高工作效率和加强检验业务的监督管理发挥重要作用。1984—1997 年,浙江商检局依靠自身技术力量,开发应用 13 项重点计算机管理系统,从微型计算机单机单项应用逐步向小型机和微机网络发展,计算机应用广泛渗透到检验检疫业务的各个领域,实现检验检疫业务的实时处理和跨地理区域、跨行业部门综合的网络应用。

表 68-10-2-1　　1984—1997 年浙江商检局自行开发计算机应用系统一览表

年份	项目名称	应用范围
1984	出口白厂丝计算、分级、证书打印程序	丝检验结果评判分级
1984	浙江省进出口商品质量管理系统	质量分析统计

续表

年份	项目名称	应用范围
1986	商检仪器设备管理系统	仪器设备管理
1988	水尺计重通用化计算法的微机应用	水尺计重管理
1989	进口金属材料检验统计综合管理系统	进口金属材料检验管理
1990	食用植物油掺假鉴别的模式识别方法研究	食用植物油掺假鉴别
1992	浙江商检检务管理系统	检务管理
1993	纺织纤维水分检测群控系统	纺织纤维水分检测自动化
1993	实验室信息管理系统	实验室管理
1994	UL 跟踪服务计算机管理系统	UL 服务管理
1996	INTERNET 互联网络中文界面的研制及其在外贸与商检中的应用	网络信息站
1996	全省检务管理系统	检务管理
1997	进出口金属材料抽样方案的研制与实现	金属材料抽样管理

资料来源：根据《浙江检验检疫志》（浙江人民出版社 2005 年版）第 842—845 页文字整理。

2. 宁波商检局计算机应用

1986 年 6 月，宁波商检局应用微机进行水尺计重获得成功，功效提高 50%。1989 年 5 月，完成“计算机标准资料管理程序”开发，将自 1978 年以来宁波商检局收集的国内散装标准全部输入计算机。1992 年，建成宁波商检局计算机局域网，由宁波商检局自行开发的“进出口商品检验签证综合业务系统”在局域网上投入运行，在全省率先受理电子报检业务。自此，计算机全面应用于宁波商检局商检业务中。

1999 年，宁波商检局有专兼职计算机人员 6 人，计算机 106 台，局域网网络带宽 10 兆，计算机信息点数 80 余个，20 余套程序通过局域网应用于检验签证、业务统计、人事管理、财务管理等工作。

表 68-10-2-2　1990—1999 年部分年份浙江、宁波商检局应用统一开发计算机系统一览表

年份	项目名称	应用范围
1990	全国普惠制微机管理系统	检务签证
1993	全国商检业务综合统计管理系统	业务统计
1995	商检实验室管理系统	实验室管理
1995	商检资产评估管理系统	资产评估管理

续表

年份	项目名称	应用范围
1995	商检档案管理系统	档案管理
1996	全国产地证签证业务管理信息系统	产地证签证
1997	全国组织干部人事管理信息系统	人事管理
1998	商检仪器设备管理系统	设备管理
1999	商检财会管理系统	财务管理

资料来源：根据《浙江检验检疫志》(浙江人民出版社 2005 年版)第 843—845 页文字和《宁波出入境检验检疫志》(中华书局 2005 年版)第 691 页表 8-33 整理。

表 68-10-2-3　1991—1998 年部分年份宁波商检局自行开发计算机应用系统一览表

年份	项目名称	应用范围
1991	宁波商检局出口运输包装管理系统	包装业务管理
1992	宁波商检局检验签证管理系统	检验签证业务管理
1995	宁波商检局鉴定业务管理系统	鉴定业务管理
1996	宁波商检局三处进出口商品管理系统	纺织品检验管理
1996	宁海商检局检验结果证书管理系统	检验结果证书管理
1997	宁海商检局检验统计程序	检验统计
1997	慈溪商检局出口商品管理系统	出口商品检验管理
1998	宁波商检局二处进出口商品管理系统	机电仪检验业务管理
1998	奉化商检局检验统计程序	检验统计

资料来源：《宁波出入境检验检疫志》，中华书局 2005 年版，第 691 页表 8-34。

（二）动植检机构计算机应用

1. 杭州动植检局计算机应用

1989 年初，从国家动植检总所引进“动植物检疫文献管理系统”“动植物检疫文件与档案管理系统”。10 月，国家动植检总所分配给舟山动植检所 1 台 AST-P286 计算机，计算机开始应用于业务管理，实现报检、出证、放行、统计、查询功能。1998 年 3 月，舟山动植检局建成计算机局域网络，由 1 台服务器、10 台微机工作站构成。4 月，接入国际互联网络。

2. 宁波动植检局计算机应用

1989 年，国家动植检总所下拨 AST286 微机和 BROTHER1724 打印机各 1 台，应用于财务部门(打印工资表等)。1993年,宁波动植检局自筹资金购置 COMPAQ PROSIGNIA4/33 微机和 EPSON DLQ-2000K 打印机各1台,使用国家动植检总所下发的《动植物检疫业务管理系统 CAPQ Vl. O》软件。1994年以前,业务数据统计全部手工操作,之后业务数据录入和统计运用 CAPQ 单机版。同年7月1日起,使用计算机代码报检,当天接受报检的单证全部当天输入。1995年12月,引进使用天津动植检局《动植物检疫业务管理系统 V1.0》网络软件,以 COMPAQ PROSIGNIA4/33 为服务器,设6个工作站,功能包括报检数据录入、业务数据管理、计费、查询、统计、报表生成、局长监控等,实现业务数据交换电子化。1996年5月,建立北仑动植检局计算机局域网络,服务器为 COMPAQ PS300586/90,设5个工作站,系统软件和功能与宁波动植检局本部局域网络相同。

1998年,宁波动植检局被列为国家动植检局 CAPQ V3.0 业务管理软件(网络版)应用试点单位,投入资金改造宁波动植检局本部局域网络,购置 HP LHPR06200 服务器,更换网络软件为 WINNTSERVER 4.0,并相应修改业务管理软件,改造网络布线,增加微机数量至17台,全部通过宁波信息港光纤接入国际互联网,建成多媒体触摸屏查询系统,新建财务专用局域网络等。1998年7月,购买并使用人事管理软件。宁波动植检局业务、管理基本形成计算机化管理,共有计算机77台、打印机16台、网络设备及其他配件55件。

(三)卫检机构计算机应用

1988年始,浙江卫检机构先后培训普及应用计算机。1992年,杭州卫检局自行开发进口食品单证管理应用计算机软件。

1995年,宁波卫检局建立第一个局域网,采用"服务器+无盘工作站"形式、NOVELL 操作系统。是年,自主开发集装箱、货物卫生检疫管理电脑应用软件(FOXBASSⅢ单机版)。1996年5月,管理应用软件升级为 FOXPRO 单机版,主要有申报登记、自动计费、统计等功能。1997年,开通国际互联网,实现与宁波港集装箱管理 EDI 系统的联网。是年,着手建设"宁波卫生检疫局网站"。1998年,参与国家卫检局开发"海港卫生检疫业务报表管理系统"(以下简称 QRMS)的检疫业务报表电脑网络管理软件,主要用于对海港卫生检疫的检疫查验、卫生监督、传染病监测、卫生处理等主要业务(不包括行政执法和进口食品监督检验)数据进行统计,形成各类报表和统计图,通过电子数据远程传输,使分管局、管理局和国家卫检局能便捷掌握各地业务发展情况;该系统开发成功后,国家卫检局同意首先在浙江省内推广使用。是年5月30日,宁波卫检局下发《关于应用检疫报表管理系统进行业务报表管理的通知》,要求所辖各有关卫检局、业务处室启用该管理系统。

1998年7月25日,宁波卫检局在宁波公众信息网开通卫生检疫网站,向公众提供检疫最新动态、进口食品检验、体检预防接种、艾滋病防治、国际旅行卫生保健等信息,以及网上咨询联系等服务。配置复印机、传真机、激光打印机、基士得耶一体机等现代化办公设备及高频通信设施、照相机、采访机、摄像机等执法取证工具,在宁波卫检局本部实现电脑联网,提高全局计算机信息化管理水平。

(四)检验检疫机构信息化建设

1. 基础设施

至2002年底,浙江检验检疫局实现11个分支局、13个派出机构和现场办事机构的广域网连接,汇聚至浙江局本部后,统一连接质检总局;线路运营商有浙江省经济信息中心、联通、电信。2003年,宁波检验检疫局进行整体网络安全规划,对防火墙、防病毒、入侵检测和漏洞扫描、审计等安全系统模块进行详细设计,形成完整安全技术方案。2004年,宁波局初步建成漏洞扫描、入侵检测、防火墙、防病毒、物理隔离“五位一体”的网络安全系统,经受住历次病毒爆发、黑客攻击等事件。是年,宁波局为提高线路运行可靠性,增加线路带宽,并为数据大集中做准备,采用电信、网通2MSDH线路为主干,两大运营商互为备份改造宁波检验检疫城域网,采用联通2M线路,实现与质检总局网络的高速互联,电信和网通线路互为备份,建立起高速基础信息网络。是年11月,浙江检验检疫局系统骨干网络一期改造项目正式施工,至2005年3月顺利完成。通过改造,建立到11个分支局的双2M SDH线路,浙江局通过双主干路由设备,保障信息化应用的可靠性,提高网络性能,为开展数据大集中奠定良好的基础环境。2005年3月,浙江局中心机房改造工程动工,同年9月基本完工,改造工程项目包括:消防系统、UPS(不间断电源)系统、精密空调系统、机房综合监控系统等,改造后机房面积约190平方米;IBM小型机、刀片式服务器和核心网络设备等投入使用,形成网络和数据处理中心。是年,组织实施全国质检主干网二期工程的浙江局网络和安全设备安装调试工作,以及与浙江省质监局的网络中转接入工作;实施浙江省电子政务网网络接入工作。2004—2005年,宁波局通过建设整合,配备IBM P670小型机2台互为热备,PC服务器近30台,数据中心初步成形。2007年2月14日,宁波局与贵州检验检疫局互相利用对方的计算机资源,实现灾难备份的互备,确保两局信息化系统数据安全可靠。

2008年,宁波局开展内外网隔离建设。同年,浙江局启动广域网扩容提速工程,2009年工程全面完成。工程完成后,浙江检验检疫广域网实现双运营商线路、双设备机制,到分支局的主线路为50M或30M MSTP电信专线,备份线路为2M SDH移动专线,分支局到办事处的主线路为10M MSTP电信专线,备份线路为2M SDH移动专线,网络传输性能和可靠性在系统内处于领先水平;并对中心机房进行扩容,购置2台新的精密空调,对UPS电源系统进行改造,扩容后整个UPS系统和精密空调机组均实现互为备份的应用模式。

2009年,浙江局启动综合实验用房大楼配套的中心机房规划和建设。10月底,提出新大楼机房建设技术方案。2010年5月底,启动新大楼机房建设工程施工,8月底完成施工,9月初投入试运行,10月8日新机房全面投入使用;承载的主要电子信息系统设备总计150台套,包括2套小型机、3套刀片式服务器、3套光纤存储、52台机架式服务器、4套核心交换机、2套核心路由器等。

2. CIQ2000出入境检验检疫综合业务计算机管理系统

CIQ2000出入境检验检疫综合业务管理系统是检验检疫信息化工程的基础和重要组成部分,旨在解决检验检疫机构内部的受理报检、签证、统计、计收费、检验检疫以及鉴定、包装等方面的业务管理问题。该系统于2000年1月起在全国11个直属局试点应用，2000年4月30日，质检总局下发《关于做好〈出入境检验检疫综合业务计算机管理系统（一期工程）〉试点与推广应用准备工作的通知》，在全国检验检疫系统全面推广使用。

2000年8月，CIQ2000系统在浙江局、宁波局本部正式启用，之后在分支机构分批上线运行。作为CIQ2000系统应用的延伸，电子转单计算机应用项目同期投入应用。

2001年3月1日，宁波局对出口商品运输包装检验工作试行CIQ2000系统管理。22日，CIQ2000系统升级到1.4版。4月13日，对出口商品运输包装检验正式启用CIQ2000系统管理。5月，宁波局实现电子产地证签证；6月，启动电子报检。至此，宁波局以电子转单、电子签证、电子报检为主要内容的"三电"工程基本完成。7月1日，宁波局正式对进出境货物木质包装检疫实施CIQ2000系统管理。2002年1月18日，CIQ2000系统升级到1.43版。2003年3月30日，CIQ2000系统升级到2.0版。

2003年，浙江局研发检验检疫业务短消息发送平台，将检验检疫业务信息通过短消息发送给出口企业。是年，浙江局开发电子审单快速核放系统。同年，浙江局开发应用进口流向管理信息系统，并在嘉兴、温州、台州、萧山、湖州、绍兴、丽水、金华、舟山检验检疫局等10个分支局推广应用。

2004年2月1日，宁波局系统实施出口货物电子审单快速核放系统。2月14日，CIQ2000系统升级到2.2版。4月1日，宁波局船舱集装箱适载检验实施CIQ2000系统管理。12月3日，CIQ2000系统升级到2.3版。

2005年6月，宁波局开始研发应用"出境货物电子转单短信申报系统"，自9月1日起全面实施。9月23日，宁波局完成余姚局的数据集中工作。10月1—7日，完成其他分支局的数据集中工作。12月1日，宁波局检务大厅启用"电子派单排队系统"，产地证业务部分窗口先行试点。是年，宁波局研发"出入境检验检疫审单预警系统"，在宁波检验检疫网络后台运行。同年，浙江局开发"企业报检质量信息管理系统"，对重点监管的报检单位实现报检差错的分类登记、差错信息企业反馈和监管期内企业报检"直通式"资格的自动评判等处理。

2006年3月17日，浙江局启动数据大集中实施工作，在绍兴局、嘉兴局试点应用的基础上，5月19日，完成浙江局系统12个分支局CIQ2000系统数据大集中。9月1日，宁波局试运行"原产地业务电子管理系统"。9月27日，宁波局"出口退运货物追溯调查信息管理系统"开发正式启动。10月，宁波局推出第二代"出境货物电子转单短信申报系统"，并开始试运行。同月，宁波局启动"入境货物口岸内地联合执法系统"试点，基于CIQ2000中入境电子转单信息，整合现有信息资源，实现对入境流向货物从口岸局到目的地局全过程的监管模式。是月，宁波局启动"进口全申报"研究和探索，先后在北仑局、大榭局和镇海办事处试点。11月，北仑局面向辖区11家试点企业，推行电子支付新方式。12月，北仑局自主研发的"集装箱检验检疫综合业务管理系统"在穿山办事处正式启用。是年，"浙江检验检疫电子缴费系统"在浙江局本部投入应用，与中国银行专线联网运行，自动完成产地证签证的计费和缴费处理。

2007年1月1日，宁波局全面使用"原产地业务电子管理系统"办理原产地业务。8月，宁波局在北仑、慈溪、余姚3个分支局试运行“出口退运货物追溯调查信息管理系统”。是年，浙江检验检疫电子缴费系统拓展到工商银行，并在分支局全面推广应用。同年，宁波局升级“口岸查验短信申报系统”。

2008年12月8日，宁波局系统全面实施“进口全申报”，所有入境货物(包括法检及非法检)及木质包装、集装箱等相关信息由报检人员通过CIQ2000系统企业申报端申报，集装箱、木质包装检疫/无木不再单独另报。

2009年，浙江局研发“自动计费、自动转单和自动归档业务应用系统”(自动计费、自动转单、自动归档，以下简称“三自动”)，实现检验检疫计费、转单、归档业务自动处理。是年，浙江局为解决CIQ2000核心业务平台负载高、安全隐患明显的问题，拟定数据库复制和性能监控等技术措施，制定《全省CIQ2000核心业务平台负载过高解决方案》。8月，开始组织建设，复制平台于年底部署完毕，并投入运行。2010年初，制定外挂软件迁移实施方案，整合39个外挂软件，优化、迁移35个外挂软件，基本迁移到复制平台。2010年9月16日，CIQ2000系统升级到2.386版。

2010年，浙江局“自动计费、自动转单和自动归档业务应用系统”在杭州、金华、绍兴、义乌等分支局全面推广应用。

结合检验检疫业务改革和发展需求，浙江局、宁波局相关部门和分支局也相继开展了各类信息化应用系统的开发建设。2000—2010年，开发建设的项目有：浙江检验检疫认证监管资源系统、集中财务管理信息系统、浙江科技项目和科技资料管理系统、实验室管理系统、国际旅行卫生保健信息管理系统、检企通、国际航行船舶出入境检验检疫综合系统、口岸鉴定业务管理系统、义乌市场采购出口商品综合管理系统、财务收费凭证自动生成系统、检验检疫业务语音查询系统、榕基易查系统、丝类商品检验信息网际查询系统、单证内部传递管理系统、电子派单排队叫号管理系统等。上述各类信息化应用系统涵盖检验检疫业务工作的各个领域，在实际使用中发挥了重要作用。2010年，出境货物电子转单短信申报系统、电子派单排队系统、电子审单预警系统、检验检疫电子缴费系统等在宁波局得到推广运用，CIQ2000系统各类升级达60余次。

3. 电子监管

2004年，质检总局发布《出口电子监管实施方案》，组织评审《出口电子监管需求方案》。11月始，宁波局在宁波中银电池有限公司、上海浦检熏蒸消毒中心宁波分部分别对出口电池、木质包装进行出口电子监管系统(ES3000)试点，并于2005年1月26日完成测试。2005年5月，浙江局在杭州瑞宝能源科技有限公司实施出口产品电子监管系统正式投入运行，监管出口产品为锂离子蓄电池。同月，宁波局开始在试点企业安装视频监控系统。至7月中旬，完成对首期40家中国电信“全球眼”视频监控企业的安装调试及局端视频接入工作，企业范围覆盖该局本部以及所辖的11个分支机构，“全球眼”视频监控工作正式开展。

2005年8月16日，宁波局出台《宁波检验检疫局电子监管视频监控系统管理规范》。10月19日，宁波局正式开展集装箱GPS全程监控系统试点。是年，质检总局研发的出口电子监管系统(ES)、电子监管视频监控系统(VS)、集装箱GPS全程监控系统等一系列计算机管理系统在宁波全部运行。11月21日，国务院副总理吴仪视察宁波局时，听取电子监管工作专题汇报，对宁波局开展的此项工作给予充分肯定，要求全国质检系统在2006年全面推进电子监管工作；质检总局领导承诺，2006年要在出口生产企业中全面实施电子监管。

2006年3月24日，质检总局下发《关于建设检验检疫电子监管视频监控系统有关问题的通知》，浙江局、宁波局均被列入首批视频监控试点单位，与中国电信合作完成视频监控系统建设。同月，浙江局正式启动电子监管视频监控建设，试点地区为杭州、舟山、台州三地，随后在辖区内全面推广应用，视频监控基础网络采用中国电信"全球眼"平台。4月，宁波局完成并交付质检总局委托的电子监管视频监控建设的6个操作规范起草任务，分别涉及进出境木质包装查验及检疫处理场地、航空食品生产企业、卫生处理场地、出入境交通工具及停靠区域、出入境旅检现场、集装箱场站电子监管视频监控等规范。9月1日，宁波局试点实施进口废物原料检验检疫电子监管系统。同年，为配合电子监管系统的推广，浙江局组织编写《电子监管系统主要模块介绍及功能要点》《电子监管实施步骤和注意事项》《电子监管系统应用常见问题及处理方法》等资料，制定《电子监管表单审核程序》等配套管理规范。

2006年12月31日，浙江局实施电子监管企业2125家，报检批次10.6万批，出口电子监管覆盖浙江省主要商品大类。宁波局电子监管系统上线企业覆盖率、安装出口电子监管系统软件企业覆盖率、实际运行企业覆盖率和电子监管批次覆盖率均居全国系统首位，电子监管上线企业数达4361家，176家企业安装617个视频点，宁波局在全国质检系统开展的电子监管工作中继续保持全国领先水平。

2007年，质检总局组织出口电子监管系统升级，浙江局制定《浙江局出口电子监管系统升级实施计划》。是年，浙江局在杭州、舟山、台州、嘉兴、绍兴、义乌等地全面推广电子监管视频监控应用，共计90处监管场所设立232个监控摄像头。

2008年，浙江局制定《出口电子监管监控项目表单维护工作规范》《浙江检验检疫出口电子监管系统运行管理规范（试行）》《浙江检验检疫局电子监管视频监控系统管理办法》。

2009年，杭州萧山机场新增视频监控点6个，改造为录像存储的视频监控点11个，实现对杭州机场入境旅客检疫全过程的视频监控和录像存储；温州机场视频监控覆盖面更趋完善，并接入浙江局视频监控平台。2009年11月，宁波实施出口电子监管的企业共7674家，电子监管批次占总出口批次的90%以上，实施视频监控的企业共189家，计666个监控点，口岸及其出入境通道和监管（查验）场地保持100%覆盖。2010年底，宁波出口电子监管系统上线企业已达8945家，出境货物累计185.80万批，视频监控系统已接入企业达178家，计638个监控点。

4. **检港合作**

1997年，宁波卫检局开通国际互联网，实现与宁波港集装箱管理EDI系统的联网。

2001年8月16日，宁波局函商宁波港务局，要求建立宁波港务局EDI信息中心，与宁波局的信息传输实现物理连接，并确定双方的信息传递内容，建立信息处理平台。8月28日，宁波局与宁波港务EDI中心进行联网，首期实现航务和集装箱等信息的数据交换，港务、船方向宁波局发送集装箱货物舱单、集装箱进场、移运、存放信息，宁波局向港务部门发送移箱指令和查验、检疫处理信息，港务方根据宁波局的通知及时进行集装箱移箱等处理，从而加快港务作业的流程。

2002年8月1日起，宁波口岸实施“提前报检、提前报关、实货放行”新模式后，通过与港口EDI信息中心的联网，确保进境集装箱舱单信息（在船舶到港前）提前进入信息处理系统。

2009年，检港信息化协作组先后开展6次较大规模调研，并撰写4份调研报告，在此基础上确定以“开通一条链路、搭建一个平台、开发五个系统”为主要内容的2009年下半年检港信息化协作项目。宁波局通过“检疫卫生处理前置系统”“电子闸口放行系统”“外堆场物流监管系统”的开发，与港务部门开展信息化开发合作。通过检港合作，实现三大信息化系统之间的信息共享、流程对接，强化“物流监管链条”的理念，依托物流链，延伸检验检疫监管的长度，重点控制物流链中的关键节点，实现货物从进港卸船到港区闸口，再到最终放行的全程监管、宏观掌控。同时，变查验堆场为监管堆场，从多点查验转向定点查验，将检验检疫物流链条从港区进一步延伸到外堆场和企业，将企业纳入港区外特殊堆场范畴，实现综合堆场和专业堆场互补、内堆场和外堆场互补、社会堆场和企业堆场互补的合理格局，强化检验检疫部门在物流链中的地位。是年，根据检港信息化协作统一安排，开始实施核心数据交换平台建设，完成了数据交换平台硬件配置设计及通信协议、数据标准、数据转换、数据安全等技术需求，研究规划检验检疫核心数据交换平台总体框架和功能，确定和港务之间数据交换详细需求。2010年开始具体实施，支持多种数据交换方式、多个数据交换应用，试运行期间运行稳定。

5. **电子口岸建设**

2003年11月，由宁波市政府、宁波海关、宁波局、宁波港集团共同出资组建电子口岸运营实体——宁波国际物流发展股份有限公司，在全国较早启动地方电子口岸建设。2005年11月，国务院在宁波召开国务院全国电子口岸建设现场会，有力地推动宁波电子口岸的建设。按照“整体规划、分步实施”的总体建设思路，历经平台总体规划、基础建设、项目开发、产品化等各个发展阶段，宁波电子口岸建设于2008年正式进入市场化运营。

2008年，出入境船舶检验检疫管理系统立项开发。2009年，检验检疫信息服务系统、海关国检进境空箱一单两报立项，项目按期完成，系统运行正常。2010年，船舶监管系统（AIS）、船舶统一申报系统立项并按期完成，报关报检一单两报系统宁波检验检疫局立项后，由于报关报检数据接口无法协调，项目中止。

二、管理制度

2001年6月20日，宁波局出台《宁波出入境检验检疫系统计算机信息网络管理办法》《宁波出入境检验检疫系统计算机信息系统安全管理办法》。2002年，浙江出入境检验检疫局制定实施《浙江出入境检验检疫局计算机信息系统应用管理办法》《浙江出入境检验检疫局计算机信息系统网络管理办法》。2003年9月11日，宁波局制定《宁波出入境检验检疫局计算机网络应急预案》。

2004年12月14日，宁波局出台《宁波检验检疫局互联网站（外网）管理办法（试行）》。2007年2月，宁波局出台《宁波出入境检验检疫局信息化项目开发管理办法（试行）》。

2008年4月1日，宁波局出台《宁波出入境检验检疫局网络与信息安全信息通报管理暂行办法》。6月16日，宁波局出台《宁波出入境检验检疫局信息系统开发技术规范》。是年，浙江局出台《浙江出入境检验检疫局信息化建设管理办法（试行）》。

2009年，浙江局制定《浙江出入境检验检疫局信息化网络运行管理制度（试行）》《浙江出入境检验检疫局计算机国际联网管理办法（试行）》《浙江出入境检验检疫局计算机病毒防治管理办法（试行）》《浙江出入境检验检疫局应用软件开发管理办法（试行）》《浙江出入境检验检疫局电子密钥管理办法（试行）》《浙江出入境检验检疫局计算机机房管理制度（试行）》6个管理制度和办法。

三、信息化成果

1996年4月，国家商检局在国家科委立项申请“现代商贸EDI关键技术开发与应用示范”的子课题“商检EDI应用系统的开发与建立”开始进行论证。9月，项目正式下达，国家商检局在1997年初召开的商检计算机工作座谈会确定7个专题并安排分工。1997年下半年，以专业委为骨干的7个课题组展开工作，并取得不同程度的进展。其中，广域网络子课题由浙江商检局、广东商检局、国家商检局信息中心负责牵头实施，经过调研、论证及组织实施，联网技术得到很大发展。制定商检系统广域网络IP地址与域名规范草案，浙江商检、深圳商检等局二级局域网络基本建成，业务信息在广域网络上得到广泛共享，业务数据的传输、网上报验、海关放行以及与国际互联网的连接等应用相继开展，在技术上实现检验检疫系统广域网络联网。

“九五”（1996—2000年）期间，浙江局、宁波局局本部和各分支机构均建立局域网。积极应用国家商检局推荐的系统软件，自行研发一批适合检验检疫业务工作需要的计算机软件，包括业务处室的业务统计管理、ISO9000业务管理、各类证书打印管理等，并就“三检”合一后引起的业务变化及时做好软件修改，确保检验检疫业务平稳发展。

“十五”（2001—2005年）期间，宁波局全面推进CIQ2000系统，率先完成“三电工程”实施，信息化建设结合业务需求向纵深、全面发展。建立高速基础信息网络，组建包括所有分支机构的宁波检验检疫城域网，通过与宁波海关专线和国家口岸专网，实现与质检总局质检广域网的联通，顺利完成三网建设。构建全局数据中心。筑建安全网络环境，建成漏洞扫描、入侵检测、防火墙、防病毒、物理隔离“五位一体”的网络安全系统。信息化管理机制创新稳步推进，编制并发布完整的信息化管理制度。

“十一五”（2006—2010年）期间，宁波局新增信息化应用系统70多个，覆盖业务应用、行政管理、电子政务三大领域。建成以CIQ2000为核心的电子检验检疫系统群，自主开发进出口企业诚信管理系统、出口退货追溯调查管理系统等系统群，为提升监管能力提供有力支撑。自主研发电子转单短信申报系统、检务审单预警系统、电子派单排队系统等信息化应用系统，研发并试行“检验检疫区域一体化”和“检验检疫流程管理”信息化工作机制。开发应用第一代内部事务管理系统，并升级为功能更为齐全的综合行政管理系统。打造集信息发布、网上办事、互动交流等功能于一体的门户网站以及子网站群平台。信息化基础设施建设实现大跨越。“十一五”期间，浙江局实施检验检疫业务专网扩容提速工程，启动电子信息系统中心机房的规划和建设，先后建设检验检疫业务数据大集中的基础平台、基础数据库等工程，完善网络平台建设，加强信息安全基础建设，建立健全安全防护及监测系统。推进电子检验检疫建设，推行电子监管，实施“新三电工程”，开发利用电子缴费、“三自动”等一大批系统，促进对外贸易便利化。

第三节　人事管理

1962 年，浙江商检机构人事由浙江省供销合作社管理。1964 年，浙江卫检机构成立初期，人事管理隶属浙江省卫生厅，由浙江省卫生防疫站代管。1984 年，杭州动植检所干部由国家动植检总所管理。1985 年，国家商检局将处级干部的管理权限下放浙江商检局。1992 年，国家商检局发文明确浙江商检局领导班子成员以垂直管理为主，地方党委协助管理。1999 年 8 月“三检”合一后，浙江检验检疫机构干部实行分级管理。浙江、宁波检验检疫局厅局级干部由国家检验检疫局管理为主，浙江省委、宁波市委协助管理；其他干部由浙江、宁波检验检疫局党组管理。浙江省内的商检机构、动植检机构、卫检机构的人员培训自成立起至 20 世纪 80 年代末期，以参加各自举办的各类培训班为主。20 世纪 90 年代以来，主要经历岗位培训、知识更新两个阶段。1990 年，成立国家进出口商品检验局浙江大学教育中心，培养输送进出口商品检验专门人才，举办各类专业技术和业务理论培训班。

一、编制管理

（一）商检机构编制管理

国家商检机构根据浙江商检事业的发展需要，将其工作人员编制从 1962 年的 2 人逐步增加到 1990 年底的 647 人。1991 年 4 月，浙江商检局印发《关于进一步加强编制管理和人员调配工作的通知》，规定浙江商检局本部对全局的人员编制实行统一管理，各单位在每年 11 月底前，要将下一年度的增编计划上报局本部，经批准后，各单位严格按照批复的增编计划调配人员，不准超编；从严控制工人编制和低学历人员的调入；拟调入人员必须由各单位填写“拟调入人员审批表”和“拟调入人员考核情况表”。1993 年 4 月，浙江商检局根据国家商检局制定的《商检系统机构编制管理办法》，结合实际制定《浙江商检局机构编制管理暂行办法》，再次明确全省商检系统的编制实行统一管理，分级负责；该局人事教育处（以下简称人教处）是编制管理的职能部门；各单位接收和调入人员必须在编制限额内；人教处每年对各单位的编制执行情况进行一次检查。随着浙江商检系统所属各类性质的公司、服务中心和培训中心等企事业单位的不断增加，出现使用编制外人员数量过多、增长过快的现象。1995 年 6 月，浙江商检局制定《浙江商检局严格控制编制外用工的暂行规定》，要求各单位必须在核定的编制内调动、招聘、借用人员，事先报局本部人事部门审核；各经济实体不得擅自招用临时工;各单位对现有编外人员进行全面清理和压缩。1995 年 12 月前,宁波商检局编制由浙江(杭州)商检局统一管理,此后,宁波商检局编制归国家商检局垂直管理。人事教育处是编制管理的职能部门。到 1995 年 12 月 14 日,宁波商检局成为国家商检局的直属局时,全局干部职工在编总数为 293 人。1997 年 4 月,宁波商检局按照国家商检局的总体部署,完成机构改革及推行公务员制度工作。宁波商检局局机关和分支机构行政编制 245 人,其中,分支机构 113 人;宁波商检局下属事业单位人员编制 98 人。宁波商检局下属企业单位人员编制 30 人,均为中国进出口商品检验总公司宁波分公司职工。1997 年 4 月 29 日,奉化商检局成立,行政编制 17 人。按照国家商检局批准的宁波商检局"三定"方案,宁波商检局完成第一次政事、政企分开机构改革工作,局机关、7 个分支机构、3 个事业单位、1 个企业单位完成人员分流工作,于 5 月 1 日起按照新确定的编制上岗。1998 年 6 月,为做好机构改革和人员分流工作,浙江商检局根据国家检验检疫局的要求,制定《关于严格控制调入人员的通知》,规定机构改革期间一律不得从系统外调入人员,违规调入的应予以退回。1999 年 8 月"三检"合一时,浙江商检局实有 821 人,宁波商检局实有 345 人。

(二)动植检机构编制管理

1978 年 9 月 27 日,浙江省编制委员会批准建立宁波动植检所,人员编制 25 人。1979 年,杭州、温州动植检所成立时编制分别为 15 人和 19 人。1981 年 9 月开始,浙江省内各动植检机构的人事编制工作由国家动植检总所统一管理。1984 年 7 月,宁波动植检所舟山检疫站成立时编制 5 人。1990 年 2 月 8 日,国务院口岸领导小组、人事部《关于同意宁波口岸增加检疫人员的通知》,同意宁波至中国香港地区客运航线增加动植物检疫人员编制 7 人。1992 年 7 月 6 日,国务院《关于要求开放宁波航空口岸的批复》,同意宁波航空口岸设置动植物检疫机构,人员编制 12 人。1993 年 3 月 11 日,国务院同意宁波口岸北仑港区设立查验机构,核增动植物检疫人员编制 50 人。1997 年 4 月 15 日,国家动植检局批准设立镇海动植检局,级别副处级,所需编制 25 人,由宁波动植检局内部调剂解决。1998 年,杭州动植检局(含海门、嘉兴)共有编制 84 人,实有职工 50 人;宁波动植检局(含分支机构)共有编制 94 人;温州动植检局共有编制 39 人,实有 19 人;舟山动植检局共有编制 30 人,实有 23 人。1999 年 8 月"三检"合一时,浙江省内的动植检机构共有编制 247 人,实有职工 150 人。

(三)卫检机构编制管理

1964 年,温州卫检所建所初期,由温州市卫生局抽调医务人员 4 人(兼职)负责卫生检疫业务。1978 年,宁波卫检所建所初期,浙江省人民政府编制委员会确定宁波卫检所的人员编制为 30 人。12 月 4 日,浙江省编委核定温州卫检所编制 7 人。1979 年,温州卫检所由省卫生厅管理后,编制增至 11 人。是年,杭州卫检所建立初期,暂定编制 5 人。1981 年 7 月 17 日,卫生部核定沈家门检疫站编制 5 人,编制定额由浙江省卫生厅管理,编制内专业人员的调配由舟山地区卫生局负责。1987 年 1 月 15 日,舟山卫检所编制 15 人。1988 年 8 月,宁波卫检所上划国家卫检总所后,人员编制由国务院及有关部门核定。是年,温州卫检所上划国家卫检总所统一领导后，定编30人（不包括温州机场局）。随着国境卫检任务日趋增加，杭州卫检所人员也在不断增加，至1988年底，有正式职工13人。1989年，海门卫检站成立初期，编制6人。同年，更名为“海门卫检所”，机构规格提升为副县处级，编制增至15人。1989年6月，舟山卫检所人事由国家卫检总所统一管理，规定县处级干部由国家卫检总所考核任免，科以下干部由局（所）考核任免，进局（所）人员由国家卫检总所下达年度进人指标。1990年2月8日，宁波至中国香港地区客运航线增加卫生检疫人员9人。1992年7月6日，宁波航空口岸设置卫检机构，人员编制14人。1993年2月15日，杭州卫检局设立机场办事处，编制15人。5月，海门卫检所人事工作由国家卫检总所直接领导。1995年3月11日，宁波港口岸北仑港区的卫生检疫人员编制55人。10月，舟山卫检局增加编制5人。

1995年，宁波卫检局人员编制108人。1996年1月9日，国务院同意嘉兴乍浦港口岸设立卫检机构，人员编制20人。4月20日，浙江省编委批复，同意建立杭州口岸卫检服务中心，核定事业编制20人。1997年8月12日，国家卫检局批复设立嘉兴卫检局，编制20人。1998年，杭州卫检局（包括嘉兴局）共有编制52人，正式职工30人。

1999年8月“三检”合一时，浙江省内的卫检机构共有编制250人，实有正式职工127人。

（四）检验检疫机构编制管理

1999年10月26日，国家检验检疫局批复浙江局行政编制719人（其中局机关231人、分支机构488人）。10月27日，国家检验检疫局批复宁波局行政编制322人（其中局机关152人、分支机构170人）。11月13日，国家检验检疫局批复宁波局事业单位编制107人，分别是：检验检疫技术中心事业编制37人，保健中心事业编制7人，评审中心事业编制8人，机关服务中心事业编制12人，北仑局综合技术服务中心事业编制29人，慈溪局综合技术服务中心事业编制10人，余姚局事业编制2人，鄞县（州）局事业编制2人。2000年7月26日，中央机构编制委员会办公室批复浙江局事业单位编制274人。

2001年8月15日，质检总局批复浙江局增加行政、事业编制各1人，行政编制由719人增至720人，事业编制由274人增至275人。11月23日，质检总局批复宁波局增加行政编制15人，行政编制由322人增至337人。

2002年3月16日，质检总局批复浙江局增加行政编制28人，行政编制由720人增至748人；批复宁波局增加行政编制10人、事业编制11人，行政编制由337人增至347人，事业编制由107人增至118人。

2003年3月28日，质检总局批复浙江局增加行政编制35人，增加事业编制358人，行政编制由748人增至783人，事业编制增至633人；批复宁波局增加行政编制25人、事业编制190人，行政编制由347人增至372人，事业编制由118人增至308人。

2005年6月1日，质检总局批复浙江局增加行政编制30人，增加事业编制20人，行政编制由783人增至813人，事业编制由633人增至653人；批复宁波局增加行政编制35人、事业编制20人，行政编制由372人增至407人，事业编制由308人增至328人。

2006年7月21日，质检总局批复宁波局增加事业编制20人，事业编制由328人增至

348人。

2007年4月21日，质检总局批复浙江局增加行政编制1人，行政编制由813人增至814人。9月12日，质检总局批复宁波局增加事业编制20人，事业编制由348人增至368人。12月21日，质检总局批复宁波局增加行政编制10人，行政编制由407人增至417人。

2008年1月28日，质检总局批复宁波局增加行政编制157人，行政编制由417人增至574人。1月31日，质检总局批复浙江局增加行政编制60人，行政编制由814人增至874人。7月16日，质检总局批复浙江局增加行政编制18人，行政编制由874人增至892人。9月29日，质检总局批复浙江局增加行政编制10人、事业编制10人，行政编制由892人增至902人，事业编制由653人增至663人。

2010年底，浙江局共有行政编制902人，事业编制663人；局本部实有在编人员354人，分支局实有在编人员1200人。宁波局共有行政编制574人，事业编制368人；实有在编正式职工899人，其中行政552人，事业337人，企业10人；局本部526人，分支局373人。

二、人员管理

(一)商检机构人员管理

1962年8月，杭州商检局人员归浙江省供销合作社管理。1965年8月，划归浙江省商业厅外贸公司管理。1969—1973年，受“文化大革命”影响，商检部分干部下放基层或“五七干校”。1974年3月，浙江省革命委员会正式批准杭州商检局为浙江省外贸局所属事业单位。1975年1月，杭州商检局实行政企合一，转为外贸企业编制，其人员、管理制度、名称和行政管理职能不变。

1980年10月23日，杭州商检局实行双重领导体制，以国家商检总局垂直管理为主、地方党委协助管理。1983年9月，执行国家商检局《关于各地商检局内部机构设置、人员编制和处级干部配备问题的通知》，要求加强处级干部配备管理。1985年7月，执行国家商检局《关于下放干部管理权限的通知》，要求将处级干部的管理权限交给浙江商检局，国家商检局对处级干部的配备限额进行规定，浙江商检局任免处级干部前后，需向国家商检局征求意见和备案。

1988年8月，执行国家商检局《商检系统干部实行分级管理的办法(试行)》规定。次月，浙江商检局制定《浙江商检局科级干部、职工聘任(用)试行办法》，对科级干部、职工聘任的对象、范围，正、副科长的聘任，一般干部和职工的聘任、聘约、聘期，受聘人员的职责、待遇、考核、奖惩、解聘、辞聘等方面作出具体规定。11月，制定《浙江商检局岗位目标管理考核办法》，推行全局岗位目标管理，对检验部门和管理部门实行分类考核，对考核方法、内容、奖金发放等方面的问题作出具体规定。

1989年10月，浙江商检局制定《浙江商检局关于人事工作办事程序的若干规定》，对编制管理、使用、人事调配工作程序，机构管理和干部任免程序，工资调整工作程序等作出规定，以加强人事工作管理。12月，浙江商检局制定《浙江商检局科、处级干部年度工作考核办法

(试行)》,对科、处级干部开展年度工作考核。同月,浙江商检局印发《浙江商检局岗位目标管理考核办法(修订稿)》,对原办法进一步调整充实。

1991年7月,执行国家商检局《关于做好商检系统干部任免和备案工作的通知》,要求任免人事、财务、监察审计处(室)正、副处级领导事先征得国家商检局的同意,其他处级干部任免后,均及时报国家商检局备案。1991年12月,浙江商检局制定《关于科级干部管理的补充规定》,对已设党组的分支局聘任副科级干部要向浙江商检局人教处备案,聘任正科级干部要事先报批,其他分支局科级干部聘任均要报批,人事、监察、财务部门的正、副科长及相应级别的干部均要报批。同时,制定《浙江商检局科、处级干部年度工作考核办法(修订稿)》,补充完善1989年的试行办法。

1992年2月,执行《中共国家商检局党组干部管理办法》的有关规定,浙江商检局局级领导班子成员以国家商检局管理为主,地方党委协助管理。1993年5月,执行国家商检局《关于商检系统处级干部任免、备案有关问题的通知》,规定人事处副处长,监察、审计处(室)的正、副处长(主任)和杭州培训中心副主任的任免不再征求国家商检局的意见。

1994年2月,浙江商检局制定《关于认真做好一九九三年度商检系统年度考核工作的通知》,首次在系统内对全体在职工作人员全面开展年度考核工作,以《国家公务员实施条例》有关考核的规定为依据,分德、能、勤、绩四方面考核,重点考核工作实绩,"德"方面,把廉政表现作为重要内容;对考核方法、等次、结果处理等作出具体规定。12月,根据人事部《国家公务员考核暂行规定》,浙江商检局将考核的内容和标准统一到《国家公务员考核暂行规定》上来,年度考核作为一项经常化的工作走上正轨。1996年8月,浙江商检局、宁波商检局执行国家商检局《商检工作人员回避暂行规定》,对四类需回避的亲属关系进行检查,并采取相应措施予以落实。

1997年上半年,按照国家商检局的统一部署,浙江商检局、宁波商检局进行机构改革,改变单一的事业单位性质,实行政事、政企分开,其中,承担行政执法职能的人员过渡为国家公务员,为行政执法提供技术保障的实验室和后勤保障服务等人员仍维持事业编制,商检公司人员为企业人员。同年12月,根据国家商检局《商检系统国家公务员考核暂行办法》《商检系统国家公务员轮换(轮岗)工作实施意见》,浙江商检局、宁波商检局加强了对公务员队伍的管理,事业编制人员继续实行行政职级和技术职务分级聘任制度。

(二)动植检机构人员管理

1979年7月,杭州、宁波、温州动植检所干部归属省农业厅管理。1984年,杭州动植检所干部归属国家动植检总所人事处管理。

1988年5月24日,国家动植检总所下发《关于下放科级干部任免权限的通知》,明确科级干部任免权限下放口岸动植检所,加强对科级干部的管理,做好任免、考核、培养、教育工作,并在办理科级干部任免的同时,抄送国家动植检总所及省农业厅。5月28日,中共农牧渔业部党组和国家动植检总所分党组联合下发《关于加强科级干部管理工作的规定》,规定选配科级干部的原则、程序、备案制度、考核等,加强对科级干部的管理。

1989年起，根据国家动植检总所《关于实行所长负责制的通知》，规定浙江各动植检所(局)领导由农业部、国家动植检总所管理和考核。其他干部的管理依据农业部《关于实行干部管理意见的通知》《关于干部调配的暂行规定的通知》《关于下达1990年接收国家统一分配的高校毕业生、毕业研究生计划的通知》《关于下达1992年接收国家统一分配高校毕业生、毕业研究生计划及有关报到工作的通知》《关于职工休假有关问题的通知》等执行。干部年度考核、总结评比执行农业部、国家动植检总所和地方政府有关规定。

1991年10月，国家动植检总所同意将海门动植检所列为杭州动植检所的分支机构，干部归杭州动植检所管理。1994年8月，国家动植检局同意设立杭州动植检局驻机场办事处，为杭州动植检局分支机构，干部归杭州动植检局管理。1996年11月，农业部同意设立嘉兴动植检局，为杭州动植检局分支机构，干部归杭州动植检局管理。

(三)卫检机构人员管理

浙江省内各卫检机构成立初期，人员管理隶属浙江省卫生厅，由浙江省卫生防疫站代管。人员来源除国家分配的大中专毕业生外，主要由市卫生局及相关部门负责调动。1988年8月，上划国家卫检总所直接领导后，由各地卫检局报进人指标，经国家卫检总所核准后，下达部属院校学生的分配指标，各地卫检局进行考核后择优录用。其他学校学生及人员调配需根据编制数报国家卫检总所同意后方能执行。

1991年3月，执行国家卫检总所《关于重新明确干部审批权限问题的通知》，要求副处级干部由各所考核，报国家卫检总所审核，由各所任命；科级干部由各所自行考核任命，报国家卫检总所备案。

1992年6月22日，按照国家卫检总所《关于下发〈关于卫生检疫人事分片管理职责和工作程序规定〉的通知》，执行浙江卫检机构行政干部管理、专业技术干部管理和职称改革工作、机构编制管理、劳动工资管理、统计、计算机及信息工作的具体要求和程序。

(四)检验检疫机构人员管理

1999年"三检"合一以后，实行由国家检验检疫局管理的垂直管理体制。浙江、宁波检验检疫局系统干部实行分级管理。浙江局、宁波局的局长、副局长、局长助理，党组书记、党组副书记、党组成员，纪检组组长以及巡视员、助理巡视员职务干部由国家检验检疫局管理为主，浙江局由浙江省委协助管理，宁波局由浙江省委、宁波市委协助管理。浙江局、宁波局内设及其分支机构和直属单位的处级及以下干部分别由浙江局、宁波局党组管理。浙江局、宁波局人事处处长、财务处处长、监察室主任职务的任免要事先征得国家检验检疫局同意。浙江局、宁波局内设及其分支机构及事业单位的正职和人事处副处长、监察室副主任、财务处副处长的任免要向国家检验检疫局人事司备案。

1999年11月，浙江局根据国家检验检疫局《出入境检验检疫系统国家公务员年度考核暂行办法》，对公务员和事企业单位进行年度考核。2000年5月，浙江局根据国家检验检疫局《关于出入境检验检疫系统国家公务员非领导职务设置有关问题的通知》精神，在全局范围内开展首次非领导职务设置工作。

2000年7月，浙江局制定《浙江检验检疫系统干部职务任免管理办法》《浙江检验检疫系统领导干部报告个人重大事项实施办法》《浙江检验检疫系统工作人员任职回避和公务回避实施办法》《浙江检验检疫系统领导干部收入申报制度实施办法》，对全系统在干部职务任免、报告个人重大事项、回避、收入申报等方面加以规范。12月，浙江局转发国家检验检疫局《检验检疫系统领导干部竞争上岗试行办法》《检验检疫系统领导干部交流暂行规定》《检验检疫系统国家公务员职位轮换（轮岗）试行办法》，要求各分支局结合实际推进人事制度改革。

2001年上半年，宁波局印发《处（科）级领导职位竞争上岗实施方案》，在宁波局系统范围内开展公开竞争处级领导职位（正、副处级职位各1个）和局机关本部公开竞争科级领导职位（正科级职位3个）的工作，并首次实行任前公示制。7月，浙江局制定《浙江检验检疫局人事制度改革实施计划》，第一次细化领导干部"能下"的标准，规定处级领导干部男满58周岁、女满53周岁和科级领导干部年满50周岁的均免去领导职务；第一次规定新提拔副处级领导干部原则上年龄应在45周岁以下，新提拔副科级干部年龄应在35周岁以下。7月31日，出台《浙江检验检疫局领导干部任前公示制试行办法》《浙江检验检疫局领导干部任职试用期制暂行规定》，全面实行领导干部任前公示制和任职试用期制度，规定领导干部任前须公示一周，任职试用期为一年，试用期满应进行考核。9月13日，出台《浙江检验检疫局领导干部交流暂行规定》《浙江检验检疫局处、科级领导干部竞争上岗实施细则》《浙江检验检疫局后备干部选拔培养管理暂行办法》《浙江检验检疫局干部职务任免管理办法（修订稿）》，对推进人事制度改革的各个具体方面作出规定。12月，浙江局机关组织非领导职务干部的补充设置工作。是年，宁波局首次面向全国招考公务员和面向社会公开招聘专业人员6人，其中，录用公务员2名，事业编制专业人员4名。同年，出台《宁波检验检疫局干部职工职位轮换办法（试行）》，进一步完善人事规章制度。

2002年4月，浙江局在各分支局开展非领导职务干部补充设置工作。7月，印发《浙江检验检疫局首次副处级领导职位竞争上岗实施方案》，浙江局3个副处长职位实施首次竞争上岗，通过思想动员、组织报名、资格审查、笔试、民主测评、面试、组织考察、党组研究、任前公示、发文通知10个步骤，选拔出3名年轻干部走上领导岗位。8月，浙江局下发《关于进一步规范科级干部选拔任用工作的通知》，规定科级干部的选拔任用程序。8—9月，宁波局根据质检总局《关于加强和规范干部学历、学位管理工作的通知》精神，首次开展学历学位清查工作，共清查核实465人，职工自查与组织核查结果基本一致。是年，宁波局轮岗交流处、科级干部45人次，其中，处级干部24人，占处级干部总人数的30%；轮岗交流涉及21个部门。

2003年9—12月，浙江局开展12个副处级领导职位竞争上岗工作，制订《2003年度副处级领导职位竞争上岗实施方案》《竞争上岗演讲、面试实施方案》，以及笔试、演讲、测评、面试等有关要求和规则，对浙江局办公室副主任等7个综合类职位和浙江局机电轻工检验处副处长等5个专业类职位实行竞争，63人报名参加竞争，最终8名年轻干部脱颖而出，分别就任8个副处级职位。下半年，宁波局亦开展副处级领导干部竞争上岗工作，对科认处副处长、技术中心副主任、北仓局副局长等12个职位进行公开竞聘，40人报名参加竞聘，最终5名德才兼备的优秀年轻干部脱颖而出，被任命或聘任为副处级领导干部。

2004年，浙江局制定《干部监督工作联席会议制度》，探索和完善干部监督工作协调机制，增强干部监督工作合力，进一步加强对领导干部及干部选拔任用工作的监督。是年，根据质检总局《检验检疫系统后备干部选拔培养管理暂行办法》和质检总局党组《关于做好直属局副局长后备干部民主推荐工作和报送建议人选名单的通知》精神，浙江局、宁波局开展厅级后备干部的补充、调整及推荐选拔工作，最终两局分别确定6名副局长后备干部的建议人选报质检总局备案。同年，根据2004年第17次省长办公会议和省“大通关”建设工作领导小组专题会议纪要精神，为认真落实《杭州航空口岸共建责任书》的有关内容，实行“5＋2”天、24小时通关工作制，尽快推进杭州航空口岸“大通关”建设，浙江省、杭州市口岸办同意浙江局杭州机场办事处招聘协检员20名，并提供人员经费保障。下半年，宁波局制定出台《宁波检验检疫系统非领导职务设置办法(试行)》，对全系统非领导职务的设置原则、各单位(部门)设置职数限额、任职资格条件、设置程序以及要求等作出明确规定，对开展设置科级、处级非领导职务的时间频度作出明确规定，并据此制订了非领导职务设置的工作方案，经过个人申报、部门推荐、资格条件审查、民主推荐、组织考察、党组研究决定等程序，49人得到晋升，其中，1人晋升为调研员，15人晋升为助理调研员，29人晋升为主任科员或副主任科员。2005年7月，浙江局出台《浙江检验检疫局机关事业单位技术工人岗位等级管理暂行办法》，明确技术工人的岗位等级设置、资格管理、聘用管理、工资管理及换岗管理，并首次在事业单位中开展专业技术工人资格评审工作，打破身份界限，由原来的身份管理转入岗位管理；根据初级专业技术职务任职资格评审有关规定，结合专业技术工人队伍的现状，对不具备规定学历、资历条件，但确有真才实学，长期在检验检疫一线工作并在本职工作中取得优异成绩的人员，拟定初级职务评审条件。是年，宁波局制定出台《宁波检验检疫局和宁波市对外贸易经济合作局互派干部挂职锻炼实施办法》，积极探索和拓宽干部任职交流锻炼的新领域，与宁波市外经贸局互派1名干部进行挂职锻炼。

2006年，宁波局出台《领导干部选拔任用管理办法》《领导干部竞争上岗管理办法》等规章制度，不断夯实管理基础，为推进干部任免和深化人事制度改革提供制度保障。同时，修订《宁波检验检疫系统非领导职务设置管理办法》，并按程序申报、考察、审批，共晋升正处级干部6人、副处级干部3人和副主任科员4人。下半年，印发《宁波检验检疫系统岗位能力认定制度建设实施意见》，启动岗位能力认定制度建设试点工作。首批试点岗位为检务岗位、鉴定岗位和家电检验岗位。

2007年4月，宁波局作为质检总局重点联系单位，承担了中组部干部评价工作的试点任务，根据中组部《关于开展体现科学发展观要求的党政工作部门领导班子和领导干部综合评价试点工作的通知》，要求和质检总局有关试点工作的总体部署，同时在局副厅级非领导职务、局机关、办事处、直属单位和分支局的处级、科级领导班子或领导干部任职考察、定期考核中开展试点工作；成功实施2名副巡视员、2名办事处副主任、4名分支局正科级领导干部的任职考察试点，定期考核试点也在技术中心等4个事业单位聘期届满考核中顺利实施。同年，浙江局下发《关于进一步加强干部人事管理工作的通知》，对有关人事管理工作作补充规定，主要涉及分支局的干部管理、职称管理、内设科室的管理及浙江局科级干部的管理；制定《浙江检验检疫局干部交流工作实施办法（试行）》，明确交流的原则、方式与范围、对象与期限、组织实施、保障措施及纪律等方面的有关事项；制定《浙江检验检疫局公务员职位轮换（轮岗）试行办法》，明确轮岗的范围、方式及组织实施。

2008年9月，根据质检总局批复，浙江局所属舟山、嘉兴局局长高配副厅级。是年，根据省委组织部干部公开竞选的有关精神，浙江局推荐3人参加副厅级职位竞选；推出浙江局政工处副处长职位统一参加省委组织部组织的干部公开竞选。是年，浙江局首次在年度考核中对处级领导干部的述职述廉报告进行公示，增加透明度，加大监督力度，并在浙江局处级领导干部中开展互评。同年，浙江局根据《党政领导干部选拔任用工作条例》等有关规定和质检总局人事司的要求，下发《关于呈报干部任用材料有关问题的通知》，对各分支局（不含杭州局，下同）呈报干部任用材料的有关问题作了明确，加强规范管理。是年，宁波局制定《宁波出入境检验检疫局所属企事业单位职工管理暂行办法》及配套招录、工资管理等制度，在合同签订、工资待遇、招聘录用和日常管理等环节上重新进行明确，规范企事业单位职工管理行为，保障用工单位和职工双方的合法权益，提高各企事业单位人力资源配置效率和管理水平；印发《宁波检验检疫局干部交流管理办法》，对干部交流的目的、范围、形式、时限、程序、纪律等作出明确规定，补充完善交流干部交通补助、医疗保险、公积金缴纳和工资福利待遇等相关配套政策。

2009年4月，浙江局首次开展全局科级干部异地交流，选拔14名能力强、年纪轻、素质好，有培养前途的科级干部进行异地交流，扩大视野，丰富阅历，增加磨炼，增长才干。7月，制订出台《浙江检验检疫系统专业技术职务评聘管理暂行规定》，引入竞争机制，实行评聘分离，实现专业技术职务聘任管理的规范化、制度化。同年，根据浙江省财政厅文件精神，杭州航空口岸协管（检）员经费保障方式由按人头补助变更为实行总额控制，浙江省财政和杭州市财政各承担50%。2009年，安排杭州航空口岸协管（检）员经费900万元，浙江省财政和杭州市财政各承担450万元，经费直接下达到杭州航空口岸招聘协管（检）员单位。是年，宁波局出台《宁波检验检疫局所属企事业单位职工工资管理细则》，对企业合同制职工工资进行规范管理。

2010年3月24日，浙江局出台《浙江检验检疫局处级非领导职务晋升管理办法（试行）》，进一步完善处级非领导职务的晋升工作，改变处级非领导职务晋升"论资排辈"的传统做法。是年，浙江局进一步拓展干部交流锻炼途径，选派1名处级领导干部到宁波奉化市政府挂职锻炼，2名技术骨干分别到宁波和省级重点工程项目温州机场挂职锻炼，选派1名干部到质检总局挂职锻炼，继续开展第二批科级领导干部交流挂职工作。2010年上半年，宁波局组织开展副处级领导干部竞争上岗，4名优秀干部从56名竞岗者中脱颖而出，走上副处级领导岗位。

三、教育培训

浙江省内的商检机构、动植检机构和卫检机构教育培训自成立以来，至20世纪80年代末期，以参加各系统分别举办的各类培训班为主，同时鼓励干部职工参加学历教育。

1989年，浙江商检局开始制定教育培训的中长期规划和年度职工教育培训计划，有计划地开展职工教育培训工作，并将职工教育培训工作的重点从学历教育转到岗位培训上，着眼提高职工的专业技能和管理水平。20 世纪 90 年代以来，随着形势的发展，经历岗位培训、知识更新两个阶段。1992 年 5 月，根据国家商检局《全国商检系统职工培训管理规定》，浙江商检局为加强对商检职工的教育培训管理，不断提高职工队伍素质，印发《浙江商检局职工教育培训管理规定》，主要内容包括学员条件、费用报销、学员待遇等 6 个方面。1992 年 5 月 30 日，宁波卫检局印发《关于下发学术论文等投稿交流和业务培训等有关规定的通知》，对职工业务培训作出规定，明确人事部门为全局业务培训的主管部门，负责制定业务培训计划并组织实施，进一步加强培训工作的规范化和制度化建设。

1995 年 11 月，浙江商检局下发《进一步加强职工教育培训工作的决定》，主要内容有：完善优秀人才的培养选拔机制和跨世纪人才工程的总目标；着眼于提高现有技术人员素质，做好继续教育的统筹安排、组织协调、经验交流等工作；重点抓好科处级干部的理论培训，不断提高政策水平和行政管理能力；加强对商检机构检验人员的考核发证管理工作；加强对技术人员的管理，调动广大专业技术人员的积极性；抓好岗前培训，努力提高新进商检人员的政治业务素质以及多项保证措施。12 月，宁波商检局印发《宁波商检局职工教育培训办法》和《关于加强宁波局办班管理办法的通知》。1996 年 12 月，浙江商检局印发《关于加强浙江商检局办班管理规定》，主要内容包括办班审批程序、年度计划、发文规定、培训班的监督检查、费用等方面。1997 年 6 月，宁波商检局在人事教育处设立干部教育科，统筹管理全局职工教育培训相关工作。

1998 年 3 月，浙江商检局下发《关于加强干部职工在职参加学历教育管理工作的通知》，主要对参加学历教育的专业对口、不同职级人员的审批程序、费用报销及学历填写等方面作出规定。1997—1998 年，按照国家商检局要求，对进入国家公务员序列的 206 人进行了培训和考核；举办科级干部培训班，培训科级干部 41 人。1998—1999 年，按照检验检疫事业对人员素质的要求，宁波检验检疫局系统举办电脑培训班 6 期，108 人参加培训；与宁波市行政学院联合举办处(局)级干部培训班，39 名处(局)级干部参加培训，培训率为 100%；举办科级干部培训班，培训科级干部 23 人；自办培训班 13 期，培训干部职工 330 多人次。同时，面向社会举办各类培训班 27 期，培训 1551 人次。

2000 年 4 月，宁波检验检疫局实行各单位、部门年度培训需求年报制度，根据具体需求和实际情况，每年年初制定年度教育培训计划，并印发《宁波出入境检验检疫系统举办培训班管理办法》，对培训计划与审批、管理与评估、收费管理等方面的事项进行具体规定。是年，浙江检验检疫局自办培训班 38 期，培训 886 人次。

2001 年，浙江局、宁波局分别出台《职工教育培训管理暂行规定》《职工教育培训管理办法》，对教育培训的宗旨、培训方式和类型、学员条件和审批程序、参加学习人员待遇和费用、定期服务、教育培训管理、考试(考核)与发证及奖励与处罚各方面予以规范。是年，浙江局出台《培训班管理暂行规定》，包括举办培训班的程序、审批、总结、监督管理及发证等方面的内容，明确规定各单位举办培训班实行年度申报审批制度。是年，宁波局自办培训班 24 期，培训 986 人次。2003 年，宁波局制定《宁波检验检疫局“十五”干部教育培训实施规划》和《宁波检验检疫局“十五”人才队伍建设实施意见》。2004 年 2 月，浙江局制定《浙江检验检疫系统教育培训五年规划》《浙江检验检疫系统人才队伍建设实施意见》，明确全系统人才工作的指导思想、具体目标和相关措施。8 月，浙江局出台《关于在职参加研究生学历、学位人员学费报销的通知》，鼓励年纪轻、素质高的干部职工，尤其是专业技术人员报考硕士、博士研究生，接受更高学历的继续教育，在学习费用(取得学历或学位证书后报销 30%的学费)和时间上予以新的促学优惠政策。是年，宁波局修订《教育培训工作规范》和《职工教育培训管理办法》，加强教育培训工作管理，严格执行审批和备案制度，完善教育培训电子档案。2005 年 6 月，宁波局出台《宁波出入境检验检疫局新进人员学习锻炼管理办法(试行)》，进一步促进新进人员尽快适应岗位，加强干部队伍建设。2006 年 5 月，浙江局与浙江省委党校联合举办 3 期浙江检验检疫局系统科级领导干部培训班，来自全系统的 163 名科级领导干部参训。2007 年 10 月，浙江局举办全系统新进人员培训班，与武警杭州指挥学院合作，首次对全系统新进人员实施军训与理论相结合的培训新模式，实行全封闭式的军事化管理，105 名新进人员参加培训并全部通过考核。

2008 年 6 月，宁波局修订印发《宁波检验检疫局职工教育培训管理办法》，加强职工教育工作的宏观指导和规范管理，实现教育培训管理的科学化、制度化和规范化。7 月，浙江局制定《浙江检验检疫系统“十一五”干部教育培训规划》，明确指导思想、工作原则、工作目标、主要任务和保障措施。2009 年 11 月 2—7 日，宁波局联合质检总局培训中心和宁波大学教师教育学院举办宁波检验检疫系统首期师资培训班，着力提高宁波局培训师资授课能力，参加培训的 58 名学员涵盖法律法规、卫生检疫、动植物检疫、化矿金等 13 个专业大类。培训班共设置 9 个专题课程讲座，运用情景模拟、课堂提问、互动体验、视频图像资料展示等多种方法，介绍教育学、教育心理学、教育技术学三大学科体系。2010 年 4 月，宁波局制定《宁波检验检疫局 2010 年实验室检测人员和行政执法一线检验检疫人员能力提升实施方案》，深入开展宁波检验检疫局系统检测工作整顿活动，提升实验室检测人员和行政执法一线检验检疫人员能力和水平。

第四节　财务管理

1962—1998 年，商检系统、动植检系统、卫检系统实行各自独立的中央或省属垂直管理的财务体制，执行系统独立的财务会计管理制度。

1999 年，原商检、动植检、卫检机构在原独立核算的基础上，统一实行“统一管理、分级负责”的中央垂直管理体制，执行“核定收支、定额上缴、超支不补、结余留用”的预算管理办法。预算外资金实行收支两条线运行体制，全额上缴中央财政专户。2004 年，实行“收支统一管理、定额定向拨款、超支不补、结余留用”的预算管理办法。2005—2006 年，浙江、宁波检验检疫局全部实行预算资金国库集中支付制度。2010 年，浙江、宁波检验检疫局推行公务卡工作，规范财政授权支付业务，减少现金支付结算。

一、财务体制

（一）商检系统

1962 年，杭州商检局成立，为浙江省供销社下属处级单位，财务预算及收支归属浙江省供销社。1965 年下半年，杭州商检局财务并入浙江省供销社。1973 年 3 月，杭州商检局财务实行向浙江省对外贸易局报账制度，未独立建账，也不收检验费，财务经费由当地财政直接拨款，财务的预决算报送财政部门及浙江省对外贸易局。

1974 年，杭州商检局改由外贸部商检局直接领导。9 月，外贸部、财政部下发《关于商品检验局试行行政企业合一的联合通知》，商检局基本建设、物资供应和经费收支等改按企业管理制度执行，由外贸部归口安排。收入统一上缴外贸部，支出由外贸部拨款。1975 年 1 月 9 日，成立杭州商品检验局宁波商品检验处，财务管理上作为杭州商品检验局的报账制单位。

1980 年，国务院批准改建中华人民共和国进出口商品检验总局后，杭州商检局收入和支出（包括外汇）以及基本建设投资、物资分配由国家商检总局管理。1982 年，宁波商品检验处开始独立核算，财务仍然隶属于杭州商品检验局，经费由杭州商品检验局拨付。

1983 年，杭州商检局财务体制由政企合一管理改为事业单位预算包干和超收分成，财务管理按差额预算管理，实行“以收抵支、定收定支、定额上交、减收减支、超收分成、节支留用、超支不补”的管理体制。1984 年 1 月 1 日，杭州商检局更名为“浙江商检局”，原管理体制不变，宁波商检处隶属于浙江商检局管理。1984 年 9 月，浙江商检局遵照国家商检局的《商检系统事业单位预算包干和收入超收分成试行办法》，超收允许超支，但不得超过超收的 50%。1985 年的预算支出数不再分包干部分和不包干部分，以收抵支后，按预算上缴数进行超预算分成，分成比例不变。1987 年 1 月 1 日起，浙江商检系统实行财务企业化管理，实行收支结余 55%上缴中央财政、45%留成作为商检事业的发展资金。1988 年始，实行财务定额上缴（或包节余）的承包办法，即核定上缴承包基数，超基数部分按倒 2∶8 分成，基数由国家商检局制定。

1990 年，财政部批准实施《商检系统事业单位财务管理暂行办法》，规定商检事业单位实行自收自支的财务管理形式，采取“核定收支、定额上缴（或补贴）、增收节支留用、减收超支不补”的办法。1991—1993 年，浙江商检系统财务实行承包办法，即核定上缴基数，按比例逐年递增 8%～10%的承包办法。1994 年起，国家财政对商检事业发展基金免征“两金”，1994—1995 年，同意商检系统上缴财政利润以 1993 年为基数，每年递增 8%。1996 年 1 月 1 日，宁波商检局列为国家商检局直属局。按照规定，直接向国家商检局报送月度、季度和年度会计报表。1997 年起，浙江、宁波商检局实行收支两条线的财务管理形式。

（二）动植检系统

1978 年开始，杭州、宁波、温州等地相继成立动植物检疫机构。杭州动植检所财务管理由浙江省农业厅负责，经费列入行政费开支，实行全额预算管理。宁波、温州动植检所财务管理由当地农业部门负责。1980 年，杭州、宁波、温州动植检所改为农业部直属单位，财务、基建工作分别由农业部计划局、物资局对口管理，年度预算、决算、奖金及拨款由农业部审定，浙江省农业厅负责监督管理杭州动植检所的日常财务工作，宁波、温州动植检所的日常财务工作由各自所在地的农业部门负责。1981 年 9 月，国家动植检总所成立，浙江属地的杭州、宁波、温州动植检所的财务划归国家动植检总所统一管理，按照规定编制年度收支计划，由国家动植检总所批准后实施，年终编报决算，财务管理体制属于中央财政。统一执行《口岸动植物检疫财务管理试行办法》，杭州、宁波、温州动植检所实行差额预算管理，按照“定额补贴、超收分成、超支不补、节支留用”的原则进行财务管理。1985 年 12 月，根据国家动植检总所下发的《口岸动植物检疫财务管理暂行办法》，杭州、宁波、温州动植检所实行收支两条线管理，按照“收入分成、定支包干、结余留用、超支不补”的原则进行管理。1987 年 4 月，舟山检疫站从宁波动植检所划出，设立舟山动植检所，直属国家动植检总所，进行独立会计核算。

1992 年，海门动植检所划归杭州动植检局管辖，财务核算实行报表报账制度。1996 年，设立嘉兴动植检局，隶属杭州动植检局，财务核算实行原始凭证报账制度。1997 年 1 月，杭州、宁波、温州、舟山动植检局实行财务预算管理，收费全额上缴，由国家动植检局核定年度收支指标，实行专项补助、超支不补财务管理方式。1998 年，国家动植检局决定杭州动植检局为浙江省中心管理局。1999 年 10 月起，“三检”财务并账，杭州动植检局、宁波动植检局按 9 月 30 日账户余额分别并入浙江、宁波检验检疫局。温州、舟山动植检局于同年 12 月 31 日并入当地检验检疫局。

（三）卫检系统

1964—1984 年，浙江省内相继成立温州、宁波、杭州、舟山、海门卫检所，财务由浙江省卫生厅主管，经费列入浙江省财政预算，通过浙江省卫生厅拨入。从 1980 年起，按财政部在全额预算管理的基础上，从原核定预算、年终结余收回财政的办法，改为“预算包干、结余留用”的执行办法。1988 年，按照卫生部、国务院口岸领导小组《关于改革口岸卫生检疫机构管理体制的通知》，设立卫生部国家卫检总所。杭州、宁波、温州、舟山卫生检疫所上划卫生部，年内经费仍按原渠道由浙江省财政解决。1989 年 1 月 1 日起，浙江各卫检所由卫生部国家卫检总所统一管理，经费由国家卫检总所直接安排，财务按《国境卫生检疫单位财务管理办法》实行“全额管理、差额（定额）补助”的预算管理办法，即采取“核定收支、差额（定额）补助、增收节支留用、减收超支不补”的办法。

1990 年起，国家卫检总所对下属单位的财务工作按南、中、北分为三大片管理，浙江的杭州、宁波、温州、舟山卫检所分在中片，杭州卫检所为中片组长单位。1991 年 4 月起，国家卫检总所将全国卫检所分为 7 片，杭州、宁波、舟山、温州卫检所归属上海片，由上海卫检所负责管理财务统计等工作。1991 年 12 月，各地卫检所更名为“卫检局”，原财务管理体制不变。1994 年 8 月，执法各项收支全部纳入预算管理。对于单位的经费支出，采用“预算包干、结余留用”的管理办法，由国家卫检总所核定、下达年度预算指标，包干使用，超支不补。同年，根据中央对事业单位实行政事分开的改革方向，国家卫检总所将国境卫生检疫机关的职能由先行的行政执法与卫生服务于一体的形式，改革为行政执法和卫生服务两部分，浙江各卫检机构于1994年先后成立了口岸卫生服务中心。口岸卫生服务中心实行独立核算、自负盈亏，自担风险、自我发展、自我完善的运行机制，财务管理体制实行“自收自支”的预算管理方式，实行企业化管理体制。1995年7月1日起，宁波卫检局、温州卫检局作为浙江卫检机构行政执法收支两条线管理的试行单位，由宁波卫检局负责浙江行政执法收入的收缴。1997年1月起，全国卫检机关行政执法收入正式实行收支两条线管理。7月，国家卫检局在全国设立20个管理局，宁波卫检局为浙江各卫生检疫单位的管理局，负责浙江的杭州、温州、舟山、海门、嘉兴卫检局的行政执法收入的收缴。因机构改革需要，自1998年1月1日起，杭州卫检局成为浙江卫检机构的管理局(不分管宁波卫检局)。1999年1—9月，杭州、温州、舟山、海门、嘉兴行政执法收入的收缴由杭州卫检局负责，直至“三检”合一机构改革工作完成。1999年10月1日起，杭州卫检局会计账并入浙江检验检疫局，宁波卫检局的会计账并入宁波出入境检验检疫局。各卫检分支机构会计账于1999年12月31日并入当地出入境检验检疫局。

(四)检验检疫系统

1999年1月1日起，检验检疫单位实行“统一管理、分级负责”的中央垂直管理体制，实行“核定收支、定额上缴、超支不补、结余留用”的预算管理办法。预算外资金实行收支两条线运行体制，预算外资金全额上缴中央财政专户。检验检疫单位的预算，按照出入境检验检疫单位财务制度的单位预算管理的要求编制与执行。

从1999年起，浙江、宁波检验检疫局70%的收费上缴财政后，返回30%直接留用。1999年2月1日起，“三检”单位使用统一的出入境检验检疫收费收据，统一开设预算外资金收缴专用存款账户，使用中央统一监制的票据。行政事业收费实行“单位开票、银行代收、财政统管”的管理制度，罚款实行罚缴分离制度。

2002年，财政部将质检总局纳入部门预算改革，质检总局等28个中央部门的预算外收入全部纳入中央财政专户，支出由财政部按批复的预算核拨，取消原来部分预算外收入按一定比例留用、不上缴财政专户的管理办法。2002年2月，宁波检验检疫局被列为财政部第一批预算外资金收入收缴管理改革试点单位。11月25日，该项试点工作在宁波检验检疫局本部正式启动，所属各分支机构自2002年10月起收取的行政事业性收费全额上缴中央财政专户。

2004年1月1日起，质检系统行政事业单位实行“收支统一管理，定额、定项拨款，超支不补，结余留用”的预算管理办法，实行“二上二下”的预算报批程序。2004年7月，质检总局批复同意成立宁波检验检疫局财务核算中心，财务核算中心挂靠机关服务中心管理，干部参照宁波检验检疫局事业单位进行配备，在业务上接受宁波检验检疫局财务处和内外部审计的指导和监督。财务核算中心按《宁波检验检疫局企事业单位及社会团体财务管理办法》严格预算和财务收支管理，规范财务行为。同年，根据《中央预算单位银行账户管理暂行办法》以及《中央预算单位银行账户管理暂行办法》的补充通知，宁波检验检疫系统行政事业单位银行账户推行申请备案及年检制度。

2005年9月，浙江检验检疫局局本级、宁波检验检疫局局本级作为质检系统国库集中支付改革试点单位，开始实施预算资金的国库集中支付，启用国库集中支付零余额账户。2006

年11月起，浙江、宁波检验检疫机构各分支局全部纳入国库集中支付改革范围。从2007年开始，检验检疫机构部门三级预算单位预算数按照财政国库集中支付改革，以及政府支出功能分类改革的相关要求进行划分，全部实行授权支付。

2007年10月18日，浙江检验检疫局成立财务核算中心，对所属企事业单位财务实行统一管理。2008年，通过引入网银信息系统，建立了财务核算中心“母账户”管理体系，实现资金监控网络化，利用核算中心平台，加强资金统筹管理。

2009年，财政部将财政预算编制范围扩大到全部独立核算的行政事业单位，浙江检验检疫局完成与杭州、萧山检验检疫局预算拆分工作。同年，由中编办批准成立的宁波检验检疫局技术中心、宁波检验检疫局机关服务中心、宁波国际旅行卫生保健中心、北仑检验检疫局综合技术服务中心、慈溪检验检疫局综合技术服务中心5家事业单位实施预算改革，实现从预算编制、申报、执行、国库集中支付到决算的独立运行的预算管理体系。同年，宁波检验检疫局成立部门预算编制领导小组，加强预算管理，建立规范高效的预算编制体系，明确职责，促进预算编制和执行的无缝对接，提高财政资金使用效率，促进预算管理工作更加规范、科学、高效。

2010年12月21日，根据质检总局要求，浙江、宁波检验检疫局推行公务卡工作，进一步深化国库集中支付制度改革，规范财政授权支付业务，提高公务支出透明度，减少现金支付结算。

二、财务监督

（一）商检系统

1989—1996年，宁波商检局接受了宁波审计局、宁波市人民政府和国家商检局财务收支以及税收、财务大检查。

（二）动植检系统

1989—1995，杭州、宁波、温州、舟山等动植检所的财务工作由国家动植检总所驻上海审计室管理。1995年，杭州、宁波等动植检局的财务监督归属财政部驻浙江专员办，财务审计归属审计署驻上海特派办。其间，在遵守财务制度、资产管理、收支管理、资金使用效益等审计中都能按规定执行，没有违纪案例。

（三）卫检系统

1990—1996年，宁波卫检所根据要求，开展全国1990年税收财务物价大检查、清产核资工作和预算外资金清查等工作，并对1995年以来竣工和1996年在建及新开工的投资总额在50万元以上的基本建设项目组织自查自纠，接受审计署驻卫生部审计局对宁波卫检局1995年第四季度、1996年第一至第三季度的财务收支及有关经济活动进行就地审。

1998年9月“三检”合一前，根据国家检验检疫局有关清产核资的规定，配合浙江省审计事务所对1997年1月至1998年5月的资产变动情况和清产核资工作进行专项审计，为机构改革打好基础。

1999 年，宁波卫检局根据国家检验检疫局《关于贯彻财务收支两条线管理进一步加强治理乱收费工作的紧急通知》，对财务和计收费工作进行自查，进一步明确“三检”机构业务分工，规范收费行为，做到亮证收费，严格执行收支两条线管理，“三检”机构使用统一的收费票据，足额上缴财政专户。同年，根据质检总局要求，加强机构合并期间资金管理，宁波卫检局进行资金清查与核对，并上报宁波“三检”临时协调小组。

（四）检验检疫系统

1999 年“三检”合一后，中纪委将检验检疫系统列为收支两条线专项检查的重点部门之一。

2000 年，宁波检验检疫局根据国家检验检疫局的统一部署，对“三检”机构合并以来的仪器设备、房产、交通工具、人员、债权债务等情况开展清产核资，进一步摸清家底。

2001 年 4 月 9 日至 7 月 25 日，浙江检验检疫局接受审计署郑州特派办对本局局本级、舟山检验检疫局、台州检验检疫局及所属事业企业单位 1999—2000 年财务收支情况的审计。同年 4 月 3 日至 6 月 21 日，宁波检验检疫局接受国家审计署上海特派办对本局局本级 1999—2000 年财务收支情况进行就地审计，并对下属单位进行延伸审计。

2002 年，财政部驻浙江专员办对浙江检验检疫局的中央非税收入征缴工作进行专项调查。是年，浙江检验检疫局根据国家监察部等四部委要求，对中央行政事业单位银行账户多头开户、随意开户的情况进行全面清理。

2004 年，财政部驻浙专员办对浙江检验检疫局开展国库集中支付改革专项检查，接受国家审计署驻海关审计局对浙江检验检疫局 2005—2006 年仪器设备购置项目支出的预算执行情况的专项审计。2004 年 10 月 18 日至 11 月 30 日，财政部驻宁波专员办对宁波检验检疫系统 2003 年的会计信息质量及预算执行情况进行现场财政检查。

2005 年，为配合国家公务员法的颁布实行和人员工资、各种津补贴的调整，浙江、宁波检验检疫局对所属单位 2004—2005 年上半年人员津补贴发放情况进行清理，根据质检总局的统一部署对各单位津补贴发放标准进行调整。

2007 年 4 月 3—18 日，财政部驻宁波专员办对宁波检验检疫局局本级 2006 年度中央非税收入征缴情况进行检查。规范和统一行政执法罚没收入的上缴，将罚没收入按各 50％的比例上缴中央财政和地方财政。

2009 年 6—10 月，质检系统开展所属国有企业清产核资工作。同年 5 月 22 日至 11 月 5 日，浙江、宁波检验检疫局根据《全国质检系统所属机关和事业单位“小金库”专项治理工作的实施方案》，开展“小金库”专项治理活动。同年，浙江检验检疫局接受财政部驻四川专员办对局机关本级和温州检验检疫局的“小金库”专项治理工作检查。

2010 年，浙江、宁波检验检疫局组织开展“小金库”治理“回头看”工作。8 月 12 日至 11 月 30 日，根据质检总局的统一部署，宁波检验检疫系统开展国有及国有控股企业和所属社会团体“小金库”专项治理工作。

第五节　资产管理

检验检疫部门的资产包括房屋建筑物、检测仪器设备、办公设备以及港口配套设施。1999年8月“三检”合一前，浙江商检、卫检、动植检局资产总额为4.08亿元，其中，房屋建筑面积143562.89平方米，金额32649.86万元；仪器设备3282台，金额5680.78万元；交通工具100台，金额2441.36万元。宁波商检、卫检、动植检局资产总额为1.46亿元，其中，房屋建筑面积65993平方米，金额8956.40万元；仪器设备1943台，金额4594.40万元；交通工具46台，金额1021.50万元。1999年8月“三检”合一后，随着外贸的迅速发展，浙江、宁波检验检疫局不断提高口岸核心能力建设，根据业务的发展完善检验设施，改扩建综合实验楼，利用先进的检测仪器设备不断提高检测手段，创建国家重点实验室，经过十年的发展，检验检疫综合实力和检测能力大幅提高。2010年，国有资产总量大幅增长，浙江检验检疫局资产总额为10.45亿元，比1999年增长156.13%；宁波检验检疫局资产总额为7.34亿元，比1999年增长402.74%。

表68-10-5-1　　2000—2010年浙江检验检疫局固定资产一览表

年份	房屋建筑物		仪器设备		交通工具	
	面积(平方米)	金额(万元)	数量(台)	金额(万元)	数量(台)	金额(万元)
2000	118043.48	26265.79	3946	6337.59	97	2667.30
2001	128350.00	29903.59	4487	8255.22	106	3044.00
2002	130491.21	31087.63	5026	9688.95	110	3305.47
2003	114714.22	33693.53	5780	15989.79	122	3709.52
2004	120150.52	35333.73	6697	18062.64	131	4005.79
2005	120671.74	35383.67	7755	20972.84	138	4121.56
2006	132298.65	39822.56	8735	24428.05	153	4535.79
2007	141541.78	43573.13	9275	28315.58	150	4437.39
2008	133216.63	40576.54	10945	40339.34	173	4869.76
2009	140101.21	42213.86	12488	48557.64	172	4781.90
2010	150832.59	45049.97	14894	54508.37	178	4952.52

资料来源：浙江检验检疫局历年财务决算报表。

说明：1.以上数据包括浙江检验检疫局系统行政事业单位的汇总数据；2.数据由浙江检验检疫局整理。

表 68-10-5-2　　　　2000—2010 年宁波检验检疫局固定资产一览表

年份	房屋建筑物		仪器设备		交通工具	
	面积（平方米）	金额（万元）	数量（台）	金额（万元）	数量（台）	金额（万元）
2000	42242.00	4240.70	2445	5293.60	48	1376.60
2001	50968.71	6684.40	3152	7986.30	57	1735.50
2002	51114.97	6656.30	3136	8662.60	58	1832.00
2003	51001.00	6883.59	3605	7560.43	64	2073.47
2004	56061.08	8272.42	4288	12310.57	85	2634.31
2005	55032.00	8198.83	4788	13574.89	102	1154.80
2006	93076.00	24890.16	5374	18999.79	113	3410.76
2007	93076.00	24890.16	6424	21154.32	117	3442.57
2008	96884.10	26560.18	7858	29335.46	138	4036.11
2009	96884.10	26560.18	8347	36102.77	135	3950.27
2010	100486.17	27898.44	8807	41602.33	130	3872.85

资料来源:宁波检验检疫局历年财务决算报表。

说明:1. 以上数据包括宁波检验检疫局系统行政事业单位的汇总数据;2. 数据由宁波检验检疫局整理。

一、房屋建筑物

(一)商检系统

1. 浙江商检局

1962—1980 年,杭州商检局先后历经对外贸易部、浙江省商业厅、浙江省供销社、浙江省商业厅、浙江省对外贸易局的管理,办公用房都由管理部门提供解决。1981 年,杭州商检局从浙江对外贸易局划出,成为浙江省人民政府的直属单位,浙江省对外贸易局将宝石二路办公楼及其附属设施的产权移交给杭州商检局。1984 年 1 月,杭州商检局更名为“中华人民共和国浙江进出口商品检验局”,于 1997 年 7 月迁至杭州市文三路 2 号新大楼,该建筑物的产权归其所有。

表 68-10-5-3　　1980—1999 年浙江商检局及所属各地商检局房屋建筑物情况一览表

单　　位	建筑地址	建筑面积(平方米)	竣工年份
浙江商检局	杭州市宝石二路 8 号	8975.69	1993
	杭州市文三路 2 号	20560.00	1997
金华商检局	后城里青年路 339 号	679.10	1985
	后城里人民西路 453 号	6598.03	1997
金华局兰溪办事处	溪西新区府前街	2639.01	1995
义乌商检局	福田寺后盛	2343.22	1994
绍兴商检局	胜利东路	3898.76	1992
	延安东路 301 号	12009.91	1998
温州商检局	黎明西路 29 弄 14 号	1869.00	1980
	鳌江兴鳌东路(鳌江办)	3411.00	1996
	车站大道	9590.00	1999
舟山商检局	定海环城东路 66 号	484.29	1990
	定海环城南路 505 号	6486.58	1997
台州商检局	椒江建设路	2071.00	1991
台州局临海办事处	东方大道	3003.00	1997
嘉兴商检局	越秀南路 903 号	2997.80	1992
	越秀南路 903 号	823.20	1994
	乍浦雅山西路(乍浦办事处)	1452.00	1998
	越秀南路 903 号	171.00	1998
湖州商检局	凤凰路 560 号、狮象弄 8 号	6567.18	1996
衢州商检局	荷三路 215 号	2326.48	1994
丽水商检局	银苑小区 106 号	1605.76	1995
萧山商检局	通惠中路	5547.00	1997

资料来源:《浙江检验检疫志》,浙江人民出版社 2005 年版,第 938—939 页。

2. 宁波商检局

1975—1984 年,宁波商检机构的检验办公用房均由宁波市政府提供解决,在宁波行署内办公。随着宁波口岸的迅速发展，商检基本设施建设得到国家计委的大力支持。1980年，筹建北仑铁矿石取制样设施；1984年10月，宁波商检大楼建成并投入使用，建筑面积2129.08平方米；1991年，北仑铁矿石取制样设施二期配套设施的实验室检验仪器楼建成，建筑面积2008平方米。1992年开始，新设立的商检机构建造办公及检验设施用房资金由地方财政解决。1993年，宁波商检大楼检务大厅扩改108平方米。

表68-10-5-4　1984—1999年宁波商检局及所属各地商检局、办事处房屋建筑情况一览表

单　　位	房屋建筑性质	建筑面积(平方米)	建成时间
宁波商检局	办公及检验设施用房	2129.08	1984
北仑港商检办事处	办公及检验设施用房	1600.00	1984
北仑港商检办事处	办公及检验设施用房	2010.35	1991
北仑港商检局	制取样楼	406.00	1994
慈溪商检局	办公及检验设施用房	3720.00	1993
余姚商检局	办公及检验设施用房	2857.40	1994
宁海商检局	办公及检验设施用房	2066.14	1994
鄞县商检局	办公及检验设施用房	3617.42	1994
奉化商检局	办公及检验设施用房	2500.00	1996
奉化商检局	办公及检验设施用房	1914.45	1999

资料来源：《宁波出入境检验检疫志》，中华书局2005年版，第649页。

（二）动植检系统

1980年12月，经浙江省农业委员会批准，宁波动植物检疫办公检疫楼及附属设施共计投入资金32.05万元，总建筑面积1690平方米。1983年12月竣工。

1982年，农业部投资66万元，杭州动植检所在杭州艮山西路233-1号建设2054平方米砖混结构的动植检大楼，同时建设313平方米的附属用房。同年，农业部投资23.40万元，杭州动植检所在华家池农业厅宿舍地块建设职工宿舍1341平方米。

1992年，国家动植检总所同意杭州动植检所改建杭州艮山西路233-1号职工宿舍1200平方米，投资116万元。

1997年，杭州动植检局在杭州凤起东路购置三层临街用房2885平方米，用于建设检疫实验楼，同时购置车库6间，总投资1046万元。同年，在市区购置职工住宅用房13套，共1232.34平方米。

（三）卫检系统

浙江各卫检所成立初期的办公、检疫实验用房以借用为主。之后，宁波、温州、杭州卫检局的办公、检疫设施由浙江省卫生厅出资建造，舟山、海门、嘉兴卫检局的办公、检疫设施由当地政府出资建造。卫检机构上划卫生部后，由卫检系统调剂和自筹资金购建部分单位用房。浙江卫检系统各单位的职工住房在新开口岸时，由地方政府、浙江省卫生厅和单位自筹资金购建解决。嘉兴卫检局于 1997 年 4 月筹建时，由嘉兴市政府无偿提供土地 4 亩，并出资 184 万元建造办公大楼，总面积 2050 平方米，附属用房 108.60 平方米，总造价 187.40 万元。1999 年“三检”合一前，浙江卫检系统有职工住房 5933.60 平方米，价值 706.03 万元。

1. **宁波卫检局（所）**

1978 年 7 月 15 日，宁波卫检所正式建立，所址暂设在宁波市防疫站内，由省卫生厅拨款建造一幢 286 平方米的小楼房、120 平方米的辅助用房作为过渡性工作用房。

1983 年上半年，位于柳汀街 146 号的宁波卫生检疫大楼竣工，基建总面积 3101 平方米。1988 年，宁波卫生检疫大楼隔离病房通道上加层 295.50 平方米检验用房竣工，宁波卫检所办公、检疫设施建筑总面积达到 3534 平方米。1996 年 9 月 18 日，因业务工作需要增建用房，在原卫检大楼三楼上加层至四楼，1997 年 1 月 1 日竣工。

1999 年“三检”合一时，宁波卫检局实际占地总面积 3996 平方米，建筑总面积为 3956 平方米，包括办公、检验用房 2234 平方米，仓库、车库等辅助用房 646 平方米，职工宿舍 1076 平方米。

2. **温州卫检局（所）**

1964—1979 年，温州卫检所办公地址设在温州卫生局内。1973 年，浙江省卫生厅批准并拨款 41.18 万元在温州黎明西路 2 号建造 1985.25 平方米办公实验用房，及 20 张床位的留验病房，1979 年竣工迁入。同年，温州卫检所通过自筹资金对通道、病房、办公楼分别进行加层扩面。1999 年，温州卫检所共有办公、业务用房 2809.46 平方米，总价 156.56 万元。

3. **杭州卫检局（所）**

1979 年 2 月，杭州卫检所筹建初期的办公用房面积为 40 平方米。1986 年，由浙江省卫生厅出资 24.5 万元，建造了 816 平方米办公实验用房。1997 年 10 月，由国家卫检局调剂事业发展基金 150 万元及自筹 93.96 万元，购 4 套住房和 2 个车库面积分别为 433.98 平方米、44.25 平方米。1999 年，杭州卫检局共有办公、检疫用房 1294.23 平方米，价值 268.46 万元。

4. **舟山卫检局（所）**

1981 年，沈家门检疫站成立，地址多次搬迁，开始租借舟山地区医疗队定海城关镇解放东路 42 号 8 平方米用房，后迁至定海新桥路 22 号，再迁至定海环城东路舟山市纺织工业公司，这些办公用房均为租赁。1987 年舟山卫检所成立。1988 年 4 月，由舟山卫检所和舟山市政府共同出资迁至舟山大厦，办公用房面积 415.99 平方米。1995 年 12 月，用自筹资金 250 万元，向舟山市教委购入坐落于定海昌国路 222 号办公楼，房屋面积 1286.99 平方米。1999 年，舟山卫检局共有办公、体检、检验用房 1702.94 平方米，价值 272.24 万元。

5. **海门卫检局(所)**

1990年,海门卫检所由台州行政公署拨款建造办公用房812平方米。1995年,自筹资金112万元投资建造留验用房,建筑面积1004平方米。1999年,海门卫检局共有办公、检验用房2212平方米,价值121.50万元。

(四)检验检疫系统

1999年"三检"合一后,浙江检验检疫局集中于杭州市文三路2号办公楼办公,原浙江商检局宝石二路8号办公楼由原浙江商检劳服公司、万泰认证有限公司继续使用。2002年,浙江检验检疫局与浙江省机关事务管理局签订协议,将宝石二路8号房地产置换成钱江新城五号区块32.60亩净地,置换地块于2008年建成280套职工专用房售予职工。2007年,杭州检验检疫局成立,将浙江检验检疫局办公用房划转杭州检验检疫局使用。

2010年,浙江检验检疫局建成36000平方米办公楼,用于行政办公使用。原浙江动植检办公楼于"三检"合一后,改成浙江检验检疫局技术中心电器实验室。原浙江卫检办公楼坐落在浙江省卫生防疫站内,没有产权,于2017年将其使用权归还产权单位浙江省卫生厅。

2000年,原宁波商检局办公楼成为宁波检验检疫局行政办公用房,原宁波卫检局办公楼成为宁波国际旅行卫生保健中心综合办公用房。在国家检验检疫局和宁波市政府的大力支持下,宁波检验检疫综合实验用房于2000年10月由宁波市计划委员会批复立项。2001年8月,质检总局批准立项。该项目于2001年10月开工,2004年9月竣工,2004年10月通过验收并投入使用。总建筑面积34584.08平方米,总概算1.61亿元。

2008年,质检总局核定宁波检验检疫局所属北仑检验检疫综合实验楼总建筑面积为32535平方米,投资规模为1.57亿元,该工程于2008年12月2日奠基动工,2009年12月17日主体结构封顶。2009年12月,鄞州检验检疫局综合实验用房项目立项,质检总局核定该项目总建筑面积为30359平方米,总概算为13504万元。

2010年,浙江检验检疫局共有房屋建筑物面积150832平方米,价值45049万元,分别为1999年的1.05倍和1.41倍;宁波检验检疫局共有房屋建筑物面积100486平方米,价值27898万元,分别为1999年的1.52倍和3.12倍。

二、设备

(一)商检系统

1974年5月,杭州商检局逐步配备常规和通用仪器,诸如分析天平、显微镜等设备。针对浙江省外贸发展情况,杭州商检局除陆续增加常规和通用仪器外,逐渐配备盐雾腐蚀试验箱、数字式白色度计、数字变角光泽计、织物强力试验机、八篮恒温烘箱、八孔水浴箱、万分之一天平、皂洗机、X荧光光谱仪、气相色谱仪、紫外光度计、红外光度计、微电脑等设备,初步奠定实现商品自检所需的检验仪器设备基础,并在行财处设立设备科,加强仪器设备的管理、维护、保养、零配件的补充,以及订购仪器调研、审查、询价等,是全国商检系统最早成立设备管理机构的单位之一。1975年，宁波商检局筹建食品化验室，购置天平、烘箱、培养皿、培养箱及部分玻璃器皿。1978年，成立化矿实验室，开验石油、化工、矿产化学分析。1979年12月，宁波商检局为检验进口铁矿砂，建北仑港铁矿石取制样设施，总投资1612.20万元，并引进成套的铁矿石自动取制样设施及X荧光光谱分析仪、原子吸收仪等。1988年，筹建北仑港二期商检配套工程，总投资1965万元，其中80万美元用于进口检测设备。1990年1月，宁波商检局新配置的进口电感耦合离子原子发射光谱仪、色谱质谱联用仪、高效液相色谱仪、色谱—红外联用仪、紫外可见分光光度计、气相色谱、原子吸收等大批先进的检测仪器先后投入使用。1999年8月"三检"合一时，浙江商检局仪器设备3282台，总金额达5680.78万元。宁波商检局共有仪器设备1321台，总金额达4087.05万元。

（二）动植检系统

1986年，杭州、温州动植检所根据国家动植检总所制定的《口岸动植物检疫所固定资产管理暂行办法》，对本单位的固定资产进一步全面清点，在清查盘点的基础上，健全固定资产账目。1990年，国家动植检总所批准杭州动植检所筹建中心实验室，首拨经费20万美元来源于世界银行贷款，全部购置进口设备。1991年11月，杭州、温州和舟山动植检所根据国家动植检总所制定的《口岸动植物检疫所固定资产管理办法》，调整固定资产的范围、分类、计价和管理核算方法。同年，国家动植检总所规定进口仪器设备由国家动植检总所委托植物实验所统一采购、验收，资金由国家动植检总所统一支付。1998年，宁波动植检局实验室仪器设备分为植物检疫实验室设备和动物检疫实验室设备，资产总值115.20万元。1999年8月"三检"合一时，杭州动植检局仪器设备总值217.04万元，宁波动植检局仪器设备总值128.02万元。

（三）卫检系统

浙江各卫检所归浙江省卫生厅管理期间，由于经费有限，仪器设备不仅数量少，且陈旧落后，只配置一些显微镜、天平等简单必要的仪器。1987年，浙江各卫检所遵照卫生部、财政部颁发的《卫生事业单位固定资产管理办法(暂行)》，对设备等固定资产进行管理。1989年2月，杭州卫检所成立近十年，在基本建设上没能得到应有的发展，已有设施、设备极为简陋，所有仪器设备累计金额仅为76511元，价值5000～6000元的仪器设备也仅有5件。随着事业的发展，特别是接受进口食品检验任务后，在争取财政支持的同时，自筹资金，为进口食品检验、传染病监测体检、卫生处理购置了一大批先进的仪器设备，包括气相色谱仪、原子分光光度计、紫外分光光度计、十万分之一分析天平、低温冰箱、X光机、B型超声像诊断仪、心电图机等。

1998年8月3日，根据《关于在全国出入境检验检疫系统开展资产核查工作的通知》，浙江各卫检局在当地"三检"临时协调小组的统一部署下，开展清查资金财产、清理债权债务的工作，摸清家底，保证机构改革工作的顺利实施。

1999年8月"三检"合一时，浙江卫检局仪器设备总值1474.60万元，宁波卫检局仪器设备总值880万元。

(四)检验检疫系统

2000 年 6 月,浙江检验检疫局根据国家检验检疫局要求,在系统内建立检验检疫仪器设备技术专家库,并根据设备所涉及的不同专业,设置相应的检验检疫仪器设备技术专家组。2001 年 12 月,国家检验检疫局颁发《检验检疫设备管理办法》,固定资产的入账价值由原先的“单机购置费在 1500 元以上”调整为“单机购置费在 2000 元以上”。2001—2002 年,宁波检验检疫局通过加大仪器设备投入来增强检测能力,净增各类检测仪器设备 782 台,价值近 2100 万元。2002 年 6 月 21 日,浙江检验检疫局制定《浙江出入境检验检疫局仪器设备管理办法(试行)》,从机构职责、资产管理、计划与购置、验收、使用、维护保养与检修、更新与技术改造、安全与事故处理、档案与技术资料、检查与考核等方面,对仪器设备的管理作出了详细规定。

2002 年 7 月 12 日,浙江检验检疫局开发的“质检系统仪器设备计算机管理软件”通过质检总局鉴定,在全系统范围内推广应用,数据的统计、分析等功能为合理科学地配置仪器设备提供分析参考,提高了仪器设备管理工作效率。2002 年 9 月,浙江检验检疫局引进大型容量器具标准检定装置,使实验室检测能力得到加强,每年节省委托检定费近 10 万元。

2010 年,浙江检验检疫局拥有仪器设备 14894 台,价值 54508 万元,分别是 1999 年的 4.54 倍和 9.60 倍;宁波检验检疫局拥有仪器设备 8807 台,价值 41602 万元,分别是 1999 年的 4.53 倍和 9.06 倍。

三、港口配套设施

(一)宁波北仑港商检配套设施

改革开放后,浙江省对外贸易迅速扩大,港口建设和与之配套的港口商检设施建设发展迅速。20 世纪 80 年代、90 年代,浙江省商检机构先后在宁波完成北仑港一期、二期商检配套设施工程的建设,为港口快速疏运、方便外贸、严格进口商品检验把关、充分发挥浙江省港口整体经济效益起到了重要的作用。

1980 年 9 月 12 日,浙江省外贸局批准同意建造北仑港进口铁矿石商检化验楼 2722 平方米,辅助设施 800 平方米,职工宿舍 1638 平方米,总投资 120 万元,征地 9.6 亩。1982 年 4 月 6 日,设立北仑港取制样设施基建办公室。6 月 8 日,国家经委批复同意北仑港进口矿石取制样设施初步设计,进口关键设备和分析仪器投资 840 万元,国内采购设备、设备安装、港区陆试附属建筑、化验楼及生活设施投资 436.20 万元。1983 年 9 月 1 日,经浙江商检局批准,成立北仑商检工程联合指挥部。10 月 20 日,国家商检局批复同意调整北仑商检工程总概算投资计划,工程总投资调整为 1609.70 万元。

1985 年 2 月 13 日,国家计委、交通部第三航务局等单位对北仑商检取制样平台工程进行竣工验收合格,实际完成时间比合同规定提前 117 天。1986 年 10 月 9 日,国家商检局对北仑港铁矿石取样检验设施工程进行验收,工程总投资 1612.20 万元,工程设计和设备造型在国际同行业中有一定的代表性和先进性,工程质量总评优良。1987 年 5 月 25 日,北仑港进口矿石取制样设施设备正式投入使用。

1988年7月19日，宁波北仑港二期商检配套设施工程的初步设计审定通过。1989年5月8日，国家商检局批复同意初步设计方案，总体面积9952平方米，总概算1965万元，其中，利用世界银行贷款140万美元。宁波北仑港二期商检配套设施的检验仪器楼于1991年9月27日竣工并交付使用，北仑商检综合楼于12月27日竣工并交付使用。1992年10月15日，北仑港二期商检设施检验仪器楼配套气相色谱仪、液相色谱仪、等离子发射光谱仪、原子吸收分光光度计、紫外分光光度计等一批进口大型仪器设备调试安装完毕，投入正常使用。

2009年1月，质检总局《关于同意北仑港20万吨级矿石码头取制样设施改造工程初步设计和概算的批复》，批准建设宁波北仑港20万吨级矿石码头取制样设施改造工程项目，主要包括改造一套自动取制样系统设施和建设一座钢结构中央控制楼，总概算为653万元。该工程于2011年10月全部建成并投入使用，2012年8月通过质检总局验收。

(二)马迹山矿石中转港商检配套设施

马迹山矿石中转港商检配套设施是20世纪90年代末由浙江商检局独立承担建设的国家重点工程。

马迹山港位于浙江嵊泗县泗礁东岛西南约1.5千米，水深26米，具有得天独厚的港口地理条件。作为宝钢第三期技改工程配套的宝钢集团马迹山矿石中转港，1997年9月4日，国家计划委员会批复："为适应进口巴西铁矿石的需要，同意建设嵊泗马迹山矿石中转港一期工程；与该工程配套的联检设施，各有关单位落实配套资金同步建设。其中，该项目商品检验设施部分，经商国家商检局同意，由宝钢从总投资中划出前方取制样设施费用，浙江商检局包干使用，建成资产归浙江商检局所有，浙江商检局在取制样收费上给予宝钢50%优惠，直到前方取制样设施费抵清为止。"同年11月，浙江商检局根据国家商检局《关于建设嵊泗马迹山矿石中转港一期工程商检配套设施的通知》，要求成立马迹山筹建办公室，负责落实资金，开展前期工作。

1998年9月，马迹山港工程土建项目在嵊泗开工，2002年3月竣工。经国家检验检疫局核定，批准该工程总概算为8266万元，工程实际投资7300万元。先期投入使用的土建项目和检验仪器设备交付资产为4046.65万元，取制样设备交付资产为2831.31万元，合计交付6878万元。项目无遗留工程。工程建成实际总支出比投资节约122万元。综合检验办公楼被评为2002年度舟山市级优质工程"海山杯"工程。建成的码头一期工程是宝钢集团公司的专用货物码头，也是中国最大的专业铁矿石进口中转码头，码头规模为一个25万吨(兼30万吨)级卸船泊位，一个3.5万吨装船泊位，设计年接卸铁矿石1000万吨。除自动取制样系统以外，马迹山商检工程还对实验室检测仪器作了相应的配置，其中主要有德国布鲁克公司的X荧光屏谱仪，美国PE公司的原子吸收仪，美国力可公司的定硫仪，瑞士梅特勒公司的滴定仪，日东东洋公司、吉田公司的球团矿物物理性能检测设备等大型仪器设备，这些设备代表了国内外铁矿石检测的先进水平。马迹山矿石中转港商检配套设施的建成，为浙江省大宗进口铁矿石检验创造了先进完整的检测条件。2002年5月至2003年底，嵊泗检验检疫局已完成

174 批、1124.44 万吨，总金额达 1.956 亿美元的进口铁矿石检验，有力地维护了中国的合法权益和贸易双方的经济利益。先后接待国内外客户、国外检验公司、国内同行的参观考察，受到较高的评价。随着中国钢铁工业的发展，马迹山矿石中转港除满足宝钢进口铁矿石进口接卸以外，还承担起整个长江中下游地区进口铁矿石的接卸需要，成为华东、华中铁矿石重要进口中转地。

丛　录

一、文献辑存

浙江省茶叶检验办法[①]

民国27年(1938年)5月21日

一、浙江省为改进茶叶品质,提高国际信用起见,特订定本办法。

二、依据本省茶业产销情形分区检验,其区域如下:

1. 宁绍台区,包括杭属。

2. 温处区。

3. 金衢严区。

三、每区设茶叶检验处,办理该区内茶叶检验事宜。

四、各区所产茶叶,无论毛茶、精茶,均须受各区茶叶检验处检验,取得合格证明书方得准予运输出口。如有违反者,概予扣留予补办检验手续。如发现搀杂、搀伪等重大情事,得呈请农业改进所转呈建设厅,将茶叶酌予没收或焚毁。

五、各区检验事项以包装、色料、杂质、品质等四项为限,其检验标准由各区斟酌地方情形订定,由农业改进所呈请建设厅核准,并呈报省政府备案。

六、茶叶检验经费参照前实业部茶叶出口检验收费标准办理,暂定每担收检验费国币一角(毛茶检验时同)。

七、茶叶检验办法施行细则、各区检验处组织通则及其他重要章则由各区检验处拟定,呈请浙江省农业改进所转呈建设厅备案。

八、本办法呈奉浙江省建设厅核准备案后施行。

浙江省各区茶叶检验处组织通则[②]

民国27年(1938年)

第一条　浙江省各区茶叶检验处依照浙江省茶叶检验办法第七条之规定组织之。

---

① 《浙江省政府公报》,民国27年(1938年),第3081期。

② 《浙江农业》,民国28年(1939年)第7—8期(茶叶检验专号),第13号。

第二条　各检验处(以下简称各处)办理各该区内茶叶检验事宜,直隶于浙江省农业改进所。

第三条　各处职权如下:一、关于茶叶包装之检验事项。二、关于茶叶色料之检验事项。三、关于茶叶杂质之检验事项。四、关于茶叶品质之检验事项。五、关于其他有关茶叶检验事项。

第四条　各处设主任一人,综理处务,由浙江省农业改进所派充并呈报建设厅备案。

第五条　各处视事业之繁简设检验员、助理检验员若干人,承长官之命办理检验事宜,由浙江省农业改进所派充之。

第六条　各处于必要时得就适当地点设立办事处。

第七条　各处办事细则及其他重要法规由各检验处拟订,呈请浙江省农业改进所核准备案。

第八条　本通则呈奉浙江省建设厅核准备案后施行。

浙江省茶叶检验办法施行细则①

民国 27 年(1938 年)

一、本细则根据浙江省茶叶检验办法第七条之规定订定之。

二、各区茶业无论毛茶、精茶均须受各区茶业检验处之检验。

三、毛茶检验手续如下:

1. 凡出口毛茶应报请检验处或办事处派员检验发给合格证明书。

2. 各区茶厂收买之毛茶应于开制前报请检验处或办事处派员检验。

3. 茶场初制毛茶得由检验处派员随时抽验。

四、精茶检验手续如下:

1. 各茶厂精茶及包装应于装箱前报请检验处或办事处派员检验发给合格证明书,如茶厂不及报验,得于运至检验处或办事处所在地报请检验。

2. 精茶在五十箱或五十箱以下抽开二箱,五十箱以上每增五十箱加开一箱,不满五十箱作五十箱论,每件抽样半市斤,绿茶每包最少抽样一件。

3. 凡商人报验着色茶,须将所着色料名称详细填明,必要时得令呈验所用之色料。

五、茶叶检验标准如下:

甲、品质方面:

1. 无论毛茶、精茶一律以不搀杂搀伪为标准,回龙茶亦在禁止之列。

2. 各区精茶所含水分,绿茶不得超过百分之八点五,红茶不得超过百分之十。

3. 精茶着色程度以不超过各区检验处规定之标准着色茶着色程度为合格。

4. 品质审查标准如下:

形状 30%　液色 15%　香气 15%　滋味 15%　叶底 15%　其他 10%

---

① 《浙江农业》,民国 28 年(1939 年)第 7—8 期(茶叶检验专号),第 14—15 页。

乙、包装方面：

1. 箱板厚度以松木或杉木市尺四分为合格箱，内加钉三角木条八根(四角四根，箱盖及箱底各二根)，箱板并须干燥。

2. 铅罐须完整，铝箱内壁须用坚洁纸张妥为衬贴，使茶叶与铝箱完全隔绝。

3. 箱外须注明茶类、商标、件数、重量、批别、茶厂名称及地址。

4. 箱外一律加套篾篓。

5. 土锡兰箱一律禁用。

六、茶叶品质不合格，得酌量情节轻重责令茶厂复制或予以没收焚毁；包装不合格，得令茶厂改装再行复验。

七、本细则如有未尽事宜，得由各区检验处另订补充细则办理之。

八、本细则自呈奉浙江省建设厅核准备案后施行。

浙江省棉花检验办法

民国30年(1941年)12月

一、浙江省为免除棉商恶习、改进棉花品级起见，特订定本办法。

二、为办理棉花检验事宜，在棉花出口港之宁波设立检验处，并视事实上之需要，得在其他棉花市场设立分处。

三、棉花检验事项以搀水、搀杂品级及包装为限，其检验标准水分及杂质应遵中央颁发之取缔棉花搀水搀杂暂行条例之规定，以含水分百分之十一、含杂质百分之零点五为法定标准，而以含水分百分之十二、含杂质百分之二为最高限度，超过此最高限度即为不合格。品级依前实业部之规定分为优、上、中、下、平五级。包装以布袋、麻袋为限，如有浆包等作伪情事，应即调换方为合格。

四、凡棉花出口须向检验处报验，取得合格证书后方准起运，如有违反者概予扣留并应补办手续，如发现搀水搀杂等重大情形，得呈准农业改进所转呈建设厅依照棉花搀水、搀杂暂行条例科罚之。

五、凡行商或检验人员如有受授贿赂或徇私舞弊等情事，一经查出或经告发而查有实据时，移送法院处理。

六、棉花检验费参照前实业部之规定，暂定每公担收检验费国币一角。

七、本办法施行细则及棉花检验处组织规程另订立。

八、本办法呈奉浙江省建设厅核准后公布施行。

浙江省农业改进所棉花检验处组织通则

民国31年(1942年)

第一条　浙江省农业改进所棉花检验处(以下简称本处)依浙江省棉花检验办法第二条之规定组织之。

第二条　本处职权如下：一、关于棉花搀水搀杂之检验事项。二、关于棉花品级之评定事项。三、关于棉花包装之检验事项。四、关于稽查漏验及其他作弊事项。五、关于其他有关棉花检验事项。

第三条 本处设主任一人综理处务，技士一人办理检验技术事务，均由浙江省农业改进所委派，并呈报建设厅备案。

第四条 本处视事务之繁简设检验员、助理检验员各若干人，承长官之命办理检验稽查及其他事务，均由农业改进所派充之。

第五条 本处于必要时得用雇员及招收练习生。

第六条 本处视事实上之需要得另择适当地点呈准农业改进所设立分处。

第七条 本通则呈奉浙江省建设厅核准后公布施行。

中国茶叶公司提高外销箱茶品质实施办法

民国32年(1943年)9月

一、本公司所属各分公司或办事处办理收购外销箱茶应派员分赴各产区指导茶农施行茶树之栽培施肥防害等方法，必要时得于各省产茶之中心区域设置示范茶园以资倡导。

二、各分公司或办事处应切实劝导茶农早摘嫩采以提高毛茶之品质。

三、各分公司或办事处按照核定收购箱额办理承制外销箱茶厂号及合作社之分配登记申请贷款，并根据各厂号社历年制茶成绩严格审查，杜绝粗制滥造，必要时得派员分往各厂号社指导制茶技术。

四、各分公司或办事处于每年茶季开始前，根据各地物价指数及制运成本，加计十一之利，拟订毛茶山价及箱茶中心价，呈准公布，鼓励各厂号社选择优良毛茶精制外销。

五、各分公司或办事处于每年茶季开始前，应制颁各厂号社外销箱茶各级标准茶样，不及最低标准者不予收购，至品质特别优良超过最高标准者，除提高收价，并得报由总公司转请财政部贸易委员会颁发奖状。

六、各分公司或办事处于每年茶季开始前提早核发外销箱茶产制贷款，分别督导各厂号社及时集中毛茶，循序精制，并按照箱茶包装规定，严格检验箱茶包装以保品质。

七、各分公司或办事处于规定收购期间按照核定收购外销箱茶办法及各种规定，参照制颁标准茶样严格审评、按分给价，以期提高品质。

八、本办法自呈奉财政部贸易委员会核准后施行。

浙江省物产出入口给证查验办法

1949年

一、本省为管理战时各种主要物产出口入口、防止偷漏及敌货输入起见，特订定本办法。

二、凡本省已经管制之主要物产出口入口、给证查验事宜概依本办法办理。

三、凡本省出入口公司运货出口入口均须填具声(申)请书，送请本省各出入口地点由建设厅指定之机关核发出口入口许可证。前项声(申)请书及许可证由建设厅制定编号发用。

四、各地核发许可证机关于接到声(申)请书后，应即查核填给出口或入口许可证。前项核发出入口许可证机关应于每月终了，照许可证上所列项目，分别日期先后列表汇报建设厅备查，并按日将期满收回之许可证连同存根缴厅核销。

五、出入口公司于领得许可证装运货物出口或入口时，应报请当地出入口货物查验处查验加盖印戳放行，如遇无证私运或货证不符时，查验处应即将货物扣留呈报建设厅予以没收或其他相当之处分。

六、各地查验处如查获省令禁止出入口之货物时，应将人货一并扣解所在地之行政督察专员公署法办。

七、发给许可证及查验概不收费，其查验规则另订立。

八、凡本省已经管制物产，省内转口办法另定之。

九、本办法自建设厅公布之日起施行，前修正浙江省物产出入口登记查验办法同时废止，并呈报省政府备案。

浙江省人民政府转发浙江商检局《关于改进进出口商品检验工作的报告》的通知

各市、县人民政府，各地区行政公署，省政府直属各单位：

省人民政府同意浙江进出口商品检验局《关于改进进出口商品检验工作的报告》，现转发给你们。

请督促各进出口企业，密切配合，认真执行，共同把好进出口商品质量关，努力提高我省出口商品在世界市场上的竞争力。

一九八八年四月七日

关于改进进出口商品检验工作的报告

省人民政府：

为了适应沿海地区经济发展战略，促进我省发展外向型经济，本着深化改革，搞好服务，简化手续，提高时效，把好进出口商品质量关的精神，对改进进出口商品检验工作提出以下意见：

一、健全商检机构，下放管理权限，加强自身建设

1. 在已经设置和获准设置的宁波、温州、金华、舟山、台州、嘉兴六个商检局的基础上，再向国家商检局申请增设湖州、绍兴商检局和丽水、衢州商检工作组，以加强对进出口商品的检验和监管，减少往返时间，方便大进大出。

2. 下放进出口商品检验和监督的权限，包括出口商品质量许可证和出口食品厂(库)的卫生注册，由各地商检局直接负责考核发证工作，按照进出口商品的流向和分工，加强就地检验。

3. 各级商检机构要进一步加强内部管理，完善工作岗位责任制，提高人员素质，提高检测水平，改善服务态度，遵守商检纪律，更好地为发展外向型经济服务。

二、简化手续，提高检验签证时效

1. 省局设立统一报验室，集中办理出口商品（除生丝）的报验，部分进口商品的报验、计收费、领证和普惠制签证，以及部分预验商品的出口放行（丝、绸、棉布等）手续，实行一条龙服务。

2. 对出口生丝，由商检局在丝库现场接受报验；凡需在上海进行出口查验的商品，由浙江商检局驻上海工作组直接查验放行。

3. 全省各地经由宁波口岸出运的出口商品，除以下四种情况的商品需向宁波商检局报验外，其余均由产地商检机构直接查验放行。

——在宁波口岸重新加工、改变原包装的商品；

——外贸合同明确规定凭装船样品检验的商品；

——散装或批次、数量、标记、唛头未确定的商品；

——易腐易变商品，包括罐头和冷冻水产品。宁波市从上海口岸出口的商品，也按上述精神办理。

4. 简化报验单证。经商检局确认，能提供检验、出证依据的，可以货物明细单等代替《出口检验申请单》。因情况特殊，一时难以提供应附单证，可以在不影响检验的前提下，先安排检验，再补报单证。

三、改进“三资”企业及来料进料加工产品的商检管理工作

1. 外商独资企业的进出口商品，由企业自行检验。有些商品如需商检检验出证，商检机构凭企业的申请办理检验出证。如标明“中华人民共和国制造”或使用中国注册商标的，须按规定接受商检机构的检验监督。

2. 中外合资、合作经营企业的进口商品，按一般进口商品规定实行检验；列入《商检机构实施检验的商品种类表》的出口商品，标明“中华人民共和国制造”、使用中国注册商标（含中外双重注册商标）或涉及安全和卫生的，由商检机构检验或监督；其余由企业自行检验。

3. 来料加工、来件装配的进出口商品，由企业自行检验。需商检机构检验签证的，凭企业申请办理。

4. 进料加工的原材料，属于《商检机构实施检验的商品种类表》的商品，由商检机构优先给予报验、检验。其余的由企业自行验收，但须将检验结果报商检机构备查。

5. 外商投资企业、来料加工装配企业，需要商检机构检验签证的，商检机构优先接受报验、检验、签证；符合颁发出口商品质量许可证或出口食品厂（库）卫生注册规定的，优先安排考核发证；出口商品符合普惠制签证规定的，根据申请予以办理。

四、改善监管，把好进出口产品质量关

1. 制订《浙江省商检机构实施检验的商品种类表》（简称《地方种类表》），对我省大宗的、重要的、质量不稳定的进出口商品实施法定检验。对大宗进口商品和成套设备实施装船前检验，做到装前卸后双把关，以保证商品质量。

2. 加速制定和全面推行对出口产品的分等管理制度。根据各出口厂的产品质量情况，分为松散管理、一般管理、严格管理三个档次。对质量稳定的产品和质量保证体系健全的工

厂，实行以厂检为主，商检机构进行少量复验或换证放行；对产品质量较稳定和质量保证体系尚健全的工厂，商检机构按一定的比例抽验；对产品质量不稳定和质量保证体系不健全的工厂，商检机构从严监管和批批查验，促使出口企业提高产品质量。

3. 积极推行商检认可检验员制度。检验员承担对本企业部分进出口商品的检验任务，协助商检局负责对本企业的进出口商品质量实施监督。商检机构凭认可检验员的手签检验结果单，接受报验或予以换证放行。

4. 扩大商检认证实验室。凡符合省级商检实验室认证规定的各有关部门检验实验室，省商检局凭申请予以考核认证，可以承担部分进出口商品的检验工作。积极创造条件向国家商检局推荐国家级实验室，以加快检验速度。

5. 商检机构对认可检验员、商检认证实验室以及实施分等管理的出口企业，随时进行抽查。对严格遵守有关规定政策，成绩显著的予以表彰奖励；违反规定的，根据情节轻重，分别采取批评、罚款、限期整改、吊销证书等措施。

五、利用商检技术优势和信息渠道，为发展外向型经济服务

1. 成立商检科研所，开展科技服务，帮助企业提高产品档次和质量，开发新品种；为社会讲授商检业务知识，帮助企业解决有关检验技术方面的实际问题。

2. 协助出口生产企业办理在国外的食品卫生注册或产品在国外的认证手续，提供各个国别的检验标准、质量要求，推动我省产品有针对性地打入国际市场。

3. 定期提供有关进出口商品质量信息和理赔、索赔情况，供各级人民政府和有关主管部门进行宏观决策的参考，为发展外向型经济当好参谋。

以上报告，如无不当，请批转各地办理。

浙江进出口商品检验局

一九八八年四月四日

出口丝类商品检验管理办法

浙检四〔1991〕224 号，1991 年 11 月 9 日

第一章　总则

第一条　为了加强对出口丝类商品的检验和质量监督管理，确保我省出口丝类商品的质量，为了出口、多创汇服务，特制定本办法。

第二章　检验范围及分类

第二条　浙江进出口商品检验局负责全省出口丝类商品的检验、签证和监督管理工作。

第三条　根据丝类商品的特性，出口丝类商品原则上由商检局自验。但鉴予历史原因及现状，可分为自验和认证两大类。

第四条　认证分为全项目认证和部分项目认证两类。

全项目认证，即商检认可标准规定的全部检验项目的工厂检验结果。

部分项目认证，即商检认可标准规定的部分检验项目的工厂检验结果。

第三章　对工厂的管理

第五条　根据国家商检局《出口纺织品质量监督管理办法》的有关规定，对出口丝类商品生产厂实行质量许可制度，会同主管部门共同确定我省出口丝类商品生产厂。商检局只接受获得质量许可证的生产企业报验。

第六条　质量许可证有效期五年，获证单位在期满前半年内向商检局申请转换，经商检局复查合格后办理接转手续。

第七条　在质量许可证有效期内，对不重视产品质量造成质量事故的生产企业，商检局视情节予以通报批评，直至吊销质量许可证。

第四章　对厂检的管理

第八条　商检局对出口丝类生产厂的厂检工作和厂检人员的检验工作实施监督管理。

第九条　商检局根据工厂生产与检验情况采取多种方式进行抽查和校对目光。

第十条　出口丝类生产厂的检验工作人员，由商检局考核或考试并取得商检认可检验员证，方能执行出厂检验任务。

第十一条　生产企业领导应支持认可检验员的工作，保证认可检验员相对稳定，并切实保证他们相对独立地行使检验把关的职权。认可检验人员岗位变动前须书面报告商检局，并推荐新的人选，取得商检局同意方可变动。

第十二条　认可检验员应具备的条件

1.从事检验工作二年以上，能严格执行检验标准，有熟练的检验技术，熟悉生产工艺和管理，并能对产品质量做出准确的评价和分析。

2.工作积极，作风正派，责任心强，坚持原则，办事公正，并有一定权威性。

第十三条　商检认可"检验员证"申领手续：

首先由生产厂推荐填报申请表，商检局采取口试、笔试、技术操作测定及评议相结合的办法予以确认。不合格者三个月后进行复试，复试不合格者，生产厂应根据商检局的意见另行推荐。

第十四条　凡获得商检局认可检验员证的厂检人员行使以下职权：

1.负责产品出厂前的检验工作，把好出厂质量关。独立行使职权，决定产品解交与否，严格做到不合格产品不出厂。

2.有权监督检查生产及其他辅助检验人员的工作。对产品质量、重(数)量和包装进行检查，发现问题及时向主管领导汇报，分析原因督促改进。

3.负责好厂检工作记录，定期分析及时汇报，对较大的质量问题及对厂、局检验的主要差异点应分析原因，随时向商检局报告。

4.对商检局发出的信息和意见，应及时处理，并将结果及时报商检局。不定期向商检局汇报产品质量方面的有关情况。

5.认可检验员必须定期到商检局校对目光，每季不少于一次。

第十五条　商检局对工作表现突出的检验员予以表彰或奖励。凡有以下情节者，商检局予以通报批评或吊销检验员证外，还将视情节轻重，依照《商检法》的规定做出处罚。

1.不按标准规定进行抽样检验，检验结果严重失实，造成连续性产品质量降级或者连续性成档次品出厂者。

2.不坚持原则或隐瞒产品质量问题造成严重影响和损失者。

3.擅自涂改检验结果,谎报等级以及有营私舞弊、弄虚作假行为者。

第十六条　检验员证只限在本厂内和全省校对目光时使用,须妥善保管。如有遗失,应立即报告发证机关。调离检验工作岗位时,应交还发证机关。

第十七条　产品出厂时厂方应提供盖有工厂公章并经检验员签字的该批产品的厂检结果单。

认证厂应提供由认可检验员签名的全套检验工作单。

第五章　对认证厂的考核

第十八条　商检局对认证厂产品进行抽查。

1.按报验批数抽查,抽查比例:全项目5%,主要项目15%(外观与重量不少于5%),辅助检验项目视质量情况而定,必要时随时调整抽查比例。

2.抽查办法:采取不定期、不定位、不定点的方式。

第十九条　对认证厂主要考核下列项目:

1.商检抽查等级与厂检等级符合率,生丝、捻线丝、双宫丝不低于80%,绢丝不低于99%。

2.全年丝批差错率不超过3‰。

3.严格执行《商检法》、标准及有关规定。如实反映情况,作好年度工作总结。

第二十条　凡发生以下情况者,取消检验认证。

1.等级符合率连续半年达不到80%,且只降不升,查明确属厂检责任而尚未改进者。

2.差错率高于5‰,或有较大差错事故者。

3.违反《商检法》及有关规定性质严重者。

4.执行标准不严,发生较大质量事故,国外客户提出索赔或强烈反映,查明确属厂方责任而未改进者。

第二十一条　抽验丝批统一按商检结果出证,校对丝批原则上仍以厂检结果出证。

第二十二条　抽验丝批等级符合率统计办法:

1.局抽验与厂验同级为符合。

2.等级符合率统计公式:

等级符合率%=(同级批+波动范围内丝批)/抽查批数之和×100%

3.生丝局抽验与厂验相差一个等级,而净度分数相差0.8份及以内,清洁在0.4分以内,纤度偏差在0.05旦及以内,纤度总差在0.25旦及以内算符合,但超出上述波动范围作不符合。

第二十三条　本办法自一九九一年十一月十五日起执行。

浙江省人民政府办公厅转发省商检局等四单位关于加强进口商品质量监管工作意见的通知

浙政办发〔1993〕160号,1993年8月28日

各市、县人民政府,各地区行政公署,省政府直属各单位:

随着我国社会主义市场经济体制的逐步建立和外向型经济的进一步发展,我省的引进工作大量增加。为了切实加强对进口商品质量的监督管理,促进我省经济的发展,现将省商检局、省经贸委、省计经委、杭州海关《关于加强进口商品质量监管工作的意见》转发给你们,请认真贯彻执行。

关于加强进口商品质量监管工作的意见

省人民政府:

近几年来,随着我省改革开放的逐步深入,外向型经济的不断发展,利用外资迅速增加,进口需求日益增长。在引进工作中,全省各有关部门和进口单位,依法监管,严格把关,维护了国家利益。但是,进口商品质量还不尽如人意。商品数量短缺,以旧顶新,以次充好,质次价高,假冒诈骗等问题时有发生。商品批次不合格率始终在10%～15%之间徘徊,不合格金额每年平均达2亿多元。虽经商检部门检验出证由有关部门对外索赔,但往往十赔九不足。另一方面,体制不太顺畅,法规不够配套,进口商品质量监管工作的一些把关措施没有落实,如对重要进口商品和大型成套设备的国外预检验、监造或监装,"三资"企业外商作价投资设备的价值评估鉴定,尚未形成规范;合同签订,进口货物到口岸后的流向,不合格进口商品的对外索赔,缺少必要的监督机制;有些单位法制观念不强,质量监管意识淡薄,未经商检擅自销售、使用等违法现象屡有发生,给国家和企业造成了不应有的损失。

随着我国社会主义市场经济体制的逐步建立和外向型经济的进一步发展,我省的引进工作将会有更大幅度的增加。为了适应新的形势,切实加强进口商品质量监督管理,促进我省经济既快又好地发展,我们根据省政府的指示精神,现就加强进口商品质量监管工作提出以下意见:

一、深入宣传、贯彻有关进口商品质量监管的法规,增强法制观念。《中华人民共和国商品检验法》《中华人民共和国海关法》《中华人民共和国外资企业法》等国家法律,对进口商品质量监管都有明确规定。国务院发布的《中华人民共和国商品检验法实施条例》,对进口商品质量监管作了更为具体的规定。这些法规,是进口商品质量监管工作的根本依据,各单位、各部门必须坚决贯彻执行,涉外经济管理部门要切实加强宣传,新闻单位要积极配合;进口商品的单位和部门,特别是业务人员必须学习、了解,严格依法办理商品进口手续;商检、海关等部门要严格执法监督,对违反有关法规,特别是造成严重后果的,要依法处理。

二、进一步完善进口商品质量监管措施,逐步建立进口商品质量保证体系。

(一)切实加强对引进项目(包括"三资"企业外商作价投资有形财产)的审核把关工作。

引进项目的单位必须掌握外商的资信情况和商品质量情况，并进行可行性分析和论证。主管部门应加强审核，对未能提供分析报告和缺乏质量保证内容的项目报告不予审批。

（二）重视合同签订工作。合同是确定贸易双方义务和权利的法规性文件。因此，各外贸经营单位和合资中方必须重视合同的签订。有关合同必须订明质量保证、检验和索赔等条款，并及时向商检部门提供合同副本和有关资料，尽可能避免由于合同条款不完善带来的贸易风险。

（三）积极开展对重要进口商品（含重要进口原材料和大型设备）装运前的检验和监造、监装工作。合同、信用证要订明此条款，收用货主管部门和经贸、商检等有关部门要密切配合，加强监督管理工作，把质量问题及时发现和解决在国外，以提高用汇效益。

（四）加强到货检验和质量监管工作。外运、进口部门和收用货单位、商检部门要加强配合，外运单位应及时向收用货单位和商检部门提供进口商品到货通知书，以便商检部门按有关规定及时实施或组织实施检验；非法定检验的进口商品的收用货单位应严格到货验收工作，发现质量问题应及时向商检部门报验，经商检部门检验质量不合格的，进口单位和收用货单位应依据商检证书积极对外索赔，并向相关部门通报索赔情况，要严格索赔责任制，努力提高索赔成效。

（五）加强对外商投资企业引进设备的鉴定管理工作，开展价值评估和质量鉴定。各有关部门和单位要积极配合、支持商检部门做好这项工作，以维护有关各方的合法权益。

（六）加强对流通领域进口商品的质量监督工作。由商检、工商等部门依法组织对《种类表》外的进口商品，尤其是对未经验收即进入市场的进口商品，以及通过边贸进口的商品实施抽查检验，维护消费者的合法权益。

为进一步规范进口商品的质量监管工作，省有关部门要尽快制订进口商品装运前检验管理、外商投资财产鉴定管理、市场进口商品抽查检验管理办法，下发各地执行。

三、涉外经济管理部门要转换职能，优化服务。各涉外经济管理部门要把进口商品质量监管作为加强宏观管理的重要内容之一。根据需要逐步在重点港口和经济技术开发区、保税区等设立进口商品质量监管工作机构，并采取灵活的方式方法，方便进口。要推广和实行“一站式”“一条龙”的管理方式，减少层次，简化手续，提高办事效率。要建立和完善包括海关、商检、银行在内的涉外经济服务体系，开展政策法规咨询，引进项目合同签订前的可行性分析、信息交流，业务知识培训等服务活动。

为加强协调配合工作，省建立进口商品质量监管联络工作例会制度，例会每半年举行一次，由省计经委牵头，各有关部门参加。各市（地）也可建立类似的制度。

四、各级政府要加强对进口商品质量监管工作的领导，协调各有关部门共同把好质量关。各级政府首先要统一思想，明确加强进口商品质量监管与加快改革开放是一致的。要抓住时机，大力搞好引进工作，使建设速度尽可能快一点。同时，要防止违反客观规律的所谓“快”，只求引进数量，忽视质量的倾向。其次要支持涉外经济管理部门的工作，给他们创造良好的依法监管的外部环境，协调好各部门之间的工作，并加强督促检查。

以上意见如无不当，请转发各地各部门执行。

浙江进出口商品检验局

浙江省对外经济贸易委员会
浙江省计划经济委员会
杭州海关

浙江省出口商品检验分等管理办法

浙检办〔1993〕383号，1993年12月20日

第一条　为了调动出口生产企业质量管理的积极性，充分发挥社会检验力量的作用，鼓励出口生产企业提高参与市场竞争的能力，确保我省出口商品的总体质量水平，促进对外贸易的顺利发展，特制定本办法。

第二条　出口商品检验分等管理分为三种管理等级：商品质量稳定和质量保证体系健全的列为一等检验管理；商品质量较为稳定和质量保证体系比较健全的列为二等检验管理；商品质量欠稳定和质量保证体系不够健全的列为三等检验管理。

第三条　凡本省范围内列入《商检机构实施检验的进出口商品种类表》和其他法律、行政法规规定必须经商检机构检验的出口商品均适用本办法。但属下列情况之一者，商检机构必须实施批批检验：

（一）依据商检机构的检验结果进行计价的商品；

（二）合同、信用证订明要求出具商检证书的商品；

（三）法律、行政法规或规章规定必须由商检机构批批检验的商品；

（四）外商要求或委托检验、鉴定的商品。

第四条　列入检验分等管理的商品，其生产企业必备条件：

（一）一等检验管理：

1. 出口商品生产形成较大规模，年出口创汇在300万美元以上，且出口商品生产量占企业年生产总量的60%以上；

2. 出口商品商检批次合格率达到一等检验管理的要求；

3. 商品质量信誉良好，近年来国外市场无不良质量反映；

4. 出口商品检验设施齐全，具有检测全项目的试验条件；

5. 质量、生产、技术等管理制度健全，运行正常；

6. 配有能正常行使质量管理职权的商检认可检验员2名以上。

（二）二等检验管理：

1. 出口商品生产已有一定规模，且出口商品生产量占企业年生产总量的30%以上；

2. 近年来出口商品商检批次合格率达到二等检验管理的要求；

3. 商品质量信誉较好，近年来国内外市场无较大不良质量反映；

4. 出口商品主要检测手段基本完备；

5. 质量、生产、技术等管理制度运行正常；

6. 配有能正常行使质量管理职权的商检认可检验员1～2名。

第五条　各类商品分等的商检批次合格率和考核标准由省商检局有关检验处负责制订，

并报省局办公室核准后实施;国家商检局已有规定的,按国家商检局的规定执行。

第六条　同一生产企业的不同种类出口商品,商检机构根据生产条件和商品质量的差异,可采取不同的检验等级管理。

第七条　凡实施检验分等管理的出口商品,须经生产企业申请,商检机构考核、审批(备案)、公布等以下程序方可纳入相应的等级管理:

(一)要求实施出口商品分等管理的生产企业(三等管理的除外),应向管辖地商检机构或省局有关检验处提出申请,填报《出口商品检验分等管理申报表》(以下简称《申报表》)一式三份。

(二)对申请实施分等管理的出口商品生产企业条件考核,由各地区商检局或省局有关检验处负责组织进行。各局、处在接受企业的申请和填报的《申报表》后,应严格按本办法及相关等级标准要求进行考核。

(三)列入一等检验管理的出口商品,由各地区商检局、省局各检验处考核审定,报省局办公室批准后实施。列入二等检验管理的出口商品,由各地区商检局、省局各检验处考核审定后实施,并报省局办公室备案。

(四)从接受企业申报至批准,应在60天内办理完毕。

(五)对列入检验分等管理的商品及其生产企业可根据情况在报刊上公布。

第八条　列入分等管理的商品,商检机构凭生产企业的商检认可检验原始记录或商检认证实验室出具的检验结果查验换证或审核放行,但仍然要保持一定比例的抽验:

一等检验管理商品年批次抽验率为10%~20%;二等检验管理商品年批次抽验率为40%~50%;三等检验管理商品年批次抽验率为70%以上。

第九条　商检机构视列入分等管理商品质量状况及其生产企业的有关情况变化进行等别转换。

(一)升级

原为二等检验管理的商品,达到一等检验管理条件的,经申请、审定、批准后转换为一等检验管理。原为三等检验管理的商品,达到二等检验管理条件的,经申请、审定后转换为二等检验管理。升级转换时间以年度计定。

(二)降级

列入一等检验管理的商品,商检年抽验批次合格率达不到规定要求的,报经省局办公室批准,降为二等检验管理。列入二等检验管理的商品,商检年抽验批次合格率达不到规定要求的,由各地区商检局、省局各检验处审定后,降为三等检验管理。

(三)实施一、二等检验管理的商品,在有效期内发生重大质量问题或商检抽验连续不合格批次超过三批,应随时报批,予以降等。同时,商检机构应视实际情况,扩大商检抽验率或加深检验程度,确保出口商品质量。

第十条　实施分等管理的出口商品,原则上从三等检验管理开始,然后根据生产企业条件和商品质量情况,逐级提高管理等级。

第十一条　批准列入检验分等管理的出口商品,其有效期为两年。有效期截止日前六十天，应办理维持或转换手续。

第十二条　各地区商检局、省局有关检验处对列入分等管理的出口商品及其生产企业要加强后续管理，可采用对出口生产企业质保体系运转、商品质量情况实行定期监督和不定期抽查的办法，促进出口生产企业的商品质量及质量保证体系水平有稳定提高。

第十三条　要加强对实行分等管理的生产企业认可检验员的管理工作。认可检验员应严格按商检机构的规定去开展检验工作。必要时，在上岗前要接受商检机构的培训，以确保胜任这项工作。商检机构要采用定期考核和不定期抽查的办法对认可检验员的工作质量进行监督。

第十四条　已获一等检验管理资格两年以上且质量优良的出口商品，可以申报出口免验商品。

第十五条　实施检验分等管理的生产企业，每个季度应向商检机构提交“出口商品质量报告（表）”，年终须向商检机构提交“出口商品质量分析报告”，以配合商检机构对出口商品质量进行综合管理。

第十六条　各地区商检局、省局有关检验处室须在每年第一季度末向省局办公室填报上年“商检机构分等管理年度业务统计表”，并提出本年度分等管理计划。

第十七条　省局办公室要对各地区局、省局各检验处的分等管理工作进行监督检查。

第十八条　分等管理工作每年进行一次总结评比。对于认真把关、成绩显著的生产企业和认可检验员要给予表扬和奖励；对于违反《商检法》及有关规定的各种行为，将按有关规定给予处罚或取消分等管理资格。

第十九条　本办法自发布之日起执行，原《浙江商检局出口商品检验分等管理办法》同时废止。

中华人民共和国浙江进出口商品检验局

浙江省流通领域进口商品质量监督管理办法（试行）

浙检办联〔1994〕203号，1994年7月27日

第一条　为建立正常的市场进入、市场竞争和市场交易秩序，维护经营者和消费者的合法权益，坚决依法惩处销售假冒伪劣进口商品，根据《中华人民共和国消费者权益保护法》和《中华人民共和国进出口商品检验法》等法律、法规，结合我省实际，制定本法。

第二条　浙江省工商行政管理局、浙江商检局、浙江省消费者协会负责全省流通领域进口商品质量监督管理和检验、鉴定工作，并在浙江商检局设立日常工作办公室。各市、地工商行政管理局、商检局、消费者协会负责本地区流通领域的进口商品质量监督管理和检验、鉴定工作。

第三条　本办法原则上适用于在浙江省范围内，为消费者提供生产、销售的进口商品。

第四条　浙江省工商行政管理局、浙江商检局、浙江省消费者协会根据《商检机构实施检验的进出口商品种类表》和消费市场情况，制定并公布《浙江省流通领域抽查检验鉴定进口商品目录》（以下简称《目录》）。

确定抽查检验、鉴定进口商品的原则：

（一）涉及安全、卫生的进口商品；

（二）质量不稳定，经常发生消费者投诉的进口商品；

（三）数额较大、价值昂贵的进口商品；

（四）其他为保证质量需要抽查检验的进口商品。

第五条　浙江商检局及其所辖商检机构是实施检验鉴定的具体机构，法律、行政法规规定必须报经商检机构检验的进口商品，由商检机构负责检验。法律、行政法规规定由其他检验机构检验的进口商品，按照有关法律、行政法规的规定办理。

第六条　凡列入《目录》的进口商品，经营者必须向浙江商检机构申请检验、鉴定、核查。申请检验、鉴定、核查程序：

（一）向商检机构领取并填写《浙江省流通领域进口商品检验鉴定申请单》；

（二）提供进口商品的进货发票、购销合同、进口合同、品质书、商品说明书复印件和外省商检机构有关证单等资料；

（三）商检机构依据有关检验标准和方法进行检验、鉴定，并签发《浙江省流通领域进口商品检验鉴定结果单》。

第七条　各级工商行政管理局、商检局和消费者协会组织并实施对《目录》内进口商品的质量监督管理。经营者必须持《浙江省流通领域进口商品检验鉴定结果单》或报经浙江商检机构核查盖章确认有效的外省商检机构检验鉴定证书接受检查。

第八条　经检验鉴定合格的进口商品，经营者可以向浙江商检机构申请加施进口商品检验标志。

第九条　经营者向消费者提供进口商品，应当保证商品质量，商品包装、标识符合国家规定，不得损害消费者的合法权益，自觉依照《消费者权益保护法》和其他有关法律、法规的规定履行义务。

第十条　进口商品的经营者应当自觉接受各级工商、商检等部门的监督管理和各级消费者协会的社会监督，做好保护消费者权益的工作。

第十一条　违反本办法规定，属于违反商检法规的行为，由商检部门依据《中华人民共和国进出口商品检验法》的有关规定查处；构成销售假冒伪劣商品的，或其他不正当竞争的行为，由工商行政管理部门依据《商标法》《反不正当竞争法》《消费者权益保护法》《产品质量法》和《浙江省查处生产和经销假冒伪劣商品行为条例》等法律、法规的规定进行查处；经营者销售走私商品的，由有关部门依法查处；构成犯罪的，依法追究刑事责任。经营者销售进口商品，损害消费者合法权益的，按照《消费者权益保护法》的规定承担民事责任。

第十二条　检验鉴定费按国家有关规定收取。

第十三条　本办法自公布之日起试行。

浙江省工商行政管理局

浙江进出口商品检验局

浙江省消费者协会

浙江省外商投资财产鉴定管理办法

省政府令第52号,1994年10月9日

第一条　为了加强外商投资财产的鉴定工作,维护中外投资者的合法权益,根据《中华人民共和国进出口商品检验法》及国家其他有关法律、法规的规定,结合本省实际,制定本办法。

第二条　凡在本省行政区域内外商作价出资或者委托外商从境外购进的有形财产的鉴定,均适用本办法。

第三条　中华人民共和国浙江进出口商品检验局负责管理全省的外商投资财产鉴定工作,设在本省市(地)的进出口商品检验局负责管理所在地区的外商投资财产鉴定工作。省财政主管部门负责全省的外商投资财产验资及有关的财务工作;市(地)、县(市、区)财政主管部门负责本辖区内的外商投资财产验资及有关的财务工作。经县级以上财政主管部门批准成立的会计师事务所,负责办理外商投资财产的验资工作。

第四条　境外投资者在本省举办合资企业、合作企业、独资企业的,其作价出资或者受委托从境外购进有形财产的,应当在合同、协议中订明由商检机构进行质量检验和价值鉴定的条款(独资企业的申请报告中也应列上此项内容)。没有此项条款或内容的,审批部门不予批准。

第五条　委托外商从境外购进有形财产的,委托人在签订委托代购合同前,应就需要购进的有形财产的质量检验和价值鉴定条款向商检机构等有关部门进行咨询。

第六条　商检机构应对外商投资财产进行下列鉴定:

(一)对有形财产的现有价值进行鉴定;

(二)对有形财产中机器设备的品名、质量、数量、型号、规格、商标、新旧程度以及制造日期、国别或地区、制造厂家等进行鉴定;

(三)对因自然灾害、意外事故等引起的有形财产的损失情况进行鉴定;

(四)与外商投资财产有关的其他鉴定。

第七条　申请有形财产价值鉴定或损失鉴定的,申请人应提供与财产的价值或与损失有关的情况、报告、单证、清单、账册及其他必要的资料;申请品种、质量、数量等方面鉴定的,申请人应提供与机器设备等有关的清单、单证等资料。

第八条　申请有形财产损失鉴定的,申请人应保持受损财产现状,对易扩大损失的财产,应及时采取合理的施救措施。

第九条　外商投资财产鉴定按下列程序进行:

(一)作价出资的有形财产到货后,收货人应在到货之日起三十日内持进口货物到货通知单、企业合同、作价出资清单、企业批准证书以及其他必要的单证,向当地商检机构申请外商投资财产鉴定;委托外商从境外购买的有形财产到货后,收货人应在到货之日起三十日内持进口货物到货通知单、购货合同以及其他必要的单证,向当地商检机构申请有形财产鉴定。

(二)商检机构接到鉴定申请后,应按照国家规定的方法及有关标准,并参照当时国际市场上同类商品的价格,对外商作价出资或者委托外商从境外购进的有形财产进行鉴定。商检机构应在申请人提供的各项单证、资料齐全之日起三十日内作出鉴定结论；对需要结合安装调试进行鉴定的，应在安装调试结束后十五日内作出鉴定结论。对需要向外索赔的，商检机构应出具索赔证书。

第十条　商检机构的价值鉴定结论与外商报价或者与委托代购合同不一致的，以商检机构的鉴定结论为准。

第十一条　申请人对商检机构的鉴定结论有异议的，可以依据《中华人民共和国进出口商品检验法实施条例》第四十九条的规定申请重新鉴定。

第十二条　商检机构鉴定人员应遵循实事求是、独立鉴定、公正合理的原则进行鉴定。

第十三条　会计师事务所须凭商检机构出具的价值鉴定证书办理外商投资财产的验资工作。

外商投资企业引进的有形财产未取得商检机构出具的价值鉴定证书的，会计师事务所不得进行验资。

第十四条　申请人应配合商检机构鉴定人员工作，并提供必要的工作条件。

第十五条　商检机构对鉴定结论以及申请人提供的有关资料、情况负责保密，未经申请人同意，不得向第三方提供。法律、法规另有规定的除外。

第十六条　商检机构可以接受银行、保险等有关部门的委托，对外商出资的或者委托外商从境外购进的有形财产或者与该财产有关的事项进行鉴定。

第十七条　外商投资企业使用未报经鉴定的有形财产的，除补办鉴定手续外，由商检机构对企业给予通报批评，也可以处以该有形财产总值的百分之一至百分之五的罚款。

第十八条　申请人隐瞒真实情况或者伪造有关资料骗取鉴定证书的，由商检机构对申请人给予通报批评，也可以处以该有形财产总值的百分之五至百分之二十的罚款。

第十九条　会计师事务所、注册会计师违反本办法第十三条规定的，由财政部门按照国家有关规定处理。

第二十条　当事人对商检机构作出的处罚决定不服的，可以自收到处罚通知之日起三十天内，向作出处罚决定的商检机构或者其上级商检机构申请复议。当事人对复议决定不服的，可以自收到复议决定书之日起三十天内，向人民法院提起诉讼。

当事人逾期不申请复议或者收到复议决定书后逾期不提起诉讼，又不履行处罚决定的，由作出处罚决定的商检机构申请人民法院强制执行。

第二十一条　商检机构鉴定人员因玩忽职守、徇私舞弊或者弄虚作假造成鉴定失实的，由其所在单位或者上级机构给予行政处分；情节严重，构成犯罪的，由司法机关依法追究刑事责任。

第二十二条　本办法执行中的具体问题由浙江省人民政府法制局负责解释。

第二十三条　本办法自发布之日起施行。

浙江省人民政府

浙江省出境植物检疫工作规范(试行)

浙检植〔2000〕86号,2000年3月9日

第一条　为做好浙江省出境植物、植物产品和其他检疫物(以下称出境检疫物)的检疫工作,根据《中华人民共和国进出境动植物检疫法》第三条、《中华人民共和国进出境动植物检疫法实施条例》第三条的规定,制定本规范。

第二条　《出入境检验检疫机构实施检验检疫的进出境商品目录》Q项下所列检疫物、进口国家或地区有植物检疫要求的出境检疫物、货主申报要求出具植物检疫证书的出境检疫物,出境前应实施植物检疫。

第三条　出境检疫物检疫实施产地检疫,口岸通关制度。

第四条　出境检疫物的检疫依据:

1. 输往与我国有政府间双边植物检疫协定或合作谅解备忘录的国家,按照协定或备忘录的有关条款实施检疫。

2. 贸易合同、信用证有明确检疫条款的,按条款要求作针对性检疫,并要符合输入国家或地区的有关检疫规定。

3. 合同或信用证未订明具体检疫条款的,可参照输入国家或地区禁止进境的植物危险性病、虫、杂草名单和禁止进境物名单以及有关规定实施检疫。

4. 中国规定的有关植物检疫要求。国外货主开出的信用证,如检疫要求与合同、双边植物检疫协定或进口国家或地区的检疫规定不符时,由有关出入境检验检疫机关确定能否接受或提出修改意见,并通知货主或其代理人。输往我国台、港、澳地区的出境检疫物的检疫工作,按国家局有关规定办理。

第五条　浙江出入境检验检疫局及各直属检验检疫局对所辖区域生产、加工、存放出境检疫物单位实行注册登记制度。

第六条　浙江省对出境检疫物试行分类管理制度。

需出具植物检疫证书(格式5-1)、熏蒸/消毒证书(格式7-1)的出境检疫物,必须批批自检。一次自检分批出证或分批核销出证的,可视作批批自检。

前款所列出境检疫物有关操作规程规定可实行预检的,执行有关操作规程的规定。仅需出具换证凭单的竹木藤柳草及其制品、盐渍蔬菜、速冻蔬菜等出境检疫物,生产企业符合预检条件的,实行预检。不符合预检条件的,自检批次规定为10%～20%。其他出境检疫物自检批次为15%～30%。未自检的出境检疫物凭出口企业协检员签署的厂检结果合格单。经检验检疫人员签字认可后验放。

粮谷类出境检疫物,无论是出具植物检疫证书、熏蒸/消毒证书或换证凭单,必须批批自检。国家出入境检验检疫局对出境检疫物分类管理另有规定的,按国家局规定办理。

第七条　出境检疫物的现场和室内检疫,按国家出入境检验检疫局(含原国家动植物检疫局)制定的有关出境检疫操作规程执行。

尚无出境检疫操作规程的出境检疫物,参照1974年原农林部印发的《对外植物检疫操作

规程》执行。

第八条　浙江省内从事出入境检疫物熏蒸等除害处理的单位需经浙江出入境检验检疫局考核认可。其熏蒸等除害处理行为必须接受出入境检验检疫机关的监督管理。

第九条　单证填制及检疫结果评定：在现有检务运行机制下执行本条的规定。国家出入境检验检疫局检务运行机制另有变动时，本条作相应更改。

1. 检疫依据(换证凭单和原始记录的填制)第四条第一项的，填“政府间双边协定(备忘录)”；第四条第二项的，填“合同(信用证)、输入国检疫法规”；第四条第三项的，填“输入国检疫法规”；第四条第四项的，填“中国检疫法规”。

2. 检疫有效期出入境检验检疫机关在植物检疫证书上签署的检疫日期至出境检疫物出境的日期，即检疫有效期。植物、植物产品为21天。

出具换证凭单的仅Q项下的出境检疫物，除粮谷类、水果类外的同时具有Q、S(或N)项下的出境检疫物，检疫有效期与前款规定相同。

出具换证凭单的粮谷类、水果类检疫有效期比照原进出境商检机关的有关规定执行。超过检疫有效期的出境检疫物，需出入境检验检疫机关重新报检。

3. 原始记录单及厂检单　浙江出入境检验检疫局及各直属出入境检验检疫局植物、植物产品的检验检疫，采用统一的原始记录单。原始记录单的填写必须真实、准确、完整。厂检单格式不作统一要求，但必须包括出入境检验检疫机关规定的所有要素。

4. 检疫结果评定　经检疫合格或经除害处理合格的出境检疫物，由出入境检验检疫机关出具换证凭单的，结果评定用语为：“经检疫，不带有检疫性有害生物，并且基本不带有其他有害生物，符合输入国现行的植物检疫要求。”

签发熏蒸/消毒证书的，熏蒸或热处理结果评定按输入国有关要求填写。整批出境检疫物一般活害虫超过下列标准时，视作检疫不合格，需作除害处理。除害处理合格的，准予出境；不合格的，不准出境。

(一)种苗、盆景、花卉等植物的全株或其部分，平均每株超过1头的；

(二)种子、果实及其他繁殖材料，平均每公斤样品超过1头或螨类超过20头；

(三)粮谷、豆类、棉、麻、油籽、植物性调料等植物产品，平均每公斤样品超过2头，或螨类超过20头，或外包装有虫超过5头的；

(四)饲料类平均每公斤超过5头或螨类超过30头，或外包装平均每件超过5头的；

(五)水果、蔬菜、药材、干果、干菜、烟草、制糖原料等植物产品，平均每公斤样品超过2头，或螨类超过30头的；

(六)木材、竹等有虫根数超过10%，或每根超过5头；藤、柳、草及竹、木、藤、柳、草制品，平均每公斤(件)样品超过2头，或螨类超过40头的。

第十条　本规范未尽的出境检疫物其他监督管理事项，按国家出入境检验检疫局有关规定执行。

第十一条　本规范由浙江出入境检验检疫局负责解释。

第十二条　本规范自发布之日起在浙江省实施。

浙江出入境检验检疫系统传染病疫情报告制度

浙检卫〔2000〕210 号，2000 年 7 月 12 日

第一条 为加强出入境人员传染病的监控和管理，防止传染病的传入和传出，建立和完善疫情的管理体系，根据《中华人民共和国国境卫生检疫法》及其实施细则、《中华人民共和国传染病防治法》的规定，特制定《浙江出入境检验检疫系统传染病疫情报告制度》。

第二条 各直属检验检疫局、本局杭州机场办事处、国际旅行卫生保健中心凡在口岸出入境检疫查验、传染病监测、口岸服务行业从业人员体检、出入境人员健康检查等工作中发现传染病病人、病原携带者或者疑似传染病病人时，必须按规定及时上报。传染病疫情的收集、管理由各局卫生检疫处负责。

第三条 疫情报告时限：

（一）鼠疫、霍乱、黄热病、艾滋病、肺炭疽等传染病，应于发现之时起 6 小时内上报。

（二）疟疾、流感、登革热、斑疹伤寒、回归热、脊髓灰质炎及禁止外国人入境的其他传染病，应于 12 小时内上报。

（三）其他传染病，按月上报（于次月 5 日前）。

第四条 报告程序：

（一）第三条（一）、（二）、（三）项所列传染病，除按规定时限报省局卫生检疫处外，需同时向当地卫生行政部门通报，由省局按有关规定上报国家检验检疫局。

（二）第三条（一）、（二）所列传染病必须按疫情处理规定实施处理，处理结束后，还须上报处理结果。

（三）向当地卫生行政部门通报时，根据《中华人民共和国传染病防治法》有关规定执行。

第五条 报告方式：

（一）以当地卫生行政部门的《传染病报告卡》的形式上报。

（二）第三条（一）、（二）项所列传染病，除填报《传染病报告卡》外，必须随报《传染病个案调查表》。

第六条 任何单位、个人不得隐瞒、谎报或者授意他人隐瞒、谎报传染病疫情。

第七条 省局卫生检疫处按月收集、整理、上报全省及国内外疫情，并及时向各直属局和本局有关单位通报。

第八条 各直属局、机场办事处、国际旅行卫生保健中心在传递疫情时应遵守国家有关保密规定，不得泄密。

浙江出入境检验检疫局出境货物电子转单实施细则（试行）

浙检检〔2000〕320 号，2000 年 11 月 6 日

第一条 为使出境货物电子转单工作顺利开展，根据国家局《出入境检验检疫电子转单管理办法（试行）》，结合本局的实际情况制定本细则。

第二条 检务部门负责电子转单的咨询和受理工作。负责做好向企业的宣传工作，力求

使电子转单普及化和发挥快速、简便的特点。

第三条　凡提供对外贸易合同、信用证、出口发票、装箱单等必要单证，同时又符合直接报检出口条件的，均可办理电子转单。

第四条　以下6种情况暂不能办理电子转单，即：

1. 预检商品；

2. 出境口岸不明确的；

3. 要到出境口岸并批出口的；

4. 要分批出口的；

5. 需在口岸实施检验检疫和出证的；

6. 其他不适合电子转单的情况。

第五条　检务人员在受理报检时，要先进行审单，对符合电子转单条件的单证，在输机后，要对输完后的数据进行复核，确认无误后再保存。同时在输机时，货物名称栏应输实际货物名称，包装种类/件数栏中如输“其他”的，要在特别申明栏中注明实际包装种类。输机完毕编号后要在报检单右上方加盖“电子转单”标识章。

第六条　施检部门收到盖有“电子转单”标识章的单证，按原有的工作流程完成工作后，不必再打印“换证凭单”，只在报检单右上方的“电子转单”标识章内签上授权签字人的姓名和日期。电子转单有关货物数据、标记及号码、有效日期的内容以施检结果登记为准，结果登记务必准确、及时、完整。如发现检务部门输机或报检人提供的单证有误应及时通知检务受理报检人员或报检人更正。上述工作完毕，应及时将报检单证送检务部门。

第七条　检务部门收到施检部门授权签字人在“电子转单”标识章签字的报检单后，应及时完成计费和收费工作并根据电子转单程序的要求进行电子转单作业。在转单时，要对计算机中显示的“出境货物通关单”的内容与报检单内容进行核对，如发现两者不符，应根据差错发生原因，通知有关人员更正。同时打印换证凭条并经确认无误后发给报检人，受理报检人应对电子转单号和密码保密。

第八条　电子转单信息发出后，口岸局尚未受理前，如报检人要求更改，检务人员先要撤销发出的电子转单信息，收回换证凭条。按规定办理更改手续后，可重新进行电子转单。对口岸局已经受理的电子转单，报检人要求更改的，检务人员要与受理电子转单的口岸局联系，确认后才决定是否给予更改及重发电子转单信息。各有关单位应加强与口岸局受理电子转单部门的联系，接到口岸局的问询电话应认真、热情、及时答复。

第九条　省局法综处计算机中心是电子转单工作的技术保障部门，各单位在发生如电子转单通讯等方面的技术问题时应主动与计算机中心联系。一旦发生故障又不能及时排除的，要立即出具换证凭单，并向报检人解释原因，不能耽误货物的出运。

第十条　出境货物电子转单业务根据国家局部署逐步开展，检务部门负责公布实施电子转单业务的口岸局名单。

第十一条　本细则自下发之日起实施。

宁波出入境检验检疫局进口废物原料检验检疫管理办法

甬检通〔2004〕376号

第一章　总　则

第一条　为规范进口废物原料的检验检疫监管工作，确保检验检疫工作质量，根据《中华人民共和国进出口商品检验法》及其《实施条例》、《中华人民共和国国境卫生检疫法》及其《实施细则》、《中华人民共和国进出境动植物检疫法》及其《实施条例》和国家有关进口废物原料检验检疫法律法规、国家有关进口废物原料环境保护控制标准、进口废物原料检验检疫行业标准，结合宁波口岸实际，制定本办法。

第二条　本办法适用于从宁波口岸入境的国家限制进口的可作原料用废物检验检疫工作全过程。国家限制进口的可作原料用废物（以下简称进口废物原料）是指骨废料、冶炼渣、木或木制品废料、废纸或纸板、纺织品废物、废钢铁、废有色金属、废电机、废电线电缆、废五金电器、废塑料和特殊需进口的废物原料等。供拆卸的船舶及其他浮动结构体的检验检疫和监管工作由局卫检处负责具体实施。

第三条　进口废物原料检验检疫项目包括卫生检疫、动植物检疫、环保项目检验、品质和数/重量检验等。

第四条　宁波局口岸通关处归口管理宁波口岸的进口废物原料检验检疫和监管工作。

第五条　各地检验检疫局、各办事处负责所辖业务范围内的进口废物原料的检验检疫、监管及相关职能。

第二章　检验检疫场地条件和要求

第六条　进口废物原料的查验场地必须取得检验检疫机构颁发的《中华人民共和国国境口岸储存场地卫生许可证》和具备进境木质包装查验条件，并向检验检疫机构办理开展业务必要的登记手续。

第七条　查验场地应具备完整的规章制度、操作规程等，且运行有效。

第八条　具有远程监控系统和计算机管理系统，并能提供有关集装箱货物、散装货物的物流信息和货物的拆/装动态。

第九条　储存及查验区域的地面必须是坚固、平整的水泥地面，并设有独立、封闭、安全的检验检疫隔离区。

第十条　配备能满足检验检疫查验工作用的集装箱起落和货物拆离设备，并能按检验检疫要求进行吊箱、掏箱及拆解。

（一）具备有大型衡器及500公斤的衡器等设备。

（二）具备有微型气割、钢锯及冲击钻等货物的分解设备。

（三）散装货物查验场地还应具备起重吊机和货物装运设备。

（四）应配备开展工作必需的放射性检测仪。检验检疫数量大的查验场地，应配备有门式放射性检测仪。

第十一条　有足够的检验检疫用房和检疫处理用房，并配备有相应的辅助检验人员。

第十二条　具有固定的重箱堆放区域，且集装箱堆放整齐，箱门的方向一致。

具有固定的集装箱查验区域，所查验的集装箱必须是一层摆放整齐，箱门的朝向一致，并且要留有足够的掏箱空间。

具有固定的货物分解场地，重箱区、查验区和分解场地必须相对独立，并且有明确的位置标识。散装货物查验场地对同一报检批次的散装货物应集中堆放，并应在堆放的位置设置明显的标识牌(列明船名/航次、货物名称等)。

第三章　受理报检

第十三条　报检人报检时必须提供国家环境保护总局签发的《进口废物批准证书》(正本)。提供国家质检总局认可的进口废物原料装运前检验机构出具的《进口废物装运前检验证书》(正本)。应申报经国家质检总局批准注册的《进口废物原料境外供货企业注册证书》编号，必要时可要求进口废物原料报检人提供境外供货企业的《进口废物原料境外供货企业注册证书》复印件，以便验证。与《进口废物批准证书》和《进口废物装运前检验证书》相符的报检单证(包括贸易合同、商业发票、提单、装箱单等)。

第十四条　所有进口废物原料有木质包装的必须如实申报。进境木质包装的申报按国家质检总局的有关规定进行办理。

第十五条　所有进口废物原料的集装箱、散装船舶由货主或其代理人进行检疫申报。

第十六条　对在宁波口岸报检时首次使用《进口废物批准证书》的，须提供由环保机构出具的与《进口废物批准证书》相一致的进口废物利用单位的《进口废物利用环境风险报告书》(复印件)。

第十七条　对来自无国家质检总局认可检验机构国家的废物原料，必须由宁波局口岸通关处对其报检单证及相关材料进行审核，凭《进口可利用废物原料检验检疫报检联系单》和相关报检单证受理报检。

第十八条　进口废物原料的品质、数/重量检验，凭贸易合同要求或贸易关系人申请，受理其报检。对申请货物品质、数/重量检验的，应分别按照贸易合同要求和相应检验标准、检验规程进行检验。

第四章　卫生除害处理

第十九条　检验检疫部门出具《检验检疫处理通知书》(编号 4－2)。

第二十条　报检单位凭《检验检疫处理通知书》通知检疫处理部门实施卫生除害处理。散装废物原料应于卸货前在承运交通工具上进行卫生除害处理。集装箱装载的废物原料应在入境口岸指定的储存场地进行卫生除害处理。

第二十一条　卫生除害处理完毕后，由检疫处理部门出具《卫生处理报告》。

第二十二条　施检部门在检疫处理部门出具《卫生处理报告》后，组织实施进口废物原料的检验检疫。

第五章　集装箱装载废物原料检验检疫

第二十三条　审核报检单证，按国家质检总局有关规定确定抽查比例，随机指定查验箱号，同时出具《进口可作原料用废物查验单》(《进口废物原料查验单》)。

第二十四条　查验场地根据查箱指令，按查验要求将集装箱移置到位，并及时反馈移箱到位信息。

第二十五条　现场检验检疫人员必须带齐有关报检单证，并准备必要的检测工具等。

第二十六条　实施检验检疫的进口废金属（包括含金属的其他废物），必须进行放射性检测，并做好相应的检测记录。

第二十七条　对不同的进口废物原料，应依据其相应的国家法律、法规、检验标准实施环控项目的查验。

第二十八条　查验时，检验检疫人员根据报检单证、相关的国家法律、法规和检验检疫标准等，核对所查验的集装箱箱号、封识号、所装货物和木质包装与报检内容是否相符、是否符合有关国家法律、法规和国家环控标准要求，并做好查验记录。发现无封识或实际到货封识特征与《装运前检验证书》所列不相符的，检验检疫人员应逐箱实施检验。

第二十九条　查验中发现有不符合国家法律、法规、国家环控标准和检验检疫要求的，可对同一报检批次的其他集装箱货物进行全面检验，同时拍照存档，并做好查验记录。

第三十条　对进口废物原料的卫生检疫，按《入出境废旧物品卫生检疫查验规程》（SN/T1254-2003）进行查验。查验中发现有医学媒介生物、病媒昆虫和啮齿类动物等，应采样或采集标本，送实验室进行鉴定，同时及时做好疫情上报及卫生处理等工作。

第三十一条　实施动植物检疫时，应检查货物中是否夹带土壤，检查货物中是否夹带动植物产品、动植物性废弃物及其他有害生物。查验中发现有害生物的，应采样送实验室进行鉴定，同时及时做好疫情上报及检疫处理等工作。

第三十二条　对进口废物原料的木质包装检验检疫，按《宁波口岸进境货物木质包装检验检疫工作规范》（甬检植〔2002〕142 号）进行查验。

查验时核查木质包装实际情况是否与申报相符，木质包装是否带有树皮，仔细检查是否有虫孔、虫粪等钻蛀性害虫的为害状。对针叶木木质包装，根据松材线虫的生物学特征，结合为害症状，有针对性地抽取样品。

查验中发现进境木质包装与申报不符时，按有关规定将所有木质包装集中存放于指定的检疫区内，检验检疫人员应填写《进境木质包装检疫原始记录单》。对发现疫情或有可疑症状的木质包装应采集样品及时送实验室进行检疫鉴定，以便采取进一步的检疫处理。

第三十三条　如需对所查验货物进行定性检测时，按规定要求抽取代表性样品，同时做好抽样记录和样品标识，填写《内部送样检测联系单》，送有关检测部门进行检验，根据检测结果出具相应的证单。

第三十四条　查验时发现货物品名无法逐一核对的，检验检疫人员应移出同一批报检的其他集装箱，以便进一步核实或进行全面检验。

第三十五条　集装箱所载货物堆积较满，无法对所查货物进行彻底检验或对箱内货物有疑问时，可进行掏箱检验。

第三十六条　检验检疫人员按规定作出的掏箱或对货物进行拆解分类等指令，查验场地管理人员应按要求组织实施。

第三十七条　检验检疫人员对掏箱或货物进行拆解分类的过程实施远程监控，并可视具体情况摄录其全过程。

对掏箱或货物进行拆解分类工作已完成的，应对拆解分类的货物按规定分别进行过磅，并做好查验记录。

第三十八条　检验检疫人员根据查验记录做好原始记录。

第六章　散装船装载废物原料检验检疫

第三十九条　审核报检单证，初步填写《进口散装废物检验检疫原始记录》。

第四十条　检验检疫的有关要求按本办法的第二十五条、第二十六条、第二十七条执行。

第四十一条　查验时，检验检疫人员根据报检单证、相关的国家法律、法规和检验检疫标准等，核对所装货物和木质包装与报检内容是否相符、是否符合有关国家法律、法规和国家环控标准要求，并做好查验记录。

第四十二条　船舶靠泊港口后，检验检疫人员应在船舱开启时监视舱内货物，同时做好原始记录。在卸货过程中，检验检疫人员应根据卸货进度对所卸货物进行检验检疫，同时做好原始记录。货物卸毕后，检验检疫人员应对卸入港区查验场地的货物进行检验检疫，同时做好原始记录。查验时港区管理部门应出具《进口散装废物堆放情况单》，以证明该批货物的实际堆放位置。

第四十三条　查验中发现有不符合国家环控标准和检验检疫要求的，应对本批货物进行全面检验，同时拍照存档，并做好查验记录。

第四十四条　实施卫生检疫、动植物检疫、进境货物木质包装检验检疫等，按本办法的第三十条、第三十一条、第三十二条、第三十三条执行。

第四十五条　查验时发现货物品名无法逐一核对或对查验的货物有疑问时，检验检疫人员应对该批货物进行翻堆检验。

第四十六条　检验检疫人员按规定作出的翻堆或货物分类指令的，港区查验场地管理人员应按要求组织实施。

第四十七条　货物在翻堆时，检验检疫人员应在现场对其过程实施检验，并可视具体情况摄录其全过程。对货物分类工作已完成的，应对其分别进行过磅，同时做好查验原始记录。

第七章　检验检疫结果判定

第四十八条　经检验未发现有不符合国家法律、法规和国家环境保护控制标准要求的进口废物原料，出具《入境货物通关单》。

第四十九条　经品质、数/重量检验合格的，出具有关证单。

第五十条　经检验不符合国家法律、法规和进口废物原料国家环境保护控制标准要求的，判为环保项目不合格，出具《不合格检验证书》。

第五十一条　品质、数/重量检验不符合合同或标准要求的，根据具体不合格情况出具《品质或数/重量检验证书》。

第五十二条　经检验货物的品名与实际报检品名不相符的，按环保项目不合格处理。

第五十三条　经检验发现有列入国家禁止入境目录的物品超过检验标准的，按环保项目不合格处理。

第五十四条　卫生检疫的结果判定按《入出境废旧物品卫生检疫查验规程》(SN/T1254—2003)判断。

第五十五条　进境木质包装的检验结果判定按《宁波口岸进境货物木质包装检验检疫工作规范》(甬检植〔2002〕142 号)判断。

第八章　检验检疫结果处理

第五十六条　检验检疫合格的,在“入境检验检疫业务工作联系单”上的检验检疫记事栏内填写“同意通关”和相应的内容,同时在相关栏内签名。复核人员对查验记录、原始记录和工作联系单等进行复核,同时在相关的栏内签名。

第五十七条　检验检疫不合格的,在“入境检验检疫业务工作联系单”上的检验检疫记事栏内填写“禁止入境”和相应的内容,并在相关的栏内签名,同时拟制检验证书的证稿。

复核人员对查验记录、原始记录、证稿和工作联系单等进行复核,同时在相关的栏内签名。主管领导对查验记录、原始记录、证稿和工作联系单等进行审核,同时在相关的栏内签名。

第五十八条　检验检疫人员通过 CIQ2000 系统做好施检结果登记、证稿拟制和提交工作,并将单证统一登记后,提交签证部门。

第五十九条　对检验检疫工作已完毕的报检单证,应做好数据登记工作。

第九章　检验检疫监督管理

第六十条　现场检验检疫人员应当实行双人制,以确保检验检疫工作质量。

第六十一条　对无国家质检总局认可的境外检验机构检验的进口废物原料,应当在入境口岸进行逐箱检验。

第六十二条　检验检疫工作完成后,须在一个工作日内完成 CIQ2000 结果登记,并提交签证部门。

第六十三条　进口废物原料的施检部门定期向局口岸通关处上报进口废物原料检验检疫统计数据和相关的检验检疫信息。

第六十四条　负责进口废物原料的检验检疫部门,应将每半年的“工作质量分析”在规定的时间内上报局口岸通关处。

第六十五条　检验检疫中如发现有不符合国家环控标准、国家禁止入境物品等情况的或有疑难问题和把握不准等情况的,按《宁波出入境检验检疫局进口废物原料检验检疫稽查制度》规定的要求上报和处理。

第六十六条　对已出具《不合格检验证书》的,由局口岸通关处负责汇总,将不合格情况上报国家质检总局,并通报境外检验机构。

第六十七条　已出具《不合格检验证书》的,施检部门应及时将《不合格检验证书》的副本一份交局口岸通关处,由局口岸通关处统一移交当地环境保护行政部门和海关依法处理。

第六十八条　负责进口废物原料检验检疫的各地检验检疫局及各办事处对所辖查验场地的日常工作进行业务指导和监督管理。

对查验场地不配合检验检疫工作的，有将检验检疫尚未放行通关的货物擅自放行，或对所查验的货物进行隐瞒、隐藏和弄虚作假等行为的，应做好调查和取证工作，同时将调查的结果以书面形式上报局口岸通关处，并依照相关的法律、法规对其进行处理。

第六十九条　局口岸通关处对进口废物原料的物流储存场地、港埠公司和生产加工企业的储存场地实施监督管理。

进口废物原料的施检部门对已放行通关的货物，可根据实际工作需要跟踪到废物利用单位进行监督管理。

第七十条　对列入国家禁止入境目录内的进口货物物品，任何人不得擅自进行处理或拆解。

第七十一条　严禁任何单位和个人违规处置不合格的进口废物原料，违反规定的，追究有关当事人和主管领导的责任。

第七十二条　对列入重点监管名单的境外发货人，由局口岸通关处下发通知，对其货物实施严格的检验检疫。

第十章　附　则

第七十三条　国家质检总局如颁布有关进口废物原料检验检疫等新的公告或规定的，按该公告或规定的要求执行。

第七十四条　本办法由宁波局口岸通关处负责解释。

第七十五条　本办法自印发之日起施行。原《宁波出入境检验检疫局进口废物原料检验检疫规程(试行)》(甬检化鉴〔2000〕171 号)和《进口废物原料检验检疫工作规范》(NBQS 通 301)同时废止。

宁波出入境检验检疫局

二〇〇四年十一月二十九日

宁波检验检疫局进境集装箱动物疫情截获管理办法

甬检动〔2007〕369 号

第一章　总　则

第一条　为加强对进境集装箱动物疫情截获的管理工作，及时掌握和处理宁波口岸进境集装箱动物疫情截获情况，更好地防止动物疫病疫情及其他有毒有害生物的入侵，保护人民健康和生命安全，维护畜牧业生产安全，进一步提高依法把关水平和工作有效性，根据《中华人民共和国进出境动植物检疫法》及其实施条例、《中华人民共和国动物防疫法》等法律法规及国家质检总局《进出境重大动物疫情应急处置预案》和《宁波检验检疫局进出境重大动物疫情应急处置预案(试行)》等有关要求制定本办法。

第二条　本办法适用于宁波口岸进境的集装箱(包括实箱和空箱)动物疫情截获的相关工作。

第三条　本办法所称的动物疫情截获是指在宁波口岸进境的集装箱内截获活体动物、动物尸体、组织、残留物(如羽毛等)及动物排泄物。

第二章　组织机构与职责

第四条　局动检处作为业务归口管理部门，负责进境集装箱动物疫情截获的全面管理工作，包括疫情信息的汇总、发布和上报。

第五条　相关业务处室和分支机构负责进境集装箱动物疫情截获的现场处理、采/送样、开具《检疫处理通知书》、监督消毒、销毁等除害处理，做好疫情信息的及时上报，以及在启动重大动物疫情应急处置预案后的应急响应工作。

第六条　宁波口岸进境集装箱动物疫情截获的消毒、销毁等除害处理工作由有资质的检疫处理单位按《检疫处理通知书》要求实施。

第七条　局技术中心负责对宁波口岸进境集装箱截获的动物疫情进行实验室检测以及不明动物物种的鉴定工作。如实验室尚无该物种的检测鉴定能力，可考虑外送检测及鉴定。

第三章　现场处理

第八条　对宁波口岸进境集装箱动物疫情截获的现场处理办法：

（一）进境集装箱内截获动物疫情的，立即关闭该集装箱箱门，并通知收货人将该批其他集装箱拉至指定场地待查；若该批其他集装箱已拉至目的地的，通知收货人停止操作待查。

若截获动物疫情的集装箱来自疫区国家或地区的，则对该批集装箱整批实施检疫除害处理；若集装箱来自非疫区国家或地区，则对该批集装箱扩大抽检比例，再次截获动物疫情的对整批集装箱实施查验，并对截获疫情的集装箱进行检疫除害处理。

（二）对通过熏蒸处理仍未死亡的活体动物要进行扑杀销毁处理；对截获的动物尸体、组织、残留物、排泄物及周围污染的货物进行销毁处理。

（三）对相应的集装箱箱体、集装箱内装载的其他货物和卸货现场进行防疫消毒处理。

（四）对截获的活体动物和动物尸体无法确定其物种的，在确保不扩散疫情的前提下可考虑对其进行采样并送相关部门鉴定。

（五）对有标本价值的动物尸体在作无害化处理后可制作标本。

第九条　进境集装箱动物疫情截获来自疫区国家或地区，且为该疫区正在发生或流行的重大动物疫情的相关动物、动物产品、动物尸体及排泄物的，应立即填写《进出境重大动物疫情信息预警表》(NBQS动T-R28)，并在疫情截获2小时内将疫情逐级上报至宁波检验检疫局处置进出境重大动物疫情应急指挥中心。对整批货物实施退回或销毁处理。

第十条　进境集装箱动物疫情截获情况严重且无法有效实施除害处理的，不论是否来自疫区，对整批货物实施退回或销毁处理。

第十一条　如法律法规规定部分货物中发现动物疫情必须作退回或销毁处理的，则按相关法律法规要求处理。

第十二条　在整个现场处理过程中，现场处理人员除要确保疫情不扩散外，还要做好自身防护工作。

第四章　信息收集与上报

第十三条　宁波口岸进境集装箱动物疫情截获后，应收集进境集装箱申报和进境货物报检提供的单证等文本信息和集装箱箱号、封识号、箱体内货物、截获动物疫情、现场处理等图片、视频、语音等多媒体信息，并填写《宁波口岸进境集装箱动物疫情截获上报表》(格式详见附件)。

第十四条　对动物疫情截获的典型案例除要留存相关文本、图像等资料外，要做好案例报告。

第十五条　《宁波口岸进境集装箱动物疫情截获上报表》和典型案例报告要及时上报，由局动检处进行汇总、归档，定期在一定范围内进行信息发布，并及时上报国家质检总局。

第十六条　遇重大、敏感动物疫情或其他特殊、紧急情况时，相关业务处室和分支机构应立即上报有关信息，以及时决定是否启动重大动物疫情应急预案。

第十七条　动物疫情截获信息应同时报局卫检处，以便统计、做好集装箱检验检疫工作质量分析。

第五章　附　则

第十八条　本办法由局动检处负责解释。

第十九条　本办法自印发之日起施行。

宁波出入境检验检疫局

二〇〇七年十月三十日

宁波口岸甲型 H_1N_1 流感卫生检疫应急预案(试行)

甬检卫〔2009〕126 号

为有效防止宁波口岸甲型 H_1N_1 流感(以下简称新流感)的传播和流行，认真做好口岸应对新流感的监测、药物储备和应急处理等各项工作，有序、高效地落实新流感发生时的口岸应急处理措施，做到早期发现疫情，及时采取有效措施控制疫情蔓延，防止新流感的传入和传出，保护出入境人员和口岸群体健康和生命安全，根据《中华人民共和国国境卫生检疫法》及其实施细则、《中华人民共和国传染病防治法》、《国境口岸突发公共卫生事件出入境检验检疫应急处理规定》和《关于印发口岸传染病排查处置及核辐射事件监测处置等技术方案的通知》(国质检卫〔2008〕270 号)有关规定，制定本应急预案。

1. 工作原则贯彻高度重视、积极应对、联防联控、依法科学处置的工作原则。

2. 适用范围　本预案适用于宁波口岸范围内涉及出入境人员、交通工具、货物、集装箱、行李等，与新流感发生和流行有关事件的应急处理。

3. 组织、协调与管理

3.1　组织机构

宁波检验检疫局(以下简称宁波局)成立新流感应急处理工作领导小组(以下简称领导小组)[详见《关于成立宁波检验检疫局口岸人感染猪流感防控工作领导小组的通知》(甬检卫〔2009〕121 号)]。各口岸检验检疫机构成立新流感应急处理工作小组(以下简称工作小组)，由各单位主要负责人担任组长。

3.2　宁波局领导小组职责参见《关于成立宁波检验检疫局口岸人感染猪流感防控工作领导小组的通知》(甬检卫〔2009〕121 号)。

3.3 各口岸检验检疫机构工作小组职责

3.3.1 根据世界卫生组织、国家质检总局以及宁波局领导小组发布的有关疫情信息，实施本辖区新流感卫生检疫工作；

3.3.2 组织本部门力量和资源，认真开展口岸现场新流感卫生检疫各项具体工作；

3.3.3 及时向国家质检总局、宁波局领导小组报告应急处理工作情况，提出工作建议；

3.3.4 加强与地方卫生部门、口岸管理部门、海关、边检等相关部门的协调与合作。

4. 准备

4.1 物资准备

宁波局负责宁波各口岸体温检测仪、医学巡查和医学排查设备、个人防护用品、应急预防性药物、消杀器械和药剂等物资的储备和供应。

4.2 技术准备

4.2.1 加强人员业务培训，提供技术保障 各口岸检验检疫机构应不断加强对检验检疫人员的业务培训，强化疫情监测、流行病学调查、应急处置能力，确保工作质量。

4.2.2 建立与地方卫生机构的协作机制 各口岸检验检疫机构应建立当地疾控机构的协作机制，发现新流感可疑病例后，应按照预案规定及时送定点医院。

4.3 经费准备 各口岸检验检疫机构应争取落实一线检疫人员培训、宣传教育、疫情监测、流行病学调查、应急处置所需的工作经费，以保障各项防控措施得以落实，确保疫情应急处理工作的顺利进行。

5. 监测及报告

5.1 疫情监测工作的组织 各口岸检验检疫机构组织实施所辖口岸出入境人员新流感卫生检疫监测工作，及时发现并解决工作中存在的问题。要做到五个到位：领导深入一线到位、检疫查验人员到位、各项工作制度到位、技术物资保障到位、工作落实措施到位。

5.2 疫情监测工作的实施 各口岸检验检疫机构要重点加强对来自新流感流行国家和地区（以下简称流行区）的入境交通工具和人员的卫生检疫，加强对前往新流感流行国家和地区的出境交通工具和人员的健康教育。要做到“五早”，即早发现、早报告、早隔离、早控制、早处理。

5.3 报告 按照《中华人民共和国传染病防治法》《中华人民共和国国境卫生检疫法》和《突发公共卫生事件应急条例》等有关法律法规和规范性文件的要求和规定，各口岸检验检疫机构发现新流感疑似病例时，应当在1小时内以最快方式向宁波局领导小组报告。

6. 应急响应

6.1 疫情判定、核实及管理

6.1.1 各口岸检验检疫机构在现场发现可疑病例后，按照甲型 H_1N_1 流感排查标准（见附件1），对其进行流行病学调查，并根据患者症状和流行病学调查结果初步判定其是否属于新流感医学观察病例，对于判定为医学观察病例者，应立即将结果报宁波局领导小组，同时，采取疫情控制措施。

6.1.2 疫情核实 宁波局领导小组在接到新流感医学观察病例报告后，应组织专家或应急小组,对疫情进行核实。

6.1.3 疫情处置管理 各口岸检验检疫机构应随时将疫情处置进展情况报宁波局领导小组,宁波局领导小组应对疫情处置进行指导和协调。

6.2 现场应急处理技术规则

6.2.1 疑似病例及密切接触者处置 按照《口岸甲型 H_1N_1 流感卫生检疫应急处理流程图》(见附件 2)的要求及时采取措施进行应急处置。尽快将疑似病例送指定的宁波市传染病医院作进一步诊断和治疗。对密切接触者进行留验,实行医学观察 7 天,必要时予以隔离。医学观察期间对密切接触者进行调查并填写登记表(见附件 3)。

6.2.2 流行病学调查 按照《口岸甲型 H_1N_1 流感流行病学个案调查表》(见附件 4)的要求进行详细的流行病学调查。如为群体性发病,则开展传染源、传播途径及暴露因素的调查。同时注意追踪定点医院的诊断结果。

6.2.3 采样检测 按照甲型 H_1N_1 流感采、送样流程(见附件 5),将可疑病例的检测样本送指定检测机构。

6.2.4 消毒处理参照卫生部制定的《人感染猪流感预防控制技术指南》。

6.2.5 个人防护口岸检验检疫机构应按照《甲型 H_1N_1 流感职业暴露人员防护指导原则》(见附件 6)的要求做好一线人员的个人防护。

7. 应急响应终止宁波局领导小组在综合疑似病例确诊结果、医学观察结果、专家组意见的基础上,经请示国家质检总局卫生司后,宣布疫情应急响应终止。

8. 综合防治措施

8.1 加强卫生监督,提高口岸卫生水平 加强口岸环境卫生、污水、垃圾处理卫生监督,清理口岸环境卫生,开展消毒、灭蝇、灭蟑工作,对口岸人、畜粪便进行无害化处理,防止通过口岸引发新流感疫情扩散。

8.2 开展健康、防护教育 各口岸检验检疫机构在新流感疫情发生时,要迅速采用多种形式,对出入境人员、口岸工作人员及乘务人员广泛开展新流感防治知识的宣传和健康教育,宣传新流感临床症状、防治药物、预防措施等防治知识。

8.3 加强应急演练工作 各口岸检验检疫机构要有计划地组织口岸新流感防治实战演练,以检验、改善和强化各项应急处理工作,不断提高应急处置能力。

宁波出入境检验检疫局

二〇〇九年五月二日

(附件略)

二、歌曲选录

宁波检验检疫之歌(歌词)①

林荣琛

像三江②涌向海洋，
咱三检融成一家，
我们肩并着肩，
让国徽更闪光华。
啊！
让国徽更闪光华！

迎着朝阳，码头上洒下我们的汗水；
披着晚霞，巨轮上留着我们的足迹；
工厂里闪烁着我们的智慧；
实验室有我们伫立的身影。
热爱您，检验检疫事业！
为了您，祖国繁荣富强！

像四明③青松挺拔，
以科学严格执法，
两肩天平神圣，
国门蓝盾保开放！
啊！
国门蓝盾保开放！

① 在1999年的机构改革中，宁波商检局、宁波动植物检疫局和宁波卫生检疫局“三检”合并成立宁波出入境检验检疫局。局机关工会主席、政工处处长林荣琛于该年11月写下了《宁波检验检疫之歌》，在1999年12月底的宁波检验检疫局迎接新世纪晚会上，演出了40人的大合唱《宁波检验检疫之歌》。《中国出入境检验检疫报》以《一首我们自己的歌》为题作了报道。摘录自《宁波出入境检验检疫志》，中华书局2005年版，第777页。

② “三江”，系流经宁波市区并在市中心汇合的甬江、姚江和奉化江，宁波简称为“甬”。

③ “四明”，指位于宁波西部的四明山，是浙东革命根据地所在地。“四明”又是宁波的古称。

三、新闻报道选录

市花木公司无视动植物检疫条例
违章扩散大阪松——罚款十万①

【本报讯】 市花木公司违反国家动植物检疫条例，擅自扩散进口的日本大阪五针松。日前，市府为此转发宁波动植物检疫所和市森林植物检疫站提出的处理意见，对市花木公司罚款十万元，并通报全市。

去年，9月下旬，市花木公司与广东省土产进出口分公司签订合同，从日本引进大阪五针松一万四千株，分别于12月21日、25日两批直运宁波。这批大阪松引进前，市花木公司未到省森林植物检疫站办理审批手续，运抵宁波后，又不按广东拱北动植物检疫所有关隔离试种，由宁波动植物检疫所监督、观察的规定办理，就将六千三百三十四株大阪松卖掉，造成大面积扩散，严重违反了国家动植物检疫条例。

宁波动植物检疫所和市森林植物检疫站为此提出处理意见：市花木公司对现存的七千六百四十株大阪松，必须集中隔离试种一年以上，没有宁波动植物检疫所和市森林植物检疫站的同意，不准买卖、扩散（含采接穗），公司必须对这起事件作出深刻的检讨，并罚款十万元；今后如因这批苗木扩散而造成疫情扩散，该公司要承担法律和经济责任。

市府在批文中指出，根据我市进一步对外开放和调整农业生产结构的需要，从国外少量引进优良动植物品种进行更新繁殖和科学试验，是必要的。但是为了保护我市农业、林业生产的安全，防止危险性病虫的传入和蔓延，必须严格执行国家进出口动植物检疫条例和有关规定，绝不能以营利为目的，大批量地盲目引进各种花卉、苗木，影响我市花卉事业的正常发展。（本报记者）

浙江商检局不盲目引进　一次节约一百多万美元②

【本报讯】 浙江商检局在建设北仑港铁矿石取制样检验设施工程中，把引进外国先进设备与采用国内优质器材相结合，为国家节约外汇100多万美元。

北仑港铁矿石取制样检验设施工程是上海宝山钢铁厂的重点配套工程，配套设施按国际标准设计，需要从国外进口一套检验设备。主办单位精选了工程技术人员深入对方公司、车间，仔细了解这套设备的整体布局、工艺流程等有关技术问题。在技术谈判中，他们经过认真研究，修改了对方的方案，将水工平台的建筑面积减少一半，使平台造价降低50%，结构更紧凑合理。出国的工程技术人员在考察时还发现，除了主体设备和控制系统必须引进外，钢结

---

① 《宁波日报》1985年3月23日第1版。

② 《人民日报》1987年5月16日第2版。

构厂房和附属装置国内都能生产，确定不再引进。这套设备对方原报价300万美元，国家有关部门也已批准这个用汇额度，结果只花了154万美元，就完成了引进任务。经过有关部门全面验收，认为它在国际同行中达到了先进水平。（冯世鑫、沈胜良）

外商虚报价格以次充好　商检严格把关挽回损失①

【本报讯】　近日，宁波商检局在对一家企业的外商投资财产作鉴定时，严格把关，识破外商以次充好弄虚作假的骗局，为我方挽回损失112万美元。

去年，我市两家企业与澳大利亚某农场签订了中外合作协议，成立鸵鸟合作公司，外方以鸵鸟作价，中外双方各按50%承担风险和利润分成。去年12月，外商作价投入和受中方委托购买的共270头种鸵鸟抵达宁波，外商报价175万美元。宁波商检对活的动物进行投资价作鉴定还是第一次。他们从北京邀请了鸵鸟方面的专家进行鉴定，除发现因装运途中和其他因素死亡共11头，实际存栏仅256头外，还发现该批鸵鸟虽为非洲品种，但种群水平一般，不是优良品种，而且以小鸟及青年鸟居多，真正的种鸟所占比例不高，明显不符合合同规定要求。鉴定结果实际价格只有63万美元，虚价高报达112万美元。

宁波商检局在认真鉴定评估基础上，及时据实出具了价值鉴定证书，有理、有节地驳回外商不合理要求，使外商在事实面前无话可说。据悉，目前，在有关部门协调下，双方已中止合作经营，中方公司已按商检的鉴定结果购买外商作价投入的种鸵鸟。（邱翔波、龚红雅）

擎起口岸信息化建设大旗②

——宁波检验检疫局推进“大通关”建设综述

编者按：2003年8月，吴仪副总理在全国检验检疫系统“大通关”现场会议上指出，检验检疫系统要继续推进检验检疫信息化建设，提高电子监管的覆盖面，以推进大通关建设为契机，进一步做好检验检疫各项工作。今年年初，吴仪副总理又提出了“进一步完善大通关制度，加快电子口岸建设”的要求。为认真贯彻落实吴仪副总理加快“大通关”建设有关指示精神，根据国家质检总局的统一部署和总体安排，宁波出入境检验检疫局积极主动投身浙江省及宁波口岸“大通关”建设，在以电子监管为重点的电子检验检疫体系建设、深化业务监管模式改革和机制创新、服务创新等方面又取得了新的明显进展，以扎实有效的工作力促区域开放型经济发展。

2005年10月29日，随着浙江远洋渔业集团货值11.7万美元的鱿鱼丝通过电脑成功申报，并顺利出口日本，国家质检总局出口电子监管系统在宁波顺利上线，这标志着我国“三电”工程建设取得了重大突破。

党的十六大指出，要以信息化推动新型工业化。作为国家涉外经济执法部门，国家质检总局明确提出要打造电子检验检疫，提升把关服务能力，提高检验检疫工作有效性，促进经济

① 《宁波日报》1997年5月16日第2版。

② 《中国国门时报》2005年11月21日第4版。

发展。率先在全国倡导口岸“大通关”建设的宁波口岸，经过5年坚持不懈的探索，已经高高擎起“口岸信息化建设”的大旗。其核心内容就是：在深化C1Q200综合业务管理系统推广应用，全面推行“电子报检、电子转单、电子签证”即“老三电”工程的基础上，大力组织实施以“电子申报、电子监管、电子放行”为主要内容的“新三电”工程，并以电子监管为核心环节，进一步创新观念，提出以信用管理体系建设为基础、以检验检疫监管电子化为重点的电子检验检疫体系建设方案，全面构建宁波检验检疫电子把关和电子服务两大平台。经过一年多的艰苦奋斗，宁波电子检验检疫体系框架基本构建，电子把关与电子服务两大平台基本确立，为全面实现“提速、减负、增效、严密监管”的“大通关”建设目标奠定了坚实基础。

围绕科技创新，创建电子把关和电子服务两大平台，加快电子检验检疫体系建设。

电子把关平台的核心是电子监管，电子监管主要包括数据监管和视频监控两大手段。

积极推行电子监管视频监控系统。应用基于中国电信网络的“全球眼”数字化视频监控技术，宁波局建立检验检疫视频监控专网，保证视频数据对网络带宽的要求和检验检疫业务网的安全高效；建立了宁波全局视频监控中心、业务归口管理视频监控中心和业务执行机构视频监控中心的“三级监控体系”，分别对责任范围内的视频监控信息进行远程监控；选择码头泊位、堆场、废物原料、木质包装及其他重点敏感货物开展电子监管和查验模式的不断尝试和探索，并研究制定《宁波检验检疫局电子监管视频监控系统管理规范》和涉及口岸码头及泊位、进出境木质包装查验及场地、进口废物原料查验及场地、口岸查验、出口罐头食品生产企业、出口水产品生产企业、出口机电产品生产企业、出口轻纺产品生产企业电子监管视频监控操作规范等15个配套规范，统一标准和要求。目前，实施视频监控的企业已达66家，254个监控点，所属分支机构北仑检验检疫局已建成视频监控分中心并投入运行。

电子监管视频监控初步应用效益显著，主要表现在以下3个方面：

一是监管更加全面有效。实现了生产、储运等环节的实时监控和历史回放，使查验过程具有可追溯性，保证了检验检疫工作更加有据可查、有法可依，有利于检验检疫机构和企业的“自律”和“他律”，促进了检验检疫执法把关的严密性和有效性进一步提高。尤其是对重点敏感产品的源头管理提供了更有效的手段，所属分支机构象山检验检疫局通过电子监管视频监控，实现了对水产品原料验收环节和剥虾工序等粗加工环节的实时监管，效果显著提升。

二是效率明显提高。对不同查验要求的货物进行分流，将查验人力集中到重点敏感商品上。以木质包装检疫为例，北仑口岸作为进境木质包装查验的大口岸之一，开展电子监管试点后，按照有无木质包装申报对进口货物实行分流，75%申报无木质包装的货物接受电子查验，而将检验检疫人员集中到25%申报有木质包装的货物查验上，大大提高了通关通检效率，由改革前平均每人检疫6批/天提高到50批/天以上；疫情检出率也明显提升，第三季度截获疫情188种，1416次，同比第二季度分别上升了88%和86.3%。

三是企业经济效益显著。实施电子监管以来，对宁波大港货柜有限公司的查验时间从原来一天8个小时增加到现在每天24小时，从每天验放200多只标准箱到现在可以验放450多只标准箱，集卡车流转速度大大加快。同时该公司通过晚上安排无木包装进口箱电子查验、白天安排有木质进口箱查验等生产调度，为货主和车队节省滞箱费、吊机费等上百万元，使大港公司业务量成倍增加，由此仅木质包装查验每年可多创收50多万元；生产型企业中华纸业与亚洲浆纸业实施电子监管后，进口废纸集装箱直接运到公司查验，可为企业节约大量的港口有关费用。按两家企业年均进口废纸50万吨（扣除靠泊四期港区的20万吨）计算，实际查验率按50%～70%的量核算为35万吨（折合1.5万个大箱计算），一年就可为企业减少费用支出近1500万元。

积极推行电子监管数据监控系统。主要包括出口货物电子审单快速核放系统、进口货物快速查验系统（海港版）和出口电子监管系统（简称ESv1.2系统）。

实施出口电子监管系统取得明显成效。该系统以CIQ2000综合业务管理系统为基础，利用信息化手段对企业生产加工过程、实验室检测、产品质量控制等监督管理工作的全过程，实施电子化管理。目前宁波口岸选定83家企业对蔬菜、电池、服装、水产品、木质包装等多类出口产品实施ESv1.2系统，已有150批产品通过合格评定顺利出口。

通过ESv1.2系统，检验检疫人员能实时获得企业产品质量控制的动态信息，以及相关的法规标准、风险预警等信息，在生产批申报前对出口货物进行风险评估，提前介入出口货物的合格评定；实现了对企业产品质量控制信息的动态监控，在严密监管的条件下对高风险产品有针对性地进行抽查验证，对异常产品实施自动扣留、重点跟踪；对低风险或零风险的产品进行快速核放，缩短通关放行时间；实现了从报检、检验检疫、合格评定到出证放行及日常监管的电子化。对于生产企业而言，省去了来回奔波的麻烦，可提前将产品信息通过数据输入传输到检验检疫部门，节约了费用，大大加快了速度，电池、玩具等低风险类产品出单的时间由以往的2至3天减少至半天；同时，该系统促进了企业自身建设尤其是信用体系建设，提升了企业整体素质；保证了出口产品质量，提高了企业经济效益。

通过电子监管（包括视频监控和数字监控），实现了"三大结合"：即实现了检验检疫电子监管与模式创新的有机结合；实现了检验检疫电子监管与企业自身管理的有机结合；实现了数据监管与视频监控的有机结合。

目前，在宁波局已实施数据监管的83家企业与视频监管的66家企业中，共有25家企业既实施了数据监管，又实施了视频监管，二者的有机结合使检验检疫监管更加全面有效，但另一方面由于工作环节减少，缩短了检验周期，反而使通关速度大幅提速，真正体现了"方便进出、监管有效"。以宁波金鼎紧固件有限公司为例，没有实施电子监管之前，企业需要派专人到检验检疫报检，报检之后还必须与检验人员约好下厂检验的时间，检验完毕后还需派人到检验检疫局领取通关单等有关单证。实施电子监管后，企业只要有人员在公司里面发送电子报检信息，检验人员就可以坐在办公室里对企业出口货物的生产检验情况进行监管，合格的话直接签发有关单证，企业只需一次派人到检验检疫局领取单证即可，使得企业原来需要到检验检疫局3次减少为现在的1次，使通检速度由原来的2至3天缩短到现在的2至3小时，最快的30分钟就可以拿到通关单。

此外，为确保在运输过程中对重点敏感商品实施有效监控，宁波局积极推行数据监管与视频监管相结合的集装箱GPS全程监控系统，对运载进口肉类、水产品、塑料的集装箱，在北仑口岸运往指定堆场、冷库途中，利用GPRS移动网络和GPS全球卫星定位技术，用定时定位型电子锁，将集装箱启运、运输到开箱卸货“两点一线”信息全部纳入视频监控视线，确保原箱原货按照要求运输到指定地点，在增效提速的同时，实现了对特殊敏感货物全程严密监管。

构建检验检疫电子服务平台。目前，宁波检验检疫局开发完成2005年重点实施的电子服务建设项目——检验检疫短信业务系统，实现货物电子转单短信申报、业务信息短信查询与发布等功能，使企业和报检员可以通过短信查询检验检疫流程、计收费、企业注册备案等业务信息，可通过短信向企业和报检员发布电子报检和电子签证回执、电子转单凭条、快速核放、电子通关、领证、企业注册备案、业务急件告知、法律法规政策公告等业务信息，大大拓宽了检验检疫机构和企业的主动交流渠道，为“大通关”提供新的技术支撑；在全面推行“电子报检电子转单、电子签证”“三电工程”（“老三电”）的基础上，大力组织实施以“电子申报、电子监管、电子放行”为核心的“新三电”工程；在宁波全市范围内广泛推广应用出口货物电子审单快速核放系统，以“电子审单”替代人工审单，10分钟完成报检受理到签发通关单的整个过程，大大提高了口岸出口报检、出证的效率。截至2005年8月，宁波已有19家企业的两亿美元商品通过该系统放行，涉及服饰、小家电、纺织品、自行车、空调器等商品。

围绕效率创新，突破三大“瓶颈”，进一步推进检验检疫监管模式改革。

2005年，针对宁波口岸进出境木质包装、出口机电产品和进口废物原料数量巨大、对“大通关”效率影响面广以及严密监管要求高这三大“瓶颈”，宁波局重点推进了三项业务监管模式改革：

实施进出境木质包装检疫监管新模式。“前推后移”查验点，创建无木质包装货物快速查验通道，对申报无木质包装的货物实现“365天24小时”的电子验放；鼓励木质包装生产企业和重点出口企业自建木质包装检疫处理场所，实施“集中处理、分批核放”模式；大力推进实验室电子化建设，对设在查验一线初筛实验室的鉴定结果进行远程电子鉴定，进一步提高检测水平和速度，有的放矢地实施重点检疫监管。通过改革，问题检出率大大提高。1月至9月共检出不合格木质包装1556批次，同比去年增加76.6%；70%以上货物查验放行时间由以前平均每箱15分钟降低到5分钟；木质包装逃检现象大大遏制，同比改革前降低35%，虚假申明减少20%。

全面实施出口机电产品检验监管新模式。改变单纯对成品实施检验监管的传统模式，变“事后检验”为“事前把关”，将工作深入到产品的实现过程中去，从源头抓产品质量；结合企业综合质量诚信评价体系，形成过程检验、型式试验、合格保证等5种科学检验、科学监管的高效检验监管工作模式。目前共对824家出口企业实施了“新模式”，其中201家实施过程监督检验模式、259家实施合格保证模式、364家实施型式试验模式。

对进口废物原料实施“三个二”检验检疫监管，即推行检务和施检部门“二重审单”模式，狠抓单证审核；强化视频预验和现场查验“二次查验”监管模式，建立EDI数据信息交换系统，在远程视频监控的基础上，严格执行双人查验工作制、批批检验工作制和敏感岗位轮岗制，加强现场查验；建立“二重管理”监督稽查体系，制定并实施《进口废物原料检验检疫管理办法》《进口废物原料检验检疫稽查制度》，加强对进口废物原料检验检疫监督管理和工作质量稽查。

通过改革成效明显，一是对重点敏感的进口废物原料的科学监管水平明显提高；二是提高了查验效率，加快了通关速度，据统计一批进口废物原料从具备查验条件开始到出具入境货物通关单平均放行速度只需0.68个工作日。受此监管模式影响，目前国内唯一一家经国家有关部委批准对进口废金属进行规范管理的再生金属资源加工园区——宁波镇海再生金属资源加工园区，其管理模式被国家环保总局列为新建园区的国家标准。

围绕管理创新，倡导诚信体系，进一步完善企业监管模式。

倡导诚信执法的同时，加快进出口企业信用体系建设步伐。目前，已经在进出境木质包装、进口废物原料、进出口机电产品申报和代理报检单位实施了信用分级管理，建立了“红黑名单”制度，对诚信度高的“红”名单企业采取检验检疫便利措施，对进入“黑”名单的企业实施严密监管措施，做到奖罚分明、扶优限劣，规范了进出口经营秩序。

加强高风险出口商品源头普理，强化全程监管。对出口蔬菜、出口水产品，供港活猪饲养场出口食品生产企业等进行源头管理，对产品进行以氯霉素、嗯诺沙星、孔雀石绿等为重点的药物残留检测和监控；对出口橘子罐头、茶叶等类食品实行了检验检疫风险分析、分类管理，从源头上控制农残超标，确保高风险产品得以顺利通关出运、有效突破国外技术性贸易壁垒不断扩大。

建立出入境检验检疫监管预警信息系统。根据所收集到的国内外有关疫情、疫病、有毒有害以及不合格产品信息，及时面向所辖企业发布预警及应对措施，有效指导进出口企业调整生产方案，改进产品结构，提前合理规避进出口风险。

围绕服务创新，优化便利举措，大力推进业务绿色通道建设。

大力推行“一站式”工作模式和业务深度融合。设立了北仑检验检疫局口岸通关中心办事处（宁波海港通关中心），实施口岸查验多点报检，将外贸企业原本需要在宁波和北仑两地奔波办理的手续，统一整合在通关中心办事处一地，实行“一站式”办理。该中心开检运作一年来，平均每天的业务量达到1200多批次，通过人力资源整合、集约化运作，检验检疫工作效率明显提高；加大检验检疫一专多能复合型干部的培养力度，对原来分别从事进口船舶卫生检疫、动植物检疫、鉴定取样检验的专业人员进行交叉培训，使一线业务人员全面掌握并具备承担涉及进口船舶检验检疫鉴定取样全过程的所有业务的工作能力，适应了“一条龙”工作方式的更新、更高要求。

以业务急件办理为着力点，不断优化便利举措。针对口岸检验检疫业务急、突、特等情况多的特点，自2005年3月起，推行业务急件办理新举措，对涉及重点企业、高科技企业、救灾援外物资企业首次申请检验检疫、实施电子通关企业和申请单证更改等业务急件，在受理、审批、传递、施检、检测各环节实行即时、不间断明确专人办理，截至目前共办理业务急件17021份，平均每个工作日办理近150份，为企业急事急办开启了“长绿灯”；实施口岸查验“多点报检”和重点企业联系制度，推行检验检疫扶优扶强措施。对宁波地区18家重点IT企业和15家名牌出口产品企业实施了6条检验检疫便捷措施，将宁波地区49家出口量大、产品质量稳定、单位信誉好的出口企业作为“绿色通道”试点企业；建立检贸、检企、检关和检检四大协作机制，使皖、浙、苏、沪、甬实施“绿色通道”制度企业的货物免予口岸查验，真正实现“无障碍”

快速通关。

围绕技术创新，加快检验检测重点向“安卫环”转移。

采取以点带面、先重点后一般的发展策略，加快重点实验室建设步伐，先后投入仪器设备专项资金3000多万元，为进一步提升技术执法水平奠定了扎实基础。针对宁波地区打火机、点火枪年出口量近10亿只的检验需求，新建了打火机、点火枪实验室，现已成为国家危险品检测中心的分中心；针对宁波口岸进口化工产品列全国首位的实际状况，积极推进“危险品分类鉴定实验室”建设；针对宁波口岸进口粮食数量增长迅猛的新情况，专门引进博士研究生，新建了转基因实验室，加强了对进口粮食转基因成分的实验室检测；与韩国、马来西亚合作开展国际间木质包装检疫技术研究，有关科研成果达到国际先进水平，并被国家质检总局列为修改、补充国际标准的重点项目；新建了宁波电气安全检测中心并顺利取得了CNAL认可及计量认可，被国家质检总局增列为有关产品型式试验指定实验室，被国家认监委确认为强制性产品认证检测实验室，为宁波地区占浙江省近80%份额的小家电出口产品的型式试验及强制性认证要求提供服务。

在此基础上，紧密结合工作重点转移，努力建设宁波地区工业品及原材料检测中心、食品安全检测中心、生物安全检测中心以及传染病检测中心等，目前已形成4个国家级重点实验室、8个区域性中心实验室和7个常规实验室的“三级检测体系”，检测实力得到全面提升。为重点应对欧盟WEEE和RoHS两项指令，加紧技术攻关，目前已具备铅、镉、铬、汞、多溴联苯及多溴二苯醚等项指标的检测能力并开展检测工作，被国家质检总局确认为第一批公开发布的应对欧盟两个指令实验室检测机构，已对近百家出口企业100多批、400多个样品实施了相关检测。（潘明　周燕华　文/图）

大事年表

时 间	大事纪要	资料来源
唐乾宁三年(896年)	在杭州设置博易务,司职进出口贸易和接待外国使臣。	《宁波通史》(史前至唐五代卷),宁波出版社2009年版,303页
五代后梁开平元年(907年)	五月,明州等港口始设博易务,允许南北贸易。	《宁波市海曙区志》,浙江人民出版社2014年版,第893页
北宋太平兴国三年(978年)	明州设市舶司,专司管理对外贸易。	《浙江检验检疫志》,浙江人民出版社2005年版,第22页
北宋端拱二年(989年)	杭州设两浙市舶司,掌管番货、海舶、征榷、贸易、招商之类的对外贸易。	《浙江检验检疫志》,浙江人民出版社2005年版,第22页
南宋绍兴二年(1132年)	杭州市舶司易为临安府市舶务。	《中国海关通志》(古代卷),方志出版社2012年版,第151页
南宋乾道二年(1166年)	两浙路提举市舶司被罢,市舶司提举官、机构及印章全被撤废。	《浙江检验检疫志》,浙江人民出版社2005年版,第22页
元至元十四年(1277年)	在上海、澉浦、庆元、杭州、温州分别设立市舶司。	《浙江检验检疫志》,浙江人民出版社2005年版,第23页
元至元三十年(1293年)	杭州市舶司正式并入杭州税务司。	《浙江检验检疫志》,浙江人民出版社2005年版,第24页
清康熙二十四年(1685年)	清政府开放海禁后,在宁波设立浙海关,监管浙江海外贸易。	《宁波市志》,中华书局1995年版,第52页
清乾隆二十二年(1757年)	清政府关闭浙海关,全国对外贸易仅限广州一地。	《宁波市志》,中华书局1995年版,第54页
清道光二十二年(1842年)	中英《南京条约》签订后,宁波辟为"五口通商"口岸之一,浙海关重新开关,受理进出口贸易和货物查验等检验检疫业务。	《浙江检验检疫志》,浙江人民出版社2005年版,第86页
清咸丰十一年(1861年)	5月22日,英国人华为士在宁波江北设立税务司制的浙海关,而江东浙海关改称浙海常关,由宁绍台道兼任监督。	《宁波市志》,中华书局1995年版,第62页
民国4年(1915年)	浙江省永嘉县公署及榷茶局部呈准瓯海道,成立永嘉茶叶检验处。	《浙江检验检疫志》,浙江人民出版社2005年版,第23页

续表 1

时　间	大事纪要	资料来源
民国 10 年(1921 年)	余姚、慈溪、镇海等地棉商于余姚、慈溪设立棉花验水所。	《浙江检验检疫志》,浙江人民出版社 2005 年版,第 23 页
民国 11 年(1922 年)	3 月,浙江、江苏、安徽丝茧总公所与美国丝业公会合办上海万国生丝检验所。	《浙江检验检疫志》,浙江人民出版社 2005 年版,第 24 页
民国 15 年(1926 年)	5 月 12 日,温州海关代理监督 E. Bernadsky 公布《温州口暂行卫生章程》19 条,开始施行海港检疫。	《浙江检验检疫志》,浙江人民出版社 2005 年版,第 24 页
	是年,余姚、慈溪棉花验水所归并为会稽道属出产棉花验水所。	《鄞县通志・政教志》(稿),鄞县通志馆编,第 130 页
民国 16 年(1927 年)	会稽道属出产棉花验水所改为官督商办的宁波棉花检验所。	《宁波出入境检验检疫志》,中华书局 2005 年版,第 4 页
民国 18 年(1929 年)	1 月,宁波棉花检验所由浙江省建设厅收为省办,定名为"浙江省立棉花检验所",由官督商办改为官办。	《宁波出入境检验检疫志》,中华书局 2005 年版,第 4 页
	3 月 27 日,宁波海关代理监督 J. H. Cubbon 发布《宁波口防护染疫暂行章程》2 条。	《浙江检验检疫志》,浙江人民出版社 2005 年版,第 24 页
	9 月 20 日,浙江省立棉花检验所归并上海商品检验局,定名为"工商部上海商品检验局棉花检验宁波分处"。	《宁波出入境检验检疫志》,中华书局 2005 年版,第 4 页
民国 20 年(1931 年)	9 月,工商部上海商品检验局棉花检验宁波分处增加检验其他商品,改名为"实业部上海商品检验局宁波分处"。	《宁波出入境检验检疫志》,中华书局 2005 年版,第 5 页
民国 26 年(1937 年)	1 月,上海商品检验局茶叶产地检验监理处在嵊县三界、温州、兰溪分设茶叶产地检验办事处。	《浙江检验检疫志》,浙江人民出版社 2005 年版,第 25 页
民国 27 年(1938 年)	8 月,上海商检局奉令停办,其在浙的分支机构也随之停办。此后,由汪伪上海商检局执掌上海及浙江商检事务。	《中国出入境检验检疫志资料长编》(第 3 卷),2003 年 3 月
民国 34 年(1945 年)	9 月,国民政府经济部派员接收汪伪上海商检局,并于民国 35 年(1946 年)2 月宣告复局。	《中国出入境检验检疫志资料长编》(第 3 卷),2003 年 3 月
1949 年	中华人民共和国成立后,人民政府接管全部商品检验机构。上海商品检验局先后在浙江、安徽、福建产茶区和柑橘产地设立茶叶、柑橘检验工作组(站)。	《浙江检验检疫志》,浙江人民出版社 2005 年版,第 26 页
1950 年	3 月,上海商检局派员先后在杭州、绍兴、温州等地设立茶叶产地检验工作站(组)。	《浙江检验检疫志》,浙江人民出版社 2005 年版,第 26 页
1951 年	5 月 17 日,浙江省商业厅在杭州、温州设立商品检验工作站。	《浙江检验检疫志》,浙江人民出版社 2005 年版,第 26 页

续表 2

时　间	大事纪要	资料来源
1956 年	8 月，上海商检局在杭州设立杭州生丝检验工作组。	《浙江检验检疫志》，浙江人民出版社 2005 年版，第 27 页
1958 年	1 月 1 日，上海商检局将浙江、安徽的茶叶产地检验工作交由两省茶叶公司负责办理。	《浙江检验检疫志》，浙江人民出版社 2005 年版，第 27 页
1960 年	杭州商检工作组成立。	《浙江检验检疫志》，浙江人民出版社 2005 年版，第 28 页
1961 年	8 月，浙江省恢复设立省供销合作社，杭州商品检验局(筹)是其下属处(室、局)之一。	《浙江检验检疫志》，浙江人民出版社 2005 年版，第 28 页
1962 年	8 月 13 日，外贸部批准成立中华人民共和国杭州商品检验局。	《浙江检验检疫志》，浙江人民出版社 2005 年版，第 28 页
1963 年	3 月 10 日，杭州商检局挂牌，实施对浙江省进出口商品的检验和管理。	《浙江检验检疫志》，浙江人民出版社 2005 年版，第 28 页
1964 年	2 月 26 日，浙江省供销社决定将下属对外贸易处和商检局合并为对外贸易办公室。	《浙江检验检疫志》，浙江人民出版社 2005 年版，第 29 页
	12 月，成立浙江省植物检疫总站，在杭州、金华、温州、台州、宁波、丽水、舟山 7 个专区(市)设立植物检疫分站。	浙江检验检疫局档案室档案，2005 年，长期，第 55 盒
1965 年	7 月 20 日，浙江省农业厅从日本进口 100 头长白猪，监管期间，检出猪气喘病并上报农业部。农业部接到报告后，下发《关于各地进口种畜必须严格检疫的通知》。	《浙江省畜禽疫病志》，浙江大学出版社 1993 年版，第 260 页；《浙江检验检疫志》，浙江人民出版社 2005 年版，第 29 页
	8 月，浙江省供销社、商业厅、粮食厅、外贸局、工商行政管理局合并为浙江省商业厅。杭州商检局为浙江省商业厅外贸公司内设科室。	《浙江检验检疫志》，浙江人民出版社 2005 年版，第 29 页
1966 年	5 月，“文化大革命”开始，杭州商检局工作陷入应付或瘫痪状态。	《浙江检验检疫志》，浙江人民出版社 2005 年版，第 29 页
	是年，杭州商检局开始检验出口闹钟，出口企业是杭州钟厂。	《浙江检验检疫志》，浙江人民出版社 2005 年版，第 29 页
1967 年	7 月，中国供意大利猪分割肉因受猪瘟感染遭退货，其中杭州 435 吨、南京 1805 吨、上海 1400 吨。	《浙江检验检疫志》，浙江人民出版社 2005 年版，第 29 页
1968 年	11 月 1 日，杭州商检局改为浙江省对外贸易公司革命委员会下设的商品检验科。	《浙江检验检疫志》，浙江人民出版社 2005 年版，第 30 页
1969 年	1 月，浙江省外贸公司内部机构重新组合，外贸与商检业务合二为一。	《浙江检验检疫志》，浙江人民出版社 2005 年版，第 30 页
1973 年	3 月，浙江省革委会商业局发文，恢复设立杭州商品检验局。	《浙江检验检疫志》，浙江人民出版社 2005 年版，第 31 页

续表 3

时　间	大事纪要	资料来源
1973 年	5 月 15 日，恢复使用“中华人民共和国对外贸易部杭州商品检验局”“杭州商品检验局监督检查之章”“杭州商品检验局放行之章”3 枚印章，原“浙江省对外贸易公司革命委员会商品检验章”停止使用。	《浙江检验检疫志》，浙江人民出版社 2005 年版，第 90 页
1974 年	3 月 19 日，浙江省革命委员会批准，并经国家计委发文批复同意，杭州商检局为独立核算的事业单位。	《浙江检验检疫志》，浙江人民出版社 2005 年版，第 31 页
1975 年	1 月 1 日，杭州商检局根据对外贸易部、财政部联合通知，试行政企合一体制。	《浙江检验检疫志》，浙江人民出版社 2005 年版，第 32 页
	1 月 9 日，中华人民共和国杭州商检局宁波商品检验处成立，负责宁波、舟山、台州地区的进出口商品检验工作。	《浙江检验检疫志》，浙江人民出版社 2005 年版，第 32 页
1978 年	7 月 15 日，宁波卫生检疫所成立。	《宁波出入境检验检疫志》，中华书局 2005 年版，第 12 页
1979 年	2 月 23 日，农业部同意在宁波建立镇海港口动植物检疫所。	《宁波出入境检验检疫志》，中华书局 2005 年版，第 13 页
	4 月 20 日，杭州卫生检疫所成立。5 月 15 日，正式对外挂牌。行政隶属浙江省卫生厅，由浙江省卫生防疫站代管。	《浙江检验检疫志》，浙江人民出版社 2005 年版，第 33 页
	5 月，农业部发文批准建立中华人民共和国杭州动物检疫站。	《浙江检验检疫志》，浙江人民出版社 2005 年版，第 33 页
	6 月 30 日，浙江省农业局动植物检疫站首次对港龙包机实施动植物检疫。	《浙江检验检疫志》，浙江人民出版社 2005 年版，第 34 页
	8 月 16 日，卫生部向世界卫生组织报告温州、宁波、杭州卫生检疫所为符合黄热病接种条件的检疫机构。	《浙江检验检疫志》，浙江人民出版社 2005 年版，第 34 页
	11 月，农业部所属杭州植物检疫站和动物检疫站合并，改建为中华人民共和国杭州动植物检疫所；镇海动植物检疫所更名为“宁波动植物检疫所”。	《浙江检验检疫志》，浙江人民出版社 2005 年版，第 34 页
1980 年	12 月 1 日，杭州商检局实行国家商检总局和浙江省政府双重领导、以国家商检总局领导为主的体制。	《浙江检验检疫志》，浙江人民出版社 2005 年版，第 91 页
1981 年	4 月 27 日，中国进出口商品检验总公司浙江省分公司成立，并于 5 月 1 日起正式开展业务。	《浙江检验检疫志》，浙江人民出版社 2005 年版，第 35 页
	9 月 1 日，杭州商检局开验生丝和双宫丝。浙江省的丝类商品全部由杭州商检局检验和签证放行。	《浙江检验检疫志》，浙江人民出版社 2005 年版，第 36 页

续表 4

时　间	大事纪要	资料来源
1982 年	1 月 4 日，杭州商检局规定宁波商检处负责宁波、台州地区的进出口商品检验和口岸公证鉴定工作，以及舟山地区的进口商品和部分出口商品检验工作。	《浙江检验检疫志》，浙江人民出版社 2005 年版，第 36 页
	是年，杭州卫检所建立微生物实验室。	《浙江检验检疫志》，浙江人民出版社 2005 年版，第 37 页
1983 年	11 月，杭州动植检所印发《关于出口活畜及其他动物有关检疫的函》，规定凡从杭州口岸出境的活畜及其他动物，需经杭州动植检所检疫合格方可出口。	《浙江检验检疫志》，浙江人民出版社 2005 年版，第 38 页
	是年，杭州卫检所首次签发尸体棺柩出境许可证。	《浙江检验检疫志》，浙江人民出版社 2005 年版，第 38 页
1984 年	1 月 1 日，杭州商检局更名为“中华人民共和国浙江进出口商品检验局”，下设宁波、温州、金华、台州、沈家门 5 个分支机构。	《浙江检验检疫志》，浙江人民出版社 2005 年版，第 38 页
	11 月 29—30 日，国务委员、外经贸部部长陈慕华视察舟山商检处。	《浙江检验检疫志》，浙江人民出版社 2005 年版，第 39 页
	12 月，杭州卫检所对杭州机场开展流行性出血热自然疫源地的调查，首次发现流行性出血热(EHF)阳性鼠。	《浙江检验检疫志》，浙江人民出版社 2005 年版，第 39 页
	是年，浙江商检局组建中心化验室，下设理化实验室和化矿实验室。	《浙江检验检疫志》，浙江人民出版社 2005 年版，第 40 页
1985 年	3 月 7 日，中国进出口商品检验总公司浙江商检分公司宁波办事处成立。7 月 15 日，设立中国进出口商品检验总公司浙江分公司宁波支公司。	《宁波出入境检验检疫志》，中华书局 2005 年版，第 18 页
	5 月 21 日，浙江省委书记王芳对浙江商检局反映的进口化纤质量问题以及出口甜炼乳农药残留量问题作出批示，责成有关部门处理。	《浙江检验检疫志》，浙江人民出版社 2005 年版，第 40 页
	7 月中旬，浙江商检局对国家粮食局和中国汽车工业公司从日本某株式会社进口的 5800 辆载重汽车(二手车)检验时，发现该批汽车存在大梁有裂缝等质量问题，出具商检证书，这是浙江商检局在全国出具的首份对外索赔商检证书。	《浙江检验检疫志》，浙江人民出版社 2005 年版，第 40 页
	8 月 27 日，宁波卫检所开展对入出境人员体检和签发国际旅行健康证书。	《宁波出入境检验检疫志》，中华书局 2005 年版，第 19 页

续表 5

时　间	大事纪要	资料来源
1985 年	11 月，宁波商检处更名为“中华人民共和国宁波进出口商品检验局”。	《宁波出入境检验检疫志》，中华书局 2005 年版，第 19 页
1986 年	3 月 5 日，陈宪枢任浙江商检局党组书记、局长。	《浙江检验检疫志》，浙江人民出版社 2005 年版，第 42 页
	5 月 29 日，宁波市政府颁布并施行《宁波进出口商品检验管理实施办法》。	《宁波出入境检验检疫志》，中华书局 2005 年版，第 19 页
	10 月 9—11 日，总投资 1612.2 万元的宁波北仑港铁矿石取制样检验工程通过国家验收。	《宁波出入境检验检疫志》，中华书局 2005 年版，第 20 页
1987 年	3 月 27 日至 4 月 1 日，宁波动植检所首次实施大船熏蒸。	《宁波出入境检验检疫志》，中华书局 2005 年版，第 21 页
	4 月，杭州卫检所会同杭州市公安局，制定《外籍人员入境居住实行健康体检的规定》。	《浙江检验检疫志》，浙江人民出版社 2005 年版，第 44 页
	9 月 28 日，浙江商检局制定《浙江省进出口商品检验工作监督管理办法》，由浙江省政府颁发执行。这是浙江省第一个有关进出口商品检验的地方性行政规章。	《浙江检验检疫志》，浙江人民出版社 2005 年版，第 45 页
	是年，浙江商检局成立驻秦山核电站第一期工程现场办公室，召开第一次核电商检工作会议。	《浙江检验检疫志》，浙江人民出版社 2005 年版，第 45 页
	是年，浙江省粮食厅从日本进口的日野 FC164、166 两种型号的载重车在使用中出现严重质量问题，经浙江商检局检验，出证索赔。	《浙江检验检疫志》，浙江人民出版社 2005 年版，第 45 页
1988 年	7 月 4 日，海门卫生检疫站首次开展对进出境集装箱进行卫生检疫查验、监管和卫生处理。	《浙江检验检疫志》，浙江人民出版社 2005 年版，第 46 页
1989 年	2 月，杭州卫检所开展传染性疾病的监测工作，会同杭州市公安局签发《出入境人员健康体检须知》。	《浙江检验检疫志》，浙江人民出版社 2005 年版，第 46 页
	5 月 18 日，浙江商检局、省经贸厅、省计经委、省司法厅和杭州市政府在省人民大会堂联合召开“浙江省暨杭州市贯彻《商检法》大会”。	《浙江检验检疫志》，浙江人民出版社 2005 年版，第 47 页
	7 月 10 日，国家商检局发布《商检机构实施检验的进出口商品种类表》。	《浙江检验检疫志》，浙江人民出版社 2005 年版，第 47 页
	9 月 5 日，浙江商检局颁发《浙江省出口商品检验分等管理办法(试行)》。	《浙江检验检疫志》，浙江人民出版社 2005 年版，第 48 页
	12 月，出口水产品东海协作区检验监管技术协调小组在舟山成立，参加协调小组的成员来自江苏、上海、浙江、福建、厦门三省一市一特区的 16 个商检局。	《浙江检验检疫志》，浙江人民出版社 2005 年版，第 49 页

续表 6

时　间	大事纪要	资料来源
1990 年	5 月下旬至 6 月上旬，浙江商检局食品化学仪器分析室、生丝与纺织品检验室通过国家商检局Ⅰ级检验实验室考核，全省系统另有 7 个检验实验室通过Ⅱ级考核。	《浙江检验检疫志》，浙江人民出版社 2005 年版，第 50 页
	10 月 11 日，宁波动植检所联系连云港外贸熏蒸队，对截获云杉、八齿、小蠹 3 种中苏植检协定应检对象的 2691 立方米苏松实施熏蒸。这是宁波口岸首次对进口木材实施熏蒸灭虫处理。	《宁波出入境检验检疫志》，中华书局 2005 年版，第 26 页
	11 月，交通部、卫生部授予宁波港“国家卫生港”称号。	《宁波出入境检验检疫志》，中华书局 2005 年版，第 26 页
1991 年	1 月 9 日，张京任浙江商检局局长。	《浙江检验检疫志》，浙江人民出版社 2005 年版，第 51 页
	5 月 4 日，宁波至香港地区直航包机首航，宁波动植检所开始对出入境旅客携带物实施检疫。	《宁波出入境检验检疫志》，中华书局 2005 年版，第 27 页
	是年，浙江商检局建立羽毛绒检测实验室，参与国际羽绒羽毛局(IDFB)组织的每年一次的循环测试。	《浙江检验检疫志》，浙江人民出版社 2005 年版，第 54 页
1992 年	3 月 2 日，宁波动植检所承担的“乙醛对出口绿芦笋熏蒸灭虫”课题，获国家动植检总所植物检疫科技进步奖三等奖。	《宁波出入境检验检疫志》，中华书局 2005 年版，第 28 页
1993 年	3 月 1 日，浙江商检局与省经贸委、杭州海关联合发出《贯彻禁止纺织品非法转口的规定的通知》，防止和打击纺织品非法转口。	《浙江检验检疫志》，浙江人民出版社 2005 年版，第 56 页
	4 月 7 日，浙江检验总公司成立。	《浙江检验检疫志》，浙江人民出版社 2005 年版，第 56 页
	5 月，浙江商检局、省计划经济委员会、省对外经济贸易委员会、省机电产品出口办公室联合成立浙江省出口商品生产企业质量体系(ISO9000)工作管理委员会。	《浙江检验检疫志》，浙江人民出版社 2005 年版，第 56 页
	11 月 9—12 日，浙江商检局纺织品理化实验室、宁波商检局化工矿产测试实验室通过国家商检局组织的一级实验室考核。	《浙江检验检疫志》，浙江人民出版社 2005 年版，第 57 页
1994 年	4 月 5 日，杭州卫检局派员赴淳安县，参加处理“千岛湖事件”台湾游客尸体问题。	《浙江检验检疫志》，浙江人民出版社 2005 年版，第 58 页
	4 月，浙江商检局会同省工商局、省消费者协会联合发布实施《浙江省流通领域进口商品质量监督管理办法》，打击进口假冒伪劣商品。	《浙江检验检疫志》，浙江人民出版社 2005 年版，第 58 页
	9 月 9 日，宁波商检局升格为副厅级。	《宁波出入境检验检疫志》，中华书局 2005 年版，第 32 页

续表 7

时间	大事纪要	资料来源
1995年	6月21日,宁波卫检局开始对空港入境货物实施卫生监管。	《宁波出入境检验检疫志》,中华书局2005年版,第33页
	7月,国家商检局批准浙江商检局第四检验处实验室为国家进出口商品检验局杭州丝类检测中心和国家进出口商品检验局杭州丝类情报中心。	《浙江检验检疫志》,浙江人民出版社2005年版,第61页
	8月9—13日,在1995年全国商检矿产品检验科技成果鉴定会上,宁波商检局《北仑港进口球团矿的机械取制样流程》和《对测定铁矿石粒度分布影响因素的实验研究》2项科研成果通过国家商检局鉴定。	《宁波出入境检验检疫志》,中华书局2005年版,第33页
	9月7日,出口商品生产企业质量体系浙江评审中心成立。	浙江省机构编制委员会文件《关于建立出口商品生产企业质量体系浙江评审中心的批复》,浙编〔1995〕57号
	9月13日,宁波动植检局对进境集装箱实施全面监管。	《宁波出入境检验检疫志》,中华书局2005年版,第34页
	11月28—29日,宁波商检局进口棉花实验室通过国家商检局考核。	《宁波出入境检验检疫志》,中华书局2005年版,第34页
	12月14日,宁波商检局列为国家商检局直属局。1996年1月1日起,从浙江商检局划出,按直属局运作。	《宁波出入境检验检疫志》,中华书局2005年版,第34页
	是年,浙江商检局成立电气安全实验室,开始对进出口电器实施检测。	《浙江检验检疫志》,浙江人民出版社2005年版,第62页
1996年	1月12日,国务院总理李鹏、副总理吴邦国到舟山考察,舟山卫检局参与接待工作。	《浙江检验检疫志》,浙江人民出版社2005年版,第62页
	4月8日,宁波动植物检疫局机场办进驻宁波外运空运仓库,正式开始对进境木质包装箱进行检疫工作。	《宁波出入境检验检疫志》,中华书局2005年版,第35页
	6月,浙江省预防医学会国境卫生检疫专业委员会成立。浙江商检局羽毛绒检测实验室通过国际羽绒羽毛局(IDFB)组织的盲样循环测试,成为其认可实验室和IDFB技术委员会成员。	《浙江检验检疫志》,浙江人民出版社2005年版,第63页
	12月2日,宁波商检局各实验室完成《质量手册》编修工作。化工矿产品实验室被国家科委、国家商检局认定为科技成果检测鉴定国家级检测机构。	《宁波出入境检验检疫志》,中华书局2005年版,第37页

续表 8

时　间	大事纪要	资料来源
1997 年	1 月 7 日，全国首例出境人员因患疟疾死亡保险金给付工作在宁波象山进行。	《宁波出入境检验检疫志》，中华书局 2005 年版，第 37 页
	5 月 18 日，国家卫检局确定宁波卫检局为浙江省各卫检局的中心检疫管理局。	《宁波出入境检验检疫志》，中华书局 2005 年版，第 38 页
	9 月 4 日，国家计委和国家商检局立项筹建马迹山自动取制样配套设备工程，这是中国最大的铁矿石取制样配套检验设施。	《浙江检验检疫志》，浙江人民出版社 2005 年版，第 65 页
	9 月 17 日，国家商检局同意成立中国进出口商品质量认证中心宁波评审中心。	《宁波出入境检验检疫志》，中华书局 2005 年版，第 38 页
	浙江商检局成立综合检测中心，原仪器分析室更名为“理化实验室”。	《浙江检验检疫志》，浙江人民出版社 2005 年版，第 67 页
1998 年	2 月 10 日，国家动植检局确定杭州动植检局为浙江省各动植检局的中心检疫管理局。	《浙江检验检疫志》，浙江人民出版社 2005 年版，第 67 页
	6 月，浙江商检局丝类检测中心实验室成为全国商检系统首家获国家商检局实验室认可委员会评审通过的丝类(包括纺织纤维原料在内)检验实验室。	《浙江检验检疫志》，浙江人民出版社 2005 年版，第 68 页
	7 月，浙江口岸动植物检疫机构开始承担浙江供港猪的产地检疫。	《宁波出入境检验检疫志》，中华书局 2005 年版，第 41 页
	11 月 23—28 日，宁波商检局综合检测中心石化实验室、矿产品实验室和北仑港局铁矿检测实验室通过中国国家进出口商品检验实验室认可委员会(CCIBLAC)专家组评审组的评审认可。	《宁波出入境检验检疫志》，中华书局 2005 年版，第 42 页
1999 年	2 月 2—5 日，中央电视台到宁波拍摄从美国进口货物木托盘中查获松材线虫的专题报道。	《浙江检验检疫志》，浙江人民出版社 2005 年版，第 70 页
	5 月 26—27 日，中国进出口商品质量认证中心(CQC)审核小组为浙江商检局按 ISO9001:1994 标准建立的商检内部质量管理体系颁发证书。	《浙江检验检疫志》，浙江人民出版社 2005 年版，第 70 页
	7 月 29 日，组建中共宁波出入境检验检疫局党组，慎仁安任党组书记、局长。	《宁波出入境检验检疫志》，中华书局 2005 年版，第 43 页
	8 月 3 日，国家检验检疫局党组决定张京任浙江出入境检验检疫局党组书记、局长。	《浙江检验检疫志》，浙江人民出版社 2005 年版，第 71 页
	8 月 10 日，浙江出入境检验检疫局和宁波出入境检验检疫局分别举行成立挂牌仪式。	《浙江检验检疫志》，浙江人民出版社 2005 年版，第 71 页
	9 月 15 日，浙江检验检疫局在报验厅内统一办理“三检”的受理报验、计收费和签证放行。	《浙江检验检疫志》，浙江人民出版社 2005 年版，第 71 页
	是年，浙江检验检疫局理化、微生物、化矿、电气安全、纺织品 5 个实验室合并成立浙江出入境检验检疫局检验检疫技术中心。	《浙江检验检疫志》，浙江人民出版社 2005 年版，第 72 页

续表 9

时　间	大事纪要	资料来源
2000 年	1 月 1 日，浙江检验检疫系统启用新的检验检疫证单，并开始实施“先报检、后通关”检验检疫货物通关制度。	《浙江检验检疫志》，浙江人民出版社 2005 年版，第 72 页
	美国国际羽绒羽毛检测实验室（IDFL）与浙江检验检疫局羽毛绒检测实验室签订合作协议。	《浙江检验检疫志》，浙江人民出版社 2005 年版，第 72 页
	4 月 28 日，浙江涉外质量保证中心和浙江奥特咨询有限公司投资组建杭州万泰管理体系认证有限公司。	《浙江检验检疫志》，浙江人民出版社 2005 年版，第 73 页
	5 月 8 日，浙江检验检疫局开始对出境集装箱实施检验检疫。	《浙江检验检疫志》，浙江人民出版社 2005 年版，第 73 页
	9 月 12 日，北仑港 20 万吨级矿石码头取制样设施通过国家验收。	《宁波出入境检验检疫志》，中华书局 2005 年版，第 51 页
2001 年	2 月，慎仁安任浙江检验检疫局党组书记、局长。 徐金记任宁波检验检疫局党组书记、局长。	《关于慎仁安、张京同志职务任免的通知》，国检党〔2001〕12 号；《关于徐金记、慎仁安同志职务任免的通知》国检党〔2001〕13 号；《关于慎仁安、张京职务任免的通知》，国检人〔2001〕47 号；《关于徐金记、慎仁安职务任免的通知》，国检人〔2001〕48 号
	6 月 1 日，宁波检验检疫系统全面启用产地证电子签证。	《宁波出入境检验检疫志》，中华书局 2005 年版，第 61 页
2002 年	3 月 11 日，中国进出口商品检验总公司（CCIC）与德国莱茵公司（TüV）合资项目莱茵技术—商检（宁波）有限公司举行签约仪式。	《宁波出入境检验检疫志》，中华书局 2005 年版，第 70 页
	8 月 8 日，举行宁波北仑港 10 万吨级矿石码头工程竣工验收仪式。	《宁波出入境检验检疫志》，中华书局 2005 年版，第 76 页
	11 月 14 日，国务院办公厅复函浙江省人民政府和质检总局，同意宁波出入境检验检疫局升格为正厅级机构。	《宁波检验检疫年鉴（2003）》，第 7 页
	12 月 17 日，浙江检验检疫局对浙江灯塔种猪有限公司等单位引进的 227 头丹麦种猪实施检疫，填补了浙江省检疫进口种猪的空白。	《浙江检验检疫志》，浙江人民出版社 2005 年版，第 81 页

续表 10

时　间	大事纪要	资料来源
2003 年	1 月 18—19 日，江、浙、甬、皖、沪检验检疫局领导成员联席会议在江苏宜兴召开，签署五（省）局关于建立联络协调机制的合作备忘录。	《浙江检验检疫年鉴（2004）》，第 3 页
	4 月 10 日，中国质量认证中心（CQC）向宁波检验检疫局颁发 CQC 和 IQNET 的 ISO9001：2000 质量管理体系认证双证书。	《宁波检验检疫年鉴（2004）》，第 3 页
	4 月 17 日，浙江检验检疫局被浙江省委、省政府授予“省级文明单位”称号，浙江省委书记习近平向局长慎仁安颁授“省级文明单位”牌匾。	《浙江检验检疫年鉴（2004）》，第 6 页
	7 月 14 日，浙江检验检疫局赴绍兴出席省重点项目华联三鑫 PTA 奠基仪式，并陪同浙江省委书记习近平听取绍兴市委、市政府关于杭州湾绍兴工业新城区规划建设情况汇报。	《浙江检验检疫年鉴（2004）》，第 8 页
2004 年	2 月 20 日，宁波出入境检验检疫协会第一届全员代表大会在金纬宾馆召开。	《宁波检验检疫年鉴（2005）》，第 2 页
	9 月 2 日，浙江省对欧盟出口动物源性食品安全工作会议在杭州召开。	《浙江检验检疫年鉴（2005）》，第 9 页
2005 年	6 月 2 日，宁波检验检疫局综合实验楼通过验收。	《宁波检验检疫年鉴（2006）》，第 4 页
	11 月 21—23 日，中共中央政治局委员、国务院副总理吴仪在质检总局局长李长江、浙江省委书记习近平、浙江省省长吕祖善等陪同下视察宁波检验检疫局、浙江检验检疫局。	《浙江检验检疫年鉴（2006）》，第 14 页
	12 月 9 日，举行《宁波出入境检验检疫志》发行仪式。	《宁波检验检疫年鉴（2006）》，第 10 页
2006 年	1 月 12 日，举行《浙江检验检疫疫志》发行仪式。	《浙江检验检疫年鉴（2007）》，第 3 页
	4 月 24 日，中共中央政治局委员、国务院副总理吴仪在质检总局局长李长江的陪同下到宁波视察工作。	《宁波检验检疫年鉴（2007）》，第 5 页
	8 月 14 日，宁波检验检疫局和《求是》杂志社红旗文稿编辑部联合举办“宁波国检文化创新论坛”。中央电视台等近 20 家中央、省、市级媒体的记者出席新闻发布会。	《宁波检验检疫年鉴（2007）》，第 11 页
	11 月 3 日，阎震任浙江检验检疫局党组书记、局长。	《浙江检验检疫年鉴（2007）》，第 14 页
	12 月 28 日，浙江省委、省政府授予浙江检验检疫局“浙江省文明行业”称号。	《浙江检验检疫年鉴（2007）》，第 17 页

续表 11

时　间	大事纪要	资料来源
2007 年	2 月 8 日，浙江检验检疫局在浙江省人民大会堂举行出口商品免验颁证仪式，向 10 家浙江企业颁发出口商品免验牌匾。	《浙江检验检疫年鉴(2008)》，第 4 页
	5 月 19 日，宁波检验检疫局被中共宁波市委、宁波市人民政府评为宁波市“文明行业”。	《宁波检验检疫年鉴(2008)》，第 9 页
	8 月 20 日，山巍任宁波检验检疫局局长、党组书记。	《宁波检验检疫年鉴(2008)》，第 14 页
	11 月 16 日，浙江省检验检疫科学技术研究院在杭举行成立挂牌仪式。	《浙江检验检疫年鉴(2008)》，第 19 页
2008 年	5 月 17—18 日，宁波检验检疫局第一支抗震救灾防疫小分队一行 10 人奔赴四川汶川特大地震抗震救灾一线实施防疫援助。6 月 3 日，获全国检验检疫系统“抗震救灾英雄集体”称号。	《宁波检验检疫年鉴(2009)》，第 11 页
	30 日，浙江检验检疫局与宁波检验检疫局在杭州签署《进一步加强产地检验监管与口岸查验协同把关合作备忘录》。	《浙江检验检疫年鉴(2009)》，第 7 页
	7 月 23 日，质检总局局长、党组书记李长江与浙江省省长吕祖善分别代表质检总局与浙江省人民政府签署《合作备忘录》。	《浙江检验检疫年鉴(2009)》，第 9 页
	11 月 6 日，浙江检验检疫局与上海检验检疫局、宁波检验检疫局分别签署《全面深化协作加强通关业务合作备忘录》，与上海检验检疫局签署《出口食品农产品检验检疫合作备忘录》。	《浙江检验检疫年鉴(2009)》，第 13 页
2009 年	2 月 26 日，浙江省对外贸易经济合作厅与浙江检验检疫局签署《关于建立贸检紧密合作机制备忘录》。	《浙江检验检疫年鉴(2010)》，第 4 页
	6 月 4—5 日，宁波检验检疫局与江苏检验检疫局签署《进口大宗散货分港卸货检验鉴定合作备忘录》。	《宁波检验检疫年鉴(2010)》，第 10 页
	7 月 17 日，质检总局标准法规研究中心与浙江检验检疫局签署《关于技术性贸易措施工作战略合作框架协议》。	《浙江检验检疫年鉴(2010)》，第 11 页
	8 月 4 日，浙江检验检疫局与省农业厅在省人民大会堂签署《关于共同促进农产品出口的合作备忘录》。	《浙江检验检疫年鉴(2010)》，第 12 页

续表 12

时　间	大事纪要	资料来源
2009 年	12 月 4 日，杭州海关、宁波海关、浙江检验检疫局、宁波检验检疫局联合举行“浙江省域出口商品通关单直通放行”启动仪式。根据该协议，浙江省域出口商品通关单直通放行将于 2010 年 1 月 1 日起正式实施。	《浙江检验检疫年鉴（2010）》，第 16 页
	12 月 15 日，宁波检验检疫局技术中心与日本新日本检定协会、中检集团日本公司举行技术合作签约仪式	《宁波检验检疫年鉴（2010）》，第 360 页
2010 年	11 月 4 日，宁波检验检疫局与宁波保税区管委会举行共建酒类检测平台合作协议签订仪式。	《宁波检验检疫年鉴（2011）》，第 15 页
	11 月 11—12 日，浙江、宁波检验检疫局派员参加在湖北武汉举行的 2010 年度长三角地区检验检疫机构合作联席会议。	《浙江检验检疫年鉴（2011）》，第 17 页
	12 月 15 日，浙江检验检疫局新大楼顺利通过竣工验收。	《浙江检验检疫年鉴（2011）》，第 19 页
	是年，浙江检验检疫机构进出口报检量为 2435084 批，货值 15054371 万美元，批次和货值分别是 1999 年的 8.3 倍和 14.2 倍。	CIQ2000 统计数据

编后记

根据中共浙江省委、浙江省人民政府的统一部署和安排,浙江出入境检验检疫局与宁波出入境检验检疫局共同承编《浙江通志·出入境检验检疫志》(以下简称《检验检疫志》)。《检验检疫志》上溯事物发端,下至2010年,全面系统地记述了浙江省出入境检验检疫工作自古及今的发展历史和现状。内容涵盖机构、进出口商品检验、进出境动植物检疫、国境卫生检疫、鉴定、监督管理、检务、合作与交流、法制建设与执法稽查、综合管理等方面。

《检验检疫志》编纂工作从承接任务到初审、复审、终审,经历了四个阶段。

第一阶段,2012年5月至2013年7月,主要是建立机构、参加培训、制定篇目。2012年5月7日,承接该卷志稿的浙江检验检疫局和宁波检验检疫局联合发文成立《检验检疫志》编辑委员会和编辑部,正式启动《检验检疫志》编纂工作。2012年5月21—22日,两局派员参加了在杭州召开的《浙江通志》第二期编纂业务培训班。2012年8月23日,在宁波召开了研讨会,就《检验检疫志》的篇目进行了座谈研讨。2012年11月至2013年6月,主要是收集资料、草拟目录,在两局范围内征求意见。2013年7月1日,《检验检疫志》篇目通过省地方志办公室(以下简称省方志办)组织的专家组论证。

第二阶段,2013年7月至2015年6月,主要是部署编纂工作、开展人员培训、搜集资料、制作资料卡片、上传资料。自篇目通过论证后,两局分别下发编纂工作实施方案,按《检验检疫志》的论证篇目框架,本着"责任在部门、落实到个人"的精神,从编纂工作实施、进度安排、资料卡片和长编制作、统审任务分解等进行部署。在此期间,不仅主要撰稿人员参加省方志办举办的方志业务培训班,还邀请省方志办专家数次来局给全体编修志人员授课。按照篇目设计,两局编辑部组织100多人对自发端至2010年间的资料进行了搜集、考证和归类,制作成600多万字的资料卡,并由编辑部统一完成编纂平台的资料卡片上传工作。

第三阶段,2015年7月至2016年11月,编纂资料长编和初稿,进行分纂统稿,志稿修改,形成分纂初稿,通过初审。2015年下半年,两局各自牵头承担5章志稿的编写,完成各自负责的5章初稿编纂后,各自组织了第一次统稿会议。统稿会议要求:各统稿人一是以章为单位,整合文本、起草无题小序;二是按照《〈浙江通志〉行文规范》《凡例》和志书体例修改志稿;三是对志稿中的事实、数据进行考订、核对、增删。2015年底,《检验检疫志》10章志稿形成初稿。2016年初,两局将各自负责的5章初稿进行交换,进行资料补充和史实核查。2016年3月中旬,两局相互补充资料完毕后,志稿再次进行返还,并于3月下旬进行了第二次统稿会议(两局首次联合统稿)。4月初,两局再次互换志稿,进行资料增补和内容核查,并在省方志办的指导下,形成图版、目录、编纂说明、概述、丛录、大事年表、编后记等。4—8月,两局统稿人员继续对整本志稿进行打磨加工，并聘请两局内检验检疫专家对志稿进行专业审核，聘请颜小忠进行总纂，最终形成初审稿，交省方志办进入审稿阶段。11 月 7 日，通过了《检验检疫志》编纂委员会组织的初审会。

第四阶段，2016 年 11 月至 2018 年 4 月，反复打磨志稿，通过复审和终审。2016 年 11 月至 2017 年 3 月，编纂办公室统稿人员对初审会议专家评审意见逐条进行梳理，对志稿部分篇目、章节进行了修改，对内容进行了增补、删减和合并。2017 年 4 月，形成复审稿。7 月 13 日，通过了省方志办组织的复审。7—11 月，对志稿作进一步修改完善，形成终审稿，报省方志办。2018 年 4 月 2 日，通过了省政府组织的终审。参与《检验检疫志》篇目论证和初审、复审的专家（按姓氏笔画排序）有：王林、王健伟、石正平、申屠章银、朱忠康、李志廷、杨明祥、林琼华、金旭、金继诚、金震坚、郑志耿、郑钟灵、施军、鲁国苗、颜越虎。

《检验检疫志》编纂工作的顺利实施，是浙江检验检疫局党组和宁波检验检疫局党组正确领导的结果。2012—2018 年，两局领导自始至终将《检验检疫志》编纂工作当作全省出入境检验检疫系统文化建设的一件大事、要事来抓。7 年间，两局主要领导和分管领导均有更替，但抓好《检验检疫志》编纂工作的决心始终不变，浙江检验检疫局局长阎震、贺水山，副局长王继蓬、陈孟裕以及宁波检验检疫局局长赵振拴、卢厚林，副局长蔡文彪、陈开茂都非常重视《检验检疫志》编纂工作。多次听取《检验检疫志》编纂工作汇报，在全局编纂工作会议上讲话，并数次到统稿会议现场看望大家。随着志稿编纂工作的深入，支持和保障编纂工作的力度也越来越大。两局在全省检验检疫系统抽调从事业务工作的精兵强将参加修志，设立专门机构，确定专职人员，并设立专项资金，召开多次统稿会议，保证了《检验检疫志》编纂工作的顺利开展。

《检验检疫志》编纂工作的顺利实施，得益于省方志办领导、专家们的精心指导。数年来，在编纂人员的培训、篇目的拟定和论证、资料卡的制作、行文格式的规范、志稿的试写点评、统稿过程中的指导等方面，无一不凝聚了省方志办领导和专家们对《检验检疫志》编纂工作的悉心帮助和指导。在志稿编纂的各个环节，《检验检疫志》分管副总编郑志耿、分管副总纂王林、总编室主任颜越虎、责任编辑林琼华多次实地调研，悉心指导，对《检验检疫志》志稿编纂工作提出很多有益的意见和建议，并对试写稿进行点评和反馈；初稿形成后，他们在体例、规范方面也帮助进行了修改，为志稿的质量奠定了基础。

《检验检疫志》编纂工作的顺利实施，得益于国家质量监督检验检疫总局编纂的《中国出入境检验检疫志》及其资料长编稿，得益于两局原有的基础性工程——《浙江检验检疫志》和《宁波出入境检验检疫志》的编纂完成，得益于两局编纂的历年年鉴，以及在志书、年鉴编纂过程中形成的宝贵经验和珍贵资料。

《检验检疫志》编纂工作的顺利实施，是全体编纂人员努力工作的结果。从编纂工作启动至志书最终出版，历时 8 年。全体编纂人员本着对历史负责、对全省检验检疫事业负责的态度，发扬克难攻坚的精神，服从组织需要，听从编纂工作安排，保持恒心和毅力，钻进档案馆，扑到资料堆，耕耘在电脑前面，搜集资料，制作卡片，核对史实，数易其稿，终于完成这部力求真实客观地反映浙江省检验检疫事业发展概貌的地方志书。

《检验检疫志》共设图版、概述、大事年表、丛录、编后记和10章志文。颜小忠、金震坚负责概述的编写，李言、王慧宇负责大事年表的编写，周燕华负责图版、丛录、编后记的编写，金震坚、唐晓华、曹霞、李云峰负责篇目的编写，黄鸣怡、金震坚负责第一章的编写，沈华、王素清负责第二章的编写，邱亚红负责第三章的编写，卢岳云负责第四章的编写，楼建元、姬冲负责第五章的编写，金映红负责第六章的编写，宋海春负责第七章的编写，汝晓红负责第八章的编写，刘阳中、汪心田负责第九章的编写，秦勇、张立负责第十章的编写，最后由颜小忠负责统稿。

为《检验检疫志》提供资料的人员（按姓氏笔画排序）有：于雪涛、万嘉群、马研、王兴、王博、王瑞、王文旭、王立红、王学典、王建国、王素华、王淑明、王善良、仇俊、毛又军、毛阳晔、毛振宇、贝绍国、巨胜、水红光、厉洪青、石建良、叶庆、叶泰任、史瑾、包玮玮、冯涛、冯骥飞、师利芬、吕先敏、朱波、朱勇、朱蔚、朱小菊、朱宏伟、朱明星、朱敏敏、朱朝阳、朱樟国、伍向军、任飞、邬冬宁、刘荔、刘东红、刘志刚、刘志侃、刘朋娟、江伟、池扬武、许杰、许琰丹、阮裕铭、寿鹏、花晓泉、杨冰、杨洁、杨勇、杨晓兰、杨振宇、杨锐邦、李骏、李强、李大春、李冬富、李红霞、李兆博、李炳强、李淑琳、李照明、严毕冬、吴丰、吴东平、吴欣煦、岑凯石、何涛、何梅英、邱磊、邱暑亮、谷凯军、邹晓斐、汪波、汪心田、沈怡、沈欣、沈烨、沈玉香、沈建英、沈宣铭、沈静之、宋军、宋一兵、宋晔晔、宋联强、张立、张宇、张安、张涛、张敬、张乔峰、张如聪、张凯达、张俊波、陆婧颖、陈欢（甬城办）、陈欢（机场办）、陈希、陈怡、陈宸、陈萍、陈铭、陈晨、陈弘研、陈佳亮、陈育彦、陈彦丽、陈焕鑫、陈雍权、陈静峰、武华伟、林红、金松、金剑锋、周振、周燕华、郑杨元、孟波、柳伟绮、胡伟、胡静、胡振雷、胡起立、赵怡、赵栋、赵亮、钮滔滔、俞智勇、贾海亭、顾浩雷、顾梓耀、柴乐民、徐晓、徐晖、徐巧南、徐绥萍、徐祥国、郭鸣、郭大招、郭德淮、高熙康、唐巅、唐小强、姬冲、黄何、黄蔚、黄伟群、黄亦馨、黄利鸿、黄绍棠、黄昱洪、黄彦波、曹未峰、曹雪春、龚建行、戚立松、崔斌、章超、章国标、梁启平、韩洁、韩春江、游金云、曾盛、谢思萍、谢晓磊、雷睿、裘慧、鲍银俏、谭毅、谭青安、裴孚、樊东波、滕颖、潘克强、潘英帅、潘建兴、穆磊、戴军、瞿新杭。

《检验检疫志》分管副总编为郑志耿，分管副总纂为王林，责任编辑为林琼华。

倾全省检验检疫力量编纂而成的《检验检疫志》，虽经编纂人员竭尽全力，反复打磨，但受到资料和水平等各种因素限制，不尽如人意之处在所难免，诚望修志界同仁和广大读者批评、指正。

《浙江通志·出入境检验检疫志》编辑部
2018年4月